国际关系史
案例研习教程

李超　奚伶

主编

CASE STUDIES IN THE HISTORY
OF INTERNATIONAL RELATIONS

上海三联书店

编写说明

　　本书是以马克思主义理论研究和建设工程重点教材《国际关系史》（高等教育出版社 2022 年版）为参考依据并与之相配套的案例教材，旨在帮助读者更好地理解《国际关系史》这门课程的教学内容，培养国际关系史领域资料分析的能力。本书的编写思路主要体现为以下两点。

　　第一，以人物为线索，贯穿近代以来国际关系发展演变的历史脉络。历史学有时被称为"人之科学"，因为历史事件的发生和演进离不开人。"人物传"一直是历史研究领域的主要内容，某种程度上，政治史、外交史、军事史、思想史可视作由一系列政治家、外交家、军事家、思想家的传记组成，国际关系史也不例外。本书共选取了 30 位人物，涉及政治、外交、军事、思想等领域，兼顾近代和现当代、东方和西方等时空分布，以考察人类共同且兼具多样性的历史经验为出发点，力图摆脱单纯从西方经验阐释国际关系史的传统视角。

　　第二，以史料为基础，作为所选人物案例资料的主要来源。国际关系史是社会科学领域的基础学科，作为一门课程，在普通高校历史学、国际政治、国际关系、外交学、国际法等专业学科的课程体系中较为常见，具有跨学科交叉性的特征。它以历史上国家之间的政治外交关系及国际体系的发展演变作为主要考察对象，相关叙事大多保留在历史文献之中，所以，史料阅读被认为是开展该领域研究的基础。本书编录的案例资料，均为所选人物的署名文献，可读性较强，希望能够使读者产生一定程度的历史现场感，以更深入地了解国际关系史领域相关的知识、概念和理论。

　　本书的内容框架按国际体系演变脉络分为六个部分，依次为："近代国际政治理论与欧洲国家体系的形成"（第一章）、"欧洲列国争霸与区域国际体系的演变"（第二章）、"殖民扩张与全球性国际体系的形成"（第三章）、"两次世界大战与全球性国际体系的变迁"（第四章）、"冷战时期世界两大阵营与新国际体系的酝酿"（第五章）、"新中国对外关系与世界百年未有之大变局"（第六章）。为了更好地服务于课堂教学和自主学习,本书围绕各章节案例所涉主题及相应教学内容,撰写了"本章案例导读"和"本节案例导读",分别置于每章和每节的开头处,通过概述人物及案例的基本情况,帮助读者快速了解各章节的大致内容。

本书在每章的结尾处设置"案例研习",分为四个具体栏目。"一、主要学习目标"为本章案例对应教学内容最需关注的目标,基于知识、能力、素质三个维度各有侧重,含有思政目标。"二、相关背景知识"为本章案例对应具体教学内容的部分呈现,均节选自上述马工程教材有关章节,旨在方便读者更有效理解本章案例所涉主题。"三、问题与思考"可视作本章案例研习的阶段性测验,方便读者巩固该章重要的知识点,所列题目均为开放式,不设标准答案,思考要点是仅供参考的解题思路。"四、拓展阅读推荐"可视作本章案例研习的拓展性作业,所列书目与相应案例具有高度相关性,附有书目介绍和推荐理由,旨在帮助读者进一步开展案例研习活动。

本书编录的案例资料在与原文保持一致的前提下,为了方便阅读和研习,对原文中的个别表述、排版布局、注释取舍等做了相应技术处理,特予以说明。本书编写的分工情况为:第一、五、六章由李超编写(约 20 万字),第二、三、四章由奚伶编写(约 20 万字),最后由李超统稿。本书的出版得到了苏州科技大学历史系和上海三联书店的鼎力支持,谨表示诚挚的谢意。

因国际关系史时空跨度大,内容繁复、资料浩瀚,加上编者水平有限、时间仓促,编写难免存在疏漏和不足,敬请读者不吝批评指正。

目　录

第一章

近代国际政治理论与
欧洲国家体系的形成

✎ 本章案例导读

本章案例所涉主题为近代国际政治理论与欧洲国家体系的形成,相应教学内容包括:现代欧洲国家的兴起、西班牙霸权的盛衰、成长中的民族国家、三十年战争与《威斯特伐利亚和约》等。

大约从 17 世纪初起,欧洲的国际秩序产生了深刻变化。欧洲各领土主权实体经历 1494 年至 1559 年的意大利战争后,在菲利普二世时代又展开争霸与反争霸的斗争,短暂休整后相继陷入三十年战争的旋涡之中。不过,各领土主权实体的民族认同意识在相互征战的过程中逐渐形成,而这种意识超越了传统宗教的教派意识,成为现代民族国家最重要的基础之一。

随着现代民族国家的成熟,意大利微型国家体系的外交实践及其扩展,为现代国际体系的形成提供了现实基础。文艺复兴后,欧洲地区涌现出了一批对国际政治理论产生深远影响的思想家。例如,**马基雅维里**的现实主义观念、**让·博丹**的国家主权理念、**格劳秀斯**的国际法学说、**托马斯·霍布斯**的国家起源学说等,围绕国家与国际政治问题作了许多具有开创性的阐释,为欧洲国家体系的构建提供了理论指导。

1648 年《威斯特伐利亚和约》的签订,标志着欧洲一系列宗教战争的结束,也意味着以主权国家为基础的现代国际体系基本形成。该和约是欧洲各交战国相互妥协的历史产物,一定程度上调和了欧洲当时错综复杂的国际秩序,建立起一个相对均势的区域国际体系。另外,该和约破除了罗马教皇神权下的“世界主权”,使主权国家成为国际社会的主要组织形式。

本章关键词:文艺复兴;君主制;主权;民族国家;国际公法;《威斯特伐利亚和约》;社会契约;国家权力

第一节　马基雅维里

一、本节案例导读

　　尼科洛·马基雅维里（意大利语：Niccolò Machiavelli，1469—1527），意大利政治家、哲学家、历史学家。其主张国家至上的思想摆脱了欧洲中世纪神学的束缚，被认为是近代西方政治学的主要奠基人。《君主论》这部著作提出了现实主义政治理论以及统治者如何稳固政权的方法，其中关于"政治无道德"的观点被后世称作"马基雅维里主义"，并演变为权术和谋略的代名词。

二、案例资料阅读

[意]尼科洛·马基雅维里：《君主论》，潘汉典译，北京：商务印书馆，2017 年，第 73—86 页。

第十五章　论世人特别是君主受到赞扬或者受到责难的原因

　　现在尚待考察的是，君主对待臣下和朋友应该采取的方法和行动。关于这一点，我知道有许多人已经写过文章，现在我也写起文章来，特别是当我讨论这个问题的时候,我的观点与别人的不同,因此,我恐怕会被人认为倨傲自大①。

可是,因为我的目的是写一些东西,即对于那些通晓它的人是有用的东西,我觉得最好论述一下事物在实际上的真实情况,而不是论述事物的想象方面。许多人②曾经幻想那些从来没有人见过或者知道在实际上存在过的共和国和君主国。可是人们实际上怎样生活同人们应当怎样生活,其距离是如此之大,以致一个人要是为了应该怎样办而把实际上是怎么回事置诸脑后,那么他不但不能保存自己,反而会导致自我毁灭。因为一个人如果在一切事情上都想发誓以善良自持,那么,他侧身于许多不善良的人当中定会遭到毁灭。所以,一个君主如要保持自己的地位,就必须知道怎样做不良好的事情,并且必须知道视情况的需要与否使用这一手或者不使用这一手。

为此,我想把关于想象上的君主的事情撇在一边,而只是讨论确实存在的事情。我认为被人们评论的一切人——特别是君主,因为他的地位更高——都突出地具有某些引起赞扬或者招致责难的品质。这就是说有人被誉为慷慨,有人被贬为吝啬(这是使用托斯卡诺的用语,因为在我们的方言里面,贪婪的人还包括那些想靠掠夺取得财物的人,而我们称为吝啬的人是指那种不愿多使用自己东西的人)。有人被认为乐善好施,有人则被视为贪得无厌;有人被认为残忍成性,有人被认为慈悲为怀;有人被认为食言而肥,有人被认为言而有信;有人被认为软弱怯懦,有人则被认为勇猛强悍;有人被认为和蔼可亲,有人则被认为矜傲不逊;有人被认为淫荡好色,有人被认为纯洁自持;有人被认为诚恳,有人则被认为狡猾;有人被认为脾气僵硬,有人则被认为容易相与;有人被认为稳重,有人被认为轻浮;有人被认为是虔诚之士,有人则被认为是无信仰之徒;如此等等。

我知道每一个人都同意:君主如果表现出上述那些被认为是优良的品质,就是值得褒扬的。但是由于人类的条件不允许这样,君主既不能全部具有这些优良的品质,也不能够完全地保持它们,因此君主必须有足够的明智远见,知道怎样避免那些使自己亡国的恶行(vizii),并且如果可能的话,还要保留那些不会使自己亡国的恶行,但是如果不能够的话,他可以毫不踌躇地听之任之。

还有,如果没有那些恶行,就难以挽救自己的国家的话,那么他也不必要因为

---

① 自本章开始,马基雅维里摆脱当时在欧洲占统治地位的伦理学和神学传统的束缚,从历史与生活实践的经验出发,进行逻辑推理,揭示"典范的君主"(即一切剥削阶级统治者)所必须有的思想感情和性格。作者预见自己大胆提出创新的政治理论将引起强烈的反对。

② 这里"许多人",在古代,包括以《理想国》著名的柏拉图、以《政治论》著名的亚里士多德以及西塞罗等人;在中世纪,包括教父哲学代表人物奥古斯丁(354—430)、托马斯·阿奎那等人。马基雅维里反对柏拉图和亚里士多德,但是在国家论方面,特别是在《李维史论》中,又受亚里士多德的影响。

对这些恶行的责备而感到不安,因为如果好好地考虑一下每一件事情,就会察觉某些事情看来好像是好事,可是如果君主照着办就会自取灭亡,而另一些事情看来是恶行,可是如果照办了却会给他带来安全与福祉。

第十六章 论慷慨与吝啬

现在从上述的头一种品质开始谈起。我说,被人们称为慷慨可能是好的;可是,如果慷慨在做法上使你不获称誉,它就损害你了;因为如果你有道德并且正当地慷慨行事而不见知于人,你就逃避不了与此相反的恶名。所以,一个人如果希望在人们当中保有慷慨之名,就必不可免地带有某些豪侈的性质,以致一个君主常常在这一类事情上把自己的财力消耗尽了。到了最后,如果他们想保持住慷慨的名声,他就必然非同寻常地加重人民的负担,横征暴敛,只要能够获得金钱,一切事情都做得出来。这就使得他的臣民开始仇恨他,而且当他变得拮据的时候,任何人都不会敬重他。结果是,因为他这样的慷慨损害了许多人,而受惠者只是很少数人,所以他是第一个遭遇困难的人,不论发生什么危险,他将先受其害。而等到他认识到这一切想要缩手的时候,他将立即获得吝啬的恶名。

因为君主除非使自己承担损失,否则就不能够运用这种慷慨的德性扬名于世,所以,如果君主是英明的话,对于吝啬之名就不应该有所介意。因为当人们看见由于节约的缘故,他的收入丰盈。能够防御对他发动战争的任何人,能够建功立业而不加重人民的负担:因此随着时光的流转,人们将会认为这位君主愈来愈慷慨了。这样一来,他对于一切人来说就是慷慨的,因为他没有增加他们的负担,他们人数又很多;反之,他对于没有施与的人说来是吝啬的,但这些人毕竟为数甚少。

在我们的时代里,我们看见只有那些曾经被称为吝啬的人们才做出了伟大的事业,至于别的人全都失败了。教皇朱利奥二世就是借助慷慨之名使自己登上教皇的宝座的;可是,为了能够进行战争,后来他就不考虑保持慷慨的名声了。当今的法国国王(路易十二)进行了许多场战争,而没有向属民征收特别的赋税,就是因为他依靠长时期节约之所得,供他的额外支出。当代的西班牙国王(费尔迪南多)假如享有慷慨之名,就不可能从事并且完成这样多的宏图伟业了。

所以,为了不去掠夺老百姓,为了能够保卫自己,为了不陷于穷困以致为人们所轻蔑,为了不致变成勒索强夺之徒,君主对于招来吝啬之名亦不应该有所介意,因为这是他能够统治下去的恶德之一。如果有人说:"恺撒也曾由于慷慨取得统治权,而且其他许多人也曾由于慷慨或者被称赞为慷慨而取得至高无上的地位。"我回答他说:现在你已经成为一位君主,否则就是正在争取君主的地位。如果是第一种情况,这种慷慨是有害的;如果是第二种情况,被人们誉为慷慨却是十分必要的。

恺撒是那些渴望取得罗马君权的人们当中的一个；但是，如果他在取得罗马君权之后仍然统治下去而不节约他的支出的话，他就会毁灭帝国。假如有什么人反驳说：世界上曾经有过许多君主，他们依靠军队建立了伟大的事业，同时也曾经被称誉为最慷慨不过。对此我要回答你说：君主所花费的钱财，或者是他自己的和他的老百姓的钱财，否则就是别人的钱财。在头一种场合，他必须节约；如果在第二种场合，他不应该忽略表示慷慨的任何机会。

一位君主如果带军队出征，依靠掳掠、勒索、敲诈和使用别人的财物，这个时候慷慨是必要的；否则士兵就不追随他了。正如居鲁士、恺撒、亚历山大一样，对于既不是你自己的财产也不是你的老百姓的财产，你尽可以作为一个很阔绰的施主，因为你慷他人之慨淋漓痛快，不但无损于你的名声，反倒使你的声名鹊起。只有把你自己的财产挥霍了，才损害你自己。世界上再没有一样东西比慷慨消耗得更厉害的了，因为当你慷慨而为的时候，你就失去了使用慷慨的能力，不是使自己贫穷以致被人轻视，就是因为要避免陷于贫穷而贪得无厌惹人憎恨。因此，一个君主头一件事就是，必须提防被人轻视和憎恨，而慷慨却会给你带来这两者。因此，明智之士宁愿承受吝啬之名，因为它虽然带来丑名但是不引起憎恨，追求慷慨之誉，则必然招致贪婪之名，而贪婪之名则使丑名与憎恨两者俱来。

第十七章　论残酷与仁慈，被人爱戴是否比被人畏惧来得好些

现在谈谈前面列举的另一种品质。我认为，每一位君主都一定希望被人认为仁慈而不是被人认为残酷。可是他必须提防不得。尽管如此，他的残酷却给罗马尼亚带来了秩序，把它统一起来，并且恢复和平与忠诚。如果我们好好地考虑到这一点，就会认识到博尔贾比佛罗伦萨的人们仁慈得多了，因为后者为着避免残酷之名反而让皮斯托亚被毁灭了。所以君主为着使自己的臣民团结一致和同心同德，对于残酷这个恶名就不应有所介意，因为除了极少数的事例之外，他比起那些由于过分仁慈、坐视发生混乱、凶杀、劫掠随之而起的人说来，是仁慈得多了，因为后者总是使整个社会受到损害，而君主执行刑罚不过损害个别人罢了。在所有的君主当中，新的君主由于新的国家充满着危险，要避免残酷之名是不可能的。维吉尔借迪多（Dido）的口说道："严峻的形势、崭新的邦家，命我森严壁垒，警戒着海角天涯。"

但是，君主对于信任他人或者采取行动则务须慎重；不过，也不要杯弓蛇影，妄自惊慌。他应当慎思明辨，人道为怀，有节制地行事，以免由于过分自信而使自己流于轻率鲁莽，或者由于过分猜疑而使自己偏狭不能容人。

关于这一点，发生这样一个争论：究竟是被人爱戴比被人畏惧好一些呢？抑或

是被人畏惧比被人爱戴好一些呢？我回答说：最好是两者兼备；但是，两者合在一起是难乎其难的。如果一个人对两者必须有所取舍，那么，被人畏惧比受人爱戴是安全得多的。因为关于人类，一般地可以这样说：他们是忘恩负义、容易变心的，是伪装者、冒牌货，是逃避危难，追逐利益的。当你对他们有好处的时候，他们是整个儿属于你的。正如我在前面谈到的，当需要还很遥远的时候，他们表示愿意为你流血，奉献自己的财产、性命和自己的子女，可是到了这种需要即将来临的时候，他们就背弃你了。因此，君主如果完全信赖人们说的话而缺乏其他准备的话，他就要灭亡。因为用金钱而不是依靠伟大与崇高的精神取得的友谊，是买来的，但不是牢靠的。在需要的时刻，它是不能够倚靠的。而且人们冒犯一个自己爱戴的人比冒犯一个自己畏惧的人较少顾忌，因为爱戴是靠恩义(di obligo)这条纽带维系的；然而由于人性是恶劣的(tristi)，在任何时候，只要对自己有利，人们便把这条纽带一刀两断了。可是畏惧，则由于害怕受到绝不会放弃的惩罚而保持着。

但是，君主使人们畏惧自己的时候，应当这样做：即使自己不能赢得人们的爱戴，也要避免自己为人们所憎恨；因为一个人被人畏惧同时又不为人们所憎恨，这是可以很好地结合起来的。只要他对自己的公民和自己的属民的财产，对他们的妻女不染指，那就办得到了。而当他需要剥夺任何人的生命的时候，他必须有适当的辩解和明显的理由才这样做。但是头一件事情是，他务必不要碰他人的财产，因为人们忘记父亲之死比忘记遗产的丧失(perdita delpatrimonio)还来得快些。[①] 再说，夺取他人财产的口实是永远好找的；一个人一旦开始以掠夺为生，他就常常找到侵占他人财产的口实。但是，与此相反，夺取他人生命的理由却更加难找了，而且很快就消失了。

可是，当君主和军队在一起并且指挥庞大的队伍的时候，他完全有必要置残酷之名于度外；因为如果没有这个残酷之名，他就绝不能够使自己的军队保持团结和踊跃执行任何任务。下面这件事情可以列为汉尼拔的惊人行动之一。他率领一支由无数民族混合组成的大军，在外国的土地上作战，无论在噩运或者在好运的时候，也无论在军队当中或者对待君主，都不曾发生任何龃龉。这并不是由于别的原因，而只是由于他的残酷无情，同时他具有无限的能力，这就使他在士兵的心目中感到既可敬又可畏。但是假使他不是残酷无情的话，光靠他的其他能力是不能够产生这样的效果的。然而对此事缺乏深思熟虑的史学家们，一方面赞赏汉尼拔取得这样的成果，而另一方面却非难他取得这种成果的主要原因。

假如汉尼拔只有其他的能力，那确实不够的，关于这一点可以从西奇比奥的事

---

① 这是东西方学者经常摘引，用以指责马基雅维里的一句话。

例中看到。西奇比奥不仅在他那个时代而且在全部史纪上都是一位罕有的人物；可是他的军队在西班牙背叛他，其原因不是别的，而只是由于他太仁慈了。他让自己的士兵享有同军纪不相容的更大的自由。为此，他在元老院受到法比奥·马西莫的弹劾；被称作罗马军队的败坏者。

洛克伦斯居民曾经遭受西奇比奥的一名使者的摧残，可是西奇比奥既没有替他们报仇雪耻，对于使者的横行霸道也没有加以惩罚。这完全是由于西奇比奥性情和易使然。因此，在元老院里想替他辩解的人就说，许多人懂得怎样不犯错误，比懂得怎样矫正别人的错误来得清楚。如果西奇比奥这样继续保持他的统帅地位，这种性情早晚要把他的名声和荣誉葬送掉。但是，由于他是在元老院的监督之下，他这种有害的品性不仅被掩盖起来，而且还使他获得荣誉。

现在我们回到关于被人畏惧或者被人爱戴这个问题上来。我的结论是：人们爱戴君主，是基于他们自己的意志，而感到畏惧则是基于君主的意志，因此一位明智的君主应当立足在自己的意志之上，而不是立足在他人的意志之上。他只是必须努力避免招仇惹恨，犹如前述。

第十八章　论君主应当怎样守信^①

任何人都认为，君主守信，立身行事，不使用诡计，而是一本正直，这是多么值得赞美呵！然而我们这个时代的经验表明：那些曾经建立丰功伟绩的君主们却不重视守信，而是懂得怎样运用诡计，使人们晕头转向，并且终于把那些一贯守信的人们征服了。

因此，你必须懂得，世界上有两种斗争方法：一种方法是运用法律，另一种方法是运用武力。第一种方法是属于人类特有的，而第二种方法则是属于野兽的。但是，因为前者常常有所不足，所以必须诉诸后者。因此，君主必须懂得怎样善于使用野兽和人类所特有的斗争方法。关于这一点，古代的作家们早已谲秘地教给君主了。他们描写阿基里斯和古代许多其他君主怎样被交给半人半马的怪物基罗尼喂养，并且在它的训练下管教成人。这不外乎说，君主既然以半人半兽的怪物为师，他就必须知道：怎样运用人性和兽性，并且必须知道：如果只具有一种性质而缺乏另一种性质，不论哪一种性质都是不经用的。

君主既然必须懂得善于运用野兽的方法，他就应当同时效法狐狸与狮子。由于狮子不能够防止自己落入陷阱，而狐狸则不能够抵御豺狼。因此，君主必须是一头狐狸以便认识陷阱，同时又必须是一头狮子，以便使豺狼惊骇。然而那些单纯依

---

① 此章是马基雅维里的名著中受到后世许多评论家最严厉非议的一章。

靠狮子的人们却不理解这点。所以,当遵守信义反而对自己不利的时候,或者原来使自己作出诺言的理由现在不复存在的时候,一位英明的统治者绝不能够,也不应当遵守信义。假如人们全都是善良的话,这条箴言就不合适了。但是因为人们是恶劣的,而且对你并不是守信不渝的,因此你也同样地无须对他们守信。一位君主总是不乏正当的理由为其背信弃义涂脂抹粉。关于这一点,我能够提出近代无数的实例为证,它们表明:许多和约和许多诺言由于君主们没有信义而作废和无效;而深知怎样做狐狸的人却获得最大的成功。但是君主必须深知怎样掩饰这种兽性,并且必须做一个伟大的伪装者和假好人。人们是那样的单纯,并且那样地受着当前的需要所支配,因此要进行欺骗的人总可以找到某些上当受骗的人们。

在新近的那些事例当中有一件事,我不想保持沉默:亚历山大六世除了欺骗人们之外,既不曾做过任何其他事情,也从来不曾梦想过任何其他事情,但是他总是能找到上当受骗的货色。因为世界上从来不曾有过一个人比他更加有力地作出保证,比他更加信誓旦旦地肯定某一件事情,而同时没有一个人比他更加随便地食言而肥的了。可是,他的欺骗总是称心如意地获得成功,因为他深刻地认识到人世的这一方面。

因此,对于一位君主说来,事实上没有必要具备我在上面列举的全部品质,但是却很有必要显得具备这一切品质。我甚至敢说:如果具备这一切品质并且常常本着这些品质行事,那是有害的;可是如果显得具备这一切品质,那却是有益的。你要显得慈悲为怀、笃守信义、合乎人道、清廉正直、虔敬信神,并且还要这样去做,但是你同时要有精神准备作好安排:当你需要改弦易辙的时候,你要能够并且懂得怎样作一百八十度的转变。必须理解:一位君主,尤其是一位新的君主,不能够实践那些被认为是好人应做的所有事情,因为他要保持国家(stato),常常不得不背信弃义,不讲仁慈,悖乎人道,违反神道。因此,一位君主必须有一种精神准备,随时顺应命运的风向和事物的变幻情况而转变。然而,正如我在前面说过的,如果可能的话,他还是不要背离善良之道,但是如果必须的话,他就要懂得怎样走上为非作恶之途。

因此,一位君主应当十分注意,千万不要从自己的口中溜出一言半语不是洋溢着上述五种美德的话,并且注意使那些看见君主和听到君主谈话的人都觉得君主是位非常慈悲为怀、笃守信义、讲究人道、虔敬信神的人。君主显得具有上述最后一种品质,尤其必要。人们进行判断,一般依靠眼睛更甚于依靠双手,因为每一个人都能够看到你,但是很少人能够接触你;每一个人都看到你的外表是怎样的,但很少人摸透你是怎样一个人,而且这些少数人是不敢反对多数人的意见的,因为后者受到国家最高权威的保护。对于不能够向法院提出控诉的一切人的行为,特别是君主的行动，人们就注意其结果。所以，一位君主如果能够征服并且保持那个国家的话，他所采取的手段总是被人们认为是光荣的，并且将受到每一个人的赞扬。因为群氓总是被外表和事物的结果所吸引，而这个世界里尽是群氓。当多数人能够站得住脚的时候，少数人是没有活动的余地的。当代的某一位君主①——我现在不便点名，——除了和平与信义之外，从来不宣扬其他事情，但是他对这两者的任何一者都是极端仇视的。然而假使他曾经遵守其中任何一者，那么，他的名望或者他的权力就不免三番五次被人攫取了。

---

① 指西班牙的"天主教徒"费尔迪南多。他死于 1516 年 1 月 23 日，如果马基雅维里写作时点名，对于马基雅维里显然是不利的。

第二节　让·博丹

一、本节案例导读

让·博丹(法语:Jean Bodin，1530—1596)，法国政治学家、法学家、历史学家。《主权论》这部著作又称《共和国论》或《国家六论》，提出了"主权"这个对近现代国际关系产生深远影响的重要概念，被认为是国家主权学说的奠基之作。博丹认为"主权"是国家存续的主要标志，对内拥有至高无上的权力，对外拥有独立平等的权力，具有排他性、不可分割性和不受一般法律约束等特征。

二、案例资料阅读

［法］让·博丹著，［美］朱利安·H.富兰克林编:《主权论》，李文海、钱俊文译，北京:北京大学出版社，2008 年，第 25—42 页。

第一书　第八章　论主权(节选)[①]

主权是共同体(commonwealth)所有的绝对且永久的权力[②],拉丁人称之为"maiestas",希腊人称之为"akra exousia""kurion arche"或者"kurion politeuma",意大利人则称之为"segiora",他们认为"主权"这个词既属于那些全权控制国家的人,也可以用于私人;而希伯来人(Hebrews)则称该词为"Tomech shévet",即最高的支配权。[③] 即使在研究共同体的论著中,主权是一个关键要点,也是一个极其需要解释的概念,但至今还没有哪位法学家或政治哲学家曾界定过它,所以我们现在必须对主权下一个定义。由于我们已经指出共同体乃是一个正义的政府,拥有主权性的权力(sovereign power),包括若干家庭以及它们共同拥有的东西,所以我们需要厘清主权性权力的含义。

我已经指出这种权力是永久的。因为在某个特定的时期可能发生某人或某些人拥有赋予他们的绝对权力的情况,但是期满后他们只不过仍是无官职的臣民(private subjects)。即使他们能行使这些绝对权力时,也不能称自己为主权者。[④] 在人民或君主愿意收回这种权力之前,他们只不过是权力的受托人或代管人,因为人民或君主才永远是主权的合法所有者(qui en demeure tousiours saisi)。正如把财物借予他人,自己仍然保有所有者和拥有者的身份一样;也正如在有限、特定的时期里,或者只要自己愿意的期间里,让渡自己审判和支配的权力给他人一样。但他们仍是这些权力和管辖权的合法所有者,拥有最后的决定权,别人只不过是在得到他们许可(précaire)的前提下,以不定期借贷或接受赐予的形式行使着他们让渡的权力。这就是为什么(罗马市民)法[⑤]所主张的:一个地区的总督或者一个君主的代理官员只不过是他人权力的受托人或代管人(guardian),当任期终结,他必须返还该权力。在这种意义上,我们可以说,官员们的职位虽有高低之别,但

[①] 在第一次出版时,该章内容是安排在第一书的第九章,在以后的版次中,调整为第八章。编者注:案例资料来源图书译自美国学者朱利安・H. 富兰克林于 20 世纪末期的英译本,该英译本译自博丹于 1583 年发表的法语版,而 1586 年博丹推出的拉丁语版存在许多修正或补充的地方。所以,拉丁语版修正或补充的内容主要以注释的形式得以呈现。

[②] 拉丁版补充说:"主权是凌驾于公民和臣民之上的最高的和绝对的权力",谈到了"最高的和绝对的",并没有提到"永久的"意思,不过博丹在后来的阐述中明显地赋予了主权包含有"永久的"意思。拉丁版中对公民(citizen)与臣民(subject)的区分出现在第六章中。公民因其享有人身自由与奴隶有别,因享有共同特权而与外国人不同。但是在亚里士多德那里,具有公民身份并不必然有政治上的参与权。"恰当地讲……公民无非就是在主权下一个自由的臣民。"

[③] 拉丁版补充说:Festus 曾说:"主权(maiestas)这个词是从伟大(magnitudo)这个词发展而来的。"

[④] 博丹经常使用"sovereign prince"或"prince",并把它们看作与"sovereign"有同样的意思。

[⑤] 博丹和那个时期的其他学者在使用"the law"或"written law"时,如果没有特别的限制,均是指罗马法。

本质相同。

如果情况相反,让渡给代理官员的这种绝对的权力称之为主权,那么他就会用它来对抗他的君主,君主只不过就是一名凡夫俗子,同样臣民会支配他的领主,仆人也能支配他的主人,这些是多么的荒诞! 根据罗马法,主权者不论让渡于他人的权力有多少,其地位总是排他性的,不受这些权力的管辖;他绝不会授出他再也不能控制的权力。他行使支配权时绝不能受到任何阻拦,在行使专断的确认权时也应如此——即使此种阻拦是通过代理、合作、解职或以他同意的任何方式——不能以任何理由将自己置于自己臣民的管辖之下。无论他的臣民是一个专员(commissioner)抑或是一名行政官员(officer)①。在任何情况下,君主都能根据特别任务的需要或有关职位的法规,收回授给这些专员或官员的权力;或者按照自己的意愿,在较长的时间里让他们恭顺地保留行使这些权力。

上述原则构成主权理论的基础,根据这些原则,我们可以得出这样的结论:不论是罗马的独裁官(dictator)②、斯巴达的军事执政官(harmoste)③、萨洛尼卡(Salonica)的首领(aesymnetes)、马耳他的国王(archus)、古佛罗伦萨(Florence)的郡主(Balia)——他们都有类似的职权——还是王国的摄政王以及在特定的时间里有绝对的权力处理共同体部分事务的专员或者官员,他们都不拥有主权! 即使早期的独裁官拥有全权,并以最好的形式或古拉丁人称之为最完善的法令(optima lege)予以规定,我们也必须坚持这一点——他绝不拥有主权。在独裁期间对(独裁官)的裁判不能再提出什么诉愿请求,而其他所有官员也暂时中止行使自己的职权。这种政治安排直到护民官(tribune)得以设置才结束,自此不论是否设立独裁官,护民官仍会继续尽职并保有自己行使否决(intercession)的权力。④ 如果对独

---

① 在第三书第二章中,博丹曾区分了专员和行政专员,行政官员则是根据成文法有任职固定期限的公职人员,专员是赋予特别职权的临时公职人员。

② 独裁官制度是罗马人在国家发生骚乱或危及他们的自由与特权时,为了保卫自己而创建的制衡体制。元老院可以宣布紧急状态,而提名两位执政官之一为独裁官。独裁官大多来自上层阶级,然而贵族阶级却罕有滥用这种职权的现象。因为罗马独裁官是在国家危难时产生的,权力一般不受太大的限制,他对公民的人身和财产有绝对的权力。然而在没有取得元老院同意的情况下,不能动用公共基金,其任期仅6个月或1年。独裁官是罗马共和国宪制中最高的非常官职。在独裁官身上,集体性消失了,城内主权和军事治权的区分消失了,城内治权所特有的那种对市民的保障中止了,护民官的否决权相对于独裁官也丧失了一些效力。所有独裁官皆遵守着这些规定,辛辛纳图斯(Cincinnatus)就是一个很好的典范,并受着其后历届独裁官的推崇。但只有两位是例外,苏拉(Sulla)与凯撒(Caesar)违反了独裁官制度的基本原则,导致了"共和制"的衰亡。

③ 古希腊时斯巴达殖民地的军事统治者。

④ 护民官约产生于共和国早期公元前493年,源于平民和贵族的斗争后的第一次分裂,分裂后来以协议面告终:平民拥有自己的神圣护民官,后者有权帮助平民抵抗执政官的权力。即保护平民不受贵族选任官"治权"的侵害,为此护民官行使否决权是一件有力武器,并且一直是护民官权力的中心和基本特点。

裁官的裁决不满并提起申诉,护民官会召集平民,并传令(申诉)方提出诉请理由,独裁官则要为自己所作的裁决辩护。当独裁官帕皮里乌斯(Papirius Cursor)①想判决骑兵队长(magister equitum)②大费比乌斯·马克西姆斯(Fabius Maximus I)死刑,独裁官小费比乌斯·马克西姆斯(Fabius Maximus II)③也想判决骑兵队长米努齐努斯(Minutius)死刑时,护民官就履行了他的职责。很明显,独裁官既不是君主,也不是具有主权的选任官(magistrate)④,正如学者们所论述的,他不过被赋予特殊使命以指挥战争,平息叛乱,改组政府,或者任命新的选任官。⑤

　　那么,主权就意味着权力在力度、作用和存续时间上都不是有限的。说及(罗马)的十人团(ten commissioners&Decemviri legum ferendarum)⑥,它是为改革罗马的习惯和法律而成立的。即使它拥有最终的裁断权,对它的裁判不能再提出任何上诉;在其存续期间,其他的所有官员也在任期内中止了职权的行使,即使这样,十人团仍没有主权。和独裁官一样,当其使命完成,他们的权力也就终止了。当辛辛纳图斯⑦打败了敌人,就放弃了独裁官的职位,在位也只有 15 天。塞尔维·普里斯库斯(Servilius Priscus)仅当了 8 天的独裁官。而独裁官马摩库斯(Mamercus)仅执政了一天。更进一步讲,当十分需要创设一名独裁官时,也(仅仅)是由一位地

---

① 罗马将军,公元前 85 年出任独裁官。

② 罗马官职,独裁官的随从或助手。

③ 即 Fabius Maximus Cunctator,他是罗马著名统帅和政治家,在第二次布匿战争中,采用拖延战术,大败汉尼拔。费边主义也因其而得名。

④ 在罗马,重要的官吏皆由森都利亚大会(comitia centuriata)选举,次要的则由特里布大会(comitia tributa)选举,所以这些官员皆称为选任官。每一官署由两人以上的同僚共管,权限完全相等。除督察官(censom)外,其他官员任期只有一年。同一人再任同一职务者,十年中只一次;从某一公署离职,到另一公署就任新职,中间须有一年间隔;在此期间,这位业已离职的官吏可能因其任内的不法行为而受到检举。

⑤ 拉丁版补充说:"或钉钉子(也就是标志着一年结束的一种仪式)。"

⑥ 在平民权力不断爬高的过程中,他们要求明确的及成文的非宗教性的法律。那时,贵族及僧侣们始终是法规的记录人及解释人,他们秘密地保持记录,并利用这一专有权作为反对社会改革的武器。元老院应平民的要求,于公元前 454 年,派遣一个由 3 个贵族组成的考察团,前往希腊研究梭伦(Solon)及其他立法者所定的法律。公元前 451 年,罗马公民大会选出 10 人(decemviri)负责制定一部新法典,并赋予他们统治罗马的最高政府权力,为期两年。这个十人团把罗马的旧习惯法改变为著名的《十二铜表法》(Twelve Tables),后经公民大会通过。但是这个十人团在任期届满后,仍拒绝恢复有执政官与护民官的政府,继续行使最高权力,而且极不负责。后来平民在军队的支持下,贵族在元老院集会,罢免了十人团。

⑦ 罗马政治人物,其事迹带有神秘色彩。根据历史传说,公元前 458 年,辛辛纳图斯被罗马城居民推举为独裁官,让他去援救被埃魁人(Aegui)围困于阿尔基多斯山(Mt. Algidus)上的由一位执政官率领的军队。他接到此项任命时,还在自己的小农庄上耕作,据说他一天之内就打败了敌军,在罗马举行了凯旋式。辛辛纳图斯限定自己仅仅在领导罗马度过危机的时期掌权,危机刚一解除,他便辞职返回农庄。

位显赫(Patrician)的元老①来提名,而不是依据一项敕令、法令或惯例。事实上,在古代和在现代一样,创设官职都需要依据敕令、法令或惯例,我们将以适当方式来解释这一点。② 如果有人反对我的观点,并举出苏拉依据瓦勒里法(lex Valeria)③获得了80年的独裁官任职。那么,我的回答与西塞罗(Cicero)是一致的:瓦勒里法不是一项正当的法律,它的颁布,不是在创设一个独裁官职位,而是在催生一个暴君统治。无论如何,在四年后他放弃了独裁官职位,而那时国内战争也已结束。另外,苏拉也允许护民官④自由地行使否决权。虽然凯撒取得了终身独裁官的职位,但他也没有剥夺护民官的否决权。但是既然独裁官的职位后来根据法律已被废除⑤,而凯撒仍用它作为把持国家权力的盖头,他就招致被刺死的厄运。

但是让我们设想一种情况:如果人民选择一个或几个公民,给他们绝对的权力来治理国家,自由统治,不必受到他人否决权的约束,也不必担心自己的裁判再受到任何申诉,但这种制度安排每年都要重新认可一次,难道我们不应说这几个公民拥有主权吗? 因为除上帝外,他们不承认任何人比他们的权力更大,毫无疑问他们是主权者了。然而,我认为他们并不拥有主权,因为他们只是被信任而在特定时期行使权力的受托人。所以在特定时期,人民选出一位或多位受托人行使绝对的权力,但并没有放弃自身的主权。即使人民慷慨地没有事先规定期限,而是根据自己的意愿收回权力,也不能表明人民要放弃主权。在上述每一种情况下,受托人都没

---

① 比如说以前曾担任过"监国"(the interrex)。这种地位显赫的人是指特权贵族,在罗马早期约公元前 400 年独占执法官和祭司职位,其特权被平民逐渐削减。共和末年,与平民的区别在政治上无关紧要。罗马帝政时期仅皇后创设贵族,但其特权不多。查士坦丁帝之后(约 4 世纪),这一称号成为非世袭的荣誉称号。如果两位执政官在任期内同时死亡或被俘,元老院就宣布"悬缺"(interregnum),并任命一名为期 5 天的"监国"(interrex),同时准备新选举。"监国"暗示着执政在其短短的任期内,继承了国王的权力。

② 拉丁版本博丹修正了这句话,并在旁边对罗马元老的任命独裁官的内容加了一个批注:"一个独裁官并不是由元老院,或人民,或执法官来提名,也不能依据人民的建议,或依据任何其他法律——固然这些作为选位官产生的依据是必要的,但是在提名一名独裁官时,只能由一名监国来行使,因为他声名显赫,身上流淌着特权贵族的血液,其他的普通元老难当此大任。"另外一个批注标明:"一个新人(novus)是其家族中第一个获得国家高级职位的荣誉的人;一个显贵(nobilis)是新人的儿子;一个特权贵族(patrician)则是贵族族长(patriarche)和经罗莫洛(Romulus)(根据众所周知的传说,罗马城是由具有阿尔巴王室血统的拉丁人罗莫洛于公元前八世纪建立的)册封的人的后裔。"

③ 罗马的法律冠以执法官和护民官的名字。他们将法案提交至民众会议予以表决通过,通过后便成为一项法律。在罗马法中,便有了法案(rogatio)和法律(lex)的严格区分。

④ 在罗马,平民护民官拥有否决权(intereessio),以此对抗任何选任官(在罗马法中,magistrate 是一个意义十分丰富的词汇,一般翻译成选任官,史料的区分包括高级选任官和下级选任官,在正常官职中,执政官、监察官、裁判官是高级选任官,在非常官职中,独裁官、十人团成员、行使执政官权力的军团长是高级选任官,贵族营造司、基层执法官是下级选任官)的法令(甚至包括共和体制下独裁官的法令)、元老院的审判和民众会议的选举和立法等。

⑤ 这里或许指公元前 44 年的安托尼亚法(lex Antonin),它是在凯撒被刺后通过的。

有独立的地位,他必须对拥有最终支配权的人所赋予的官职负责,而作为一个主权者的君主,他只向上帝负责。

如果绝对的权力委托他人行使多年,比如说九年或十年,我们将如何解释呢?正如在雅典早期人民赋予一个公民以主权,并称之为执政官(archon)①。我还是认为这个公民不是君主,也不拥有主权,他不过是主权性的官吏(sovereign magistrate),在任期结束后,他仍要为其行为向人民负责。有人仍会反对说:你不是已申明绝对的权力可以赋予一个公民来行使,而他也不必向人民负责吗?尼迪安斯人(Cnidians)每年选出他们称为"最善者"(amnemones)的 60 人——这就是说,他们免受众人的非议——而赋予其绝对的主权权力,不论在任期内还是在任期结束后,对于他们所做的一切,任何人不能再对其提出申诉。然而,基于这种事实——他们作为权力的保管人,在任期结束,必须交回权力,我认为他们也不拥有主权。人民保留主权,仅其行使交由"最善者"们。我们可以称他们是主权性的官吏,但他们绝不是纯粹的、单一的主权者。因为第一位的是君主,其他的人就是臣民;第一位的是主人,其他的人就是仆人;第一位的是主权的所有者或合法拥有者(et saisi dela souveraineté),其他的就不是所有者,也不是拥有者,而仅仅是受委托才得以持有。

上面的分析也同样适用于在君主缺位或未成年时设立的摄政(regent)。无论是敕令、命令还是特许令状,都是以摄政王的签名、印玺来签署、封印,并以他的名义予以公布,在法王查理五世(King Charles V)②的法律规定之前,在我们这个王国中它早已是一项政治实践;而以上这些法律文件也可以国王的名义进行,命令上也可以盖上国王自己的王玺。根据罗马法,我们很清楚地看到,不论是上面的哪一种情况,代理人(procureur)以本人名义的作为,责任都归咎于本人。但摄政王确实是王国和国王的代理人,所以良善的蒂鲍(Thibaut)伯爵就称自己是法兰西王国的代理人(procuratorregni Francorum)。因此不论国王在场还是缺位,都可能将绝对的权力赋予一个摄政王,或一个参议员以国王的名义来统治,即使是冠以摄政王名号的敕令和指挥令状,但仍被看作是国王在发号施令,是国王在亲自指挥。

这样我们会看到,在西班牙国王出巡不在位时,米兰(Milan)和那不勒斯(Naples)的参议员就有绝对的权力,并能以自己的名义发布所有的命令,这一点我

---

① 古希腊执政官,是指一种头衔,为古希腊诸城邦中最高职位持有者享有。在雅典,原有 3 位执政官。约在公元前 680 年增至 9 位。自从公元前 487 年以来,以抽签的方式选任执政官。后来,他们政治上的作用就不大了,执政官履行行政和司法职责。在早期,执政官单独审理案件,并对民事案件享有管辖权;后来执政官须决定是否有案件需要审理,在什么法庭审理,并主持审判。

② 即"贤王"查理,1354—1380 年在位。

们从下面查理五世皇帝(Emperor Charles V)①的一段法律规定中就能看出：

米兰的参议员对君王的法律应享有确认、使无效和废除的权力；根据成文法有赋予豁免的权力；给予许可、特权和赔偿等权力；不可对参议员的决定再进行申诉等等。无论参议员如何作为都应视为与国王的亲自作为有相同的效力；但他不能对罪犯颁布大赦或给予宽恕，或给正被指控的犯罪嫌疑人以人身安全令状。

几乎没有限制的权力是绝不能授予米兰和那不勒斯的参议员的，从此他们就可以任何方式削减西班牙国王的主权。但为了使国王免除这样的忧虑和烦恼，还必须附加这样的条件：国王可以根据自己的意愿，随时将这些授出的权力予以撤销。

让我们设想一下如果这项权力被授予国王的代理人以终身享有，会是什么样的情况？难道这项权力不是主权性的、不是永久性的吗？因为如果永久性被认为意味着永远不会终止的话，那么主权将不会存在了，除非是在贵族政体和民主政体中，因为只有它们才不会死亡。即使永久性这个词也可以用于一个君主身上，那么我们可以理解成不仅包括他自己而且还用于他的子嗣身上，由于主权很少是由世袭而获得的，所以现在只有为数不多的几个主权性君主。那些经选举取得王位的尤其不应看作是主权者。② 所以我们必须把"永久性"这个词理解成"本人终身拥有权力"。

我还想补充一点，主权性的官吏的任期一般是一年，或是一段固定的有限时间，如果他图谋延长行使委托的权力，那一定是通过默许(de gré à gré)或武力的方式。③ 如果选择了武力方式，那他便被称为僭主。然而这个僭主却是一个主权者，正如强盗通过武力获得财产虽然违法，但却是事实上的、自然地占有，那些先前占有这些财产的人却被剥夺(en sont dessaisis)了所有权。④ 如果一名官吏通过默许的方式延长了主权性权力的行使，那么我认为他不是一个主权者，因为他取得权力要经过他人的同意，并且权力的行使也没有一个固定期限，在某种意义讲，他所拥有的只不过是一个极不确定的职位(commission pércaire)，他人可以随时解除他的权力。⑤

---

① 即西班牙的卡洛斯一世，后为神圣罗马帝国皇帝，即查理五世，1500 年出生，1519—1556 年在位。
② 并非所有的非选举的君主都是世袭。像法国，有一些君位是依公法在家族范围内继承，而不是依据私法上有关有遗嘱继承或无遗嘱的处理规则来取得王位。
③ 该段中的问题是，篡权获得的绝对权力和没有任期限制的绝对权力是否是一项真正的主权。博丹在这一段中对这个问题论述得不够明确。
④ 罗马法保护不当的所有权免于私人使用武力对它的侵犯，并允许罗马法对这种不当所有权听其所然。
⑤ 博丹将经他人默许方式而延期行使权力解释为一种不稳定的权力行使方式。

众所周知,再没有比查理九世①授予法兰西的亨利——安茹公爵(duke of Anjon)②权力更大的了。这项权力是最高的主权性权力,没有删减任何一项王权③。然而不会有人告诉我亨利是一名主权者,即使他被赋予的权力是永久性的,他也至多被看作是国王的总代理人。另外在(授权)令状中还有这样的条款——"唯使吾国民满意,汝可尽使此权"(Tan qu'il nous plaira)——这表明这仅是一项要经他人同意才能行使的权力,事实上该权力也经常会在国王驾临时就中止行使。

如果有人从人民那里获得一项绝对的权力,并可终生行使,我们将作何评述呢? 这里我们必须区分清楚。如果赋予他的是纯粹的、单一的绝对权力,而不是像选任官或者专员那样,也不是需经他人同意授权(pércaire)才能行使,在这种情况下,他当然有权称自己是一位具有主权地位的君主。因为人民已放弃和被剥离了自己的主权性权力,为使他拥有主权,才将主权授予他。强权、权威、特权和其他主权性权力均转让给了他,并让他(保有),正如有人放弃了一项属于自己的财产,也就意味着放弃了凝结在财产中的原属于他的所有权利一样。④ 正如罗马法所规定的:人民已经将全部的权力让渡给了皇帝(Ei et in eum omnem potestatem contulit)。⑤ 但如果人民让渡权力给某个人终身享有,却让他像一个选任官或代理人那样来行使这项权力,或者人民仅仅是不亲自行使这项权力,那么被让渡人就不是一个主权者,而仅是一个官吏、选任官、保管人、摄政、总督、权力的代管人或代理人。正如一名选任官可以任命一名自己的终身辅佐人一样,任命完毕之后,选任官在自己的管辖事务上就不再扮演积极的角色,而交由辅佐人全权处理。当然最终的支配权和审判权,以及那些法定诉讼(legis actio)⑥和依法使用武力的事项,绝不能由辅佐人来行使。如果他的权力超越了授权的范围,其行为将不产生任何效力,

① 法兰西国王,1550—1574 年在位。
② 安茹公爵即后来的法国国王亨利三世,1574—1589 年在位。
③ 王权(regalia)是指根据封建法,专属于国王的特权和专权,大多数是礼仪性的或象征性的。最著名的王权清单是由红胡子弗雷德里克一世巴罗萨皇帝(Frederick I Barbarosa)(1155—1190 年在位,神圣罗马帝国的皇帝,在选任为国王前,他一直是德国西南部斯维比亚公国的大公)在 1158 年的龙可戈尼亚议会(Diet of Roncaglia)上制定了《王权宪章》(Cansirutio de regalibus)。这也包括在《采邑法》(Libri Feudorum)第二部分第 56 章中,这一部分内容在中世纪也被吸收进了《法律大全》中,但是罗马法学家们却经常对此产生曲解。
④ 拉丁版本中,博丹补充说:"这种让渡是不附带任何条件的全部让渡。"
⑤ "人民已将所有权力让渡给了皇帝。"摘自《学说汇纂》第一部分第四章有关"宪政的起源"(de constitutionibus principum)的论述。
⑥ 博丹使用的"法定诉讼",是指司法官使用的两种诉讼程序制度中较古老的一种,不同于审讯诉讼程序(apud iudicem)。该诉讼程序严肃、刻板,比较注意形式,要严格依法审判,不允许有太多的自由裁量。在该诉讼中,原告和被告按照法律或习惯确定的方式口述自己的主张。共有五种类型:誓金之诉、请求之诉、违约之诉、拘禁之诉和扣押之诉。

除非得到赋权人的追认、接受和同意。① 这就是为什么法兰西国王约翰二世(King John II)②，从英格兰返回时，庄严地批准了他的长子查尔斯(Charles)的施政所为。虽然查尔斯已被任命为摄政，但要使其施政行为继续有效，仍需要得到约翰二世的确认。

所以不论是以委任或提名的方式取得职位，还是被授权行使他人的权力，也不论行使权力的期限是有固定任期的，还是终身的，即使在委任状中不被称为权力受托人或代理人，他在行使这些权力时，也不是一个主权者。这一点甚至可以用来说明权力通过国内法(law of the land)来授予的情况，虽然它比任命(选任)的情况有更强的法理基础。古苏格兰法中就规定，当国王在(125岁以下)或仍需有人监护时，应将王国的统治权全部赋予与国王有最近血缘关系的亲属，但他仍须以国王的名义来施政。但是因为在适用中带来了许多不便，这条规定就被取消了。

现在我们转向主权定义的另一部分——"绝对的权力"意味着什么呢？因为一个共同体的人民或贵族(seigneurs)能够纯粹地、单一地赋予某人绝对的和永久性的权力，去处置任何财产、人口，如果他愿意甚至可以处置整个国家，也可以按自己的意愿将这项权力再交给他人行使，正如一名财产所有人，仅仅因为自己乐善好施，而将财产作为礼物慷慨地赠送他人一样。这是一种真正的赠予，因为它不附加任何条件，能够彻底地得以完全实施，然而那些附义务和条件的赠予不是法律上有效的赠予。所以从这种意义上讲，赋予君主的主权，如果还要受若干条件和义务的限制，那么这样的主权就不是真正意义上的主权或绝对权力。

如果附加在君主主权上的这些条件和义务是来自自然法或神法(la loy de Dieu ou de nature)③，那么上面的论述就不可用了，就像鞑靼人(Tartary)的大王死后所做的那样。诸王侯和人民均有选举权④，会选择他们所同意的先王的任意一名亲属来作君主，只要他是先王的儿子或是侄子。等他登上国王宝座后，臣民们⑤便会齐呼："我们乞求你，也信任和希望你来统治我们。"新国王便说："如果你们想让我统治，就必须按我的命令去做，我命令要杀死的人必须要毫不犹豫、毫不

---

① 拉丁版本中补充道："在司法官管辖事务中一些重要事项的处理上，他的追认也不能产生溯及既往的效力，这也同样适用于君主，虽然他在国家中权力是最高的。"

② 在英法"百年战争"中最激烈的1356年，法兰西国王约翰二世在法国西部的普瓦提埃一役中失利，被英军俘获，成为阶下囚。英方提出了释放这位法国国王的苛刻条件，即交纳300万金路易。约翰二世在伦敦被囚禁了4年之后，最终如数交纳了这笔巨额赎金后才得以返回法国。

③ 伯思涅·堆默尔曾经指出：博丹经常会将自然法和神法连起来用，但即使他本人也并不必然主张二者在内容上是同一的，或者说神法除了自然理性外什么也不包括。

④ 拉丁版本中，"诸王侯"一词被删去了。

⑤ 拉丁版本中，"臣民与新国王的对答"改成了"大祭司(pontifex)与新国王的对答"。

迟延地被杀死。整个王国必须全部托付于我,并由我来掌控。"人民答道:"将会是这样的。"然后,新国王继续说:"吾所言(word)应为吾剑(sword)。"人民于是群起雀跃。之后他卸下王冠,被人引领着从王座上走下来,坐在放在地上的一张长凳上,众王侯向他致辞说:"仰望上帝,祈求上帝吧! 然后再看看你坐的那低矮的长凳。如果你治理有方,你将会实现所有愿望;否则你将身居低位,甚至被剥夺得一无所有,即使你现在坐的低矮长凳也不会留给你。"这就是说,他是被抬上高位,被确认为鞑靼国王的。这种权力是绝对的,是主权性的,因为除了自然法或神法外,它不附带任何条件。①

我们也能看到上述程式或类似程式有时也会发生在依继承产生君主的王国或公国中。但再也没有比在卡林西亚的仪式更为相似的了。在圣维图斯(Sait Vitus)城不远处有一片草地,人们还能看到一块大理石碑,它是由一位农民树立的,这块场所是他通过继承获得的。在他右面有一头黑牛,左面是一匹瘦小的母马。阔步向前的那人是公爵,他走在一群身着红袍的庄园主中间,前面高牙大纛,旗帜飞扬,除公爵带着一支弯曲的权杖,穿着看似一个贫穷的牧羊人,其他一切皆富丽堂皇。那个农民站在那块岩石上,用斯拉夫语(Slavic)高喊道:"那个走路趾高气扬的人是谁?"众人回答说他是他们的君主。他又问:"他是一个(真正的)裁判者吗? 他能体察到我们国民的福祉吗? 他是完全自由的吗? 他尊重宗教,能值得大家爱戴吗?"众人回答说:"是的,他会的。"然后这个农民向公爵微鞠一躬,随即他的一切公共税负也被当场免掉了。

这时公爵也登上岩石,挥动他的长剑,向众人致辞,承诺他将是公正无私的。公爵仍穿着牧羊人的衣服做完弥撒(Mass),然后换上了公爵的服饰,重新登上这块大岩石,接受众人的效忠和宣誓。但这的确是真实的:在古代,卡林西亚的公爵在1331年时还仅是德国皇帝的猎场总管(Grand Huntsman)。在帝国大权旁落于原是帝国一个大公国的奥地利的王室家族之后,猎场总管的官衔和古代的授权封地仪式也被废除了。后来卡林西亚、斯蒂里亚(Styria)、克罗地亚(Croatia)、西西里(Cilli)和蒂罗尔(Tyrol)也都附属于奥地利大公国。②

---

① 正如这一段所叙述的,服从符合自然法的统治者似乎是臣服的一个条件,但这却是与博丹在下面阐述的不抵抗观点是相冲突的。即使王权是依世袭获得,一些臣服的条件也会体现在王位继承的根本法中或加冕仪式上的效忠誓词里,就像下文我们要讨论的卡林西亚(Carinthia,今奥地利的一个州)程序。博丹似乎在阐述中没有意识到任何困难,因为他缺乏一个像"构建性权力"这样的概念,也不可能设想一下在人民手中还保有什么样的权力会来认定违反自然法的事件。对博丹来说,认定这些事件就应隐含着对普通统治权力的保留,根据假设(ex bypothesi),普通的统治权力已完全赋予给了君主。

② 最后一句话似乎仅想注明在国际法上卡林西亚公爵不是一个主权者;作为博丹基本原则的一个证明,这也并不会改变他的加冕誓言的价值。

除了有关阿拉贡(Aragon)①王国的一些记载,我还从一个西班牙的骑士那里了解到:如果国王不召集各等级会议,一些适用于他的古代程序将不会被遵循。这些程序在过去体现在大执法官②,也被称为阿拉贡的大法官向国王的致辞中:

我们这些并不比你卑贱的人,向你这位并不比我们高贵的人宣誓:我们选举你为国王是因为我们和你之间存在着条件,也正是基于这样的条件,你才有可能成为我们的国王,这个条件就是我们拥有最终的支配权,而你却没有;如果你能尊重我们的自由并遵守法律,我们就接受你作为我们的国王和最高统治者,否则我们就不会接受。

凭借这段记述就断定"国王是由人民来选举产生"的人,一定犯了错误,况且这种情况在历史上从未发生过。③ 十分肯定地讲:桑克蒂乌斯大王(Sanctius the Great)是凭借强力从摩尔人(Moor)手中取得了对阿拉贡的统治。在此之前,摩尔人的子嗣中不分男女,由血缘最近的通过继承权获得对阿拉贡的统治,这种局面已达七百年之久。阿拉贡的学者佩德罗·贝鲁加(Pedro Belluga)在其《法鉴起源》(Speculum princilum)一书中提供了一份有关阿拉贡法律的详细记录,表明人民是无权选举国王的,除非出现继承中断的情况。

既然贝鲁加讲,等级议会是不能随意召集的,除非国王有明确的要求;而一旦召集,各代表未经国王允许也是不能随意离开的。所以有人说阿拉贡的国王比等级会议的权力还要小,这是不可能的,也是与史实相矛盾的。(在上面提及的仪式上)还有一些删减了的话:国王是依继承权取得王冠,被奉为神圣,成为一国之王的。既然国王是真正的主权者,就能够授予某人大执法官的职位,也能根据自己的意愿随时免除此人的职务。所以如果有人会相信上文的那段话,那真是荒唐至极!事实上贝鲁加也写道:马丁·迪达托(Martin Didato)大执法官是在阿拉贡和西西里的国王阿方索(Alphonso)缺位时,被他的妻子阿拉贡的王后委任和罢免的。

虽然经国王容许,阿拉贡的大执法官可以裁判国王与人民之间的纠纷和诉

---

① 位于西班牙境内的东北部。公元711年,阿拉伯人和摩尔人(阿拉伯和柏柏尔人的混合种族)侵入西班牙,占领了比利牛斯半岛的大半部。后来西班牙人与阿拉伯人和摩尔人展开了长达七个多世纪的斗争。阿拉贡王国早先由查理大帝帝国崩溃后而分裂出两个王国,即阿拉贡王国和巴塞罗那王国(还有一个是纳瓦尔王国,一直是独立的),后来从阿拉伯人手中夺回了萨拉戈萨城,于1137年两国合并为阿拉贡王国,成为反阿拉伯斗争的另一个中心,在中世纪成为强大的王权国家。1469年,西班牙半岛上基督教占据了统治地位,当时有两个主要基督教国家阿拉贡王国和卡斯蒂里亚王国,伊斯兰教只在半岛的南端保有一个摩尔人国家格林纳达。

② 阿拉贡的大法官是中世纪的一个法官职称,他被赋予捍卫共同体之权利和特权的职责。

③ 这段话被君主立宪主义者和赞成反抗权的理论家们广泛引用,因其明确表达了人民对抗暴君的愿望,也作为加冕仪式的典范。当然也被当作是有关原始选举的思想。

讼——这和英格兰一样,国会上院(Haute Chambre)或称为英格兰大法官的贵族,或者所有王国法官及各地法官,都可以裁判国王与人民之间的纠纷,但是阿拉贡的法官和各等级会议的代表还是对国王保持着完全的从属关系。贝鲁加博士说国王即使听从了他们的意见,答应了他们的请求,也绝不能受这些意见和请求的约束。因为对于真正的君主来说,像奥德兰多(Oldrado)博士在言及法兰西和西班牙的国王时所说,国王拥有绝对的权力,这是一项铁律。①

但是这几位博士并没有说明什么是绝对的权力。既然世俗的君主都要服从上帝法和自然法,也要服从适用于不同民族的共同法,那么如果我们说拥有绝对的权力就是根本不必服从任何法律的话,这个世界上将不再会有什么君主是主权性的。② 另一方面,这样的情况也可能发生,一个普通公民被特免,免受共同体所有的法律、惯例、习惯和法令的管辖,然而这个公民不拥有主权,也不是一个君主。在这方面我们以庞培(Pompey the Great)③为例。在护民官伽比尼乌斯(Gabinius)④的请求下,罗马人民通过了一项十分明确的法令,使庞培获得了一项五年内他不受罗马法律管辖的特别豁免。既然元老院经常在不经人民提议的情况下随意给予某人特免,这种情况一直持续到在护民官的请求下颁布科涅利亚法(Cornelian law)⑤为止,所以特免一个臣民不必服从法令,也不必服从任何法律的事,既不新鲜也不奇怪。但现在已有明确法律规定,除非是在二百名元老⑥出席元老院的情况下,否则任何人不能免受法律强力的约束,也不能给予任何人特免。虽然依《十二铜表法》的有关规定,禁止赋予他人特权,否则就要处以死刑,除非是森

---

① 博丹所引证的奥德兰多博士的观点系出自他的《需经辩论的案件》(Consilia),但是奥德兰多博士并没有将论述的重点放在法国国王与其臣民的纠纷中国王有什么权力的问题;而仅是确认不论在法律上(de jure)还是事实上(de facto)法兰西国王都不会把神圣罗马帝国皇帝看作是他的上级。

② "适用于不同民族的共同法"就是指早期的国际法(ius gentium)。在博丹那个时代或更早的时代,国际法不是指神法和自然法,而是指适用于不同民族的共同法。后来博丹在其拉丁版本中讲道:"适用于所有民族的共同法,其存在基础不同于神法和自然法。"

③ 公元前106年至公元前48年,古罗马三执政之一。

④ 庞培的支持者,公元前67年,作为护民官提出一项法律:为了打击海盗活动,授权庞培卫戍整个地中海和全部沿海地区;并赋予其五年期的法律豁免。

⑤ 公元前82年通过。

⑥ 罗马的元老院既非立法机关,又非行政机关,一般保持着300人的员额。元老资格多决定于财富和门第,最初由氏族首脑任命,后来由执政官,再后来由督政官来任命,主要包括前任选任长官,因此不是直接依赖于民众选举。它可以向选任官们提供咨询,对内政与外交政策、财政和立法产生很大的影响。它还负责审批民众会议的法案。在共和时期的最后一个世纪,当军队领导人剥夺了元老院的权力后,元老院也就不存在了。在罗马帝国时期,元老院是一个世袭团体。公元200年左右,元老院的法令被完全作为法律,其司法权也得到了发展。虽然元老院失去了独立性,但名义上仍为最高权力机关,有授予"元首"的权力,和保持稳定、良好秩序及为公众谋利益的传统。

都利亚（comtitia centuriata）会议作出的特权授予决定，但是该条款执行得并不太好。① 然而，虽然一个臣民有可能被免除法律对他的管辖，但他对主权者则永远保有服从和隶属的义务。拥有主权的人在任何时候都不必服从他人的支配，而且定能颁布适用于其他臣民的法律，并且能废除和搁置会带来不利后果的法律，或用新的法律来代替这些有弊病的法律——这一点是必须服从于法律的人或臣服于对自己有支配权的人所不能做到的。②

---

① 拉丁文版本将"这项规定执行得并不是太好"修改为"这项规定最终被元老院进行了修正"。

② 这一句在拉丁文版本中博丹进行了修正，即"如果有人免于某项单行法律，或多项法律或所有法律的管辖，但他仍要受主权者的权威的约束。这也适用于这种情况：即使有人像奥古斯都（Augustus）那样，能免于国家内任何法律的管辖。即使他是罗马的元首（Princeps）——即国家的第一公民——他仍要伪称要服从于集体保有着主权的人民。虽然大多数情况下，他会向人民提交立法提案，既然是人民而非他是法律的制定者；当选举官吏时，他会向人民推荐自己的候选人，并通过这种方法影响人民的选举。但是有人认为拥有主权权力的人不必再受他人任何支配的约束，这一点也被提比略（Tiberius）简明扼要地向元老院提起过，拥有主权的唯一原因就是没有什么东西再能赋予他了。他还说主权性的立法权包括不仅能够制定适合于个别人的法令，而且还能制定适用于全体民众的法律，还包括废止已制定的法律，受他人法律或支配的约束的人是不能有这样的权力的。"

麦克雷指出这段是罗马皇帝提图斯（Tacitus）在其发表的演说所阐述的，而不是提比略所说的，而且上面的拉丁文中应使用"唯一"（uni）而不是用"没有"（mulli）（这个神秘的词或许有可能改变了意义）。

第三节　格劳秀斯

一、本节案例导读

　　胡果·格劳秀斯(Hugo Grotius，1583—1648)，荷兰思想家、国际法、海洋法以及近代西方自然法理论的主要创始人。《战争与和平法》这部著作撰写于 17 世纪欧洲主权国家间欠缺国际关系准则的时代背景,汲取古希腊罗马思想家有关自然法理论的观点,摆脱中世纪神学主义自然法的桎梏,认为国际法是维护各国共同利益的法律,目的在于保障国际社会的集体安全,提出了一系列较为完整的国际法准则,被认为是开创国际法和海洋法的奠基之作。

二、案例资料阅读

[荷]格劳秀斯:《战争与和平法(第 1 卷)》,[美]凯尔西等英译,马呈元汉译,北京:中国政法大学出版社,2015 年,第 1—16 页。

绪论(节选)

　　1. 许多人已经对罗马和其他国家的国内法进行了论述,他们或者采取评论的方式对其进行诠释,或者将其缩写为方便易读的文摘。然而,关于国家之间或者国家统治者之间相互关系的法律体系,无论它是派生于自然法,还是植根于神的命令,或者来源于习惯和默示协议,却几乎无人涉猎。直到今天,仍然没有任何人对这种法律体系做过全面系统的论述。不过,为了人类的福祉,这项任务应当有人来完成。

2. 西塞罗在《为巴尔布斯辩护》①的演讲中正确地论述了关于不同民族、国王以及外国国家之间的同盟条约、协定和习惯的知识体系的特征,因而具有很高的价值。简单地讲,这样的知识体系就是关于战争与和平的全部法律。欧里庇得斯认为,对这种知识的了解应当优先于对有关神和人的事务的认识。在他的剧作《海伦》中,有人对忒俄克吕摩诺斯说道:"即使你可以预知人类和众神的命运,但如果你不懂得什么是正义,那就是十分可耻的事情!"

3. 现在,完成这样一项任务显得尤为必要。因为和过去一样,在我们的时代,不少人依然轻蔑地认为关于战争与和平的法律体系除了一个空洞的名称之外,并没有实际的内容。人们在口头上经常说的是修昔底德援引欧斐摩斯讲过的这样一句话:只要是对国王或者王国有利的就是正义的。② 有着类似意义的说法还包括:命运垂青之人所做的一切都是正当的;管理国家的行为不可能是非正义的。

另外,不同的民族或者国王之间发生的争端一般应当由马尔斯作为公断人居间解决。战争与所有法律水火不容的观点不但得到了无知民众的支持,而且一些学识渊博和思想深邃的有识之士也经常对此表示赞同。他们最普遍的论断是:法律和武器是势不两立的。因此,根据格利乌斯《雅典之夜》中的记载,恩尼乌斯指出:"人们并非为权利而战,而是企图用刀剑实现他们的愿望。"贺拉斯在《诗艺》中描写阿喀琉斯野蛮的性格时写道:"他声称法律并非为他而制定,凭借武力夺取的一切应当归他所有。"根据诗人卢卡在《内战记》中对另一位军事领袖的描述,他在发动战争时这样说道:"和平和违法的意识已被我置于脑后。"

按照普卢塔克《论亚历山大的命运和美德》中的记载,多年以前,当安提柯在围攻不属于他的城市时,一个人带来一篇关于正义的文章请他阅读,但安提柯却嘲笑了这个人的迂腐。另外,普卢塔克在《帝王短文集》和《希腊罗马名人比较列传》"马

---

① 编者注:案例资料(包括注释)在所选文集中带有标注引用的方括号,其中的内容(罗马数字或阿拉伯数字表示的序号)主要是原译者对格劳秀斯原著中作品引用信息的补充或纠正,例如此处附带的方括号为"[Ⅵ.15]"。为了方便阅读,本文编辑时省略了这些方括号。

② 参见修昔底德:《伯罗奔尼撒战争史》第六卷。该书第五卷中也表达了同样的观点:当时非常强大的雅典人对米利安人说道:"按照人类的行为准则,在双方实力平等的基础上,才可能做出据信是正义的安排。在其他情况下,实力强大的一方可以为所欲为,而实力弱小的一方只能屈从。"

略传"中写道,马略宣称,武器的铿锵使他无法听到法律的声音。① 即使是庞培,尽管他对于战争和法律相对立的观点的支持比较温和,但他仍然指出:"当我拿起武器之后,我还能考虑法律的问题吗?"②

4. 在信仰基督教的作者中,我们也经常可以看到类似思想的表达。德尔图良在《对犹太人的回答》中的这一句话可以代表众多相同的说法:"在战争中,欺骗、野蛮和不讲正义是经常发生的事情。"毫无疑问,那些持这种观点的人希望借助泰伦提乌斯的喜剧《阉奴》中的这样一段话来规劝我们:"对于不明之事,你可以借助理性理解它;倘若你希望借助理性理解疯狂之人,你将无功而返。"

5. 由于如果没有法律,我们关于法律的讨论就无法进行,因此,为了使我们的研究有一个良好的开端并保护它免受攻击,我们必须对这种非常错误的观点予以坚决的驳斥。为了不使我们自己被迫面对众多对手,我们应当为他们指定一位辩护人。我们还能选出比卡涅阿德斯更合适的人吗? 因为他在自己新学院派的独特理论的研究方面已经达到了如此完美的境界,所以,他能够运用自己的雄辩能力游刃有余地既服务于真理,又服务于谬误。

卡涅阿德斯一贯秉持一种反对正义的理念,特别是反对我们所理解的作为"正义"一词应有之义的正义的理念。他所能提出的最有力的论点就是:人们出于实际利益的需要,为自己制定了法律,法律会根据习惯而改变;即使在同样的民族中,它也经常会随着时代的改变而改变;没有所谓的自然法,因为所有的生物,包括人和野兽,都只是在自然本能的驱使下追求对自己有利的结果。因此,正义是不存在的。如果说存在正义,那它就是天下最愚蠢的事情,因为这意味着一个人为了别人的利益而损害自己的利益。

6. 不过,无论是哲学家卡涅阿德斯的言论,还是诗人贺拉斯在《讽刺诗集》中对这种观点的重申:"自然本能不可能分辨正义与非正义",都是完全不能被接受的。的确,人也是一种动物;但人是一种更高级的动物。人与其他动物的区别远远

---

① 根据普卢塔克《帝王短文集》"来山得"中的记载,来山得炫耀地抽出他的宝剑并说道:"这把剑的主人最有资格讨论关于国家边界的问题。"

在普卢塔克《希腊罗马名人比较列传》"凯撒传"中,凯撒宣布:"需要使用武器的时候就不是适用法律的时候。"

与此相类似,塞内加(小)在《论利益》中指出:"有时,特别是在战时,国王会闭着眼睛做出许多封赏。一个正直的人不可能满足携带武器的人们如此多的疯狂的愿望。任何人都不可能既是一个善良人,同时又是一名优秀的军事将领。"

② 普卢塔克在《希腊罗马名人比较列传》"庞培传"中指出,庞培的看法和马梅提努斯的这种观点是有联系的:"当我们已经佩戴上刀剑之后,你能不能停止对我们啰嗦法律的问题了呢?"库尔提乌斯在《历史》第九卷中指出:"战争对自然法的颠覆甚至到了无以复加的程度。"

大于其他种类的动物相互之间的区别,我们可以从许多人类所特有的现象中找到这一方面的证据。而在人类所特有的现象中,有一种对社会,即社会生活的迫切愿望。当然,这里的社会并非指任何以及每一种社会,而是指一种和平的、根据人类所能达到的智力水平组织起来的、与自己的同类共同生活的社会。斯多葛派把这样的社会倾向称为"社会性"。① 因此,作为一种普遍真理,必须指出的是:每一种动物都只是在自然本能的驱使下追求自身利益的论断是不能接受的。

7. 实际上,某些其他动物也确实能够在某种意义上克制只有利于自己的本能,有时是为了自身后代的利益,有时是为了同一种类的动物中其他动物的利益。② 我们相信,它们的这些行为来源于从外部体验中形成的本能,因为对于其他不比这些行为更困难的行为,它们并没有表现出类似的智力水平。儿童的情形同样如此。正如普卢塔克敏锐地观察到的那样,即使在对儿童的训练开始之前,他们也已经表现出了某种利他的倾向(《动物的安慰》)。由此可见,人类的同情心在儿

---

① 克里索斯托(圣)在《〈罗马人书〉评注》中指出:"根据人类的本性,我们对其他人应当有一种友爱之情。甚至野兽在它们的相互关系中都有这样一种类似的感情,我们为什么就不能相互友爱呢?"

　　他在《〈以弗所书〉评注》第一章中解释说,自然把美德的种子播撒在了我们的心里。罗马皇帝马库斯·奥勒利乌斯在某种程度上也是一位哲学家,他在《沉思录》中指出:"这一点很早以前就十分清楚了:人生而友爱;低级生物为高级生物而存在;高级生物为相互需要而存在。这难道还不明白吗?"

② 有这样一句古老的格言:"狗不吃狗肉。"尤维纳利斯在《讽刺诗》中写道:"老虎会和其他凶猛的老虎和平相处;野兽会宽恕冒犯自己的同类。"

　　斐洛在他的《论十诫》中对第五诫做了精彩的评论。他当时阅读的可能是希腊文的《圣经》。他的评论有点长,我在这里用拉丁文复述一遍:

　　"人啊,你最少也当效仿不会说话的畜生。它们通过接受关爱的训练,懂得如何回报主人。狗为我们看家,当危险突然临降到主人身上时,它们甚至会为主人去死。据说,牧羊犬总是走在羊群的前面,如果必要,它们会拼死战斗到底,以保护牧羊人不受伤害。在回报关爱方面,狗胜于人,最文明的人还不如最凶猛的野兽。这难道不是所有可耻的事物中最可耻的吗?"

　　"不过,假如地上的走兽没有使我们得到应有的教益,那就让我们到在空中的飞禽王国去看看吧。从飞禽身上,我们可以学到我们的义务是什么。鹤在年老不能飞行以后,只能待在巢中,而它们的后代则飞过大地和海洋,四处寻找食物来供养自己的父母。考虑到老鹤的年龄,它们理当享受安宁和充足的食物,甚至舒适的生活。年轻的鹤甘之如饴地进行着漫长乏味的飞行,因为它们意识到自己在履行孝顺的义务,而且有信心期待在自己年老以后,也可以享受到子女给予的同样的待遇。它们就是这样在需要的时候还债,以同样的行为回报自己曾经得到的关爱。因为无论是在它们幼小的生命之初,还是在已经变老走向生命终点的时候,它们不可能从其他鸟类那里得到维持生命的食物。它们从大自然本身,而不是从任何其他老师那里学到了应当照顾父母的道理,因为它们自己在幼年时得到了父母的照顾。"

　　"听了这个故事之后,难道那些不照料自己父母的人不会感到无地自容吗?他们无视那些他们应当帮助的孤独的人或者其他应当帮助的人,特别是当他们提供帮助并不是要求他们作出贡献,而只是他们应当给予的回报的时候,这种冷漠是多么可耻啊!对子女来说,没有任何东西是父母没有优先请求权的,因为他们所有的一切或者是父母给予的,或者通过父母为他们提供的能力和手段获得的。"

　　关于鸽子对幼鸽异乎寻常的呵护,参见波菲利:《论节制》第三卷;关于鹦嘴鱼和蛴鱼对同类的关爱,参见卡西奥多鲁斯:《杂录》。

童时期就自发地产生出来了。事实上，成年人已经有了使他能够在类似的条件下做出类似行为的认识能力。① 同时，他也有了融入社会的强烈愿望，以便使自己与所有动物不同的交际工具——语言能力能够表现出来。他还具有按照普遍性的原则认识事物和实施行为的能力。无论有多么巧合的现象出现，这种能力都不是所有动物共有的，而是人的本质所特有的。

8. 维护这种我们大致勾勒出来的并且与人类认识水平相一致的社会秩序的需要②就是所谓法律的来源。而属于法律范畴的基本规则包括：克制自己不占有他人之物；③返还我们占有的任何他人之物，包括因该物而取得的孳息在内；履行承诺的义务；赔偿因我们的过失导致的损失；根据其所犯罪行对行为人实施惩罚。

9. 从"法律"一词的这种含义可以引申出另外一个更广泛的意义。按照我们的理解，相对于其他动物，人类的优势在于他不仅具有社会生活的强烈愿望，而且具有一种辨别能力，这种辨别能力使他能够决定现在和将来的哪些事物是有利的，哪些是有害的，并决定如何做出正确的选择。因此，对于在人类认识水平的范围内符合人类本性的事物，他可以在深思熟虑之后做出正确的判断。在这种判断的指引下，他既不会因为恐惧或者眼前的利益的诱惑而误入歧途，也不会因为一时冲动而忘乎所以。而任何明显地有悖于这种判断的都应当被理解为是违反自然法的，

---

① 马库斯·奥勒利乌斯在《沉思录》第九卷中指出："人生而利他。"在该书另一部分中，他又说道："在泥土中发现一件与泥土无关的东西比在人群中找出一个与他人完全无关的人要容易得多。"他在该书第十卷中还写道："那些必须运用理性思维的人同样渴望过像市民一样的生活。"

　　尼塞塔斯在《伊萨克·安基卢斯传》中说道："自然在我们的内心和灵魂中植入了一种善待同类的情感。"另见奥古斯丁（圣）在《论基督教原理》中的论述。

② 塞内加（小）在《论利益》第四卷第十八章中写道："发源于善良心灵的友好感情是十分珍贵的。由此你可能会认识到，忘恩负义是人们应当远离的恶习，因为没有任何其他恶习可以像忘恩负义那样破坏和摧毁人类的和谐和团结。请你告诉我，除了相互提供帮助和服务之外，我们还能依靠什么来获得安全呢？只有爱心的交换才能使我们的生活得到充分保障，并更好地增强我们抵御突然袭击的能力。"

　　"设想一下，假如我们是孤立的个体，情况将会是什么样的呢？我们将成为最凶猛的野兽的猎物和牺牲品，我们的鲜血最廉价，我们最容易成为攻击的对象，因为所有其他动物都被赋予了保护自身安全的足够的力量。野兽有自己的武器，它们生来四处游荡，并过着快乐的生活。而人却只能软弱无助地行走在世界上，没有爪和牙的力量使其他动物感到畏惧。但是，神赋予人类两件武器：理性和社会性。当人暴露在来自所有其他动物的危险之下的时候，这两件武器给了他最有力的保护。这样一来，在单独的状态下不能和其他动物平等相处的人成了世界的主宰。"

　　"正是社会性给了人类主宰所有其他动物的能力。人生于大地，社会转化为具有不同性质的主权组织。社会不但使人类可以主宰大地，而且开始对海洋行使权力。社会控制了疾病的肆虐，为老人提供了援助，并给予不幸者以安慰。社会使我们变得勇敢，因为我们可以依靠它与命运进行抗争。如果去除了人的社会性，你就摧毁了人类的认同感，而这种认同感是维系人类生活所必不可少的。事实上，如果你去除了人的社会性，每个人都不可避免地会产生一颗忘恩负义之心。"

③ 波菲利在《论节制》第三卷中指出："正义包括克制自己不觊觎属于他人的东西，以及不伤害那些没有伤害你的人。"

也就是说，是违反人类本性的。

10. 如何把应当属于每个人或者每个社会群体的东西合理地分配给他们，同样需要运用正确的判断。① 作为分配的方式，根据每种行为或者事物的性质，有时需要优先考虑智叟而非愚公；有时需要优先考虑近亲而非陌生人；还有时需要优先考虑穷人而非富人。很久以前，许多人认为，这种有差别的分配也是所谓正常和严格意义上的法律的一部分。不过，按照正确的定义，法律具有一种与此大为不同的性质。因为法律的本质是使一个人拥有属于他的东西，或者使我们履行对他人所负的义务。

11. 即使我们承认否认上帝的存在或者说人类的事务与上帝无关是最大逆不道的事情，我们在前面所讲的同样具有某种程度上的正当性。当然，承认上帝存在的理念早已植根于我们的心中。这一方面是因为理性，另一方面是因为世代延续的传统，而且上帝的存在已经被许多证据和各个时代见证的奇迹所确认。因此，我们必须毫无保留地服从我们的造物主——上帝，并把我们自己和我们所有的一切归功于他。特别是因为上帝通过许多方式显示了他的至善和他拥有的至高的权力，所以，对于服从他的人，上帝能够给予最大的恩赐，而且因为上帝本身是永恒的，他的恩赐甚至也是永恒的。同时，我们应当相信，上帝愿意给予这种恩赐。更重要的是我们需要坚定这样的信念：假如上帝用简单明了的语言做出承诺，他就一定会信守。作为基督教徒，我们确信，各种证据已经确定无疑地表明他做到了这一点。

12. 因此，除了自然的渊源之外，法律的另一个渊源就是上帝的意志。② 我们的理性明确无误地告诉我们，必须服从上帝的意志。不过，我们前面讲过的自然法同样包含了与人类社会生活有关的规则，以及在更广泛的意义上来自被称为人的本性的规则，因此，自然法也可以恰当地归功于上帝，③因为人的本性是由于上帝的意志而存在于我们自身的。也正是在这个意义上，克里西波斯和斯多葛派经常说，除了朱庇特本身之外，人们不应当从其他方面寻找法律的起源，而且拉丁语中的"法律"（ius）一词可能就是从"朱庇特"（Jupiter）一词派生而来的。④

---

① 安布罗斯（圣）在《论职责》第一卷中对这个主题进行了研究。

② 因此，马库斯·奥勒利乌斯在《沉思录》第九卷中作出了自己的判决："实施非正义行为之人即是犯有渎神的罪行。"

③ 克里索斯托（圣）在《〈哥林多前书〉评注》中指出："当我谈到自然的时候，我指的是上帝，因为他是自然的创造者。"克里西波斯在他的著作《论神》第三卷中说道："除了朱庇特和共同的自然本性之外，正义没有其他起源或者来源。当人们对善与恶进行探讨时，他们必须从这些渊源入手。"（参见普卢塔克：《论斯多葛派的矛盾》）

④ 除此之外，也许更正确的说法应当是拉丁语中的"权利"（ius）是经过缩略的过程派生于"命令"（iussum）一词的，并且由此而形成了"ius"及其生格（所有格）"iusis"，就像"骨头"（os）一词缩略于"ossum"一样。而且如同"papirii"一词是由"papisii"演变而来的那样，后来，"iusis"变成了"iuris"。关于这个问题，参见西塞罗：《致友人书》，第九卷。

13. 另外，还有一种观点认为，上帝通过制定法律的方式，更清楚地彰显了人类的本性，使那些理解力比较愚钝的人也可以明了。他禁止我们陷入可能把自己引入歧途的冲动之中，因为这种冲动有时会影响我们自己的利益，有时会影响他人的利益。他还努力更有效地控制着我们更为暴力的冲动，并把它约束在一个适当的限度之内。

14. 同时，宗教历史告诉我们，教会除了制定行为规则之外，它也通过教导人们所有人类都是同一父母的后代的方式，在很大的程度上强化了人类进行社会交往的倾向。在这个意义上，我们可以肯定弗洛伦提努斯从另一个方面阐述的正确的观点：自然法已经在我们之间建立了一种亲缘关系，因此，一个人设计陷害他的同伴是错误的（《国法大全·学说汇编》）。人类通常认为父母是神圣的，[①]对他们的服从即使不是无限的，也有着一种完全特殊的性质。

15. 另外，因为遵守契约是一项自然法规则（在人类之间，有必要存在某种使他们相互对对方承担义务的形式，而其他自然的形式还没有被设想出来），所以，由此出现了一系列国内法制度。那些使自己与某一团体联系在一起，或者使自己臣服于某一个人或一些人的人们都明示承诺，或者根据其行为的性质只能理解为已经默示承诺，他们将服从由多数人或者被授予权力的人作出的任何决定。

16. 卡涅阿德斯和其他一些人认为："实际需要过去是、现在依然是正义和公平之母。"[②]如果我们希望准确地表明自己的看法，那么，这种观点是不正确的。即使我们不缺乏生活所需的任何东西，人类的本性也会引导我们进入社会的相互关系之中。人类的本性是自然法之母，而国内法之母是由共同同意产生的义务。由于这种义务的效力派生于自然法，所以可以说，人类的本性是国内法的曾祖母。

不过，自然法确实由于能够满足人的实际需要而得到了强化。因为大自然的创造者意在使作为个体的我们虚弱无助，并且缺乏许多正常生活必需的物品，所以，我们最终更有必要建立社会性的生活。同时，实际的需要也为国内法提供了一个机会。我们刚才所讲的人们之间的相互联系和对权力的服从，其根源就在于这样做能够满足人们的需要。由此可见，那些法律的制定者在为他人制定法律时通

---

① 希罗克洛斯在《毕达哥拉斯〈金言〉评注》中称父母是"地上之神"（准确地讲，是对《金言》中"我们应当如何对待父母"这一部分的评注。引自斯托博乌斯：《文选》。斐洛在"十诫"评注中指出："父母是可见之神。他们代替中性的上帝给予我们生命。"父母和子女的关系仅次于上帝和人类的关系（哲罗姆（圣）：《信札》）。父母是诸神的化身（柏拉图：《法律篇》，第十一卷）。应当让父母像诸神那样享有荣誉（亚里士多德：《尼可马亥伦理学》，第九卷，第二章）。

② 对于贺拉斯的这一句话，阿克伦或者另外某位贺拉斯作品的古代注释者在《贺拉斯〈讽刺诗集〉评注》中说道："诗人这样讲是为了反对斯多葛派的教条。他希望说明正义并非来自自然，而是来自实际需要。"关于与之相对立的观点，参见奥古斯丁（圣）在《论基督教原理》第三卷第十四章中的论述。

常会有,或者应当会有对某种实际利益的考虑。

17. 但是,每个国家的法律只考虑本国的利益,因此,只有通过相互同意的方式,才有可能制定出某种适用于所有国家,或者许多国家的法律。很明显,以这种方式制定出来的法律考虑的不是特定国家的利益,而是由众多国家组成的更大的社会的利益。这就是所谓的万国法。无论在何时,我们都要把它和自然法区别开来。

卡涅阿德斯完全无视法律的这种划分,他把所有法律分为自然法和特定国家的法律两种类型。不过,如果他研究过维持国家之间关系的法律体系——因为他确实对有关战争和通过战争取得的财物问题进行过论述,他本来应当不得不提及这种法律的。

18. 另外,卡涅阿德斯讽刺正义,认为它是一种愚蠢的观点。这本身是十分错误的。因为他自己也承认,一个国家的国民遵守本国法律并不是愚蠢的事情,尽管与无视法律相比,他可能会由于遵守法律而被迫放弃某些对他有益的东西。同样,国家不应过度追求本国的利益而无视各国共同适用的法律也不是愚蠢的事情。上述两种情况中的道理是相同的。就像为了眼前利益而违反本国法律的国民将会葬送本人及其后裔将来确定可以取得的利益一样,①国家违反自然法和万国法无异于自毁可以保护其未来和平的长城。即使遵守法律不是出于自身利益的考虑,它也是一种明智而不是愚蠢的表现,因为它使我们感到我们正走在自己的本性所指引的正确的道路上。

19. 贺拉斯在《讽刺诗集》中写道:"你必须承认,法律的制定来源于对非正义的恐惧。"②在柏拉图的《国家篇》和《高尔吉亚篇》中,有人解释说,法律的发明来自对遭受伤害的恐惧,出于这个原因,人们被迫开始建立正义的制度。总的来说,这种思想是不正确的,因为它只与为有利于实施权利而建立的制度和法律有关。由于许多人本身易受伤害,因此,为了使自己免受更强有力的人的欺压,他们联合起来建立了法庭,并依靠集体的力量维持法庭的运作。作为一个团结的整体,他们能够制服那些他们作为个体无法对抗的人。

在这个意义上,我们可能愿意承认这种说法的正确性,即权利是更强有力的人

---

① 马库斯·奥勒利乌斯在《沉思录》第九卷中恰当地运用了这样的比较:"你的每一个直接或间接不关心共同利益的行为都终将破坏你的生活,因而是不能容忍的。这种行为在制造社会分裂方面所起的破坏作用不比一个在人民中间挑起争论的人更小。"在该书第十一卷中,奥勒利乌斯又指出:"一个人断绝与某个伙伴的关系的行为可以被认为他断绝了与整个人类的伙伴关系。"事实上,正如他在该书中所说的:"对蜂群有利的就是对蜜蜂有利的。"
② 如同奥维德在《变形记》中指出的那样:"强者的存在是人们拿起武器的原因。"

也可以接受的概念。我们可以理解，假如法律的背后没有制裁的力量，法律就不可能产生外部效力。根据普卢塔克《希腊罗马名人比较列传》"梭伦传"中的记载，梭伦通过赋予法律以强制力的方式取得了伟大的成就。正如他经常宣称的那样："把法律和强制力结合起来，使人民置于它的约束之下。"

20. 不过，即使没有制裁的力量，法律也不是完全没有效力的。柏拉图在《高尔吉亚篇》中指出，正义会为暴君的内心带来和平与安宁，而非正义则会引起他的愤怒与怨恨。善良的人们达成的共识是应当推崇正义，并谴责非正义的行为。但最重要的是上帝守护正义，并与非正义为敌。他保留着对生命终结之后的最后审判权，他甚至经常使这种最后审判的效果在现世显示出来，正如历史上的无数事例说明的那样。

21. 事实上，许多人主张，他们所遵守的适用于一个国家内部的个人的正义标准不能适用于国家或者国家的统治者。这种错误认识的原因首先在于，他们认为，法律的意义只是因为它可以带来利益，而这种利益只有在市民作为个体无力保护自己的情况下才能够明显地表现出来。但是，由于大国似乎拥有足以保护其生存所需要的一切，因此，它们看起来不需要所谓正义这样的向外部展示的美德。

22. 不过，不需要再重复我讲过的话了。法律的建立不仅仅是建立在实际需要的基础之上的，任何国家都不可能强大到可以在任何时候都不需要来自外部的帮助的地步，无论是为了进行贸易的目的，还是甚至为了抵抗多国联合对本国的进攻。因此，我们看到，即使是最强大的国家和君主，他们也在寻找盟友。按照那些认为法律只是在一个国家边界范围内发生作用的人的观点，他们这样做是完全没有意义的。最正确的说法应当是：从人们背弃法律的那一刻起，一切都将处于不确定的状态之中。

23. 就像亚里士多德通过关于强盗的著名事例说明的那样，如果没有法律，人类的任何联合形式都无法维持①（斯托博乌斯：《文选》）。同样，把人类或者许多国

---

① 克里索托斯（圣）在《〈以弗所书〉评注》第四章中指出："有人说，强盗也在按照和平的方式生活。那么，请你告诉我，他们什么时候或者怎么按照和平方式生活了呢？的确，当他们不做强盗的时候，他们在和平地生活着。但是，当他们瓜分抢劫来的财物的时候，他们不会遵守正义原则按公平的比例进行分配。你会看到他们中间会为此爆发冲突和战斗。"

普卢塔克在《希腊罗马名人比较列传》"皮洛士传"中援引了皮洛士说过的这样一句话：他将把自己的王国留给孩子们中间宝剑最锋利的那一个。普卢塔克认为，皮洛士的这句话和欧里庇得斯的剧作《腓尼基少女》中的这句台词有着同样的含义："他们手中拿着沾满血污的兵器瓜分家产。"然后，他用高尚口吻补充说："决心占有更多不属于自己的财产是一件非常粗暴和危害社会秩序的事情！"

西塞罗在《致友人书》中指出："从人们背弃法律的那一刻起，一切都将处于不确定的状态之中。"波利比奥斯在《通史》第四卷中说："罪犯和强盗组成的私人团伙中的成员不能彼此公平相待是导致团伙分裂的最重要的原因，因为他们之间的善意和信任早已荡然无存了。"

家联合在一起的确也需要法律。西塞罗认识到了这一点。他在《论责任》中指出，即使只是为了本国的利益，也不应当实施可耻的违法行为。亚里士多德在《政治学》中对人们的这种行为提出了尖锐的批评：除了依据法律之外，他们不允许任何人对他们行使权力；但与此同时，他们对是否应当依据法律对待外国人的问题漠然视之。①

24. 我在前面援引过庞培反对法律在战争中的作用的观点。而正是庞培纠正了一位斯巴达国王的这种观点，即一个用长矛和刀剑划定其边界的国家是最值得庆贺的。庞培指出，一个以符合正义的方式确定其边界线的国家才是真正值得庆贺的。在这一点上，庞培可能引用了另外一位斯巴达国王的权威见解。这位国王认为，在战争中，正义应当被置于比勇敢更优先的地位。② 按照他的观点，勇敢应当接受正义的指引。但是，如果所有人都能够心怀正义，就不需要在战争中表现勇敢了。

斯多葛派把勇敢定义为为公平而战的美德。根据地米斯提乌斯《演讲集》中的记载，他在和瓦林斯谈话时雄辩地指出，衡量国王统治的智慧不但要看他们是否有益于自己受托管理的国家，而且要看他们是否有益于整个人类。他指出，国王不能只是"马其顿人的朋友，或者罗马人的朋友"，而应当是人类的朋友。③ 弥诺斯后来臭名远扬的原因不是其他，而是因为他只公平对待他的王国边界之内的人。④

25. 最不能接受的是有些人认为，在战争期间，所有法律都会被中止。事实上，与此相反，除了为捍卫权利之外，不应当进行战争。战争一旦开始，它只能在法律和诚实信用原则的范围内进行。狄摩西尼在《论切尔松尼斯的事务》中正确地指出，战争的目的是反对那些不受司法程序约束的人。因为司法判决对于自认为势

---

① 普卢塔克在《希腊罗马名人比较列传》"阿格西劳斯传"中指出："在他们关于荣誉的概念中，斯巴达人把国家利益置于首位。他们不知道，也不想去了解任何其他类型的权利，除非他们认为它将有利于增进斯巴达的利益。"

　　根据修昔底德《伯罗奔尼撒战争史》第五卷中的记载，对于斯巴达人，雅典人评论说："在他们的相互关系中，他们根据自己对民事权利的理解最严格地践行着他们的美德。但是，在与其他人的关系上，虽然关于这个问题有许多不同的看法，但一言以蔽之，按照他们的观点，符合自己利益的就是光荣的，对自己有利的就是正义的。"

② 当他听到一位波斯国王被称为伟大的国王的时候，阿格西劳斯说道："如果他不是更有正义感的话，他哪一点比我更伟大啊？"普卢塔克在《短文集》"阿格西劳斯"中引用了这一句话。

③ 马库斯·奥勒利乌斯在《沉思录》中非常精辟地指出："作为安东尼努斯，我的城市和国家是罗马；作为一个人，我属于全世界。"波菲利在《论节制》第三卷中写道："在理性的指导下行动的人不但在与其他市民的关系中无可指摘，而且在与陌生人以及所有其他人的关系中也应当免受指摘。一个人越是遵从理性的指导，他就越接近于完美。"

④ 关于弥诺斯，有一位古代的诗人写道："整个岛屿都在他的枷锁之下痛苦地呻吟。"关于这一点，参见西里尔（圣）：《反朱利安》第六卷。

单力薄、无力抗争的人是有效的，所以，进行战争是为了对抗那些同样强大或者自认为强大的人。但是，为了证明战争的正当性，战争必须谨慎地进行，就像司法程序中通常做的那样。

26. 如果说在战争期间要让法律噤声，那也只能是指一个国家的国内法，即那些为一国法庭所关注并适用于该国和平状态的法律，而不是其他永久有效并适用于所有时期的法律。狄翁在《讲演稿》中非常精辟地指出，敌对国家之间的成文法，即特定国家的法律，不再有效；但由自然法所规定的，或者根据国家之间的共同同意所确立的不成文法将继续有效。[①] 李维在《罗马史》I 中说道，根据罗马人的一句古老的格言，"我认为，战争所追求的应当是无可指责的和正义的目标"。

根据诺尼乌斯在《论简化的原理》中的记载，瓦罗曾经指出，古罗马人对于开战十分谨慎；他们不允许自己在没有正当理由的情况下进行战争，因为他们的观点是：除非完全无可指责，否则，不得进行战争。卡米卢斯认为，在战争中，正义和勇敢同样重要；大西庇阿则指出，罗马人民总是以正义的方式开始和结束战争（李维：《罗马史》V）同样，在李维的《罗马史》V 中，你还可以看到这样一句话："战争法与和平法同样重要。"另一位作者塞内加（小）对法布里奇乌斯表示敬佩，认为他是一位伟大的人物。最难得的是，他在战争中也能保持正直的品格。他相信，即便是对待敌人，有些行为也构成犯罪（《书信集》）。

27. 历史学家们在许多作品中说明，在战争中，当人们坚信正义在自己一方时，这种意识对战局的影响是非常大的。[②] 因此，他们经常把胜利的主要原因归结

---

① 当有人问阿方索国王他更喜欢书籍还是武器时，国王回答说，他从书中既学到了如何使用武器，也学到了关于武器的法律。普卢塔克在《希腊罗马名人比较列传》"卡米卢斯传"中指出："在正直的人们中间，某些法律，甚至是关于战争的法律，也会得到承认。他们认为，不应当为了夺取战争的胜利而通过实施邪恶和亵渎神灵的行为确立自己的优势。"

② 根据阿庇安《内战史》中的记载，庞培正确地指出："我们应当相信众神以及我们进行战争的理由的正当性，因为我们是为保卫我们的国家制度这个光荣和正义的目标而战的。"同样，在该书中，卡修斯说："在战争中，最伟大的希望在于战争理由的正义性质。"约瑟夫斯在《上古犹太史》第十五卷中写道："上帝与站在正义一边的人站在一起。"

普罗科匹厄斯的作品中有几处表达了同样的意义。第一处是在《汪达尔战争》中，他记载了贝利萨留在开始对非洲进行远征后所讲的一段话："如果没有正义相伴，只依靠勇敢是无法取得胜利的。"第二处是贝利萨留在迦太基附近的战争开始前不久发表的讲话（《汪达尔战争》）。第三处是我们在《哥特战争史》中看到的伦巴第人对赫鲁利人所说的话。我对其中的文字做了某些更正："我们呼唤上帝现身！即使他展示最微小的威力，也足以匹敌人类的全部力量。我们完全相信，他会对人们进行战争的理由进行评价，并给予每一方应得的战果。"这种说法后来很快被一个奇妙的事件所证实。

在普罗科匹厄斯的《哥特战争》中，托提拉对哥特人说："我认为，那些在平常的争斗中诉诸暴力和非正义行为的人绝对不可能赢得好名声，就像在每个人生活中的报应一样，战争的命运会降临到他们的头上。"在他攻占罗马后不久，托提拉又发表了一个讲话，并且表达了同样的观点（《哥特战争》）。　（转下页）

于这一点。于是,就出现了这样一些格言:进行战争的理由可以削弱或者增强战士们的力量;进行非正义战争的人很难平安回家;充分的战争理由是希望的伴侣。除此之外,还有其他具有相同意义的说法。

另外,人们不应当被非正义一方取得胜利的结果所迷惑,因为我们只要明白这一点就足够了:战争理由的正当性的确会对战争行动产生影响,甚至会产生实质性的影响,不过,就像在人类社会的事务中一样,这种影响的效果经常会因为其他因素的干扰而被抵消。即使只是为了赢得友谊——这是出于各种原因国家和个人都需要的——保持一个不会匆忙地投入战争、不会为非正义的理由从事战争和进行战争的方式无可指责的好名声也是非常有益的。没有人愿意和那些被自己视为无视法律、权利和诚实信用原则的人结为同盟。

28. 通过我以上的论述,我们应当充分相信,存在一种适用于各国的共同的法律,它既适用于开始战争的理由,也适用于战争行为。因此,我有许多重要的理由进行这个主题的写作。我注意到,整个基督教世界对战争都是缺乏节制的。关于这一点,即使是野蛮民族也会为之感到羞愧。我看到,人们出于微不足道的借口,甚至完全不需要任何理由,就匆忙地诉诸战争;而一旦拿起武器,任何对神法或人法的尊重即不复存在。似乎根据一项基本的法则,实施一切犯罪的疯狂都可以在战争中公开地释放出来。

29. 面对这种残酷的现实,许多远非本质恶劣的人们希望求助于禁止对基督教徒使用一切武力的原则,[①]因为基督教徒的行为规范中高于一切的义务就是博爱。约翰·怀尔德和我的同乡伊拉斯谟有时倾向于禁止对基督教徒使用任何武力的观点。他们认为,无论是作为教会的教徒,还是作为国家的公民,人都应当最大限度地致力于和平。不过,我认为他们的目的是当事物向一个方向发展的时候,就像我们习惯做的那样,用力把它拉向相反的方向,最后使它真正回到中间的位置;但如果在拉向相反的方向时用力过猛,往往会使它极大地偏离适当的中间位置,从

(接上页)阿加提阿斯在其著作《历史》第二卷中写道:“无论是在战争时期,还是在战斗过程中,最重要的是要避免非正义的和忽视上帝的行为,因为这些行为是非常有害的。”为了证明自己的观点,他在该书中列举了大流士、薛西斯和西西里的雅典人等著名的事例。另外,还可以参见希罗狄安的《历史》第八卷中记载的克里斯皮努斯对阿奎莱亚人民发表的讲话。

在修昔底德《伯罗奔尼撒战争史》第七卷中,我们看到斯巴达人在反思他们在皮洛斯和其他地方遭受的灾难,这些灾难是他们注定要经受的,因为他们曾经拒绝了提供给他们的进行公断的机会。不过,当后来犯下许多邪恶罪行的雅典人也拒绝公断的时候,斯巴达人心中重新燃起了在战斗中取得更大胜利的希望。

① 德尔图良在《论基督的肉体复活》第十六章中写道:“在战争中,刀剑上沾染敌人的鲜血是光荣的,但刀剑同时也会被用来杀死好人。”

而带来有害的后果。由于在关于战争和法律的辩论中容易出现极端的观点，而这些极端的观点会削弱那些完全属于真理范畴之内的其他观点的影响，因此，必须在两个极端之间找出一种适当的补救措施。我们既不能相信一切都不允许的观点，也不能相信一切都允许的说法。

30. 同时，通过我一直希望进行的对私人生活领域的潜心研究——在我蒙冤被迫离开自己曾经付出大量心血为之增光的祖国之后，这是我现在唯一可以走的道路——我期待自己可以对法律哲学做出某些贡献。此前，在我担任公职的时候，我曾经在力所能及的范围内最大限度地认真进行过这一方面的实践。迄今为止，已经有许多人试图对这个主题做系统性的论述，但是，还没有人取得成功。事实上，如果不能把那些来自实在法的因素和源于自然法的因素适当地加以区分，这样的任务是不可能完成的。然而，到目前为止，还没有人充分考虑过这一点。因为自然法原则基本上是相同的，所以，可以很容易地把它们纳入一个系统性的规范体系之中。不过，实在法的因素却经常发生变化，而且在不同地区有着不同的规定，因此，就像其他特殊事物的概念一样，它们不属于可以进行系统性研究的范围。

31. 现在，在剔除那些来源于人的自由意志的所有因素之后，愿意献身于对真正的正义进行研究的人们可以开始对自然法不变的法律哲学的各个部分进行研究了。例如，有的人可以研究立法，有的人可以研究税收，有的人可以研究司法，有的人可以研究如何确定动机，还有的人可以研究如何证明事实。然后，把所有这些部分组合在一起，就形成了一个法学理论的体系。

32. 在本书中，我主要用事实而不是词语来说明我认为应当按照什么步骤来进行论述。本书研究的是法学理论中最深奥的一部分。

33. 本书第一卷在介绍了法律的起源之后，首先研究了一个一般性的问题，即是否有所谓的正义战争。然后，为了确定公战和私战的区别，我发现有必要对主权的性质进行解释——什么样的国家和国王拥有完全的主权？谁只拥有部分的主权？谁有权或无权让渡主权？最后，我认为有必要说明有关臣民对地位更高的人的义务问题。

34. 本书第二卷在说明可能导致战争发生的所有原因之后，充分阐述了这样一些问题：什么财产可以共同所有？什么财产可以由个人所有？人们对他人有什么权利？所有权会产生什么义务？规范王位继承的规则是什么？通过承诺或者契约可以产生什么权利？同盟条约的效力是什么？什么是公的或私的誓约，以及为什么有必要对它们进行解释？什么是适当的损害赔偿？使节的不可侵犯权包括什么内容？规范死者丧葬的法律是什么？惩罚的本质是什么？

35. 本书第三卷首先说明了它的主题，即什么是战争中允许的行为？接着，在对可以免受惩罚的行为或者甚至在其他民族中被认为合法的行为与的确完全无可指摘的行为进行区别之后，论述了不同类型的和平以及与战争有关的各种协定。

36. 对我来说，进行这样一项工作似乎是非常有价值的。因为正如我在前面讲过的那样，到目前为止，还没有人将这个主题作为一个整体做过研究，而那些对它的部分内容进行过论述的学者事实上留下了许多需要其他人努力解决的问题。在这一领域，古代的哲学家们没有留给我们什么成果。无论是希腊人——在他们中间，亚里士多德曾经写过一本名为《战争的权利》的著作，还是那些我们特别寄予厚望的笃信正在发展中的基督教的人们，在这一领域的研究都乏善可陈。甚至罗马人关于宣战媾和等外交方面的法律书籍留给我们的也是除了其名称本身之外，别无他物。此外，那些编纂名为"良心案"的案例汇编的人们，也只是像对待其他主题一样，分别就战争、承诺、誓约和报复写了几章内容。

第四节　托马斯·霍布斯

一、本节案例导读

　　托马斯·霍布斯(Thomas Hobbes，1588－1679)，英国哲学家、政治学家。《利维坦》这部著作又译作《巨灵论》，全名为《利维坦，或教会国家和市民国家的实质、形式和权力》，是霍布斯政治学理论的代表作，也被誉为近代西方政治哲学体系的奠基之作。所谓利维坦，原为《旧约圣经》中记载的一种怪兽，用来比作强势国家。该书探讨了国家政治学说、社会结构以及国家的本质及作用等。

二、案例资料阅读

[英]托马斯·霍布斯：《利维坦》，黎思复、黎廷弼译，杨昌裕校，北京：商务印书馆，1985 年，第128—142 页。

第二部分　论国家
第十七章　论国家的成因、产生和定义

　　我们看见天生爱好自由和统治他人的人类生活在国家之中，使自己受到束缚，他们的终极动机、目的或改变企图是预想要通过这样的方式保全自己并因此而得

到更为满意的生活；也就是说，要使自己脱离战争的悲惨状况。正像第八章中所说明的，没有有形的力量使人们畏服，并以刑法之威约束他们履行信约和遵守第十四、十五章两章中所列举的自然法时，这种战争状况便是人类自然激情的必然结果。

因为各种自然法本身（诸如正义、公道、谦谨、慈爱，以及［总起来说］己所欲施于人），如果没有某种权威使人们遵从，便跟那些驱使我们走向偏私、自傲、复仇等的自然激情互相冲突。没有武力，信约便只是一纸空文，完全没有力量使人们得到安全保障。这样说来，虽然有自然法（每一个人都只在有遵守的意愿并在遵守后可保安全时才会遵守），要是没有建立一个权力或权力不足，以保障我们的安全的话，每一个人就会，而且也可以合法地依靠自己的力量和计策来戒备所有其他的人。在人们以小氏族方式生活的一切地方，互相抢劫都是一种正当职业，绝没有当成是违反自然法的事情，以致抢得赃物愈多的人就愈光荣。在这种行径中，人们除开荣誉律以外就不遵守其他法律；这种律就是禁残忍，不夺人之生，不夺人农具。现在的城邦和王国不过是大型的氏族而已。当初小氏族所做的一切它们现在也如法炮制。在危机、畏惧入侵、恐怕有人可能帮助入侵者等的借口下，为了自己的安全而扩张领土，他们尽自己的可能，力图以公开的武力或秘密的阴谋征服或削弱邻邦；由于缺乏其他保障，这样做便是正义的，同时还因此而为后世所称道。

少数人联合也不能使人们得到这种安全保障。因为在少数人中，某一边人数稍微有所增加就可以使力量的优势大到足以决定胜负的程度，因而就会鼓励人们进行侵略。使人确信能充分保障安全的群体大小不决定于任何一定的人数，而只决定于与我们所恐惧的敌人的对比。只有当敌人超过我方的优势不是显著到足以决定战争的结局，并推动其冒险尝试时，才可以说是充分了。

群体纵使再大，如果大家的行动都根据各人的判断和各人的欲望来指导，那就不能期待这种群体能对外抵御共同的敌人和对内制止人们之间的侵害。因为关于力量怎样运用最好的意见发生分歧时，彼此就无法互相协助，反而会互相妨碍，并且会由于互相反对而使力量化为乌有。这样一来，他们就不但会易被同心协力的极少数人征服，而且在没有共同敌人的时候，也易于为了个人自己的利益而相互为战。因为我们如果可以假定大群体无须有共同的权力使大家畏服就能同意遵守信义和其他自然法，那么我们便大可以假定在全体人类中也能出现同样的情形；这时就根本既不会有、也无须有任何世俗政府或国家了，因为这时会无须服从就能取得和平。

人们希望安全保障能终身保持，对于这种保障来说，如果他们只在一次战役或一次战争等有限的时期内受某一种判断意见的指挥和统辖那是不够的。因为这时他们虽然能因为一致赴敌而取得胜利,但事后当他们没有共同敌人的时候,或是一部分人认为是敌人的人,另一部分人认为是朋友的时候,就必然又会由于利益的分歧而解体和重新陷入互相为战的状态。

诚然,某些动物如蜜蜂、蚂蚁等,能群处相安地生活,因而被亚里士多德列为政治动物。然而它们却只受各自的欲望和判断指挥,同时也没有语言可以向他方表达自己认为怎样才对公共利益有利。因此,有人也许会想知道人类为什么不能这样。关于这一点,我的答复是这样:第一,人类不断追求荣誉和地位、而这些动物则不然。因之,人类之中便会由于这一原因而产生嫉妒和仇恨,最后发生战争,但这些动物却没有这种情形。

其次,这些动物之中,共同利益和个体利益没有分歧;它们根据天性会为自己的个体利益打算,这样也就有助于公共利益。但人类的快乐却在于把自己和别人作比较,感到得意只是出人头地的事情。

第三,这些动物不像人类一样能运用理智,它们见不到,同时也不认为自己能见到公共事务管理中的任何缺点。但在人类之中则有许多人认为自己比旁人聪明能干,可以更好地管理公众;于是便有些人力图朝某一个方向改革,另一些人又力图朝另一方向改革,因而使群体陷入纷乱和内战之中。

第四,这些动物虽然也能用一些声音来相互表示自己的欲望和其他感情,但它们却没有某些人类的那种语辞技巧,可以向别人把善说成恶、把恶说成善,并夸大或缩小明显的善恶程度,任意惑乱人心,捣乱和平。

第五,没有理智的动物不能区别无形的侵害和有形的损失;所以当它们安闲时,就不会感到受了同伴的冒犯;而人类在最安闲时则是最麻烦的时候;因为在这种时候他们最喜欢显示自己的聪明,并且爱管国家当局者的行为。

最后,这些动物的协同一致是自然的,而人类的协议则只是根据信约而来,信约是人为的。因之,如果在信约之外还需要某种其他东西来使他们的协议巩固而持久便不足为奇了,这种东西便是使大家畏服、并指导其行动以谋求共同利益的共同权力。

如果要建立这样一种能抵御外来侵略和制止相互侵害的共同权力,以便保障大家能通过自己的辛劳和土地的丰产为生并生活得很满意,那就只有一条道路——把大家所有的权力和力量托付给某一个人或一个能通过多数的意见把大家的意志化为一个意志的多人组成的集体。这就等于是说,指定一个人或一个由多人组成的集体来代表他们的人格,每一个人都承认授权于如此承担本身人格的人在有关公共和平或安全方面所采取的任何行为或命令他人作出的行为,在这种行为中,大家都把自己的意志服从于他的意志,把自己的判断服从于他的判断。这就不仅是同意或协调,而是全体真正统一于唯一人格之中;这一人格是大家人人相互订立信约而形成的,其方式就好像是人人都向每一个其他的人说:我承认这个人或这个集体,并放弃我管理自己的权利,把它授予这人或这个集体,但条件是你也把自己的权利拿出来授与他,并以同样的方式承认他的一切行为。这一点办到之后,像这样统一在一个人格之中的一群人就称为国家,在拉丁文中称为城邦。这就是伟大的利维坦(Leviathan)的诞生——用更尊敬的方式来说,这就是活的上帝的诞生;我们在永生不朽的上帝之下所获得的和平和安全保障就是从它那里得来的。因为根据国家中每一个人授权,他就能运用托付给他的权力与力量,通过其威慑组织大家的意志,对内谋求和平,对外互相帮助抗御外敌。国家的本质就存在于他身上。用一个定文来说,这就是一大群人相互订立信约,每人都对它的行为授权,以便使它能按其认为有利于大家的和平与共同防卫的方式运用全体的力量和手段的一个人格。

承担这一人格的人就称为主权者,并被说成是具有主权,其余的每一个人都是他的臣民。

取得这种主权的方式有两种:一种方式是通过自然之力获得的,例如一个人使其子孙服从他的统治就是这样,因为他们要是拒绝的话,他就可以予以处死;这一方式下还有一种情形是通过战争使敌人服从他的意志,并以此为条件赦免他们的生命。另一种方式则是人们相互达成协议,自愿地服从一个人或一个集体,相信他可以保护自己来抵抗所有其他的人。后者可以称为政治的国家,或按约建立的国家;前者则称为以力取得的国家。首先要讨论的是按约建立的国家。

第十八章　论按约建立的主权者的权利

当一群人确实达成协议,并且每一个人都与每一个其他人订立信约,不论大多数人把代表全体的人格的权利授与任何个人或一群人组成的集体(即使之成为其代表者)时,赞成和反对的人每一个人都将以同一方式对这人或这一集体为了在自己之间过和平生活并防御外人的目的所作出的一切行为和裁断授权,就像是自己的行为和裁断一样。这时国家就称为按约建立了。

由群聚的人同意授与主权的某一个或某些人的一切权利和职能都是由于像这样按约建立国家而得来的。

首先,由于他们订立了信约,这便意味着他们不再受任何与此相反的旧信约的约束了。这样说来,已经按约建立一个国家的人,由于因此而受信约束缚必须承认某一个人的行为与裁断,按照法律说来,不得到这人的允许便不能在自己之间订立新信约,在任何事务方面服从任何另一个人。因此,一个君主的臣民,不得到君主的允许,便不能抛弃君主政体、返回乌合之众的混乱状态,也不能将他们自己的人格从承当者身上转移到另一个人或另一个集体身上。因为他们已经人人相互订约承认已成为自己的主权者的人所作的一切以及他认为适于作出的一切,并被称为是这一切的授权人。因此,任何人要是不同意的话,大家便都会破坏自己对这人所订定的信约了,这就是不义。同时他们每一个人也都将主权授与承当他们的人格的人了,要是废黜他的话,便是夺去了他自己的东西,这也是不义。此外,企图废黜主权者的人,由于这种企图而被他斩杀或惩办时,他也是自己所受惩办的授权者,因为按约建立国家后,他就是主权者所作的一切事情的授权人;由于一个人做出任何将受到自己所授与的权力惩办的事情时就是不义,根据这一点他也是不义。有人对于自己不服从主权者一事所提出的借口是他们和上帝、而不是和人订立了新信约,这也是不义的。因为不通过代表上帝的人的中介作用就不可能和上帝订约,而代表上帝则只有在上帝之下具有主权的神的代理人才能办到。但这种与上帝立约的借口甚至在提出借口的人自己的良心中说来也显然是一种谎言,以致这种行为不但是不义的,而且是卑鄙和怯懦的。

第二,因为被他们推为主权者的那个人承当大家的人格的权利只是由于他们彼此间的信约所授与的,而不是由他对他们之中任何一人的信约所授予的,于是在主权者方面便不会违反信约;这样一来,他的臣民便不能以取消主权作借口解除对他的服从。显然被推为主权者的那个人并没先同他的臣民订约,否则他就必须将全体群众作为一方与之订约,要不然就必须和每一个人分别订约。将全体群众作为一方与之订约是不可能的,因为他们在那时还不能成为一个人格。要是有多少人他就订立多少单独的信约,那么在他有了统治权以后,那些契约就无效了。因为不论任何行为如果能被其中的任何一个人声称为破坏信约的行为的话,这一行为便既是他自己的行为,也是所有其他人的行为。其原因是:这行为是代表他们每一个人的人格并根据他们每一个人的权利作出的。此外,如果他们之中有一个或更多的人声称按约建立主权者时由主权者订立的信约有违反情形,而其他的人或另一臣民,或者主权者自己又声称没有违反,在这种情况下,就没有一个裁断者来决定这一争执。于是便又会重新诉诸武力,每一个人也就会恢复运用自己的力量保护自己的权利,这就和原先按约建立国家的宗旨相违背了。这样说来,通过事先订立的信约授与主权是没有用的。有人认为任何君主的主权是由于订立信约而得来的,也就是有条件地得来的。这种看法只是由于对下一简单的真理缺乏理解而产生的——信约本身只是空洞的言辞,除开从公众的武力中得到的力量以外就没有任何力量来约束、遏制、强制或保护任何人;所谓从公众的武力中得到的力量,指的是从具有主权的一个人或一群人组成的不受束缚的集体的手中取得的力量。这个人或这个集体的行为得到全体的保证、并以大家结合在本身之中的力量来予以执行。但如果是一个集体被推为主权者时,任何人便都不会设想在按约建立国家时成立了任何这种信约。因为举一个例子来讲,没有人会笨到一个程度,以致说罗马城邦的人民和罗马人订立了一项信约,规定根据某某条件保有主权。这种信约要是没有履行的话,罗马人依法就会有权废黜罗马城邦的人民了。人们之所以看不到君主政体和平民政府的道理彼此相同,是由于某些人具有野心,他们偏爱自己渴望参加的集体政府和对君主政体感到灰心绝望的缘故。

第三,由于多数人以彼此同意的意见宣布了一个主权者,原先持异议的人这时便必须同意其余人的意见;也就是说,他必须心甘情愿地声明承认这个主权者所作的一切行为,否则其他的人就有正当的理由杀掉他。因为他如果是自愿加入这一群人组成的群体,这一行为本身就充分说明了他的意愿,也就是以默认的方式约定要遵守大多数人所规定的事情。这样说来,如果他拒绝遵守或声言反对他们的任何规定,便是违反了自己的信约,因之也就是不义的行为。不论他是不是属于这个群体,也不论是不是征求了他的同意,他要不是必须服从他们的决定,就必然会被抛弃在原先所处的战争状态中;在这种状态下,任何人都可以杀死他而不为不义。

第四,由于按约建立国家之后,每一个臣民便都是按约建立的主权者一切行为与裁断的授权者,所以就可以得出一个推论说:主权者所做的任何事情对任何臣民都不可能构成侵害,而臣民中任何人也没有理由控告他不义,因为一个人根据另一个人的授权做出任何事情时,在这一桩事情上不可能对授权者构成侵害。既然像这样按约建立国家之后,每一个人都是主权者一切行为的授权人。因此,抱怨主权者进行侵害的人就是抱怨自己所授权的事情,于是便不能控告别人而只能控告自己。甚至还不能控告自己进行了侵害,因为一个人要对自己进行侵害是不可能的。诚然,具有主权的人可能有不公道的行为,但确切地说,这不是不义,也不算是侵害。

第五,根据以上所说的道理来看,处死一个主权者,或臣民以任何方式对主权者加以其他惩罚都是不义的。因为每一个臣民既然都是主权者行为的授权人,那样就是由于自己所做的事情去惩罚另一个人了。

由于这种按约建立国家的制度其目的是全体的和平与防卫,任何对这一目的具有权利的人也就具有对于手段的权利;所以具有主权的任何个人或集体就当然有权审定和平与防卫的手段,也有权审定和平及防卫一切障碍与妨害的事情。为了保持和平与安全,对内防止分歧,对外对付敌人,他也当然有权事先做出他认为有必要的事情,或在和平与安全已失去时,做出一切努力来加以恢复。因此:

第六,决定哪些学说和意见有害于和平,哪些有利于和平,决定对人民大众讲话时什么人在什么情况下和什么程度内应受到信任以及决定在一切书籍出版前，其中的学说应当由谁来审查等都属于主权范围。因为人们的行动来自意见，为了他们的和平和协调起见，良好地管理人们的意见就是良好地管理人们的行为。在学说问题上所应尊重的虽然只是真理，但并不排斥根据和平加以管理。因为与和平相冲突的学说就不能称其为真理，正像和平与协调不能和自然法相冲突一样。诚然，由于一个国家的统治者和导师们疏忽大意或不善于办事，错误的学说有时被普遍接受，违反真理的学说也可能到处蔓延，然而把新的真理骤然和纷乱地介绍进来也绝不可能破坏和平；而只会有时引起战争。因为人们被不负责任地统治到如此程度，以致敢于用武力保卫或介绍一种意见，他们便仍然处在战争状态中。他们所处的状态不是和平状态，而只是由于互相畏惧暂时存在的休战状态而已，就好像是始终生活在战场的边缘上一样。因之，主权者便有权审定意见和学说，或任命全体审定人，把这事当成和平所必需的事，像这样来防止纠纷和内战。

第七，主权还包括以下的全部权力，即订立规章，使每一个人都知道哪些财物是他所能享有的，哪些行为是他所能做的，其他臣民任何人不得妨害。这种规章就是人们所谓的法度。因为正像上面已经说明的一样，在建立主权以前，所有的人对所有的东西都具有权利，这样就必然会引起战争。由此看来，法度既为和平所必需，而又取决于主权，所以它便是主权为了保持公共和平应做的事情。这些有关我的、你的、（即私有财产权）以及臣民行为中的善、恶，合法与非法的规章便是市民法，也就是每一个国家各自具有的法律。只是市民法一词现在已经只限于用来指罗马城邦的古民法，由于当时罗马城邦是世界一大部分地区的领导者，它的法律也就是那些地区的国法。

第八，司法权也属于主权的范围。这就是听审并裁决一切有关世俗法与自然法以及有关事实的争执的权利。因为不裁决争执就不能保障臣民不互相侵害，关于私有财产权的法律就会形同虚设，每一个人根据其自我保全的自然和必然的欲望就会仍然具有运用自己的力量防卫自己的权利；这就是战争状态，与每一个国家按约建立时的目的都相违背。

第九，与其他国家和民族宣战媾和的权利也是主权范围内的权利。这就是为了公共利益判断在什么时候和对多少人数的军队进行征集、武装并发付薪饷的权利，以及向臣民征集款项、支付战争开支的权利。因为保卫臣民的力量在于他们的军队，而军队的力量则在于把大家的力量统一于一个指挥之下。这种指挥是主权者制定的，于是便也为主权者所拥有；因为国民军指挥权，无须其他制度规定，就可以使具有者成为主权者。于是军队的将军不论由谁当，最高统帅始终是主权者。

第十，平时和战时一切参议人员、大臣、地方长官和官吏的甄选权也属于主权范围。公众的和平与保卫这一目的既由主权者负责，他就应当具有权力运用他认为最适合于完成其职责的手段。

第十一，交付给主权者的权力中还有根据他事先制定的法律对每一臣民颁赐荣衔爵禄之权以及施行体刑、罚金与名誉刑之权。事先没有制定法律的地方，就根据他认为最有助于鼓励人们为国家服务或防止人们危害国家的方式去施行。

最后，由于考虑到人们在自然倾向下给予自己的评价以及他们希望于别人对他们的尊敬，同时又考虑到人们对旁人的评价是怎样的低；由此出发就会不断地出现竞争、论争、党争、最后出现战争；造成互相摧毁，并削弱对共同敌人的防御力量；于是就必须有荣衔法规，并且还要有一个公开的尺度来衡量对国家有功或者有才能为国立功的人的身价；此外还必须有某一些握有武力来执行这些法律的人。但上面已经说明，不但是国家的全部国民军或武力，而且连一切争端的司法裁判权都归于主权者，因之主权者便也有权颁赐荣衔，规定每一个人的品级与地位，以及公私应酬之礼等。

以上所说的就是构成主权要素的权利，同时也是识别主权存在于哪一个人或哪一群人的集体手中的标志，因为这些都是不可转让和不可分割的权利。某些权利，像铸币权、处理未成年继承人的财产与人身的权利、市场先购权以及其他明文规定的特权，主权者都可以转让而仍然不失去其保卫臣民的权力，但他如果将国民军交出去，保留司法权就没有用了，因为法律将没法执行；要是他把征税权让出去，保留国民军也就是空话；要是把统治学理的权利让出去，人们就会由于恐惧幽灵鬼怪而发生叛乱。因此，如果我们考虑一下以上所说的任何一种权利时，马上就会看出：即使保有其他一切权利，在保持和平与正义（一切国家按约建立的目的）方面也不会产生任何效果。人们说，这种分割是"国分则国将不国"的分割；因为除非事先发生了这种分割，否则就不会出现分裂成敌对阵容的情形。如果英格兰绝大部分人当初没有接受一种看法，将这些权力在国王、上院、下院之间加以分割，人民便决不会分裂而首先在政见不同的人之间发生内战，接着又在宗教自由问题方面各持异议的人之间发生内战。这种情形使人们对于主权的这一特点获得了极大的教训，所以目前英国便很少人看不到这些权利是不可分割的，而且在下次恢复和平时也会普遍承认这一点，直到大家忘记痛苦之前，这种情况会一直继续下去。但除非是一般人得到比迄今更好的启导，否则在那之后就难于持续下去了。

由于这些都是必不可缺和不可分割的权利，所以就必然会得出一个结论：其中任何一种权利不论表面上根据什么言词转让出去了，只要主权本身没有直接宣告放弃、而受让人又没有不再将主权者之名赋与转让权利的人的话，这种让渡便是无效的；因为当这人把一切能让出去的全都转让了之后，我们只要把主权转让回去，这一切便又全都作为不可分割地附属于主权的东西而恢复了。

这一巨大的权柄由于本身是不可分割的,而且又不可分离地附属在主权之上,所以有些人说主权君主的权力虽然比每一个臣民单独说来大,但比全体臣民总合起来的权力小的说法便没有什么根据了。因为他们所说的全体,如果不是如同一个人一样的集体,那么全体一词和每一个人一词所指的便是同一回事,这句话便荒谬不通了。但如果他们所谓的全体所指的是把全体臣民当成一个人看待,而这一人格又由主权者承当,那么全体的权力和主权者的权力便是同一回事,在这种情形下,这话便也是不通的。这种不通的情形当主权由一群人组成的集体握有时,他们看得很清楚,但在君主身上他们却看不到,然而主权不论操在谁手中总是一样的。

正如同权力一样,主权者的荣位也应当比任何一个或全体臣民高。因为荣位源于主权。勋爵、伯爵、公爵和王公等身份都是由他封的,正如同仆人在主人之前一律平等而没有任何荣位等差存在一样,臣民在主权者之前也是这样。不在主权者面前时他们虽然有些人较为显耀、有些则较差,但在主权者之前他们就像众星在太阳光之下一样不那么光芒夺目了。

但人们在这一点上也许会提出反对说:臣民的境况太可怜了,他们只能听任具有无限权力的某一个人或某一群人的贪欲及其他不正常激情摆布。一般说来,在君主之下生活的人认为这是君主制的毛病,而在民主国家的政府或其他主权集体之下生活的人则认为这一切流弊都是由于他们那种国家形式产生的。其实一切政府形式中的权力,只要完整到足以保障臣民,便全都是一样的。人类的事情绝不可能没有一点毛病,而任何政府形式可能对全体人民普遍发生的最大不利跟伴随内战而来的惨状和可怕的灾难相比起来或者跟那种无人统治,没有服从法律与强制力量以约束其人民的掠夺与复仇之手的紊乱状态比起来,简直就是小巫见大巫了。应当看到最高统治者的最大压力绝不是由于自己高兴损害或削弱臣民或者是由于像这样可以得到什么好处才施加的,他们自己的力量和光荣存在于臣民的活力之中。这种压力来自人民本身的抗拒情绪,他们为自己的防卫而纳税是很不情愿的。这样就使得统治者不得不在平时尽量从他们身上征敛,以便在任何紧急时期或突然有需要的时候御敌制胜。因为所有的人都天生具有一个高倍放大镜,这就是他们的激情和自我珍惜;通过这一放大镜来看,缴付任何一点点小款项都显得是一种大的牢骚根源。但他们却不具有一种望远镜(那就是伦理学和政治学),从远方来看看笼罩在他们头上,不靠这些捐税就无法避免的灾祸。

✒ 本章案例研习

一、主要学习目标

1. 了解民族国家、主权、国际法等近现代国际关系领域重要的概念及学说。

2. 理解威斯特伐利亚体系形成的时代背景以及欧洲区域性多极均势格局的特征。

3. 通过梳理西方国家二元对峙思维的历史渊源，深刻认识当前国际社会携手构建"人类命运共同体"的重大意义。

二、相关背景知识

（一）现代国际政治理念的发展

现代民族国家的逐渐成熟、意大利微型国家体系的外交实践及其扩展，为现代国际体系的形成提供了现实基础。与此同时，一些重要的思想家对政治现实进行理论阐述，为现代欧洲国家体系的构建提供了思想指导。

尼科洛·马基雅维里（1469—1527）是意大利城邦政治的实践者，他为佛罗伦萨共和国效力多年，他的代表作《君主论》被后人称作现代强权政治的宣言书。《君主论》抛开基督教教义中将政治和宗教混为一谈的说教，提出人们追求的目的就是"荣耀与财富""上帝不包办一切"，"他不愿意取消我们的自由意志，不愿意拿走属于我们人的那一份光荣；作为君主，最终的目的就是保持和扩展自己的统治，获取尘世的荣耀"。《君主论》中对政治行为规范进行了全新阐述，在马基雅维里看来，"保持国家的存在"这个目的本身，足以为君主的任何行为作辩解，君主"要保持国家（stato），常常不得不背信弃义，不讲仁慈，悖乎人道，违反神道。……一位君主如果能够征服并且保持那个国家的话，他所采取的手段总是被人们认为是光荣的，并且将受到每一个人的赞扬"。他由此确立了这样一种政治理念：为了"国家理由"可以不择手段。

马基雅维里并非人类罪恶的教唆者，他只是对政治现实作冷静描述，将现实政治中已存在的行为规范形诸文字并加以倡导。马基雅维里大胆向人们揭示，诸多违反人们习惯尊奉的伦理道德标准的政治行为,有着其自身的合理性和必然性,因此政治行为者完全不必为普遍的道德规范所困,而应自觉地、无所顾忌地遵循政治本身的规范。这种理念顺应欧洲从中世纪基督教世界向领土主权实体分化的时代潮流,将世俗政治从基督教教义范畴内解放出来,从而为国家的现实主义政治作了充分的正名。

法国思想家让·博丹(1530—1596)是第一个明确而又系统论述国家"主权"的欧洲政论家,他出版于 1576 年的著作《国家论六卷》(又译《主权论》)奠定了现代国家主权的理论基础。在现代国家涌现之时产生的博丹学说,首先是反映现实政治,即欧洲中世纪秩序瓦解的现状。博丹明确反对神圣罗马帝国皇帝是世界君主的标榜,他称这个标榜几乎不值一驳,因为"罗马本身从未统治过超过全世界 1/30 的地方,而德意志皇帝只统治了罗马帝国的十分之一"。《国家论六卷》涉及国家政治的方方面面,如国家的终极目标、国家体制的类型、国家的兴衰等,其最有价值之处是博丹对国家主权的论述。博丹在第 1 卷第 8 章声称主权是国家具有的绝对和永久的权力,即最高的控制权力。关于这种权力的"永久性",博丹进一步明确为一种无期限、无条件的权力,其拥有者必须终身享有并行使之。他还声称,绝对权力意味着它免除一切法律的束缚,拥有主权的君主不受其先王所定法律的限制,也不受他自己颁布法律的限制,即"国王可不服从自己的法律"。

博丹生活在法国历史上极其混乱的一个时期——胡格诺战争时期,他自然期待法国产生一个摆脱意识形态色彩、消除国家内乱、使国民安居乐业的强有力政府。这种期望,也是欧洲各国民众的一种普遍思潮,因此,《国家论六卷》面世后立即受到欢迎,几乎每年都再版,且很快被翻译成意大利语、西班牙语和德语等各种版本。

与现实主义政治理论和国家主权理论一样,现代国际法学的确立对现代欧洲国际体系的形成也有着不可或缺的意义。16 世纪中期,随着中世纪信念的沦丧和欧洲基督教共同体的分崩离析,对新型国际行为规范的需求越来越强烈,大批法学家对国际行为规范作了一系列的阐述,其中,荷兰法学家雨果·格劳秀斯(1583—1645)在 1625 年出版的《战争与和平法》被视为现代国际法诞生的标志,格劳秀斯则被称为"现代国际法之父"。格劳秀斯在其《战争与和平法》绪论中,通过阐述自然法确立起"国际社会"概念和国际行为规范的地位,他援用古希腊哲学"人是理性的和社会性的动物"这一古训,声称对社会秩序的维持与人类智力相一致,它是恰当地被称作法律的事物之源泉,这种人类的天性就是自然法,人类无可避免地受这种自然法的约束;自然法是正当理由的命令,它根据任何一个行动是否与合理的自然相符合来表明该行动本质上属于道德沦丧还是属于道德必然。国家与国家之间依据对自然法则的相互共识将产生某种法律,而且很显然,由此产生的法律不只对一些特殊国家有利,而且有利于各国组成的大社会。

除了确立一套关于国际关系和国际法的理论之外,格劳秀斯的《战争与和平法》对国际法具体法规的编撰和阐述也意义巨大。格劳秀斯是一位知识渊博的法学家,他从能接触到的哲学、神学、法学、文学等各类文献中汲取思想营养来充分论证他所提出的国际法规,同时也对所用的资料作精细的甄别、驳斥或修正,这种方法使他的著作显示出极高的权威性。因此,1625 年,《战争与和平法》在巴黎一面世就引起轰动,连续再版,并由原著的拉丁文译成各种文字。

《战争与和平法》不仅奠定了现代国际法学的基础,也对当时的国际政治产生了相当大的影响,欧洲许多国家的政治家和君主都开始研读并信奉格劳秀斯的这本巨著。由于《战争与和平法》的广泛流传,国际法在欧洲国际关系中占有了重要的地位。正如奥本海所言:"到了十七世纪末,各文明国家都认为自己受国际法的拘束,而国际法的大部分规则就是格劳秀斯的规则⋯⋯从格劳秀斯时代到现在,所有国际生活中重要的历史事件和事实,一方面使国际法得以表现它的存在,另一方面又使国际法不断地和逐渐地发展成为一个更完善和更完整的法律规则体系。

(二)《威斯特伐利亚和约》

早在 1636 年,教皇乌尔班八世(1623—1644 年在位)就提议交战各方和谈,但没有得到响应。欧洲国家经过那么长时间的战争,相互间完全缺乏基本的信任;以后还有多次议和提议,也都因这样或那样的原因无果而终。至 1642 年 3 月,交战各国才终于就和谈会址达成了共识:交战各方将在威斯特伐利亚两个相距约 50 公里的小城分别举行谈判,神圣罗马帝国皇帝与法国及各自盟国在闵斯特谈判,皇帝一方与瑞典等新教国家间的谈判则在奥斯纳布鲁克进行。在 1644 年 10 月和会的主角法国和瑞典等方进入谈判之后,与会各方又花费了整整四年的时间才签订最终和约。和谈进程之所以如此冗长,是因为主要的谈判对手总是用眼睛盯着仍在继续进行的战争,并且希望不时借助有利的战局强行提出更高的要求,或至少提出新的要求。

威斯特伐利亚和会是欧洲有史以来第一次大规模的国际会议,除了处在内乱中的英国、遥远的俄罗斯和信奉伊斯兰教的奥斯曼帝国外,所有欧洲国家都派使节出席了和会,据一位参加和会的使节说,将所有使节清点一遍要花上 6 小时。作为欧洲历史上的第一次国际会议,和会不可避免地在几乎完全无序的状态下进行:整个和会没有主持者,没有书记员,没有咨询委员会,没有建议报告,没有全体会议,没有正常的会期,也没有任何形式的表决。尽管有诸多缺陷,但这个和会把欧洲几乎所有国家聚合到一起,象征了欧洲国家已组成一个虽然粗糙却具有共性的社会。

1648 年 10 月,神圣罗马帝国皇帝、法国、瑞典及其各自的盟友分别签订了《闵斯特和约》和《奥斯纳布鲁克和约》,这些和约总称为《威斯特伐利亚和约》。在此之前,西班牙与荷兰单独在闵斯特签订了和约,这个和约也可算作《威斯特伐利亚和约》的组成部分。各交战国中,只有西班牙与法国之间没有媾和,它们之间的战争持续到了 1659 年《比利牛斯条约》的签订。

《威斯特伐利亚和约》的条款包括领土安排、德意志政治及宗教事务等各方面。在领土安排方面,瑞典取得北德意志肥沃的西波美拉尼亚、不来梅及费尔登两个主教区和维斯马城;法国除确保了它在 1552 年就夺取的梅茨、图尔和凡尔登三个主教区外,又获得在阿尔萨斯境内的 10 个帝国城市;勃兰登堡选侯获得波美拉尼亚和马格德堡、明登、哈尔伯施塔特、卡明等主教区;重申巴伐利亚公爵拥有选侯封号并获得上巴拉丁地区,而失地的巴拉丁公爵则保住了半壁江山——莱茵巴拉丁,并恢复了选侯称号,成为帝国的第八个选侯。这样的领土安排,对日后的欧洲国际关系进程产生了深刻的影响:第一,瑞典夺得大片北德意志领土,成为波罗的海地区的鼎鼎大国,但它薄弱的基本国力使它难以长享霸主地位,波罗的海终将成为是非之地;第二,法国基本实现了削弱哈布斯堡王朝的战争目标,造成了德意志继续一盘散沙、西班牙力量急剧下跌等有利于法国进一步扩张的欧洲局势,而它在莱茵河右岸获得的一系列占领地,则将成为法国实现其"天然疆界"计划的前哨阵地;第三,勃兰登堡选侯获得大片领土,实力大增,成为力量仅次于奥地利的德意志诸侯,从而埋下了日后奥地利、普鲁士争霸德意志的火种。

《威斯特伐利亚和约》还结束了欧洲长期的宗教冲突。和约重申 1555 年《奥格斯堡宗教和约》新旧教派权利平等的原则,并将这条原则的适用范围扩大到加尔文教派;另外,和约还确定《归还教产敕令》生效的标准年为 1624 年。这些规定基本解决了宗教冲突的根源,故人们也将三十年战争看作结束宗教冲突时代的最后一战。

《威斯特伐利亚和约》作为国际关系史上的一个重要里程碑,其更重要的意义还在于它确立了"国家主权"的地位,从而以法律的形式把百余年来的欧洲国际关系演变的结果固定了下来。和约承认了荷兰和瑞士邦联脱离神圣罗马帝国独立,并确认德意志诸侯也拥有主权地位,这种主权既包括对内行政和宗教事务的最高权力,也包括决定和平与开战、与德意志以外国家自由缔结条约的权力。这些条款不仅对主权的意义作了明确的解释,还使德意志事务完全国际化,这是哈布斯堡王朝统一德意志政治版图的企图彻底失败的标志。

和约中关于保证和约实施的条款,则确立了条约约束的"国际规范"在现代国际体系中的地位。与以往所有国际条约不同,《威斯特伐利亚和约》是一项由交战各方共同签订的多边和约,因此它具有普遍的约束力。《闵斯特和约》第 121—124 条宣称"永远不得……以何种借口,何种名义,来反对本公约或其任何条款",任何违反本和约的人应"作为公共和平的侵犯者加以惩处";参加协议的所有各方应有义务保卫和保护本和约的每一项条款不受任何人的侵犯;如发生违反和约规定之事,受害人首先诉诸通常的司法程序,如三年内仍无法解决争端,"同本协议有关的每一方都必须站在受害者的一方,向他提供意见和武力,协助他还击侵害者"。虽然和约没有对所谓的"司法程序"和提供武力的方式作更具体的规定,虽然《威斯特伐利亚和约》的这些条款从来未能生效,但它是现代历史上人类期求通过国际合作来维持和平的第一次尝试。这些条款至少表明了和约缔结者从国际法律规范的角度认真对待国际社会,正是从这个意义上,19 世纪的德国学者特莱奇克称《威斯特伐利亚和约》是国际法的宣言书:"人们开始感到自己是一个有组织的欧洲社会的组成部分,所有主权国家都开始组成一个大家庭。"

总体来说,1648 年《威斯特伐利亚和约》标志着以主权国家为基础的现代欧洲国家体系的形成,具有历史的进步意义。但无论从其形成的过程,还是从之后的实践发展来看,这个体系在本质上所尊奉的是强权政治,它是一个欧洲列强不断扩张和争夺霸权的体系,也是它们在全球范围内进行殖民侵略和维护殖民统治的体系。

三、问题与思考

问题一:马基雅维里政治学理论的主要内容。

思考要点:1. 性恶论。2. 权力为政治核心。3. 推崇君主专制。4. 重视法律与军队。马基雅维里的政治学说突出表现在世俗性与突破传统的道德观念,从历史和现实的经验出发,以人的眼光来观察政治,使政治摆脱了宗教和道德的束缚,对资产阶级政治学的发展具有重大影响。

问题二:西欧封建君主专制的形成背景及特点。

思考要点:(一)背景 1. 西欧城市与商品经济的发展。2. 国家各地区之间经济联系的加强,要求内部稳定,统一和强大。(二)特点 1. 重商主义。2. 政教联合。3. 强化行政体制。4. 过渡性。

问题三:民族国家的概念及欧洲民族国家的形成过程。

思考要点:(一)民族国家的概念。民族国家是超大规模共同体和政治领土的结合,从而形成的一种"文化—政治实体",是目前国际社会上最为常见的政治实体。(二)欧洲民族国家的形成过程。欧洲早期民族国家的形成;19 世纪欧洲民族国家的形成;20 世纪欧洲民族国家的普遍形成。

问题四:《威斯特伐利亚和约》的内容与影响。

思考要点:(一)内容 1. 领土问题。2. 宗教问题。3. 确定德意志国家的体制。(二)意义 1. 开创了以"会议"解决争端的先例,重新划分了欧洲大国的边界。2. 明确规定了现代国际关系的重要法律原则,确定了国家主权的平等。3. 首次创立并确认了条约必须遵守的原则和对违约方可施加集体制裁的原则,对欧洲国际体系的建立和欧洲未来的政治经济秩序影响深远。4. 打破了罗马教皇神权统治体制的世界主权论,使国际关系中的世俗化倾向加强。5. 世俗专制的封建王权体制得到加强,其中在法国体现得最为明显。6. 确立了外交常驻代表机构的制度,为主权国家间经常性的政治经济交往提供了制度上的便利。7. 确定了新教与天主教权利平等的原则。

问题五:世界近现代历史上国际体系的演变及特点。

思考要点:(一)主要国际体系。1. 威斯特伐利亚体系。该体系促进了欧洲"主权"概念发展和王权国家形成,形成新的政治格局,调整了各国力量,为民族国家的形成与发展奠定了基础,标志着近代民族国家体系开始建立。2. 维也纳体系。该体系建立欧洲协调的合作常规框架,一定程度上维持了欧洲地区的和平。3. 凡尔赛—华盛顿体系。该体系是大国试图对战后世界进行重新安排的结果,具有鲜明的帝国主义和全球性色彩,对地区政治格局具有重要影响,但其内部矛盾重重,最终引发了"二战"。4. 雅尔塔体系。该体系一定程度上遵循和平民主的原则,承认对被压迫民族的权利,具有历史进步性,但其战后安排体现大国强权色彩,进而导致了以美苏为首的两大阵营的形成,并形成了美苏两极格局。(二)演变原因。1. 体系内主要国家的实力变化是国际体系演变的重要基础。2. 经济和科技创新是国际体系演变的重要推动力量。3. 思想文化进步也是国际体系演变的动力之一。(三)特点。1. 国际体系的演变以实力为基础,以战争和会议为形式。2. 主要国家在战略上呈现出内外摇摆的特点。3. 体系内国家间的实力差距不断扩大。

四、拓展阅读推荐

第一节　马基雅维里

1. [意]马基雅维里:《佛罗伦萨史》,李活译,北京:商务印书馆,1982 年。作者区别于排列史实的编年史传统写法,用生动具体的文笔,记叙了意大利佛罗伦萨从建立城邦直至 1492 年止的历史,对意大利的政治、军事等方面进行研究和总结,以探求振兴祖国的道路。该书是文艺复兴时期人文主义历史学的经典之作。

2. ［意］马基雅维里：《论李维罗马史》，吕健忠译，北京：商务印书馆，2013 年。该书是作者结合个人在佛罗伦萨的从政经验及对于意大利历史的观察，阅读古罗马历史学家李维著《罗马史》前十卷的心得。该书讨论了古代与现代的共和主义，尤其可以看到作者与亚里士多德政治主张的密切关系，也涉及了作者对基督教的批判，显示了对自己时代世俗化与现代性的看法，其中隐含的现实主义成为西方现代性的一个源头。

3. ［德］弗里德里希·迈内克：《马基雅维里主义》，时殷弘译，北京：商务印书馆，2008 年。该书揭示了自 16 世纪初至 19 世纪末近四百年欧洲国际思想演进的基本脉络及其与社会政治体制、政治哲学、国际关系演变的联系，讨论了由马基雅维里开创的关于政治事务中德性与命运、善与恶权衡较量的思想，认为"马基雅维利主义"的核心是所谓"国家理由"观念，从而考察了"国家理由"观念的发展史。

4. ［荷］斯宾诺莎：《神学政治论》，温锡增译，北京：商务印书馆，2022 年。该书是荷兰哲学家斯宾诺莎的代表作。该书认为研究《圣经》只能以《圣经》本身为根据，探讨了圣书各卷的作者是谁，他们是在什么条件下写的以及为何而作等问题，考证了《圣经》并批驳传统神学家们的神秘说教，从而撼动了教会统治的基础。

第二节　让·博丹

1. ［法］让·博丹：《易于认识历史的方法》，朱琦译，上海：华东师范大学出版社，2020 年。该书是博丹第一部广泛引起关注的历史哲学著作。其中序言部分表达了作者对史学的看法，第一到四章界定了史学并提出研读史学的方法，第五章提出地理气候理论，第六章论及国家政体、国家主权等主题，第七到九章驳斥了对其理论不利的一些言论并解释了容易引起误解的问题，第十章是参考文献和推荐的书目清单。该书展示了博丹庞大的理论体系和特有的历史哲学观，包含了其个人学术体系的整体思想。

2. ［法］狄骥：《公法的变迁》，邓戈译，北京：商务印书馆，2013 年。作者是法国著名法学家、政治学家。该书是公法学研究领域的经典著作，通过分析国家主权理论的各种衰落迹象，指出公法与私法一样正在进行变迁，公法不再是规制主权国家与其臣民之间关系的规则体系，认为公共服务的概念正在取代主权的概念，而公共服务理论的形成为公法的理论危机寻找到了一条新的路径，也成为构建现代国家的基础。

3. ［奥］凯尔森：《法与国家的一般理论》，沈宗灵译，北京：商务印书馆，2013 年。作者是美籍奥地利法学家、纯粹法学派的创始人。该书主体部分由"法律论"

和"国家论"两编组成,附录是作者从哲学和心理学角度出发,对西方法学两大对立学派(自然法学派与实在法学派)的分析,在继承和发展奥斯丁分析法学的基础上,以新康德主义哲学为思想基础,阐述了纯粹法学关于法律和国家的基本概念和一般原理。

第三节　胡果·格劳秀斯

1. [荷]胡果·格劳秀斯:《格劳秀斯私法导论》,张淞纶译,北京:法律出版社,2015 年。该书是格劳秀斯关于民商法的论著,仿照罗马法《法学阶梯》的体例,论述了当时的私法,阐明了基本概念、基本原则,并揭示了背后蕴含的法理与价值。该书被视作珍贵的史料文献,对于民商法研究至今仍有参考价值。

2. [荷]胡果·格劳秀斯:《论海洋自由》,马忠法译,上海:上海人民出版社,2020 年。该书由十三个章节构成,分四个部分,以自然法理论为基础,从葡萄牙对东印度无主权、无权垄断海洋和海上航行权以及无权垄断国际贸易权这三个角度出发,阐释了作者关于海洋自由和贸易自由的理论,所蕴含的国际法思想包括航行自由和捕鱼自由、贸易自由、无害通过权、人类共同财产及和平论、和平解决国际争端等内容。

3. [荷]胡果·格劳秀斯:《捕获法》,张乃根等译,上海:上海人民出版社,2020 年。该书基于一个捕获商船的案例,以新兴的荷兰联省共和国反对西班牙的独立战争,以及反对葡萄牙垄断东印度群岛地区的贸易及海上航行权的斗争为背景,论述了与战争和捕获战利品等问题有关的自然法和万国法规则,是作者第一部关于国际法的著作。该书从维护荷兰国家利益的角度出发,总结了有关战争、捕获和取得战利品、海上航行和贸易等方面的自然法和万国法规则。提出了"神意之体现即为法"等国际法基本原则,被认为是《战争与和平法》一书的写作基础,同样具有极高的学术地位。

4. [英]赫德利·布尔等编:《格劳秀斯与国际关系》,石斌等译,北京:中国社会科学出版社,2014 年。该书关注的主题包括格劳秀斯与国际关系研究、格劳秀斯与十七世纪的国际政治、与海洋法、与国际平等、与人权及干涉、格劳秀斯在俄罗斯的影响等,是由西方世界多位国际关系或国际法研究领域重要学者的论文集合而成,迄今仍是关于格劳秀斯研究征引率最高的著作之一。

第四节　托马斯·霍布斯

1. [英]约翰·斯图尔特密尔:《代议制政府》,汪瑄译,北京:商务印书馆,1982 年。该书是 19 世纪英国哲学家、经济学家密尔的代表性著作,全面系统论述了资产阶级议会民主制的各种问题,认为代议制是最理想的政府形式。进而围绕这一主题,阐述了代议制政府的形式、职能、民主制、选举权、议会以及地方代表机关等内容。

2. 〔法〕卢梭:《社会契约论》,何兆武译,北京:商务印书馆,2003 年。该书是18 世纪法国思想家卢梭的代表作,分为四卷:第一卷论述了社会结构和社会契约,第二卷阐述主权及其权利,第三卷阐述政府及其运作形式,第四卷讨论几种社会组织。该书第一次提出了"天赋人权"和"主权在民"的思想,其中提倡的民主理论不仅引发了法国大革命,还被认为给美国《独立宣言》、法国《人权宣言》等提供了理论基础。

3. 〔英〕洛克:《政府论》,瞿菊农、叶启芳译,北京:商务印书馆,2020 年。作者约翰·洛克是英国著名哲学家,被认为是西方启蒙时代最具影响力的思想家。该书的内容包括破坏与建设两个方面,上篇集中驳斥了当时占统治地位的君权神授说和王位世袭论;下篇系统地阐述了公民政府的真正起源、范围、目的。该书通过自然法学说阐释国家的起源和本质问题,是对英国"光荣革命"的辩护和理论总结。

4. 〔法〕孟德斯鸠:《论法的精神(上下册)》,张雁深译,北京:商务印书馆,2020 年。该书是 18 世纪法国著名思想家孟德斯鸠的代表作,被称作"亚里士多德以后第一本综合性政治学著作",对西方资产阶级革命产生了深远的影响。该书不仅阐述了自然法理论、法律与政体的关系、政体的分类、性质和原则等问题,并以英国为例提出了君主立宪制的主张,还论述了自然条件同政治法律的关系,认为自然地理环境对政治法律制度具有制约性,主张兴办工商业,发展贸易,促进国际交往和世界和平。

第二章

欧洲列国争霸与区域
国际体系的演变

本章案例导读

本章案例所涉主题为欧洲列国争霸与区域国际体系的演变,相应教学内容包括:路易十四时代法国的盛衰、法国大革命与拿破仑帝国、维也纳体系与欧洲协调的开始、从俾斯麦的欧洲秩序到欧洲两大集团的形成等。

在威斯特伐利亚体系下,欧洲各主要国家之间的争霸活动持续了大约一个世纪。法、英、奥、普、俄这五个国家在争霸过程中逐步确立起各自在欧洲区域的大国地位,以五大国为核心的欧洲国际体系得以巩固。**路易十四**在执政期间发动了多次战争,在法国建立起一个君主专制的中央集权王国,一直持续到了法国大革命期间。**拿破仑**建立起法兰西第一帝国,与欧洲反法同盟进行对抗,几乎囊括了所有欧洲国家,严重冲击了区域国际体系的稳定性。被认为是马克思主义哲学思想来源之一的**费希特**,在 1806 年普法战争爆发后肩负起宣扬爱国主义的使命,发表了产生广泛影响力的《对德意志民族的演讲》。1808 年,**克劳塞维茨**进入普鲁士军队总参谋部任职,该机构由此成为欧洲军事改革的最前沿。拿破仑战争结束后,各参战国对欧洲国际秩序作了一次重新安排,建立了一个新的体系——维也纳体系。该体系运转的主要支撑是所谓欧洲协调。当德国实现统一成为区域性强国,尤其是赢得普法战争之后,该体系便无法正常运转了,取而代之的是**俾斯麦**构建的欧洲保守秩序。然而,俾斯麦下台后,其苦心经营的新秩序也迅速瓦解。进入 20 世纪,欧洲逐渐形成英法俄协约国集团与德奥同盟国集团互相对峙的格局,直至第一次世界大战爆发。

本章关键词:欧陆霸权;均势格局;《乌得勒支合约》;法国大革命;民族国家;现代战争;总体战;民族主义;德意志统一;大陆联盟体系

第一节　路易十四

一、本节案例导读

　　路易十四,全名路易·迪厄多内·波旁(法语:Louis Dieeudonne Bourbon,1638—1715),法国波旁王朝第三代国王,自称太阳王。冲龄即位,直至1661年宰相马扎然死后才开始亲政,逐渐将法国中央机构集中于其周围,建设成中央集权性质的绝对王权国家。对外方面,其通过法西遗产战争(1667—1668)、法荷战争(1672—1678)建立起法国的欧洲霸权,并通过奥格斯堡战争(1688—1697)维持霸权地位,然而在西班牙王位继承战争(1701—1714)后,被迫接受波旁王孙继承王位而法西两国永久不得合并之条件,这是其建立的欧陆霸权由此走向衰落的标志。《路易十四时代》这部著作由伏尔泰创作而成,利用了两百多卷历史文献、官方档案以及许多王公贵族的回忆录,从根源上影响了法国新史学派的形成与发展。

二、案例资料阅读

　　[法]伏尔泰:《路易十四时代》,吴模信等译,北京:商务印书馆,1982年,第317—334页。

汉译世界学术名著丛书

路易十四时代

〔法〕伏尔泰 著

第二十三章　维拉元帅在德南的胜利　贸易的恢复　全面和平

和谈最后在伦敦公开举行。这样比较有益。英国女王派遣驻荷兰大使斯特拉福德伯爵向盟国转达路易十四的建议。于是问题就不再是向马尔巴勒求和。斯特拉福德伯爵迫使荷兰人任命全权代表，并接纳法国的全权代表。

有三个人始终反对这次和谈，即：马尔巴勒、欧仁亲王和海因西乌斯。他们坚持要压垮路易十四。但是这位英国将军于 1711 年末返回伦敦时，被解除一切职务。他发现国会下院成员已经新换，面目全非，只有上院的大多数还拥护他。女王采取册封贵族院新议员的办法来削弱马尔巴勒公爵的党派，巩固王党。马尔巴勒同西皮翁一样被控贪污舞弊。但是，他差不多同样因享有殊荣和年老退休，得以免吃官司。他虽然失宠，但仍然有权有势。欧仁亲王毫不迟疑前往伦敦去支持他的党。这位亲王由于他的隆名盛誉而受到接待，也由于他的建议而遭到拒绝。宫廷占了上风。欧仁亲王只身返回欧洲大陆去打完这场战争。希望在没有同伴和他争享荣誉的情况下取得新胜利，对他说来是个新的激励。

会议在乌得勒支举行（1712 年 1 月 29 日）。法国大臣在格尔特鲁登贝格饱受羞辱虐待之后，以比较平等的地位前来谈判。维拉尔元帅虽然撤退到他布设的防线之后，仍然掩护阿拉斯和康布雷两地。欧仁亲王攻下凯努瓦城（1712 年 7 月 6 日），在该地区摆开十万大军。荷兰人曾经作出努力。他们过去还从来没有提供过他们有义务支付的全部作战费用。这一年他们付出的已经超过他们承担的份额。安妮女王还不能公开摆脱所承担的义务。她已经派遣奥尔蒙公爵率兵一万二千人，前去欧仁亲王军中，并为很多德军支付钱粮。欧仁亲王纵火焚烧阿拉斯郊野后，率军向法国挺进。他建议奥尔蒙公爵作战。但是派遣英国将军到他这里并不是为了作战。英法单独谈判正获得进展。两国君王之间的休战已经宣布。路易十四下令把敦刻尔克交给英国，以保证他将履行承担的义务（1712 年 7 月 19 日）。奥尔蒙公爵向根特撤退。他想把女王雇佣的军队和英国军队一齐带走。但是，他只能使荷尔斯泰因的四个骑兵队和一个列日团队随他撤退。勃兰登堡、帕拉蒂纳、萨克森、黑森和丹麦的军队仍然留下听从欧仁亲王指挥。薪饷由荷兰人付给。汉诺威选侯将继承安妮女王。但他仍然不顾女王旨意，把自己的军队留交盟国，并且声称，虽然他的家族等待英国的王冠，但它并不指望安妮女王的恩惠。

英国虽然从欧仁那里调回它的军队，但欧仁的军队仍然比法国军队多两万人。他仍然由于处境良好、军需充足、九年接连获胜，而具有优势。

维拉尔元帅未能阻止欧仁亲王包围朗德尔西斯。法国人力、物力都已枯竭，正惊魂未定，惶恐不安。乌得勒支谈判并不能使法国人心安定，因为欧仁亲王的胜利可能使这次会谈毫无成果。这位亲王所属的一些强大的分遣队甚至已在践踏蹂躏香巴尼的一部分,并进抵兰斯的大门。

凡尔赛和王国其他地区都人心惶惶。法国国王的独子已经死去一年。勃艮第公爵和夫人(1712 年 2 月)和他们的长子(3 月),几个月内很快相继死去,合葬在一座坟墓中。他们的最后一个孩子也命在旦夕。内忧外患迭生,国家灾难重重。这使人把路易十四在位时期的终结看成标志法国灾难的时代。人们预计遭到的灾难会比往昔目睹的民富国强和光荣辉煌更多。

(1712 年 6 月 11 日)正在这时,旺多姆公爵逝世于西班牙。我记得我曾经目睹沮丧情绪笼罩法国,使法国人更加担心旺多姆公爵支撑的西班牙会因公爵的去世再度覆灭。

朗德尔西斯无法长期坚守。凡尔赛开始讨论国王是否应撤退到卢瓦尔河上的香博尔。国王对阿尔古元帅说,如果新的灾难来临,他将召集王国全体贵族,并率领他们向敌人进攻。尽管已七十四岁,他将身先士卒,为国献身。

欧仁亲王犯了一个错误,终于使法国国王从惶惶不可终日的状态中解脱出来。人们认为亲王的战线太长。他在马尔希安内的仓库中储存的军需物资离前线太远。阿尔贝马尔将军的部队驻扎在马尔希安内和亲王的营盘之间的德南。他一旦受到攻击,无法及时得到援救。有人对我谈起过一个颇有姿色的意大利女人。这个女人我后来曾在海牙见过。欧仁亲王当时正包养着她。她那时在马尔希安内。正因为这个女人的缘故,该地被选作设置仓库的地点。认为欧仁亲王布置作战时,竟把一个女人当成考虑的因素,这是冤枉这位亲王。

一个本堂神父和一个名叫勒费弗尔·多尔瓦尔的杜埃市参议,某天一起在这个地区散步。散步时,他们最先想到,德南和马尔希安内容易攻下。知道此事的人将更能证明:这个世界的大事会受到什么样的秘密而细微的计谋手段左右。勒费弗尔把他的意见告诉该省总督。后者又把这个意见转告当时在维拉尔元帅麾下指挥军队的孟德斯鸠元帅。这项计划经将军批准,并付诸实施。这个行动的确能够拯救法国,比同英国和谈更为有效。维拉尔元帅亦迷惑欧仁亲王。一队龙骑兵在从敌人营盘看得见的地方前进,仿佛准备进攻。正当这队龙骑兵接着朝吉斯撤退时,元帅率军分五路向德南进攻(1712 年 7 月 24 日)。阿尔贝马尔将军的由十七个营守卫的防御工事遭到突破。全体士兵不是被杀,就是被俘。这位将军和两位拿骚诸侯——一位荷尔斯泰诸侯、一位安哈尔特诸侯——以及全体军官被俘。欧仁亲王率领所有能带来的部队匆忙赶到。这时战斗已经结束。一座通向德南的桥梁已被法国人占领,他却下令进攻,结果损兵折将,毫无所获。他目睹这一挫败后,返回营地。

在朝马尔希安内的方向上,所有沿斯卡尔普河的哨所都先后迅速陷落(1712

年 7 月 30 日）。法军挺进到由四千人防守的马尔希安内，加紧包围该城，行动异常迅猛灵活，以致三天后该城被占，子军四千人全部被俘。敌人贮存用于作战的武器、粮食全被法军缴获。于是全部优势转入维拉尔元帅手中。手足无措、狼狈不堪的敬人撤除了对朗德尔西斯的包围，并眼见杜埃、凯努瓦、布香等地相继被法军收复（1712 年 9 月、10 月）。法国边界转危为安。欧仁亲王的军队后撤。这支军队从德南战斗开始到战役结束，共减损五十个营，其中四十个营被法国军队俘虏。再重大的胜利也不会比这次胜利为法国带来更大好处。

维拉尔元帅如果具有另外一些将军的那种民望，大家会齐声高呼他为法国的复兴者。但是，大家几乎不承认应该对他感恩戴德。民众因为始料不及的胜利而欢天喜地，但是，在欢乐之中妒忌之心仍然主宰一切。[①]

维拉尔取得的每一进展都加速乌得勒支和约的缔结。安妮女王的内阁对祖国和欧洲负责，既没有忽视英国和盟国的利益，也没有忽视欧洲的公共安全。它首先要求王位已在西班牙得到巩固的菲利浦五世放弃他一直保留着的对法国王位的继承权，要求菲利浦五世的兄弟、路易十四唯一的重孙之后的法国王位推定继承人伯里公爵如果即法国王位，也应放弃西班牙王位。人们希望奥尔良公爵也同样弃权。大家刚刚经历十二年的战争，深感这样一些条约文件对人的约束力非常微弱。还没有任何已经得到承认的、能迫使后代放弃他们祖先将放弃的这些权利的法律。

这些弃权行动只在各国的共同利益继续与之协调一致时，才会有效。但是，目前它们终于平息了一场历时达十二年之久的风暴。可能有朝一日，不止一个统一的民族将会支持这些成为欧洲的均势和安宁的基础的弃权行动。

按这项条约规定：西西里割让给萨伏公爵，并授予公爵以国王称号；在大陆上，则把费纳斯特莱尔、埃格齐尔和普拉热拉山谷划归他所有。人们就这样为了壮大公爵的势力，而蚕食波旁家族的领土。

这项条约规定把荷兰人长期觊觎的一道巨大的屏障划归荷兰人。法兰西家族的若干领地虽被剥夺，转归萨伏伊公爵所有，但奥地利家族实际上也让出部分权

---

① 维拉尔元帅在凡尔赛拥有王太子殿下以前占用的一套房间的一部分。国王去那里看望他。那个混淆各种年月的《曼特农回忆录》的编者在这部回忆录第 5 卷第 119 页中说：维拉尔元帅到马利公园。国王对他说，他对他很满意。国王说完，这位元帅转身对廷臣们说："先生们，至少你们听见了。"这一无稽之谈在这个场合叙述，会有损于这个刚刚建立奇功殊勋的人物。并不是在这光荣时刻，他向廷臣们指出国王感到满意。这一被人歪曲得面目全非的轶事发生于 1711 年。当时国王命令他绝不要进攻马尔巴勒公爵。英国人攻占了布香。有人对此窃窃私语，议论维拉尔元帅。正是在 1711 年的这一战役之后，国王对他说他感到满意。对廷臣们说，他的指挥虽然失当，但国王却仍然感到满意，以此来迫使廷臣们保持缄默，而不指责非难，对一位将领来说，那时这样做可能是适宜的。这个事实并不重要，但是在最微小的事情中也要真实。——伏尔泰注

国际关系史案例研习教程

益,以满足荷兰人。荷兰人在奥地利家族权益受损的情况下,成了佛兰德尔设防最坚固的城市的保管者和主人。他们的贸易利益得到照顾。葡萄牙的利益在条约中也有规定。

条约还规定把西班牙所属八个半行省和屏障地带的有收益的领地的主权留给德意志皇帝,确保他将获得那不勒斯王国、撒丁岛,加上他在伦巴第已经拥有的一切权益,以及托斯卡纳海岸的四个港口。但是,维也纳枢密院却认为自身损失太大,不能同意这些条件。

至于英国,它的荣誉和利益都安全可靠。它使一向受到疑惧的敦刻尔克港口得以拆毁填平。西班牙让英国拥有直布罗陀和米诺卡岛。法国把赫德森湾、纽芬兰和阿卡迪①等地让与英国。在美洲贸易方面,英国获得曾经促成菲利浦五世登基的、法国人未曾获得过的权利。在对英国政府来说光荣的条款之中,还必须算上英国人使路易十四同意释放他那些因宗教信仰而被捕入狱的臣民这一点。这是迫使别国接受的法律,但却是非常值得尊敬的法律。

最后,安妮女王为了祖国,牺牲了她的亲族的权益以及隐藏在她心中的偏爱,使汉诺威家族得到继承她的王位的保证。

至于巴伐利亚选侯和科隆选侯,前者将拥有卢森堡的公爵领地和那慕尔的伯爵领地,直到他和他的兄弟恢复了他们的选侯地位为止,因为西班牙已经为赔偿巴伐利亚选侯的损失,把这两项主权让给他,同时盟国既还没有攻下那慕尔,也没有占领卢森堡。

至于法国,它平毁了敦刻尔克海港,并在佛兰德尔放弃了很多要塞。这些要塞曾由法国军队占领,并由内伊梅根条约和里斯维克条约加以保证。里尔、埃尔、贝顿和圣韦南等地则归还法国。

英国内阁这样行事,对各个强国似乎给予正确评价,但是辉格党人却不对英国内阁给予正确评价。半个英国不久就在安妮女王去世之后对她大肆攻击诋毁,其原因是她做了一位君主曾经做过的最大好事,她使这样多国家得以休养生息。她被责难能够肢解法国,但却没有这样做。②

---

① 阿卡迪,原为新法兰西的一个地区,1713年据乌德勒支条约割让英国,今为新斯科合和新不伦瑞克的一部分。——译者

② 安妮女王于八月派遣她的国务秘书博林布罗克去完成这次谈判。托尔西子爵对这位英国大臣大加赞扬。他说,路易给予这位大臣以应有的接待。这位大臣的确在法国宫廷中像一个前来赠送和平的人那样受到接见。当他来到巴黎歌剧院时,全场起立向他致敬。《曼特农夫人回忆录》第5卷第115页写道:"路易十四对博林布罗克绅士表示的轻蔑,丝毫不能证明国王已经把他列入他的领养老金人的名单上。"这样写是在竭力恶意中伤。在这里看到一个女人这样谈论那些最大的人物倒很有趣。——伏尔泰注

　　这些条约全部于 1713 年先后签订。可能由于欧仁亲王顽固,也可能由于德意志皇帝的枢密院的政策错误,德意志皇帝没有参加任何一次缔约谈判。他如果首先同意安妮女王的观点,肯定会获得兰道,甚至斯特拉斯堡。他顽固进行战争,结果毫无所获。维拉尔元帅在使法属佛兰德尔剩下的部分确保安全无虞之后,向莱茵河进军。他占领斯皮尔、沃尔姆斯和周围所有地方之后,攻下德意志皇帝根据和约应该保有的兰道(1713 年 8 月 22 日)。他突破欧仁亲王在布里斯高布设的各条防线,在这些防线上打败沃博纳元帅(9 月 20 日),包围并攻下前奥地利首府弗里堡(10 月 30 日)。

　　维也纳枢密院到处催促德意志帝国各行政区派来它们已经承诺派来的援军,但是,这些援军却根本没有派来。它于是明白,德意志皇帝如果没有英国和荷兰的帮助,就无法在对抗法国时占有优势。因此,它决定接受和约,但已经太迟。

　　维拉尔元帅这样结束战争之后,还光荣地在拉施塔特和欧仁亲王缔结这项和约。这可能还是人们第一次见到两位对阵的将军在战役结束之后,代表各自的国君进行谈判。他们把自己的坦率性格带到谈判中来。我听见维拉尔元帅说,他对亲王最先讲的几句话中有一句是:"先生,我们绝不是敌人。你的敌人在维也纳,我的敌人在凡尔赛。"的确,这两个人始终不得不对宫廷中的阴谋进行斗争。

　　当这个西班牙王国仍然稳稳地属于菲利浦五世的时候,德意志皇帝一直要求对西班牙王位拥有的权利以及查理六世始终挂着的天主教国王的空虚称号,在这项条约里根本没有提到。路易十四保有他曾经提出要割让的斯特拉斯堡和兰道、他自己建议平毁的于南克和新布里萨赫,以及他曾经提出要放弃的对阿尔萨斯的主权。但是最令人敬佩的是,他使巴伐利亚选侯和科隆选侯恢复了自己的邦土和地位。

　　法国在它和历届德意志皇帝缔结的全部条约中,始终保护德意志帝国各邦诸侯和各邦权利,这是一件非同寻常的事。它在蒙斯特奠定了日耳曼的自由的基础,并且为这同一个巴伐利亚家族建立了第八个选侯国。内伊梅根条约肯定了威斯特伐利亚条约。法国通过里斯维克条约使弗斯腾贝格红衣主教的所有财富得以归还。最后,它通过乌得勒支条约恢复了两个选侯。必须承认,它在所有结束这次争端的旷日持久的谈判中,接受了英国的法典,并把这一法典加在德意志帝国身上。

　　那些被人引为根据、编纂大量路易十四传记的历史回忆录叙述说,欧仁亲王在会谈结束时,请求维拉尔公爵为他拥抱路易十四的膝头,并向这位君主表示他作为一个臣民对自己的君主的最高敬意。首先,一个亲王、一个君主的孙子因为出生在另一个君主的国家里,就永远是这另一个君主的臣民,这种说法令人难以置信。其次,德意志帝国的总代表会自称是法国国王的臣民,这种说法更加虚妄不实。

　　与此同时,各邦都开始拥有新的权利。萨伏伊公爵使自己在西西里得到承认,这件事他并没有同德意志皇帝商量。德意志皇帝为此抱怨也徒劳无益。路易十四使他的军队得以进驻里尔。荷兰人占领了他们屏障地带的城市。佛兰德尔因为荷兰人是该地主人,所以始终每年付给他们一百二十五万盾。路易十四下令,在一位英国特派员的目睹下填平敦刻尔克港,平毁城堡,拆除海岸防御工事、敦刻尔克人看见这样一来,他们的全部商业就会衰落凋敝,于是派遣代表前往英国,请求女王宽大为怀。路易十四自己的臣民去向英国女王求饶,这令他心如刀割。但是,安妮女王被迫拒绝他们的要求,更令他们痛心。

不久以后,法国国王下令扩宽马尔迪克运河。人们采用安装闸门的办法,修建了一个据说可以同敦刻尔克媲美的港口。英国大使斯泰尔伯爵为此对这位君主强烈不满。我国一部最优秀的著作写道,路易十四回答斯泰尔爵士说:"大使先生,我始终是我的国家的主人,有时还是别人的国家的主人。别让我回忆过去的事吧!"我确切了解到,路易十四从来没有作过这样不合适的答复①。他从来没有做过英国的主人。事实远非如此。他是自己国家的主人。但是,问题在于要了解他是否能随意避不履行一项他赖以休养生息,甚至赖以保存他的王国的大部领土的条约。

在载明平毁敦刻尔克港及其闸门的条约中,没有条款规定法国不得在马尔迪克修建港口。有人敢于发表文章声称,起草条约的博林布罗克因被一百万元赠款贿买,所以对这一点故意略而不提。在拉·马丁尼埃尔②撰写的《路易十四史》中,有这种卑鄙龌龊、污蔑不实之词。损坏这部著作名誉的还不仅是这一污蔑。路易十四似乎有权利用英国大臣的粗枝大叶,并坚持条约的措辞。但是,他宁可把和平的利益看得重于一切,履行条约的精神,而绝没有对斯梯尔厨士说过,要商士不要让他回忆起他以前曾经是别人的国家的主人。他愿意对一些他可以拒不接受的抗议让步。他于1714年4月下令停止马尔迪克的建港工程。不久后,在摄政时期③,工程建筑拆毁。条约遂全部履行。

乌得勒支条约和拉施塔特和约缔结后,费利佩五世尚未在整个西班牙享有主权。他还需征服加泰罗尼亚、马略尔卡和伊维萨品。

必须了解这个情况:德意志皇帝查理六世把要子留在巴塞罗那后,无法支撑西班牙战争。他既不愿让出自己的权利,也不愿接受乌得勒支条约,却与安妮女王商定;德意志皇后和帝国军队留在加泰罗尼亚已不再有用,他们将由英国船只运走。帝国军队的确撤出加泰罗尼亚。施塔伦贝格离开西班牙时,辞去总督职务。但是,

---

① 斯秦尔爵士对国王说话总是当着国务秘书托尔西的面,托尔西说他从来没有听见这样不得体的谈话。当路易下令取缔马尔迪克的工程时,这个谈话可能会使路易十四感到十分耻辱。——伏尔泰注

② 拉·马丁尼埃尔(1761—1830)法国人文学者、史学家。——译者

③ 指自路易十四去世至路易十五登位以前的一段由奥尔良公爵摄政的时期。——译者

他却留下内战的种子，并使人仍然有希望得到德意志皇帝的，甚至英国的迅速援救。那些当时在这个省份影响最大的人自以为他们能在外国庇护之下建立一个共和国，而西班牙国王却不会再强大到足以征服他们。他们表现出塔西佗①很久以前就认为他们具有的那种刚毅的性格。他说："大无畏的民族不把生命用于战斗时，就认为生命一钱不值。"

加泰罗尼亚是世界上土地最肥沃、地理位置最优越的国家之一。它深得美丽的河川、溪流和泉水灌溉之利，而新、旧卡斯蒂利亚却缺少这些。加泰罗尼亚出产人们生活所需，以及能使人在林木谷物、水果、蔬菜等方面的欲求得到满足的一切。巴塞罗那是欧洲最美丽的港口之一，该地为造船业提供一切条件。出产大理石、碧玉和水晶的矿场在山区比比皆是，甚至还有大量宝石。铁矿、锡矿、铅矿、矾矿和硫酸盐矿都蕴藏丰富。东海岸出产珊瑚。总而言之加泰罗尼亚可以脱离整个世界独处，而它的邻居却离不了它。

丰富的物产和欢乐的生活远没有使它的居民软弱柔靡。这些人一贯尚武好战。山民尤其凶狠强悍。但是，尽管他们英勇无畏、酷爱自由，但是历来始终被人征服。罗马人、哥特人、汪达尔人和萨拉森人都征服过他们。

他们挣脱了萨拉森人的枷锁，使自己处于查理曼的保护之下。他们先属于阿拉贡家族，后来又属于奥地利家族。

我们已经得知，在菲利浦四世的统治下，他们被西班牙首相奥利瓦莱斯公爵——伯爵逼得走投无路，遂于 1640 年投靠路易十四。他们的所有特权都得到保留。他们主要是被保护者，而不是臣民。1652 年，他们回到奥地利的统治下，在王位继承问题引起的战争中，站在查理大公一边，反对菲利浦五世。他们的顽强抵抗证明：菲利浦五世即使摆脱了他的对手，也无法单枪匹马地征服他们。路易十四在战争后期不能向他的孙子提供兵员和船只来对抗他的敌手查理，却派遣了一些兵员和船只去镇压他的造反臣民。一支法国舰队包围了巴塞罗那港。伯尔维克元帅则从陆上对该港进行包围。

英国女王对条约比对国家利益更加忠实，因此不给予这座城市丝毫援救。英国人对此感到十分愤慨。他们像罗马人因为曾经任人摧毁萨贡特②而责难自己那样责难自己。德意志皇帝空口答应给予一些并不兑现的援助。被包围者情绪高昂，英勇自卫。神父和僧侣都奔赴被敌军打开的突破口进行战斗，仿佛进行一场宗教战争。自由的幽灵使他们对主人主动提出的和解建议充耳不闻。五百多个教士

---

① 塔西佗（公元 55—120），拉丁历史学家。著有《历史》《日耳曼尼亚志》等。——译者
② 西班牙古城名，公元前二一九年曾被汉尼拔（公元前 247—前 183）攻占。——译者

手执武器在这次围城战中牺牲。人们可以由此判断他们的言论和榜样是否已经激励民众。

他们在突破口上竖起黑旗,顶住敌人多次进攻。最后,包围者已经深入城内,被围者仍然逐街进行巷战。旧城被占,他们撤至新城。他们投降时,仍然要求保留他们享有的一切特权(1714年9月12日)。他们只把生命财产保存下来,大部分特权都被剥夺。在那些曾经煽动民众,对抗国王的僧侣中,只有六十人受到惩罚。他们甚至得到宽大,只被判处划船劳役。菲利浦五世在战争中对待格扎蒂瓦这个小城市比较横暴。这座城市被彻底摧毁以儆效尤。尽管一座无关紧要的小城市遭到摧毁,一座拥有良港、维持它有利于国家的大城市却未被夷平。

加泰罗尼亚人的这种狂热,从前查理六世在他们中间时,并没使他们奋起,当他们孤立无援时,却使他们激昂慷慨起来。这种狂热,由于西班牙国王查理二世的遗嘱的缘故,成了长期使欧洲最美丽的部分玉石俱焚的这场火灾的最后火苗。

第二十四章　从乌德勒支和约缔结到路易十四去世这段时期欧洲的景象

笔者仍然敢于把这场旷日持久的战争称为内战。萨伏伊公爵在战争中武装起来,和他两个女儿对抗。沃德蒙亲王曾经赞助查理大公,在伦巴第几乎生俘他那个拥护菲利浦四世的父亲。西班牙乱党林立,举国分裂。整团法国加尔文教徒参军入伍,反对祖国。最后,一场全面战争因亲戚之间争夺王位继承权而终于开始。此外,还可再加上这一点:英国女王不让她的兄弟继承王位。这个兄弟因受到路易十四的保护,她不得不予以废黜。

人们怀着希望,但始终失望;人们小心审慎,但始终受骗。这场战争的情况也是如此。查理六世两次在西班牙得到承认,但却被赶出这个国家。路易十四已经濒于覆亡,但却因英国国内意料不到的内讧得以重振威势。西班牙枢密院过去仅仅为使这个君主国永远不被瓜分,而招来昂儒公爵就任西班牙王位,但却看到它大部分国土都已分离。伦巴第、佛兰德尔①存留于奥地利家族统治范围内。普鲁士家族拥有这个佛兰德尔的一小部分,荷兰人则统治另一部分。四分之一留归法国。勃艮第家族的遗产就这样由欧洲四强瓜分。似乎在那里拥有权利最多的家族在那里连小小一个农庄也没有保住。撒丁岛对德意志皇帝毫无用处,却在一段时期内,归属于他。德意志皇帝曾经在几年内拥有那不勒斯这块罗马的大世袭领地。人们经常夺取这块领地,并且轻而易举。萨伏伊公爵拥有西西里岛四年,他之所以拥有这个岛屿,仅仅是为了反对教皇而维护一种特殊的,但却是古老的权利,即在这个岛

---

① 属于奥地利家族的荷兰诸省通常被称为佛兰德尔,正如七联省被称为荷兰一样。——伏尔泰注

屿上做教皇的权利,也就是说,除了教义之外,绝对主宰这个岛上的宗教事务的权利。

　　乌得勒支条约缔结后,政策的虚空无用比在战争期间显得更加明显。毫无疑问,安妮女王的新内阁企图秘密准备詹姆士二世的儿子复位。安妮女王自己开始通过倾听大臣的呼声,来倾听天理的呼声。她企图把王位传给她的兄弟,她曾悬赏索求这个兄弟的脑袋,那是不得已而为之的。

　　她被女宠马夏姆夫人的话感动,又被她周围倾向托利党的高级教士的劝诫吓住,于是责备自己不该进行这种不近人情的废黜。我见到过马尔巴勒公爵夫人。我看见她时,她表示深信英国女王已经让他的兄弟暗中到来,女王还拥抱过他,并且表示,她兄弟如果愿意弃绝被英国人和全体新教徒视为暴政之母的天主教,就指定他为自己的继承人。她对汉诺威家族的憎恶使她增加了对斯图亚特血统的眷爱。据说,她逝世前夕曾经多次呼喊:"啊! 我的兄弟,我亲爱的兄弟!"她于1714年8月12日中风去世,时年四十八岁。

　　她的党徒和敌人一致认为她是个庸碌无能的女人。然而,自从爱德华三世①和亨利五世之类的国王执政以来,从来没有过这样光辉的君主统治。陆上和海上从来没有过比她在位期间更多的杰出统帅,从来没有过比这个时期更多的优秀大臣、更见多识广的议会、更能言善辩的演说家。

　　她的去世使她的图谋无法实现。被她视为外人、又不受她青睐的汉诺威家族继承了她的王位。她的大臣遭到迫害。

　　博林布罗克子爵曾经以与路易十四同样崇高伟大的气魄,给这位法国君主带来和平,但却被迫前往法国寻求避难所,以乞求者的身份在法国再度出现。觊觎英国王位者那一派人的灵魂奥尔蒙公爵也选择了同一避难所。牛津伯爵阿尔莱胆量较大。被人怨恨的他骄傲地留居祖国。他在英国甘冒坐牢之险,锒铛入狱。他还不顾人们以死相威胁。他生性安详宁静,妒忌心、贪财心、对酷刑的恐惧都不能使他丝毫动摇。他的勇气本身救了他。他在英国议会中的敌人对他五体投地、肃然起敬,以致无法宣布对他的判决。

　　路易十四已经接近他一生的终点。很难相信,他七十七岁时,当他的王国正处于困境之中,他竟敢冒再次对英作战之险,赞助那位被他承认为英国国王的王位觊觎者。此人当时被称为圣乔治骑士。然而,这件事千真万确。必须承认,路易十四始终心灵高尚。这种高尚的心灵使他得以完成各项伟大功业。英国大使斯泰尔伯爵顶撞过他。他曾经被迫把詹姆十三世从法国送回英国,正如在他青年时代,查理

---

① 爱德华三世(1312—1377),英国国王。1327—1337在位。在位时曾征服苏格兰,并进行英法百年战争。——译者

二世和他的兄弟曾经被人驱逐一样。这位英国亲王藏身于洛林的科梅尔西。奥尔蒙公爵和博林布罗克子爵的事关系到法国国王的荣誉。他们让路易十四对英国，特别对苏格兰会有人起来造乔治一世①的反这件事心存幻想。英国王位觊觎者只需露面就够了。他们只需要一只船、几名军官和少量钱款。未经慎重考虑就把船和军官给了他们。这不可能是一艘军舰，因为条约不准许。著名的船主莱皮纳·达尼康提供了一艘运输船、一些大炮和武器。说到钱，法国国王不名一文。他们只要求四十万埃居，但这笔钱根本无法获得。路易十四给他的孙子西班牙国王菲利浦五世一封亲笔信。西班牙国王向他们提供了这笔钱。英国王位觊觎者正是用这项援助秘密前去苏格兰。他的确发现该地有一帮为数不少的人，但被乔治国王的英国军队打败。

路易十四已经去世。英国王位觊觎者回到科梅尔西躲藏起来，对曾经终生纠缠折磨他的命运缄口不提。这时他的党徒的血正在英国的断头台上流淌。

我们将在留供叙述路易十四的私生活和轶事的篇章中看到路易十四怎样在他的忏悔师的险恶阴谋中，在曾经使无知和好动的人思想混乱、心绪不宁的最可鄙的关于神学的争吵中死去。但是，我要在此审视一下他去世时欧洲的情况。

俄罗斯的力量在北欧日益巩固。这个新兴民族和新兴帝国的建立在法国、意大利和西班牙还太不被人了解。

法国的老盟国，以前曾使奥地利家族心惊胆战的瑞典再也无法抗击俄罗斯人的入侵。为查理十二世留下的只是一些荣誉而已。

德国的一个普通选侯国——普鲁士——开始变为一股举足轻重的力量。普鲁士的第二个国王、勃兰登堡选侯靠英明治国、理财有方建立军队，奠定了到那时为止尚不为人所知的强国的基础。

荷兰还因为上次对抗路易十四的战争而受人尊重。但是，它放在天平上的砝码却愈来愈轻。英国在汉诺威选侯统治的最初几年深受骚乱搅扰，但还保存着它的全部力量和影响。奥地利家族所属各邦在查理六世在位时期日渐衰落。但是，德意志帝国大部分诸侯却使他们的领地繁荣昌盛起来。西班牙在菲利浦五世的统治下得以歇息松气。菲利浦五世的王位是倚仗路易十四才得到的。意大利直到1717年为止都国泰民安。欧洲没有发生任何宗教争端，足以使教皇有实现他的奢望的借口，或使他保存的特权被人剥夺。只有冉森教派搅扰了法国，但并没有因此引起分裂，煽起内战。

---

① 乔治一世（1660—1727），英国国王原为汉诺威选侯。后继承安妮·斯图亚特为英国国王（1714—1727）。——译者

第二节 拿破仑

一、本节案例导读

拿破仑·波拿巴（法语：Napoléon Bonaparte 1769—1821），即拿破仑一世，法国军事家、政治家、法学家。《拿破仑文选》这部著作包括由拿破仑口授、别人记录的关于几次战争的回忆，以及其本人撰写的一些军事论著摘要。该书提出了一套符合当时时代条件的作战策略，譬如认为军队的行动不应被预定计划约束，而应根据实际情况灵活调整作战方案，认为应集中优势兵力强力猛攻等，体现了拿破仑的战略及战术思想。

二、案例资料阅读

［法］拿破仑：《拿破仑文选（下卷）》，陈太先译，北京：商务印书馆，2009 年，第 303—324 页。

拿破仑各种著作摘要(节选)①
对 1816 年巴黎出版的《军事艺术评论》一书的十七项评论摘要
评论二　论步兵②

罗马人有两种步兵,即:佩投射武器③的轻步兵和佩短剑的重步兵。

火药发明以后,步兵仍旧分为两种:一种为使用火绳枪④的轻步兵,任务是进行侦察和扰乱敌军;另一种为代替重步兵的持矛步兵。

从沃班强使所有欧洲军队放弃长矛和标枪,改用带刺刀的步枪以来,一百五十年间所有步兵都已变成轻步兵,其任务为担任狙击和阻遏敌军。从这个时候起,就只有一种步兵了。这时一营分为九连,猎兵连也照掷弹兵连一样编入营里;但人们认为一个精兵连并不够用。拿破仑皇帝创立佩龙骑兵火枪的特技骑兵连以代替上述猎兵连。他选择身长不满五英尺的士兵来编成特技骑兵连。在此以前,个子矮小的壮丁不服兵役,使得其他等级壮丁的兵役负担比较沉重,这样一来,这一级壮丁也就能够充分利用了。这个新制度能够奖励许多因身长不满五英尺不能编入掷弹兵连,但按其勇敢精神应编入精兵连的老兵。这样,把大个子士兵和小个子士兵相提并论,是鼓励他们作战斗竞赛的有效办法。要是在拿破仑军队里有不同肤色的士兵,他也就会把他们编成白兵连和黑兵连。在一个有独眼居民和驼背居民的国度里,把这些人编成独眼连和驼背连想必也能得到不少好处。

1789 年,法国陆军由一些常备团和一些猎兵营组成,猎兵营则是由赛文兵、维瓦勒伊兵、阿尔卑斯兵、科西嘉兵、比利牛斯兵编成的,革命以后把猎兵营编成轻步兵"半旅团"。但这并不是为了要编成两种步兵,因为常备团和猎兵营的训练及装备仍旧是划一的。他们的全部差别只在于,猎兵营是从山区居民和林业工人子弟中募集来的。这些人最适宜在阿尔卑斯山脉和比利牛斯山脉的国境线上服役。如果他们竟要出现在北方作战部队中,那就主要是在进攻高地和仔细搜索森林时使用他们。如果在会战时这些人必须和其他步兵站在一条战线上,那么他们最好代替常备营,因为二者的训练及装备是完全相同的。各国政府在战时常常以志愿营

① 这些摘要发表在 1871 年的《军事丛书》第 4 卷中。编者注:案例资料所选文集译自俄文版(莫斯科苏联国防部军事出版社 1956 年版)。

② 拿破仑在这些评论中对罗尼阿(被评论的这本书的作者)下列几点建议表示了自己的意见:1)陆军有两种步兵;2)论改编步兵;3)从队列训练中挽救步兵;4)以防御武器供应步兵;5)在战斗以前解下背包;6)责成军官们监督合理地分配食粮及其他物品;7)重新建立帐篷。

③ 指弩弓、抛射器、杠杆投射器等。

④ 用火绳燃放的枪,弹药从枪口装入。

或志愿团的名义组织非正规部队,这种部队以敌方逃兵或抱有特别见解和思潮的人来补充;可是这里并没有两种步兵。只有一种步兵,并且不能再有第二种步兵。有些人羡慕古风,喜欢学样,希望模仿罗马人,那么,他们也不应当编组轻步兵,而应当编组重步兵,或编组佩短剑的步兵营,因为现在整个欧洲的步兵都是在担任轻装步兵的任务。

如果步兵始终只能派遣特技骑兵去担任狙击兵,那么,它就要不能使用火力了,整个战争就会在没有步兵的统一射击的情况下进行。这是不可能的。难道当特技骑兵受命担任前卫或负责掩护侧翼和辎重的时候,这个营的其他四个连队就可以拒绝派遣狙击兵,并且任敌方射手的弹雨来击中自己的队伍吗?一个和全营分开的连队如果没有属于特技骑兵连的班同它在一起,难道它就应当拒绝派遣狙击兵吗?这个特技骑兵连只拥有一个营的四分之一的兵力,在会战时候它的力量将不够担负射击手的任务。即使在人数上它占了全营兵力的一半,甚至占到四分之三,它的力量还是不够。在大会战中,整个第一线兵力都要散开,充当射击手,有时候甚至还需要增加一倍的人数;这是因为射手们会疲倦,而枪械又会打坏弄脏,所以他们每两小时要换班一次。

那么,特技骑兵能不需要任何队形,不需要任何战术,不需要任何本领就能投入战斗吗?难道他们不要改变队形、不要站成纵队、不要成棋盘式队形就实行退却吗?说"他们除了善于奔跑,除了在交战中善于使用两条腿以躲避骑兵攻击以外,就什么也不需要了",这是不对的。那样,怎么可以提议把特技骑兵集合在一起,并把他们编成前卫呢?怎能希望他们离开战线三百法尺远,和各个骑兵排混杂在一起一致行动呢?

用不着教导士兵奔跑、卧倒以及在树林后面躲藏,但必须教导他们,在自己的长官不在跟前时,不要失去镇静和沉着,不要让无谓的恐惧控制了自己。要教导他们始终和战友们保持接近,并从两侧互相掩护。要教导他们在迎面冲来的敌骑手来得及杀伤他们以前,改成四人一列的战斗队形。然后,在敌骑兵连攻击他们以前,再按七人和十六人一列把队伍密集起来。要教导他们在这以后不要显得过分慌忙,以面向敌人的方式撤退到预备队营地,——那里距前线有步枪射程那样远,大尉率领其余三分之一的射手,站成战斗队形待在那里。当各连都这样集合起来的时候,它们应当排成营方阵,改变战线正面,或者转身开始退却。如果敌人紧紧追逼,那就要像听从魔杖指挥一般地按照"向后转,开火!"的口令行动。然后继续退到营长那儿,营长带着全营三分之一兵力留在那儿充任预备队。之后,全营站成纵队,一排一排地退却。听到口令:"立定,各排左右散开。齐放!"这个营就排成方阵并回击敌骑兵的攻击。听到口令:"继续退却!"该营就由方阵一分队一分队地改成纵队,或者沉着地改成棋盘式队形,退到指定阵地,或者掩护右翼,或者掩护左翼,均无不可。以上这一切都是应当教给特技骑兵的。如果可以有两种步兵——一种用来充当狙击兵,另一种用在各战线上作战的话,那就应该派训练最好的兵来充当头一种步兵。事实上,特技骑兵比其他兵种更常用来担任狙击兵,特技骑兵连在军队中最能机动作战,因为他们比其他兵种更常感觉到机动的必要性。谁要是只从拉丁作家和希腊作家那儿得到这样一些建议[1],他就不会理解那些作家,他应当利用机会同特技骑兵班长或和老掷弹兵军士交谈,这对他是大有教益的,他可以向他们学到一些比较正确的军事知识。

直到现在,不管所辖连队是多或是少,各营都是这样排成战斗队形:一个军官站在右翼,另一个站在左翼,还有一个或几个站在中间,因此在大尉[2]指挥的经常只是同一批军官和上士,而这些军官和上士指挥的则是同一批班长和士兵。谁也未曾想过认真提出建议,把一连人排成一个横队,横队正面宽六十法尺,大尉站在右翼,中尉站在左翼,并让二连和三连也照一连那样排列,让六个少尉殿后。三个大尉一个紧跟一个地站着,会被敌人一颗炮弹打死。三个中尉这样站着也会被另一颗炮弹打死。除此以外,大尉站在右翼,站在左翼的官兵即使勉强能听到营长(营长站在中间)的口令,但他们是不是能听到大尉的口令呢?最后,三个大尉站在一个地方,同时发出口令,士兵们怎能辨别哪一个口令是自己大尉发出的呢?也许认为这样排队会便于发射排炮吧?不,照营长的口令发炮要方便得多,因为营长是站在队伍中间。这样做还可能发生混乱,即:一连长下令:"前进!"三连长下令:"立定!"二连长下令:"向后转!"照"各连向右转"的口令行动,一个营就要分成三列,每列都由三个连的军官、军士和士兵组成。在下达"各排向右转"的口令以后,六列之中会出现三个连的军官、军士和士兵。如果从这个营里派出一个连,那么这个连就会排成一列去作战,而该营其余的连则站成两列。这是多么荒谬的做法!对营教练原理多么外行!法国将军提出这样一些规则,他会因此使自己的军人身份受到全欧洲的嘲笑!为什么印刷厂里的排字工人没有注意这点呢?排字工人大概也作过战,或者最低限度曾经在国民自卫军里服过役罢!

三千名特技骑兵担任前卫而不编成营,每个排都自己行动,每个大尉都是总司令[3]。可是怎样把这些不善于机动、不懂战术的特技骑兵编成营呢?而为了让步兵跟在骑兵背后,怎样把轻骑兵连配属给步兵连呢?想训练他们奔跑,这是对的;

---

[1] 即类似上述那样一些建议。

[2] 连长。

[3] 罗尼阿将军的建议。

因为只要他们没有当俘虏，或者只要他们头一天没有被打死，训练这个对他们是有益处的。如果五十人的一个排因为没有受预备训练在战争中不能打胜仗，那么，这种预备训练对于整个营来说就更加必要得多；而对于一个拥有三千人的旅来说，这种必要性就应当等于它自身的立方数。甚至即使这三千特技骑兵都受过训练、善于机动并编组成营，像这样让步兵与骑兵混合，毕竟不会带来任何好处，反而会造成骑兵灭亡和步兵灭亡。骑兵后面跟着特技骑手，怎能自由行动呢？一般说，轻骑兵如果没有主力掩护，它能不能作认真的抵抗呢？在战争中，前卫和后卫的任务是整天运动。毫无疑问，骑兵能牺牲自己，把步兵放到自己的马上，以便把他们迅速带到另一个阵地上。可是要求任前卫和后卫的骑兵这样行动，这意味着对这个兵种的性质毫无认识。谁提出这个要求，就说明他在前卫里一天也没有待过。如果这样做有好处，那么所有民族和所有的大统帅都老早这样做了。

战鼓模仿着大炮的轰隆声，它是所有乐器中最好的一种乐器，它从来没有发音不准现象。

防御兵器不能防止炮弹、枪弹和霰弹。它不仅无益，而且造成不便，它使伤口更加危险。安息国人的弓很强劲，它掌握在有经验的和力气大的射手手里，射出的箭就非常强而有力，能够射穿罗马人的盾牌。这就能引起罗马部队队形紊乱，并且成为克拉苏战败的原因之一。

射手比其他士兵更需要防御武器，因为他们比其他士兵更常常接近敌人，更常常遭受敌骑兵的攻击。但是也不能多给兵器来加重他们的负担。他们应当尽可能地机动些，即使防御武器能给主力步兵以好处，那还是不能把这种武器供应他们，因为一个营里所有的士兵都应担负射手的任务。

没有哪一个中等武备学校的学生在离开学校时不想拿双筒枪来装备射手。可是他只要有一次战斗经验，就能把这种武器所带来的不利看清楚。

士兵不应同下面五件东西分离：枪、子弹、背包、四天的口粮和一件普通土木工具。尽可能减轻背包重量，使它里面只有一件衬衣、一双鞋子、一个领子、一条毛巾、一个火镰。这很好，可是总得让他随身带一个背包。如果他有一回离开了背包，那他就再也见不到它了。战争的理论和实际不是同一回事情。俄国军队以前采用战前解下背包的办法。这个办法有什么好处呢？军队可以更好地密集队伍，第三横队的射击可以有效地开展，士兵可以自由地和灵活地运动而不那样迅速地感觉疲倦。此外，背包里总是放着士兵的全部财物，担心失去背包这种情绪会把他们更加牢固地钉住在阵地上。可是，在奥斯特里茨会战后，曾发现俄军所有背包都堆在波左里茨高地上。可见俄军虽然战前解下背包，结果还是打败了。所以尽管有一些表面上很有说服力的理由可以叫人采用这种方法，但是经验还是叫俄国军队放弃了这个办法。用九匹驮马①运输药品、弹药和粮食已很够了。

连队的军官如果同士兵打小算盘,那就会贬低自己的身价。我们会把自己降为军士,打小算盘是司务长的事,难道就找不到正直的司务长吗? 要是军官欺人,那么士兵究竟去找谁呢? 大尉听到士兵对自己的同事和与自己差不多的中尉提出抱怨,这对大尉是多么不愉快呀! 我希望相信找不到这样的军官;他竟利用士兵的无知而为非作歹。但士兵生性多疑,他们并不会因此减少怀疑。既然如此,那么他们对自己长官所应当怀有的崇高敬意(这是维持军纪所必需的)会不会发生动摇呢?

帐篷有害健康,士兵最好驻扎在野营里;那样士兵就可以把两只脚向着火睡着,并且可以用木板或稻草挡住风雪,此外,篝火烧得近还可以很快地把士兵睡地附近的土地烤干。帐篷只对于那些要利用地图办公和写文件的军官才是必需的。营团指挥官和将军们应当住帐篷,不能让自己在野营里过夜,因为这种极有害的习惯是许多灾难的原因。

欧洲各国都仿照法国人的办法撤销了帐篷,如果他们在平时还利用帐篷的话,那就是为了保护木料、草屋顶和村庄。防阳光和暑热的树荫以及极小的防雨工具都比帐篷好得多。要五匹马才能运输一营人所需用的帐篷,而马匹本来最好是拿去运输粮食。除此以外,帐篷是敌方间谍及参谋官进行侦察的好目标,帐篷让敌人获得关于军队人数和配置情况的情报。并且这种方便敌人不利自己的情况每天和每一瞬间都在出现。反之,当部队布置在两列或三列野营中时,敌人从远处看来只见炊烟,他们往往会把烟当成雾。不可能算清所有营火,但很容易算清帐篷并绘成帐篷配置图。

评论三　骑兵

1)轻骑兵的指挥是不是必须服从步兵的指挥呢?

2)是不是必须叫轻骑兵学主力骑兵所学过的战术呢? 或者只是利用它去采办粮秣和像匈牙利非正规骑兵、马木留克兵和哥萨克兵所做的那样去做呢?

3)没有主力骑兵的支援,可不可以把他们用在军队前卫、后卫和两翼上呢?

4)是不是必须撤销龙骑兵团呢?

5)是不是要把所有重骑兵都分到后备队里去呢?

6)军队里有多少种骑兵,他们各占多大的比例呢?

轻骑兵奉命远离军队去进行侦察,这说明他和步兵并无关系。必须专门用主

_____

① 罗尼阿建议拿九匹马来运背包。

力骑兵来支援他。任何时候步兵和骑兵之间都有竞赛和竞争。

轻骑兵在前卫、后卫和两翼上都是必需的。因此不能把他配属给某一个大步兵单位，让他跟在那个大单位后头。让他依附主力骑兵来指挥，比依附跟他没有任何关系的步兵要合理得多。它应当有自己的指挥。

骑兵需要的军官数目比步兵多，因而应当特别仔细地训练他们。骑兵获得胜利不光靠速度快，而且靠队伍整齐、有秩序，以及合理使用预备队。如果把轻骑兵派做前卫，那就必须把他们分成连、旅、师等单位，以便使他们能够相机行动。因为前卫和后卫唯一需要做的就是：忽而追击，忽而成棋盘状队形退却，忽而改变成几列或成几个纵队，忽而迅速改变战线正面以便包围敌军侧翼。采取这些机动动作，前卫或后卫就能够避免同兵力占优势的敌军作战，并且能避免同他们做过分激烈的搏斗；同时还能遏阻他们，让全军有时间赶上来，让步兵有时间拉开，让司令官有时间作出决定，让辎重库和车队有时间赶到应到的地方。前卫和后卫指挥官的全部艺术就在于阻遏敌军，不让自己处于挨打的地位，并迫使敌军要花四小时才能前进一法里。只有经过实际的训练才能得到这样一些结果，并且在一切情况下骑兵对于这种训练比步兵更需要，前卫和后卫比其他任何部队都更需要。

我们在1797年、1805年和1809年所见到的匈牙利非正规骑兵是极其可怜的。如果说玛丽亚·帖烈集娅女皇时代的轻骑兵是可怕的，那这只是由于他们组织得好并且特别是由于他们的人数众多。有人认为他们胜过维尔姆泽的骠骑兵、拉土尔及约翰大公的龙骑兵。这说明这种人对于这件事情已得出了错误的概念。可是匈牙利非正规骑兵和哥萨克骑兵从不曾在奥军和俄军里担任过前卫，因为谁讲到"前卫"或"后卫"，就指的是一些机动部队。俄国人评价一团训练有素的哥萨克骑兵相当于三团未受过训练的骑兵。在这些团队中，除哥萨克骑兵以外什么也不值得注意，因为只有哥萨克骑兵编组得好，机警、灵活、坚强有力，他们是些不知疲倦的优秀骑士。他们生在马上，成长在内战中和平原上。他们同沙漠里的贝都英人和阿尔卑斯山上的山民是同一个类型的人物。他们从不住在家里，从不睡在床上；为了不待在可以被敌人发现的地方过夜，太阳西沉他们就更换了宿营地。两个马木留克兵可以对付三个法国兵，因为他们有好马，擅长骑马并且武器完备——每个马木留克兵有两支手枪、一支旧式短枪和一支卡宾枪，他们头戴尖顶盔，脸戴脸甲，身穿锁子甲，还拥有几匹马和几个徒步枪手。但是一百名法国骑兵就不怕一百名马木留克兵，而一千名法国骑兵则能击溃一千五百名马木留克兵；战术、队形和机动性能所起的作用多么巨大呀！骑兵将军缪拉、列克列尔克和拉萨耳在进攻马木留克兵的时候，把自己的部队排成几列。当马木留克兵开始包围第一列的时候，第二列就向左或向右移动，再向前推进去支援第一列。马木留克兵这时就停住并密集起来企图包围第二列的侧翼。就在这一瞬间法军开始进攻他们，并且总是把他们击退了。

前卫或后卫的任务不在于进攻或退却，而在于相机行动。他们应当由优秀的轻骑兵（并由精锐的主力骑兵后备队予以支援）、精锐的步兵营和优秀的炮兵连构成。这些军队应当是训练良好的军队，其中的将官、军官和士兵同样通晓战术——通晓的程度依各人的官级为转移。把没有训练好的军队用去担任前卫，只会造成混乱。

一般公认，为了便于骑兵连机动，每连应当有一百人，三连或四连骑兵应当有一个参谋官来统率指挥。

胸甲并不是所有主力骑兵都需要的。骑马的龙骑兵身长四点九英尺，佩着真正的军刀，不戴胸甲：他们就属于重骑兵。他们应当装备上刺刀的步兵火枪，戴步兵的高筒军帽，着短靴，裤腿散着个插入靴筒内，穿有袖的军大衣，挂不很大的袋子（袋子大小以便于他们下马时能用皮带把袋子挂到肩膀上为适宜）。所有骑兵都应当配备火器，使他们都能够下马作战。三千轻骑兵或三千甲骑兵在一千名占据着森林或其他不利于骑兵行动地方的步兵面前不应当停止不前，三千名龙骑兵应当毫不踌躇地进攻两千步兵。

秋林、萨伏伊的叶甫根尼亲王和万多姆等人都很重视龙骑兵并且广泛地使用龙骑兵。在 1796 年和 1797 年意大利战争中，这个兵种曾使自己得到了荣誉，但在埃及、西班牙和在 1806 年及 1807 年的战争中，却产生了反对龙骑兵的偏见。几个龙骑兵师团集中在亚眠和康边，打算在没有马匹的情况下开到英国去。到英国后他们能骑上当地的马以前必须照步兵队形行动。他们的首席监察官巴腊格·德·伊利耶将军指挥他们。巴腊格·德·伊利耶下令为他们准备皮鞋并在他们中间配备许多只学会一种步兵队形的新兵。这样一来，这支军队就不再是骑兵团了。在 1806 年的战争中、在耶拿战役以前，他们都是徒步作战，但在这个战役以后，他们俘获了普鲁士骑兵的马匹（不过其中有四分之三不能用）。所有这一切情况实质上都对他们有害。不过到了 1813 年和 1814 年，龙骑兵师团已能胜利地同甲骑兵竞赛了，因为龙骑兵对于支援担任军队前卫、后卫及侧卫的轻骑兵乃是必要的。

甲骑兵不大适宜于担任前卫及后卫勤务。如果把他们用在那方面，那只是为了使他们习惯于战争和保持战斗力。把一师龙骑兵（二千人）和一千五百名轻骑兵一道，迅速调到需要地点，在步兵赶到以前，他们就可以跳下马来保护桥梁、路口及高地。在退却时候，只要有好处可得，这些部队还有什么好处得不到呢？在一个部队里，骑兵应占步兵的四分之一。骑兵有四种（两种轻骑兵和两种重骑兵）：侧面侦察骑兵身高五英尺，马躯干长四英尺六；本义的轻骑兵——马躯干长四英尺七至四英尺八;龙骑兵——马躯干长四英尺九;甲骑兵——马躯干长四英尺十或四英尺十一。在这样编组的情况下,一切品种的马都适于做后备马。

侧面侦察骑兵由于马的素质不好,不大可能担负攻击任务,所以必须把他们配属给步兵。如果每师(九千人)规定配属一个骑兵连(三百六十人),那么侧面侦察骑兵就占步兵的二十五分之一。他们被分派担任将军们的传令兵,押运辎重,采办粮秣,补充班里面的军士,协助宪兵押解俘虏并执行警察勤务。其余的侧面侦察骑兵也够编成几队,用来进行侦察和占领一些有利于先发制敌的重要阵地。当敌军队伍显得紊乱便于追击的时候,当用枪矛可刺穿逃敌或者能俘虏他们的时候,侧面侦察骑兵就跟在步兵后面布成战斗队形,在步兵将军的指挥下利用这种有利的时机去攻击敌军。他们的战马矮小,引不起骑兵将军们的兴趣。

开战时每个步兵团分出一连侧面侦察骑兵(一百二十人),训练他们参加重骑兵团工作并按照每十名甲骑兵和五名龙骑兵配备一名侧面侦察骑兵的比例进行编制。这样一来,三百六十名甲骑兵就应有三十六名侦察骑兵,而三百六十名龙骑兵就该有七十二名侦察骑兵。他们在将军手下担任传令兵,他们押解俘虏、护送辎重、侦察地形,执行狙击兵的任务并在龙骑兵下马时为他们喂马。

在一个拥有三万六千步兵的军团里将有九千骑兵,即:侧面侦察骑兵二千零七十名(其中有一千四百四十名分属于四个步兵师,四百二十名配属于龙骑兵,二百一十名配属于甲骑兵),猎骑兵或骠骑兵二千七百名,龙骑兵二千一百名,甲骑兵二千一百名。

总计轻骑兵四千八百名,重骑兵四千二百名。

评论四　炮兵

如果遵守这些规则①,那么:

1) 一个炮兵营应该由两门榴弹炮和三门六磅重的大炮组成;

2) 一个军团(四万人)的炮兵纵列应当包括六十门大炮(每一千人有一点五门大炮);

3) 这样一个炮兵纵列的六磅大炮应占四分之一,十二磅大炮应占三分之一,榴弹炮应占十二分之五,即:六磅大炮十五门,十二磅大炮二十门,榴弹炮二十五门,总共有大炮六十门。

格利波伐尔将军规定炮兵连的组成是拥有八门同口径的大炮(四磅的、八磅的、十二磅的大炮或六时的榴弹炮),因为:

---

① 罗尼阿将军建议的一些规则。

1）一个炮兵连应当分成两个或四个排；

2）一个拥有一百二十名炮手的炮兵连，足够照管八门大炮（这个炮兵连在纵列中拥有预备队）；

3）一个辎重连足够招呼一个载运八门大炮的车队；

4）一个优秀的大尉能指挥这些大炮；

5）一个炮兵连用来载运八门大炮的车辆足够安排一个锻铁场的作业，对于这个炮连有两个预备炮架就够了。如果炮连是少数炮组成的，那么锻铁场、大炮曳索和预备炮架的数目整个都增加了。

拿破仑取消四磅和八磅的大炮，而代以六磅大炮。经验告诉他：步兵将军们在战斗中总是不加选择地使用四磅大炮和八磅大炮，而不顾自己所希望得到的结果如何。他也废除六英寸榴弹炮而代之五英寸半或七磅的大炮，因为第一种炮的两个装药量同第二种炮的三个装药量一样重；此外，五英寸半榴弹炮的口径同我们攻城炮兵和要塞炮兵中常用的二十四磅大炮的口径相同。

他用两门五英寸半的榴弹炮和六门六磅大炮，或用两门五英寸半的远射程榴弹炮和六门十二磅大炮编成步炮连；骑炮连则用四门六磅大炮和两门榴弹炮编成。可是让骑炮连的编制同步炮连一样（即两门五时半的榴弹炮和六门六磅大炮）会比较合适些。他的炮兵纵列的构成是六磅大炮占二十分之十二，十二磅大炮占二十分之三，而榴弹炮则占二十分之五。

这已经改变了格利波法尔的制度，但这些改变并没有违反他那个制度的精神，所以即使格利波法尔还在，想必也不会反对这些改变。格利波法尔本人也曾把制度改动许多，把许多地方简化了。虽然如此，炮还是太沉重、太复杂，必须进一步简化并统一规格，必须把它简化到最大限度。

十二磅大炮的一个装药量和六磅大炮的两个装药量重量相等。把一门十二磅大炮代替两门六磅大炮，是不是有利些呢？如果在特殊情况下宁可使用十二磅大炮，那么，在普通情况下，使用两门六磅大炮就会比较有利些。一门榴弹炮是不是胜过两门六磅大炮呢？烧毁村庄和轰炸多面堡用榴弹炮要比较方便些，但榴弹炮打得不准确。在一般情况下，一门榴弹炮不但抵不上两门，甚至抵不上一门六磅大炮，因此对于榴弹的需要就有限了。

拿破仑增加炮兵纵列中六磅大炮的数量，可是谁要是打算拿十二分之五的榴弹炮、三分之一的十二磅大炮，并且只拿四分之一的六磅大炮来组织炮兵纵列，那么谁就会显出他完全不懂炮兵科学原理。

照拿破仑的规则组织起来的、拥有六十门大炮的炮兵纵列，计有三十六门六磅大炮、九门十二磅大炮和十五门榴弹炮：这个数字相当于七个半炮兵连。为了拉这些炮,需要三十二部大车(打铁坊①、篷车、预备炮架)、八十一部供六磅大炮用的弹药车、四十部半供十二磅大炮用的弹药车、六十七部半供榴弹炮用的弹药车、二十九部材料车、三十部子弹车和二十部运架浮桥工具的车子,总共是四百部车子,或者一门炮大约有六部车子。在这种情况下,车子所携带的弹药量足够每门炮发射三百零六发炮弹。

按照建议的规则②组成的炮兵纵列(六十门炮)拥有十五门六磅大炮、二十门十二磅大炮和二十五门榴弹炮。既然他的炮连是由五门大炮组成的,那么他这个纵列就会包括十二个炮兵连。十二个炮兵连需要四十八部大车(打铁坊、篷车和预备炮架等),总共需要四百二十四部大车,或每门炮需要七部车子。因此,它比拿破仑那样的炮兵纵列多需要六十四部车子。这是多大的累赘! 多么笨重的炮兵纵列! 在人力上、马匹上、物资上又是多么过分地浪费! 十二磅大炮能延迟部队行动,因为它很笨重(重量达一千五百至一千八百磅)并且只在公路上才容易移动。在皇帝的炮兵纵列中有四十五门大炮,而在这位将军建议的炮兵纵列中则仅有三十五门大炮。

可是,就用这四百二十四部车子(这是后一炮列所必需的车辆数),如果照皇帝③的制度来办,那么后一种炮兵纵列就能拥有五十二门大炮,即等于九个炮兵连。其中将有四十二门六磅炮、十二门十二磅炮和十八门榴弹炮。

现在要问:十五门六磅炮、二十门十二磅炮和二十五门榴弹炮或五十二门六磅炮、十二门十二磅炮和十五门榴弹炮,哪个最好呢?

写你所不了解的事情是怎样一种嗜好啊!

人们要求仿照罗马人的办法,把一个师编成一个小型的军。这实际上是取消它的最必需的和最重要的部分——炮兵。一个八千人或九千人的军团,配三门大炮和两门榴弹炮,怎能奉派去担任前卫或后卫呢? 如果他们一遇到兵力相等的一个俄国师团、普鲁士师团或奥地利师团,而后面这些师团每师都备有三十门炮(照现在编制),那么,毫无疑义前者的炮兵很快就会被打哑和被破坏,而步兵则会被敌人炮兵的火力打得退出阵地,否则必须付出宝贵的鲜血作代价来坚守阵地。

天才的炮兵专家格利波法尔先生(七年战争期间他曾在奥地利军队中服役)规定,炮兵纵列的炮数按照一营人(一千人)四门炮或一师人(九千人)三十六门炮,或一军团人(四万人)一百六十门炮计算。在皇帝的炮兵纵列中规定,每一个四万人

---

① 指可用车运的随军打铁坊(修械所性质)。

② 罗尼阿将军建议的。

③ 拿破仑。

的军团,或四师步兵、一师轻骑兵、一师甲骑兵和一师龙骑兵,应备一百二十门大炮。这十五个炮兵连中有八个炮连隶属各步兵师(每师两个)、三个作为后备炮兵连,其余四个为骑炮连。这四个骑炮连中,一个连属轻骑兵师,一个属龙骑兵师,另两个属甲骑兵师。他这个炮兵纵列拥有七十二门六磅大炮、十八门十二磅大炮和三十门榴弹炮。归纵队使用的车子大约有六百部,大炮、弹药箱、比定额加倍的步兵弹药及子弹箱都在它们运输之列。

皇帝的炮兵纵列中,平均每门炮只有三十匹马和三十五个人,建议的制度平均每门炮必须有三十五匹马和四十个人。一个拥有八门炮的炮兵连需要二百四十匹马和二百七十二个人。这些人马可以编成两个精锐的骑兵连。

那些从古代作家理论中得出现代战争概念的人宣称:一个四万人的军团额外拥有三千六百匹马和四千步兵,比拥有一百二十门炮要好些,或者虽然只有六十门炮,却额外有一千五百匹马和二千步兵,也要好些。可是他们错了。一个军里面的步兵、骑兵和炮兵在数量上应当成一定的比例关系,这个兵种不能代替另一个兵种。有这种事情:在战斗中敌人占据着坚固的阵地,拥有五十或六十门配置得妥当的大炮,那我们只好眼睁睁地看着他们打胜仗,甚至我们即使比他们多八千步兵和四千骑兵,想进攻他们也是徒劳无益的。必须有实力相等的炮列,在炮列掩护之下各攻击纵队才便于前进和展开。步兵、骑兵、炮兵三个兵种的合理的比例关系永远是所有伟大的统帅必须深思熟虑的课题。

他们一致同意的标准是:

1) 每一千人应当有四门炮,因此炮手数占全军人数的八分之一。

2) 骑兵应当占步兵数的四分之一。

希望冲入敌炮列中,利用冷兵器来夺获大炮,或利用射击来杀死炮手——这只是幻想。有时也发生这种事情,难道利用突然进攻的方式夺获大量战利品的事例还少吗? 可是一般说,没有这种步兵:即使他们最勇敢,他们没有炮兵支援,在敌方十六门配置妥当并有优秀炮手操纵的大炮轰击下,能够丝毫不受伤害地前进五百或六百法尺远。实际情况是他们还没有走三分之二的路就已经被打死、打伤和打散了。野战炮兵现在射击得这样准确,以致使人不能赞成满脑子罗马希腊思想的马基雅弗利建议,即炮兵发射一排炮以后撤回自己阵地后面。

毫无疑问,军中优秀步兵是头等重要的,可是如果步兵不得不长久地对付实力大大地超过自己炮兵的敌方炮兵,那么他们的士气就会沮丧,他们就会打败仗。在革命初期的几次战争中,法军各兵种中炮兵最精良。敌人用刺刀冲锋夺去二十门配置良好的大炮(编成炮列的)的事例简直不曾有过。在发尔密之战中、在冉马普和诺尔德林根两战役中①，虽说我们军队人数众多，以致我们常常每一千人只有两门炮，但我们的炮兵的总数量还是多过敌人。可能发生这样的事情：一个比对方善于调度指挥的统帅，他拥有精锐的步兵，那么尽管他的炮兵纵列比对方弱，在战争初期他还是能够获得若干成就；但在总体战的决定性关头，他一定会因为自己的炮兵较弱而受到残酷的惩罚。

八十辆军粮车绝对不够一个军团（四万人）的需要，八十辆粮华只能运一千五百二十公担粮食、两天的面粉和烧酒。经验表明：一个军队本身应有一个月的粮食储备，其中十天的粮食应由士兵和驮马来携带，另二十天的粮食则须车运。运这批粮食需要四百八十辆车子，其中二百四十辆是部队自有的，另外二百四十辆则向民间征用。每师必须有个辎重营，每营又分三连，每连应拥有照管四十辆车子的人力。四十辆车子中有二十辆连车带马由军部发下使用，另二十辆征用。因此，一个师里应有一百二十辆车子，一个军应有四百八十辆车子（每营二百一十人）。

评论五　战斗队形

罗马军队安置在营房里和布置在战斗阵地上总是成同一个队形。他们布成方阵，方阵每边长三百至四百法尺。他们花费几小时在这座营房里筑上防御工事之后，就认为自己的驻地是不能攻破的了。作战时罗马军队排成三列，列与列之间相距五十法尺，骑兵则布置在侧翼。参谋官奉令拆营或布置军队到战斗阵地上去，他们只机械地执行命令，不需要正确的眼光，不需要经验，也不需要才干。现在不同了，选择营地或选择阵地的艺术牵涉那么多的情节，非有正确的眼光，非有丰富的经验和才干不可。这个任务已成了总司令自身的任务，因为在同一个地方可以采用不同方式布置营房或编排战斗队形。

尽管自己的兵力占优势，谢姆普罗尼在特烈比亚附近打了败仗，瓦朗在坎内附近打了败仗，因为他们照罗马军队的习惯把军队排成三列，而汉尼拔的军队则只排成一列。迦太基的骑兵质量和数量都胜过罗马骑兵，他们从正面、侧翼和后方同时进攻罗马军队，罗马军队打败了。但两位罗马执政如果能够适应情况采取战斗队形，那么他们就不会被敌军包围，也许他们会成为战争的胜利者的。

按照军或师的数目，军队应当扎一个兵营，还是扎几个兵营呢？前卫和侧卫各应布置多远呢？兵营正面多宽呢？侧面多长呢？骑兵、炮兵、辎重兵布置在哪里呢？他们排成几列呢？列与列之间相距多远呢？是不是要把骑兵布置在步兵后面或侧面作为预备队呢？会战一开始应不应该让全部炮兵参战呢（因为每门炮已有

---

① 这几次战斗都是法军获胜。

足够的炮弹,可以发射二十四小时)? 要不要留一半作为后备队呢?

这些问题的解决须依据下面各种情况为转移:

1) 总的说要根据全军的兵力,同时要依据步兵、骑兵和炮兵的数量;

2) 根据两军力量的对比;

3) 根据士气因素;

4) 根据行动的目的;

5) 根据战场的特点;

6) 根据敌军所占据的阵地和它的总司令的性格。

不能也不应该提出什么绝对的标准,现代战争中没有现成的战斗队形。

现在总司令的职责比古代总司令的职责要困难得多。现在总司令对战役命运的影响确实也要显著一些。在古代军队中,总司令离敌军有八十或一百二十法尺远,他不但不会遭遇任何危险,而且能够安心指挥自己的军队作战。

在现代军队中,总司令甚至离敌军四五百法尺远,他终归还是比在敌军炮火射击下,经常受着巨大的危险,同时他若离开敌人太远,那么他就不能监视敌人的一切行动。没有哪个战役总司令不是迫不得已要接近枪弹射程范围。现在大炮越是布置得好,它们的射击就越发有效。控制敌军的炮列,用连续炮火命中敌军,就能决定战斗胜利。我们的战场是辽阔的,因此需要考察研究广大空间。指挥现代的军队比指挥古代军队需要丰富得多的经验和战斗才能。

第三节　克劳塞维茨

一、本节案例导读

卡尔·冯·克劳塞维茨（德语：Karl von Clausewiz，1780—1831），德国军事家、理论家。12岁时即加入普鲁士军队，13岁走上战场，常年担任柏林军官学校校长，被誉为"西方兵圣"。《战争论》这部著作是其遗孀玛丽整理出版的《卡尔·冯·克劳塞维茨将军遗著》中的前三卷，该书提出了"战争是政治的工具"等对后世产生广泛影响的观点，在军事思想史上占有重要地位，被认为是西方战争艺术的奠基之作。

二、案例资料阅读

[德]克劳塞维茨：《战争论（上）》，时殷弘译，北京：商务印书馆，2016年，第101—122页。

第1章　什么是战争

1. 引言

我打算首先考虑这个论题的各不同要素，接着考虑它的各不同组成部分或剖面,最后考察在其内在结构中的整体。换言之,我将从简单进至复杂。然而,在战争方面甚于在任何别的论题上,我们必须从注视整体的性质开始;因为,在此甚于在别处,部分与整体必须总是结合在一起去考虑。

2. 定义

我不应以提出一个学究式和书卷气的战争定义开头,而应当直截了当地进至事情的本质,驻足于决斗。战争只是一种大规模的决斗。无数决斗构成战争,但它的作为一个整体的图景可以通过想象一对搏斗者来形成。其中每个都力求用体力去强迫另一个服从他的意志:他的直接目的在于打倒他的对手,以便使之无法进一步抵抗。

因此,战争是一种暴力行为,旨在强迫我们的敌人服从我们的意志。

暴力,为了抗击对方的暴力,以技艺创新和科学发明武装自己。某些几乎不值得讲的、自我设置的和难以察觉的限制(称为国际法和国际惯例)被附着于暴力,但几乎全未削弱它。暴力即物质强力——因为道义强力除了在国家和法律之中表现的以外全不存在——因而是战争的手段;将我们的意志强加于敌人是其目标,为达到这目标,我们必须使敌人无能为力;这在理论上就是战争的真正目的。这目的取代目标,将它撇在一边,好像它实际上不是战争本身的组成部分。

3. 暴力的最大程度使用

仁慈的人可能认为,有某种巧妙的办法,无需大流血就解除敌人的武装或使之败北,而且可能想象此为军事艺术的真正目标。它听来美妙,却是一种必须揭穿的谬误:因为,战争是那么一种危险的事务,以致出自仁慈的错误最为糟糕。暴力的最大程度使用完全不排斥同时使用智力。如果一方全无顾忌地使用暴力,无虞它涉及的大流血,与此同时另一方却缩手缩脚,那么前者就将占上风。这一方将迫使另一方仿效;每一方都将驱使其对手进至极端仅有的限制因素是战争内在固有的种种抗衡力。

这就是事情必须被看待的方式;出于对其残酷的十足忧痛,试图闭眼不看战争真正是什么,那将纯属徒劳——甚而错误。

如果说与野蛮民族之间的战争相比,文明民族之间的战争远不那么残忍和毁灭,那么原因在于这些国家本身的社会状况和它们彼此间的关系。这些是引起战争的因素,而同一些因素又约束和节制战争。然而,它们自身不是战争的组成部分;战斗开始以前它们就已存在;将温和节制原则引入战争理论本身总会导致逻辑上荒唐可笑。

两项不同的动机使人彼此打仗:敌对情感与敌对意图。我们的定义基于后者,因为它是普遍要素。无法想象若无敌对意图,甚至最狂暴的、近乎本能的仇恨激情能够存在。然而,敌对意图往往没有任何种类的敌对情感陪伴,至少没有任何压倒性的敌对情感陪伴。野蛮民族受激情支配,文明民族由理智主宰。然而,这差异不在于野蛮与文明各自的本性,而在于它们的与之相伴的环境、体制等等。这差异因而并非在每个场合都起作用,但它在大多数场合起作用。简言之,即使最文明的民族,也能够彼此间仇恨炽烈,不共戴天。

因此,显然大错特错的是,将文明民族之间的战争想象为只是来自它们的政府方面的理性行为,并且设想战争逐渐解脱掉激情,以致最终将永不真正需要使用战斗部队的物质冲击——只需它们的兵力比较数字就够了。那将是一种靠代数演算的战争。

在晚近的战争给其教训之时,理论家们已经开始沿着这样的思路去思考。如果战争是一种暴力行动,那么它不可能不涉及激情。战争可以并非来自激情,但激情仍会在一定程度上影响战争,影响的程度大小不是取决于文明水平,而是取决于彼此冲突的利益有多重要和它们的冲突持续多久。

因而,如果说文明国家不处死它们的俘虏,或不蹂躏城镇乡村,那么这是因为理智在它们的战争方法里起较大的作用,并已教给它们使用暴力的更有效途径,比本能的粗野表现更有效。

火药的发明和火器的不断改进足以表明,文明的进步完全没有实际改变或减缓摧毁敌人的意向,而意欲摧毁敌人是战争观念本身的核心。

因而,必须重申下述论点,战争是一种暴力行动,对这暴力的运用不存在任何逻辑限制。因此,每一方都强迫自己的对手,要它俯首听命;一种互动行为由此开始,它在理论上必然导向极端。这是我们遇到的第一项互动和第一项"极端"。

4. 目的在于解除敌人的武装

我已经说过战争的目的是解除敌人的武装,现在应当表明,至少在理论上情况必定如此。如果敌人要受到强制,你就必须将他置于一种处境,那比起你要他做出的牺牲甚至更严苛。这处境的艰难当然决不能是纯粹昙花一现式的,至少表面上不得如此。否则,敌人不会屈服,而将坚持下去以待局面改善。因而,可能由战争延续招致的任何变化必须是——至少在理论上说——恶化,给敌人带来更大的不利。在一个交战者能够发觉自己置身其内的一切状况中间,最坏的状况是被彻底解除武装。因此,如果你要靠对其进行战争去强迫敌人屈膝就范,你就必须要么使之确实手无寸铁,无以防御,要么至少将他置于一种很可能遭到这危险的境地由此推论,打倒敌人或解除他的武装——随你将它叫作什么——必定总是战争行动的目的。

然而,战争不是一个活生生的力量作用于一堆无生命的物质(全不抵抗就全无战争可言），而总是两个活生生的力量的彼此冲撞。进行战争的最终目的，如在此构设的，必须被拿来应用于双方。于是又一次有互动。只要我还未打倒我的对手，我就必定害怕他可能打倒我。因此，我并非主宰全局：他规定我恰如我规定他。这是第二项互动，导向第二项"极端"。

5. 力量的最大行使

倘若你想打倒你的敌人，你就必须使你的努力与他的抵抗力相称，那可被表述为出自两个不可分离的因素，即他可用的全部手段与他的意志力。他可用的手段有多少是个——虽然不只是——数字问题，应当可以度量。然而，他的意志力远非那么确定，只能依据激励它的动机的强度近似地揣测。假定你以这种方式，对敌人的抵抗力有了准确度过得去的估计，你便能照此调节你自己的种种努力；也就是说，你能增大它们，直至它们超过敌人的为止，或者在这逾越了你的手段所及的情况下，你能在可能范围内尽量增大你的努力。可是，敌人也将一样行事；竞争将再度产生，并且纯就理论上说，必定再度迫使你们双方趋向极端。这是第三项互动和第三项"极端"。

6. 实践中的缓解

于是，在抽象思考领域，思索不达到极端就停不下来，因为在此它想着的是一种极端状态：一种无拘无束的暴力冲突，除暴力本身的规律外不服从任何法则。你或可尝试从战争的纯概念出发，为你应当追求的目的和实现它的手段演绎出种种绝对的规定；但是，如果你这么做，持续不断的互动就会令你达到极端，那不代表任何东西，除了一种想象力游戏，它由近乎不可见的一连串逻辑精妙产生。如果我们要以绝对的方式作纯思索，我们就能大笔一挥规避所有困难，并以刚性逻辑宣告总是必须行使最大努力，因为目标总在于极端。任何这样的宣告纯为纸上谈兵，无缘于真实世界。

即使假设这极端的努力是个能被轻而易举地计算出来的绝对量，一个人仍须承认人类心灵不可能听任这样一种逻辑怪想支配，它往往会导致浪费实力，从而违背治国方略的其他原则。将需要一种与所见目标全不相称的意志努力，但它事实上不会被实现，因为逻辑精妙并不激发人类意志。

然而从抽象进至真实世界，整个事情看起来就大不一样。在抽象世界里，乐观主义主宰一切，迫使我们去设想冲突双方不仅都求全胜，而且都获得全胜。在实践中，情况是否竟会如此？是的，会如此，假如：（1）战争是一种全然孤立的行为，突然爆发，不由政治世界里先前的事件产生；（2）它由单独一项决定性行动或一组同时的决定性行动构成；（3）取得的解决就其本身而言完全彻底，完美无缺，不受对它将招致的政治形势的任何先前的估计影响。

7. 战争从来不是一种孤立的行为

关于这些条件中间的第一项，必须记起两个对手中间没有哪个对另一个来说是个抽象人，即使就意志——抵抗力当中的那个取决于外在条件的因素——而言也不是。这意志并非一个全然未知的因素；我们可以依据它今天如何去预测它明天的状况。战争从来不是晴空霹雳突然爆发，它也不可能顷刻就蔓延开来。因而，每一方都能够在颇大程度上揣测对方，依据他是什么和干什么，而非依据他严格地说应当是什么或干什么去判断他。然而，人与其事务总是有欠完美，永不会达到绝对最佳。此等缺陷同样会影响双方，因而构成一种缓解因素。

8. 战争并非由单独一次瞬时打击构成

第二项条件引发以下评论：

假如战争由一项决定性行动或一组同时的决定性行动构成，那么战争准备将趋于完全彻底，因为没有任何疏漏能够得到补救。现实世界可以为备战提供的唯一准绳将是敌人采取的措施，只要它们是已知的；其余都将再次被简化为抽象的计算。然而，倘若战争决胜由前后相继的若干项行动构成，那么联系前后去看，其中每项行动都会提供一个启示，据此估计那些接下来的行动。如此，抽象世界再次被现实世界所取代，导向极端的趋势由此得到缓解。

可是当然，如果一切可用手段都被同时使用，或能被同时使用，那么一切战争都将自动限于单独一项决定性行动，或一组同时的决定性行动，因为任何不利的结果必定减少可用手段的总和，而且倘若一切手段都已被投入首次行动，那就确实不可能有第二次。任何随后的作战行动将实际上是首次作战的组成部分，换句话说只是它的一个延续。

然而如前所述，一旦开始备战，现实世界就立即取代抽象思维世界，物质计算立即取代假设的极端；即使没有别的原因，双方的互动也趋于落到最大程度努力以下。因而，它们的全部资源不会被立即动员。

不仅如此，这些资源及其运用的性质意味着它们不可能在同一刻全被部署。这里说的资源是作战军队本身、有其物质特性和人口的国家以及它的盟国。

国家——其物质特性和人口——不仅是所有武装部队的源泉：它本身是战争中起作用的各种因素中间的一个必需的要素，然而只是那作为实际的作战场所或对之有显著影响的组成部分。

无疑，有可能同时使用一切可调动的作战部队；然而，不可能就要塞、河流、山丘和居民等等做到这一点；简言之，不可能就整个国家做到这一点，除非它小得被战争的首次行动完全吞噬。不仅如此，盟国并非依照实际交战国的单纯意愿提供合作；由于国际关系的真实性质，这样的合作往往只是在某个后来的阶段才提供，或者只是当均势已被打乱、需要校正的时候才加强。

在许多场合,抵抗手段当中无法被一举拿来投入的部分比起初可能设想的大得多。甚至在很大实力已被用于首次决定性行动、均势已被严重倾覆时,仍能恢复平衡。这一点到时候将更充分地予以谈论。在此阶段只需表明,战争的性质本身阻碍同时集中所有战力。诚然,这事实本身无法为不作最大努力去争取开头一举决胜提供理由,因为一场失败总是一种不利,没有哪个人会刻意冒此风险,还有即使首战不是仅有的一战,它仍影响后续的行动,影响程度与它本身的规模成正比。可是,作极度努力与人性相悖,因而人总是倾向于期望有可能拖到以后去决定胜负。结果,为首战胜负做的努力不及可能的那么大,战力集中程度也不及可能的那么高。一方出于赢弱而不去做的任何事情成了另一方的一个真实的、客观的理由,依此减小它的努力,同时导向极端的趋势被这互动再度减弱。

9. 战争结果绝非落定不移

最后,即使是一场战争的最终结局,也并非总是被认作落定不移。战败国往往将这结局视为短暂的不幸,就此一种补救办法仍然可在以后某个时候的政治状况中找到。这如何也能减缓紧张和降低努力的力度乃显而易见。

10. 现实生活的或然性取代理论要求的极端和绝对

因而,战争规避了使用极端的暴力这个理论要求。一旦不再担心极端状态,也不再追求极端状态,那么应当做出什么程度的努力就成了判断力问题;这只能依据现实世界的现象和或然律。一旦交战双方不再是一种理论的纯然虚构,而成了实际上的国家和政府,一旦战争不再是个理论事务,而是一系列服从它本身的特殊法则的实在行动,现实就提供资料,从中我们可以推导出横在前面的未知之事。

从对手的特性,从他的体制、事务状况和总的处境,每一方都运用或然律形成一种关于他的对手可能采取什么方针的估计,并且据此行动。

11. 政治目的现在再度登上前台

我们先前在第 2 节考虑过的一个论题现在再度迫使我们考虑,那就是战争的政治目的。至此为止,它一直被极端的逻辑、被打倒敌人和使之无能为力的意愿遮掩。然而,随着逻辑开始失力,随着决心渐次消减,政治目的将重新伸张。如果这全在于一种基于既定的人和状况的或然性估算,那么作为初始动机的政治目的必定是算式中的一个根本因子。你从你的对手索要的牺牲越小,你就越不那么能够预料他会奋力拒绝;他做的努力越小,你就越不那么需做你自己的努力。不仅如此,你的政治目的越有节制,你赋予它的重要性就越小,你就会在你必须的情况下越少犹豫地放弃它。这是为什么你的努力会被缓减的又一个原因。

因此,作为战争的初始动机的政治目的既决定要达到的军事目标,也决定它要求的努力的大小。然而,政治目的本身无法提供衡量标准。我们在谈论的是现实而非抽象。因而它只有在两国彼此交战这背景关联中才能这么做。同样的政治目的可以引发不同民族的不同反应,甚至引发同一个民族在不同时期的不同反应。因此,只有在我们考虑它能对它要驱动的种种势力行使的影响时,我们才能将政治目的拿来当作一个标准。这些势力的性质因而须予研究。按照它们的特性是增强还是减弱那趋向某个特殊行动的冲劲,结果会各不相同。在两个民族和两个国家之间可以存在如此的紧张,如此大量的可燃材料,以致最微不足道的争执也能产生一种大得全然不成比例的效应,即一场真正的爆炸。

这同样适用于一个政治目的被预期在两国唤起的种种努力,也同样适用于它们的政策要求的军事目标。有时,政治目的与军事目标是同一的,例如征服一个省。在别的场合,政治目的不会提供一个与之契合的军事目标。在此情况下,必须确定别样的军事目标,它将服务于政治目的,并在媾和谈判中象征着政治目的。然而在此,同样必须注意所涉及的每个国家的特性。有时,如果要达到政治目的,这替代物就必须重要得多。民众越少关心,两国国内和两国之间的紧张越不那么严重,政治要求本身越占支配地位就越倾向于决定其余。因而,能够存在种种形势,在其中政治目的将差不多是唯一决定性的。

一般来说,如果政治目的减小,那么一个与它规模匹配的军事目标将同比例地减小;随着政治目的的增大其支配性,情况将更是如此。于是,由此并非自相矛盾,战争可以有一切不同程度的重要性和烈度,从灭绝性战争往下,直到仅仅武装监察。这将我们带到一个不同的问题,它现在需要得到分析和回答。

12. 已说过的一切未予解释的一点:军事行动的暂停

不管每一方的政治要求可以多么温和,被使用的手段可以多么微小,军事目标可以多么有限,战争过程能否暂停? 能否即使暂停片刻? 这个问题深入事情的本质。

每项行动都需要一定时间去完成。这段时间称为它的延续期,其长短取决于行动者做事的速度。我们不需费神关注这里的差异。每个人都以他自己的方式行事;然而,行事缓慢的人不是因为他想就它花费更多时间而较慢地行事,而是因为他的脾性使他需要更多时间。如果他干得比较急,他就会将事情干得不那么好。因此,他的速度由主观原因决定,是决定行事的实际延续期有多长的一个因素。

现在,如果战争中的每项行动都可以有其合适的延续期,我们就会同意至少乍看来,任何额外的时间花费——军事行动的任何暂停——都显得荒诞无稽。就此必须记住,我们正在谈的不是一方或另一方做出的进展,而是整个军事互动的进展。

13. 仅有一个原因能够暂停军事行动,而且看起来它只可能发生在一方

如果两方已准备打仗,那么必定有某种敌对动机驱使它们迈到这一地步。不仅如此,只要它们继续全副武装(不谈判一项解决),这敌对动机就必定依然大起作用。仅有一个原因能够制约它:意欲等待一个更好的时刻再行动。乍看去会认为这意愿只可能在一方起作用,因为相反的做法必定自动地影响另一方。如果一方利在行动,那么另一方必定利在等待。

然而,实力的绝对平衡不可能招致停顿,因为倘若竟存在这样的平衡,持有积极目标的那方——进攻者——就必定会采取主动。

尽管如此,仍能设想这么一种平衡状态:在其中,持有积极目标的那方(有较强的行动理由的那方)是实力较弱的一方。因而平衡将出自目的与实力的结合效应。情况既然如此,就不得不说除非可以预料平衡有某种改变,双方就应当媾和。可是,倘若预料有变,那就只有一方能够期望因它而得利——理应刺激另一方发起行动的一个事实。显然,平衡概念无法解释不行动。唯一可行的解释是双方都在等待一个更好的行动时机。因此,让我们假定两国中间有一国持有积极的目标,例如征服对方一部分领土,以便用于谈判桌上的讨价还价。一旦这目标捕获在手,政治目的就得以实现;没有必要做得更多,它能够让事情停止下来。另一国如果准备好接受这一局面,那就应当请求媾和。如果不准备接受,它就必须有所行动;如果它认为经过四个星期,它将经休整而更适于行动,它就显然有充足的理由不去立即行动。

然而从此刻起,理事会看来要求另一方采取行动,目的在于不让敌人得到所需的时间去做好准备。当然,在整个这番推理中,我始终假定双方都完全彻底地洞察形势。

14. 连续性因而将见于军事行动,并将再度激化一切

如果在作战中真有这连续不断,那么它的效应会同样是将一切驱向极端。不仅这种无休止的活动会激发人们的情绪,给他们注入更大的激情和原生力,而且事件将更紧密地彼此相继,并且受一种更严密的因果关系链主宰。每一单项行动都将变得更重要,因而更危险。

可是,战争当然难得——即使曾有的话——显示这样的连续不断。在许许多多冲突中,只有很小部分时间由作战占用,其余时间都在按兵不动中度过。这不可能总是一种反常。战争中的作战暂停必定是可能的;换言之,它并非概念自悖。让我来显示这一点,并且说明为何如此。

15. 在此提出对极原理

由于设想两位统帅的利益彼此抵牾,针锋相对,因而我们已经设定了一种真

正的对极。后面整整一章将用于进而论说这个话题,但现在就此必须做以下谈论。

对极原理只是在与同一个对象的关系中才成立,在其中正负利益完全彼此抵消。在一场战役中,每一方都力求打胜;这是真正的对极,因为一方的胜利排除另一方的胜利。然而,当我们谈论两个不同的、有意外在于它们自身的共同关系的事物时,对极不在于这事物,而在于它们之间的关系。

16. 进攻与防御乃种类不同和威力不等之事,对极不可能适用于它们

假如战争只采取单一形态,即进攻敌人,全无防御;或换言之假如进攻与防御之间的唯一差别只在于一个事实,即进攻有积极的目的,而防御没有,战斗形态则毫无二致:假如这样,那么一方获取的每项利得对另一方来说都将是一项完全相等的损失——将有真正的对极。

可是,战争中有两类分明不同的作战形态:进攻与防御。就像后面要详细表明的,这两类形态大不相同,且威力不等。因而,对极不在于进攻或防御,而在于这两者都力求获取的对象,即决胜。如果一位统帅希望推迟决胜,另一位就必定希望赶紧决胜,而我们总是设定双方从事同一类战斗。如果 A 利在当下不去进攻 B,而是过了四个星期再进攻他,那么 B 就利在当下遭到进攻,而非过了四个星期再如此。这是利益的当下直接冲突;然而,这并不意味着 B 也利在立即进攻 A。那将分明是很不相同的另一件事。

17. 防御对进攻的优势往往毁坏对极效应,由此解释了军事行动的暂停

有如后述,与进攻相比,防御是一种较强的战斗形态。因而我们须问:推迟决胜对一方的好处是否像防御对另一方的好处一样大?无论何时只要不是,它就无法抵消防御的好处并由此影响战争的进展。因此,利益对极造就的冲力显然可以在进攻威力与防御威力之间的差异中被损耗净尽,从而可以变得无效。

因此,如果当前状况对之有利的那方不足够强,以致不能舍弃防御的追加好处,它就将不得不忍受在未来不利条件下行动的前景。在这些较为不利的条件下打一场防御战可以仍优于立即进攻或媾和。我确信防御的优势(如果被正确理解)很大,远大于乍看来的。正是这,毫不自相矛盾地解释了战争中发生的大多数按兵不动时段。出手行动的动机越弱,它们就越会被进攻与防御之间的这一不等遮盖和中和掉,作战行动就会越频繁地暂停——确实有如经验表明的。

18. 一个次要缘由是对形势所知不全

还有另一个因素能导致军事行动停顿,那就是对形势所知不全。一位统帅能够充分知晓的形势只是他自己的状况;他的对手的状况他只能从靠不住的情报获知。因此,他的评估可能犯错,可以导致他设想主动权在敌人手里,与此同时实际

上它留在他自己手里。当然,这样的错误认知很可能导致时机失当地出手行动,像它很可能导致时机失当地无所动作一样,并且助成加速作战,不亚于它助成延宕作战。尽管如此,它仍必定跻身当然原因之列,这些原因能够毫无自相矛盾地导致军事行动停顿。人性使然,人总是更倾向于将敌人的实力估计得过高,甚至估计得过低。记住这一点,就必须承认一般来说,对形势局部无知是延宕军事行动进展和减缓它依据的原理的一大因素。

按兵不动的可能性对战争进展有一种进一步的缓减效应,靠的是通过推迟危险及时——打个譬喻说——冲淡它,并且增强手段以恢复双方之间的力量均衡。导致了战争的紧张越严重,随后的战争努力越巨大,这些按兵不动无所动作的时段就越短暂。反过来说,冲突的动机越弱,作战行动之间的间歇就越长。因为,较强的动机增强了意志力,而意志力如我们所知,一向既是实力的一个要素,又是实力的结果。

19. 常有的按兵不动时段将战争进一步移离绝对王国,使之更是一种估算或然性之事

进展越慢,军事行动的中止越频繁,补救错误就越容易,将领的估算也就会越大胆,而且他将越有可能避免理论上的极端,依据或然性和推测去做规划。任何既有形势都要求根据境况估算这或然性,而做此等估算的可用时间将取决于作战行动发生的快慢。

20. 因此只需偶然性要素便使战争成为赌博,而战争从来不乏这要素

现在很清楚,战争的客观性质在多大程度上使之成了一种估算或然性之事。要使战争成为赌博,只需再加一个要素,那就是偶然性——战争最不缺乏的东西。没有任何其他人类活动如此不断或普遍地与偶然性紧密相连。而且,经偶然性这一要素,猜测和运气将在战争中起大作用。

21. 不仅其客观的而且其主观的性质使战争成为赌博

如果我们现在简短地考虑一下战争的主观性质——进行战争。

必须依靠的手段——那么它看来会比任何时候都更像是一种赌博。战争在其中存在的环境是危险。危险时候所有精神素质中间首屈一指的肯定是勇气。勇气完全可与审慎谋算相容,但这两者依然不同,属于不同的心理力。另一方面,勇敢、大胆、鲁莽和相信碰运气只是勇气的不同变体,而且所有这些性格倾向都指望它们的固有要素——偶然性。

简言之,种种绝对的、所谓数学式的因素在军事估算中绝无坚实基础可寻;从一开始,就有着可能性、或然性、好运气和坏运气的互相作用,来回穿梭于织锦的全部经纬。在所有各种人类活动中间,战争最像打牌赌博。

22. 这总的来说怎样最契合人性

虽然我们的理智总是渴求清晰和确定,但我们的天性往往觉得不确定性分外迷人。它偏爱在偶然和运气的王国里翱翔翩翩,而非伴随理智穿行于哲学探究和逻辑演绎的崎岖狭道,只是为抵达——几乎全不明白如何抵达——陌生天地,那里一切通常的地标似乎已消失不见。不受紧身衣般的必然性束缚,它能够陶醉于丰饶富足的可能性;那里激励勇气展开翅膀,冲入大胆和危险之境,犹如一名无所畏惧的游泳者跃入激流。

理论是否应当在此地将我们丢下,欣然继续阐发种种绝对的结论和规定? 倘若如此,理论就会在现实生活中毫无用处。不,理论必须同样将人的因素考虑进来,为勇气、大胆甚而莽撞找到一席之地。战争艺术应对真实生活,应对精神力量。因此,它不可能取得绝对性或确定性;它必须总是给不确定性留有余地,在最小的事情上如此,在最大的事情上同样如此。由于一个秤盘里有不确定性,因而勇气和自信须被掷入另一个秤盘,以便矫正失衡。它们越大,能为意外事件留下的余地也就越大。在战争中勇气和自信如此紧要,理论就应当只提出这样的规则;它们给这些最优良杰出和最不可或缺的武德留有广阔空间,无论其程度和形态如何一概如此。仍可勇中有谋,勇中有慎;但是在此,它们依照一个不同的标准得到衡量。

23. 然而战争仍是一种严肃的手段,旨在严肃的目的:战争的一个更精确的定义

如此就是战争,就是指挥战争的统帅,就是支配战争的理论。战争并非消遣,并非单纯的冒险乐趣和得胜欣快,并非放纵不羁的热衷者驰骋之地。它是一种严肃的手段,旨在严肃的目的。它与赌博游戏的全部色彩斑斓的相似性,它囊括的一切激情、勇气、想象力和热情的变幻波动,都只是它的具体特性。

当整个共同体——整个民族特别是文明民族——投入战争时,原因总是在于某种政治形势,且其必然总是归诸某个政治目的。因而,战争是一种政策行为。假如它是暴力的完全彻底、不受制约和绝对的表现(像纯概念要求的那样),战争就会因其自身的独立意志,在政策将它招来了的那刻,篡夺政策的地位;它然后会将政策逐出宫廷,根据它自身性质的法则行使统治,恰如一颗只能以装置预先确定的方式和方向爆炸的地雷。这事实上便是就此问题一向被采取的看法,每逢政策与战争操作之间的某种不和激发了这类理论区别的时候。然而,实际上事情不同,这种看法全然错误。如前所述,实际上战争并非如此。它的暴力不是那种单独一下燃放就爆炸殆尽的,而是种种作用力的效应,这些作用力并非总是以完全一样的方式或完全一样的程度发展。有时,它们会增长得足以克服惯性或摩擦的抵抗;另一些时候,它们过于羸弱,以致没有任何效果。战争是暴力的脉动,力度可变,并且因而

爆炸和释放自身能量的速度也可变。战争以变动的速度迈向自己的目标；但是，它总是持续得足够长久，以便对目标施加影响，以便按照一种或另一种方式改变它自身的进程；换言之，它持续得足够长久，以便继续受制于一个优越睿智的作用。如果我们记住战争出自某个政治目的，那么自然，它存在的这首要原因将保持为战争操作方面的最高考虑。然而，这并不意味着政治目的是个暴君。它必须将自己调整得适合于它的经选择的手段，而这调整过程可以大为改变它；但是，政治目的依然是第一考虑。因而，政策将渗透一切军事行动，并将在它们的暴力性质会允许的限度内，对它们有持续不断的影响。

24. 战争只是政策的以另一种手段的继续

因而我们看到，战争不仅是一种政策行为，还是一种真正的政治工具，是政治交往的继续，依靠另一种手段进行。剩下来为战争特有的只是其手段的特殊性质。大凡战争，连同任何特定场合的统帅，有权要求政策的趋向和谋划不得与这些手段抵牾。这要求当然非同小可；然而，不管它在一个既定场合可能多么大地影响政治目的，它永不会超出修改它们。政治目的是终点，战争是达到它的手段，手段决不能与其目的隔开而被孤立地考虑。

25. 战争的多样性质

战争动机越强劲有力，越鼓舞人心，越厉害地影响各交战民族，且在爆发之前的紧张越强烈凶猛，那么战争就将越趋近于它的抽象概念，摧毁敌人就会越重要，战争的军事目标与政治目的就会越紧密地彼此重合，战争也就会显得更多的是军事性而非政治性的。反之，动机越不那么强烈，军事因素之趋于暴力的天然趋势就会越不那么与政治规定两相重合。结果，战争将被越远地驱离它的天然轨道；政治目的将越来越与观念性战争的目的相左，冲突将显得是越来越政治性的。

在此，为防止读者走入歧途而必须指出，战争的天然趋势一语只是在其哲学的、纯逻辑的意义上被使用，不是指实际从事战斗的那些力量的趋向，它们包括例如战斗者的士气和激情。诚然，有时这些可能被如此强烈地激发，以致政治因素难以控制它们。然而这么一种抵牾不会经常发生，因为倘若动机如此强烈，那就必定存在一种规模分量与之相称的政策。反之，倘若政策仅指向小目标那么大众的激情就不会高昂，它们将不得不予激发而非抑制。

26. 一切战争都可被认作是政策行为

现在应当回到主题，指出尽管政策在一类战争中看来消失不见，而在另一类战争中显著昭彰，但这两类战争都是同样政治性的。如果国家被想象成一个人，政策被想象成这人的大脑的产物那么国家必须准备应对的种种不测事件中间就有一种战争，在其中每个因素都要求政策居后，暴力主导。只有当政治不被认作是出自对国事的正确认识,却被认作是——如流俗地被认为的那样——对武力的谨慎、迂回甚而狡诈的规避时,第二类战争才可能显得比第一类更为"政治性"。

27. 这种观点对军事史理解和理论基础的影响

因而首先,显然战争永不应当被认为是某种自主的东西,而始终要被认为是一种政策工具;否则,我们将与全部战争史相悖。只有这一看法才使我们能够聪慧地透视问题。其次,看待问题的这一方式将向我们表明,鉴于它们的动机的性质,连同引发它们的形势的性质,各场战争怎样必定各自不同。

国务家和统帅不能不做的头号判断,最高和最深远的判断,在于依据这检验去确定他们正在开始的战争的性质;既不将它误认为、也不试图将它转变为某种与它的本质格格不入的东西。这是一切战略问题中间首屈一指的和最为总括的问题。它将在论战争规划的那章得到详细的研究。

眼下,可以满足于达到了这个阶段,确定了首要观点,战争和战争理论必须由此出发去得到审视。

28. 对理论的后果

战争不只是真正的变色龙,稍稍改变自己的颜色以适合既定的场合。作为一个总体现象,战争的各主导倾向总是使之成为一个自相矛盾的、由下列三者构成的三位一体:原始的暴力、仇恨和敌意,那要被视为一种盲目的本能力;偶然性和或然性的作用,在其中创造性精神可以自由翱翔;它的作为政治工具的隶属性,那使它只从属于理性。

这三方面当中,第一个方面主要涉及人民,第二个方面主要涉及统帅及其军队,第三个方面主要涉及政府。要在战争中迸发的激情必定已经内在于人民;勇气和才能将在或然性和偶然性的王国里享有的起舞范围取决于统帅及其军队的特性;然而,政治目的只是政府的分内事。

这三个倾向犹如三套不同的法典,深深地植根于它们的主题然而在它们互相间的关系中可变常变。一种漠视其中任一倾向的理论,或力求在它们互相间订立一种随意武断的关系的理论,将在那么大的程度上与现实相悖,以致仅仅因此它就将全然无用。

因此,我们的任务是发展出一种理论,它在这三个倾向之间保持平衡,犹如一个物体稳悬于三块磁铁之间。

为完成这困难的任务,随后或许可以最好地接着走的路径将在论战争理论的那篇(第二篇)予以探索。无论如何,我们已制定的初始的战争概念给基本理论构架投下了第一束光芒,使我们能够就其各主要成分做出一种初始的区分和辨认。

第四节 费希特

一、本节案例导读

约翰·戈特利布·费希特(德语:Johann Gottlieb Fichte,1762—1814),德国作家、哲学家,西方古典主义哲学主要代表人物。1794年应邀赴耶拿大学后,进入其哲学创作的第一个高峰期,逐步建立起自身一套思想体系。晚年生活以柏林为主要据点,将其思想应用到政治、道德、历史与宗教等领域。拿破仑率军攻占柏林期间,其发表了著名的"对德意志民族的演讲",内容崇尚本民族文化,主张追求本民族统一、争取本民族的国家权势等,是德意志民族主义思想的集中体现,产生了深远的历史影响。

二、案例资料阅读

[德]费希特:《对德意志民族的演讲》,梁志学译,北京:商务印书馆,2010年,第120—138页。

汉译世界学术名著丛书

对德意志民族的演讲

[德]费希特 著

第八讲　什么是较高意义上的民族？什么是爱国主义？[①]

最后四讲回答了这样一个问题：什么是与其他源于日耳曼人的民族不同的德意志人？如果我们再补加上对于什么是民族这个问题的研究，那么，用这一切给我们的整个研究作出的证明就会得到完成。这后一个问题是和另一个问题相同的，并同时回答了这另一个经常提出而答案迥异的问题，这就是：什么是爱国主义，即对祖国的爱？或者像人们更确切地说的那样，什么是个人对自己的民族的爱？

如果我们在迄今的研究过程中是做得正确的，那就必须在这里同时阐明：只有德意志人，只有这种本原的、不在任意组合中消失的人，才真正是一个民族，才有权期望做一个民族；只有这样的人才能对自己的民族有真正的和合理的爱。

我们要作一个乍看起来与迄今所说的内容毫无联系的说明，为我们解决业已提出的课题开辟道路。

就像我们在第三讲中已经说明的，宗教能够完全超越一切时代，超越整个当下的和感性的生活，却不会因而对于受这种信仰感召的生活的公正、道德和神圣造成丝毫损害。人们即使确信，我们在这个大地上的一切活动都不会留下丝毫痕迹和带来丝毫结果，而且神圣的东西甚至被颠倒过来，用作恶行和更深刻的道德败坏的工具，人们也仍然可以仅仅为了维护我们之内爆发的神圣生命，继续进行这种活动，继续同未来世界中的高级事物秩序联系起来，而在这个世界里，以神性表现的任何事情都不会毁灭。比如，耶稣的使徒们和第一批基督教徒过去就是这样，他们依靠他们对上天的信仰，在有生之年就已经完全超越了尘世，并且他们完全放弃了

[①] 费希特于 1808 年 1 月 31 日所作的第八讲在送审后又遇到了麻烦。诺尔特在当日写的审查意见中说，"在第八讲的最后六页上出现一些段落，它们在当前的情况下使我不得不指望我的一位同事先生再对它们加以审核，就它们是否可以付印，供广大读者了解，表示自己的意见"。（《同时代人谈论中的费希特》，第 4 卷，第 111 页）弗·萨克在 2 月 1 日写的鉴定意见中说，"不管费希特先生在第八讲里的论证是否有根据，我没有从中发现什么根据书刊检查敕令不能予以付梓的东西。但是，像最后几页上出现的那些对德国现状的暗示，是否在政治上明智，是否会依然毫无实效，而不给作者惹起麻烦，这却是另一个问题。一位法国书刊检查官如果从另一角度认为这篇手稿值得读懂，则起码难以给它签发出版许可证。"（同上书，第 111—112 页）舍费在 2 月 3 日与高等教会监理会其他成员讨论过这篇讲稿以后，于 2 月 4 日将它呈交直属维和委员会约·奥·萨克主席和该会成员卡·格·冯·劳默尔（K. G. von Raumer, 1783—1865），询问它是否会在政治上引起疑问。在未得到回答以前，诺尔特于 2 月 7 日审查了费希特当日作过的第九讲，在鉴定意见中认为："如果像我希望的那样，国王直属维和委员会没有发现什么不能印刷第八讲的东西，那么，也就不可给当前的第九讲——在这一讲里，只有第 5 页、第 7 页与第 25 页上用铅笔画出的段落可能让某个外邦的权威认为不对头——拒发印刷许可证。"（同上书，第 113 页）2 月 8 日，舍费收到直属维和委员会的肯定答复以后，给第八讲与第九讲同时签发了印刷许可证。约·奥·萨克向普鲁士国王弗利德里希·威廉三世报告说，"费希特教授继续在此间作报告，向他的时代传播振奋和唤醒民族主义的强烈言辞。"（同上书，第 115 页）

尘世的事务,放弃了国家、祖国和民族,对它们甚至不屑一顾。不管这多么有可能,不管这多么容易使人相信,不管人们必定多么高兴地沉浸在其中,但如果上帝有一个不可改变的意志,要我们在尘世不再拥有祖国,而成为被驱逐的人和奴隶,那么,这也仍然不是自然的状况和世界进程的规律,而是一个少有的例外。如果宗教从一开始就不考虑现时的情况,而着意于把这么脱离国家和民族的事务作为真实的宗教信念加以推荐,那么,这也是对宗教的一种非常错误的应用,而基督教也特别经常这样做。如果这种形势是真实和现实的,并不单纯是由宗教狂热招致的,那么,在这种形势下,尘世生活就丧失了一切独立性,它将只成为真正的生活的前站,成为人们单纯出于对上帝意志的服从和顺从才忍受的艰巨考验;而且在这种情况下,不朽的精神犹如许多人想象的,真的只是为了受到惩罚,才像进入了监狱一样,进入了凡人的躯体①。与此相反,在合乎规律的事物秩序中,尘世生活本身就必当是真实的生活,人们对这种生活感到喜悦,能够怀着感激之情享受这种生活,而这当然是在期待着一种更高的生活;虽然宗教也确实是对遭到非法践踏的奴隶的安慰,但宗教的意义首先在于,人们反对奴役,能够从而阻止宗教沦为对于被囚禁者的单纯安慰。对于暴君来说,鼓吹宗教的服从精神,把那些他不打算准许他们拥有立锥之地的人们都打发到天上去,当然是很合意的;但我们其他人一定不要急于将他推荐的这种对宗教的看法变成我们自己的,而且如果我们有可能,我们必须阻止人们为了激发起对天堂的更大渴望而把地球变成地狱。

人的自然的、只有在真正危急的情况下才会放弃的冲动,是在这个地球上就找到天堂,将永远持续的东西融合进自己的日常尘世工作中,在尘世中培养时间上永不消逝的东西——不单纯使用一种无法理解的方式,穿过肉眼无法穿过的鸿沟,与永恒的东西联系起来,而且使用一种肉眼本身可以看到的方式。

让我从这样一个一般能理解的例子谈起:哪一个具有高尚思想的人不打算和不期望在自己的孩子们及其下一代身上,重新以一种得到改善的方式重复他自己的生命,使他自己的生命在他们的生命中变得更加高尚和更加完美,在他早已谢世之后还在这个地球上继续存在下去呢?他在世时的精神、思想和道德也许曾经使错误和堕落感到害怕,使正直得到巩固,懒惰得到振奋,颓唐得到振作,他不想把它们从死亡中夺回来,把它们作为自己对后世的最好遗产存放在自己留下的后人的心中,使他们有朝一日也同样把它们在得到美化和增多之后又存放起来吗?哪一个具有高尚思想的人不打算通过行动或思维撒播种子,使他的同类永远不断地臻

① 这个思想早先出现于柏拉图《高尔吉亚篇》493a:"我们的身体是一个坟墓,住在其中的灵魂的性质是摇摆不定的。"

于完善,将某些新颖的、前所未有的东西投入时间,使之留在时间中,成为新的创造的永不枯竭的源泉呢?他不想用一种在尘世间也永远持续的东西,来抵偿他在这个地球上占过的位置和借给他的短暂光阴,以使他作为这一个人,即使不被历史提到(因为渴望身后荣誉是一种可鄙的虚荣),但在他自己的意识和信念中还是留下了他也曾经在世的明显的纪念碑吗?我说的是,哪一个具有高尚思想的人不打算这样做呢;但是,必须只按照作如是想的人们的需要,并把这种需要作为一切人都应当看齐的规则,来观察和建立世界,而且世界也只是为了他们才存在的。他们是世界的核心,而那些持有不同想法的人本身作为短暂的世界的一部分,只要也作如是想,也就只是为了他们才存在的,因而必须顺从他们,直到成为他们那样的人。

那么,能够保证高尚的人这么要求和相信自己的活动永垂不朽的东西可能是什么呢?显然只是一种事物秩序,高尚的人能够承认这种秩序本身是永恒的和有能力接受永恒的。这样一种秩序是人的环境的特殊精神本质,它当然无法用任何概念加以理解,但它仍然是真正现实存在的,高尚的人本身与他的一切思维和行动都来源于它,他对他的活动的永恒性抱有的信念也来源于它;它代表这样一个民族,高尚的人来自这个民族,他在这个民族中间得到培养,而成为他现在这样的人。这是因为,虽然有一种情况是无可怀疑地真实的,即他的活动在他有权要求它具有永恒性时,绝不是他那个民族的精神的自然规律的单纯成果,绝不是纯粹随着这种成果而展开的,而是一种更多的东西,因而是直接从本原的和神圣的生活中流出的,但依然同样真实的是,那种更多的东西在首次形成可见的现象时,就立刻服从了那种特殊的、精神的自然规律,并且只按照这种规律形成了一种感性表达。只要这个民族存在,这个民族当中的神圣东西的一切进一步显现也就将会出现在这一规律中,并在这一规律中形成。但是,由于高尚的人也曾经存在,从事过这样的活动,所以,就连这一规律也继续是由这一事实规定的,而他产生的效用已成为这一规律的一个持久的组成部分。以后的一切事情也必须服从这一规律,跟这一规律联结起来。这样,他就会肯定,只要他的民族本身依然存在,通过他获得的教化就会留在他的民族中间,并成为规定他的民族的一切进一步发展的持久根据。

所以,从较高的、根据精神世界方面的立场来看的意义上说,一个民族就是在社会中一起继续生活,不断从自身自然而然地在精神上产生出自身的人们组成的整体,这个整体服从于自己体现的神圣东西发展的某种特殊规律。这种特殊规律包含的共同性是这样一种东西,这种东西在永恒世界里,因而也同样在尘世里,将这群人联合为一个自然的和自己组成的整体。这个规律本身就其内容而言,是能够在整体上加以理解的,就像我们把德意志人作为一个本原民族,在他们身上所理解的那样;甚至通过对这样一种民族的各种现象的考虑,这个规律的其他一些规定也能进一步加以理解;但是,任何一个本身一直无意识地处在这个规律的影响之下的人,却永远不可能完全用概念透彻理解这个规律,虽然他可以在总体上清楚地认识到,这样一个规律是存在的。这个规律是一种有更多的形象性的东西,它同那种有更多的非形象的本原性的东西在现象中直接融合在一起;这样,两者在现象中就再不能分离了。那个规律,即本原东西和神圣东西发展的规律,完全规定并完成了人们称之为一个民族的民族特点的东西。从那个规律可以清楚地看出,我们迄今所述的那些崇洋媚外的人,根本就不相信本原东西和它的不断发展,而只相信假象生活的永远循环往复;这些像自己认为的那样,靠自己的信念形成的人,从较高的意义上说,根本就不是一个民族,而且由于他们实际上也不真正存在,所以他们同样也不可能具有民族特点。

因此,高尚的人对于自己发挥的效用也在这个地球上能万世长存的信念,是建立在对于发展出他自己的那个民族能万世长存的希望上的,是建立在对于这个民族根据那种隐蔽的规律具有独特性的希望上的;没有任何外来的、同这种规律在总体上不相合的东西进行干扰和破坏。这种独特性是永恒的东西,他将他自己的永恒性和他不断发挥的作用托付给它;这种独特性是永恒的事物秩序,他将自己的永恒性置于这种秩序之中;他必定想要它持久,因为唯有它的持久是他解脱的手段,这就使他在尘世的短暂生命延伸为在尘世的持久生命。他培育永不消逝的东西的信念和努力,他把自己的生命理解为永恒生命的概念,都是一条纽带,它首先将他的民族,然后通过他的民族,将整个人类都同他自己紧紧联结在一起,并将他的民族的一切需要都引入他那宽广的心怀,直到末日来临。他对自己的民族的爱,首先是尊重、信赖和喜爱自己的民族,对自己来自这个民族感到自豪,其次是为自己的民族活动、效力和献身。神圣东西出现在这个民族当中,神圣东西尊重这个本原民族,把它当作自己的外壳和自己直接影响世界的手段;因此,从这个民族当中还会继续迸发出神圣东西。对高尚的人来说,生命单纯作为生命,作为不断变换的具体存在,反正从来都没有什么价值,他只是把生命当作持久存在着的源泉,才想要生命;但是向他预示这种持久存在的希望的,也只有他的民族的独立延续;为了挽救他的民族,他甚至必定愿意去死,以使他的民族能生存下去,使他在他的民族中能过他向来就想过的独一无二的生活。

事情就是这样。这种真正的、不单纯是一时地追求的爱,永远不会附着于暂时的东西,而是只在永恒的东西中觉醒、燃烧和安眠。人如果不是把自己理解为永恒的,甚至连自己都不会爱;他如果不是这样,甚至不会尊重也不会赞同自己。他如果不把自己之外的什么东西纳入自己的信念和心灵的永恒性之中,把它同这种永恒性结合起来,就更不会爱这样的东西。谁不首先把自己看作永恒的,谁就根本不拥有爱,也不会爱一个对他不存在的祖国。谁把自己的不可见的生命看成永恒的,却不把自己的可见的生命看成永恒的,谁就很可能有一个天堂,而在这个天堂里有他的祖国;但在这个尘世,他却没有祖国,因为这个祖国也只见诸永恒性的图景之下,即见诸可见的和具体化的永恒性的图景之下,因此,他也可能不爱自己的祖国。如果没有把祖国传给这样的人,他就会悲痛;如果把祖国传给了谁,而且在谁的心中天与地、不可见的东西和可见的东西相互交融,从而创造出一个纯真的天堂,谁就会为了把这份宝贵财产完好无缺地再传给将来,而战斗到流出最后一滴血。

　　情况也从来都是如此,虽然从来都没有被这样概括和这样清楚地说出来。在纪念碑中记载的那些以其信念和思想方式还在我们当中活着的高尚的罗马人,是受到什么东西的鼓舞去为祖国而操劳和牺牲、忍辱负重的呢? 他们甚至也经常清楚地把这说出来了[①]。这就使他们坚定不移地相信他们的罗马会永远延续下去,他们充满信心地希望自己会在时间的长河中随着这种永恒而永远活着。由于这种信念是有根据的,而且他们自己在完全有自知之明时已经理解这种根据,所以,这种根据也就没有使他们的希望落空。直到今天,那种在他们永恒的罗马真正永恒的东西都继续活在我们中间,他们也随着这种东西继续活在我们中间,它将在以后也继续活着,直到末日来临。

　　这种意义上的民族和祖国作为尘世中的永恒性的支柱和保证,作为在这个尘世能够永恒的东西,远远超过了通常意义上的国家,超过了那种单纯用清晰的概念理解的、根据这种概念的导向建立和维护的社会秩序。国家想要一定的法律、内部的和平,想要每一个人靠勤劳维持生计和延续自己的感性生活,只要上帝愿意给他这些。这一切只是对祖国的爱真正想达到的目标的手段、条件和支持,而这种目标就是永恒东西和神圣东西在世界上兴盛起来,在无限的发展中变得越来越纯洁、完美和卓越。正因为如此,这种对祖国的爱必须支配那种作为绝对最高、最终和独立的行政机构的国家本身。首先,这种爱要在国家选择实现它的最近目的——内部和平——的手段时对它加以限制。为了这一目的,个人的天赋自由当然也必须以各种方式加以限制,而且如果人们对个人除了这种考虑和意图以外,根本没有其他考虑和意图,他们大概就会把个人的天赋自由限制到尽可能狭小的范围,使自己的一切活动服从于一种千篇一律的规则,而永远受到监管。即使这种严厉手段是不必要的,它也至少不会损害这个唯一的目的。只有对于人类和各个民族的更高的见解才扩大了这种有局限性的估量。自由连在外部生活的行动中也是萌发更高文化的土地;一种注意更高文化的立法会容许自由有一个尽可能广阔的范围,哪怕冒

---

① 贺拉斯《流浪者艺人诗歌集》,第 3 卷第 2 首;西塞罗《司祭集》,第 1 卷第 57 节。

着单调的宁静程度会减低,国家的治理会变得艰难和费力的风险。

　　这可以用一个例子来说明。大家都经历过,许多民族被当面告知,它们不像一些别的民族那样需要这么多自由。这种说法甚至可能包含了某种宽容和厚意,因为人们本来想说的是,它们根本承受不了这么多自由,而只有高度严厉的手段才能阻止它们互相摩擦。但是,如果此话是当真讲的,那么,它只有在这种前提下才是真的,这就是,这种民族完全没有能力过本原生活,没有能力追求这样的生活。如果这种民族可能存在——在这种民族当中也有不少高尚的人打破常规,成为例外——那么,它确实根本不需要什么自由,因为自由只是用于更高的、超越国家的目的;它只需要加以控制和调教,使各个人能够和平共处,使整个民族能够被制作成一种实现任意设置的、与本民族无关的目的的有用工具。对于人们是否能当真这样讲某个民族,我们可以不作定论;但很清楚,一个本原民族需要自由,自由是这个民族坚持自己的本原性的保证,这个民族在自己的延续中可以毫无危险地承受程度越来越高的自由。这就是对祖国的爱在必须支配国家本身时所考虑的首要事情。

　　其次,对祖国的爱要给国家本身规定一个比维护内部和平、私有财产、个人自由和人人生活康乐这个寻常目的更高的目的,这种爱必须从这个方面支配国家。国家召集起一支武装力量,只是为了这个更高的目的,而没有任何其他意图。如果对于使用这支武装力量产生另一种说法,认为需要把单纯概念中的国家的一切目的——私人财产、个人自由、生活康乐,甚至国家本身的延续——都拿来孤注一掷,认为需要在对肯定达到预期东西没有一个清晰的知性概念——在这类事情上绝不可能有这样的概念——时作出本原的和让上帝单独负责的决定,那就只有在国家掌舵的位置上才开始有一种真正本原的和最初的生活,只有这时才出现政府的真正的庄严权力,像上帝那样为了更高的生活而用较低的生活做赌注。其实,在维持传承下来的宪法、法律和公民的富裕的过程中根本就没有任何真正的、本原的生活,没有任何本原的决定。创造了这些的是各种情况和局势,也许还有早已死去的立法者;后来的时代继续虔诚地在业已开辟的道路上前进,因而实际上没有过一种属于自己的公共生活,而只是在重复过去的生活。在这样的时代并不需要什么真正的政府。但是,如果这种按部就班的进程陷入了险境,必须对新的、从未有过的情况作出决定,那就需要有一种由自身造成的生活。那么,什么精神可以在这样的情况下置身于掌舵地位,能够蛮有把握,毫不左右摇摆而作出决定呢?什么精神具有不容置疑的权力,能够命令它可能遇到的每个人——不管他自己是否愿意——能够强迫抗拒它的人,至死都把一切置于危险之中呢?不是公民热爱宪法和法律的恬静精神,而是高度热爱祖国的熊熊火焰,这种爱囊括了作为永恒东西的外壳的民族,高尚的人乐于为这样的民族牺牲自己,不高尚的人——他们只是为了高尚的人才存在的——也应当为这样的民族牺牲自己。公民对宪法的那种爱却不是这样;它停留于知性,绝不能做到这一点。不管情况怎样,由于受到统治不是徒然的,所以总会有一个支持那种爱的统治者。你们就让新统治者甚至打算实行奴隶制度吧!(除了在无视和压制一个本原民族的独特性的地方,奴隶制度会在哪里呢? 这类特性对于具有那种思维方式的人来说是不存在的。)——你们就让他也打算实行奴隶制度吧! 由于可以从奴隶们的生活、他们的数量甚至他们的富裕抽取到油水,所以,只要他在某种程度上是个会盘算的人,奴隶制度就会在他的统治下成为可以忍受的,而奴隶们也至少总会找到生活和生计。那么,他们究竟应当为什么而斗争呢? 在找到生活和生计之后,安宁对他们来说是高于一切的。这种安宁只会被持续的斗争所破坏。因此,他们会运用一切手段,使斗争不久就结束;他们会顺从,他们会让步,他们为什么不应当这样做呢? 他们从来不曾有更多的作为;除了继续保持那种在可以忍受的条件下生存的习惯,他们对生活从来不曾期望过什么更多的东西。我们预言在尘世也有一种超越尘世寿命的生活,只有这一预言能够鼓舞人至死为祖国而战。

迄今为止的情况也是如此。在真正被统治过的地方,在经受过严重斗争的地方,在对暴力抵抗取得过胜利的地方,正是对永恒生活的那种预言在那里进行了统治、斗争并取得了胜利。这些演讲中先前提到的德意志新教徒们曾经怀着对这一预言的信仰进行了斗争。难道他们不知道,怀着旧有的信仰也能够统治人民,使人民在法律秩序中和衷共济吗? 难道他们不知道,怀着这一信仰人们也能够找到自己的很好的生计吗? 他们的君主究竟为什么决定进行武装抵抗呢? 人民为什么满怀热忱地进行了抵抗呢? ——正是为了天堂和永恒的极乐,他们才自愿抛洒鲜血。——但是,尘世间究竟有哪种暴力能侵入他们心中内在的圣地,把他们心中已经油然而生的信念——他们对极乐抱有的希望只建立在这一信念之上——连根剔除呢? 由此可见,也不是为了他们自己的极乐,他们才进行斗争,因为他们已经得到了获得这一极乐的保证;他们进行斗争,是为了他们的孩子们的、他们的尚未出世的子孙们的和所有尚未出世的后人们的极乐;这些子孙也应当用他们觉得唯一可以拯救灵魂的同一个学说加以调教,这些子孙也应当参与对他们来说已经开始的拯救工作;只有这一希望受到了敌人的威胁。为了这一希望,为了在他们死后将在他们的坟墓上长期鲜花盛开的事物秩序,他们才怀着这种喜悦抛洒自己的鲜血。我们承认,他们自己并不完全清楚,他们在描述自己内心最高尚的东西的时候措辞不当,用语有误,做了对自己的心灵不适当的事情;我们愿意承认,他们坚持的信仰不是分享坟墓彼岸的天堂的唯一手段;但有一点却是永远真实的,那就是通过他们的牺牲,坟墓此岸的天堂,即一种从大地向天上更勇敢和更愉快的仰望活动和一种更自由的精神冲动,在更大的程度上进入了后来时代的全部生活,而且他们的反对者的后人同我们自己——他们的后人——一样,直到今天都在享受他们辛劳的果实。

　　在这种信仰中,我们最早的共同祖先,即新文明的本原民族或被罗马人称为日耳曼人的德意志人,勇敢地反抗了罗马人逼近的世界统治。难道他们没有在自己眼前看到自己近旁的罗马各省的高度繁荣、这些省里的精美享受以及同时拥有的大量法律、法庭、权杖和砍头斧吗? 难道罗马人还不很乐于允许他们共享所有这些好处吗? 难道他们没有在他们自己的许多君主——这些君主只从自身说明,反对这样的人类施主的战争就是叛乱——身上看到备受赞扬的罗马人仁慈宽厚的证明吗? 这些施主用国王的称号、用自己军队中的统帅地位、用罗马人的绶带来装饰屈服称臣的人,如果这些人被自己的同胞驱赶出来,他们就在自己的殖民地中给这些人一块避难之地和一笔生活费用。难道他们不明白罗马人的文明优势吗? 比如,他们的军队拥有良好的装备,在这些军队中,甚至连一个像阿米尼乌斯①这样的日耳曼英雄人物也不拒绝学习战术。绝不能说他们对这一切是无知的或无视的。只要在不损失自己的自由的情况下能做到,在不损失自己的独特性的情况下有可能,甚至他们的后人也掌握了罗马人的文明。但他们经过好多世代,一直在那种总是以同样的力量再三兴起的血腥战争中奋战,究竟为了什么呢? 一位罗马著作家让他们的统帅说出了其中的原因:"他们要么维护住自己的自由,要么在沦为奴隶之前死去,除此之外他们究竟还有什么出路呢?"②自由对他们来说就在于,他们仍然不失为德意志人,他们继续按照他们特有的精神,独立地、真正地决定自己的事务,也在自己的发展中同样按照这种精神前进,并且他们也将这种独立性传给自己的后人。而罗马人提供给他们的所有那些好处,对他们来说则意味着奴役,因为他们在接受这些好处时就必定会成为别的什么人,成为半个罗马人,而不是德意志人。不言而喻,他们的前提是,每一个人都宁愿死,而不愿成为这样的人,一个真正的德意志人只有为了做德意志人、永远做德意志人和把自己的孩子培养成德意志人,才

---

① 阿米尼乌斯(Arminius,公元前 18—公元 19),彻路西部落首领泽基穆尔之子,10 岁赴罗马学武艺,曾经作为军团副将参加罗马帝国皇帝提比略对日耳曼尼亚的征讨,以卓著战功获得罗马公民权和骑士头衔;公元 7 年返回家乡,成为罗马帝国的反对者,公元 9 年大败罗马人,歼敌三个军团,公元 16 年顶住了罗马发动的全面进攻,公元 17 年与马科曼尼国王进行战斗,胜利以后,被他人杀害。

② 塔西佗《编年史》记载了阿米尼乌斯和日耳曼的其他首领让他们的部族记住:"或者是继续保持自己的自由,或者是被奴役而死,在这之外难道还有别的道路可走吗?"(见中译本,北京 1997 年,上卷,第 78—79 页)

会愿意活着。

他们没有全都死去，他们没有看到奴隶制度，他们把自由留给了自己的孩子们。整个近代世界把它能像它现在这样存在，归功于他们坚毅顽强的反抗。假如罗马人也成功地奴役了他们，并且像罗马人到处做过的那样，把他们作为民族彻底消灭掉，那么，人类的整个继续发展就会采取另一种方向，人们则无法相信这种方向是可喜的。我们作为他们的土地、他们的语言和他们的信念的直接继承人，把我们还是德意志人，把本原的和独立的生活激流还在承载我们，归功于他们，我们把我们自此以后作为民族业已成为的一切，都归功于他们，如果我们没有现在就完结，而且源于他们的最后一滴血没有在我们的血管中流干，那么，我们也会把我们以后还将成为的一切，都归功于他们。连那些在我们看来现在已成为异邦民族的其他部族——在他们当中有我们的弟兄——也把自己的生存归功于他们；当他们战胜永恒的罗马的时候，还不存在任何一个这样的民族；那时，他们的斗争也同时为这些民族在未来的形成赢得了可能。

这些人和世界历史上跟他们的思想一样的其他一切人都获得了胜利，因为永恒的东西鼓舞过他们，而这种鼓舞总是必然会战胜那种没有受到永恒东西的鼓舞的人。争得胜利的既不是臂膀的强壮，也不是武器的精良，而是心灵的力量。谁为自己作出牺牲设置一个有限的目标，在达到某一个点后，不愿继续冒着风险前进，那么，一旦他在这个既不能放弃，也不可缺少的点上遭遇危险，他就会不再进行抵抗。谁根本没有给自己设置任何目标，而是把一切，把人们在尘世所能失掉的最宝贵的东西——生命——都拿出来，他就永远不会放弃抵抗，而且只要敌手有一个比较有限的目标，就无疑会取得胜利。一个民族，哪怕在其最高代表和统帅那里也能凝神注意精神世界的面貌——独立自主，并像我们最古老的祖先那样，受到对于它的爱的吸引，那么，这个民族就必定会战胜那种像罗马军队一样只被当做实现外族统治欲望和奴役独立民族的工具的民族；因为前者必须失去一切，而后者只需赢得一些东西。但是，甚至连一个古怪的念头都会战胜这样一种思维方式，这种思维方式把战争看作会有一时的输赢的赌博，在开始赌博之前就已经确定好自己想在牌上压上多少筹码。比如，请你们想一想穆罕默德，——不是历史上那个真实的穆罕默德，我承认我对他不必作任何评论，而是一位著名的法国诗人笔下的穆罕默德①。他曾经坚定地认为，他是天生的非凡人才之一，这种人是受命领导大地上蒙昧的、卑劣的民族的，根据这个首要前提，他的一切想法不管实际上是多么可怜和多么有限，就因为它们是他的，在他看来也必然都是伟大的、庄严的和使人幸福的

---

① 见法国弗·马·伏尔泰的悲剧作品《宗教狂热或穆罕默德》(1740 年)，它于 1742 年上演时遭禁。

思想,而一切反对这些思想的民族在他看来必然都是蒙昧的和卑劣的民族,是他们自己的幸福的敌人,是思想恶劣、值得憎恶的人。于是,为了在自己面前把他的这种自命不凡论证为上帝的呼唤,并把他的整个一生都完全献给这一思想,他必须把一切都投上去而不得安歇,直到他把所有不愿像他自己那样把他想象得那么伟大的人都践踏掉,直到所有同时代的人都会向他反映出他自己对他负有的神圣使命的信念。我不想说,如果真有一种真实存在的和自身清晰的精神面孔进入赛场跟他比赛,他会有什么下场,但他肯定会赢那些投注有限的赌徒,因为他投入了一切跟他们去赌,而他们则没有投入一切;没有什么精神在驱动他们,而他则受到一种狂热精神——他那强大有力的自命不凡的驱动。

从这一切可以得出结论,国家单纯作为对于通常的和平进程中前进的人类生活进行治理的机构,并不是第一位的和独立存在的东西,而只是在这一民族中实现纯粹人性的永远均衡的发展这个较高目的的手段;只有对于这种永远的发展的预感和热爱,是应当在宁静时期也对国家管理工作不断进行更高的监督的东西,并且在民族独立濒于危险的时刻,也是唯一能够拯救民族的东西。在德意志人那里,在那些作为一个本原民族的人们当中,这种对祖国的爱是可能的,并且如我们确信知道的那样,直到现在也是真实的,所以,具有这种爱的人直到现在都可以怀着高度的信心,信赖其最重要的事务是可靠的。就像还在古代希腊人那里一样,在德意志人这里国家和民族甚至也是彼此分离的,每一方都是独立地体现的,前者体现于特定的德意志帝国和各个诸侯国,后者以可见的方式体现于帝国联盟,以不可见的方式体现于大量的习俗和建制,这不是根据一种成文的法律生效的,而是根据一种活在人人心中的法律生效的,并且其结果处处都历历在目。在一切讲德语的地区,每一个在这一地区见到阳光的人都能把自己看作双重意义上的公民,一方面看作他的出生国家的公民,这个国家首先向他表示关怀;一方面看作德意志民族的整个共同祖国的公民。每一个人都得到允许,在这个祖国的整个大地上寻找与自己的精神最接近的那种教育或对自己最合适的活动范围;天赋的才能并不像一棵树那样长在自己所处的位置,而是可以寻找自己的位置的。谁通过自己的教育采取的方向同自己最接近的环境分离开,谁就很容易在别处找到愿意接受他的人,找到新的朋友来代替失去的朋友,找到时间和宁静,以进一步说明自己,也许甚至赢得被惹恼的人,并同他们和解,从而使全体达成一致。没有一个德意志人出身的君主从来都能于其在位时期,在自己统治的山河以内为其臣民们标明祖国的界限,把他们看成是被束缚在土地上的。在一个地方不得表达的真理,可以在另一个地方得到表达,在这个地方也许正好相反,是禁止别处允许的东西的;所以,尽管在一些特定的国家有不少的片面性和狭隘性,但在作为一个整体的德国,还是存在着一个民族曾经拥有的研究真理、传播真理的最高自由①；而较高的文化到处都曾经是，并且一直是从一切德意志国家的公民的相互作用中产生的成果，这种较高的文化后来也以这种形式逐渐下达于广大的民众，使民众一直继续在总体上自己教育自己。正如已经说过的，任何一位执政的德意志人都不会贬低德意志民族延续的这个根本保证；尽管就其他原初的决定来说，没有经常发生更高的德意志人的祖国之爱必定期望的东西，但至少没有出现直截了当地反对这样一位德意志人的事情，人们没有试图削弱那种爱，将它消灭掉，以一种相反的爱取代它。

但是，如果那种较高的文化和民族的政权原初拥有的领导作用——它也只是为了那种文化及其延续才可以被用作目的——，即德意志人的财产和德意志人的鲜血的使用，从德意志人的心灵管辖的领域进入另一个管辖领域，那将必然产生什么结果呢？

正是在这里首先需要有我们在第一讲中所要求的那种不愿对自己的事务发生迷误的倾慕，需要有愿意看到真理和承认真理的勇气；就我所知，这个地方也还总是允许我们用德语相互谈论祖国，至少允许我们对祖国叹息；而我相信，如果我们从我们自己中间过早发布一种禁止这么做的命令，给在此以前无疑已经动议作这种冒险的勇气套上一种让个人畏缩不前的枷锁，我们就做得不妥了。

既然如此，你们也就把假定的新暴力描绘得像你们希望的那样善良和友好吗？把它描绘得像上帝一样美满吗？你们也能给它安装上上帝的理智吗？即使它非常认真地希望一切人都享有至福和安康，它能理解的最高的安康也会是德意志人的安康吗？因此，我希望，我今天向你们演讲的要点已经完全被你们理解了；我希望，在场的很多人已经思考过和感觉到，我只是清楚地表达了和用言辞讲出了一直放在你们心里的话；我希望，有朝一日会读到这篇东西的其他德意志人也会有这样的感受；在我之前，也有许多德意志人大致讲过类似的话；那种信念已经给不断表示出来的这种反对国家的单纯机械安排和估算的活动模糊地奠定了基础。现在，我要求所有了解外国近代文献的人向我证明，哪个近代的哲人、诗人、立法者曾表露过一种与此类似的、把人类看作永远进步的预感，并把自己在时间中的一切活动只同这种进步联系起来；甚至在他们最勇敢地奋起，要在政治上有所作为的时候，是否有哪个人，除了向国家要求废除不平等，要求内部的和平和外部的民族荣誉，并且在提得最高的时候要求家庭幸福，还要求过更多的东西吗？就像人们从所有这些现实中必定会得出结论那样，如果这是他们的最高要求，他们也就不会认为我们对生活有更高的需要和更高的要求，而且他们总是假定自己对我们怀有那种行善

---

① 由此往下是诺尔特在审查时用铅笔画出的六个段落。

的意向,而不存在任何自私自利之心和任何想要胜过我们的欲望,因而认为,如果我们找到唯独他们知道值得追求的一切,他们就已经对我们操够了心。但在这以后,那种唯独使我们当中的高贵者愿意生活的东西却被清除出了公众的生活,而那些始终表示愿意接受高贵者的鼓励的民众——人们甚至可以根据他们人数众多而期望他们崛起,也上升到那种高贵的地位———俟他们受到的待遇与那些人享受到的待遇一样,就在与低等民族的同流合污中被降低了等级,受到了贬谪,被清除出了事物的序列。

谁身上还仍然生动有力地抱有那种对生活的更高要求,抱有对自己的神圣权利的感情,谁就感到自己深怀不满地被迫倒退到了基督教的最初时代,在那个时代,人们曾说:"你们不应当反抗恶行,如有人打你的右脸,你就把左脸也递给他,如果有人想拿走你的上衣,你就把大衣也让给他";[1]这一说法是有道理的,因为只要他看见你还有一件大衣,他就会为了把大衣也从你手里拿走而设法向你寻衅,直到你一丝不挂了,你才能躲开他的注意力,才能在他面前获得安宁。正是他那种使他受到尊敬的更高贵的心灵给他把地球变成了地狱和令人厌恶的东西;他但愿自己没有出生,他但愿自己的眼睛越早闭上,不再见天日越好,无尽的悲哀笼罩着他的日子,直到他进坟墓;他无法祝愿自己所爱的人有更好的才能,而只愿他们头脑迟钝,容易知足,这样他们就能少受点痛苦,生活下去,迎向坟墓彼岸的一种永恒生活。

在运用其他手段都徒劳无益之后,使用这种唯一还剩下的手段,阻止这么毁灭将来在我们中间爆发的任何高尚冲动,阻止这么贬低我们的整个民族,就是这些演讲向你们提议的。这些演讲向你们提议,在把我们的民族理解为一个永恒的民族和我们自己的永恒生活的保证以后,通过教育,把对祖国的真正的和万能的爱深深地、不可磨灭地建立在一切人的心中。哪种教育能够做到这一点,用什么样的方式做到这一点,我们将在以后的演讲中看到。

---

[1] 见《新约全书》,"马太福音",第 5 章第 39 段落与第 40 段落。

第五节　俾斯麦

一、本节案例导读

奥托·冯·俾斯麦(德语:Otto von Bismarck,1815—1898),德国政治家,曾任普鲁士王国与德意志帝国的首相。对内方面,其主张分化自由主义分子和打压工人阶级,带领德国成为第二次工业革命的领头羊,一跃成为欧洲强国;对外方面,以抑制法国为首要目标,通过高超的外交手腕建立起以德国为中心的"大陆联盟体系"。普鲁士其努力下通过普丹战争(1864)、普奥战争(1867)、普法战争(1870)等战争完成了德意志的统一,建立起德意志帝国。《思考与回忆》这部著作撰写于俾斯麦去职后,不仅记述了往昔事迹和 19 世纪德国及欧洲的历史细节,更是其政治遗言的重要体现,具有很高的参考价值。

二、案例资料阅读

[德]俾斯麦:《思考与回忆:俾斯麦回忆录》,山西大学外语系译,北京:东方出版社,2007 年,第 447—456 页。

第三十章　俄国未来的政策

外部战争的危险,即下一次在我们西部边界发生的战争可能把红旗像 100 年前三色旗①那样投入战斗的危险,在施奈贝累②和布朗热③时期存在过,今天也依然存在。两条战线上作战的可能性由于卡特柯夫④和斯柯别列夫的去世有所减少:法国进攻我们,不一定像俄国的进攻确信会召唤法国出兵反对我们那样,会召唤起俄国出兵反对我们;但俄国是否倾向于按兵不动,不仅仅取决于情绪,而是更多地取决于海上和陆上进行武装的技术问题。当俄国认为它在武器营造、火药质量和黑海舰队的实力等方面都已"准备妥当"之时,那么现在反映俄国政策的变化的调子,就可能会变得更加不受约束。

俄国在完成军备之后,就将利用这种军备,不由分说并且指望法国给予支援,就进攻我们。这是不大可能的。对德战争给俄国带来的直接利益,就像对俄战争给德国带来的直接利益一样,是很少的。至多在索取军事赔偿款的数额上俄国胜利者可能比德国胜利者处于较有利的地位,然而它也未必能捞回自己付出的代价。七年战争中表现出来的取得东普鲁士的想法,不再有赞同的人了。假如对波罗的海沿岸省份的那一部分德意志居民俄国已经忍受不了的话,那么就难以想象俄国的政策还会努力通过像东普鲁士这样强有力的追加物,来加强这一被认为是危险的少数民族。对俄国政治家来说,如果孤立地考察德国和俄国,就很难找出这两个国家中的任何一国有无可争辩的或者哪怕是有道理的发动战争的理由。仅仅为了满足好战的狂热或者防止军队无事生非的危险,人们就或许可能仅仅巴尔干战争;但是一场德俄战争太严重了,以致无论哪一方都不能把它用来仅仅作为使军队和军官们有所事事的手段。

我也不相信俄国一旦准备完毕就会径直进攻奥地利;直到今天我还是认为:俄国在西部集结军队的意图,并非打算直接进攻德国,而只是在俄国对土耳其采取行动而引起西方国家对它进行压制的情况下,用来保卫自己的。当俄国认为自己的武装已足够充分,而且在黑海已有一支强大的海军舰队时,那么我想,彼得堡内阁

---

① 三色旗是 18 世纪末法国资产阶级革命的旗帜。——俄译本注

② 法国警察头目施奈贝累于 1887 年 4 月 21 日在德国境内被德国警察逮捕。他是为处理边界问题被召去德国的。法国对此提出强烈抗议。两国军国主义的宣传广泛利用了这个所谓的"施奈贝累事件"。这一事件通过外交途径得到了调解,施奈贝累被释放。——俄译本注

③ 布朗热是 1886—1887 年法国军政部长。80 年代后半期,法国反对沙文主义和复仇主义运动就是与他的名字联系在一起的,即布朗热主义。——俄译本注

④ 米·尼·卡特柯夫是俄国的反动政论家,《莫斯科新闻》的编辑,死于 1887 年。米·德·斯柯别列夫是俄国的将军,死于 1882 年。两人都极力维护建立俄法同盟的政策。——俄译本注

就会像 1833 年签订温基亚尔—伊斯凯莱西条约①时那样行事,向土耳其苏丹建议:
如果他能把打开俄国门户的钥匙,即通向黑海的博斯普鲁斯海峡上的俄国之锁交
给俄国,那么它将对君士坦丁堡和土耳其苏丹保留的省份向他提供保障。普福尔
特②同意俄国这种形式的保护,不仅是可能的,而且,如果处理得巧妙,也是几乎可
以确定的。在过去几十年中,土耳其皇帝可能认为,欧洲各大国的猜忌给他提供保
证去对付俄国。保存土耳其是英国和奥地利的传统政策。但是,格莱斯顿声
明③不仅使土耳其苏丹失去了在伦敦的,而且也使他失去了在维也纳的支柱。因
为,如果维也纳内阁仍然对英国的支持确有把握,就不能设想它会在赖希施塔协定
中放弃梅特涅时期④的那种传统(伊普西兰蒂⑤,对希腊解放运动的敌视)。对尼古
拉皇帝的感激束缚已在克里木战争时期被布奥尔所打破,而在巴黎会议上奥地利
的立场愈加明显地回到了老梅特涅的方针上,这种方针非但没有由于这位政治家
和俄皇的财政关系有所缓和,反而因布奥尔伯爵的虚荣心受辱而更为加剧。如果
没有英国的笨拙的政策的瓦解作用,那么 1856 年奥地利就不会以波斯尼亚为代价
摒弃英国和土耳其帝国政府。但是,事到如今,土耳其皇帝很少可能期望从英国或
者奥地利得到像俄国在不牺牲自己利益的情况下能够答应的并且由于地理上的邻
近而有效地给予的那种帮助和保护。

　　假如俄国充分准备好在必要时期从陆地和海上对苏丹和博斯普鲁斯海峡进行
军事包围之后,向土耳其苏丹本人提出私下建议,保障他在塞拉尔王宫⑥的地位和
使全部省份不仅在防备外国、而且在防备本国臣民方面都得到安全,交换条件是允
许俄国在博斯普鲁斯海峡北面入口配备相当强大的防御工事和足够数量的军队,

---

① 1833 年 7 月 8 日俄国和土耳其签订了温基亚尔—伊斯凯莱西条约。一项秘密的特别条文规定:在俄国和
　任何一国交战时土耳其应关闭海峡,而俄国必须在土耳其同外国发生冲突时以及镇压国内反对苏丹的运
　动中给予军事援助。——俄译本注
② 普福尔特(Pforte)为当时土耳其帝国政府的正式名称。——俄译本注
③ 威廉·格莱斯顿(1809—1898)是英国自由党领袖,1880—1885 年第二次担任首相。1880 年 7 月 23 日格
　莱斯顿在下议院的讲演中宣称:"尽管我们很想避开由于土耳其帝国的崩溃而出现的麻烦,但是土耳其政
　府履行它对臣民承担的义务不会是次要的问题;这是头等重要的问题,是我们努力的目标。如果土耳其
　没有决心履行自己的义务,它就应该自己尽可能拯救自己的完整和独立。"——俄译本注
④ 梅特涅公爵(1773—1859)是 19 世纪前半期奥地利政策的决策人,欧洲反动势力的支持者。在希腊 1821
　年到 1829 年的起义问题上,特别明显地暴露出他对革命的恐惧和维护"法定制度"的忠心。梅特涅认为,
　无论如何也不应当鼓励臣民暴动以反对自己的君主。因此,希腊人争取独立的斗争,他持敌对态度,并且
　阻挠其他各国对起义者的支援。——俄译本注
⑤ 亚历山大·伊普西兰蒂(1783—1828)是希腊人,俄国军官。1820 年成为希腊秘密团体核心的领导人。该
　秘密组织是为争取民族解放斗争于 19 世纪初在希腊以及希腊国外的希腊居民中建立的。1821 年 3 月伊
　普西兰蒂领导的反对土耳其的起义很快被镇压下去了。——俄译本注
⑥ 塞拉尔是土耳其苏丹的王宫。——俄译本注

那么这种建议确是极为引诱人去接受的。但是,如果设想土耳其苏丹根据本人或者他人的推动而拒绝俄国的暗示,那么在决定性时刻到来之前,新的黑海舰队就会奉命占领博斯普鲁斯海峡俄国认为需要的阵地,以便掌管自己大门的钥匙。

不管我们所预想的这一阶段的俄国政策是如何执行的,从这种政策中总将形成像1853年7月那种局势①,即俄国取得抵押物,等待是否有人和究竟是谁将再取走它。在这些长期准备的安排后,俄国外交的第一步可能会是在柏林小心翼翼地试探这样一个问题,即奥地利或者英国在以战争反对俄国向前推进时,是否能够指望得到德国的支持。我深信,对这个问题的回答,无疑应该是否定的。我认为,如果俄国人用这样或那样的方法,实际上或者在外交上在君士坦丁堡站稳脚跟,并且应当对它加以保护的话,这对德国是有利的。这可以使我们不再被英国、有时被奥地利利用作为猎犬来反对俄国在博斯普鲁斯海峡的贪欲,而我们就能够期待奥地利将受到侵略,从而抓住参战理由。

俄国在博斯普鲁斯海峡获得了地盘后就会使得它和地中海的沿岸国家,即英国,甚至意大利、法国之间的摩擦极度尖锐起来,从而使俄国认为更有必要同奥地利友好地取得谅解。在这之前,奥地利执行的那种防止匈牙利沙文主义兴风作浪的政策是正确的。假若我是奥地利大臣的话,我不会阻碍俄国人向君士坦丁堡前进,但是我在他们出兵之后,就开始和他们进行协商。奥地利要分享土耳其的遗产,就只有和俄国达成协议,调整关系才行;而维也纳越擅于鼓励俄国夺取一种很远目标的政策,则归于奥地利的份额就越大。如果俄国控制君士坦丁堡,面对英国的俄国今天的地位就能够得到改善;对奥地利和德国来说,只要俄国在君士坦丁堡,其危险性就要小一些。这样一来,普鲁士那种笨拙状态就不可能存在了:像在1855年那样奥地利、英国和法国玩弄我们,使我们在巴黎屈辱地出席会议,同时体面地提到我们是欧洲强国。

如果俄国试探:它在向博斯普鲁斯海峡推进而遇到其他国家攻击的时候,只要奥地利不受到损害,是否能指望我们中立;柏林的回答如果是否定的,甚至加以威胁,那么俄国就会立即采取像1876年在赖希施塔特那样的措施,重新设法争取和奥地利合作。俄国有不仅在东方以损害土耳其帝国政府为代价,而且在德国以损害我们为代价来提出建议的广阔余地。我们和奥匈帝国结成同盟来抵御这种诱惑的可靠程度,不仅取决于条约的文字,而且在很大程度上取决于人物的性格以及后来在奥地利起支配作用的政治和宗教的潮流。如果俄国的政策能够把奥地利争取

---

① 1853年7月俄国军队占领了当时属于土耳其的摩尔达维亚公国和瓦拉几亚公国;但因奥地利强烈反对,俄国不得不1854年8月撤出它的军队。——俄译本注

过去,那么反对我们的七年战争时的那种同盟即可形成,法国必定会反对我们,因为它在莱茵河的利益比在东方和博斯普鲁斯海峡的利益重要得多。

无论如何,我们在将来需要的也不仅仅是作战的军备,而且也需要有正确的政治眼光,以便使德国这条航船通过种种同盟的激流;我根据我们的地理位置和我们过去的历史我们会遇到这种种激流。我们给予友好国家的好意和经济上的恩惠不能防止潜伏于未来之中的危险,而是增强我们的暂时的朋友的贪欲,并使他们估计为我们感到需要这样做。我担心在这条选定的道路上走下去,我们的前途会由于这些微小的、暂时的情绪而牺牲掉。从前的帝王重视自己谋臣的才能,远胜于他们的恭顺。假使恭顺是唯一的标准,那么要求于君王的渊博的才智,恐怕连弗里德里希大王也难以具备,虽然在他那个时代,战争与和平时期的政治并无今天这样复杂。

我们越是避免介入与我们无直接关系的争执,对于激发并利用我们的虚荣心的任何企图是越是冷漠置之,那么我们的威望和我国的安全就越能持久。在克里木战争时期在英国报刊和英国宫廷以及我们宫廷中那些依靠英国支持的名利之徒有过这种企图。当时他们有效地对我们以剥夺大国称号相威胁,以至冯·曼托伊费尔先生在巴黎竟使我们蒙受巨大的屈辱,要我们在条约上签字。但是对我们来说,不受这一条约的约束是有利的。如果德国在与自身利益无关的那些有争议的东方问题上比那些有密切利益的其他国家更早采取有倾向的立场,那它即使在今天也是干了一桩大蠢事。在克里木战争时期,就有过这样的时刻,当时力量较弱的普鲁士按照奥地利的要求决定武装起来并且超越这些要求能够规定实现和平和促成在德国问题上同奥地利达成协议。同样,德国善于克制,那么它在未来的东方问题的争执中,就能利用它是在东方问题上利害关系最小的国家这种有利地位。德国不干预的时间愈长,它就愈能可靠地利用,虽然这种有利地位只有在享有较为持久的和平的情况下才能存在。在俄国进攻君士坦丁堡时,奥地利、英国、意大利必然会在法国人之前采取明确态度,因为对法国来说,东方问题上的利益不大迫切,更多考虑的是它和德国边界问题联系起来。在俄国的东方危机中,法国不可能采取一种新的“亲西方强国”的政策,也不可能为了同俄国的友谊,在没有和德国预先达成协议或与德国先行决裂的情况下去威胁英国。

德意志帝国处于中心和无屏障的地理位置,国防线伸向四面八方,反德联盟很容易形成,这些不利因素与在东方问题上没有直接利害关系而给德国政策造成的有利因素形成了对比。同时,没有一种只有通过胜利的战争才能达到的目的可以引诱德国,德国也许就是欧洲这样唯一的大国。我们的利益就是保持和平,而我们所有的大陆邻国则无一例外都怀着只有通过战争才能实现的秘密的或众所周知的贪欲。我们应当相应地调整我们的政策。这就是说:要尽可能地防止战争或限制战争的范围,在欧洲这盘棋上我们要保留最后一步棋,我们不应由于急躁情绪、由于以国家为代价的献殷勤、由于虚荣或友善的挑动使我们过早地从等待阶段转入行动阶段。否则就要遭受阿希维人的惩罚①。

我们理智地可知的目的并不是养精蓄锐,以便在其他国家被削弱之后,去进攻我们的某个邻国或可能的敌人。相反,我们应该努力公正和热爱和平地来运用我们的强大力量,以便缓和因为我们变成真正的强国所引起的不满情绪,从而使全世界相信,德国在欧洲的领导权要比法国、俄国或英国的领导权更为有益,更为公正,并且对其他国家的自由较少损害。对于其他国家的权利的尊重,法国强盛时是缺乏的,而英国也仅仅是在其利益不受触动时才有所表现,但是德意志帝国及其政策是愿意尊重其他国家的权利的,这一方面是因为德意志人的性格尊重客观情况,另一方面是因为我们不需要扩张自己的直接领土这一不贪功利的事实,何况不加强本地区的离心因素,恐怕我们也做不到这点。我们在可能达到的境界内实现了国家的统一后,我的理想一向是不仅要取得欧洲弱小国家的信任,而且要取得大国的信任,使它们相信,德国政策在纠正时代的错误、即民族分裂之后,它所要求的是和平和正义。为了培育这种信任,首先需要诚恳、坦率以及在摩擦或意外事件发生时的和解精神。在施奈贝勒(1887年4月)、布朗热、考夫曼(1887年9月)②事件中,在面对西班牙解决加罗林群岛问题上以及面对合众国解决萨摩亚群岛③问题上,我都克制了个人的感情,遵循了这一处理方式。我认为,将来我们也会有很多机会表明我们是满足的和爱好和平的。在我任职期间,我曾经历过三次战争:丹麦战争、波希米亚战争和法兰西战争,但每次我都事先弄清楚:如果战争胜利了,它所带来的成果是否能抵偿每次战争必须付出的牺牲,今天战争的牺牲要比上一个世纪沉重得多。如果我估计到,其中的一次战争结束后,我们会处于想象我们所希望的和平条件的窘境,那么只要我们没有实际上受到进攻,我很难相信这样的牺牲是必要的。我从未以哥丁根大学生通常所持的观点和决斗者个人荣誉的观点来理解只有通过民族战争才能解决的国际争端,相反,我总是权衡这些争端对德国人民的要

---

① 贺拉斯《书简》,第1卷第2,14页。——俄译本注

② 1887年9月24日德国士兵考夫曼在守卫一个与法国边界比邻的森林时打死了一名由于狩猎而越境的法国护林员(这位护林员没有注意到德国边防战士要求止步的喊声)。德国政府给死者的遗孀赔偿了损失。这样,一场在沙文主义的报刊上引起很大风波的纠纷才平息下来。——俄译本注

③ 萨摩亚群岛为太平洋波利尼西亚的一组岛屿。19世纪80年代德国和美国争夺在这些岛上的优势地位。在英国的压力下,德国被迫让步,并把萨摩亚群岛问题交付1889年4—6月在柏林召开的大国会议解决。——俄译本注

求的反作用、同其他欧洲大国一样享有独立自主的政治生活的平等权利（正如在我们民族固有的能力的基础上是可能的那样）来加以理解。

俄国的传统政策部分地建立在共同信仰的基础上，部分地建立在血统关系的基础上，它把罗马尼亚人、保加利亚人以及以不同名称居住在奥地利—匈牙利边境两侧的信奉希腊—天主教的、间或也有信奉罗马—天主教的塞尔维亚人从土耳其奴役下"解放"出来并且以此把他们束缚在俄国一边的想法，证实是不成功的。在遥远的将来，用暴力手段把所有这些种族并入俄国体制并不是不可能的，但是，单单"解放"还不会使他们成为俄国力量的拥护者，希腊族首先就证明了这一点。从切斯马事件（1770 年）①以来希腊族就被认为是俄国的支柱。在 1806 年到 1812 年的俄土战争中，俄罗斯帝国的政策的宗旨看来尚未发生变化。希腊的秘密组织②的活动在闻名西方的伊普西兰蒂起义（即由范纳利奥特人③媒介的希腊化的东方政策的分支）时期，是否还得到过阿拉克切耶夫④到十二月党人的俄国各种不同派别的一致同情，这是无关紧要的。不管怎样，俄国解放政策的首批产物希腊人给俄国的是失望，虽然还不是彻底的失望。在纳瓦林诺时期以及在这之后，解放希腊人的政策在俄国人的心目中也不再是一种俄国特有的政策了⑤。但是俄国政府却是在过了很长时间之后才从这危难的结果中得出应有的结论。俄国这块未经加工的和不好消化的物质⑥实在太笨重了，对于某种政治本能的察觉过于迟钝。他仍要继续解放别人，而同罗马尼亚人、塞尔维亚人和保加利亚人又重复了同希腊人所做的事。这些民族都很愿意得到俄国帮助，以便从土耳其统治下解放出来；但是在获得解放之后，他们就不表示愿意接受沙皇作为苏丹的继承人。我不知道，彼得堡

---

① 在 1768—1774 年俄土战争期间，在爱琴海东岸的切斯马港，土耳其舰队于 1770 年 6 月 24 日被阿列克谢·奥尔洛夫（后来的奥尔洛夫—切斯马斯基伯爵）率领的俄国舰队消灭。俄国军队占领了希腊半岛的许多岛屿。此后，爆发了希腊人反对土耳其统治的起义。但是在军事行动以及和谈期间起义很快被政府残酷镇压下去。——俄译本注

② 希腊人在 1814 年就组织了一种秘密团体，目的是摆脱土耳其的统治。——德文本注

③ 范纳利奥特人为希腊旧贵族在君士坦丁堡的代表人物，都出身于大实业家、金融家、商人。土耳其政府委派范纳利奥特人担任重要职务，其中包括外交职务。大发横财的范纳利奥特人的各家族（伊普西兰蒂家族就是其中的一个）是土耳其最高当局在当时属于土耳其的多瑙河公国摩尔达维亚和瓦拉几亚的代表（公侯）。许多著名的范纳利奥特人积极参加了 1821 年反对土耳其、争取希腊民族解放的斗争。——俄译本注

④ 阿列克谢·阿拉克切耶夫在沙皇亚历山大一世时期在内政上施加了一种极不幸的影响。尼古拉一世在 1825 年罢免了在军民中间都不受欢迎的这个人。——德文本注

⑤ 西欧各国担心俄国的势力在希腊过于强大，1827 年它们转而积极支持希腊为摆脱土耳其而争取独立的斗争。1827 年 7 月 6 日英、法、俄在伦敦签订了"关于调停希腊问题"的协定。为了实现这一协定，英、法、俄三国的联合舰队于同年 10 月 20 日在纳瓦林诺湾击溃了土耳其舰队。——俄译本注

⑥ 引自奥维德著《变形记》第 1 卷第 7 页。——俄译本注

是否同意这一见解,即:连沙皇的"唯一朋友"黑山公爵①也只是指望得到金钱或力量作等价交换才打出俄国旗帜(由于相隔遥远和处境孤立,这在某种程度上可以原谅的)。然而彼得堡不会不知道,"统帅"②过去曾准备,而且现在可能还在准备以土耳其苏丹的元帅③身份统治巴尔干民族,只要这个打算能为土耳其帝国欣然接受并得到有利于黑山的支持。

如果彼得堡愿意从迄今为止的所有误解中得出实际的结论,那么自然不会使自己限于靠军队和大炮的威力才能取得的幻想的好处。叶卡捷琳娜女皇给她的第二个孙子命名为君士坦丁④,她当时想象中的历史上富有诗意的方面没有得到实践的认可。获得解放的民族不会感恩戴德,反而会有很多要求,所以我认为,在今天这个讲究实际的时代里,俄国政策在对待东方问题上会更多地采取技术性的行动,而不是热情奋发的行动。为了壮大在东方的势力,它的第一个实际需要是保卫黑海。如果能用装有大炮和鱼雷设施的坚强堡垒封锁博斯普鲁斯海峡,那么俄国南方海岸会比波罗的海沿岸得到更好的防卫,而在克里木战争中占优势的英法海军力量并没有使波罗的海沿岸遭受多大损失。

如果彼得堡政府的目的首先是封锁黑海口,并为此目的企图通过友爱、金钱或武力把苏丹争取到自己这方面来,那么彼得堡政府的设想就会是如此。如果土耳其帝国政府抵制俄国的友好的接近并用剑来对付武力威胁,那么俄国就可能遭到从另一方面的进攻。在这种情况下,我以为应当把部队集结在西部边境。如果能用和平方式封锁博斯普鲁斯海峡,那些认为这会给他们带来损害的大国可能会暂时静观,因为每个大国都在等待其他国家的主动,等待法国作出决定。把俄国的军事力量引向南方,和其他国家相比,这更符合我们的利益。甚至可以说,这样会促进我们的利益。我们能够比别的国家更久地等候解开由俄国系紧的这个新结子。

---

① 1889年亚历山大三世在欢迎黑山公爵尼古拉访问彼得堡的祝酒词中,把公爵称作"俄国唯一忠实的朋友"。——俄译本注

② 1852年前,在黑山把掌管宗教和军事最高权力的人称为统帅。俾斯麦用这个词是为了突出自己对黑山公爵尼古拉的讽刺。——俄译本注

③ 在中世纪欧洲的许多国家中,元帅是一种最高的军衔。——俄译本注

④ 君士坦丁是保罗一世皇帝的儿子,生于1779年。俾斯麦要说明,他的祖母叶卡捷琳娜二世给新生儿选用罗曼诺夫家族中不曾用过的名字,表明她要实现把土耳其人从欧洲赶走并恢复拜占庭帝国这一计划,预定继承这一帝国王位的就是她的孙子君士坦丁。——俄译本注

✒ 本章案例研习

一、主要学习目标

1. 了解 17—19 世纪前期欧洲各国此消彼长的历史进程。

2. 初步理解维也纳体系形成的时代背景及其逐渐衰落的原因。

3. 通过比较拿破仑时期法国和俾斯麦时期德国崛起的相关案例，认识近代以来大国崛起的不同类型以及中国共产党领导下中华民族实现伟大复兴的历史进程。

二、相关背景知识

（一）西班牙王位继承战争与《乌得勒支和约》

西班牙王位继承战争是西欧列国推翻法国优势、争取达到欧洲均势的最后决战，它本质上是九年战争的继续，只是加进了争夺西班牙遗产的新内容而已。战争前期，法军取得了一些胜利，但 1704 年 8 月，法军在布伦海姆战役中惨遭失败，6 万法国劲旅全部被歼。此后，海牙大同盟军队在欧根亲王和英国的马尔巴勒公爵等优秀将领统帅下，在莱茵河地区、南尼德兰、意大利等各个战场节节胜利，到 1708 年，法军被迫退缩到"钢铁堡垒"以内进行防御性作战，却仍丧师失地。只有在西班牙，民众热情地支持他们自己选择的腓力普五世。1706 年自封为西班牙国王查理六世的查理大公虽有海牙大同盟大军作后盾，却始终征服不了西班牙。

1710 年英国新上台的托利党内阁开始与法国进行秘密接触，在英国看来，打击法国的目的已经达到，彻底征服西班牙似乎不可能，继续进行战争对英国来说已没有多大意义。1711 年 4 月，奥地利的查理大公继承其兄约瑟夫一世（1705—1711 年在位）的王位，当选为神圣罗马帝国皇帝，称查理六世（1711—1740 年在位），这一事件坚定了托利党政府尽早议和的决心。英国当然不愿意再帮助查理六世取得西班牙王位，那将导致查理五世时哈布斯堡帝国的重建。1711 年 10 月，英国单独与法国拟定了达成和平的初步条件，初步条件以 1701 年 9 月《海牙同盟条约》的目标为基础，摒弃了海牙大同盟国家扩大了的战争要求。英国的行动使其他同盟国大为恼火，但没有英国的合作和财政支持，它们难以继续战争。1712年1月，交战各国在荷兰小镇乌特勒支开始了历时一年多的和谈，至1713年4月，英、法、荷、西、普鲁士、萨伏伊、葡萄牙签订了《乌得勒支和约》；奥地利及一些德意志诸侯又进行了一年的战争，但屡遭失利，于1714年3月与法国签订了《拉施塔得和约》，但奥地利仍坚决拒绝与西班牙媾和。

在《乌得勒支一拉施塔得和约》中，各国（除奥地利）承认了腓力普五世为西班牙国王，但法、西两国永远不得合并。同盟各国都得到了不同程度的领土扩展：奥地利夺取了南尼德兰和米兰、托斯卡纳、撒丁、那不勒斯等意大利领地；荷兰恢复了在南尼德兰诸要塞的驻兵权并从法、西等国获取了一些贸易特惠；萨伏伊和普鲁士分别得到了西西里和上格尔德兰，两国统治者还获得了国王的头衔；英国夺取了进出地中海的咽喉要塞直布罗陀、西地中海的米诺加岛及一些法属北美殖民地。

法国无疑是个失败者，除割让一些北美殖民地外，还放弃了对斯图亚特流亡国王的承认和支持。但是，法国本土没有受损，依旧保持了1697年时的疆界；路易十四的虚荣心也得到了一定的满足，他的孙子保住了西班牙王位，他仅有的两个盟友巴伐利亚选侯和科隆选侯也恢复了战时被剥夺的领地。只有西班牙是个例外，列强用它的领土满足了各自的野心，这是近百年来西班牙持续衰落的一个必然结局。在瓜分西班牙庞大遗产的基础上，欧洲列国遏制了路易十四法国的霸权，建立起了较为稳定的均势格局，在此之后，英、法、奥、俄和奥地利继承战争后的普鲁士等几个大国并驾齐驱，欧洲更密切地融为一体。值得注意的是，《乌得勒支和约》在历史上第一次把"和平"与"均势"直接联系在一起，宣称将通过力量均衡建立基督教世界的和平与安宁。

（二）欧洲反法联盟与拿破仑帝国崩解

拿破仑帝国最坚实的支撑就是在战争中不断取得胜利，而这种支撑随着法俄战争的爆发开始发生致命性的动摇。从1809年开始，因拿破仑支持建立附属于法国的华沙大公国并阻止俄吞并摩尔达维亚和瓦拉几亚，两国关系就日趋恶化。1810年年底，俄国因大陆封锁令影响其农产品出口而予以废止。这进一步恶化了两国关系，并导致《提尔西特和约》形同虚设。这促使拿破仑决定远征俄国。

1812年6月，拿破仑率42万大军未经宣战向俄国发起进攻。法军虽以优势兵力长驱直入俄国，并不战而进入莫斯科。然而，正是在莫斯科，拿破仑的厄运开始了。俄军老将库图佐夫采取坚壁清野、化整为零的战术，他不但率俄军主动放弃了莫斯科，还下令焚烧掉所有战争可用的物资，莫斯科成了一座死城。这样，拿破仑在这里滞留了一个多月，一无所获。10月，拿破仑不得不下令撤离莫斯科，此时他的部队已减少到 11.5 万人了。至 12 月末,溃败的法军撤出俄国时只剩下 2 万多人。拿破仑对俄战争遭到惨败。

此后,拿破仑的敌对力量急剧增长。1813 年 1 月,俄国与普鲁士在卡利什缔结了同盟条约。普鲁士参加对法作战。3 月至 6 月,英国相继与瑞典、普鲁士、俄国签订条约。瑞典加入反法同盟。8 月,奥地利因拿破仑拒绝其调停条件而对法宣战。9 月,奥又与俄、普在特普利茨签订同盟条约。实际上,英、奥、普等国均想通过联合俄国击败法国而恢复在拿破仑战争中失去的各种权益。至此,第六次反法同盟形成。这意味着拿破仑开始首次同时与欧洲所有的四个大国作战。

1813 年 10 月,反法联军与法军在莱比锡附近平原上决战。这是此前欧洲历史上尚未出现过的最大规模的单一战役。约有 32 万盟军和 16 万法军参加了战斗。结果,双方都遭到了严重的损失。法军被迫撤退。但由于起关键作用的萨克森军队阵前倒戈,法军的撤退变成一场溃败。11 月,拿破仑率残部在美因茨退过莱茵河。

莱比锡战役后,拿破仑帝国体系迅速崩溃。1814 年 1 月初,盟军分三路攻入法国,在 1 个月时间内便占领了 1/3 的法国领土。3 月,英、俄、奥、普四国在法国东部城市肖蒙缔结了为期 20 年的同盟条约,即《肖蒙条约》。条约规定,缔约各国必须各提供 15 万军队对法作战;英国 1814 年起每年提供补贴 500 万英镑;各国不得与法国单独和谈,并把对法作战进行到底。随后,盟军继续扩大战果。3 月 30 日,巴黎守军投降。次日,亚历山大一世和普王腓特烈·威廉三世(1770—1840)率盟军进入巴黎。4 月,拿破仑被迫在枫丹白露发布诏书,宣布正式退位。之后,他被流放到厄尔巴岛,法国波旁王朝复辟。1814 年 5 月 30 日,法国与英、俄、奥、普、瑞典等国签订了《巴黎和约》,即《第一次巴黎和约》。该和约规定,法国保持 1792 年 1 月的疆界;比利时、德意志和意大利地区恢复 1792 年 1 月前的旧疆界;独立的瑞士自行管理;英国保留马耳他岛;撒丁收回除萨伏伊以外的领土;挪威归并于瑞典;莱茵河航行自由等。

然而,拿破仑帝国并没有就此结束。1815 年 2 月,拿破仑率千余名官兵逃离厄尔巴岛,并于 3 月 20 日顺利地重返巴黎,建立了他的"百日政权"。其时,讨论欧洲战后事宜的维也纳会议已经召开。面对这突如其来的变故,新的反法联盟迅速聚集起来,英、俄、奥、普四大国共同组成了 70 万大军联合征讨拿破仑。6 月,拿破仑率 26 万法军与英普联军在布鲁塞尔以南约 18 公里的滑铁卢展开一场激战。最后,法军在滑铁卢战役中遭遇失败。拿破仑再次退位,并被流放到大西洋上的圣赫勒拿岛。11 月,英、俄、奥、普四国分别与法国签订了内容相同的《巴黎和约》,即《第二次巴黎和约》。该条约比《第一次巴黎和约》苛刻了不少。它规定,法国回到

1790 年的疆界；盟国在法国北部和东部 175 个要塞驻军 15 万左右，期限 3—5 年，占领军的给养由法国提供；法国向盟国赔偿 7 亿法郎，5 年内偿清。《第二次巴黎和约》既标志着拿破仑帝国体系的终结，也标志着长达二十余年的法国和反法同盟国家战争的最后结束。

拿破仑所进行的对外战争具有两重性。它既有革命和进步的一面，保卫了法国革命的成果，沉重打击了欧洲封建势力，传播了法国革命的思想和精神，推动欧洲各地实行资本主义性质的改革，这一面在前期占有主导地位；又有侵略和争霸的一面，它侵犯欧洲民族国家的主权，给欧洲和世界一些地区的人民造成了苦难和空前的浩劫，这一面在 1804 年拿破仑称帝后逐步转化成主导方面。他与英国争夺殖民地、世界市场和海上霸权，与俄国签订《提尔西特和约》共同瓜分领土和势力范围而后又入侵俄国等，都充分体现了其争夺欧洲和世界霸权的野心。拿破仑战争及其帝国以失败而告终，但它对欧洲政治产生了巨大影响。一方面，欧洲大国权力结构由此发生新的变化。拿破仑战争摧毁了奥地利帝国原有的优势；兴起中的普鲁士的力量也遭到有力的遏制；失去欧陆霸权地位的法国基本维持了过去的实力。相反，英国和俄国这两个欧洲"侧翼大国"在欧洲的力量和影响大大增强。另一方面，欧洲国内社会问题和矛盾开始凸显。这个时期所传播的民族主义、自由主义等新的观念，导致那些恢复统治地位的旧有王朝管理国家的权威和能力明显不如从前，革命及其跨边界扩散成为影响欧洲政治进程的重要因素。

（三）法俄同盟的建立

俾斯麦下台后德国对外政策发生重大转折。与俾斯麦谋求在大国间保持制约与平衡的外交不同，卡普里维内阁推行所谓"新路线"，其假设是，基于俄国敌意和法、俄可能结盟的现实，德国必须全力推进与英国及德国盟国的联合，从而在大陆上确立起足以压倒法俄集团的优势。新内阁采取的第一个重大外交决策，便是根据外交部高级官员霍尔施泰因的意见不再延长即将到期的德俄《再保险条约》，他们认为用这个条约拴住俄国不仅是一种危险的幻想，而且它会使德国陷入与英国及自己盟国的冲突。1890 年 3 月 28 日，俄国被告知此条约不再续订。此时俄德关系虽每况愈下，但俄国外交当局仍想维持一个哪怕形式上的书面协定，然而还是遭到拒绝。这使俄国感到德国联俄的政策已被改变。

废除了《再保险条约》之后，德国外交便展开了一系列拉拢英国和巩固三国同盟的行动，其中两件事尤引人瞩目。一是 1890 年 7 月与英国签订《赫尔果兰条约》，把德属东非一片土地让给英国以换取北海的赫尔果兰岛。这个谈判拖延已久，在当时被认为是德国为了达到结盟英国的目的而作出的重大让步。二是 1891

年5月高调续订德奥意三国同盟,条约中除继续保证给意大利在北非的利益扩张以支持外,还载明寻求英国加入。英国为表示对三国同盟国家的友好,同年7月间,派军舰访问意大利和奥匈的港口,与此同时德皇威廉二世访问英国。但是,德国"新路线"外交所追求的与英国结盟的这个目标始终没有实现。事实上,英国对德的外交地位因德俄关系的削弱而增强了,它拒绝对三国同盟国家承诺任何受约束的条约义务,甚至对1887年的《地中海协定》都抱着保留态度。在这样的情况下,德国为了保住奥匈和意大利两个盟友,又不得不承担起较之俾斯麦时期更多的支持它们的义务。及至1894年,德国重新发现了德俄友谊对于维系德国地位的好处,力图通过与俄国订立通商条约来恢复两国合作,所谓的"新路线"实际上已告破产。而从欧洲国际政治层面来看,德国"新路线"外交的严重后果是直接促成了1891年至1893年间法俄的结盟。

　　法俄之间并不存在重大的利益冲突,尽管它们的政体与意识形态不同,但在对抗英国和三国同盟方面有着共同需要,而法国更是把俄国看作打破孤立和从东部对德国进行战略牵制的最理想的可能盟国。由于被俾斯麦的外交布局所困,法国在尝试与俄国结盟问题上一向谨慎以免招致德国的打击,可它也始终在精心地培育着与俄国的友好关系。俾斯麦下台后德俄关系的变故终于给法国带来了良机。1891年三国同盟公开续订及英国可能与其联盟的征兆,促使俄国作出了与法国联合应对时艰的决定,否则它将孤立地面对一个敌对性的大国集团。1891年7—8月间,法国舰队受邀访问俄国军港喀琅施塔得,沙皇登上军舰在《马赛曲》的军乐声中脱帽致敬。正是在这种亲善的气氛中,两国外交当局于8月27日通过互换信函的方式,订立了法俄政治协定。内容为:两国承诺将对任何具有威胁普遍和平性质的问题进行协商;如果和平真正遭到威胁或者两国之一被侵略的危险,法、俄将就立即和同时采取的措施达成谅解。沙皇俄国和法国资产阶级共和国的携手,表明普法战争以来的欧洲格局出现了变化。

　　法国希望及早与俄国订立一个军事协定,但是这个协定的谈判拖了一年才实现,原因主要在俄国方面,俄国外交大臣吉尔斯对再订一个军事协定的必要性持怀疑态度,担心法国利用这个条约使俄国卷入对德国的复仇战争。军事协定谈判是在两国军方之间进行的,1892年8月14日,法国副总参谋长布瓦代弗尔和俄国总参谋长奥勃鲁切夫在圣彼得堡草签了军事协定。沙皇亚历山大三世(1845—1894)表示"原则上同意",但还需要做必要的准备并经两国政府批准。该协定规定"有效期与三国同盟相同",严守秘密。主要内容有三方面。第一,如果法国遭到德国或在德国支持下的意大利的进攻,俄国应调动其所有能使用的军队进攻德国;如果俄国遭到德国或德国支持下的奥匈的进攻,法国应调动其所有能使用的军队进攻德国。第二,如果三国同盟或者其中任何一国进行军队动员,法国和俄国一经得知,无须任何事前协议就应"立即和同时"动员军队,并将其调到边界。第三,法国用于对付德国的军队为 130 万人,俄国用于对付德国的军队应为 70 万~80 万人,这些军队应全力参加战斗,使德国不得不在东西两线同时作战。从总体上看,这项协定因具有明显的反德色彩而使法国感到满意,同时也顾及了俄国的利益关注,协定中俄国用于对德作战的军队少于法国便考虑到了它在巴尔干方面对付奥匈的需要,而且保证在俄与奥匈交战时法国将全力牵制德国。这个防御性军事联合是法、俄双方妥协的产物。但是,这个协定存在着一个"致命的隐患":其有关"动员"条文的规定使得一国的军事动员或任何相关的局部性冲突,都可能引爆一场全欧性的战争。

这项军事协定的批准过程延宕了较长的时间。1893 年德国又对俄国掀起激烈的关税战。7 月,德国以为两线战争做准备为由,在国会通过加强陆军实力的军事法案。这对拖延已久的法俄结盟问题起了推动作用。10 月,俄国军舰经沙皇批准前往法国军港访问,受到法国社会各界的热烈欢迎,盛况空前。1893 年 12 月 27日和 1894 年 1 月 4 日,俄国外交大臣和法国驻俄大使互换信函,确认 1892 年 8 月的军事协定从此生效。法俄同盟正式成立。

马克思早在 20 多年前普法战争结束时就预见了法、俄两国的结盟。法俄同盟的出现是普法战争后欧洲国际局势发展的一个合乎逻辑的结果。俾斯麦结盟体系一统欧洲的时代结束了。正如恩格斯指出的,欧洲大陆上出现了"相互威胁的两大军事阵营:一方是俄国和法国,另一方是德国和奥地利"。欧洲国际格局进入了新的转变时期。

三、问题与思考

问题一:法国大革命的背景、过程与意义。

思考要点:(一)背景 1. 资本主义迅速发展要求摆脱封建专制王朝的束缚。2. 政府遭遇财政危机,专制王朝统治危机加深。3. 启蒙思想的传播。(二)过程 1. 攻占巴士底狱。2. 君主立宪派掌权。3. 吉伦特派当政。4. 雅各宾派专政。5. 热月政变与督政府共和国。6. 拿破仑的统治。(三)意义 1. 对法国影响深远。2. 鼓励了其他地区的革命和解放。3. 为西方政治现代化提供了借鉴。

问题二:拿破仑战争的背景、经过与影响。

思考要点:拿破仑战争是 1799—1815 年间拿破仑指挥的法国军队同欧洲反法同盟所进行的一系列战争的总称。(一)背景 1. 欧洲国家对法国的武装干涉。

2. 法国需要维护大革命成果,并开拓国外市场。(二)经过 1. 拿破仑从埃及回国,发动雾月政变,成为法国的军事独裁者,建立起一支强大的军队。2. 瓦解第三次反法联盟。3. 瓦解第四次反法联盟。4. 瓦解第五次反法联盟。5. 进攻俄国受挫。6. 为第六次反法联盟所败。法军同反法联军在滑铁卢展开决战,最终战败。拿破仑战争结束。(三)影响 1. 挫败了"反法同盟"的进攻,保卫了法国大革命的主要成果。2. 深刻改变了欧洲政治版图。3. 传播了法国大革命的思想,冲击了欧洲的封建秩序。4. 促进欧洲民族意识觉醒,民族国家逐渐形成。(四)评价 1. 热月政变后,法国的对外战争完全是侵略性和掠夺性的战争。2. 拿破仑战争经历了性质上的转变,但在具体划分节点上则有不同见解。通常认为,起初拿破仑战争的主旨是保卫法国大革命成果,打击欧洲君主国武装干涉,维护法兰西的民族尊严,但后期逐渐演变为大规模的对外战争,具有侵略扩张和争霸欧洲的性质。

问题三:维也纳会议形成的背景、内容与影响。

思考要点:(一)背景 1. 拿破仑战争极大改变了欧洲秩序。2. 拿破仑战败,欧洲需要建立新的政治秩序。(二)内容 1. 按正统原则恢复了欧洲许多国家封建王朝的统治。2. 任意处置欧洲及海外领土。3. 建立德意志邦联。4. 防止法国东山再起。5. 维持意大利的分裂局面,并把其大部分土地置于奥地利的统治之下。6. 讨论和决定了一般性的三个国际问题(禁止贩卖黑人奴隶的营业、国际河流航行的开放制度、对外交人员位次和外交语言的规定)。(三)影响 1. 欧洲大陆形成均势格局。2. 四国同盟所确定的会议外交体制对国际关系有深远影响。3. 间接促成了日后欧洲的革命浪潮。4. 促进了一些其他具体问题的解决,譬如在对战败国的处理、废除奴隶买卖、开放国际河流等方面,具有一定的历史进步意义。

问题四:克里米亚战争的原因与影响。

思考要点:克里米亚战争是在 1853 年因争夺巴尔干半岛的控制权而在欧洲大陆爆发的一场战争,是拿破仑帝国崩溃以后规模最大的一次国际战争。(一)原因:1. 战争的表面起因是宗教问题。2. 战争的真正原因是俄罗斯的扩张。(二)影响:1. 拿破仑三世在"对威望的追求"中获得了胜利。2. 战争使英国获益巨大。3. 奥地利在巴黎和会上充当了强硬的反俄派,达到了黑海中立化和对多瑙河两公国由列强共管的目的。4. 土耳其实力被削弱。5. 普鲁士和萨丁在欧洲国际新秩序的形成中起到重大的作用,俾斯麦利用战后的国际矛盾统一了德国,撒丁在加富尔的领导下也完成了意大利的统一。

问题五:德国统一过程中俾斯麦的外交政策及作用。

思考要点:(一)外交政策。在统一德国的战争中,俾斯麦把握国际局势变化的动向,因势利导,积极开展灵活的外交,维护自己所建立的外交政策体系,其外交体系的核心是孤立法国,避免欧洲出现任何形式的反普同盟。1. 俾斯麦利用俄国同英、法、奥在中东和巴尔干的矛盾,实行亲俄政策,稳住沙俄,牵制英、法、奥,使俄国不干涉德意志内部事务,在俾斯麦发动对丹、奥、法国战争时保持中立。2. 俾斯麦尽管知道普法战争不可避免,但为了打败奥地利,用含糊其词的补偿作为诱饵,换取了法国的中立默许。3. 奥地利占领了意大利威尼西亚,意奥之间有矛盾,俾斯麦利用这个矛盾同意大利缔结同盟条约,共同对付奥地利,迫使奥地利在南北两面作战。4. 打败奥地利之后,俾斯麦一方面利用法国对德意志的领土要求,激发德意志人民的民族情绪;另一方面,离间英、俄同法国的关系,实行孤立法国的政策。(二)作用 1. 俾斯麦利用国际局势制定的外交政策,为德国的统一做出重大贡献。2. 德国的统一对欧洲局势产生了巨大的影响。

四、拓展阅读推荐

第一节　路易十四

1. [英]大卫·休谟:《论势力均衡》,《休谟政治论文选》,张若衡译,北京:商务印书馆,2010 年。休谟是苏格兰启蒙运动以及西方哲学史中最重要的人物之一。该书所收录的文章选自休谟的《道德和政治论文集》与《政治论》两部著作,体现了其政治思想核心即健全的法制和良好的政治体制。在《论势力均衡》一文中,休谟把均势视为永恒的、明智的政治规则。从此以后,均势成为国际政治理论中最具影响的概念之一。

2. [德]利奥波德·冯·兰克:《17 世纪和 18 世纪大国的产生和发展》,[德]斯特凡·约尔森等编:《历史上的各个时代:兰克史学文选之一》,杨培英译,北京:北京大学出版社,2010 年。该书原为 1854 年兰克为巴伐利亚国王讲授历史的记录稿,在兰克逝世后的 1888 年正式发表。在总共 19 次讲座中,兰克概述了直至他所生活的时代,欧洲历史各个时代的基本特征。其中,《17 世纪和 18 世纪大国的产生和发展》介绍了法国、英国、俄国、奥地利、普鲁士等大国依次崛起的过程,并归纳了每个国家在这一过程中基督教与王权结合的模式。

3. [德]路德维希·德约:《脆弱的平衡:欧洲四个世纪的权势斗争》,时殷弘译,北京:人民出版社,2016 年。作者是 20 世纪前期德国历史上最杰出的国际关系史家,也是少数几位能够在英语世界中享有很高学术声望的德国史学家之一。该书糅合三项地缘政治关系理念,即海权对陆权、欧洲均势对海外优势、传统中等列强对侧翼超级大国(后两项有赖于他的创造或者决定性的发展),探寻了现代国际体系的内在机理和运行模式,对现代国际关系的基本历程与德国的历史命运做了异常深刻的总体论说。

第二节 拿破仑

1. [法]拿破仑:《拿破仑法典》,李浩培等译,北京:商务印书馆,1979 年。

该书(又称《法国民法典》)于 1804 年公布,是西方世界最早的民法法典。该书文字简单明了、逻辑谨严、体系完整,折中了法国习惯法与罗马成文法,内容分为三个部分:第一部分是人法,是有关民事权利的规定;第二部分是物法,是有关各类财产所有权和其他物权的规定;第三部分是获取各类所有权的方法的规定。19 世纪以来,该书成为许多国家编纂本国民法典时参考借鉴的模板,尤其对西方世界民法发展产生了深远的影响。

2. [法]布鲁诺·科尔森编著:《拿破仑论战争》,曾珠等译,上海:上海社会科学院出版社,2016 年。该书利用了许多原始文献,包括大量已出版的书籍、公开发表的关于拿破仑的文章、拿破仑的亲笔书信、贝特朗将军和古尔高将军等拿破仑亲信的珍贵手稿、由编年史作者记录的口述忏悔录等。而且,该书参照克劳塞维茨《战争论》一书的体例框架,对拿破仑和克劳塞维茨的军事思想进行比较,宛若两位军事天才的跨时空对谈,可读性极强。

3. [德]沃尔弗拉姆·希曼:《梅特涅:帝国与世界》,杨惠群译,北京:社会科学文献出版社,2019 年。梅特涅的一生见证奥地利帝国、哈布斯堡王朝的兴衰沉浮,左右世界秩序的走向,还预见了 1848 年革命后的世界格局,开启过国际关系史上的"梅特涅时代"。该书利用大量资料对梅特涅开展了全方位研究,认为梅特涅是一个有着传统意识的帝国贵族和早期工业的企业家、一个英国宪法的崇拜者、一个多民族国家的改革家以及众多女子钦慕的对象等,不仅是对该历史人物的最新认识,也是对 19 世纪国际关系史的最新解读。

第三节 克劳塞维茨

1. [德]埃里希·鲁登道夫:《总体战》,戴耀先译,北京:解放军出版社,2005 年。该书是作者作为德国将军、军事战略家对一战所作出的某种程度的反思和总结,是作者最出名的一部著作。该书同时探讨了二战中德国的军事战略,触及到一些直接关系战争胜负的重要问题,对研究两次大战中德国的战略思想及其所采取的措施,以及研究未来战争有一定的借鉴作用。但必须注意对该书在政治上有鼓吹法西斯侵略及民族沙文主义等消极的一面进行甄别。

2. [美]彼得·帕雷特主编:《现代战略的缔造者:从马基雅维利到核时代》,时殷弘等译,北京:世界知识出版社,2006 年。该书所汇集的各篇文章具有广阔的政治和大战略视野,表明和平与战争的密切交互作用,显示社会与其军事体制和政策的联系,内容上涵盖整个现代历史:从马基雅维利开始,历经古斯塔夫斯·阿道弗斯、腓特烈大帝、华盛顿和汉密尔顿、拿破仑、克劳塞维茨、马克思和恩格斯、老毛奇等统帅、大国务家或大思想家,直至在缔造 20 世纪战争和国际政治史上起了特别突出作用的那些政府领导、军队统帅、革命运动领袖和战略理论家。

3. [英]李德·哈特:《战略论:间接路线》,钮先钟译,上海:上海人民出版社,2010 年。该书在西方战史研究中具有崇高地位,作者因此被西方奉为"军事理论教皇"。作者在书中以深厚的军事理论和战史研究功底,通过分析世界历史上自希波战争到第二次世界大战的 30 场战争、280 多次战役,得出一个关键结论:间接路线战略是最具效果、最为经济的战略形式。它不仅成为战争的定律,更能够运用于人类生活中的政治、经济活动等各个方面,是一个哲学上的真理。

4. 孙武:《孙子兵法》,陈曦译注,北京:中华书局,2022 年。作者被尊称为兵圣、被誉为"东方兵学的鼻祖",该书十三篇涉及军事理论、实践各方面,内容博大精深,思想深邃富瞻,逻辑缜密严谨,是我国古代军事文化遗产中的瑰宝,同时又被翻译为多种外语,成为人类历史上军事文化的典范之作。将该书与西方兵圣的著作进行对比阅读,有助于读者理解战争兵法发展的东西方脉络。

第四节　费希特

1. [德]费希特:《国家学说:或关于原初国家与理性王国的关系》,潘德荣译,北京:中国法治出版社,2010 年。该书主要内容是作者于 1813 年 4 月 26 日至 8 月13 日在柏林大学的系列演讲。晚年的作者与当局妥协,被迫收敛其激进的观念,格外珍视重新获得登上讲坛发表演讲的机会,于是便诞生了该书,也贯彻了其内心深处始终如一的信念——建立理性的王国。

2. [德]费希特:《费希特文集(全 5 卷)》,梁志学编译,北京:商务印书馆,2014年。该书共收录了作者在 1792—1813 年的诸多著作内容,有助于读者全面、系统了解作者的哲学思想、了解德国古典哲学精神,从而理解西方哲学由此跨进现当代的里程碑意义。由于费希特的体系是马克思主义哲学的思想来源之一,因此阅读该书能够进而从学术渊源角度对马克思主义哲学的诞生、发展形成一个历史高度的体系化认识。

3. [英]埃里克·霍布斯鲍姆:《民族与民族主义》,李金梅译,上海:上海人民出版社,2006 年。该书详细论述了民族与民族主义在欧洲近两百年历史中的种种表现及其内涵之演变,书中作者回避了对民族的概念和标准等问题的纠缠,而是着重于它们的变迁与转型,并借助于民族主义的研究来说明民族问题的复杂性。该书对了解民族与民族主义在世界范围内的发展演变状况具有很高的参考价值。

4.[美]本尼迪克特·安德森:《想像的共同体:民族主义的起源与散布》,吴叡人译,上海:上海人民出版社,2016年。该书是在20世纪末探讨"民族主义"的经典著作,影响所及几乎横贯所有人文与社会学科。作者将比较史、历史社会学、文本分析与人类学融于一体,提出一个解释民族与民族主义问题的具有哥白尼革命特质的新理论典范,将民族、民族属性与民族主义视为一种"特殊的文化的人造物"作为研究起点,而民族这种特殊的人造物就是"想象的共同体"。接着论证了民族主义是如何从美洲最先发生,然后再向欧洲、亚非等地逐步扩散的历史过程。

第五节　俾斯麦

1.[德]克里斯托弗·诺恩:《俾斯麦:一个普鲁士人和他的世纪》,陈晓莉译,北京:社会科学文献出版社,2018年。该书分别从普鲁士、德意志、欧洲三个层次的视角立体而全面地展现了"铁血宰相"俾斯麦的个人形象,尤其挖掘了不为人所知的一面。同时,作者也充分考虑历史表述主观性和史料局限性,在清晰梳理俾斯麦平凡生活的一面的基础上突出了这一部分与其所处时代之间的关系,将这位"帝国缔造者"深度嵌入19世纪的欧洲历史。

2.[德]威廉二世:《德皇威廉二世回忆录》,赵娟丽译,北京:华文出版社,2019年。该书撰写于作者一战战败退位、流亡荷兰之后,回顾了德意志统一、德意志帝国崛起、第一次世界大战、德意志革命、德意志帝国灭亡等重大历史事件,以及俾斯麦等关键人物。该书在字里行间不自觉透露出作者内心的真实想法,虽带有一定主观色彩,但读者能够从中了解到不少隐藏的历史细节,具有一定的参考价值。

3.[英]A.J.P.泰勒:《争夺欧洲霸权的斗争:1848—1918》,沈苏儒译,北京:商务印书馆,2019年。该书首版于1954年,一经问世受到西方史学界的重视与好评。作者以"势力均衡"为主题,评述第一次世界大战前七十年中欧洲英、法、德、奥、意、俄等国外交斗争与武装冲突;将这七十年视作欧洲作为世界中心的最后时期,也是欧洲"均势"的最后时期;认为随着一战的结束,世界格局巨变,欧洲的世界中心地位从此一去不返。

4.徐弃郁:《脆弱的崛起:大战略与德意志帝国的命运(修订版)》,北京:商务印书馆,2021年。长期以来,"统一的德国为何走向战争"一直是近代国际关系史研究中最具争议的问题。该书是中国学者在这一问题上拿出的第一本严肃的专著,也是迄今为止影响最大的专著之一。该书在充分发掘已有研究和原始外交档案的基础上,详细梳理了德国从统一到第一次世界大战的外交和政治军事政策。作者不同意部分西方学者关于该问题的解释框架,也对以往外交史研究中的部分学术观点提出了异议,发出了中国学者自己的声音。

第三章　　殖民扩张与全球性
国际体系的形成

✒ 本章案例导读

　　本章案例所涉主题为殖民扩张与全球性国际体系的形成,相应教学内容包括:美国的扩张与拉丁美洲、西方列强在非洲的殖民掠夺、亚洲的分化与东亚传统秩序解体等。

　　西方列强对非洲的殖民掠夺大约始于 15 世纪,从黑奴贸易到领土侵占,前后持续了三四百年。到了 19 世纪下半叶,随着资本主义发展到帝国主义阶段,各列强的殖民掠夺行径进入最为猖獗的时期。例如,英国殖民者代表人物**塞西尔·罗得斯**通过在非洲从事矿业积累起巨额财富,并以此为基础开展殖民扩张活动,也对非洲的国际秩序产生了影响。

　　从 18 世纪到 19 世纪,西方列强对亚洲各国的争夺是亚洲区域国际关系的主要内容。例如,中亚是俄、英主要角逐之地,该区域或被这两国吞并,或成为这两国所谓势力范围。克里米亚战争爆发前夕,马克思撰写过许多剖析国际时局的文章,深刻揭露了列强的殖民掠夺行径。在东亚,以中国为核心的传统国际秩序逐渐瓦解,日本沿着**福泽谕吉**提出的"脱亚入欧"道路,在明治维新后迅速崛起,分别取得中日甲午战争和日俄战争的胜利,从而跻身帝国主义列强之行列。日俄战争后,**维特伯爵**作为俄国代表与日本在美国进行和谈,签署了《朴次茅斯和约》,虽然在外交领域并不吃亏,但这场旨在争夺朝鲜半岛和中国东北的帝国主义战争,对俄国而言是一次前所未有的重创,使其政局更加动荡。在全球性殖民扩张的背景下,坐落于地球另一侧的美国羽翼渐丰后,抛出所谓门罗主义的政策,开始排挤其他列强在拉丁美洲的势力,并通过美西战争以及攫取巴拿马运河的控制权,逐步确立起自身在西半球的主导地位,这也预示着**阿尔弗雷德·马汉**的"海权论"在接下来的世界级战争中将得到进一步验证。总之,帝国主义时代的一个基本特征,是垄断资本统治的确立与瓜分世界,正如**列宁**指出的那样,资本主义向垄断资本主义阶段的过渡,即向金融资本的过渡,是同瓜分世界的斗争的尖锐化联系着的。

　　本章关键词:殖民主义;瓜分非洲;第二次柏林会议;1848 年革命;脱亚入欧;日俄战争;门罗主义;海军军备竞赛;帝国主义;第二次工业革命

第一节　塞西尔·罗得斯

一、本节案例导读

　　塞西尔·罗得斯(Cecil John Rhodes，1853—1902)，英国商人、政治家，南部非洲的开拓者。1870 年从英国移居南非投资金矿，成为世界黄金工业巨头。1881 年担任开普殖民地议会议员，鼓吹建立北起开罗南至开普的殖民帝国。1889 年成立英国南非公司，次年任开普殖民地总理，推进殖民扩张活动。1895 年，其占领的原马塔贝莱王国大片领土以其名字被命名为"罗得西亚"。《塞西尔·罗得斯传》由英国传记作家巴兹尔·威廉姆斯所撰写，因为作者本人也参与了 19 世纪末 20 世纪初南非的一些重要事务，所以该书的内容对于了解该时期英国在南非的殖民扩张活动具有较高参考价值。

二、案例资料阅读

［英］巴兹尔·威廉姆斯:《塞西尔·罗得斯传》，刘伟才译，上海:上海社会科学院出版社，2017 年，第 75—90 页。

第十章　特许公司

1887 年圣诞节期间，高级专员赫尔库勒斯·罗宾逊爵士正安逸地待在格拉汉姆斯顿，他要履行一些仪式性的责任，包括出席一个展会和庆祝维多利亚女王登基50 周年。活动照常进行着，有跳舞、宴会、赛马等。在赛马活动中，最引人注意的是一匹颇有获胜希望的马的所有权的变更，而庆祝活动本身的重要性似乎也可以从那些人发表的讲话中看出来。一批训练有素的助手和秘书随从凸显了高级专员的地位，也能保证活动顺利进行，并让大家都玩得开心。但是，刚从金伯利回来的罗得斯却打破了这场平顺欢乐的集会，跟他一起的是新任英属贝专纳兰殖民地行政长官西德尼·西帕德爵士。罗得斯没有去听演讲，也没有去参加舞会或者赛马，他忙着处理黄金和钻石业务上的事务。但是，他收到了从北方传来的消息，他觉得这个消息很重要，有必要暂时放下自己手中的工作去跟高级专员谈一谈。因为，他觉得必须马上采取措施才能保障英国向内陆扩张的机会和通道。赫尔库勒斯现在已经是一个充满爱国热情并与罗得斯有诚挚共鸣的人，他冒着危险以非常规的方式支持罗得斯这个年轻的钻石矿挖掘者对抗马肯兹，而马肯兹可是埃克塞特大厦那帮人的代表，也是得到英国政府和开普殖民地当局认可的办事人员。但是，罗宾逊毕竟只是一个要看英国国务大臣眼色行事的高级专员，他在南非所能动用的资源并不多。此前，罗宾逊的前任弗雷爵士已经因为支持未得到授权的冒险行动而受到了一次教训；而现在，罗宾逊所做的事更大，走得也更远，他把贝专纳兰拿到了手上。罗得斯像一阵风一样穿行在格拉汉姆斯顿，满脑子想着那些要进一步扩大势力影响范围的计划，并且马上就要决定采取行动。这种情况下的罗得斯一点儿都不受欢迎。但赫尔库勒斯爵士仍然是一个想办点儿事的人，并且他也喜欢和尊重罗得斯，因此他马上就去跟罗得斯会面了。

让罗得斯着急的消息来自他的朋友拉尔夫·威廉姆斯，这是罗得斯在沃伦远征期间结识的一个密友，也是罗得斯信任并向其委派与自己计划相关工作的一个人，当时是英国派驻比勒陀利亚机构的工作人员。威廉姆斯听说南非共和国正在和马塔贝莱兰国王洛本古拉（Lo Bengula）谈一项条约，而且这项条约有可能马上就要签署，甚至还可能已经签署完成。威廉姆斯带话给罗得斯说，如果这项条约得到批准，就意味着英国在贝专纳兰以北的拓展事业都会受到影响。这种情况非常严重，罗得斯一直认为，马塔贝莱兰及其依附地马绍纳兰（Mashonaland）是继贝专纳兰之后英国通往中部非洲湖区的第二站，而罗得斯所梦想的大帝国，正是要以中部非洲湖区为其归依。马塔贝莱兰和马绍纳兰还一直未被哪个欧洲国家控制，如果现在德兰士瓦获得成功，那么罗得斯的计划就可能成为泡影，他在贝专纳兰问题上耗费的所有心力、时间和金钱都将失去意义。为了避免发生这种灾难性的局面，罗得斯才紧急地来到格拉汉姆斯顿。

马塔贝莱人是祖鲁人的一个分支，他们在姆齐利卡策（Moselikatze）——祖鲁王恰卡手下的一位武装首领——的带领下脱离祖邦，当时差不多刚好也是布尔人离开开普敦开始大迁徙的时候。在受到巴苏陀人打击的情况下，马塔贝莱人蜂拥通过自由邦，然后越过瓦尔河进入德兰士瓦的西部，他们所过之地变成一片荒芜。在德兰士瓦，马塔贝莱人与迁徙而至的布尔人发生冲突。当时，克鲁格也在这群布尔人中。1887年，克鲁格对洛本古拉国王的代表说，对于那场遭遇我不会胡说八道，"因为我自己当时就在场，尽管那时我还很小，但我已经会用枪射击。波特吉特（Potgieter）是我们的头儿。我们那时遭遇了两次，最终姆齐利卡策退走了"。在被布尔人击败后，姆齐利卡策就带着他那群野蛮的战士渡过林波波河，进入了贝专纳兰以北更广大的草原，不久又将马科洛洛人（Makololo）和马绍纳人（Mashona）变为臣属者，从而就在赞比西以南缔造出一个庞大的国家。1868年，姆齐利卡策去世，洛本古拉继位，他跟他父亲一样，也是一个专制而嗜血的君主。马塔贝莱组织的唯一目标就是战争。部落的年轻男子每天吃的都是牛肉，而那些在孩提时期就从被征服者那里掳来的男子也是如此，这种单一的进食安排可以淘汰那些易发腹泻痢疾的柔弱者，而能坚持下去的就都是些坚强暴烈之人。时机成熟时，这些人就会被编入军队，部落的所有男子都属于军队。在军队里，他们要遵守严格的纪律，长到35岁并且必须在战斗中流过血的人才可以结婚。因此，单就为了能结婚这一项，这些人也必须要不断地开展袭击。袭击周边部落的牛栏是每年都要进行的事。定期的战舞表演也会激起这些人的好战性。战舞表演由不同编组的士兵参与，他们穿着绚丽浮夸的服饰，有恐怖惊人的马衣，有鸵鸟毛做成的装饰和披肩，有缠在额头上的水獭皮带，有环绕在胳膊和腿上的牛尾，还有野猫皮做的短裙。1879年，祖鲁王国的军事力量被摧毁后，马塔贝莱人就成了南部非洲最可怕的军事力量。但与布尔人发生冲突以来，他们始终无法消灭欧洲人。不论是姆齐利卡策还是洛本古拉，都坚定地维护自己的权力，拒绝欧洲人通过他们的地界，当然他们也会对一些他们愿意接纳的人表示友好。伟大的传教士莫法特就被允许在因亚提（Inyati）建立了一座传教站，猎人巴恩斯、哈特利、维尔强（Viljoen）和塞卢斯也经常能受到很好的接待。还有少量商人，他们也被允许在王家牛栏附近开设商店。

德兰士瓦人一直垂涎洛本古拉的土地。1868年，塔提发现金矿后，比勒陀利乌斯总统就宣布其受德兰士瓦管辖，但由于菲利普·伍德豪斯爵士（Sir Philip Wodehouse）的抗议，比勒陀利乌斯没有进一步采取行动。马朱巴之战后，朱伯特写信给洛本古拉，敦促他与布尔人而不是与英国人站在一起，因为"英国人一旦把你的土地拿到手上,那么他们就会像抓了满手的南瓜子一样,你不把他们打死他们就不会离开"。在随后的几年里,布尔人组织了多个团队,想要向马塔贝莱兰或者马绍纳兰迁徙,但克鲁格却并不看好这种向北扩张的政策。自从在贝专纳兰遭遇挫折后,克鲁格就把主要目标集中在获取位于德兰士瓦东面的斯威士兰上,从这里可以出海,他想给自己的国家弄一个可由自己控制的港口,他不想因为北方土地的问题而跟英国争吵,从而使问题复杂化。但即便是克鲁格,有时也得向公众舆论屈服。1887年,克鲁格派遣格罗布勒(Grobler)去与洛本古拉谈判实施保护的条约。7月,格罗布勒似乎确定无疑地拿到了一份文件,里面规定德兰士瓦可以对居住在马塔贝莱兰的布尔人享有广泛的权利,并向国王牛栏派驻一个代表。实际上,当拉尔夫·威廉姆斯送信给罗得斯时,格罗布勒还只是刚刚接受担当派驻牛栏代表的任务。洛本古拉到底怎么看待这个保护条约,当时还很难说清,也许他认为这只是重申一下友好而已。但不管怎样,德兰士瓦人却想着要比字面上看来更深远的内涵。罗得斯收到从比勒陀利亚发出的密信,信中说,德兰士瓦已经获得权力,可以决定在马塔贝莱兰的欧洲人的土地租让事宜。

罗得斯将他掌握的信息和证据交给在格拉汉姆斯顿的高级专员,敦促他要不惜一切代价阻止洛本古拉的国家被德兰士瓦控制。当时必须立即采取行动,否则就太晚了,因为格罗布勒已经在路上,一旦他在洛本古拉的王庭确立影响,那么就很难把他弄走。赫尔库勒斯爵士也意识到危险,但罗得斯似乎太急了些,如果不经母国同意就采取行动的话,那风险就太大了。但罗得斯已经下定决心,就像巴纳托说的那样,"他会把你绑在一起"。所以,高级专员就被罗得斯绑上了。6年后的某一天,罗得斯在开普敦讲话时以不无得意的语气谈到了他如何说服赫尔库勒斯爵士。尽管他讲的不是关于马塔贝莱兰的这次,但其实套路也差不多,因为罗得斯总是在这样做,其方法变化不大。贝专纳兰保住后,罗得斯说:"我记得很清楚,在我跟前高级专员交谈时,他认为事情已经办好了,他说:'好了,我觉得这就够了。'我就说:'来,跟我一起去看看桌山的堡垒。'我用这种方式让他有所感触,然后我说:'200年前,那些善良的老人认为桌山的堡垒就是他们步履所及的边界,但现在我们看看他们到哪里了?我们又在哪里?我们已经越过了瓦尔河,如果那些人复生,他们还会只想着他们的堡垒吗?'紧接着,我又说:'先生,在您作为英王陛下派驻本殖民地高级专员这段有限的时间里,您有没有想过,您做过些什么?我们现在是在南纬22度。'高级专员很风趣地回答:'那你是什么意思呢,你想要搞多少麻烦呢,你想要在什么地方停下?'我回答说:'我将在再没有地方可扩张时停下来。'高级专员就说了:'好吧,那我们来看一下地图。'然后我就指给他看,我们至少得到坦噶尼喀的南部边界。高级专员对此有点儿不适应。我说,大国都在家里看地图,但却不做什么事,那么,'就让我们做些事吧,重新标注地图'。赫尔库勒斯·罗宾逊爵士听了,就说:'好吧,我想以赞比西河作边界就可以了,这样你应该满意吧!'我回答说:'让我们扯一张纸,量一下从开普的堡垒到瓦尔河的距离,这还只是些分散的人完成的工作。然后我们再来量一下您在任时边界的变化,接着再来看看我设想所及的地方。'我们扯了一张纸,一道道地测量自荷兰人占领开普至今所做的扩张。我们量了高级专员在任时北方边界的变化,又量起了我觉得要抵达的远方。然后高级专员就一边走开一边扔下一句话:'随你的便吧。'"

靠着这种简单的、孩子似的坚持,罗得斯说服了赫尔库勒斯爵士。当然,其中也有西帕德的辅助功劳,他是罗得斯理念的一个不错的支持者。在节礼日(Boxing Day)的时候,罗得斯授权西帕德写一封信给助理专员 J. S. 莫法特(J. S. Moffat),然后西帕德就启程去拜访洛本古拉,希望搞清楚他跟德兰士瓦谈判的事情,并尽可能说服国王签署一个承认英国独占性影响的条约。罗得斯则回过头去处理在金伯利的事务。一名信差在得到加急指示的情况下急行 700 英里,要在 1 月底前把信送到小莫法特手上。这位小莫法特是利文斯顿的岳父的儿子,他的父亲在姆齐利卡策时代在因亚提建立传教站,就处理与洛本古拉相关的事务而言,他可以说是一个非常好的代理人,因为他跟洛本古拉相熟,并且深得洛本古拉信任。小莫法特在私底下施加影响,一夜之间就促使国王表态德兰士瓦无权干涉他的国家,并且他也无意接受格罗布勒为代表。1888 年 2 月 11 日,在小莫法特的推动下,洛本古拉签下了愿与女王建立持久友好关系的条约,但洛本古拉明确这不涉及任何领土问题,同时他也承诺在未得高级专员同意的情况下不会与其他方面签订条约。

在所谓的"帝国因素"的影响下,罗得斯获得了对马塔贝莱兰事务施加影响的机会。他的下一步行动就是要使机会变成现实。在这方面,开普殖民地和英国政府都不愿意提供进一步的支持。开普殖民地当时连贝专纳兰都还没完全消化,而高级专员已经差不多触及自己的职权界限。这样一来,就只能靠自己组织力量。罗得斯决定组织一个私人集团来开展行动,如果能拿到政府的特许那就更好了。罗得斯可以拿历史上曾出现过的一长串特许公司来作模板。从都铎王朝时期开始,就有单以贸易为目的的利凡特(Levant)公司和俄罗斯公司,有发展对非贸易的伦敦冒险家公司(the Company of Adventures of London),有拥有领地和行政管辖权的哈德逊湾(Hudson's Bay)公司和东印度公司。这些古老的商业集团现在要么已经消失,要么已经失去了它们的特权,但特许公司这种模式却历久弥新。1881年出现了英国北博尔诺公司(British North Borneo Company),1886 年诞生了皇家尼日尔公司(Royal Niger Company),与此同时还成立了由威廉·麦金农爵士(Sir William Mackinnon)领衔的英帝国东非公司(Imperial British East Africa

Company），它在不久后也获得了皇家特许状。在非洲土地的价值仍不太为人们所知并且很多地方还没有被完全瓜分的时候，成立准官方的公司来开展活动被认为是有利且有效的。如果公司的效益好，那么国家就可以从中拿些东西；如果公司收益不大，那么它就得自己去面对问题，政府也不需要承担什么责任。另一方面，私人企业也容易被可能存在的高额利润所诱惑。罗得斯觉得可以效仿这些公司，并决定去新的国度展开冒险投机，同时也力求要一张皇家特许状来作保障。罗得斯的主要目标是尽可能地让更多的非洲土地被纳入英国文明的轨道，对他来说这是世界之大幸。但是要获得追随同情者，可不能只靠这个看起来有点儿空的大想法来打动人。如罗得斯所说："单纯的人道主义没有什么不好，但是再加上5％的利益的话就更好了。"兰德黄金的发现已经让公众相信在洛本古拉的国度也可以找到黄金，尽管探查者带回来的报告仍众说纷纭。所以，说到底，黄金就是吸引公众支持他的北扩计划的诱饵。1888年初，罗得斯已经作好了所有的准备，金矿公司建立了，钻石矿的合并也行将完成。也就是说，罗得斯不用担心钱的问题，只要着手开始行动就行了。

从格拉汉姆斯顿回来后，甚至还在小莫法特的条约签订之前，罗得斯就和拜特安排了一位叫弗莱（Fry）的商人去向洛本古拉求取金矿租让权。但弗莱病倒了，并没有做成什么事。罗得斯又马上赶回英国，然后他听说出现了更强大的对手。两个有多方力量参与的公司——贝专纳兰勘探公司（the Bechuanaland Exploration Company）和开发公司（the Exploring Company）——正在形成，意在获取和开发利用保护地和马塔贝莱兰的金矿租让权，而公司的主推者已经向殖民部报告了他们的计划。罗得斯也去找了克纳茨福德勋爵（Lord Knutsford），勋爵并没有给他什么承诺，但似乎对罗得斯的主意很感兴趣。随后，罗得斯马上赶回南非，他打定主意要采取更大规模的行动。但要再派人去跟洛本古拉交涉时，罗得斯却发现一时难以找到合适的人。但最后，他还是选定了几个人，首先是拉德，跟了他16年的伙伴；然后是汤普森（F. R. Thompson），金伯利土著劳工集体宿舍的管理者，从12岁开始就学习和研究土著的语言和习惯；最后一个是马古雷，罗得斯的牛津老友，"全灵会"（All Souls）的会员。拉德的儿子，是一个高大英俊的年轻人，受到土著的尊敬，也跟他父亲一起。在物资和装备方面，罗得斯毫不吝惜；此外，还有一群卡菲尔人的赶车人和随从，他们都由罗得斯的私人仆人威廉指挥。这一队人中，没有一个人以前去过马塔贝莱兰，但有两个人会说马塔贝莱人的语言，而马古雷则有牛津人的风范，那就是绝不会被困难和艰苦吓倒。代表团经过了精心的安排和计算，一意要给马塔贝莱国王和他的廷臣们以深刻印象，以让他们明白罗得斯的重要性。

1888年下半年，拉德、马古雷和汤普森抵达了洛本古拉国王的主牛栏所在地布拉瓦约(Bulawayo)。在此之前,他们还送了一封信给国王以表明来意。洛本古拉有令人印象深刻的个性,并对欧洲人有相当大的吸引力。西德尼·西帕德爵士也在这一年访问过洛本古拉,他描述了洛本古拉从王家牛车里出来时的情形:"我在国王牛车附近的座位坐下来后不久,牛车的帘子被拉开,国王出现了,他沉稳地踏上前车厢,然后坐在驾车者座位前面的板上。除了围在身体上的一条蓝黑色长布和一块猴子皮做的小围裙外,他几乎全身赤裸,没有什么隐藏。他长得很高……并且非常粗壮,但一点儿都不憨笨……他的皮肤呈古铜色,他显然很关心自己的外表,收拾得很干净。在他的前额上,还有一个皮环。总体上来说,他是一个看起来非常不错的人,尽管有点儿大腹便便的样子。像所有马塔贝莱战士一样,他看不起弯腰的姿态,他总是站直了身板,把头往后仰,把胸挺高,安静地走路。在慢速前行时,会有一大群人跟在他的右手边,同时周围所有的人都高声向他致敬欢呼,而他则会满意地对他们扫几眼。"与相对更文明的国度的专制君主一样,洛本古拉不得不努力保证自己的统治,尽可能地满足人民的愿望。他花费很多时间去将自己包装成一个造雨者,尽管他并不像他的战士们那样好战,但他还是无法抵抗那些人总是要袭击马绍纳人或其他族群的要求。他对他了解的欧洲人很友好,总会热情地招待他们,但特别烦那些来寻求租让权的人。他曾对高级专员谈起这些人,说他们"没有我的允许就像狼一样来到这里,想方设法找路子进入我的国家"。他手下的很多年轻战士时刻准备着要流血,要阻止这些入侵者,但他有很强的政治嗅觉,知道这会给自己的国家带来致命的影响。如果没有这些麻烦,他可能对一般的进入者都很慷慨,就像一个国王应该表现的那样。

当拉德和他的朋友们抵达时,他们发现已经有不少欧洲人在他们之前先到了。其中,最有影响的是传教士赫尔姆(Helm),他一般会在重要的谈判中担当翻译,颇受国王信任。费尔拜恩(Fairbairn)和乌瑟尔(Usher)是两个常驻在那里的商人,也是有特权的人,被认为是马塔贝莱部落的成员。费尔拜恩还是国王象印(great elephant seal)的保管人,如果不盖象印,任何条约和租让协议都属无效。另外一个在马塔贝莱兰待了很长时间的人,叫山姆·爱德华兹(Sam Edwards),他有在塔提地区采矿的权利,并有权制定维护和平和秩序的法规。这些人,利用他们与国王的关系和享有的特权获得了很多利益,他们可不希望别人进入他们控制的地盘。还有两伙敌对的人在较劲,一边是伍德(Wood)、弗朗西斯(Francis)和夏普曼(Chapman),另一边则是约翰逊(Johnson)和希尼(Heany)。两伙人都在要求矿权,而矿权所在地处在洛本古拉和卡马有争议的地方,他们从这两个人手中都拿到过某种形式的授权。马翁德(Maund),已经在布拉瓦约获得了具有优势的地位,他在那里代表开发公司,像罗得斯一样也在寻求获得更广泛的权力;菲利普斯

(Phillips)、李斯克（Leask）和塔恩顿（Tainton）也在寻求租让权；此外还有一些布尔人和德国人，他们都急不可耐地等在那里，随时准备出击。除了这么多对手之外，小莫法特和西帕德是一方，格罗布勒在另一方，两边也在奋力地要将自己的国家推到一个优势的地位上去。与此同时，一个来自布隆方丹的英国人主教和一个德国公爵，正在马绍纳兰寻找地方建立传教站。此刻的洛本古拉特别焦心，既怕处理不好和这些欧洲人的关系，又担心手下的战士们会弄出冲突。格罗布勒，这个德兰士瓦的代表，是第一个退出者，因为他在经过贝专纳兰时被卡马的人杀死了，卡马一直因为一次失败的马匹交易而深恨此人。但是剩下的对手仍有很多很多，这些人很有可能会把马塔贝莱兰推向一个混乱的深渊。洛本古拉被说服要转让一些土地权，既要给布尔人一些，也要给英国人一些，这两拨人正在争吵，这些争吵已经让马塔贝莱兰陷入对立和骚动。但是，洛本古拉还是冷静地饮着这些人带过来的香槟，不置可否。而这个时候，罗得斯已经说服赫尔库勒斯爵士，要么宣布建立保护国，要么设立一个强有力的公司来搜罗垄断所有的租让权。

　　在试图获得独占权的斗争中，罗得斯的代表得到了多方面的间接支持，除了西帕德和小莫法特外，还有高级专员。然而，事情办起来并不轻松。在三个多月的时间里，拉德等人能做的就是等，等洛本古拉高兴的时候，因为如果他不高兴的话，他手下的年轻战士们就有可能动武杀人。如果拉德他们洗澡或者刷牙，那么马塔贝莱人就会认为他们是在对水施巫术。而不管怎样，他们总是难免会触犯土著的一些风俗习惯。一旦他们被警告说小心被打击，那么他们就可能得准备丢掉性命。然而，洛本古拉总是努力地保护他们。最终，经过一场持续两天的要人会议后，洛本古拉在 1888 年 10 月 30 日同意授出租让权。但是，文件还需要签署，尽管洛本古拉是认为自己说一句话就够了。不管怎样，洛本古拉本人的标记和像章都得用上，这样给拉德他们的文件才是有效的。这份文件声称会给相应的受让人对马塔贝莱兰王国、领地和藩属地的金属和矿产的独占权，并享有相应的收益。此外，协议还规定洛本古拉应将所有其他的人排除出权益范围之外。实际上，洛本古拉也确实是被这些在自己领地上无所不用其极地进行钻营的人搞得筋疲力尽。作为回报，权益受让人应每月向洛本古拉国王支付 100 英镑，并一次性向国王提供 1000 支步枪、100000 套弹药、1 艘可在赞比西河上航行的武装艇。罗得斯对此感到高兴，他写信给拉德说："一样的，就跟斯坦利在上刚果地区做的一样！"

　　罗得斯非常艰难地获得了租让权斗争的胜利，他指示拉德一旦完成收尾工作就马上把相关文件带回来。拉德从洛本古拉那儿获得可以离开的允许后，就以最友好的方式向他告别，给了他一大桶啤酒，并答应下次把"大哥罗得斯"带过来见他。但是在跟一个卡菲尔驾车人通过贝专纳沙漠时，拉德发现他预计经过路线上的水井干涸得厉害,他不得不放弃马匹,以尽可能省水的方式徒步行进。最后,他还是被干渴所压倒,差点死掉。但在晕倒前,他将珍贵的租让协议文件藏入一个蚁丘洞。在这种危急情况下,一些好心的贝专纳人发现了他,给他水,让他活了过来。随后,他被西德尼·西帕德的人接到,然后取走藏在蚁丘洞中的文件,最终安全地回到了金伯利。

在获得租让协议后的一年多时间里,罗得斯忙于开展工作,要让事情尽快落定。他最大的担心是洛本古拉,他知道还会有人做洛本古拉的工作,而洛本古拉就有可能在某种压力之下收回给罗得斯的承诺,转而把租让权给其他人。因此,他对拉德说:"如果我们获得了什么东西,那么我们就得有个人在那里盯着,否则的话他们会把事情搞砸。"他一再叮嘱说:"绝不能造成我们不存在的真空状态!"因此,在拉德离开后,汤普森和马古雷留了下来。开始时,这两个人还能维持影响。他们说服洛本古拉向公众宣示租让权已经授出,这样就能让其他人都死心了。1888 年底,马古雷受洛本古拉之命,指挥一支武装队伍对哈加德和奥地利非洲公司(Austral Africa Company)的人实施警告驱逐,这些人也是准备要拿租让权的。但自 1889 年年初,事情又出现了变化,马翁德开始受到洛本古拉的青睐,重新占据了优势地位。洛本古拉又发布了另一项公告,宣称并未将全部的采矿权都授予拉德。同时,在马翁德的运作下,洛本古拉组织了一个代表团去英国,马翁德声称可以直接与"伟大的白人女王"(the great white queen)接洽。最终,罗得斯出面搞定了马翁德和开发公司,但麻烦并没有结束。像章保管人费尔拜恩对洛本古拉施加影响,以洛本古拉的名义致信英国殖民部,称他因理解错误而签署了拉德租让协议。但是罗得斯还是有办法。詹姆森当时正在马塔贝莱兰狩猎,他正在治疗洛本古拉的痛风病,治疗的情况很好,因此洛本古拉对他很感激。因此,詹姆森也可做些工作。詹姆森和金伯利的另一名医生被派去见洛本古拉,看是否能说服他。当时,两个人是获得了成功。但詹姆森两人一走,洛本古拉就又改变了主意。到了这个时候,洛本古拉这样做已经不是因为那些失望的商人和投机者了,他已经感觉到自己签署的租让协议的严重性,他害怕手下的战士会爆发,推动他去做一些事。他声称他错签了协议,要求把原始文本拿回来重新进行确认。他写信给英女王说:"白人一直拿采金的事烦我。如果有人跟女王说,我把整个国家都交出去了,那么您要知道,事情并非如此。我并不了解争议所在,因为我并不会写字。"而对于手下那些不满的大臣和战士,洛本古拉就把他的一名叫洛茨(Lotchi)的顾问推出来做替罪羊,他说是洛茨蒙骗了他,诱使他签了文件。当时,洛茨绝望地走出王庭,开始作赴死的准备,他还要他的追随者马上逃走,并对传教士赫尔姆说:"我是一个死人了。"很快,洛茨就得到了这个结局。一队王家武士来到洛茨的牛栏,带走了年幼的孩子和牛,杀死了洛茨和所有其他未逃走的人。在这种情况下,马古雷和汤普森也开始面临威胁,尽管洛本古拉国王还在尽力保护他们,但他们实际上已经成了人质。1889年4月,马古雷逃了出去;约一个月后,汤普森也逃走了。这样,罗得斯所说的没人盯事的真空状态就出现了。但到了这个时候,事情的中心已经从洛本古拉的牛栏转到了开普敦、伦敦和其他罗得斯可以掌控的地方。

罗得斯对洛本古拉的政策很简单,就像对钻石矿区的对手那样:尽可能地达成协议,然后努力斗争,让协议实现。后来罗得斯曾说起,他将马塔贝莱兰拿到手上的最大困难在于解决那些反对他的权利声索者,因为一些人确实得到过洛本古拉的某些权利转让承诺或者协议,一如罗得斯得到的那样。其中,有一个人,他从来未离开过英格兰,但他却要求罗得斯给予补偿,因为罗得斯把租让权拿到后,他就没法去实施自己寻求采矿许可的计划了。罗得斯没有理这个人,但他确实给了其他一些人以补偿。当他听说马古雷曾带着武士威胁过哈加德等人后,就担心这些人会在舆论上对他不利,因此提出要补偿他们。有至少十来个拿到过某种形式的租让承诺或协议的人得到了罗得斯的金钱偿付,然后他们就放弃了自己的权利,或者将其转让给罗得斯,而罗得斯并没有去追究这些东西是否真的有效。因为这样一桩事,有很大一帮南非人在后来很长一段时间里每年都可以获得一笔600英镑的收入。真正让罗得斯感到过威胁的是贝专纳兰勘探公司和开发公司。这两家公司1888年夏在殖民部进行了申诉,次年1月,两公司的主脑——乔治·考斯顿(Mr. George Cawston)和吉福德勋爵(Lord Gifford)——明确提出,两家公司应被授予特许状,可在卡马和洛本古拉的土地上开矿,并建设通往赞比西河的铁路。罗得斯也是这样的想法,只不过做这些事的应该是他的德比尔斯和金矿公司,这两家公司的资本高达1300万英镑,而考斯顿和吉福德的却只有可怜的5万英镑。贝专纳兰勘探公司和开发公司在南非的代表很快也得出同样的结论,即他们公司的资本显然是不足的。其中一位代表是查尔斯·梅特卡尔夫爵士,他是一名工程师,也是罗得斯的一位老朋友,他受派去调查铁路规划线路,但他到金伯利后,发现没有罗得斯的帮忙就什么事都干不成。另一名代表是马翁德,他在洛本古拉的牛栏扮演了非常重要而成功的角色,但在金伯利跟罗得斯接触后,他开始有一些疑虑,尽管他当时仍带着马塔贝莱的大臣去了英国。罗得斯对马翁德说,如果要进行竞争,钱对他来说显然不是问题,但他更希望和解。马翁德手握一些重要的信件和文件,当时并没有给罗得斯正面回应。不久后,罗得斯也回到英国,他寻求进行谈判,并安排申请特许状的问题。他说:"如果我不立即去伦敦解决问题,那么我们的敌人就会打倒我们。我们获得的租让权涉及的东西非常大,就像把整个澳大利亚给一个人那样,而我们的对手还有很多。"

1889 年 3 月,罗得斯抵达英格兰,此行他带着两个任务:一是处理与对手的竞争和争议问题;二是说服英国政府和公众同意由他设立一个特许公司来管理和开发非洲内陆地区。第一个任务相对来说要简单些。罗得斯和考斯顿都向殖民部提出了自己的诉求和方案。罗伯特·赫伯特爵士(SirRobert Herbert)暗示二者联合将更能达成目标,两人立即表示同意。在罗得斯抵英几天内,合并条款问题就解决了。开发公司可在拉德租让协议所代表的权益中拥有一股,该权益由罗得斯、拜特、金矿公司以及另外几个人拥有,同时罗得斯和拜特加入开发公司的董事会。新获土地开发和修建铁路所需的资金由拉德租让协议开发财团提供,各方首先组成了"中部探查协会"(the Central Search Association),然后贝专纳兰勘探公司和其他利益方也被吸收进来,最终形成"联合租让地开发有限公司"(the United Concessions Company, Limited)。这样,当时直至赞比西河的南部非洲所有未开发地区的各种合法利益集团都被整合进了一家公司。

但是,在政界的工作却不是很顺利。罗得斯的老对手马肯兹这时也回到了英国,他敦促政府不要将在南部非洲的权力进行分割,应掌控一切。马肯兹还念念不忘贝专纳兰殖民地被转给开普殖民地的事,而现在他更反对将贝专纳兰保护地或者马塔贝莱兰的行政权或者商业垄断授予某个公司。在土著人保护协会(the Aborigines Protection Society)和伦敦商业委员会(London Chamber of Commerce)的支持下,他向克纳茨福德勋爵提交了一份备忘录,指出英国政府直接控制是对土著工作的唯一保证,而金伯利的种种问题正是某个强大公司邪恶作为的结果。更具影响力的是由一些知名议员和人士组成的南非委员会,这些人中有弗维尔·巴克斯顿爵士、阿尔伯特·格雷(Albert Grey)〔后来的格雷伯爵(Earl Grey)〕、法夫公爵(the Duke of Fife)、艾福林·阿什利(Evelyn Ashley)、阿诺德·福斯特和约瑟夫·张伯伦(Joseph Chamberlain)等。委员会当时发出一份通告,指责将租让权给拉德,称这个开普移民者得到了开普当局某些人非常重要的支持,这样的投机者居然要独吞南部非洲最有价值的土地。布拉德拉夫(Bradlaugh)、拉伯歇雷和众议院其他自由主义者质问高级专员向罗得斯提供便利的问题,而作为回报向洛本古拉提供的武器和弹药也饱受诟病。在南非,布隆方丹主教和其他一些人早就严厉谴责过这种向黑人提供武器的行为,而他们的抗议也在议会里被提起讨论。英国政府起初也对这点表示不满,但后来勉强接受了一些教会人士的解释,这一解释由小莫法特主导给出并得到高级专员的支持,他们认为枪支在土著人手上能产生的有效性和杀伤力实际上要小于铁矛。罗得斯也努力开展工作,分化了很多反对力量,他以帝国发展的名义来寻求支持——尽管他此前对帝国有过负面的言论,并且还跟阿非利坎人站在一起。《泰晤士报》坚持认为,阿非利坎人协会是一个极端主义者组成的组织,这些人要求断绝与英国的一切联系。因此,报纸对罗得斯提出警告说:现在你发了财,看来要表现得更加爱国才行。

尽管有那么多强大的敌人,但罗得斯仍逐步赢得了一些有影响力的朋友。无疑,他当时能比较容易地从支持南非联邦的人那里获得支持,他要靠这些人来支持相关政策。但是,罗得斯并不想从这个角度入手来开展工作。在南非,罗得斯既寻求荷兰人支持,也希望得到英国人的认可。在英国时也是如此,罗得斯希望各方都能接受他,他也会努力抚平各种反对力量。在有些问题上,激进主义者要比保守主义者更好对付。斯特德和迪尔克(Dilke)等对那些激进主义者颇有影响,这些人都乐意关注殖民事务。尽管格拉斯顿个人总是对罗得斯心存疑虑,但他也逐渐意识到罗得斯是一个了不起的政治家。罗得斯也寻求从查尔斯·米尔斯爵士(Sir Charles Mills)那里获得支持,米尔斯是英国政府驻开普的代表,他把罗得斯引介给斯特德,斯特德当时是一名有影响力的记者。斯特德最开始并不愿意跟罗得斯接触,因为他站在马肯兹一边,对罗得斯的理念并不是很了解,对他的言行也不是很认同。但在与罗得斯长谈后,他发现罗得斯正是自己长期以来所寻找的一个践行能力非常强的人,而罗得斯也在早前的一篇专栏文章中看到斯特德关于帝国扩张的表述,他觉得二人不谋而合。就这样,两个看起来永远不会走在一起的人结成了紧密的同盟,而即便他们日后在政治上分道扬镳,但友谊仍然保存了下来。罗得斯向斯特德吐露了自己的梦想和计划,并提出要斯特德帮助自己来实施,而斯特德也开始热切地为罗得斯在媒体上做宣传和解释工作。很快,英国公众开始意识到罗得斯原来是大英帝国的一个忠实拥趸和实践者。米尔斯又把罗得斯介绍给迪尔克。迪尔克虽然并没有像斯特德那样瞬间被罗得斯点燃激情,但也对罗得斯关于南非发展和大英帝国政治的理解和眼光印象深刻。大约在同一时期,罗得斯结识了罗斯柴尔德的女婿罗斯贝里勋爵,他很快就将罗斯贝里视作英国政治家中最能理解自己伟大梦想的人。

爱尔兰的一帮人也支持罗得斯,这些人要么是给予极大的支持,要么就是会造成极大的阻碍。1887年时,罗得斯与斯威夫特·姆内尔(Mr. Swift MNeil)一道去南非,他对姆内尔表达了他对爱尔兰实施地方自治(Home Rule)的认同。他在开普敦主持了一次集会,并向爱尔兰人提供了10000英镑的捐款。第二年,在与帕内尔(Parnell)的会谈和通信中,罗得斯明确地表明了自己的立场,并提出了他提供支持的条件。罗得斯对于爱尔兰地方自治的兴趣在于,他喜欢那种帝国联邦的形式,他曾坦白地对帕内尔说:"我相信爱尔兰地方自治最终将导向帝国各地的地方自治。"罗得斯对于地方自治的理解超越了格拉斯顿,他不相信英国可以用直接的形式有效维护爱尔兰的司法和治安秩序,也不认为有必要维持爱尔兰的财政依赖。

罗得斯认为,应在对爱尔兰人绝对信任的基础上给予其完整的自治,就像英国的那些自治领一样。但是罗得斯仍坚持一点,那就是爱尔兰人还是得留在威斯敏斯特。格拉斯顿政府在 1886 年通过的法规中将爱尔兰人排除出议会,罗得斯认为这是一个非常致命的失策,他觉得让自治的爱尔兰保留在威斯敏斯特的代表权会是一个好的先例,以后各自治殖民地可以据此而行。实际上,对于罗得斯来说,地方自治的主要意义在于它可能是建立联合帝国框架下帝国议会的第一步。罗得斯称帕内尔是他所见的最兼具理智和感性的人,帕内尔同意罗得斯提出的条件:爱尔兰党将来不会反对爱尔兰在威斯敏斯特行使代表权,同意支持将类似的特权授予所有在防务上襄助帝国的殖民地。与爱尔兰人结交的一个好处是使罗得斯可以在议会中找到其南部非洲政策的支持者,同时他还得到了让自己的朋友马古雷获得席位的机会,而马古雷正是罗得斯理念和主张的宣扬者。无疑,罗得斯并不会忘记从帕内尔那里要求回报,但是他对爱尔兰人的支持也确实是出于他内心的确信。两年后,罗得斯和帕内尔发生了一些矛盾,但这并不妨碍他继续支持爱尔兰人的一些诉求,他也再次承诺会支持爱尔兰人的议会代表权问题。

罗得斯还需要获得更多的支持,因为当时索尔兹伯里勋爵(Lord Salisbury)领导的政府对罗得斯的计划和在非洲进一步扩张并不特别热心。政府确实接受了小莫法特促成的条约,并拒斥了来自德兰士瓦和德国的抗议,但在 1888 年 6 月时,政府似乎非常倾向于承认葡萄牙所称的可占有从西海岸的安哥拉到东海岸的莫桑比克之间的广大土地的诉求。如果这样的话,罗得斯就不能推行他那将赞比西河以北的巴罗策兰(Barotseland)中部和尼亚萨兰纳入英国控制的计划了。拉德租让协议最开始时遭到冷待,女王给洛本古拉的回信建议他审慎对待一切可能授出的租让协议,在任何情况下都应"只给一头牛,而不是整个牛群"。议会领袖 W. H. 史密斯(W. H. Smith)在讲话中甚至宣称不应将贝专纳兰殖民地移交给开普,而特许状更是不能随便授予。然而,来自各方面的压力也推动着政府改变态度。开普政府要保证自由进入中部非洲的权利,它抗议英国政府向葡萄牙妥协,赫尔库勒斯·罗宾逊爵士对 W. H. 史密斯在议会中的讲话和马肯兹所提交的备忘录非常不满,他愤怒地指责这些英格兰水平业余的麻烦制造者和考虑不周全的顾问人士。罗宾逊对罗得斯的支持并没有得到认可,但无疑还是对政府产生很大的影响。他就斯威士兰的混乱形势和王室殖民地的种种问题进行了非常悲观的描述,而贝专纳兰殖民地的情况则更严重,在那里要维持一套体面的行政体系的话,就得跟财政部闹出很多纠葛。随后,他得出结论说,要在洛本古拉的土地上避免这样的问题,唯一的法子就是成立一个强有力的特许公司。

罗宾逊的这些建议得到了罗得斯一些有影响的支持者的赞同,他们推动克纳茨福德勋爵和政府转向罗得斯。1889 年 4 月 30 日,由吉福德勋爵代表开发公司,由罗得斯、拉德和拜特代表南非金矿公司,两方联合申请特许状,以成立公司执行如下计划:

(1) 将铁路和电报线路北延至赞比西;

(2) 鼓励移民和殖民化;

(3) 促进贸易和商业;

(4) 在一个强有力组织的领导下开发矿产和其他特许协议容许的资源,以避免竞争利益方之间的冲突。

克纳茨福德勋爵将申请提交给索尔兹伯里勋爵,并指出这样做的话可以让英国政府节省很多钱,而不是像英属贝专纳兰那样需要那么多投入;而且,控制一个特许公司要比控制一家联合股份公司更加容易。索尔兹伯里勋爵个人仍认为这些事应属于政府职权范围,但也承认众议院肯定不会愿意拨款,因此他乐于支持罗得斯他们的申请。罗得斯及其伙伴受命先起草一份特许状,他们还得到建议,要将一些具有社会和政治影响的人纳入公司的董事会,这样就能使公司在英国获得更多的尊重,光靠罗得斯、拜特、考斯顿、吉福德这些人是不够的,因为这几个人都更多地与南非而不是英国有关。罗得斯心领神会,他马上咨询自己的朋友尤安·史密斯上校(Colonel Euan Smith),看应该选哪些人。史密斯上校建议让金伯利的贝尔福勋爵(Lord Balfour)担任主席,但他与政府的联系并不密切。因此,罗得斯就去说服阿伯康公爵(Duke of Abercorn)接受这个职位,威尔士亲王的女婿法夫公爵也同意加入董事会——此前法夫还是拉德租让协议的反对者。格雷最初几乎不认识罗得斯,他首先与索尔兹伯里勋爵进行了接触,他也像索尔兹伯里一样倾向于由政府采取行动,但索尔兹伯里向格雷陈述了政府直接介入的实际困难。格雷随后又去向张伯伦寻求建议。张伯伦说:“关于罗得斯,我只知道三件事,这三件事都会令我不看好他。首先,他在非常短的时间里获得了巨额的财富;其次,他是一个阿非利坎人同情者而不是一个英帝国主义者;再次,他给了帕内尔 10000 英镑。”格雷说,他倒是愿意相信罗得斯是一个一心一意的爱国主义者。张伯伦回答说:“好了,我已经把我想说的说了,剩下的就是你自己决定了。”格雷决定在罗得斯身上赌一把,而一旦这样决定,他就开始觉得罗得斯确实有一些值得称道的地方。获得格雷的支持是罗得斯取得的最大一项成就。在后来的岁月里,每当有人质疑罗得斯时,格雷的力挺就是最有效的回应,而格雷个人的友谊也曾在罗得斯最低潮的时期给予其慰藉。

董事会的问题一旦解决,剩下的就是获得正式的特许文件了。殖民和外交部、枢密院及其专门设立的一个委员会对文件草案进行了审核,然后,女王在 1889 年

10 月 29 日签发了授予英国南非公司皇家特许状的信件。此时,罗得斯已身在南非。在工作都做好后,他就不希望再在伦敦闲待着了,他对一些朋友和办事人员说:"我已经做了我所能做的,剩下的问题就由你们来解决。"但是,在离开伦敦前,他还做了一番努力,希望殖民部能把事情推进得快一些。为了争取时间,他在 6 月 1 日写信给殖民部说,他准备立即向政府提供 30000 英镑,以架设从马弗京出发的电报线,这是按特许申请规定要做的工作;此外,他还将每年提供 4000 英镑用于维持在布拉瓦约派驻的向洛本古拉提供咨询的人员的开支;同时,他还承诺尽其所能地向公司提供支持,不会让英王陛下的政府承担任何责任或开支。很快,殖民部回应称他们原则上同意罗得斯的这些提议。罗得斯马上说:"那么我要不要现在就付钱?"殖民部在一周后回复说:"不用这么快,你还是等拿到特许状后再说。"但罗得斯不会等,他一回南非就打电报给殖民部要求提供 250 英里的电报线以及相应的电报线杆,同时将钱款奉上。但直到特许状被批后一个星期,这些钱款才被接受,电报线和线杆也随之发出。

特许状授予英国南非公司的权力非常大。部分条款要求保护土著权益、信仰和贸易自由以及其他租让权获得者的权利;国务大臣有权监管公司,但权力有限;如果公司特权被滥用,那么特许权可被取消——除了这些限制和保留外,公司几乎可以完全自由地行动,其行动的主要范围包括王室殖民地和德兰士瓦以北、葡属东非以西的南部非洲的所有地方,贝专纳兰保护地被纳入,北部没有规定界限。对罗得斯来说,赞比西河可不是他扩张的边界。在这片广大的地域里,英国南非公司有权缔结条约,通过法律,采取措施维护和平和维持秩序并能获取新租让权;公司可以修筑公路、铁路、港口和其他公共工程,拥有或租用船只,开采矿产或经营任何其他工业,建立银行,授予土地和实施其他一切合法的商业、贸易等活动。

英国南非公司的资本为 100 万英镑,按每股 1 英镑折合股份。必须承认的是,创始者非常在意自身的利益,他们不仅按自身的权益和租让权转让持有 90000 股,还有权以联合租让地开发有限公司的身份分得未来利益所得的一半。虽然对创始者有很大的倾斜,但认购者仍对公司股份趋之若鹜。除了极少数人还在纠缠争权外,大部分反对特许授予的人都销声匿迹了,公众也对公司的前景非常看好。为了给公众投资者以信心,德比尔斯公司认购了 20 万股,金矿公司和罗得斯个人也积极响应。但实际上并不需要这么做,因为公众已经被可以在新土地上获得可观财富的前景和希望迷住了。当时,《泰晤士报》上有文章说,"我们被告知,这是一个贵金属储藏非常非常丰富的国度,除此之外还有各种各样的其他资源",在高地上有大量的动物,在平原上有广大的可耕地,"只要动动手,就能收获谷物和各种农产品",这里水源充足,河道纵横,牛群肥美。文章最后说,在这片面积三倍于英国本土的土地上，"不论英国南非公司是否会在马绍纳兰的群山和众河中发现俄斐的宝藏，可以肯定的是，这里将会成为一个伟大的英语殖民地的基础。"在这种舆论氛围之下，向公众销售的股票很快被抢购一空。富有的人可以买上几千股，小投资者也能有点儿收获，据说当时有妇女就只买一股，只为能有机会参加公司的年会，看一看和听一听那些伟大的冒险者和他们的冒险故事。当这种狂热席卷英国时，罗得斯正在非洲忙着开普殖民地的政务，同时还要准备组织远征队。但是，正因为他远在"异国他乡"，公众对他的好奇有增无减。当后来再一次回伦敦时，罗得斯发现他已经不是一个需要四处告求的人，而是成了一个人人欲见者：政治家向他咨询，全社会崇拜他，而最令他得意的是，他已经成了公交车司机和工人们的谈资。

第二节 马克思

一、本节案例导读

卡尔·马克思（德语：Karl Marx，1818—1883），德国哲学家、政治学家、历史学家，马克思主义和国际共产主义运动的主要创始人。《十八世纪外交史内幕》这部著作实际上是马克思计划撰写的一本有关 18 世纪英俄外交关系史论著的导言。该书分析了当时沙俄的领土扩张方针和英国的亲俄外交政策，揭露了资本主义国家对外扩张的本质特征，被认为是马克思研究国际关系史问题的代表作。

二、案例资料阅读

［德］马克思：《十八世纪外交史内幕》，中共中央马克思恩格斯列宁斯大林著作编译局编译，北京：人民出版社，1979 年，第 64—78 页。

五

我们将以分析那本题为《真理合乎时宜才是真理》①的小册子来结束《外交内

---

① 《真理合乎时宜才是真理，或以简单明了的理由为我国内阁现行的反对俄国人的措施辩解，这些理由要证明，我们不列颠贸易的利益和我们国家的利益都要求不许沙皇拥有舰队，即使他必须在波罗的海（转下页）

幕》的这篇导言,在这样做以前,对俄国政治的概括历史先谈几句,看来是恰当的。

俄国压倒一切的影响曾在不同时代使欧洲感到突然,使西方各国人民感到震惊,并且被当作命中注定的事物一样予以顺从,或者仅仅遇到断断续续的抵制。但是对俄国的魅力总是不断产生着怀疑。这种怀疑就像阴影一样追逐着俄国,随着俄国的成长而增长;它把刺耳的讥讽音调同遭受苦难的各国人民的呼声混杂在一起,并且嘲笑俄国的赫赫威严不过是用来进行炫耀和欺骗的装腔作势的姿态。其他的帝国在其幼年时期也曾遇到过同样的怀疑,然而俄国变成了一个巨人以后,仍然没有消除这些怀疑。一个庞大的帝国甚至在取得了世界规模的成就之后,它的存在本身还始终被人看作一种信念中的东西而不是事实上的东西,俄国提供了历史上这样一个绝无仅有的例子。从十八世纪初直到如今,从没有一个作者,不管是想歌颂俄国还是抨击俄国,认为有可能无需首先证明它的存在。

然而,不管我们对俄国是采取唯心主义的,还是唯物主义的态度,也就是说,不管我们把它的力量看作是明显的事实,还是只看作问心有愧的欧洲人民的幻觉,问题都是一样:"这个国家,或者这个国家的幽灵,是如何设法达到这样大的版图,竟致一方面激起人们激烈地断言它以排演大一统的君主国威胁着世界,另一方面又激起人们愤怒地否认这种威胁的存在呢?"在十八世纪初,俄国被认为是彼得大帝的天才即兴创作的产物。施略策尔曾认为找出俄国有它的过去,是一个发现;而在现代,像法耳梅赖耶尔这样的作者却不自觉地重复俄国历史学家们的陈词滥调,硬说这个使十九世纪欧洲害怕的北方幽灵,早在九世纪时已把欧洲笼罩在阴影之中。在他们看来,俄国的政策开始于早期的柳里克王公们[①],中间虽有一些间断,但是一直沿袭至今。

俄国的一些古代地图展示在我们眼前,表明俄国的欧洲版图比它现在所能夸耀的甚至更大:它从九世纪到十一世纪不断的扩张活动被焦虑不安地指了出来;我们看到,奥列格率领八万八千人进攻拜占庭,把他的盾牌钉在那个首都的城门上以示胜利,并把一个屈辱性的条约强加于没落帝国[②];伊戈尔迫使它纳贡;斯维亚托斯拉夫吹嘘说,"希腊人供给我黄金、贵重织物、大米、水果和葡萄酒;匈牙利人提供

（接上页）有一个海港;全部摘自 N. N. 在 1715 年 8 月从出使莫斯科宫廷回国后奉国王陛下之命编写并向国务大臣提出的报告。谨呈下院》1719 年伦敦版。

① 862 年,柳里克在诺夫哥罗德称王,879 年死后,由其弟奥列格继位,于 882 年占领基辅,建立了所谓的"基辅罗斯",从而开始了俄国历史上的柳里克王朝。这个王朝一直延续到 1598 年。早期的柳里克王公们即指奥列格及其继承人伊戈尔、斯维亚托斯拉夫和弗拉基米尔等罗斯大公。

② 没落帝国在这里指拜占庭帝国,即东罗马帝国,或希腊帝国。东罗马帝国在公元 395 年从罗马帝国分出,作为与罗马天主教相对立的东正教——希腊正教教会的中心,具有强烈的希腊传统,对东欧、巴尔干地区的影响极大。1204 年被信奉天主教的西欧封建主征服,1261 年得到重建,但是国力很弱,到 1453 年为奥斯曼土耳其人所灭。

牛羊和马匹;从俄罗斯则取得蜂蜜、蜂蜡、皮毛和人丁";弗拉基米尔征服克里木和利沃尼亚①,就像拿破仑对德意志皇帝所干的那样,向希腊皇帝强索一个公主②,把北方征服者的军事统治同拜占庭皇帝后裔的神权专制制度合为一体,从而同时成为他的臣民在地上的主人和在天上的庇护者。

然而,尽管这些往事的回忆提示了似是而非的类比,早期柳里克王公们的政策跟现代俄国的政策是根本不同的。它不折不扣是席卷欧洲的日耳曼蛮族的政策,现代各民族的历史只是在这场洪水退去之后方才开始。俄罗斯的哥特时期③只不过是诺曼人④征服的一章而已。正如查理曼的帝国⑤是现代法兰西、德意志和意大利奠基的先导一样,柳里克王公们的帝国也是波兰、立陶宛、波罗的海国家、土耳其和俄国本身奠基的先导。这一迅速扩张的活动,并不是深思熟虑策划的结果,而是诺曼人征服的原始组织——没有采邑的臣属关系或者只是纳贡的采邑——的自然产物,因为渴望荣誉和掠夺的新的瓦利亚基冒险家源源不断地涌来,使得必须不断进行新的征服。渴望休息的首领们被亲兵队所迫而不得不继续前进,在俄罗斯,正像在法兰西的诺曼底一样,出现了这样的时刻,这时首领们把他们那些无法驾驭和贪婪成性的战友们派去进行新的掠夺性的征伐,唯一的目的只在于摆脱他们。早期柳里克王公们在作战和征服的组织上同诺曼人在欧洲其他地方的做法毫无区别。如果说,使斯拉夫各部落屈服的,不仅是武力,而且也有彼此间的协议,那么这个特点应归因于这些部落所处的特殊地位,他们处于北方和东方的侵略之间,接受前者是为了抵御后者。把北方其他野蛮人吸引到西方罗马去的那种神奇的魅力,也把瓦利亚基人⑥吸引到东方罗马去。俄罗斯的首都,柳里克定于诺夫哥罗德⑦,

① 利沃尼亚包括今苏联拉脱维亚和爱沙尼亚两共和国的部分领土,里加是它的主要城市。十七世纪中叶以前是瑞典、波兰和俄国争夺的地方,1660年归瑞典占有,1710年落到俄国手中。

② 弗拉基米尔于988年包围了原属拜占庭的克里木的赫尔松城(即赫尔松涅斯),强索拜占庭公主安娜为妻。拿破仑第一在1810年2月要求奥地利皇帝(在1806年以前也是德意志帝国皇帝)弗兰茨一世把公主玛丽亚·路易莎嫁给他。

③ 哥特时期指中古时期。

④ 诺曼人是指居住在斯堪的纳维亚半岛和日德兰半岛(丹麦)的日耳曼人。以漂洋过海远征中欧、西欧和东欧各国著称。从九世纪下半叶起曾控制了经芬兰湾和里加湾到罗斯的道路。

⑤ 查理曼的帝国,即查理大帝建立的庞大帝国,其版图包括法兰西、德意志、荷兰、意大利大部分、波希米亚和克罗地亚,首都在亚琛和罗马。帝国没有统一的经济基础,查理曼死后,迅即分裂。

⑥ 瓦利亚基人是古斯拉夫人对诺曼人,主要是瑞典人的称呼。

⑦ 诺夫哥罗德在十至十二世纪初属于基辅罗斯,1136年成为独立的封建共和国。它的领域达到芬兰湾、拉多加湖和奥涅加湖,东到乌拉尔山为止的整个北部地区都是它的拓殖地区,它的封建领主们常常向那里的居民征索皮货以为贡赋,有时也进行劫掠。诺夫哥罗德实行"自治制度",最高权力机关是市民议会,由它选举大公、主教和官吏,处理司法等。但市民会议完全被大贵族和富商所操纵。十五世纪中叶,诺夫哥罗德成为莫斯科公国的劲敌,到1478年为莫斯科公国所灭。

奥列格迁至基辅,而斯维亚托斯拉夫又企图建在保加利亚,这种迁都的本身无疑地证明了,入侵者还只是在探索道路,把俄罗斯只是当作继续南下去寻求一个帝国的落脚地点。如果说,现代俄国觊觎君士坦丁堡为的是建立它对世界的统治,那么柳里克王公们则相反,他们是由于齐米斯基斯统治下的拜占庭的抵抗,最后才被迫在俄罗斯建立他们的统治的。

也许有人会反驳说,胜利者和战败者在俄罗斯比在北方蛮族征服的任何其他地方都要融合得更快;首领们很快就同斯拉夫人混同起来了,这从他们的通婚和姓名便可以看出。但是,应当记得,既充当他们的卫队又充当他们的枢密机构的亲兵队,仍然是清一色的瓦利亚基人;标志哥特俄罗斯[①]全盛时期的弗拉基米尔,和标志哥特俄罗斯开始衰落的雅罗斯拉夫,都是靠瓦利亚基人的武力登上俄国王位的。如果要承认这个时代有任何斯拉夫影响的话,那就是诺夫哥罗德的影响了,它是一个斯拉夫国家,它的传统、政策和倾向同现代俄国是如此截然对立,以致其中一个只能存在于另一个的废墟之上。在雅罗斯拉夫统治下,瓦利亚基人的优势已经打破了,但同时,第一时期的征伐势头也随之消失,哥特俄罗斯的衰落也开始了。这一衰落的历史,比征服和形成的历史更加能证明柳里克王公们的帝国纯属哥特性质。

这个由柳里克王公们堆砌起来的不协调的、庞大的、早熟的帝国,也像其他发展类似的帝国一样,分裂为许多封土,在征服者的后裔之间一再进行分割,被封建战争弄得分崩离析,被外族的干涉弄得支离破碎。大公的至高权威在七十个同族王公的角逐中消失了。苏兹达尔公国的安德烈企图通过把首都从基辅迁移到弗拉基米尔来把帝国的一些大块肢体重新联结起来,结果只是把肢解从南部扩展到了中央地带。安德烈的第三代继承人甚至把最高权威的最后一点影子——大公的头衔和当时对他仅存形式的臣服礼也放弃了。南部和西部的封土先后转归立陶宛、波兰、匈牙利、利沃尼亚和瑞典。古都基辅本身从一个大公国的中心降为一个普通城市之后,便听从自己命运的摆布。这样,诺曼人的俄罗斯从舞台上完全消失了,而它仍然残存下来的丝微痕迹在成吉思汗可怕地登场时消逝得无影无踪。是蒙古奴役的血腥泥潭而不是诺曼时代的粗野光荣,形成了莫斯科公国的摇篮,而现代的俄国只不过是莫斯科公国的变形而已。

鞑靼人[②]的枷锁从 1237 年持续到 1462 年,长达两个多世纪,这种枷锁不仅压迫了,而且凌辱和摧残了成为其牺牲品的人民的心灵。蒙古鞑靼人建立了以破坏

---

① 哥特时期指中古时期。

② 西方通常将十三世纪在蒙古人统率下征服了亚洲和东欧大部分地区的所有游牧民族泛称为鞑靼人。

和大屠杀为其制度的一整套恐怖统治。同他们的大规模征服相比,他们的人数太少,因此需要用一道吓人的光环来虚张声势,并以大肆杀戮来减少可能在他们后方起来反抗的人民。此外,他们制造荒土正是本着那曾使得苏格兰高地和罗马近郊平原人口灭绝的同一条经济原则,即把人变为羊,把肥沃土地和人烟稠密的居处变为牧场。

当莫斯科公国从默默无闻中崭露头角时,鞑靼人的枷锁已经存在了一百年之久。为了保持俄罗斯王公间的不和并使他们奴颜婢膝地臣服,蒙古人恢复了大公国的尊荣①。俄罗斯王公们之间竞相角逐这一尊荣,正如一位现代作者所说的那样,它是"一场卑鄙的角逐——奴才之间的角逐,他们的主要武器就是诽谤,在自己残暴的统治者面前,他们随时准备互相攻讦,他们为一个卑贱的宝座而争吵,因此他们除非采用掠夺和弑亲的手段就寸步难行,他们的双手捧满黄金和沾满血污,他们不是卑躬屈节就不敢爬上这个宝座,不是双膝跪地战战兢兢地俯伏在随时都会把那些奴隶的王冠连同戴着这种王冠的脑袋踩在脚下的鞑靼人的弯刀下,就不敢保住这个宝座"。正是在这场卑鄙无耻的角逐中,莫斯科这一支最终赢得了这次竞赛。1328年,伊万·卡利塔之兄尤里在乌兹别克汗的脚下拾起了以告密和暗杀手段从特维尔那一支夺过来的大公国的王冠。伊万一世·卡利塔和绰号"大帝"的伊万三世,象征着借助鞑靼人的枷锁而兴起的莫斯科公国和由于鞑靼人的统治消失而获得独立权力的莫斯科公国。莫斯科公国从它最初登上历史舞台起的全部政策,就体现在这两个人物的一生当中。

伊万·卡利塔的政策不外是这样:充当汗的卑鄙工具,从而窃取汗的权力,然后用以对付同他竞争的王公们和他自己的臣民。为了达到这一目的,他必须对鞑靼人讨好献媚,厚颜无耻地阿谀逢迎,频繁地前往金帐汗国②朝见,低声下气地向蒙古公主求婚,对汗的利益显示无限的热忱,寡廉鲜耻地执行汗的诏令,恶毒地诽谤自己的亲族,一身而兼任鞑靼人的刽子手、佞臣和奴隶总管。他以不断向汗揭发

---

① 金帐汗国保存了罗斯各公国的政权。各公国接受金帐汗的册封和诏令,向他称臣纳贡,承担军役。金帐汗从罗斯各公国的王公中挑选一人,册封为"弗拉基米尔及全俄罗斯大公"。受封者负责征缴全俄罗斯对金帐汗国的贡赋,有权将弗拉基米尔城及其四周并入自己的领地。俄罗斯王公们把这一称号视为特殊的荣宠,互相争逐。金帐汗则以此对罗斯实行分而治之。

② 金帐汗国(钦察汗国)是蒙古四大汗国之一(另三个是:察哈台汗国、窝阔台汗国和伊儿汗国)。成吉思汗长子术赤的封地。初有咸海及里海北钦察旧地,术赤子拔都远征(1236—1242)后,拓地益广,西到多瑙河下游,东到今额尔齐斯河,南尽高加索,北到今苏联保加尔地区。1243年建都在今伏尔加河下游的萨莱;另将咸海东北地方分给其兄斡鲁朵,称白帐汗;将咸海以北地方分给其弟昔班,称兰帐汗,都归他统辖。居民主要是钦察人、不里阿耳人、罗斯人、蒙古人。十四世纪起,由于封建内讧,人民反抗,国势转弱。十四世纪末逐渐分裂为许多独立汗国。1480年莫斯科公国独立,金帐汗国的统治遂告结束。

有人搞阴谋使汗焦虑不安。只要特维尔一支流露出一点民族独立的愿望,他就赶忙去向金帐汗告发。他一遇到反抗,就去引这个鞑靼人来镇压。但是,仅仅扮演一个角色还不够:要行得通,还需要黄金。不断地贿赂汗及其亲贵,是他那套欺骗和篡权活动的唯一牢靠的基础,但是奴才怎么能弄到贿赂主子的金钱呢? 他说服汗任命他为全部俄罗斯封土的征税人。一被授予这一职务,他就巧立名目,搜刮钱财。他用鞑靼人的名字所引起的恐惧去聚敛钱财,然后用这些钱财去腐蚀鞑靼人自己。他以贿赂诱使都主教将其驻节地从弗拉基米尔迁到莫斯科,接着,又借口后者已成为宗教首都而把它变成帝国的首都,使教权同他的王权合而为一。他又以贿赂引诱同他竞争的王公手下的大贵族们①背叛自己的首领,把他们吸引到他自己的周围。他利用信奉伊斯兰教的鞑靼人、希腊教会和大贵族们的共同影响,把拥有封土的王公们联合起来去讨伐他们当中最危险的特维尔王公;而当他的大胆篡权行动迫使他的新盟友起来反抗他自己,为他们的共同利益进行战争的时候,他不是拔出剑来,却是赶忙跑去找汗。他还是以贿赂和欺骗的办法引诱汗用极残暴的酷刑杀害他的同族对手。这个鞑靼人的一贯政策是使俄罗斯王公们互相遏制,助长他们的纠纷,使他们彼此势均力敌,而不让任何一个得以壮大。伊万·卡利塔则把汗变成了用以剪灭最危险的竞争者和扫除篡权道路上的一切障碍的工具。他并不征服封土,而是暗地里使鞑靼征服者的权利完全为他的利益服务。他采用他曾用以提高莫斯科大公国地位的那同样的手段,那种君权与奴才地位的奇妙结合,保证了他儿子的继位。在他统治的整个时期,他一次也没有偏离过他为自己规划的这条政策路线,而是顽强坚定地坚持它,有条不紊地勇敢地执行它。他就这样成了莫斯科公国权力的缔造者,他的人民恰如其分地称他为卡利塔,即钱袋,因为他用来为自己开辟道路的是钱袋而不是刀剑。正是他在位期间目击了立陶宛国家的崛起,当鞑靼人从东边把俄罗斯封土挤成一团时,立陶宛国家则从西边肢解它们。伊万不敢抵挡一种耻辱时,似乎就急于夸大另一种耻辱。他是不会由于受到荣誉的引诱、良心的责备或者由于不甘屈辱就离开自己的目标的。他那一套可以用寥寥数字来表述:一个篡权的奴隶的马基雅弗利主义②。他把他自己的弱点——他的奴才地位——变成了他的力量的源泉。

---

① 大贵族是古罗斯的地主贵族,大封建主。十一世纪至十四世纪为各王公的近侍顾问。在十五至十七世纪时,大贵族已经成为正式称号;大贵族参加"大贵族杜马",掌握国家行政的某些部门,在伊万四世行政改革以前,有些地方的大贵族任州长,享有征税、司法及管理军事之权。他们反对国家中央集权政策。十八世纪初叶,彼得一世废除了大贵族称号。

② 马基雅弗利(1469—1527)是意大利著名的政治思想家,鼓吹统治者为达到其政治目的可以不择手段,这种思想后被称为马基雅弗利主义。"商业马基雅弗利主义"即指为达到商业上的目的而不择手段的做法。

伊万一世·卡利塔所规划的政策就是他的继承者的政策,他们只需要扩大它的应用范围罢了。他们辛劳地、逐步地、坚定不移地追随这个政策。因此,我们可以从伊万一世·卡利塔立刻就谈到绰号"大帝"的伊万三世。

伊万三世在位(1462—1505)初期,仍然臣属于鞑靼人;他的权威仍然受到拥有封土的王公们的竞争;俄罗斯诸共和国中为首的诺夫哥罗德统治着俄罗斯北部;波兰—立陶宛正力图征服莫斯科公国;最后,利沃尼亚骑士团①尚未解除武装。但是到了他在位的末期,我们就看到伊万三世坐在独立的宝座上,身旁是拜占庭末代皇帝的公主②;脚下是喀山汗③,金帐汗国的余部也群集来朝;诺夫哥罗德和俄罗斯其他共和国都已屈服,——立陶宛萎缩了,它的君主成了伊万手中的一个工具,——利沃尼亚骑士团也被击败了。惊惶的欧洲,当伊万在位之初,几乎不知道夹在鞑靼人和立陶宛人之间还存在着一个莫斯科公国,这时看到一个庞大的帝国突然出现在它的东部边境而弄得目瞪口呆;甚至使欧洲发抖的土耳其苏丹巴耶济德本人也破天荒第一次听到了这个莫斯科公国人的傲慢的语言④。那么,伊万是怎样完成这种丰功伟绩的呢? 他是个英雄吗? 俄国历史学家们自己却都揭示出他是一个公认的懦夫。

让我们按照开始和完成的顺序来简略地考察一下他进行过的一些主要斗争——与鞑靼人斗争、与诺夫哥罗德斗争、与拥有封土的王公们斗争,以及最后与立陶宛—波兰的斗争。

伊万把莫斯科公国从鞑靼人的枷锁下解救出来,并不是通过一次勇敢的攻击,而是通过二十年左右的耐心工作。他不是打碎这个枷锁,而是偷偷地摆脱了它。因此,推翻鞑靼统治看来更像是自然的产物而不像是人为的事业,在这个鞑靼魔怪终于咽气时,伊万来到他临终的床边,与其说像一个带来死亡的勇士,还不如说像一位前来诊断并推究死因的医生。任何一国人民,一旦摆脱外国统治,声望总是提

---

① 利沃尼亚骑士团是条顿骑士团的一个分支。1236 年德国佩剑骑士团(1202 年建立)被立陶宛等国人民粉碎,其残部于 1237 年同条顿骑士团合并组成新的骑士团,控制波罗的海沿岸地区,活动于利沃尼亚(今拉脱维亚和爱沙尼亚境内),故称利沃尼亚骑士团,听命于罗马教皇和普鲁士条顿骑士团。在它占领的地方建立了农奴制统治,长达三百年之久,统治中心是设防的城堡。最后于 1561 年瓦解。
② 指拜占庭末代皇帝君士坦丁的弟弟福马的女儿索菲亚·帕列奥洛加。她在 1472 年成为伊万三世的妻子。
③ 喀山汗国是十五世纪上半叶由于金帐汗国分裂而在伏尔加河中游出现的一个鞑靼封建国家。从 15 世纪 60 年代起,它与俄罗斯国家之间进行着频繁的战争。1487 年伊万三世推翻喀山汗阿里,把顺从他的穆罕默德·埃明宣布为汗,使喀山汗国成为俄国的附庸。1552 年,喀山汗国为俄国所灭,伏尔加河中游全部并入俄国。
④ 土耳其在巴耶济德二世(1447—1513)任苏丹期间(1481—1512),同俄国建立了正式外交关系。1497 年米哈伊尔·安德烈耶维奇·普列谢耶夫率领第一个俄国使团到达伊斯坦布尔。他奉莫斯科大公伊万三世之命,只见苏丹本人,拒绝出席宰相为他举行的宴会。巴耶济德二世仍表示愿意和莫斯科公国建立友好关系,交换使团。

高的;可是伊万手下的莫斯科公国却显得声望下降了。只要把西班牙反抗阿拉伯人的斗争①和莫斯科公国反抗鞑靼人的斗争加以比较就可以看出来。

在伊万即位的时期,金帐汗国早就削弱了,这是由于它内部有激烈的纷争;外部则有诺该鞑靼人②同他们的分离、帖木儿·塔梅尔兰的侵袭、哥萨克人的兴起以及克里木鞑靼人③的敌对。与此相反,莫斯科公国则由于坚定地奉行伊万·卡利塔所规划的政策,已经成为一个庞然大物,它虽为鞑靼的束缚所摧残但同时却又由于这种束缚而紧密地联结在一起。那些汗像着魔似的,一直充当莫斯科公国扩张和集权的工具。他们经过盘算后曾加强了希腊教会的权势,但是在莫斯科大公们的手里,希腊教会却成了对付他们的致命武器。

这个莫斯科公国人要起来反抗金帐汗国,无需什么发明创造,只需仿照鞑靼人自己就行了。可是伊万并没有起来反抗。他卑贱地自认为是金帐汗国的一个奴才。他靠收买一个鞑靼女人,诱使汗下令从莫斯科公国撤回蒙古使臣。他用这类不知不觉鬼鬼祟祟的办法蒙骗汗接连作出一些完全是毁灭自己权势的让步。因而他并不是征服,而是窃取权势。他不是把敌人驱逐出堡垒,而是用计把敌人调离开。他在汗的使臣面前照旧卑躬屈节,自称臣属,但又编造遁词逃避纳贡,使用的是一个潜逃的奴隶不敢对抗自己的主子而只得偷偷逃出他的掌心时的那全套策略。蒙古人终于如梦初醒,战斗就打响了。看到一点点武装冲突场面就发抖的伊万,竭力掩饰自己的恐惧,并竭力以撤销敌人想要报复的目标来消弭敌人的盛怒。只是由于他的盟友克里木鞑靼人的干预,他才得到解救。为了抗击金帐汗国的第二次入侵,他大张旗鼓地集结了数量如此悬殊的兵力,以致一传说他们的人数就避免了这次攻击。在第三次入侵中,他丢下二十万大军临阵脱逃,当了可耻的逃兵。他在无可奈何被拉回来后,又企图对当奴才的条件讨价还价;他终于把自己这种奴隶的恐惧传布到他的军队里,使它陷入全面溃退。正当莫斯科公国惶惶不安地等待无可避免的灭亡时,忽然听说金帐汗国因都城受克里木汗袭击而被迫撤兵,并在

---

① 西班牙在八世纪被阿拉伯人征服,比利牛斯半岛上建立了阿拉伯人的国家。西班牙人从十世纪末开始了反对阿拉伯侵略、从阿拉伯人手中夺回土地的斗争,到十三世纪末这个斗争基本上胜利结束,使西班牙成为摆脱外国统治的独立国家。反抗阿拉伯人的斗争极大地激发了西班牙人民的爱国热忱,在斗争中诞生的歌颂反侵略英雄西得的史诗,中世纪曾在欧洲各国人民中广泛传诵。

② 诺该鞑靼人指十四世纪末由于金帐汗国分裂而出现的一个鞑靼封建国家——诺该汗国的居民,他们游牧于从伏尔加河到额尔齐斯河,从里海、咸海到喀山、秋明之间的广阔地带。诺该汗国十六世纪下半叶分裂成几个小汗国,以后逐渐衰亡。

③ 克里木鞑靼人指克里木汗国的居民。1223 年蒙古鞑靼人侵入克里木半岛,使这里成为金帐汗国的一部分。1443 年克里木汗哈奇-吉雷乘金帐汗国衰败,建立了独立的克里木汗国。1475 年,土耳其侵入克里木,克里木汗国变为土耳其的附庸。1768—1774 年俄土战争后,根据库楚克—凯纳吉条约土耳其承认克里木汗国独立。1783 年并入俄国。

归途中被哥萨克人和诺该鞑靼人所歼灭。于是转败为胜。伊万推翻了金帐汗国,但不是他自己打的,而是以佯攻的办法诱使它发动进攻,使它残存的有生力量消耗殆尽,并遭受它自己的那些已被伊万设法结为盟友的同族部落的致命打击。他利用一个鞑靼人制服了另一个鞑靼人。正如他亲自招来的莫大危险未诱使他表现出一丝一毫的英雄气概一样,他的奇迹般的胜利一时一刻也没有冲昏过他的头脑。他小心翼翼地不敢贸然把喀山汗国并入莫斯科公国,而是把它交给他的克里木盟友芒吉—吉雷家族的君主们,仿佛是受莫斯科公国委托代管的样子。他用取自那个战败的鞑靼人的战利品束缚住这个战胜的鞑靼人。但是,如果说在目击他的耻辱的人面前,他是非常谨慎而不肯摆出征服者的架势的话,那么,这个骗子却完全明白,鞑靼帝国的倾覆在远处会多么令人眼花缭乱,会带给他多么光荣的光环,并且会多么便于他堂堂皇皇地步入欧洲强国的行列。因此,他就对外摆出一副装腔作势的征服者姿态,而且的确在高傲专横和盛气凌人的假面具后面,成功地隐蔽了这个对于亲吻大汗最低贱使臣的马镫仍然记忆犹新的蒙古奴才的死皮赖脸。他以较为压低的声调模仿他以前的主子曾使得他失魂落魄的那种语言。现代俄国外交中某些常见的词句,诸如宽宏大量、有损君主尊严之类,就都是从伊万三世的外事诏令中借用来的。

在喀山汗国降服之后,他便对俄罗斯诸共和国中为首的诺夫哥罗德发动了一场蓄谋已久的征伐。如果说,在他看来,摆脱鞑靼人的枷锁是使莫斯科公国强大的第一个条件,那么,取消俄罗斯的自由则是第二个条件。由于维亚特卡共和国曾宣布在莫斯科公国和金帐汗国之间保持中立,普斯科夫共和国连同其十二个城市又表示了不满的迹象,伊万就奉承后者并且佯装忘记了前者,从而集中全部力量对付大诺夫哥罗德。他很清楚,大诺夫哥罗德一垮台,俄罗斯其他共和国的命运也就注定了。他以分享这一肥美赃物为诱饵,使拥有封土的王公们都追随他。同时他又诱骗大贵族们,挑起他们对诺夫哥罗德民主制的盲目仇恨。这样,他拼凑起三支大军去攻打诺夫哥罗德并以悬殊兵力压倒了它。可是随后,为了不遵守他对王公们的诺言,为了不丧失他那条"你卖力气我得利"的不变原则,同时由于担心诺夫哥罗德不经过预先的处理,还消化不了,他认为适宜的做法是突然表现得节制,满足于一项赔款和对他的宗主权的承认;然而在这个共和国的降书上,他却塞进了一些模棱两可的词句,使他成了它的最高裁判者和立法者。接着,他又在诺夫哥罗德煽动像在佛罗伦萨一样激烈的贵族和平民之间的不和①。他利用平民的一些抱怨为借

---

① 意大利的佛罗伦萨从十二世纪初起成为独立的城市公社。在公社内部,平民和封建贵族之间为争夺政权进行着残酷尖锐的斗争。这种斗争与教皇党和皇帝党之间的斗争交织在一起。1293 年施行名为"正义法规"的新宪法,封建贵族被剥夺了权利。

口再度进驻该城,并把他深知对他心怀敌意的那些贵族戴上镣铐押送到莫斯科,这就破坏了这个共和国古来的法律,即"任何公民均不得在本国领域之外加以审讯或判刑"。从这个时刻起,他就成了最高的主宰者。编年史家说:"自从柳里克以来,还没有发生过这样的事件;基辅和弗拉基米尔的大公们从没有见过诺夫哥罗德人把他们当作法官那样来服从。只有伊万才能使诺夫哥罗德屈辱到这种地步。"伊万花了七年工夫,运用他的司法权威来败坏这个共和国。然后,当他发觉它的力量已经消耗净尽时,他认为显露真相的时机已经成熟了。但是要摘下他节制的假面具,他却需要由诺夫哥罗德方面来破坏和平。正像他原来假装平心静气一样,现在他又假装怒不可遏。他收买了这个共和国的一个使节在一次公开接见时称他为君主,接着就立即要求享有一个专制君主的全部权利——共和国自行消灭①。

正如他预料的那样,诺夫哥罗德以起义、屠杀贵族和投降立陶宛来回答他的篡夺。这时,这位与马基雅弗利同时代的莫斯科公国人就以义愤填膺的声调和姿态抱怨说,"是诺夫哥罗德人请求他作他们的君主的;而当他顺从他们的愿望,终于接受了这一称号时,他们又拒绝承认他,他们竟厚颜无耻地当着全俄罗斯的面公然斥责他撒谎;他们胆敢杀害那些仍然忠贞不渝的同胞,胆敢背叛上天和俄罗斯人的神圣土地把异教和外国统治引进国内。"正像他在第一次进攻诺夫哥罗德后曾公开联合平民反对贵族一样,现在他与贵族密谋反对平民。他以莫斯科公国及其封邑的联合力量进攻这个共和国。当它拒绝无条件投降时,他就求助于鞑靼人以恐怖制胜的老办法。整整一个月之内,他把诺夫哥罗德越困越紧,在它周围大肆烧杀劫掠,同时悬刀以待,静静地注视着这个被派系弄得四分五裂的共和国经历了疯狂的绝望、沉沦的沮丧和听天由命的各个阶段。诺夫哥罗德被奴役了。俄罗斯其他共和国也都一样。

看看伊万是怎样抓住这一胜利的时机铸造武器来反对那些被用来取得这场胜利的工具,是很有意思的。他把诺夫哥罗德教会领地同王权相结合,从而获得了收买大贵族的手段,因此可以唆使他们反对王公;并且获得了赏赐大贵族的随从的手段,因此可以唆使他们反对大贵族。至今仍然值得注意的是,莫斯科公国也像现代俄国一样,始终是怎样煞费苦心地来搞掉各个共和国。首当其冲的是诺夫哥罗德及其拓殖地区,随后是哥萨克人的共和国②,最后轮到波兰。要了解俄国对波兰的

---

① 1899 年爱琳娜·马克思—艾威林的版本中第五章到此为止。从下段起到本章末是按照 1857 年 2 月 25 日伦敦《自由新闻》的文本补全的。

② 哥萨克人的共和国指十六至十八世纪在乌克兰的哥萨克人的自治组织查波罗什营地。它建在德涅泊河下游的霍尔迪察岛上,由武装移民组成,其中大部分是不堪封建压迫而逃亡至此的农奴。查波罗什营地是乌克兰民族的萌芽状态的国家组织,曾对乌克兰人民的敌人(土耳其、克里木汗国、波兰地主(转下页)

并吞,就必须研究自 1478 年至 1528 年诺夫哥罗德如何被搞掉的情况。

　　看来,伊万夺下蒙古人禁锢莫斯科公国的锁链,仅仅是为了用它来束缚俄罗斯各共和国。看来,他奴役这些共和国,只是为了使俄罗斯王公们共和化。在二十三年当中,他承认他们的独立,容忍他们的吵闹,甚至屈从于他们的凌辱。可是由于金帐汗国瓦解和一些共和国覆灭,他已经变得如此强大,而另一方面王公们又由于这个莫斯科公国人对他们的大贵族们施加的影响而已经变得如此衰弱,以至于伊万这方面只消显示一下力量就足以决定这场斗争了。然而在一开始,他仍旧没有背离他的谨慎小心的办法。他挑出俄罗斯封邑中力量最强的特维尔王公作为他行动的第一个目标。他先是迫使特维尔王公采取攻势并同立陶宛结盟,然后斥责他是卖国贼,然后恐吓他作出一系列破坏自己防御手段的让步,然后又用这些让步给他造成的被自己臣民误解的情况做文章,然后再让这一套办法自行得出它的结果。事情就以特维尔王公放弃斗争并逃入立陶宛而告结束。特维尔一与莫斯科公国合并,伊万就以吓人的精力推行他筹划已久的计划。其他的王公几乎毫无抵抗就被贬黜为单纯的地方长官。这时还剩下伊万的两个兄弟。其中一个被说服放弃了封土;另一个受假惺惺表示的兄弟情义之骗,被诱入宫廷和解除戒备,遭到了杀害。

　　我们现在就谈到伊万的最后一次大斗争——同立陶宛的斗争。这场斗争从他即位时开始,直到他死前几年才结束。在三十年期间,他把这场斗争局限于外交战,制造并扩大立陶宛和波兰之间的内部纠纷,拉拢对立陶宛心怀不满的俄罗斯封邑,煽动它的仇人起来反对它而使它瘫痪;他们是:奥地利的马克西米利安、匈牙利的马特维·科尔文,特别是他通过联姻笼络住的摩尔达维亚大公斯特凡,最后还有芒吉—吉雷,这个人不论是反对立陶宛还是反对金帐汗国都是同样有力的工具。然而在卡齐米尔国王去世和软弱的亚历山大继位的时候,立陶宛和波兰的王位暂时分离了;这两个国家在争斗中两败俱伤;波兰贵族由于只顾去削弱王权,压低克梅通①和市民的地位,就抛弃了立陶宛,使它在摩尔达维亚的斯特凡和芒吉—吉雷的同时入侵面前只好退却;于是,立陶宛的弱点就变得显而易见了;这时候伊万明白显示力量的时机已经成熟,他这方面进行一次成功的快速行动的条件已经充分

　　(接上页)以及乌克兰和俄罗斯的封建地主)进行英勇斗争。自十六世纪末叶起,查波罗什营地的内部开始了阶级分化,领导地位被剥削阶级上层分子所篡夺。1654 年,在它的首领波格丹·赫梅里尼茨基带领下,乌克兰合并于俄罗斯,但查波罗什营地仍保持自治权。1667 年,查波罗什营地根据俄国和波兰之间的休战条约归俄波共同占有。1686 年,根据最终和约完全归属俄国。查波罗什萨克人参加了 1667—1671 年由斯切潘·拉辛领导的农民战争和 1707—1708 年的布拉文起义。在北方战争期间,查波罗什营地的首领马泽帕投到瑞典国王查理十二方面,俄军在 1709 年 4 月占领了查波罗什营地并摧毁了它的全部防御工事,彼得一世随即下诏撤销查波罗什营地的建制。

① 克梅通是波兰从十四世纪末起对独立的有地农民的称呼。

具备。但他仍然局限于进行一次戏剧性的作战演习——集结压倒优势的兵力。事情完全如他所料，佯装的作战欲望就足以使立陶宛投降了。他签订条约，迫使承认他在卡齐米尔国王在位期间偷偷蚕食的地方，同时还逼亚历山大和他结盟并和他的女儿结婚。他用这个结盟禁止亚历山大防范自己岳父所发动的进攻，他用他的女儿在不容异端的天主教国王和受迫害的信奉希腊正教的臣民之间，燃起了宗教战争之火。在这场大混乱之中他才终于斗胆拔出剑来，夺取了受立陶宛统治的俄罗斯封土，远达基辅和斯摩棱斯克。

　　一般来说，希腊正教是他最强有力的行动手段之一。但是要对拜占庭的遗产提出要求，要以拜占庭皇帝后裔的外衣来掩盖他那蒙古奴才的烙印，要把莫斯科公国的暴发户王位和圣弗拉基米尔的光辉帝国联系起来，要使他自己成为希腊正教新的世俗首脑，伊万在全世界应该把谁挑出来呢？罗马教皇。在教皇的教廷里住着拜占庭的末代公主①。伊万以宣誓叛教的办法从教皇那里拐走了她，——而他又命令他自己的都主教豁免了他的这次宣誓。

　　只要改换一下姓名和日期，就可以明显看出伊万三世的政策和现代俄国的政策并不是什么相似，而是一模一样。而伊万三世则不过是把伊万一世·卡利塔遗留下来的莫斯科公国的传统政策加以完善化而已。伊万·卡利塔这个蒙古人的奴才，是靠运用他的最大敌人即那个鞑靼人的威力来反对他的次要敌人俄罗斯的王公们，从而获得他的权威的。但除非采取欺诈手段，他就不能运用那个鞑靼人的威力。他在主子面前不得不隐蔽自己实际积聚的力量，而又必须向和他一样的奴才们炫耀自己并没有掌握的那种威力。为了解决他的问题，他就得把最卑贱的奴才的全部阴谋诡计整理成一套体系，并且以奴才的那种耐心的辛勤去实现这套体系。公开的力量本身只有作为一种阴谋才能加入到一套阴谋、腐蚀和暗中篡权的体系中来。他不先施毒，就无法进行打击。目的的单一性在他那里变成了行动的两面性。狡诈地使用敌对的力量来扩大自己，通过对那种力量的使用本身来削弱它，最后通过它本身产生的效果来推翻它——伊万·卡利塔的这一政策是由统治种族和被奴役种族二者的特性所激发出来的。他的政策也就成了伊万三世的政策。

　　这也就是彼得大帝的政策和现代俄国的政策，不管被使用的敌对力量在姓名、地点和性格上可能经历了什么样的变化。彼得大帝确实是现代俄国政策的创立者，但他之所以如此，只是因为他使莫斯科公国老的蚕食方法丢掉了纯粹地方性质和偶然性杂质，把它提炼成一个抽象的公式，把它的目的加以普遍化，把它的目标从推翻某个既定范围的权力提高到追求无限的权力。他正是靠推广他的这套体系

---

① 指拜占庭末代皇帝君士坦丁的弟弟福马的女儿索菲亚·帕列奥洛加。她在1472年成为伊万三世的妻子。

而不是靠仅仅增加几个省份,才使莫斯科公国变成为现代俄国的。

　　总结一下。莫斯科公国是在蒙古奴役这所恐怖而卑贱的学校中养育和成长起来的。它只是由于成为一个奴性艺术的大师才积聚起力量的。甚至在获得解放之后,莫斯科公国还在继续扮演着它那奴才兼作主子的传统角色。彼得大帝终于把蒙古奴才的政治手腕和蒙古主子继承成吉思汗征服世界遗志的狂妄野心结合在一起。

第三节　福泽谕吉

一、本节案例导读

　　福泽谕吉(1835—1901)，近代日本思想家、教育家。其毕生从事著述和教育活动，致力于传播西方文明，形成了富有启蒙意义的思想，是日本庆应义塾大学的创立者，也是对日本对外关系产生重要影响的"脱亚入欧论"的提出者，对日本现代化的历史进程起到了很大的推动作用。《文明论概略》这部著作阐述了所谓文明的内涵，以及东西方文明的差异及其形成的历史原因，认为西方文明高于日本文明，所以主张日本必须以西方文明为目标奋起直追。该书是福泽谕吉从文明论的视角出发为日本的现代化进程设计的蓝图，自出版以来产生了广泛而深远的影响，被认为是其最重要的代表作之一。

二、案例资料阅读

[日]福泽谕吉：《文明论概略》，北京编译社译，北京：商务印书馆，1960年，第177—206页。

第十章　论我国之独立（节选）

在第八九两章已经论述了西洋各国和日本的文明渊源。从总的情况看来，不能不说日本的文明落后于西洋。文明既有先进和落后，那么，先进的就要压制落后的，落后的就要被先进的所压制。在从前闭关自守时代，日本人还不知道有西洋各国，然而，现在已经知道有西洋国家，并且也知道了他们的文明情况。同他们的文明相比，知道彼此之间有先进和落后的差别，也知道我们的文明远不及他们，并知道落后的要被先进的压制的道理。这时，我国人民首先考虑到的，就是自己国家独立的问题。本来，文明的含义十分广泛，凡人类精神所能达到的领域，莫不属于文明的范畴。在世界各国当中争取本国之独立，只不过是整个文明论中的细微末节，但是，正如本书第二章所述，文明的发展，是有阶段的，因此必须随着它的进展，而采取相应的措施。现在我国人心正在忧虑国家的独立问题，这就说明我们的文明目前正处于使人忧虑我国独立问题的水平，同时也证明了人民都在关心这一问题，而无暇顾及其他。因此，我在文明论的末章，提出我国独立这一问题，也是根据人民总的趋向，对大众所关心的问题提出讨论。至于彻底探讨文明的蕴奥和作深入的研究，只好留待将来以后的学者去完成了。

在封建时代，人与人之间，有所谓君臣主仆的关系支配着社会。幕府以及各藩的士族，不但向当时的主人效忠，并且还追念到列祖列宗一心一意地报效主家，抱着所谓"食其禄者死其事"的态度，甚至把自己的生命也献给了主家，不能自主。臣下称主人为国之父母，主人爱臣下如赤子，以"恩义"二字圆满而牢固地把上下之间结合起来，其关系之美好也不是没有值得称赞的地方。由于当时普遍存在着尊崇忠义的风气，所以即使不是真正的忠臣义士，也要顺应这种风气而保持高尚的品格。例如，在士族中间教训子弟时，必提到身份和门第等语，或者说："身为武士者不应有卑劣行为"，或者说"不要玷污祖先的门第"，或者说"不要对不起主人"等等。这些身份、门第、主人，就是士族们应遵循的道义所在，和维持一生品格的纲领，这也就是西洋所谓的道德纲常（Moral tie）。

这种风气不仅存在于士族与国君之间，而且普遍浸透到日本全国人民中间。商人、农民以至于"秽多"和"贱民"之间，凡是人与人相交往的地方，不论大小，都存在这种风气。例如在商人或农民之间有嫡系和旁系之分，在"秽多"和"贱民"之间也分头目与党徒，其规矩之严，犹如君臣一般。

这种风气，或称为"君臣之义"，或称为"祖宗门第"，或称为"上下的名分"，又叫作"本支之别"等等，不论什么名称，总之，日本自古以来，支配着人与人的关系，而达到今天的文明，归根到底，都是由于这种风俗习惯的力量。

近年来，我国和外国有了外交关系，日本文明和外国文明互相对比起来，不但在有形的技术工艺方面落后于外国，就是人民精神面貌也不相同。西洋各国人民智力充沛，有独立自主精神，在人与人的关系上是平等的，处理事务是有条不紊的，大自一国的经济，小至个人的生活，就目前的情况来谈，我们日本人无论如何是望尘莫及的。大体上说，到了今天人们才恍然大悟，完全承认西洋各国的文明和日本的落后。

因此，国内有识之士，探讨日本之所以不文明的原因，首先归咎于旧的风气不对头。于是，为了扫除旧习，才着手进行改革。从废藩置县开始，废除了一切陈腐的东西。诸侯降为华族，武士变成平民，广开言路，登用人才。在这个时期，过去五千石俸禄的大臣也有的变成了兵卒，步卒也有的当上了县令，累世经营钱庄的豪商巨贾也有破产的，身无分文的赌徒也有成为政府的供应商人的，寺院改成神宫，僧侣成为神官。富贵功名完全取决于个人的才干，而形成了所谓功名自在唾手可得的时代。自开国以来深入日本人心的恩义、门第、名分和差别等的观念逐渐消失，而只重视个人的才干，这种情况，也可以用"人心活泼"，和一般所谓的文明蒸蒸日上等字样来形容。

试问这种功名自在文明蒸蒸日上的情况，是否完全实现了有识之士的目的，都认为这种文明蒸蒸日上的情况是真正的蒸蒸日上而别无他求了呢？绝对不然。有识之士绝不能满足于目前的文明。因为根据现在的情况来观察它对日本人民的思想所给的影响，好像人们刚卸下祖先遗留下来的重担，而尚未肩起代替的新担，正在休息似的。道理非常简单，例如废藩之后，诸侯和藩士之间君臣之义已不复存在，若在暗地里勉强履行君臣之义，便会被指责为不识时务而且也无言以对；步卒充当队长，指挥从前的老上间，老上司也不敢违抗命令，从外表看来，似乎上下易处，法制森严，但实际上，只要老上司拿出点钱，就可以免除兵役，所以，步卒既可以得意扬扬地充当队长，而老上司也可以逍遥自在。赌徒虽然当成了政府供应商人而趾高气扬，而破产商人则只怪时代的趋势，事不由己，也是心安理得。神官自以为得势，喜形于色，而僧侣可以公然娶妻，也是其乐融融。总之，现在上下贵贱都是皆大欢喜的时期，除了贫穷而外，已经没有任何东西能使人感到苦恼的了。力战而死当然是傻瓜，报仇也是无益，出师则有危险，剖腹则疼痛不堪。求学也好，做官也好，都是为了金钱，只要有了钱任何工作都可以不干。真成了"钱之所向，天下无敌"的社会，人的品行，似乎可以用金钱来定其行情。这种情况和往昔窘困的时代相比，怎能说不舒适呢！所以说："现在的人民，已经卸下了重担正在休息。"

然而，所谓"休息"，是指无任何工作可做而言。如果工作做完或无工作可做，休息也是应该的，然而照我国目前的情况来说，绝非无事可做，而且事情比以往任何年代都要艰巨。有识之士不是没有注意到这一点,他们深知现在还不是休息的时候,因而力图引导人心急起直追。学者开始创办学校,教育人民;翻译家译述原文书籍,刊行于世;政府和人民也都在竭力提倡文学技术,力争上游,但是在人民的行动上,仍不见显著的功效。从事于学术界的人们,虽然不是不积极搞业务,可是,在思想上,似乎还缺乏了为了事业不惜抛弃个人利益甚至生命的这种高度的觉悟,总是有些对于事物漠不关心而悠闲自在。

有些人注意到这个问题,认为现代人行为轻薄。而归罪于"忘古"二字,重新提倡大义名分企图复古。为此,他们开始研究这方面的学问,从古昔的神代寻求证据,提倡"国体论",企图以此来挽救人心,这就是所谓"皇学派"。皇学派的学说并非没有道理,在君主国家,主张尊奉君主,把行政权交给君主,本属理所当然,也是政治上的关键问题,所以尊王之就是无可非议的。然而皇学派关于尊奉君主的问题,没有进一步从政治上的得失去寻求根据,而是归根于人民思古的幽情,更错误的是他们甚至不反对使君主徒拥虚位,这就不能不说是一种崇虚忘实的弊病。本来,人心所向,大势所趋,并非一举手一投足所能轻易改变的,所以,想依靠人的情感,实现尊奉君主的主张,首先必须改变人情,使人们弃旧从新。然而,我国人民,数百年间不知有天子,而仅仅是在传说中提到天子。因此,虽然政治体制因维新运动而恢复了几百年前的古制,但是王室和人民之间依然没有密切的感情。君民的关系仅仅是政治上的关系。若论感情的亲疏,现在的人民由于自镰仓时代以来,就受封建主的统治,所以对于封建的故主要比对王室更加亲密。虽然可以建立普天之下唯有一君的学说,但从实际上看,就可以知道一定要行不通。按现在的情势,人民似乎逐渐忘却旧日的关系,不再怀念封建主了,但是想要重新建立爱戴王室的感情,使其真正成为王室之赤子,在现代人民的思想情况和文明情况下,却是非常困难的,几乎是不可能的。也许有人说,王制革新是基于人民"思古的幽情",是由于人情已经厌恶霸道的幕府而怀慕王室。这是不考察事实的说法。果真像这个说法,人心思旧的话,人民景慕的也应该是数百年来深入人心的幕府的霸政,并且所有现在的士族及其他标榜祖先门第的人,大多数都要提到镰仓时代以后的情况。因此,应该说霸政的历史也是悠久的,涉及的面也是广泛的。如果说人情是忘旧而慕新,则王政是在霸政以前,可就是最旧的,如果问王霸两者究竟要忘记哪一个,当然要忘掉最旧的王政。或许有人说,人心趋向王室不在于历史的新旧,而是由于"大义名分"所使然。那么,所谓大义名分当为颠扑不破的真理了,既然是颠扑不破的真理,人类就不可一刻离开它。然而自镰仓时代起,人民不知有王室将近七百年,这七百年究竟是什么样的时代呢? 若按这个说法,则这七百年间,成了人民完全迷失方向,大义名分完全扫地的野蛮黑暗时代了。当然,人事的盛衰不应该从一年或几年的过程来判断，但如果人心未泯，明知方向错误的话，怎能忍受七百年之久呢？况且从实际上也可以得到证明，这七百年之间并不完全是乱世，如果寻求现代文明的渊源，十之七八可以说是在这个时代成长而传留下来的。

从上述情况可以看出，王制革新的原因，并不在于人民厌恶霸道的幕府而怀慕王室，也不在于弃新而慕旧，更不在于一时心血来潮想起了已经忘却千百年的大义名分，而是由于当时人民要求改变幕府政治以致促成了王制革新。革新大业既成，天下的政权重归王室，作为一个日本国民，尊奉王室当然是应尽的义务，但人民和王室之间，仅仅存在政治上的关系而已，至于感情，绝不是骤然之间所能建立起来的，如果勉强建立，不但不可能建立起来，反而会使社会上产生更多的伪君子，使人情更加浇薄。所以说，皇学家们的国体论，在今天是不能维系人心的，也不能使人民的品格趋于高尚。

还有一种学者，忧虑今日人心的浇薄，并且知道国体论不起作用，于是便企图从人的灵魂上做工作，推行耶稣教以正人心，使其得到安身立命之地，统一大众的思想，规定人类应奔赴的大目标。这种说法绝非出于轻率的想法，它的本意，可能是，学者以为今天的人民，一百人有一百人的不同道路，不但在政治上，没有一定的学说，就是在宗教上，信神还是信佛，也无所适从，甚至还有主张无宗教的。诸如此类，至关重要的灵魂尚且得不到归宿，焉能顾及其他人事？这种既不明天道，又不知人伦，既无父子，又无夫妇，恰如现实的人间地狱，对此，有识之士应该设法挽救。这些人从另一方面来看，还认为宗教一旦能够维系人心，群众的思想就能稳定，再进一步把它推广到政治上，就可以成为国家独立的基础。因此，绝不能认为这是轻率的胡说。如果真能以此道教化现代的人民，从而纠正了人心，使之进入道德之门，纵然不能达到天道的极点，也能使其明确父子、夫妇的人伦，激励其孝顺贞节的行为，了解教育子弟的义务，认识到蓄妾荒淫为坏事等等，对于社会文明都有极大的功德，当然也就无可非议。然而，根据目前我国的情况，对于这种说法，我不能完全同意。因为这些学者们的意思，是要把耶稣教推广到政治上来，作为国家独立的基础，这一点，我是不能苟同的。

耶稣教本来是以"来世的永生"为目的，幸福安乐也求之于永生，疾苦祸患也根据永生来考虑，对未来的惩罚比对现在的惩罚还要害怕，对死后的审判比对今生的审判还要重视。它的学说是建立在把现今的世界和未来的世界截然分开的基础上，因而其立论也就非常宏大，和其他学说迥然不同。其所谓一视同仁，四海皆兄弟，就是指这个地球应该像一家，地球上的人皆如兄弟，彼此间的情谊应该没有厚薄的差别。四海既如一家，则一家之内又何必隔境设界？然而，现今的地球，已经被分成许多区域，各自划分国界，人民各自在其境内结成集团，称为国民，为求其集团的利益而设立政府,甚至有拿起武器杀害界外兄弟,掠夺界外土地,争夺商业利益等等,这绝不能说符合宗教的精神。看到这些罪恶,姑且不论死后的裁判如何,就以今生的裁判也是不完善的,这种人应该说是耶稣的罪人。

然而,从目前世界的情况来看,没有一个地方不建立国家,没有一个国家不成立政府的。如果政府善于保护人民,人民善于经商,政府善于作战,使人民获得利益,这就叫作"国富民强"。不仅本国人引以自豪,外国人也感到羡慕,而争相仿效其富国强兵的方法。这是什么道理呢?这是由于世界大势所趋,不得不然,虽然违背宗教的教义。所以,从今天的文明来看世界各国间的相互关系,虽然在各国人民的私人关系上,也可能有相隔万里而一见如故的例子,但国与国之间的关系,则只有两条。一条是平时进行贸易互相争利,另一条就是一旦开战,则拿起武器互相厮杀。换句话说,现今的世界,可以叫作贸易和战争的世界。当然,战争的种类也很多,其中也可能有为了消灭战争的战争。贸易本来是为世界上互通有无,是非常公正的行为,所以不认为战争和贸易在本质上一律都是坏事。但是,从目前世界上所进行的战争和贸易的实况来看,绝不能认为是从宗教受仇敌的善意出发的。

如果像上述那样单从宗教一方面来论断,贸易和战争,似乎是极粗野而卑劣的行为,但从目前的具体情况来看,却并不如此。因为,贸易虽是争夺利润的,但并非单凭暴力所能作好的,它是需要运用智慧的事,所以就不能禁止人们进行贸易。而且发展对外贸易,必须开发国内,所以贸易的发达,就表明了国内人民知识的进步和文学技术的发展,可以对外放出光辉,也可以说是国家繁荣的征象。战争也是如此,如果单从战争是杀人之道来说,当然是可憎的。然而,现今如果有人敢于发动非正义的战争,即使在今天不十分文明的情况下,也尚有明文条约,谈判交涉,国际公法,以及知识界的舆论等等,所以不易得逞,并且还有不是专为争利,而是为了国家的荣辱,或为了真理而战的。所以,杀人和争利虽然为宗教所反对,难免要被认为是教敌,但是,在目前的文明情况下,也是势非得已。因此,应该说,战争是伸张独立国家的权利的手段,而贸易是发扬国家光辉的表现。

凡力图伸张本国的权利,使国富民强,提高本国人民的智德,和发扬本国荣誉的人,称为爱国的人民,这种思想称为爱国精神。他们的目的在于同外国划清界限,纵无害他之意,也有厚我而薄他之心,也就是愿意以自己的力量来保持国家的独立。所以,爱国精神虽非私于一己,也是私于一国的思想。也就是,把地球分为若干区域,在各区域内结成集团,各自谋求本集团利益的自私心。所以爱国精神和自私心是名异而实同的。说到这里,就会使人感到一视同仁、天下一家的大义和尽忠报国、主权独立的大义,是相悖而不能相容的。因此,主张把宗教推广到政治上,以此建立国家独立基础的学说,是思想方法的错误。宗教只是关系到个人的私德,和国家独立的精神完全是两回事，即使宗教能够维系人心，但对团结人民共同保卫国家，绝不会起大的作用。如果从大体上把现在世界各国的情况和宗教的精神加以比较，那么，宗教就过于宏大，过于善美，过于高超，过于公平；而各国对立的情况，则过于狭隘，过于卑劣，过于浅见，过于偏颇，此两者是结合不起来的。

另有一种汉学家，见解稍广，虽不像皇学派那样专靠思古之情，但他们的主张仍不外乎是以礼乐征伐来统御人民，企图以情感与法律相结合的方式来维系民心，这也绝不适合现代的情况。如果这个学说得到实现，则社会上只知有政府而不知有人民，只知有官而不知有私，反而使人们越发陷于卑屈，还是不能提高一般的品格。关于这个问题在本书第七第九两章已经论及，兹不赘述。

如上所论，目前我国的处境是十分困难的，但人民并不感觉有困难，好像摆脱了旧时代的束缚，十分舒适似的。对此，有志之士深以为忧，皇学家则主张国体论，洋学家则主张推行耶稣教，汉学家则主张实行尧舜之道，莫不致力于维系人心统一思想趋向，以保卫我国的独立，但是这些主张直到今天还没有一个收到成效，同时相信以后也不会收到成效，这怎不令人慨叹！因此，我不能不谈谈生平所见。凡是讨论事物，首先要弄清事物的名义和性质，然后才能找到处理的方法。譬如防火，首先要了解火的性质，懂得了以水可以灭火的道理，然后才能得出防火的方法。现在说我国处境困难，究竟困难是指什么呢？并非政府的政令不能推行，并非人民不缴纳赋税，也非人民突然陷于无知，也非官吏全部愚昧而营私。从这些情况来看，日本依然是原来的日本，毫无变化，并没有可忧虑的地方，甚至与过去情况相比，在某些地方还有所改善和进步。然而，所谓我国的情况与往年相比，更加困难更加值得忧虑，究竟是指哪些事情，忧虑的是哪些问题呢？我们必须把它弄清楚。我认为这些困难问题并不是我们祖先遗留下来的，这肯定是最近才突然发生的病态，而且已经危及我们国家的命脉，欲除而不能除，想治而缺乏医药，好像单凭我国原有的力量已经不能克服。因为，假如日本还是原封未动的日本的话，就应该心安理得了，既然人们特别感到忧虑，这就证明一定是发生了新的令人忧虑的病症。社会上有识之士所忧虑的，也肯定是这个病症，我虽不知有识之士如何称呼它，但我则称它为对外关系。

即使国内有识之士不把这个病明显地叫作对外关系，但其所忧虑的却正和我相同。既然都是忧虑现在对外关系的困难，那么，问题的名义也就决定了，然后，就要分析问题的性质。本来，外国人来日本的目的只是为了贸易。那么，再看看今天日本和外国之间进行的贸易情况，可以说西洋各国是制造产品的国家，而日本是出产物资的国家。所谓制造产品，就是把天然物资进行加工，譬如，把棉花织成布，把铁做成刀。所谓出产物资，就是依靠天然的力量生产原料，譬如，日本生产的生丝和矿产等等。由于这种情况，所以才假定把西洋各国叫作制造产品的国家，把日本叫作出产原料的国家。固然，产品制造和原料生产之间，难以明显划分界限，但是前者使用人力较多，而后者依靠天然力量较多，所以名称不同。从经济上说，一国的贫富，同天然物产多寡的关系极微，实际上完全取决于投入的人力多寡和技术的高低。例如，土地肥沃的印度贫穷，天然物产极少的荷兰却很富。所以，在制造产品国家和出产原料国家之间的贸易上，前者是用无形无限的人力，后者是用有形有限的物产，是力与物交易。如果详细地说，就等于生产原料国家的人民，不从事应作的体力和脑力劳动，而到海外雇佣制造产品国家的人，利用其体力和脑力，然后用本国的天然物产支付其劳动代价。这好比，有年俸三百石米和十口之家的武士，过着安逸的生活，不从事劳动，每天饮食取自饭馆，冬夏衣服购自服装店，日常生活用品莫不由市上购买，每年都用这三百石米去支付。这三百石俸米正如天然物产，年年如此支付，绝不会有所积蓄。如今我们日本和外国之间所进行的贸易，大致就是如此，归根结底，还是日本的损失。

西洋各国由于制造产品而致富，并由于文明日益进步的结果，人口逐年增加，如英国可以说已达到了最高峰。美国人民也是英国的子孙，澳洲的白种人也是英国的移民，在东印度有英国人，在西印度也有英国人，其人数多至不可胜计。假定把现在分布在世界上的英国人和几百年来英国人的后裔，全部集中到现在的英国本土大不列颠和爱尔兰，与现在的三千万英国人民一同居住，则全国的产品不但不足以供应其衣食，而且大部分平地都要被建筑住宅所占用。由此可见，文明逐渐进步，人的关系得到适当调整，则人口必定增加。生殖子女一事，人与老鼠完全一样。只是老鼠不能保护自己，或死于饥寒，或被猫捕噬，因而繁殖不大。但如果环境适宜，又能免于饥寒、战争和传染病等的灾患，则人类的繁殖力会像老鼠生殖率一样急速增长，因此有些欧洲的古国曾经为此感到困难。为解决这个问题，这些国家的经济学家提出了两项对策：第一是输出本国的成品，而从土地丰饶的国家输入生活资料；第二是把本国的人民移至海外殖民。其中，第一个办法，因有一定限度，仍不能充分解决问题；第二个办法需要大量资金，也不容易收到成效。因此，又出现了第三个办法，这就是将资本投到外国，取其利润以供本国的需要。本来，向海外移民，最好是能找到已经开垦好的地方，可是开垦好了的地方，都建立了国家和政府，而且人民也有其固有的风俗习惯，外国人想杂居其中谋求利益，也极不容易。所以，唯一的办法，是向工农业技术落后、贫困而缺乏资金以及劳动力多的海外某些国家，输出本国的资本，这样，贷款利息较高，是一种不劳而获的办法。换句话说，这种办法就是不移殖人而移殖金钱。人由于风俗习惯关系，不易移植，但是金钱就不会有本国和外国的区别了，只要利息合适，就会愿意借用外国金钱，不知不觉地把利钱付给外国人。这真是发财致富的捷径。现在日本已经借了不少外债,对其利弊不能不加以考虑。文明国家和未开化国家相比较,生活情况完全不同。文明愈进步,生活费用也愈增加,即使撇开人口过剩问题不谈,在日常生活费用上,有一部分必须求之于外部,而供给这些费用的国家,就是落后的未开化国家,所以,世界上的贫困也就全部落于未开化国家。借用文明国家的资金而交纳利息,正是贫困归于落后国家的具体表现。因此,借款问题,不只是和人口过剩问题有关。现在特别提出这个问题,一则是为了提供学者参考,二则是为了指出西洋人唯利是图的一个明显的原因。

（中略）

如上所述,暗杀攘夷之论,固然不足挂齿,而进一步扩张军备的办法,也不起作用。再如前述的国体论、耶稣论、汉儒论也不足以维系人心。那么,到底怎样才对呢? 唯一办法只有确定目标,向文明前进。那么这个目标是什么呢? 这就是划清内外的界限,保卫我们国家的独立。保卫国家独立的办法,除争取文明之外没有别的出路。今天号召日本人向文明进军,就是为了保卫我国的独立。所以说,国家的独立就是目的,国民的文明就是达到这个目的的手段。如果把社会上的一切事物的目的和达到目的的手段计数一下,就会有无数的层次。譬如,纺棉是制纱的手段,制纱是织布的手段,织布是做衣服的手段,衣服是防风御寒的手段。这几个层次的各个手段,既为手段又为目的,归根结底,是为了保持人的体温,以达到身体健康的目的。我在本章里的议论,归根结底,是以确保我国的独立为目的的。在本书的一开始就说过:"凡讨论事物的利害得失,如不确定其目标,就无法谈论",这句话,对于了解这段议论可作参考。也许有人认为,人类不应该仅仅以本国的独立为目的,而要看到更远大而高尚的境界。不错,人类智德所要达到的最高境界,当然应该是崇高的,不应计较国家的独立这样的事;不应仅仅以免于受外国的侵凌称为文明。但在目前世界的情况下,在国际关系上,还谈不到这样高远的问题。如果有人谈这个问题,就不免陷于迂阔和不切实际。尤其俯察日本目前的境况,就越发感到事态的严重,更无暇顾及其他。首先要确保日本的国家和人民的生存,然后才能谈到文明的问题;没有国家,没有人民,就谈不到日本的文明。这就是我所以将讨论的范围缩小,只以本国的独立作为文明的目的的缘故。因此,我的议论是考虑目前的世界形势和目前日本的切身利益,并适应日本的急需而提出的,这些议论当然没有高深奥妙之处,希望学者不要遽然根据这个,而误解文明的本义,以致轻视文明和污蔑文明这两个字。同时,我虽然以独立为目的,但并不是要全国人民都成为政论家,每天都从事这项工作。人们的工作各有不同,并且也必须不同。或有的人致力于高深的学术,埋头于谈天雕龙,越研究越深入以至于乐而忘食;也有的人从大搞企业,终日无片刻闲暇,东奔西走甚至忘掉家务;对这些人不但不应加以责难,而且应该当作文明中的一个重要组成部分而加以赞扬。不过,希望这些人:在其废食忘家当中,一旦遭遇关系到国家独立的问题,能够像被马蜂蜇了那样,感到切身的痛痒!

或许有人说:"如果像上面所述只是希望本国的独立的话,就莫如同外国断绝关系,在西洋人未来日本以前的时代,我国虽然不文明,但总是一个纯粹的独立国家,如果现在以独立为目的,最好是恢复古代的闭关自守,只是在今天才忧虑独立的问题,但在嘉永年间以前人们并不知有这件事。自己开放了国家而又忧虑国家的独立,这等于自己找病而又愁病一样,既知患病之可忧,则莫如恢复原来的无病状态"。对此,我说不然。所谓独立,是指应该有独立的实力,并不是指偶然独立的外表而言,我们日本在外国人来到以前的所谓独立,不是真正具备实力的独立,只是没和外国人接触因而偶然具有独立的形式而已。譬如,未曾经受过风雨的房屋,究竟是否经得起风雨,如不经过实际的考验就无法证实。风雨来否乃外界的事,房屋坚固与否是内部的问题,在风雨未来以前,不能证实房屋是否坚固。不但无风无雨时房屋安然无恙,即使遭受任何大风大雨,仍能屹立不动,这才能称得起真正坚固的房屋。我所说的国家的独立是这种意思:使我国国民,广泛地与外国人接触,经过千锤百炼而仍能保持其实力,如同经得起大风大雨的坚固房屋那样。怎能自行退缩而企图复古,以侥幸求得偶然独立为满足呢?况且现在的对外关系如能处理得当,对于振奋日本人心,正是绝好的刺激,所以正应该利用它来大大促进我国的文明。总而言之,我的意思是进而争取真正的独立,反对退而保守独立的虚名。

兹再重申前言,国家的独立是目的。现阶段我们的文明就是达到这个目的的手段。这里所说的"现阶段"一语具有重要意义,切盼学者不要等闲视之。本书第三章已经论述过,"文明是宏大无比,人间万事莫不以此为目的",而将人类所应达到的文明的实质作为目的提出来进行了讨论,在这里,我是站在当前日本的立场,自然要把议论的范围也加以缩小,只是把有助于本国独立的东西,姑且定名为文明。所以所谓现阶段我国的文明,并不是文明的终极目的,而仅仅是作为事物发展过程的第一步,首先求得本国的独立,其他问题则留待第二步,将来再去解决。因为在这样限定讨论范围的情况下,国家的独立也就是文明,没有文明就不能保持国家的独立。这样,文明与独立二者,似乎没有什么区别,但是用独立二字,能使人在认识上,界限明确容易了解。如果单提文明,就可能意味着存在某种与国家独立和文明不相干的文明,甚至存在某种危害国家独立和文明的似是而非的文明。举例来说,现在日本各港口停泊着西洋各国的船只,陆上建有雄伟的贸易大楼,俨然像西洋各国的港口那样繁华。然而不明事理的愚者,看到这种繁华景象,有的认为,如今全世界的人民,莫不仰慕我国法律宽宏,争相麇集皇国,从各港口的情况可以看出,我国贸易日臻繁荣,我国文明日益进步,从而沾沾自喜。这岂不是莫大的误解吗? 其实这并不是外国人麇集于皇国,而是热衷于日本的茶叶和绢丝。各港口的繁荣虽然是文明的景象,但停泊在港口的船都是外国的船只,陆上的贸易大楼也是外国人的房屋,与我国的独立和文明毫不相干。一文不名的投机者利用外国人的资金,在国内广泛兜揽生意,最后将所得利润全部交还外国东家,却伪装着生意兴隆;又有人向外国借款,用该款购买外国东西,把它运到国内陈列起来,以显耀文明的景象。其他如洋楼、铁桥、舰船、枪炮之类也是如此。我们日本并不是文明的诞生地,只能说是文明的侨居地。总之,这种商业的繁荣和文明的外观,只能招致国家的贫困,长久下去,必然要危害我国的独立。因此,我在这里所以不用文明一词,而用独立一词,就是为了避免这些误解。

这样,把我国的独立作为终极目的。就好像把今天的人世间一切事物溶化成一个东西,而把所有这一切都作为达到最终目的的手段,这样,这种手段就会多至不可胜数。举凡制度、学问、商业和工业等等无一不属于这种手段。不仅制度学问是这样,就是世俗无聊之事,弈棋游嬉之物,如果细察其内容和效用,也有许多可以列入文明这个范畴之内的。所以,研究人间一切事物的得失利弊时,如果仅仅进行片面地观察,是不容易得出结论的。自古以来学者有许许多多议论,有主张节俭朴素的,有喜欢优美雅致的,有歌颂专制独裁的,也有赞成放任自由的,意见纷纭,你说东我说西,你说左我反驳说右,几乎是无尽无休;甚至有的人毫无定见,只从个人立场而随便云云,其议论完全随其本身的地位出处盛衰为转移。还有更严重的是,利用政府的地位作掩护,凭借区区政权,来贯彻自己的主张,至于他的主张的得失利弊似乎毫不介意,这可谓恶劣已极。这些情况犹如无的放矢,或无法庭而诉讼,谁是谁非,如同儿戏。试看天下事物,若片面地去看,也就无一不是,无一不非。节俭朴素近于简陋粗野,但对每个人来说,还要劝导他学习这种思想作风;优美雅致近于奢侈浪费,但对于全国人民的生活,却不能不希望其日进于优美。国体论顽固保守,虽然对民权极不利,但对稳定目前的政局,维持行政秩序却大为有利;鼓吹民权的过激论调,虽然大大有害于君主政治,但作为革除人民的卑屈恶习的手段却很有用处。忠臣义士之论、耶稣圣教之说以及儒家、佛家的学说等等,说它是愚就是愚,说它是智也是智,根据其所施用的地方,可以成为愚,也可以成为智。不仅如此,即使那些进行暗杀攘夷之辈,虽然其行为是错误的,但仔细分析其内心,则可以看出确是出于一片爱国心。所以,本章最初所说的君臣之义,祖先的传统,上下的名分和贵贱的差别等等,在人类的思想品质中也是可贵的东西,也就是促进文明的一种工具,因而没有理由一概加以排斥。这些工具,能否裨益于社会,只看如何运用而已。凡是一个人只要不是丧心卖国者，没有不愿意为国家谋利益的。假使有了误国的行为，那是因为他辨不清方向，以致偶然犯了错误。世上的一切事物，都是通过采取各种方法手段才能成功的，所以方法手段越多越好，同时也非多不可。不过在运用千百种手段时，方法上不要发生错误，应该深思熟虑，研究一定的手段是否和一定的目的有联系，如果有联系，究竟怎样来达到目的，是直接达到呢，还是间接通过另一种手段然后达到。或者同时有两种手段时，就应考虑哪一方面重而应先用，哪一方面轻而应后用等等。总之，最重要的是，不要忘记最终和最大目的。如同下象棋，步法虽然千变万化，但最终目的，是保护住自己的老将而把对方的老将将死。如果只重视车而不重视老将，就是象棋的拙手。所以，我提出"我国独立"四个字，作为本章的标题来划清内外的界限，指出群众应遵循的方向。只有这样，方能衡量事物的轻重，确定事物的缓急。轻重缓急已经明确，昨天所恼火的事情，今天就变成可喜的现象，去年所喜欢的事情，今年则变成可忧的事，得意变为忧虑，乐园变为苦境，仇敌变成朋友，外人变成兄弟，共喜怒同忧乐，而走向同一目标。依我个人所见，维系目前日本的人心，唯此一法而已。

第四节　维特伯爵

一、本节案例导读

　　维特伯爵，全名谢尔盖·尤里耶维奇·维特（俄语：Сергей Юльевич Витте，1849—1915），俄国政治家，曾任俄国交通大臣（1892 年）、财政大臣（1892 年—1903 年）与首相（1905—1906）等职务。其任职期间制定了许多促进工业化发展的政策，对俄国现代化进程起到了重要的推动作用。对外方面主张俄国向远东扩张，于 1896 年与李鸿章签订《中俄密约》攫取中东铁路的特权，于 1905 年与日本签订《朴茨茅斯和约》结束了日俄战争，由此获得伯爵爵位。《维特伯爵回忆录》这部著作是 1912 年完成的一部回忆性文集，由其遗孀出版于第一次世界大战后。该书记述了其生平许多重要经历与思想，对于研究 19 世纪末至 20 世纪初俄国史及世界格局之演变具有较高的参考价值。

二、案例资料阅读

［俄］维特伯爵：《维特伯爵回忆录》，肖洋、沈思思译，北京：中国法制出版社，2011年，第 99—133 页。

第六章　朴茨茅斯和约

1905 年 7 月 29 日(俄历)我被任命为与日本进行和谈的首席全权代表。在此之前,俄国驻意大使穆拉维约夫被召回圣彼得堡并被任命为全权代表。他回抵京城时,有一天晚上我们曾在一起开怀畅谈。他对我讲,他知道进行这次和谈是一件出力不讨好的事情,不论结果如何,他将会受到各方面的攻击。然而他说,他决定牺牲个人的发展前途,接受皇帝的任命。他又说他住在国外时,在议会制度下的生活使他确信只有实行宪政才能拯救俄国。当时这位大使丝毫不带病容,并且说他自己的精神状态很好。

过了几天,拉姆斯多夫伯爵来见我,告诉我皇帝命他私下来探询我愿不愿意接受对日谈判的首席全权代表的任命。大概就在前一天穆拉维约夫去见皇帝,自称有病,请皇帝解除他所承担的任务。伯爵对于穆拉维约夫之所以拒受任命有一番详尽的解释。拉姆斯多夫伯爵说,第一,因为他个人对于这项工作毫无准备,他的机智足以看出承担这个任务将冒很大的危险。第二,皇帝把首席全权代表的酬金定为一万五千卢布,这使他颇为失望,他曾希望得到十万卢布。

拉姆斯多夫伯爵以爱国心来激励我。他说他自己不能去,因为他现任职务不能分身。至于他的同事奥保连斯基公爵,他认为不适合担任此职。最后我向伯爵表明,只要皇帝亲自命令我接受这项任命,我将不会拒绝这个使命。第二天,皇帝便召见了我。他对我态度很谦和,要求我去负责进行和平谈判。我回答说我在任何时候都愿意为皇帝和国家效劳。皇帝向我道谢,并说他很诚挚地希望这次交涉能够达成和平。可是他又说,他不能赔一文战费,不割让一寸俄国的领土。

几天以后,我启程赴美国。在我出国的时候我国的财政情况如下:我们已耗尽了我们所有的财资,又失掉了在国际上的信用。无论是在国内或国外都没有一点发行公债的希望。我们所恃以继续作战的办法就是依靠发行新纸币,如此下去,不久财政与经济就要陷于完全崩溃的地步。事实上,在战争期间纸币发行总额已从六亿卢布增加到十二亿卢布。这个可悲又可怕的局面,一方面是由于柯科弗采夫缺乏经验,另一方面则由于我们对战争报以太乐观的态度。

在我个人方面,我确信库罗帕特金和李涅维奇会为我的成功使命而向上帝祈祷。的确,只有讲和才是他们的唯一出路,因为那时他们可以说:"我们虽然接连被打败,但如果不是讲和的话,我们终会获得最后胜利的……"

我们的代表团中包括下列成员:圣彼得堡大学的国际法名誉教授马滕斯,他是一个学问渊博但心胸却不很豁达的人,也是其他好几所大学的名誉教授;外交部的人员普兰松,他是一个典型的官僚,最喜欢趋承上司的意旨;我们的驻中国大使波

科季洛夫,他是一个很有才能的政治家,曾一贯反对我们在远东的侵略政策;后来
升任财政大臣的财政部代表希波夫;陆军部的代表叶尔莫洛夫将军,他是我们有勇
无谋的陆军的代言人。陆军部的副代表萨莫伊洛夫上校,他认为我们已失最佳战
机,无论付出任何代价也必须议和;海军部代表鲁辛上校,他的见解和萨莫伊洛夫
完全一致。副全权代表是罗森男爵,他是我到了美国之后才认识的。他具有波罗
的海日耳曼人的才智和十足的绅士风度。他对于俄国的内情毫不清楚,直到听见
萨莫伊洛夫上校和鲁辛上校谈起前线上的状况,他的态度才转而倾向和平。虽然
他未积极参与谈判,却尽力协助我。

我作了这样的安排:我的一部分随员在瑟堡和我会合,其余的则在纽约会合。
我离开圣彼得堡时,同行者有我的妻子和才几个月大的小外孙列奥·纳雷什金和
几个仆人。我们中途在巴黎住了几天,在这个法国的首都,我作为一个俄国爱国者
的感情到处受到伤害。公众把我这个大俄帝国君主的首席全权代表,只当作一个
微微小国的使臣来对待。只有很小一部分人对我表示同情,另一部分人则公然对
于我们的不幸表示高兴,大多数人则以一种十分冷漠的态度来对待我。在巴黎车
站上,我听到了"讲和吧!"的呼声。这些过激的报纸对于我们皇帝和国家的态度简
直是无礼到极点。

我离开巴黎赴瑟堡时,同行者有我的妻子,我们的女儿和她的丈夫纳雷什金,
还有一大群新闻记者。我原拟晚间上船,但因暴风耽搁了,所以到次日早晨才动
身。我们在一家旅馆过夜,旅馆很挤,我们只得到两间设备简陋的房间。在瑟堡,
法国人对我们的轻蔑态度更加明显。然而,这大概是由于我国偶遭不幸时我正好
身为国家的代表,所以我快崩溃了,而常常出现遭受种种凌辱和痛苦折磨的幻觉。

如果我没有记错的话,我们这次所乘的轮船是德国汉堡轮船公司的"威廉大
帝"号,它是一艘最大最快的远洋轮船。上船时我们受到船长和船员们的热烈欢
迎,当我走上甲板时,乐队奏起俄国国歌。我的一些同事即萨莫伊洛夫上校、普兰
松、纳博科夫、柯罗斯托维茨和马滕斯等都已经在船上了。还有好多我个人认识的
新闻记者同行,勃良查尼诺夫是一个颇有才干的青年,只是学识肤浅,浮躁而多话;
苏沃林是一个讨人喜欢的青年,这两人都是俄国人。在外国的记者中我认识狄龙
博士,他是一个卓越干练的英国政论家,为人忠诚高尚,在英美两国久负盛名。他
是俄国一所大学的毕业生,曾在一段时期内,在哈尔科夫大学教比较语言学。他能
说流利的俄语并能以合乎规范的俄文写文章,对于俄国的情况,尤其是最近一个时
期的政局变化了如指掌。他与我们的所有政党和社会团体都有往来。在这些新闻
记者当中,还有英国国王爱德华的特别通讯员麦肯齐·华莱士。这个人一直到条
约将要签字的时候还认定这次和约不会缔结,从这个事实可以判断他一定经常令

英国国王对国际形势产生误解。他在一个时期内是泰晤士报的政治栏编辑,他或许是一个好的政论家,但他总是把不正确的俄国消息报告给他的国人。他能说流利的俄语,对于任何关于贵族政治的事情他都情有独钟。他在俄国时,和一些贵族家庭住在一起,专门与一些门庭显赫的人来往。所有他听闻的事情,他都认为是千真万确的事实,并且很忠实地报告给他的国人,但在英国并没有人重视他。前不久他写了一本关于俄国农民的书,其中他对于我们的农村公社(公社共有土地制度)大加赞扬。

在我们的革命(1905年至1906年)爆发前的六个月,他的这本书发行新版,他在书中断言由于有这种明智的农村公社组织,使俄国不至于发生革命。1906年到1907年的冬天,他住在圣彼得堡,据说在他所写的通讯中对我颇有微词,他一定是受了他所密切交往的人士的影响。我在美国怠慢他的举动,可能也让他心怀不满。有一次我对他说,他那本关于俄国农民的著作表明无论多么明智的人,要是以耳代目,也会酿成天大的灾祸。

同我们一起乘船的,还有法国《晨报》记者阿代芒。他是一位出色的职业新闻记者,对我们的态度很好。此外还有一些别的记者,但在欧洲方面凡是关于谈判进行的消息实际上都被狄龙博士和阿代芒所操纵。这次会议中德国新闻界没有派来卓越的代表。

我们的旅程进行了六天,海上风平浪静,所以我一点也没有感受到航海的不舒适。我们单独吃饭,不和船上大众在一起,有几次我邀请了一些记者来一起进餐。我曾两次到普通餐厅去吃饭。我发现旅客中竟有好几个是因好奇心驱使而踏上此次旅程的,他们去朴次茅斯,只是想要目睹我和小村的政治角斗。狄龙博士从海上航程中以无线电报发表了他与我关于即将举行谈判的谈话记录。从大洋上以无线电报传出一篇谈话在世界报刊史上还是第一次。这篇访问记登载在欧洲的各大报纸上,它在使世人了解我对于此行使命的性质的观点方面作出了很大的贡献。

自从我出乎意料地受命为全权特使以来,差不多已过去两个星期了,在这期间我公务繁忙,不能静下心去思考。但是上船后我就有充裕的机会独自沉思了。在船上我才为这次外交上的决斗做好了准备,拟定了这场战斗的计划。我决定以下面几条原则作为我战略谋划的依据:(一)丝毫不露我急于求和的意图,使人感觉到我们皇帝之所以同意和谈,只是为了顺从各国对结束战争的普遍期望;(二)做一个配称世界上最大帝国的特使,不因这个强大帝国一时受挫而沮丧;(三)鉴于美国新闻界具有重大的影响,要殷勤对待新闻界,并创造机会让媒体与我们接近;(四)要用民主朴素且不唯利是图的作风博得美国人的同情;(五)鉴于犹太人在美国新闻界和美国生活的其他方面,尤其是在纽约的势力很大,不要对他们显露任何敌意这与我对于犹太人问题的见解是完全一致的。我在美国访问的整个时期,都严格遵守了这个行动纲领,在那里我好像住在一间玻璃房子里一样,好像是舞台上的演员,一举一动都在众目睽睽之下。我认为这次外交上的成功,部分应归功于我的这个纲领。在船上时,我已经开始实行这个计划,结果我和很多旅客之间建立了诚挚的关系,后来这种关系又从轮船扩展到普通民众和新闻界,营造出了一种有利于我个人和俄国的气氛。我不但不躲避记者们,恰恰相反,我总是顺从他们的意愿,实际上我迎合了他们要使世人明了会议进程的愿望。自然,我还得随时保持谨慎,细心地推敲所说的每一个字,以便让我所争取的事情获得最圆满的结果。日本的全部战时公债几乎都是在美国金融市场上发行的,所以美国实际上资助日本来对我们作战,这是一种公开的秘密。而且美国舆论总的来说是偏袒日本的。这就是我到达美国时面临的局势。展望国际时势的演进,我可以说在把美国舆论界拉到俄国周边的目的,我已取得成功。在行动过程中我逐渐赢得了美国新闻界的支持,并使它为俄皇所嘱咐我办理的事情说话,因此当我离开美国时,事实上已经获得了整个美国新闻界的拥护。这样,美国新闻界反过来成为支持我个人和我所坚持的事业的有利力量。

日本的全权代表小村寿太郎在这种关系上犯了一个大错,尤其让人意想不到的是,他在美国长大,知道这个国家的文化和民主传统。他总是躲避记者们,竭力不让他们得知这件事情的许多信息。于是我就利用他不善应酬的弱点,激起新闻界对他和他的事业的反感。谈判刚一开始,我便提议将各种讨论全部对新闻界公开,这就好像是说,我愿意信任全世界的人们,我作为俄国皇帝的全权特使,绝无任何秘密和利己的目的。当然,我知道日本方面一定会表示反对,果然,由于对方的提议,新闻记者不许进入会场。这事件立刻就被记者们知道了,于是他们对于日方的动机抱有很大的偏见。后来会议决定,在每一次会谈后,由秘书写成简短的记录,经双方全权代表审阅后发表,供新闻界应用。不久记者们就发觉由于日本代表检查得太严,致使公报既简短又稀少。于是美国人民对于俄国的友谊日渐增加,而对于日本的同情心日渐减少。

可以说,我个人的亲善外交,也是使得美国舆论发生变化的重要原因。凡是我所接触的美国人我都注意以最平易近人的态度相待。无论在旅途中,还是在专用列车上,或是在政府的汽车或轮船上,我对每一个人都真诚地道谢,我和机械师们谈话并和他们握手,总之,无论是哪一个社会阶层的人,我一律都是平等相待。虽然做这种事我觉得比较费劲,但能达到这样的结果却是我一直梦寐以求的。我这样做,不但丝毫未减少我作为俄皇的首席全权代表的尊严,反而大大提升了我的声望。美国人大都先入为主地认为作为一个俄国皇帝的使臣,应该是一个可怕的、不可接近的人物，就像前来访问这个国家的其他国家的官吏一样，我的亲民举动，让他们发现我这个俄帝国的最高官员——大臣会议的主席和俄皇的特命全权大使——竟是一个平易近人且谦和有礼的人，他对于最普通的市民也能以平等相待，这让美国民众感到非常高兴。

在我们旅程的第六天，当我们的船驶入纽约水域时，有一大队小船和汽艇来迎接我们。这些船上满载着新闻记者和一些因好奇而急于要看看俄国特使的人。记者们上了我们的船，以美国新闻界的名义向我致敬。我则表示来到一向与俄国邦交敦睦的美国，心中十分欣喜。同时对于在美国社会上占有非常重要地位的新闻界，说了几句颂扬的话。从那时起直到我离开美国为止，我真的好像是在这些记者们的监视之下一样，他们关注着我的一举一动。在这期间我成了无数摄影记者追拍的目标。各种各样的人，尤其是女士们，走到我的面前要求静立一会儿以便为我拍照。每天我接到无数从美国各地寄来的信件，要求我签名。这些要求签名的人，特别是女士们，往往还亲自跑来见我。我总是很高兴地满足她们的要求，一般说来，我对每一个光临的客人都竭力表示友善，对于新闻界的代表更是如此。

登岸时，我们的副全权代表罗森大使带着他的下属来接我们。他用他的汽车把我们送到纽约中央大街的一家最好的旅馆。在这个旅馆里已经为我准备好了一个套间，其中包括两间书房、一间大客厅、一间餐厅、一间卧室、一间更衣室和一间仆从们的住房。每日租金是三百八十卢布。就在靠近我房间的阳台上飘扬着一面很大的俄国国旗，它吸引着每一个人的注意。当时气候酷热，许多纽约的居民都到乡下避暑去了。罗斯福总统派了几名秘密工作人员来保护我。这些美国侦探在外表和言谈举止上颇为绅士。他们都穿着便衣，和街上一般人毫无区别——至少在一个外国人的眼中是如此。在欧洲，一个特工人员很容易可以被辨认出来。在圣彼得堡，他也和常人穿一样的服装，但是远远一望就能被认出来，因为他戴着一顶礼帽，拿着一把大黑伞。这个卫队的出现带给我一种不愉快的感觉。我问罗森男爵为什么要派这些人来，他解释说，有谣传说，有一群极端派的日本军阀为了阻挠议和可能会派人来谋害我。他说，还谣传聚居在纽约的犹太人可能也会来谋害我。这些犹太人是在普列维所策动的基希涅夫屠杀以及随后引起的几次屠杀之后从俄国迁移来此的。条约签字后，我的秘密卫队得到了增援，因为人们相信住在美国的日本侨民正在准备来刺杀我。

我到达纽约的第二天，在大使馆的一位官员陪同下，乘一辆汽车到犹太区去，那里住的人大部分是从俄国迁移来的。那时纽约的犹太人口已达五十万。这些犹太人很快就认出了我。一开始他们还带着仇恨的目光看我，但是当我向几个人问好又和另外几个人以俄语交谈了几句话，他们就冰释敌意了，大多数人都和善地对待我。我回到旅馆才遇到派来保护我的密探。当他得知我已经到过犹太区而且安然无恙，他感到有些惊异，因为据警局掌握的情报，犹太人对我是很仇恨的。

同一天，我由罗森男爵陪伴，去牡蛎湾拜访罗斯福总统，这地方距纽约有一小时的行程。罗斯福住在他自己的一所小房子里，他退休后，仍然住在那里。这房子看起来就像是某个小康市民的一所普通别墅。他家中所有的仆役都是黑人。罗斯福生平主张黑人和白人完全平等，他总是为美国的黑人争取权益。黑人自然对他十分敬爱。但另一方面也有一部分白人攻击他，不过这只是少数。我为议和的事同总统谈了很久。我的态度让他很不高兴，他说依我对这个问题的见解，对日议和是不可能的。他认为在开始进行谈判时，两方面各抱相反的见解，互不退让，那么这个会议就要解散了。然后我们共进午餐，除去主人和我们两个客人之外，还有总统夫人，总统前妻所生的女儿和她的丈夫。这顿午餐对于一个欧洲人来说，是过于简单而且几乎是难以消化的。桌上没有桌布，也没有酒，只有冰水。总统只给罗森男爵敬了一点酒，算是一个特别照顾。我注意到，总的说来，美国人都吃得很简单。在席间最令我惊异的是主人，而不是主妇，第一个入席，餐毕最先离席的也是主人而非主妇。上菜的时候不是先给他的妻子而是先给主人。我也注意到主妇走在总统的后面。这一切都是和欧洲的礼节和习惯完全相反的。"女士优先"的原则，适用于法国总统的夫人，正如适用于任何其他妇女一样。只有在举行某种严格的正式仪式时，法国总统才占有优先地位，但在那种场合，总统夫人通常是不出席的。

午餐后我们又继续会谈，但因有总统夫人在座，所谈的就不是事务性的议题。我们约定第二天当着总统的面我和日本的代表团在总统的游艇上见面。在游艇上见面并互致敬意之后，我和罗森男爵搭乘一只军舰，小村寿太郎和他的随员搭乘另一只军舰，驶往举行会议的地点朴次茅斯。

到了约定的时间，我离开旅馆到码头上去，有很多人在那里对我默默致敬。我们乘了一只小汽船，向总统的游艇开去。一路上不断有船上鸣笛和工厂汽笛的轰鸣和尖叫声，这是美国特有的致敬方式。值得注意的是日本代表所乘的那只船却没有受到这样的待遇。我们到达目的地时，总统的游艇按照惯例向我们致敬，对于日方代表也是如此。

我们一登上甲板，总统就按照礼节介绍我们与日方代表相见，接着就邀我们同进午餐。为了避免座位先后次序的麻烦，我们都站着吃饭。我对罗森男爵诉说我料想日方会比我们多占一些便宜的顾虑。举例来说，如果首先向日本天皇然后才向俄皇举杯祝酒我就不能忍受。罗斯福总统是一个典型的美国人，向来不注意礼仪，也没有这方面经验，我担心他会把整个事情弄糟。罗森男爵于是去和美国助理国务卿商量这个问题，这人曾在美国驻俄大使馆中服务多年。后来他被指定负责组织这个会议并安排会场中的位次以避免发生任何争执。至于对两国元首的举杯祝酒则是和罗斯福总统的演说相连同时并行的。最初我和日本代表相遇,精神上颇感痛苦,因为我所代表的虽然是世界上最大的帝国,但毕竟是一个战败国。这次会见是拘谨不堪且颇为局促的。当我们走出船上的大房间时,我们这一群人,包括罗斯福总统、我本人、罗森男爵、小村寿太郎以及日方的副全权代表驻纽约领事高平小五郎,都依从罗斯福总统的意思合拍了一张照片。这张照片后来送给参与会议的每一个人,各种美国报纸上也刊登出来。我们告别了罗斯福总统和日方代表以后,就搭乘一只军舰向朴次茅斯。

(中略)

当天晚间我到达朴次茅斯,这里是一个海军基地,也是一个小城镇,这个城镇是中产阶级避暑的居住地。在旅馆中我遇到那些宁愿乘火车而不乘船到这里来的一部分随员。两国代表团所乘的两只军舰次日早晨才能到达朴次茅斯。我们团员所乘的那只军舰先到。清晨,我身穿便服来到海军港口,当我们的军舰一进入海港,我便乘了一只小艇迎上前去,登上军舰,然后在罗森男爵以及其他团员的陪伴下登岸。海港当局派了一支水兵和一个军乐队在岸上欢迎我们。

我们从港口直赴海军大楼。楼的两翼一边成为我们的办公处,另一边则是日本代表团的办公处。两翼之间由一间大厅相连,每次会议就在这个大厅举行。大厅对面有一些宽敞的房间,参加会议的人在那里饮茶和进餐。我们来到朴次茅斯之后,就算是美国人的客人,因此一切膳宿费用都由美国政府供给。同时还有几辆政府的汽车供我们使用。所有赴会的成员都住在当地最大的旅馆中,但一般说来旅馆和全城住的人过多,以至于我这个俄皇的首席全权代表也只得到两个小房间,另外有一小间给我的两个仆人住。我的书房几乎是一间玻璃房,所以不但从旅馆的许多房间和临近的阳台上可以清楚地看到我的动作,就连过路的人也可以看到。自然,那条路上经常聚集着一群好奇的人,他们都很想看一眼正在办公的俄国特使。不用说,新闻记者们更是整天围着这地方徘徊。他们不满意仅仅和我的秘书保持经常接触,他们不停地请求我亲自接见,而每一家报纸的记者又都希望单独会见以便得到一点独家新闻。

在第一轮会谈结束后,我们和这个海港的一些官员以及他们的夫人聚餐,我们在前些时候曾被介绍给这些人。从此以后两方的首席代表和副代表便同桌进餐,这成了一个惯例。我们还有两名翻译在旁,以备日本代表说他们本国话时为我们通译。每餐菜肴足有几十道之多,但大多数是凉菜。美国政府似乎已经预备好了几百种珍馐佳肴,把它们储藏在冰箱中陆续供给我们品尝。我很快就注意到要留神这些食品。又过了两三天,我决定完全不吃这些食品,而只吃面包和一点蔬菜。

小村则和我相反,每一样菜他都吃得津津有味。有一次我劝他留心食品中潜伏的危险,但他却要表现日本人的无畏精神,说他不怕,可以吃任何东西。于是他继续吃下去。结果当我离开朴次茅斯时我是健康的,而小村寿太郎却在会议终结时生病了,他的病发展成一种肠道伤寒症,因此在我离开美国前去向他告别时,他已经病倒在床上了。

第一次会谈之后,我们去参观市政厅,我们都乘坐敞篷的马车,形成一个庄严的列阵。路上挤满了欢迎我们的军队和观众。我还记得当时的队伍中发生的一件事,此事与我们关于一支有纪律的军队的观念颇不相符。当我乘车从一队士兵面前经过时,突然听到传统的俄国军队的问候语:"阁下,祝您健康!"我回头看去,一个士兵正向我举枪致敬。这一定是一个俄罗斯-犹太血统的美国士兵。出乎我意外的是军官们对于这种不守纪律的行为竟毫无反应。到市政厅时,市长和其他市府官员们都出来欢迎,并和我们互致问候。最初我们俄国人吃饭都是在旅馆的大餐厅中单摆一桌。后来我才发觉在我住房旁边的单间屋子进餐更舒适些。所吃的食品都是按照我们的吩咐制作的,因为吃美国的饮食是很危险的。我得到一个结论就是,美国人根本不讲求烹调的口味,只要是他们喜欢吃的东西,即使不新鲜,倘若适当地加以调味后摆出来,他们差不多都可以吃下去。

第二天正式会谈开始了。在这里我最想谈谈我的主要对手小村寿太郎。他在任日本驻俄大使时,我曾在圣彼得堡遇见过他。我也认识他的几个下属。小村无疑是一个很有才华的人但他的相貌和风度却不怎么吸引人。就风度来说,他还不如我所见到的另外几位日本政治家,如伊藤、山烟、栗野和茨田等。

我担负着那样巨大的责任,因为那样的日子真的是紧张而痛苦。我十分清楚,如果我空手而返,战火又将重起,一次新的崩溃会随之而来,全俄国都会诅咒我未能带来和平。另一方面,我的爱国心又使我不甘接受一个胜利的敌人所强加给我们的和平条件。

在这种情形下,我似乎做到了一切我可能用外交手段来做到的事(整个文明世界都会支持我的这种见解);事实上,我所获得的比我所期望的还要多。然而不能忘记的是,我毕竟代表的是一个战败国,我毫无办法化解我所面临的无情压力。

日本人在和会上的态度是适度且冷酷的。他们屡次打断私人商议的进行。除去两方各有三位秘书外,与会的就只有两方的全权代表,那就是我、罗森男爵,小村和日本驻美大使。主要发言的是我和小村,副全权代表们很少参与辩论。我的口气和态度非常强硬,以致有一次小村揶揄道:"你的语气好像你是代表胜利国一样。"我反驳他说:"这里没有胜利者,所以也没有战败者。"

我原来希望代表助理们都参与会议,但不知什么缘故,小村坚决反对。所以有一些代表助理只参加过一次会。日方的代表助理们全都待在会场附近的几间屋子里，小村经常不断地和其中一个美国人商量，那人曾在日本当过律师，当时在外交部任职。私人交际方面我们只是在短短的午餐进程中和日本代表们会见。

我严格地全部执行了皇帝给我的训令。唯有南部萨哈林岛的割让算是违背了不割领土的原则，但这一切只好由皇帝自己负责。这是一个好办法，否则我们就不能获得和平，但是我也许不会自动采取这个办法。至于罗斯福总统，最初他曾试图胁迫我作出一些相当大的让步，他向我指出，如果我不让步，和约就不能缔结。但我却坚决表示不能作任何这样的让步。在那个时候，日本政府中有两派对立。一派以伊藤为首，主张接受我提出的条件；另一派坚决要求赔偿战费，如果我方不允，就继续战争。当时罗斯福看到美国的舆论渐渐倾向于俄国，恐怕万一议和不成，他本人和日本都会失去美国国民的同情，于是他打电话给日本天皇，向他说明美国舆论的倾向并劝他接受我的条件。小村接到命他让步的训令，但因他本人反对让步，他要求天皇亲自给他一道训令。所以和会在结束时，一再拖延，并呈现出混乱的状况。

谈判进行的经过，可以引用当时的电报和信札来说明。8月13日我给圣彼得堡的外交大臣发去这样的电报：

我们已经开始逐条讨论日方的条件。我想日方是在拖延时间，或者希望有什么变故发生，或者是为了和东京、伦敦方面进行商讨。我们坚持这样的看法：就是他们将不放弃他们主要的几项要求。我深信我们必须这样来进行谈判，我不但要赢得俄国人民的拥护，而且还要赢得欧美舆论的同情。如果我们命中注定要打一场旷日持久的战争，那么只有这样我们才能在上帝的援助下战胜敌人。如果欧美两方面不再给予日本以物质上的协助而在精神上同情我国，我相信我们必将获得最后的胜利。所以，在进行谈判时，有三点是绝对必要的：(一)我们必须这样行事以便在不能缔结和平条约的情况下，能够本着纯净的良心把全部文件公布于世，将整个事情提请世人判断，(二)在不损俄国这个伟大国家的尊严和不伤俄国人感情的情况下，我们必须让日本得到他们由于侥幸获胜所已经取得的全部利益；(三)我们必须公平地估计当前的形势，因为在这种场合下公平是可行的。我坚信，无论谈判的结果如何，只要我能得到必需的支持，在进行谈判的过程中，我将竭尽全力为皇帝和国家效劳。

四天后，我又发给外交大臣这样的电报：

目前的局势是这样：关于赔偿战费，割让萨哈林岛，缩减海军，以及在中立海域航行的船只等问题还没有达成协定。我们在星期一或星期二将开一次决定性的会，在这次会后如果双方都不让步，我们将不得不停止谈判。我相信，日本人是怎样想的,谁也不知道。他们甚至对于他们的白种人朋友说来也是一面看不透的墙壁……鉴于目前形势的紧迫,我觉得我们有必要重新估计形势并立即作出一个决定。我坚信继续进行这场战争对于俄国来说将是最大的灾祸;尽管我们稍微能够防守,但我们很可能打不败日本。

皇帝亲笔在这电报稿的边上批道:"我已经说过,不割让一寸领土,不偿付一个卢布战费。这原则我要坚持到底。"

8月21日,我又给外交大臣发了一个电报:

……我相信会议以后,全世界都会得知会议的经过,那时爱好和平的人们都将承认俄国拒绝赔偿战费是对的,但关于萨哈林问题,他们恐怕不会同情我方,因为事实总是胜于雄辩的。事实上萨哈林现在日本人手里,而我们又无法夺回。所以,如果我们想把和会失败的责任推给日方,我们就不能在拒绝赔偿战费以后再拒绝割让萨哈林岛。如果我们希望将来欧美各国支持我们,那么在作最后答复的时候,我们必须考虑罗斯福的意见。

第二天我接到他的复电如下:

很不幸,从你上两次电报看来,尽管你在会议中已表示愿意就和约的各点达成协议,但日方代表依然坚持他们的条件,而这些条件是有损俄国尊严的,因而我国完全不能接受。鉴于这种情形,皇帝已命令你,如果日本政府不授权他们的代表放弃他们那些过分的要求,就停止同他们进行会谈。

……这样,由于日本代表对于战费问题不肯让步,谈判正在破裂;我们也只有到此为止。在这种情况下,再讨论完全不能允许的割让萨哈林问题已经没有必要。

诚然,萨哈林现在被日本人占据了,我们一时也不能把他们赶出这个半岛;然而,这个岛有着光辉的前途,强力占领和有正式文件的割让,其间有着很大的差别。

罗斯福总统曾敦劝日本代表不要坚持赔偿战费的要求,我保存了他的两封信,从其中可以看出这一点。

金子坚太郎男爵阁下:1905年8月22日于牡蛎湾

我觉得应当告诉你,据我所知,各方面同情日本的人士都怀疑日本是否可能为了一大笔战费而继续作战。我国参议院的外交事务委员会中有一位杰出的人物,他是绝对同情日本的,写给我这样的信:

"我觉得日本简直不能只为了一大笔战费而继续作战。如果它为了占领萨哈林岛而使谈判决裂,那倒是情有可原。但是如果它只为得一笔金钱而重新采取军事行动,它将得不到金钱而且会很快失去美国和其他国家的同情。我觉得我应该表明我的意见:我认为日本要求赔偿战费是不正当的。日本已经占据了萨哈林岛这块俄国的领土并且还要保留它。

我认为阁下一定知道,在美国,凡是同情日本的人士,大都与此信作者抱同样的观点。日本果然承诺把萨哈林岛北半部归还给俄方,就有希望在俄国所应赔偿战停用费之外还得一笔钱。但日方却一定要求赔偿六亿元的战费,我认为日本不能要求或得到这样数额的赔款。你知道我是如何迫切地敦劝俄方缔结和约。我也以同样的毅力忠告日本不要为了赔款问题而继续战事。如果日本那样做,我相信它定会受到很大一部分世界舆论的反对。固然舆论不见得有什么切实的影响。然而切不可完全漠视它。况且,如果日本只是为了赔款问题而继续作战,它也未见得就能达到目的。我想俄国对于你们所要求的这样巨额的战费一定会拒绝赔偿而世界文明国家的舆论是会支持它的。自然,如果俄国赔了这笔款,那我也就没有什么可说的。但是如果它不肯赔偿,那么你们再打一年的仗,即使你们占领了西伯利亚东部,你们也总要再花数百亿元的军费,流大量的血,而且即使你们得到了西伯利亚东部,也只会得到一些你们所不需要的东西,而俄国将完全不能偿付你们任何东西。无论如何,俄国将不能赔偿足以弥补你们所多花费了的金额。当然,我在这一点上的判断也许是错误的,但我完全是从我所认为的日本的利益着想,而诚实地表明我个人的信念。而且,我觉得为了文明与人道,不应该只为谋求一大笔赔款而继续战争。

这封信的密级很高,但是如果你能把它电告贵政府,我将感到高兴,并且希望你能这样做。如果你要将此信转达贵国政府的话,应立即办理。

您真诚的:西奥多·罗斯福(签名)

1905 年 8 月 23 日于牡蛎湾

金子坚太郎男爵阁下:

除昨天寄给你的信上所述之外,我想再请大使阁下注意一件事:

我觉得目前缔结和约,对大日本帝国是有利的,有如下两点理由:第一,符合日本自己的利益,第二,也符合日本对之负有一定责任的全世界的利益。你记得,我不是说过吗,你们为了保持萨哈林而继续作战,那是对的,但为了获得俄国一大笔钱而继续战争我觉得是不对的。虽然,你们也许能够达到目的,但我深信你们将为那个胜利付出过于高昂的代价。如果你们不能得到那笔钱,那么即使俄国蒙受更大的屈辱和损失,也将不能抵偿你们生命财产的消耗了。

(一)目前结束战争是对日本有利的。它已经得到朝鲜和满洲的支配权;日本消灭了俄国的舰队从而使它自己的舰队增加了一倍;它已得到了旅顺口、大连湾、满洲铁路;它已占领了萨哈林。若为了谋取金钱而继续战争,对日本来说是没有什么好处的。因为它最终从俄国方面所得的代价将不足以补偿继续战争所消耗的费用。如果日本现在乘胜结束战争,并在国际会议中占据领导国家的地位,那会是明智之举。

（二）从道德的角度来看，我觉得日本对于今日世界的危机负有一定的义务。所有文明国家都期望它缔结和约；各国人民对它都抱有这样的信念：让日本表现它在政治上的优越不亚于它在军事上的优越！我凭借至高无上的名义向它呼吁，我希望它对于这个呼吁不要置之不理。

谨致深切的敬意！

您诚恳的：西奥多·罗斯福（签名）。

8月27日，我发电报给外交大臣：

有鉴于十四小时的地区时间差，他要求我把明天的会展期推迟到后天（星期二）召开。我回答说我认为我无权拒绝他的要求，但我以非常明确的口吻向他声明，我们无论在任何情况或环境下，不能放弃根据我国皇帝最后一次训令所作的决定，就我国皇帝所作的最后的让步，日方无论再有什么新的提议，我将立刻拒绝，不再向本国政府请示。所以，我说了，如果他们希望我们服从，那他们就是在浪费自己的精力与时间，而让世人失望。

皇帝在这封电报文稿边上批道：

把我的命令送给维特，叫他无论如何明天结束会谈。我宁可继续战争，也不愿再等待日本方面仁慈的让步。

1905 年 8 月 28 日于彼得戈夫宫。

第二天，我在给外交大臣的电报中说：

今天九点半钟，在开会之前，小村男爵想要和我作一次私人谈话。在谈话间，我说，遵照我所接到的训令，今天的会谈一定是最后一次了，此后有待他们解决的唯一问题，就是他们对于俄皇最后提出的不可改变的决定或是接受或是拒绝。我几乎可以肯定他们会对我们皇帝的意志让步。

当天较晚时，我发出如下可喜的消息：

我荣幸地报告陛下，日本已经接受了我们关于和平条件的要求。这样，由于陛下的睿智而坚定的决定，和平将完全按照陛下的计划而得到恢复。俄国和过去一样，依然是远东的一大强国，这种地位将永远保持下去。我们胸怀爱国之心，竭尽所能地奉旨行事。请宽恕我们未能获得更多的成果。

和平条约于 1905 年 9 月 5 日下午 3 时签字。

最后会谈的那一天前夕，我还不知道日本人是否肯签订和约。我睡觉老做噩梦，在祈祷和哭泣的间隙中惊醒。我的内心充满了矛盾。我知道必须缔结和约。否则，我觉得国家有完全崩溃的危险，包括我所全心全意效忠的皇室也将被推翻。我知道我个人对于这次可怕的战争并不负丝毫责任。相反，我曾尽全力去阻止它的发生。可是,缔结这个对我国的自尊毕竟是一个重大打击的和约的职责竟落在我的肩上。我知道签订这个和约的全部责任将由我承担,因为朝中当权的那些人,且不去说皇帝尼古拉,没有一个肯承认他们对于国家、对于上帝所犯的罪过。所以我不禁变得非常忧郁。我在朴次茅斯和会的最后几天中的痛苦之情,即使我最痛恨的人,我都不希望他有这种经历。使我的苦难更加深重的是,我在这时病了,然而我还得竭力扮演一个征服者的角色以吸引世人的眼球。我的同事们中只有少数几个人了解我的心境。

条约的签订是用鸣炮宣布的。全城立刻用旗帜装饰起来。我从会场一直乘车到当地的一所教堂去,因为这里没有一个正教大礼拜堂,我通常到那里去。一路上许多群众向我们热烈祝贺。教堂附近的街上挤满了很多的人,致使我们很难通过。很多人想和我们握手,这是美国人通常表示亲善的方式。

我好不容易挤进教堂以后,才发现里面已挤满了人,所以我们只好待在举行仪式的高台的护栏后面。这时我们看到一个奇妙的场面:各个宗派的教士们,包括来自纽约的我们的正教牧师和几个犹太教的先生,排成一个庄严的队列,正穿过教堂向祭坛行进,前面唱着赞美和平的圣诗歌咏队。这一队人到了高台后就由俄国牧师和新教牧师作了简短的感恩祈祷。在仪式进行当中,纽约的主教也专程从火车站来加入其他教派的行列。他和俄国牧师作了简短的弥撒。接着教士们和在场的几个歌咏队唱了一首圣诗,这时好多人都流下泪来。我从没像现在这样热诚地祈祷。这次庆祝竟使各个宗派的基督教会和所有的基督徒都团结起来,这是所有灵正开明的基督徒的梦想。我们都是由于热烈崇奉"不可杀人"这个伟大的训条而站在一起的。看见美国男男女女为了上帝赐给俄国和平而含着眼泪感谢上帝的情景,我不禁暗暗自问,这和他们有什么关系。回答是:"我们不都是基督徒吗?"礼拜结束时,歌咏队开始唱:"上帝,请保佑沙皇。"就在这歌声中我们离开了教堂。当我缓步从人群中经过时,很多人力图把礼物塞在我的衣袋中,显然这是当地的一种风俗。到达旅馆后,我发现衣袋中除了许多不值钱的装饰品外还有一些很贵重的礼物。

我这次成功地完成了我的使命,因而受到人们的高度赞扬,所以尼古拉皇帝在道义上不得不赐我以破格的殊荣,晋封我为伯爵。他此举并非出自他的本心,因为他个人,尤其是皇后并不喜欢我,同时朝中有一群官僚对我进行种种谗言诬陷,这些人的卑鄙与他们的愚蠢程度相等。

全世界都认为这次和约是俄国在一年多战场上的节节失败之后的首次胜利。我之所以能够签订它是由几种情况促成的。第一,当我到了美国之后,我的行为促使美国人意识到我们俄国人在种族、文化和宗教上都是与他们相近的,我们来到美国与一个在各个重要方面都与他们不同的种族以法律的形式解决争端。而且,美国人民发现我虽然是俄国专制君主的特使、一个高级官员,但我却与他们自己的公众领袖或政治家十分相似。同时我们代表团的其他成员也模仿我那种普遍民主的态度,这也增进了美国人对我们的良好印象。我在上文中已提到过我怎样对待美国的新闻界以及他们怎样给我帮忙。此外我还得到美国犹太人的拥护,因为他们从我过去的事业以及我暂住美国时他们和我的谈话(这些谈话见下文)中得知我主张以人道的态度对待俄国的犹太人,这在近年来俄国的政治家中不能不算是凤毛麟角。我已经听说过罗斯福总统原是同情日本人的。为了增进他的声望,为了满足他作为会议倡议者的利己心,他才要求和平,但是对日方有利的和平!罗斯福总统或美国普通民众都没有想到日本的力量过于发展并不符合美国的最大利益。我想要观察这个问题,在与罗斯福以及其他几个美国政治家熟识以后,我发觉他们对于一般国际政治,特别是欧洲的国际事务很不了解,这让我感到非常惊讶。我听到一些美国最杰出的政治家和公众领袖对于欧洲政治作出了最天真的判断。这里可以举出其中的一两句妙语:"欧洲没有土耳其发展的余地,因为它是一个穆斯林国家,无论哪个国家获得它在欧洲的那部分土地,都不要紧。""为什么不重建一个强盛而独立的波兰呢?这会是一件公正而自然的事情。"

总体而言,当时的国际形势有利于朴次茅斯和会取得成功。法国鉴于它本国的切身利益,期望同盟的俄国与日本讲和;英国确实希望订立一个多少有利于日本的和约。英国人希望这个有利于日本的和约可以让俄国受到一种教训,将来到解决英俄关系中一些悬而未决的问题时对它有好处。不过,另一方面,英国觉察到日本的过于发展将带来潜在的危险,因此是不可取的。正在那时恰巧英日条约期满。重订条约的谈判已在伦敦开始,英国决定条约的最后拟定将视朴次茅斯和会的结果而定。我提醒我们的外交大臣拉姆斯多夫伯爵关注这个情况,但我们不能了解为什么伦敦的谈判会同我们的和会连在一起。金融界也希望战事终结,因为日俄战事使欧洲的金融受到很大的冲击。基督教教会是站在我们一边的,因为它们认为日本人是异教徒。虽然应当公道地说,这些异教徒是由他们对于神能产生无穷力量的信仰和对于生命不朽的不可动摇的信念所支持的。最后,朴次茅斯和会的圆满结束对于德国的威廉皇帝也是最有利的。

(中略)

我乘一艘德国的轮船回到欧洲,这艘船比我们去美国时所乘的那一艘行驶得更快,设备更加豪华。纽约的人民热烈地欢送我,船上的旅客们对我非常地友善和尊敬。当船进入第一个军港的时候,该港按照军礼为我们鸣炮致敬。

下面是尼古拉皇帝给我的信,其中通知我为了表彰我成功地签订了一个光荣

的和平条约的功绩,他决定封我为伯爵:

谢尔盖·尤利耶维奇伯爵:

由于我热切愿望俄国的和平繁荣,我同意接受美利坚合众国总统的友好提议,由日俄双方各派全权代表举行会议,以决定结束这场绵延已久,双方都已遭受惨重牺牲的战争的可能性。我已委派你作为我的首席全权代表前往美国,只要日方的条件尚可接受,即与之进行谈判并以依照我所明确制定的原则和他们订立和平条约。

无论是在详细讨论初步的条件的时候或是在最后拟定和约条文的时候,你都卓越地尽到了你所担负的职责。你处事态度坚决且具有俄国使节所应有的尊严;对于有悖于俄国尊严、有损国家重大权益的条件都予以断然拒绝,因而获得对方的让步。尽管你曾承认敌方所取得的胜利的结果,但是你遵照我的训令,不允许以任何形式赔偿那些不是因俄国发动的战事所造成的伤害,你只同意将1875年以前原属日本的萨哈林岛南部归还给日本。因此圆满地完成了为俄国在远东恢复和平的使命。

为了表彰你所表现的外交才能与政治家的经验,我封你为俄罗斯帝国的伯爵以作为你对国家所做的卓越贡献的报答。

永远对你有好感并且真诚感谢你的:尼古拉(签名)

1905年10月8日

在与日本人的和谈过程中,我曾觉察到,如果和约补充一项与日联盟的条约,我们就可以得到较好的谈判筹码。我很慎重地对小村提到此事,他的答复含糊其词。可是,日方显然并不反对和我们签订某种近似同盟的条约。我以电报告诉拉姆斯多夫伯爵说,据我看来,谈判应该以结成俄日同盟为目的来进行。因为这位外交大臣的答复含糊其词,并且最终反对我的意见,我不得不将此事搁置不提。所以,到会议结束时,我们与日本人不是作为决心互相援助的朋友,而是作为同意无限期继续斗争下去的仇敌而分别的。

我回到俄国,我才明白为什么我的意见不受政府的欢迎。事实上,在那些日子里,许多权贵大部分是由于这场战争发了财的投机者,他们中间盛行一种复仇的思想。一些如像《新时代》这样有影响的报刊鼓吹了这种思想,宫廷显贵连皇帝在内也都赞成这种思想。复仇运动的主要推行者之一是尼古拉·尼古拉耶维奇亲王所主持的国防委员会。这个委员会的确考虑了许多实现复仇梦想的措施。

斯托雷平首相自然与军国主义者意见一致。他想出兴建阿穆尔铁路的计划,因而我们可以有一条在自己领土内的铁路,以免被日本人夺取。这个计划在议会上被提出来,受到古奇科夫领导的臭名昭著的防务委员会的欢迎。为了使议会深感这条铁路的重要性,他们竟声称对日战争即将来临,最迟到1911年或1912年就会爆发。所以议会通过了修筑这条铁路的法案这件事将使俄国人民承受沉重的经济负担,结果却是有害无利。国务会议也受到同样的影响而予以赞成。我竭力反对这个计划,指出万一对日作战时,这条新铁路并不比中东铁路安全,也难以避免被日本人夺取的厄运。我还说,这条铁路会使中国人在阿穆尔地区的势力增长到危险的程度。我坚持说,最重要的是,修筑新的铁路线得花费巨额金钱,而这笔钱可以用来防守我们在远东的领地与现有的中东铁路,那样收效更好。但是我的辩论是徒劳的。

　　日俄战争对于国际形势产生了很大的影响。在这次战争的前几十年中,法国和英国由于在地中海沿岸亚非两洲殖民地地区的对抗,关系非常紧张。普法战争之后,英国几乎完全取代了法国在埃及的地位,并且可以说从它手中攫取了苏伊士运河。于是,在北非英国都成了法国的敌手。日俄战争数年之前,有一位法国的马尔尚上校曾在他探查过的北非某地升起了法国国旗,英国竟以很蛮横的方式强迫法国放弃那块领土。这个事件引起了法国人民的愤慨,于是法国政府求助于俄国。我们劝法国不要为此事和英国决裂,法国便让步了。随后法国外交部长德尔卡塞来到圣彼得堡,想和我们商议一种可以阻抑英国的办法。他敦促我们赶快修建奥伦堡到塔什干的铁路,以便在意外发生时,我们可以威胁印度。我们同意了这个计划,法国则允许我们向它借一笔款。由于日俄战争的结果,德尔卡塞觉察到法国不能依靠俄国,在这种情形下与英德两国保持紧张关系将对法国不利,结果德尔卡塞开始同英国和解。他和英国订立了一个条约,以调整两国在那些有利益冲突的地区的关系,并将此事通知了俄国。从此以后,法国一直在促进与英国的友谊。

第五节 阿尔弗雷德·马汉

一、本节案例导读

阿尔弗雷德·赛耶·马汉(Alfred Thayer Mahan，1840—1914)，美国军事理论家、历史学家。《海权对历史的影响：1660—1783》这部著作阐述了捍卫海上主权的诸多意义及方法，认为在未来的世界性军事战争中，陆军将不得不屈服于海上封锁所带来的影响，一国争夺海上主导权对于主宰本国命运乃至世界的命运均会起到决定性作用，从而提出"海上实力论"的观点。该书与马汉的另外两部著作(《海权对法国革命和法帝国的影响：1793—1812》《海权与1812年战争的联系》)并称为其"海权论"三部曲。

二、案例资料阅读

［美］艾尔弗雷德·塞耶·马汉:《海权对历史的影响（1660—1783)》，李少彦等译，北京：海洋出版社，2013年，第19—32页。

第一章　海权的构成要素(节选)

　　从政治和社会的观点来看,海洋最先声夺人和最显而易见的特点是一条重要的通道,若更确切些,则如同一片广阔的公有区域。通过海洋,人们可以到达世界各地,但人们频繁地使用一些航线表明,受到某些因素的制约,使人们选择某些航线,而不是另一些航线。这些航线称作贸易通道,而其制约因素要从世界历史中去寻找。

　　尽管海洋有各种常见和不常见的危险,但对于旅行和运输而言,海上交通一直都比陆路交通便捷、经济。荷兰发达的商业贸易不仅仅是因为它拥有海上运输,还因为它拥有无数条安全、稳定的海上航线,使其可以便捷、经济地通往荷兰及德国境内。在陆上道路少、路况差、战争频繁、社会也动荡不安的情况下,海上交通相对于陆路交通而言,优势就更为明显,二百年前就是这种情况。尽管当时的海上运输面临着遭劫持的危险,但仍然比陆路交通安全、快捷。当时一位荷兰研究人员在预测荷兰和英国发生战争的可能性时,在诸多情况中注意到英国的水路交通不足以贯通到全国各地。那么,在陆路交通不好的情况下,货物在不列颠境内从一地运往其他地方就必须经由海上,从而中途面临被劫持的危险。现在,单纯的国内贸易通常没有这种危险了。如今在大多数文明国家,尽管水运依然更为便宜,但是沿海贸易的破坏或者消失也只是带来不便。在法兰西共和国以及法兰西第一帝国战争期间,尽管当时海上云集着英国的船舶,法国内陆的道路又很好,但是熟悉这一时期历史的人们都知道,此时期兴起的少量海军文献经常提及护航船队,它们沿着法国海岸,从一个地方悄悄航行到另一个地方。

　　然而在现代条件下,国内贸易仅仅是一个沿海国家贸易的一部分。外来必需品或奢侈品必须通过本国船舶或外籍船舶运送到港口。这些船舶返程时,带回在该地区交换的土特产或手工制品。每个国家都希望由本国的船舶来承担这种海运业务,那么这些往来穿梭的船舶返回时就必须有安全的港口停靠,而且在整个航行期间,国家必须对这些船舶护航至尽可能远的地方。

　　战争时期,运输船舶的护航必须由武装舰船来执行。因此从狭义上来说,海军是因平时的海运应运而生,随着海运的消失,海军也将消失。除非是一个有侵略倾向的国家,它会将海军仅作为军队建制的一部分。美国目前还没有侵略意图,商业服务业已不复存在,所以从严格的、逻辑的角度来说,缺乏对武装舰队的兴趣以及武装舰队的规模减小都是必然结局。人们再次发现海上贸易的价值时,对海运的浓厚兴趣将促使其振兴海军。当人们预见近期肯定将开通中美洲地峡的运河时,对该运河的觊觎也会促使其重振海军。然而这一点值得怀疑,因为一个向往和平、追逐财富的国家并不是那么有远见,而特别是在我们这个时代,就必须眼光深远,做好充分的军事准备。

当一个国家的非武装船舶和武装舰船离开自己的海岸,很快会觉得必须要有一些据点能够提供平时贸易、避难和补给之用。当前在世界各地都有这样的友好海外港口,在和平时期都可以提供保护。虽然美国已连续享受这种好处很久了,但事情并非总是如此,和平也不会永远存在下去。早期,商船船员冒着失去生命和自由的危险,在新的、未开拓地区寻求贸易机会,从对他们持有不信任和敌意的国家那里获取利润,而他们在搜罗各种有利可图的货物时会耽搁很长时间。于是商船船员们凭直观判断,觉得有必要在贸易线的尽头寻找一个或多个停泊据点,他们通过诉诸武力或施以恩惠夺取据点,这样他们自己或他们的代理们可以安全地留在据点,而他们的船舶也可以安全地在那儿停泊,持续不断地搜罗岸上可供交易的货物,等待本国船队把货物运回去。早期的这种航行利润较大,也有很大的风险,但这种据点的数量仍然成倍地增长,规模也不断扩大,直到最后这些据点都变成了殖民地。创建殖民地的国家性质和提出的殖民地政策决定了这些殖民地最后的发展和壮大,这些构成了世界历史,特别是世界海洋历史的重要篇章。殖民地并非都如上所述,是简单地、自然地产生和发展。就殖民地的理念和创建而言,许多都是更为正式的、纯属政治性的行为,它不是某些个人的行为,而是统治者的行为。但是冒险家的唯利是图而建立并扩张的贸易站点,在理由和本质上同精心组织和获得特许的殖民地是一样的。上述这两种情况使本国在外国的土地上获得了一块立足之地,为本国出售的货物寻找了一条新销路,为本国的船舶获得了一个新的活动场所,为本国民众谋求更多的就业,使自己的国家更加繁荣富强。

然而,贸易的各种需求并不因道路远端的安全得到保障而得到完全满足。海上航行距离远、危险多,常遭到敌人的围攻。在积极开拓殖民地时期,海上通常是无法无天的,这些事情现在可能已被人们忘记,但海洋国家间的和平时日既短又少。因此,沿途需要一些像好望角、圣赫勒拿岛、毛里求斯那样的基地,它们的主要目的不是为贸易,而是为了进行防御和战争。海洋国家要求占领像直布罗陀、马耳他和位于圣劳伦斯湾入口处的路易斯堡那样的前哨,它们的价值主要是战略性的,尽管还有其他作用。殖民地和殖民化的前哨有时是商业性质的,有时是军事性质的,但像纽约,同一个地方在商业和军事两方面都同样重要的则比较罕见。

我们可以从生产、海运和殖民地这三者中找出濒海国家创造历史、采取政策的关键所在。交换产品需要生产;产品的交换需要海运;殖民地可以促进和扩大海运活动,并通过不断增加安全的据点来保护海运。时代精神和统治者的个性、英明程度的不同,国家所采取的政策也各不相同。但是,濒海国家的历史与其说是由政府的精明和深谋远虑决定,不如说是由它的位置、范围、自然结构、人口和民族特点,即我们通常所说的"自然条件"所决定。然而我们必须承认而且将会看到,在一定时期内,一些个人的明智或愚蠢的行为在很多方面大大影响了海权的发展,这包括用武力控制海洋或海洋的一部分的海上军事力量,还包括平时贸易和海运,这些贸易和海运自然产生了武装的船队,使其得到安全保障。

影响各国海权的主要条件可以列举如下:①地理位置;②自然结构,包括与之有关的大自然的产物和气候;③领土范围;④人口数量;⑤民族特点;⑥政府的特点,包括国家机构。

1. 地理位置

首先需要指出,如果一个国家的地理位置不需要通过陆路去防卫和扩张领土,而把目标完全集中于海洋,那么和以大陆为界的国家相比较,这个国家拥有更有利的地理位置。英国作为一个海上强国,其地理位置一直以来远胜于法国和荷兰。荷兰为了捍卫其独立,必须长期保持大规模的军队,同时由于战争耗资巨大,国力很快消耗殆尽。法国在海上扩张政策与大陆扩张政策之间摇摆不定,执行得时好时坏。这些军事行动耗费财富,然而如果能够更为智慧地、始终利用其地理位置优势,就会增添财富。

地理位置本身可促进海军力量集中,或迫使其分散。在这方面,英伦三岛又优于法国。法国濒临地中海和大西洋,虽然有其优势,但其地理位置总体是其海上军事力量薄弱的一个原因。法国东、西舰队只能在通过直布罗陀海峡后联合起来,这样做通常有很大的风险,有时还蒙受了损失。美国濒临大西洋和太平洋,如果它的两边沿岸都有大量海上贸易的话,那么其地理位置则是一个很大的弱点,或使其付出高昂的代价。

英国是一个庞大的殖民帝国,牺牲了集结兵力于自身沿海这种优势,事实证明这种牺牲是很明智的,因为收益远大于损失。随着英国殖民体系的扩大,它的作战舰队也随之发展,但是它的商业贸易运输船队和财富增长得更快。在美国独立战争、法兰西共和国和法兰西帝国时期,一位法国作者十分不满地说:"尽管英国海军得到巨大发展,尽管其富甲一方,但它似乎永远感受到贫困带来的各种窘境。"英国有能力捍卫国家和保护子民,但对于同样扩张的西班牙殖民帝国而言,由于海上力量薄弱,却屡遭侮辱和侵害。

一个国家的地理位置不仅能有利于军队的集中部署,而且还能占据战略中心,并成为抵抗其可能的敌军进攻的基地。英国的地理位置又符合这种情况。英国与荷兰和一些北方强国隔海相望,同时又面对着法国,濒临大西洋。对于来自法国、北海和波罗的海上强国联盟的威胁,英国过去也曾有过这种情况,它位于唐斯和英吉利海峡甚至是布雷斯特外海的舰队都把内侧的位置占据,这样就可以中途拦截那些想通过英吉利海峡与其盟国会合的敌人。此外,英国的四面都有可以停靠的优良的港口和利于航行的安全的海岸。以前,这是通过英吉利海峡通道的一个重要因素,但是后来,由于蒸汽船的出现和海港条件的不断改善,一度曾使法国人感到苦恼的不利因素有所减少。帆船时代,英国舰队以托贝港和普利茅斯港为基地来抵抗布雷斯特港内法国舰队的进攻。简单地说,当刮东风或微风时,英国封锁舰队坚守在阵位上没有多大困难,但是当刮起强劲的西风时,英国舰队就只能驶回本国的港口,因为它们知道这种大风同样会使法国舰队驶回其驻地,并且在大风转向之前是不会出动的。

在地理位置上靠近敌军或接近攻击的目标,这种优越性在战争形态上更明显,近来被称为打击通商(法国称之为"劫掠战")。这种商贸劫掠战通常是针对没有防御能力的商船,因此小规模武装力量舰船就能完成任务。由于这类船舶自身防御能力较差,需要有躲避处和就近支援点,可见于本国战舰控制的部分海域或友好港口。这些友好港口可以提供最有力的支援,因为它们的位置不变,商船攻击者比敌人更熟悉到达这些港口的航道。法国距离英国不远,大大方便了法国针对英国的劫掠战。法国在北海、英吉利海峡和大西洋上都有港口,其往来巡航的航船可就近攻击英国的目标商船。这些港口间的距离不适于展开常规军事联合行动,但却适于这种非常规的辅助性作战活动。因为常规作战的原则就是要集中力量,而破坏贸易的劫掠战的原则是分散活动。商贸破坏舰分散开来能发现和捕获更多的商船,这可以从法国大量私掠船的历史中窥见一斑。私掠船的基地和活动场所主要是英吉利海峡和北海,或者是在相距较远的其他殖民地,诸如瓜德罗普岛和马提尼克岛也能提供类似的就近躲避处。由于现代船舶需要不断补充煤,所以比以前的船舶更依赖于港口。美国公众非常信奉攻击敌商船的战争,但要知道美国在国外大商贸中心附近没有港口。因此,除非美国在同盟国的港口里设有基地,否则它的地理位置非常不利,无法成功地进行破坏贸易的"劫掠战"。

如果一个国家的地理位置除了具有方便进攻的优势外,又方便进入公海,同时还控制了一条重要水路或世界主要贸易通道,那么显而易见这个国家的地理位置具有重要的战略意义。在相当大的程度上,英国拥有这样的有利位置。荷兰、瑞典、俄国、丹麦的贸易以及经各大河流进入德国内地的贸易,都必须经过靠近英国门户的英吉利海峡,帆船还必须紧靠英国海岸航行。此外,北欧的贸易与海权有一种特殊的关系,因为我们通常所说的海事补给品主要来源于波罗的海国家。

如果西班牙没有失去直布罗陀,它的地理位置就和英国非常类似。从前西班牙一边有加的斯,另一边有卡塔赫纳,很方便对大西洋和地中海实施监视。到黎凡特从事商贸必须在西班牙的管控下才能通过,就是绕好望角进行贸易,离它的门户也不远。但是,直布罗陀的丧失不仅剥夺了西班牙对海峡的控制权,而且也为它的两个分舰队的顺利会合设置了一道屏障。

现今,如果只看意大利的地理位置,而不考虑影响海权的其他条件,它拥有广袤的海岸和优良的港口,地理位置优越,这样在通往黎凡特地区和苏伊士地峡的贸易航线中,它可以发挥决定性的作用。从某种程度上来说的确如此,而且如果意大利现在能保持原本隶属于它的所有岛屿的话,形势可能会更有利。但是,由于英国人占领了马耳他群岛,而科西嘉又归法国人所有,这样意大利地理位置的优越性就大打折扣。从密切种族关系和位置来看,这两个群岛理应属意大利想得到的目标,就如同直布罗陀对于西班牙一样。如果亚德里亚海是一条主要贸易交通干线,意大利的位置则会更加重要。由于意大利在地理位置上有这些缺憾,而且又有其他一些不利因素的影响,损害了其海权全面稳妥的发展,因此意大利是否能有朝一日跻身于海洋大国的行列就更值得怀疑了。

这里我们的目的并不是就地理位置本身进行详尽的探讨,而是希望用具体的实例来说明地理位置对海权发展的影响是非常重要的。这一话题先暂且讨论至此,下文中将会进一步列举在历史论述中反复提及的能说明地理位置重要性的实例。不过,这里有两句评论倒是很贴切的。

其一是关于地中海的地理环境。不论从商贸还是从军事的角度看,相比较于其他同样大小的海域而言,地中海的地理环境使它对世界历史发挥了更加重要的作用。各国争相获取地中海的控制权,这种竞争一直持续至今。因此,对地中海过去和现在的优势条件,以及其沿岸不同地区的各种相关的军事价值进行研究,将会比在其他地方投入同样多的精力更有指导意义。而且以目前的情况来看,地中海和加勒比海有很多类似的地方,如果巴拿马运河通航,就有更多相类似的地方。很多的实例已经说明了地中海的战略条件,这项研究相对于同类型的、历史上记录较少的加勒比海战略条件研究而言将是一个很好的序曲。

其二是关于美国的地理位置。它与中美洲的运河相关,如果运河建成,实现了修建者的愿望,那么加勒比海将会变成世界上重要的交通干线之一,而不是像现在这样只是个航行终点站、地方性的贸易场所,或最多只是一条不连贯、不完整的交通线。沿着这条交通干线可以进行大量的商贸活动,把其他一些大国——主要是欧洲国家——的利益带到我们国家的海岸,这是过去从未有过的。这样一来,在众多的国际纠纷中,就很难像以往那样独善其身了。美国的地理位置与该条贸易路线的关系,就如同英国与英吉利海峡的关系以及地中海国家与苏伊士运河的关系。至于对运河的影响和控制,则取决于一个国家的地理位置。很显然,这条运河作为国家力量的中心,即永久性基地①,美国离它的距离远比其他大国近。不管这些大国现在或今后将会在岛屿或大陆占据多么牢固的地理位置,也只不过是其自身的前哨基地,而在军事力量的所有物资提供方面,没有哪一个国家赶得上美国。然而,美国在战备环节上又是脆弱的,虽然距离战场较近,然而其地理位置的重要性却有所减少,这是因为墨西哥湾没有安全的和修理一级战舰的港口,而没有一级战舰,任何国家都不能妄求控制某一海区。假设在加勒比海有一场海上争霸战,那么很明显美国的主要作战力量应该集中在密西西比河河谷,因为从它南部通道的水深、距离新奥尔良较近以及水路运输便利这些条件来看,美国应该这样做,而且应该在此建立永久性作战基地。虽说密西西比河那儿有两个可互相媲美的基韦斯特港和彭萨科拉港,然而它们水位浅,对于调动国家资源而言,所处的地理位置也非常不利,因此保卫密西西比河的入口非常困难。为了充分利用地理位置带来的所有有利条件,必须克服这些不利因素。此外,虽说美国离地峡相对较近,但仍有一段距离,所以它必然会在加勒比海获得一些地方,用作应急或辅助性作战基地。美国利用这些基地的自然优势、防御的敏感性和靠近战略中心的出口,使它的舰队同任何敌方舰队一样保持在离战场不远的地方。这样,美国在密西西比河的进出口处得到充分的保护,又掌握了前哨基地,而且基地与国内基地间的交通也得到了保障,总之,美国做了适当的军事准备,拥有各种必要的手段,从它的地理位置和实力来看,毫无疑问地取得了战场上的优势。

2. 自然结构

上文中提及的墨西哥湾独具的特点,确切地说,应该属于一个国家自然结构的范畴,这也是要探讨的影响海权发展的第二个条件。

海岸是一个国家边境的一部分。由此边境越容易到达外部地区(这里指海洋),这个国家的人民通过海洋与世界各地的人民交往得就越多。如果一个国家拥有漫长的海岸,可是没有港口,那么这个国家就不可能拥有海上贸易、海上运输以及海军。比利时过去作为西班牙和奥地利的一个省份的时候,情况就是如此。1648年,荷兰战争胜利后,作为一个议和条件,提出禁止斯海尔德河的海上通商,这样就关闭了安特卫普港,而比利时的海上贸易都转往荷兰,西属尼德兰不再是海上强国。

拥有许多深水港,这是一个国家实力和财富的源泉,而且如果这些港口位于可通航河流的出口处,而它们为该国的国内贸易的集结提供便利,那么这些港口的价

---

① "永久性作战基地"一词,不言而喻是指一个国家的所有财力和物力的来源地,是水路和陆路的交通枢纽,是军火库和武装哨所的所在地。

值更会成倍地增长。但是，也正是由于这些港口易于通航，如果防御不当的话，将会成为战争中的一个软肋。1667 年，荷兰曾不费吹灰之力顺泰晤士河逆流而上，在距离伦敦不远的地方烧毁了英国海军的大部分舰船。但是几年之后，当英法联合舰队企图在荷兰登陆时，在海岸上遇到了重重困难，又受到荷兰舰队的勇猛抵抗而惨遭挫败。1778 年，如果不是法国将领的优柔寡断，举步维艰的英国人就会失去纽约港及其对哈德逊河毋庸置疑的控制权。正因为掌握了这样的控制权，新英格兰才可以恢复与纽约、新泽西和宾夕法尼亚之间方便、安全的交通。英国刚刚在前一年伯戈因大败，如果在紧接着的这一次战斗中又战败，就很可能导致其提前议和。对美国而言，密西西比河是财富与实力的巨大源泉，但是密西西比河河口的防御薄弱，而且其支流遍布全国，成为南部联盟的薄弱环节和灾难之源。最后，1814 年切萨皮克湾被占领，华盛顿被摧毁，这给了我们一个惨痛的教训，那就是在这些最著名的水道上，如果没有防御的话，将产生什么样的危险。这个教训发生的时间还不远，人们比较容易回忆起来，但是从目前海岸防御的情况而言，人们似乎更容易将它忘记。我们不应该认为条件已经发生变化，尽管当今进攻和防御的情况及细节与过去相比有所变化，但主要的条件仍然没有改变。

在拿破仑进行的历次重大战争之前和战争期间，法国在布雷斯特以东没有港口可供战列舰使用。而英国却有非常有利的条件，它在这一地区拥有避难港和补给港，此外还有两个大武器库，一个在普利茅斯，一个在朴次茅斯。法国后来在瑟堡构筑了工事，弥补了这个缺陷。

除了凭借海岸线的轮廓外（便于进出海上），也有其他自然条件使人们走向海洋或者从海上返回。尽管法国在英吉利海峡没有军港，但是它在英吉利海峡、大西洋以及地中海都有很好的民用港口，适合于开展对外贸易，而且这些港口都位于各大河流的出口处，可以促进国内交通运输。但是在黎塞留结束内战之际，法国人却没有走向海洋，而英国人和荷兰人都迫不及待并取得了成功。这似乎主要是因为法国的自然条件优越，拥有一片舒适的陆地，气候宜人，产品自给自足，而且还有富余。相比之下，自然界对英国的馈赠较少，在制造业发展起来之前，几乎没有什么产品可供出口。而英国人的众多需求及不知疲倦的活动，同时还有一些有利于发展海上事业的优越条件，于是他们纷纷向海外不断扩展，并且在国外找到了比自己的国家更舒适、富饶的地方。正是由于英国人这种对物资的需求和善于开拓的天赋使他们成为商人和殖民主义者，然后又成为制造者和生产者。产品和殖民地之间的联系必须依靠海运进行，所以英国的海上力量由此发展起来。如果说英国是被海洋吸引，那么荷兰是被迫到海上去的；英国离开了海洋会衰退，而荷兰离开了海洋就会灭亡。在荷兰发展的鼎盛时期，那时它是欧洲政体中的一个主要成员，当地一位杰出的权威人士计说,荷兰的土地最多只能供养其全部居民的八分之一。当时,尽管荷兰有很多重要的制造业,但其发展远远落后于海运业。土地的贫瘠和无掩护的海岸使得荷兰人首先从事渔业,水产品加工方法的发现使他们拥有了满足出口和国内消费的物资,这奠定了荷兰人财富的基石。由于受到了土耳其势力的压制以及绕过好望角航线的发现,在意大利共和体开始衰败之际,荷兰人已经开始经商并且接续了意大利在黎凡特地区的主要贸易。不仅如此,荷兰又凭借其位于波罗的海、法国和地中海之间以及位于流经德国的一些河流的河口上的地理条件,很快承接了欧洲近乎所有的海上贸易。波罗的海的小麦和船用品、西班牙与它在美洲大陆殖民地的贸易、法国的葡萄酒及其海岸贸易,在二百多年前都是通过荷兰的船舶承运的,就连英国的许多货运也是通过荷兰的船舶承运的。因此,这样繁荣发展的景象完全起因于其自然资源的匮乏,这并不是虚假的托词。天上不会掉馅饼。当时的事实是荷兰人贫困交迫,不得不到海上去。由于荷兰的海运业如日中天,并且拥有较大规模的船队,随着贸易的迅速扩大,并且在发现美洲大陆和绕好望角航行的探险精神的激励下,荷兰赢得了很多的利润。这里当然也包括其他的一些原因,但是荷兰的繁荣主要来源于因贫穷而滋生的海上力量。荷兰的食品、服装和制造业所需的原材料,以及用来建造和装备舰船的所有木材和缆具(他们所建造的舰船几乎相当于整个欧洲其他各国所建造舰船的总和)都是进口的。1653—1654 年,荷兰与英国的灾难性战争前后持续了 18 个月,当时他们的海上运输因此而停止,据说"长久以来一直保持荷兰财政收入的产业,如渔业、贸易几乎都枯竭了。厂房关闭、工厂歇业,须德海地区桅杆林立,乞丐随处可见,街上杂草丛生,首都阿姆斯特丹有 1500 套房子没人租用"。荷兰唯有采取羞辱性的议和才能将自己从毁灭的边缘中拯救。

荷兰的这种悲惨结局表明:一个国家只依靠外来资源立足于世界之林的做法有其自身不足。尽管今非昔比,这里无须描述其成因,但是荷兰当时的情况确有很多地方和现在的大不列颠相似。尽管这些情况在英国似乎不太受重视,但却真实地预示了英国的未来。它们提醒这个国家:国内的持久繁荣主要依靠保持海外力量。人们可能对没有政治特权感到不满意,但是如果没有面包,他们更会心神不安。对美国而言,他们更应该关注法国的结局。法国曾是海上强国,其幅员辽阔、气候舒适且土地肥沃,这些已经在美国重现。最初,美国的祖先们在海边拥有一块狭长的陆地,尽管不发达,但是有些地方土地肥沃,而且港口众多,并且临近资源丰富的渔场。这些自然条件,加上他们对海洋与生俱来的热爱,以及所继承的英国人的血脉,使他们延续着一个海上强国赖以存在的秉性和追求。最初,几乎所有的殖民地都是在海上或者是其较大的支流上,所有的进出口也都趋向于一个海岸。人们对海洋的兴趣以及对海洋在公众福利中所起的作用的正确评价很快四处蔓延开来,同时比关心公共福利事业更具有影响力的另一个动机也很活跃,这是由于造船物资丰富,而其他投资渠道又相对较少,这样海运就成为一种私人关注的有利可图的行业。众所周知,现在的情况发生了很大的变化。力量的中心不再是沿海地区。书籍和报纸竞相报道内陆地区惊人的发展以及仍未开发的丰富资源。内地有最好的资本投资渠道和最多的劳动者就业机会,边疆受到忽视,而且在政治上处于弱势。墨西哥湾、太平洋沿岸实际上就是这样,而大西洋沿岸相对于位于中心的密西西比河流域来说,也被忽略了。当美国人再次感到从事海运事业有利可图,看到他们的三面沿海区域军事力量薄弱、国家海运能力差时,他们的共同努力可能会再次为我们的海上力量奠定基础。直到那时,美国人理解了法国海运事业因缺少海上力量而造成的局限性,他们可能会觉得十分悲痛,因为自己的国家也处于一种类似的境况中,因国内资源丰富而忽略了海上力量。

在一些具有影响性的自然条件中,或许要提起像意大利那样的地理形状——一个狭长的半岛,中部的山脉将半岛分成两个狭窄的长条,道路将不同的港口连接起来,并且必须沿着这两个狭长条延伸。意大利只有取得了对海洋的绝对控制权才能完全保障交通安全,因为他们不可能事先知道敌人从哪一个他们看不见的地方开始进攻。但是尽管如此,如果有了充足的海军力量集中驻守,那么在他们没有遭到重创之前,仍然很有可能去攻击既是敌方基地,又是敌方交通线的敌方舰队。美国的佛罗里达半岛狭长,其一端是基韦斯特港,尽管半岛地势平坦,人口稀少,但是初看这里的情况就和意大利很类似。这种类似可能只是表面的,但是如果海战的主战场就是墨西哥湾,那么由陆路到达半岛的末端就会是一个问题,而且这条交通线很容易遭到攻击。

当海洋不仅是一个国家的边境,或者把一个国家包围起来,而且还将一个国家分隔成两部分或更多的部分时,控制海洋就不仅仅只是一种向往,而是一件至关重要、必须做的事情。一个国家拥有这样的自然条件要么是催生该国的海上力量并发展壮大,要么使该国家软弱无力,目前意大利王国和它的撒丁岛以及西西里岛就处于这种情况。意大利王国在成立不久、财政疲软之际,就大动干戈创建海军,甚至还提出他们的海军一定要比敌人的海军强。因为正如上文所述,半岛上没有安全的交通线,那么意大利海军将基地建在岛屿上要比建在陆地上好,这样入侵之敌在充满敌意的环境中,并且又受到来自海上的威胁,就会陷入严重的困境。

与其说把大不列颠岛屿分隔开的爱尔兰海是一个实际的分隔海域,倒不如说它更像是一个港湾。但是,历史已经表明它曾给联合王国带来威胁。路易十四执政时期,当时法国海军的力量几乎相当于英国和荷兰的联合力量,爱尔兰遭遇到了最为严峻的复杂境况,即当地土著和法国人几乎控制了全岛。然而,与其说爱尔兰海对法国是一种优势,倒不如说它对英国是一种威胁——英国交通线中的一个薄弱环节。由于法国不敢冒险让其战舰进入它的狭窄水域,才把准备进行登陆的远征军派至英国南部和西部海港。在决定性时刻,被派至英国南部海岸的威猛的法国舰队也彻底打败了位于那里的英国和荷兰联盟军。与此同时,25艘快速帆船被派至圣乔治海峡,进攻英国的交通线,当时位于爱尔兰的英国军队处于充满敌意的环境之中,处境十分危险。但是,由于博因河之战和詹姆斯二世的外逃,英国军队获救。严格地说,这种进攻交通线的行动是战略性的,和1690年的进攻一样,都会对英国造成威胁。

在同一个世纪里,西班牙没有利用强大的海上力量将国家的各个不同部分连接起来,这种领土的分离造成了其国力的软弱,给了我们深刻的教训。当时,西班牙处于辉煌末期,仍然占领着尼德兰(现在的比利时)、西西里和意大利的一些属地,当然也包括它在美洲大陆的许多殖民地,但西班牙当时的海上力量已经非常薄弱,以致当时一位见闻广博、头脑敏锐的荷兰人明确地指出:"在整个西班牙沿海,只有一些荷兰舰船在航行。自从1648年议和条约签订后,西班牙的舰船和海员数量就非常少,于是公开租用荷兰的舰船航行至西印度群岛。以前,西班牙是非常谨慎小心的,拒绝所有的外籍舰船进入……"他接着又指出:"显而易见,西印度群岛像是西班牙的胃(因为西班牙的几乎所有收入都来自那里),必须通过一支海上力量与西班牙的头脑相连。作为西班牙左膀右臂的那不勒斯和尼德兰不能提供力量支援,而西班牙也只能通过海运从这两个地方获取物资——和平时期西班牙可以方便地利用荷兰的海运,但是战争时期利用荷兰的海运却阻碍重重。"半个世纪之前,亨利四世的重臣萨利曾将西班牙的特点概括为:"四肢强壮有力,心力极度衰竭的家。"从那以后,西班牙海军不仅灾难重重,而且几近灭绝;不仅是蒙耻,而且是衰落。造成这种结局主要是由于海运被毁,而制造业也随之萎缩。西班牙政府所需要的支援,不是依靠遍布各地屡受摧残却依然存活的贸易和工业,而是依靠几艘运宝船从美洲运来的白银作为涓涓细流的财政收入,而这些运宝船经常受到敌方舰船的截击。有6艘大型帆船几次遭到重创,运宝船的活动因而瘫痪了一年。当战争还在尼德兰进行时,荷兰取得了对海洋的控制权,使得西班牙派出的部队无法走海路而是经陆路长途跋涉,付出了巨大的代价。也是由于这个原因造成了西班牙的必需品供应不足,于是双方达成了协议,这个协议现在看来很可笑,即西班牙的必需品由荷兰的舰船负责提供,这样一来荷兰的舰船就供养了他们本国的敌人,但是作为交换,荷兰人获得了在阿姆斯特丹交易市场备受欢迎的硬币。在美洲,西班牙人没有从自己国家那里获得支援,他们尽最大可能地依靠共济会寻求自我保护;

在地中海地区,由于荷兰人对他们没有兴趣,而且法国和英国也未开始争夺那里的海权,所以他们没有受到侮辱和伤害。随着历史的进程,由于西班牙帝国没有海运,那些原本属于它的尼德兰、那不勒斯、西西里、梅诺卡岛、哈瓦那、马尼拉和牙买加相继被别国夺走。总之,当西班牙薄弱的海运成为它全面衰退的一个征兆时,它已是西班牙陷入深渊的一个主要因素,而且西班牙至今也还没有完全从深渊中走出来。

美国在本土除了阿拉斯加以外没有不能通过陆路到达的地方。美国的领土轮廓是其突出的部分没有什么特别薄弱的地方,而且所有比较重要的边疆部分都可以轻易地到达——通过水路比较经济,通过铁路比较快捷。太平洋沿岸是最薄弱的边境,也远离了有可能是最危险的敌人。按照当前的需求来看,美国的国内资源极其丰富,一位法国军官对作者这样说道:我们可以在"自己的小天地里依靠自己长久地生活"。然而,如果这个小天地受到通过地峡的新贸易航线的侵犯,美国就可能强烈地唤醒所有的曾放弃分享海洋权益的国人。

3. 领土范围

领土范围是影响一个国家能否发展成为海上强国的自然条件中的最后一个因素,这里的"领土范围"是指国土本身,应和居住在国内的民众区分开来,下面用几句话就可以将此解释清楚。

衡量海权的发展程度,并非一个国家拥有领土的总面积,而是它的海岸线长度和港口特点。关于这些方面,我们可以说地理条件和自然条件相同时,一个国家人口的多少、海岸线的长短,是一个国家海权强、弱的一个因素。据此,一个国家就像一个要塞,它的守备部队必须按比例分派到整个城郭。美国最近的南北战争就是大家熟知的一个例子。如果南方人口众多、好战,而且海军作为海上实力的一个方面与其他资源相称,那么它漫长的海岸线和无数港湾就是其强大力量的组成要素。北方人民和当时的合众国政府由于对整个南部海岸进行了有效的封锁,感到非常的自豪。这是一个伟大的功绩,一个非常伟大的功绩,但如果南方人口再多一些,而且又都是海员,那么就不可能成就这番功绩。然而,如上所述,所表现出的并非如何维持这样的封锁,这样的封锁只是因为南方民众不仅不习惯海上生活,而且数量较少才成为可能。那些回忆封锁是如何进行以及在战争的大部分时间里被封锁的舰船类别的人们知道,这个计划虽然在当时的情况下是正确的,但如果面对一支真正的海军却是无法实施的。南方有着庞大的内陆水路交通网络,便于秘密集中。面对这种情况,北方的舰船沿着海岸线分散停泊,没有得到援助,以单舰或小分队坚守在阵位上。在第一条水上交通线的后面是一些狭长的港湾和四处分布着的坚固要塞,南方舰船总能退入这些港湾和要塞来躲避追踪或得到保护。如果南方拥有一支海军，能够利用上述这些有利条件，或者利用北方舰艇的分散部署，北方的舰船就不会再进行分散部署了。北方的舰船为了互相援助而被迫集中，这样很多虽小但有用的通道就无法设防，用于贸易了。但是，如同南部海岸那样，海岸线长、进口多，可能是力量的来源之一，那么由于这些特点，它也会成为损害的祸源之一。开放密西西比河，很明显地说明战争仍要在整个南方进行下去。北方的战舰从海岸线的每一个入口挺进。那些运载财富以及援助过南方脱离美国贸易的河道如今逆向为之，任由敌方进入他们内地的中心地带。惊慌、不安和萎靡弥漫着整个南方地区。如果积极为之，还可能使一个国家在经过一场精疲力竭的战争之后存有活力。从历史上看，海权在这场战争中发挥了最大的作用或者说最具决定性的作用。这场斗争决定了世界历史的进程将不会由在北美洲大陆上分裂为几个敌对的国家，而是由一个强大的国家改写。虽然美洲北方的民众对过去所取得的荣誉感到自豪，并且承认所取得的伟大成就应归于海军优势，但是那些了解这些事实的美国人，应该时刻注意提醒他们的同胞不要过于自信，他们在战争中取得了胜利，是因为南方不仅没有海军，也不是一个以航海为业的民族，而且它的人口与它必须防御的海岸线的长度也不匹配。

第六节　列宁

一、本节案例导读

列宁（俄语：Ле　нин，1870—1924），原名为弗拉基米尔·伊里奇·乌里扬诺夫，无产阶级革命家、理论家，苏联与苏联共产党的主要缔造者。《帝国主义是资本主义的最高阶段》这部著作阐释了帝国主义的意义、发展特征及其在许多领域的表现，揭示了帝国主义经济发展的实质及其内在矛盾的根源，在马克思主义理论的基础上建立起一套较完整的帝国主义理论，被认为是列宁研究帝国主义问题的代表作。

二、案例资料阅读

[俄]列宁:《帝国主义是资本主义的最高阶段》,中共中央马克思恩格斯列宁斯大林著作编译局编译,北京:人民出版社,2020年,第74—96页。

六　大国瓜分世界

地理学家亚·苏潘在他的一本论述"欧洲殖民地的扩展"的书①中,对 19 世纪末的这种扩展情况,作了如下简短的总结:

	1876 年	1990 年	增减数
在非洲	10.8%	90.4%	+79.6%
在波利尼西亚	56.8%	98.9%	+42.4%
在亚洲	51.5%	56.6%	+5.1%
在澳洲	100.0%	100.0%	—
在美洲	27.5%	27.2%	−0.3%

属于欧洲殖民大国(包括美国在内)的土地面积所占的百分比②

苏潘得出结论说:"可见,这个时期的特点是瓜分非洲和波利尼西亚。"因为在亚洲和美洲,无主的土地,即不属于任何国家的土地已经没有了,所以应当扩大苏潘的结论,应当说,我们所考察的这个时期的特点是世界瓜分完毕。所谓完毕,并不是说不可能重新瓜分了——相反,重新瓜分是可能的,并且是不可避免的——,而是说在资本主义各国的殖民政策之下,我们这个行星上无主的土地都被霸占完了。世界已第一次被瓜分完毕,所以以后只能是重新瓜分,也就是从一个"主人"转归另一个"主人",而不是从无主的变为"有主的"。

可见,我们是处在一个同"资本主义发展的最新阶段"即金融资本密切联系的世界殖民政策的特殊时代。因此,首先必须较详细地研究一下实际材料,以便尽量确切地弄清楚这个时代和先前各个时代有什么不同,现在的情况究竟怎样。这里,首先就产生了两个事实问题:殖民政策的加强,争夺殖民地斗争的尖锐化,是不是恰好在金融资本时代出现的,在这方面,现在世界瓜分的情况究竟怎样。

美国作家莫里斯在他写的一本关于殖民史的著作中③,对英、法、德三国在 19

---

① 亚·苏潘《欧洲殖民地的扩展》1906 年版第 254 页。

② 编者注:为了阅读方便,在形式上调整了案例资料中的表格,省略了原本附于书后的个别注释。

③ 亨利·C. 莫里斯《殖民史》1900 年纽约版第 2 卷第 88 页;第 1 卷第 419 页;第 2 卷第 304 页。

世纪各个时期的殖民地面积的材料作了归纳。① 现在把他所得出的结果简单列表如下：

殖民地面积

	英国		法国		德国	
	面积	人口	面积	人口	面积	人口
	百万平方英里	百万	百万平方英里	百万	百万平方英里	百万
1815—1830 年	？	126.4	0.02	0.5	—	—
1860 年	2.5	145.1	0.2	3.4	—	—
1880 年	7.7	267.9	0.7	7.5	—	—
1899 年	9.3	309.0	3.7	56.4	1.0	14.7

英国特别加紧夺取殖民地是在 1860—1880 年这个时期，而且在 19 世纪最后 20 年还在大量地夺取。法德两国加紧夺取殖民地也正是在这 20 年间。我们在上面已经看到，垄断前的资本主义，即自由竞争占统治的资本主义，发展到顶点的时期是 19 世纪 60 年代和 70 年代。现在我们又看到，正是在这个时期以后，开始了夺取殖民地的大"高潮"，瓜分世界领土的斗争达到了极其尖锐的程度。所以，毫无疑问，资本主义向垄断资本主义阶段的过渡，即向金融资本的过渡，是同瓜分世界的斗争的尖锐化联系着的。

霍布森在论述帝国主义的著作中，把 1884—1900 年这个时期划为欧洲主要国家加紧"扩张"（扩大领土）的时期。据他计算，在这个时期，英国夺得了 370 万平方英里的土地和 5700 万人口，法国——360 万平方英里的土地和 3650 万人口，德国——100 万平方英里的土地和 1470 万人口，比利时——90 万平方英里的土地和 3000 万人口，葡萄牙——80 万平方英里的土地和 900 万人口。在 19 世纪末，特别是自 19 世纪 80 年代以来，各资本主义国家拼命争夺殖民地，已是外交史和对外政策史上众所周知的事实。

在 1840—1860 年英国自由竞争最兴盛的时期，英国居于领导地位的资产阶级政治家是反对殖民政策的，他们认为殖民地的解放和完全脱离英国，是一件不可避

---

① 列宁在《关于帝国主义的笔记》中摘引了亨·C.莫里斯的《从上古到今日的殖民史》一书中的统计资料，认为该书汇集的统计材料很有趣。列宁根据该书提供的资料，计算出了说明各资本主义大国的殖民地占有情况的具体数字。

免而且有益的事情。麦·贝尔在 1898 年发表的一篇论述"现代英国帝国主义"的文章①中指出,在 1852 年的时候,像迪斯累里这样一个一般说来是倾向于帝国主义的英国政治家,尚且说过:"殖民地是吊在我们脖子上的磨盘。"而到 19 世纪末,成为英国风云人物的,已经是公开鼓吹帝国主义、肆无忌惮地实行帝国主义政策的塞西尔·罗得斯和约瑟夫·张伯伦了!

值得注意的是,这些居于领导地位的英国资产阶级政治家当时就清楚地看到现代帝国主义的所谓纯粹经济根源和社会政治根源之间的联系。张伯伦鼓吹帝国主义是"正确、明智和经济的政策",他特别举出目前英国在世界市场上遇到的来自德国、美国、比利时的竞争。资本家说,挽救的办法是实行垄断,于是就创办卡特尔、辛迪加、托拉斯。资产阶级的政治领袖随声附和说,挽救的办法是实行垄断,于是就急急忙忙地去夺取世界上尚未瓜分的土地。据塞西尔·罗得斯的密友新闻记者斯特德说,1895 年罗得斯曾经同他谈到自己的帝国主义的主张,罗得斯说:"我昨天在伦敦东头(工人区)参加了一个失业工人的集会。我在那里听到了一片狂叫'面包,面包!'的喊声。在回家的路上,我反复思考着看到的情景,结果我比以前更相信帝国主义的重要了……我的一个夙愿就是解决社会问题,就是说,为了使联合王国 4000 万居民免遭流血的内战,我们这些殖民主义政治家应当占领新的土地,来安置过剩的人口,为工厂和矿山生产的商品找到新的销售地区。我常常说,帝国就是吃饭问题。要是你不希望发生内战,你就应当成为帝国主义者。"②

百万富翁、金融大王、英布战争的罪魁塞西尔·罗得斯在 1895 年就是这样讲的。他对帝国主义的辩护只是比较粗俗,比较肆无忌惮,而实质上和马斯洛夫、休特古姆、波特列索夫、大卫诸先生以及那位俄国马克思主义创始人③等等的"理论"并没有什么不同。塞西尔·罗得斯是个比较诚实一点的社会沙文主义者……

为了对世界领土的瓜分情况和近几十年来这方面的变化作一个尽可能确切的描述,我们要利用苏潘在上述那部关于世界各大国殖民地问题的著作中提供的综合材料。苏潘选的是 1876 年和 1900 年,我们则选用 1876 年(这一年选得很恰当,因为正是到这个时候,垄断前阶段的西欧资本主义的发展,整个说来可以算是完成了)和 1914 年(用许布纳尔的《地理统计表》上的比较新的数字来代替苏潘的数字)。苏潘只列出了殖民地;我们认为,把关于非殖民国家和半殖民地的简略数字补充进去,对描绘瓜分世界的全貌是有益的。我们把波斯、中国和土耳其列入半殖

---

① 1898 年《新时代》杂志第 16 年卷第 1 册第 302 页。

② 1898 年《新时代》杂志第 16 年卷第 1 册第 304 页。

③ 指格·瓦·普列汉诺夫。

民地,其中第一个国家差不多已经完全变成了殖民地,第二个和第三个国家正在变成殖民地。

结果如下:

大国的殖民地
(面积单位百万平方公里,人口单位百万)

	殖民地				宗主国		共计	
	1876 年		1914 年		1914 年		1914 年	
	面积	人口	面积	人口	面积	人口	面积	人口
英国	22.5	251.9	33.5	393.5	0.3	46.5	33.8	440.0
俄国	17.0	15.9	17.4	33.2	5.4	136.2	22.8	169.4
法国	0.9	6.0	10.6	55.5	0.5	39.6	11.1	95.1
德国	—	—	2.9	12.3	0.5	64.9	3.4	77.2
美国	—	—	0.3	9.7	9.4	97.0	9.7	106.7
日本	—	—	0.3	19.2	0.4	53.0	0.7	72.2
6 个大国总计	40.4	273.8	65.0	523.4	16.5	437.2	81.5	960.6
其余大国(比利时、荷兰等)的殖民地							9.9	45.3
半殖民地(波斯、中国、土耳其)							14.5	361.2
其余国家							28.0	289.9
全球							133.9	1657.0

我们从这里清楚看到在 19 世纪和 20 世纪之交世界被瓜分"完毕"的情况。1876 年以后,殖民地有极大的扩张:6 个最大的大国的殖民地增加了一半以上,由 4000 万平方公里增加到 6500 万平方公里,增加了 2500 万平方公里,比各宗主国的面积(1650 万)多一半。有 3 个大国在 1876 年根本没有殖民地,另一个大国法国,当时也差不多没有。到 1914 年,这 4 个大国获得的殖民地面积为 1410 万平方公里,即大致比欧洲面积还大一半,这些殖民地的人口差不多有 1 亿。殖民地的扩张是非常不平衡的。例如拿面积和人口都相差不远的法、德、日三国来比较,就可以看出,法国的殖民地(按面积来说)几乎比德日两国殖民地的总和多两倍。不过在我们所谈的这个时代的初期,法国金融资本的数量大概也比德日两国的总和多几倍。除纯粹的经济条件而外,地理和其他条件也在这些经济条件的基础上影响到

殖民地的大小。近几十年来,在大工业、交换和金融资本的压力下,世界的均等化,即各国经济条件与生活条件的平均化,虽然进展得很快,但差别还是不小的。在上述6个国家中,我们看到,一方面有年轻的进步非常快的资本主义国家(美、德、日),另一方面有近来进步比前面几国慢得多的老的资本主义国家(法、英),另外还有一个经济上最落后的国家(俄国),这个国家的现代资本帝国主义可以说是被前资本主义关系的密网紧紧缠绕着。

除大国的殖民地以外,我们还列进了小国的小块殖民地。这些殖民地可以说是可能发生而且极可能发生的对殖民地的"重新瓜分"的最近目标。这些小国能够保持自己的殖民地,主要是因为大国之间存在着利益上的对立,存在着摩擦等等,妨碍了它们达成分赃的协议。至于"半殖民地"国家,它们是自然界和社会一切领域常见的过渡形式的例子。金融资本是一种存在于一切经济关系和一切国际关系中的巨大力量,可以说是起决定作用的力量,它甚至能够支配而且实际上已经支配着一些政治上完全独立的国家:这种例子我们马上就要讲到。不过,对金融资本最"方便"最有利的当然是使从属的国家和民族丧失政治独立这样的支配。半殖民地国家是这方面的"中间"形式的典型。显然,在金融资本时代,当世界上其他地方已经瓜分完毕的时候,争夺这些半附属国的斗争也就必然特别尖锐起来。

殖民政策和帝国主义在资本主义最新阶段以前,甚至在资本主义以前就已经有了。以奴隶制为基础的罗马就推行过殖民政策,实行过帝国主义。但是,"泛泛地"谈论帝国主义而忘记或忽视社会经济形态的根本区别,必然会变成最空洞的废话或吹嘘,就像把"大罗马和大不列颠"相提并论那样[①]。就是资本主义过去各阶段的资本主义殖民政策,同金融资本的殖民政策也是有重大差别的。

最新资本主义的基本特点是最大企业家的垄断同盟的统治。当这种垄断组织独自霸占了所有原料产地的时候,它们就巩固无比了。我们已经看到,资本家国际同盟怎样拼命地致力于剥夺对方进行竞争的一切可能,收买譬如蕴藏铁矿的土地或石油资源等等。只有占领殖民地,才能充分保证垄断组织自如地应对同竞争者的斗争中的各种意外事件,包括对方打算用国家垄断法来实行自卫这样的意外事件。资本主义愈发达,原料愈感缺乏,竞争和追逐全世界原料产地的斗争愈尖锐,抢占殖民地的斗争也就愈激烈。

施尔德尔写道:"可以作出一个在某些人看来也许是怪诞不经的论断,就是说,城市人口和工业人口的增长,在较近的将来与其说会遇到食品缺乏的障碍,远不如

[①] 查·普·卢卡斯《大罗马和大不列颠》1912年牛津版,或克罗关尔伯爵《古代帝国主义和现代帝国主义》1910年伦敦版。

说会遇到工业原料缺乏的障碍。"例如木材(它变得日益昂贵)、皮革和纺织工业原料,都愈来愈缺乏。"工业家同盟企图在整个世界经济的范围内达成农业和工业的平衡;1904 年几个主要工业国家的棉纺业工厂主同盟成立的国际同盟就是一个例子;后来在 1910 年,欧洲麻纺业厂主同盟也仿照它成立了一个同盟。"①

当然,资产阶级改良主义者,其中尤其是现在的考茨基主义者,总是企图贬低这种事实的意义,说不用"代价很大而且很危险的"殖民政策就"可以"在自由市场上取得原料,说"简单地"改善一下一般农业的条件就"可以"大大增加原料的供应。但是,这样说就成了替帝国主义辩护,替帝国主义涂脂抹粉,因为这样说就是忘记了最新资本主义的主要特点——垄断。自由市场愈来愈成为过去的事情,垄断性的辛迪加和托拉斯一天天地缩小自由市场,而"简单地"改善一下农业条件,就得改善民众的处境,提高工资,减少利润。可是,除了在甜蜜的改良主义者的幻想里,哪里会有能够关心民众的处境而不关心夺取殖民地的托拉斯呢?

对于金融资本来说,不仅已经发现的原料产地,而且可能有原料的地方,都是有意义的,因为当代技术发展异常迅速,今天无用的土地,要是明天找到新的方法(为了这个目的,大银行可以配备工程师和农艺师等等去进行专门的考察),要是投入大量资本,就会变成有用的土地。矿藏的勘探,加工和利用各种原料的新方法等等,也是如此。因此,金融资本必然力图扩大经济领土,甚至一般领土。托拉斯估计到将来"可能获得的"(而不是现有的)利润,估计到将来垄断的结果,把自己的财产按高一两倍的估价资本化;同样,金融资本也估计到可能获得的原料产地,唯恐在争夺世界上尚未瓜分的最后几块土地或重新瓜分已经瓜分了的一些土地的疯狂斗争中落后于他人,总想尽量夺取更多的土地,不管这是一些什么样的土地,不管这些土地在什么地方,也不管采取什么手段。

英国资本家用尽一切办法竭力在自己的殖民地埃及发展棉花生产(1904 年埃及的 230 万公顷耕地中,就有 60 万公顷,即¼以上用来种植棉花),俄国资本家在自己的殖民地土耳其斯坦也这样做,因为这样他们就能较容易地打败外国的竞争者,较容易地垄断原料产地,成立一个实行"联合"生产、包揽棉花种植和加工的各个阶段的、更经济更盈利的纺织业托拉斯。

资本输出的利益也同样地在推动人们去夺取殖民地,因为在殖民地市场上,更容易(有时甚至只有那里才可能)用垄断的手段排除竞争者,保证由自己来供应,巩固相应的"联系"等等。

在金融资本的基础上生长起来的非经济的上层建筑,即金融资本的政策和意

---

① 施尔德尔的上述著作第 38—42 页。

识形态,加强了夺取殖民地的趋向。希法亭说得很对:"金融资本要的不是自由,而是统治。"有一个法国资产阶级作家好像是在发挥和补充上述塞西尔·罗得斯的思想,他写道,现代殖民政策除经济原因外,还应当加上社会原因:"愈来愈艰难的生活不仅压迫着工人群众,而且压迫着中间阶级,因此在一切老的文明国家中都积下了'一种危及社会安定的急躁、愤怒和憎恨的情绪;应当为脱离一定阶级常规的力量找到应用的场所,应当给它在国外找到出路,以免在国内发生爆炸'。"①

既然谈到资本帝国主义时代的殖民政策,那就必须指出,金融资本和同它相适应的国际政策,即归根到底是大国为了在经济上和政治上瓜分世界而斗争的国际政策,造成了许多过渡的国家依附形式。这个时代的典型的国家形式不仅有两大类国家,即殖民地占有国和殖民地,而且有各种形式的附属国,它们在政治上、形式上是独立的,实际上却被金融和外交方面的依附关系的罗网缠绕着。上面我们已经说过一种形式——半殖民地。而阿根廷这样的国家则是另一种形式的典型。

舒尔采-格弗尼茨在一本论不列颠帝国主义的著作中写道:"南美,特别是阿根廷,在金融上如此依附于伦敦,应当说是几乎成了英国的商业殖民地。"②施尔德尔根据奥匈帝国驻布宜诺斯艾利斯的领事 1909 年的报告,确定英国在阿根廷的投资有 875000 万法郎。不难设想,由于这笔投资,英国金融资本及其忠实"友人"英国外交,同阿根廷资产阶级,同阿根廷整个经济政治生活的领导人物有着多么巩固的联系。

葡萄牙的例子向我们表明了政治上独立而金融上和外交上不独立的另一种稍微不同的形式。葡萄牙是个独立的主权国家,但是实际上从西班牙王位继承战争(1701—1714 年)起,这 200 多年来它始终处在英国的保护之下,英国为了加强它在反对自己的敌人西班牙和法国的斗争中的地位,保护了葡萄牙及其殖民地。英国以此换得了商业上的利益,换得了向葡萄牙及其殖民地输出商品,尤其是输出资本的优惠条件,换得了使用葡萄牙的港口、岛屿、电缆等等的便利。③ 某些大国和小国之间的这种关系过去一向就有,但是在资本帝国主义时代,这种关系成了普遍的制度,成了"瓜分世界"的全部关系中的一部分,成了世界金融资本活动中的环节。

为了结束关于瓜分世界问题的讨论,我们还要指出下面一点。不但美西战争以后的美国著作和英布战争以后的英国著作,在 19 世纪末和 20 世纪初十分公开

---

① 瓦尔《法国在殖民地》,转引自昂利·吕埃《大洋洲的瓜分》1905 年巴黎版第 165 页。
② 舒尔采-格弗尼茨《20 世纪初的不列颠帝国主义和英国自由贸易》1906 年莱比锡版第 318 页,以及萨尔托里乌斯·冯·瓦尔特斯豪森《国外投资的国民经济制度》1907 年柏林版第 46 页。
③ 施尔德尔的上述著作第 1 卷第 160—161 页。

而明确地提出了这个问题,不但最"忌妒地"注视着"不列颠帝国主义"的德国著作经常在估计这个事实,而且在法国资产阶级著作中,就资产阶级可以达到的程度来说,问题也提得相当明确而广泛。让我们来引证历史学家德里奥的一段话,他在《19 世纪末的政治问题和社会问题》一书中论述"大国与瓜分世界"的一章里写道:"近年来世界上所有未被占据的地方,除了中国以外,都被欧洲和北美的大国占据了。在这个基础上已经发生了某些冲突和势力变动,这一切预示着最近的将来会有更可怕的爆发。因为大家都得急急忙忙地干:凡是没有及时得到一份的国家,就可能永远得不到它的一份,永远不能参加对世界的大规模开拓,而这将是下一世纪即 20 世纪最重要的事实之一。所以近来全欧洲和美国都充满了殖民扩张和'帝国主义'的狂热,'帝国主义'成了 19 世纪末最突出的特点。"作者又补充说:"在这种瓜分世界的情况下,在这种疯狂追逐地球上的宝藏和巨大市场的角斗中,这个世纪即 19 世纪建立起来的各个帝国之间的力量对比,是与建立这些帝国的民族在欧洲所占的地位完全不相称的。在欧洲占优势的大国,即欧洲命运的主宰者,并非在全世界也占有同样的优势。因为强大的殖民实力和占有尚未查明的财富的希望,显然会反过来影响欧洲大国的力量对比,所以殖民地问题(也可以说是"帝国主义")这个已经改变了欧洲本身政治局面的问题,一定还会日甚一日地改变这个局面。"①

七　帝国主义是资本主义的特殊阶段

现在我们应当试作一个总结,把以上关于帝国主义的论述归纳一下。帝国主义是作为一般资本主义基本特性的发展和直接继续而生长起来的。但是,只有在资本主义发展到一定的、很高的阶段,资本主义的某些基本特性开始转化成自己的对立面,从资本主义到更高级的社会经济结构的过渡时代的特点已经全面形成和暴露出来的时候,资本主义才变成了资本帝国主义。在这一过程中,经济上的基本事实,就是资本主义的自由竞争为资本主义的垄断所代替。自由竞争是资本主义和一般商品生产的基本特性;垄断是自由竞争的直接对立面,但是我们眼看着自由竞争开始转化为垄断:自由竞争造成大生产,排挤小生产,又用更大的生产来代替大生产,使生产和资本的集中达到这样的程度,以致从中产生了并且还在产生着垄断,即卡特尔、辛迪加、托拉斯以及同它们相融合的十来家支配着几十亿资金的银行的资本。同时,从自由竞争中生长起来的垄断并不消除自由竞争,而是凌驾于这种竞争之上,与之并存,因而产生许多特别尖锐特别剧烈的矛盾、摩擦和冲突。垄断是从资本主义到更高级的制度的过渡。

---

① J. 爱·德里奥《政治问题和社会问题》1900 年巴黎版第 299 页。

如果必须给帝国主义下一个尽量简短的定义,那就应当说,帝国主义是资本主义的垄断阶段。这样的定义能包括最主要之点,因为一方面,金融资本就是和工业家垄断同盟的资本融合起来的少数垄断性的最大银行的银行资本;另一方面,瓜分世界,就是由无阻碍地向未被任何一个资本主义大国占据的地区推行的殖民政策,过渡到垄断地占有已经瓜分完了的世界领土的殖民政策。

过于简短的定义虽然方便(因为它概括了主要之点),但是要从中分别推导出应当下定义的现象的那些最重要的特点,这样的定义毕竟是不够的。因此,如果不忘记所有定义都只有有条件的、相对的意义,永远也不能包括充分发展的现象一切方面的联系,就应当给帝国主义下这样一个定义,其中要包括帝国主义的如下五个基本特征:(1)生产和资本的集中发展到这样高的程度,以致造成了在经济生活中起决定作用的垄断组织;(2)银行资本和工业资本已经融合起来,在这个"金融资本"的基础上形成了金融寡头;(3)和商品输出不同的资本输出具有特别重要的意义;(4)瓜分世界的资本家国际垄断同盟已经形成;(5)最大资本主义大国已把世界上的领土瓜分完毕。帝国主义是发展到垄断组织和金融资本的统治已经确立、资本输出具有突出意义、国际托拉斯开始瓜分世界、一些最大的资本主义国家已把世界全部领土瓜分完毕这一阶段的资本主义。

下面我们还会看到,如果不仅注意到基本的、纯粹经济的概念(上述定义就只限于这些概念),而且注意到现阶段的资本主义同一般资本主义相比所占的历史地位,或者注意到帝国主义同工人运动中两个主要派别的关系,那就可以而且应当给帝国主义另外下一个定义。现在先必须指出,帝国主义,按上述意义来了解,无疑是资本主义发展的一个特殊阶段。为了使读者对于帝国主义有一个有充分根据的了解,我们故意尽量多引用了一些不得不承认最新资本主义经济中十分确凿的事实的资产阶级经济学家所发表的意见。为了同一目的,我们又引用了一些详细的统计材料,从中可以看出银行资本等究竟发展到了怎样的程度,看出量转化为质,发达的资本主义转化为帝国主义,究竟表现在什么地方。不用说,自然界和社会里的一切界限当然都是有条件的、变动的,如果去争论帝国主义究竟在哪一年或哪一个 10 年"最终"确立,那是荒唐的。

但是,我们不得不在帝国主义的定义问题上,首先同所谓第二国际时代(1889—1914 年这 25 年间)主要的马克思主义理论家卡·考茨基进行争论。在 1915 年,甚至早在 1914 年 11 月,考茨基就十分坚决地反对我们给帝国主义下的定义所表述的基本思想,他说不应当把帝国主义了解为一个经济上的"时期"或阶段,而应当了解为一种政策,即金融资本"比较爱好的"政策;不应当把帝国主义和"现代资本主义""等同起来";如果把帝国主义了解为"现代资本主义的一切现象"(卡特尔、保护主义、金融家的统治、殖民政策),那么帝国主义是资本主义所必需的这个问题就成了"最乏味的同义反复",因为那样的话,"帝国主义就自然是资本主义生存所必需的了",等等。为了最确切地表述考茨基的思想,我们引用他给帝国主义所下的定义,这个定义是直接反对我们所阐述的那些思想的实质的(因为,考茨基早已知道,多年来贯彻类似思想的德国马克思主义者阵营中所提出的反驳,正是马克思主义的一个派别所提出的反驳)。

考茨基的定义说:

"帝国主义是高度发达的工业资本主义的产物。帝国主义就是每个工业资本主义民族力图吞并或征服愈来愈多的农业区域,而不管那里居住的是什么民族。"①

这个定义是根本要不得的,因为它片面地,也就是任意地单单强调了一个民族问题(虽然这个问题无论就其本身还是就其对帝国主义的关系来说,都是极其重要的),任意地和错误地把这个问题单单同兼并其他民族的那些国家的工业资本联系起来,又同样任意地和错误地突出了对农业区域的兼并。

帝国主义就是力图兼并,——考茨基的定义的政治方面归结起来就是这样。这是对的,但是极不完全,因为在政治方面,帝国主义是力图使用暴力和实行反动。不过在这里我们要研究的是考茨基本人纳入他的定义中的经济方面。考茨基定义的错误是十分明显的。帝国主义的特点,恰好不是工业资本而是金融资本。在法国,恰好是在工业资本削弱的情况下金融资本特别迅速的发展,从上个世纪80年代开始使兼并政策(殖民政策)极度加强起来,这并不是偶然的。帝国主义的特点恰好不只是力图兼并农业区域,甚至还力图兼并工业极发达的区域(德国对比利时的野心,法国对洛林的野心),因为第一,世界已经瓜分完了,在重新瓜分的时候,就不得不把手伸向任何一块土地;第二,帝国主义的重要特点,是几个大国争夺霸权,即争夺领土,其目的与其说是直接为了自己,不如说是为了削弱对方,破坏对方的霸权(比利时作为反英据点对德国来说特别重要,巴格达作为反德据点对英国来说也一样重要,如此等等)。

考茨基特地搬出,并且屡次搬出英国人来,似乎英国人确定的帝国主义一词的纯粹政治含义,是和他考茨基的意思相符的。现在就来看看英国人霍布森在他1902年出版的《帝国主义》一书中是怎样写的:

"新帝国主义和老帝国主义不同的地方在于:第一,一个日益强盛的帝国的野心,被几个互相竞争的帝国的理论和实践所代替,其中每个帝国都同样渴望政治扩

---

① 1914年《新时代》杂志第32年卷第2册(1914年9月11日)第909页;参看1915年第2册第107页及以下各页。

张和贪图商业利益;第二,金融利益或投资利益统治着商业利益。"①

我们看到,考茨基笼统地搬出英国人来,是绝对没有事实根据的(他要搬的话,也只能是搬出那些庸俗的英国帝国主义者或帝国主义的公开辩护士)。我们看到,考茨基标榜自己在继续维护马克思主义,实际上比社会自由主义者霍布森还后退了一步,因为霍布森还比较正确地估计到现代帝国主义的两个"历史的具体的"(考茨基的定义恰好是对历史的具体性的嘲弄!)特点:(1)几个帝国主义互相竞争;(2)金融家比商人占优势。如果主要是工业国兼并农业国的问题,那就把商人抬上首要地位了。

考茨基的定义不仅是错误的和非马克思主义的,而且还成了全面背离马克思主义理论和马克思主义实践的那一整套观点的基础,这一点以后还要讲到。考茨基挑起的那种字面上的争论,即资本主义的最新阶段应当叫作帝国主义还是叫作金融资本阶段,是毫无意义的争论。随便你怎样叫都是一样。关键在于考茨基把帝国主义的政治同它的经济割裂开了,把兼并解释为金融资本"比较爱好的"政策,并且拿同一金融资本基础上的另一种似乎可能有的资产阶级政策和它对立。照这样说来,经济上的垄断是可以同政治上的非垄断、非暴力、非掠夺的行动方式相容的。照这样说来,瓜分世界领土(这种瓜分恰巧是在金融资本时代完成的并成了最大的资本主义国家现在互相竞争的特殊形式的基础)也是可以同非帝国主义的政策相容的。这样一来,就不是暴露资本主义最新阶段最根本的矛盾的深刻性,而是掩饰、缓和这些矛盾;这样一来,就不是马克思主义,而是资产阶级改良主义。

考茨基同德国的一个帝国主义和兼并政策的辩护士库诺争论过。库诺笨拙而又无耻地推论说:帝国主义是现代资本主义;资本主义的发展是不可避免的和进步的,所以帝国主义也是进步的,所以必须跪在帝国主义面前歌功颂德! 这种话就像民粹派在1894—1895年讽刺俄国马克思主义者的时候所说的那些话,说什么如果马克思主义者认为资本主义在俄国是不可避免的和进步的,那么他们就应当开起酒馆来培植资本主义。考茨基反驳库诺说:不对,帝国主义并不是现代资本主义,而只是现代资本主义政策的形式之一,我们可以而且应当同这种政策作斗争,同帝国主义,同兼并等等作斗争。

这种反驳好像很有道理,实际上却等于更巧妙更隐蔽地(因此是更危险地)宣传同帝国主义调和,因为同托拉斯和银行的政策"作斗争"而不触动托拉斯和银行的经济基础,那就不过是资产阶级的改良主义与和平主义,不过是一种善良而天真的愿望而已。不是充分暴露矛盾的深刻性,而是回避存在的矛盾,忘掉其中最重要

---

① 霍布森《帝国主义》1902年伦敦版第324页。

的矛盾，——这就是考茨基的理论，它同马克思主义毫无共同之点。显然，这种"理论"只能用来维护同库诺之流保持统一的思想！

考茨基写道："从纯粹经济的观点看来，资本主义不是不可能再经历一个新的阶段，即把卡特尔政策应用到对外政策上的超帝国主义的阶段"①，也就是全世界各帝国主义彼此联合而不是互相斗争的阶段，在资本主义制度下停止战争的阶段，"实行国际联合的金融资本共同剥削世界"的阶段②。

关于这个"超帝国主义论"，我们以后还要谈到，以便详细地说明这个理论背弃马克思主义到了何等彻底而无可挽回的地步。现在，按照本书的总的计划，我们要看一看有关这个问题的确切的经济材料。"从纯粹经济的观点看来"，这个"超帝国主义"究竟是可能实现的呢，还是超等废话？

如果纯粹经济的观点指的是一种"纯粹的"抽象概念，那么，说到底只能归结为这样一个论点：发展的趋势是走向垄断组织，因而也就是走向一个全世界的垄断组织，走向一个全世界的托拉斯。这是不容争辩的，不过也是毫无内容的，就好像说："发展的趋势"是走向在实验室里生产食物。在这个意义上，超帝国主义"论"就如同什么"超农业论"一样是荒唐的。

如果谈金融资本时代的"纯粹经济"条件，是指 20 世纪初这个历史的具体时代，那么对于"超帝国主义"这种僵死的抽象概念（它完全是为了一个最反动的目的，就是使人不去注意现有矛盾的深刻性）的最好回答，就是拿现代世界经济的具体经济现实同它加以对比。考茨基关于超帝国主义的毫无内容的议论还鼓舞了那种十分错误的、为帝国主义辩护士助长声势的思想，似乎金融资本的统治是在削弱世界经济内部的不平衡和矛盾，其实金融资本的统治是在加剧这种不平衡和矛盾。

理·卡尔韦尔在他写的《世界经济导论》③这本小册子里，对可以具体说明 19 世纪和 20 世纪之交世界经济内部相互关系的最重要的纯粹经济材料，作了归纳的尝试。他把整个世界分为 5 个"主要经济区域"：（1）中欧区（除俄国和英国以外的整个欧洲）；（2）不列颠区；（3）俄国区；（4）东亚区；（5）美洲区。同时他把殖民地列入所属国的"区域"内，而"撇开了"少数没有按上述区域划分的国家，例如亚洲的波斯、阿富汗和阿拉伯，非洲的摩洛哥和阿比西尼亚等等。

现在把他所列出的这些区域的经济材料摘录如下：

---

① 1914 年《新时代》杂志第 32 年卷第 2 册（1914 年 9 月 11 日）第 921 页；参看 1915 年第 2 册第 107 页及以下各页。
② 1915 年《新时代》杂志第 1 册（1915 年 4 月 30 日）第 144 页。
③ 理·卡尔韦尔《世界经济导论》1906 年柏林版。

世界主要经济区域	面积	人口	交通运输业		贸易工业			
			铁路	商船	进出口共计	煤炭产量	生铁产量	棉纺织业纱锭数目
	百万平方公里	百万	千公里	百万吨	十亿马克	百万吨	百万吨	百万
中欧区	27.6	388	204	8	41	251	15	26
中欧区殖民地	23.6	146						
不列颠区	28.9	398	140	11	25	249	9	51
不列颠区殖民地	28.6	355						
俄国区	22	131	63	1	3	16	3	7
东亚区	12	389	8	1	2	8	0.02	2
美洲区	30	148	379	6	14	245	14	19

我们看到,有三个区域是资本主义高度发达(交通运输业、贸易和工业都十分发达)的区域,即中欧区、不列颠区和美洲区。其中德、英、美三国是统治着世界的国家。它们相互间的帝国主义竞争和斗争是非常尖锐的,因为德国的地区很小,殖民地又少,而"中欧区"的形成还有待于将来,现时它正在殊死的斗争中逐渐产生。目前整个欧洲的特征是政治上分散。相反,在不列颠区和美洲区,政治上却高度集中,但是它们之间又有极大的差别:前者有广大的殖民地,后者的殖民地却十分少。在殖民地,资本主义刚刚开始发展。争夺南美的斗争愈来愈尖锐。

有两个区域是资本主义不发达的区域,即俄国区和东亚区。前者人口密度极小,后者极大;前者政治上很集中,后者不集中。瓜分中国才刚刚开始,日美等国争夺中国的斗争愈来愈激烈。

请把考茨基关于"和平的"超帝国主义那种愚蠢可笑的胡说,拿来同经济政治条件极不相同、各国发展速度等等极不一致、各帝国主义国家间存在着疯狂斗争的实际情形比较一下吧。难道这不是吓坏了的小市民想逃避可怕的现实的反动企图吗?难道被考茨基当作"超帝国主义"的胚胎的国际卡特尔(正像"可以"把在实验室里生产片剂说成是超农业的胚胎一样),不就是向我们表明瓜分世界和重新瓜分世界、由和平瓜分转为非和平瓜分、再由非和平瓜分转为和平瓜分的一个例子吗?难道从前同德国一起(例如在国际钢轨辛迪加或国际商轮航运业托拉斯里)和平地瓜分过整个世界的美国和其他国家的金融资本,现在不是在按照以完全非和平的方式改变着的新的实力对比重新瓜分世界吗?

金融资本和托拉斯不是削弱而是加强了世界经济各个部分在发展速度上的差异。既然实力对比发生了变化，那么在资本主义制度下，除了用实力来解决矛盾，还有什么别的办法呢？在铁路的统计中，我们可以看到说明整个世界经济中资本主义和金融资本发展速度不同的非常准确的材料。[①] 在帝国主义发展的最近几十年中，铁路长度变更的情形如下：

铁路长度（单位千公里）

	1890 年		1913 年		增加数	
欧洲	224		346		+122	
美国	268		411		+143	
所有殖民地	82	125	210	347	+128	+222
亚美两州的独立国和半独立国	43		137		+94	
共计	617		1104			

可见，铁路发展得最快的是殖民地和亚美两洲的独立国（以及半独立国）。大家知道，这里是由四五个最大的资本主义国家的金融资本统治着一切，支配着一切。在殖民地及亚美两洲其他国家建筑 20 万公里的新铁路，这意味着在特别有利的条件下，在收入有特别的保证、铸钢厂可以获得厚利订货等的条件下，新投入 400 多亿马克的资本。

资本主义在殖民地和海外国家发展得最快。在这些国家中出现了新的帝国主义大国（如日本）。全世界帝国主义之间的斗争尖锐起来了。金融资本从特别盈利的殖民地企业和海外企业得到的贡款日益增加。在瓜分这种"赃物"的时候，有极大一部分落到了那些在生产力发展的速度上并不是常常占第一位的国家手里。各最大的强国及其殖民地的铁路总长度如下：

（单位千公里）

	1890 年	1913 年	
美国	268	413	+145
不列颠帝国	107	208	+101

[①] 1915 年《德意志帝国统计年鉴》；1892 年《铁路业文汇》；关于 1890 年各国殖民地间铁路分布方面的某些详细情形，只能作一个大致的估计。

续表

	1890 年	1913 年	
俄国	32	78	＋46
德国	43	68	＋25
法国	41	63	＋22
5 个大国共计	491	830	＋339

可见,将近80％的铁路集中在5个最大的强国手中,但是这些铁路的所有权的集中程度,金融资本的集中程度,还要高得多,例如美、俄及其他国家铁路的大量股票和债券都属于英法两国的百万富翁。

英国靠自己的殖民地,把"自己的"铁路网增加了10万公里,比德国增加的多3倍。但是,谁都知道,这一时期德国生产力的发展,特别是煤炭和钢铁生产的发展,其速度之快是英国无法比拟的,更不必说法国和俄国了。1892 年,德国的生铁产量为490 万吨,英国为680 万吨;但是到1912 年,已经是1760 万吨比900 万吨,也就是说,德国永远地超过英国了![①] 试问,在资本主义基础上,要消除生产力发展和资本积累同金融资本对殖民地和"势力范围"的瓜分这两者之间不相适应的状况,除了用战争以外,还能有什么其他办法呢?

---

① 并参看埃德加·克勒芒德《不列颠帝国同德意志帝国的经济关系》,该文载于1914 年 7 月《皇家统计学会杂志》第 777 页及以下各页。

📝 本章案例研习

一、主要学习目标

1. 了解国际体系从区域性走向全球性的历史进程。

2. 了解 19 世纪至 20 世纪初美日两国崛起的过程及其对各自所在区域国际关系产生的影响。

3. 基于马克思主义政治经济学的原理,初步理解西方列强从资本主义走向帝国主义阶段的根本原因。

4. 通过比较欧洲列强在非洲、亚洲殖民扩张的过程,认识殖民主义与资本主义的弊端及历史影响,从而更加坚定走中国式现代化发展道路的信念。

二、相关背景知识

(一) 英、德在东非与南非的较量和英布战争

在 1871 年实现统一之后,德国的注意力主要是放在欧洲,以保证其在欧洲大陆的优势地位。随着德国资本主义经济的发展,德国在 19 世纪 80 年代开始染指非洲。19 世纪 90 年代中期之后,德国向所谓实行"世界政策"转变,积极拓展海外市场争夺殖民地,非洲大陆就进一步成为德国殖民势力觊觎的目标。正是抱着后来居上的扩张野心,德国在非洲大陆同老牌殖民大国英、法等国展开了激烈的殖民角逐。

1883 年 12 月,德国不来梅商人昌德里茨在西南非的安格拉培开那海湾购得面积约 650 平方公里的土地,德国随即宣布该地区处于其保护之下。1884 年 8 月,德国宣布除已被英国占领的沃尔维斯湾外,从南纬 26 度到葡属西非殖民地之间的西南非洲为德国保护地,这是德国在非洲掠取的第一个殖民地,同时也是德国殖民主义扩张政策的开端。以德属西南非洲为据点,德国加紧了对多哥和喀麦隆的殖民扩张。

1884 年年初,德国占据了多哥沿海地区。紧接着,德国不断向多哥内地推进。1885 年和 1886 年,法、英两国分别承认了德国在多哥的特权,多哥沦为德国的殖

民地。

早在 19 世纪 30 年代,英、法就开始向喀麦隆殖民渗透。从 19 世纪 80 年代初期起,德国力图将喀麦隆据为己有。1884 年 9 月,德国宣布喀麦隆地区被置于德国的控制之下。英国闻讯后立即与德国交涉,但为时已晚,喀麦隆及其沿海地区已成为德国的殖民地。因此,仅仅在 1884 年至 1885 年的一年间,德国就在西南非地区掠取了西南非洲、多哥和喀麦隆等三块殖民地,从而跻身于殖民强国的行列,1884 年也被称为德国的"殖民年"。1902 年,德国又将德属喀麦隆的范围进一步扩大到北部乍得湖一带;1911 年第二次摩洛哥危机后,德国获得法属刚果的一部分。至此,德国在喀麦隆的殖民权益得到进一步的巩固。

在争夺西南非地区的殖民权益的同时,德国还将扩张的矛头指向了东非和南非地区。19 世纪 80 年代,英、德在东非的较量尤为剧烈。桑给巴尔岛地处非洲东海岸印度洋航线的要冲,是英国垂涎之地。英国在 19 世纪 70 年代以前已将殖民触角伸入桑给巴尔并初步确立了对桑给巴尔沿海地区的控制地位。到 19 世纪 80 年代中期,桑给巴尔苏丹国表面上保持独立,但英国实际上左右着苏丹的权力。作为后起的殖民大国,德国觊觎地处东非的坦噶尼喀东北沿岸地区。为此不顾英国的反对,于 1885 年 3 月宣布将坦噶尼喀地区纳入德国的保护范围,标志着德国获取了在东非地区进行殖民扩张的前哨阵地。

德国染指东非招致英国的强烈不满,但鉴于英、法在北非的争夺日趋尖锐,且英国还忙于镇压苏丹马赫迪起义,因此英国决定寻求妥协。1886 年 11 月,英、德达成划分东非地区势力范围的协定,其主要内容为:英、德同意以鲁伍马河口—乞力马扎罗山北麓—维多利亚湖东岸为分界线划定势力范围,即线南为德国的势力范围,线北为英国的势力范围;英国支持德国向桑给巴尔苏丹承租沿海地区的特权;英国承认德国占有维图地区以及从维图通向曼达湾的走廊。此后,法国以承认英德协定为条件,获得了在马达加斯加岛的行动自由。

鉴于英德协定并没有确定英、德东非属地的西部界线,因此,1886 年英德协定不仅没有化解英德矛盾,反而促使英、德双方借机疯狂扩充各自的势力范围,而争夺的中心则集中于尼罗河河源所在地乌干达。1889 年,德国军队进入乌干达,迫使乌干达国王签订保护条约。面对德国觊觎尼罗河河源的企图,英国自然不会袖手旁观,立即出兵占领乌干达和维多利亚湖以西的地区。最终英、德于 1890 年 7 月签订《赫尔果兰条约》,德国把对维图和乌干达的保护权让予英国,并承认英国对桑给巴尔和肯尼亚的保护权;英国承认德国占有坦噶尼喀、马菲亚岛、卢旺达和布隆迪;作为对德国的补偿,英国将其在北海的赫尔果兰岛让给德国。《赫尔果兰条约》是英、德共同瓜分东非的产物,是欧洲列强瓜分非洲的一个重要组成部分,具备欧洲帝国主义兴盛时期瓜分非洲的所有特征。

在《赫尔果兰条约》签订之后,英、德、法开始巩固其在东非的殖民权益。1890年 11 月,英国宣布将桑给巴尔置于英国保护之下。1894 年,英国又宣布乌干达为其保护国。1895 年,马达加斯加彻底沦为法国的保护国。1898 年至 1903 年,德国相继宣布卢旺达和布隆迪为德国的殖民地。至此,英、德、法在东非的殖民争夺中各有所获,东非已被瓜分完毕。

欧洲列强的殖民侵略从一开始就激起了东非人民的反抗,起义接连不断,其中1905 年的马及马及起义影响最大。由于德国殖民者强行在坦噶尼喀推行棉花种植计划并强占当地人的大量土地,因而激起了坦噶尼喀各部族的强烈不满。1905年,起义首先在马图姆比人中爆发,此后,坦噶尼喀各部族如基齐人、恩金多人、恩戈尼人都参加了起义,由此形成了声势浩大的马及马及起义。为扑灭起义,德国殖民者对坦噶尼喀各部族展开大屠杀,遭屠杀的非洲人达 30 万人。由于德国殖民者的镇压,马及马及起义惨遭失败,但坦噶尼喀人民的武装斗争在非洲人民抵抗殖民主义和帝国主义的斗争史上留下了可歌可泣的一页。

(二) 美国确立在拉美的优势

美国在美洲扩大政治影响力的进程也是英、法等欧洲强国在美洲收缩与撤退的过程,这主要表现在美国与欧洲列强,特别是美、英之间在整个美洲影响力的消长。特别是在中美洲运河开凿权问题上,英、美的角逐更为直接地体现了两国在拉丁美洲地位的变化。开凿中美洲运河可以说是整个美洲的梦想,它将打通太平洋和大西洋的通航障碍,极大地便利美洲两岸以及美洲与隔洋相望的欧洲和亚洲的联系。它所蕴含的经济价值与战略价值不言而喻。对于中美洲国家而言,独立开凿运河不仅存在财政、技术的巨大障碍,而且政治上的弱势地位也使它们不得不屈服于西方列强的压力。各个大国无不以单独控制运河开凿权作为其目标,因此,运河开凿权的争夺成为 19 世纪后半期英、美在中美洲角逐的主题之一。

19 世纪 40 年代以后,美国成为两洋国家,极力想取得该运河的开凿权。但是当时的美国还很难与英国抗衡,其目标定为阻止英国单独获得运河开凿权,1850年,英、美签订的《克莱顿—布尔沃条约》达成了双方共管中美洲运河的协定,这在当时无疑是美国不得已的选择。内战后,美国在中美洲运河问题上一直寻求废除该条约的限制。外交方面,1881 年,美国国务卿詹姆斯·布莱恩就公开要求废除该条约。1884 年,美国违反该条约与尼加拉瓜签订了一项运河条约,但在英国的强烈反对下被迫取消。军事方面,1873 年和 1885 年,美国军队两度登陆巴拿马保护受到内战威胁的美国财产。1886 年,危地马拉对萨尔瓦多的侵略造成了对美国财产的威胁,美国为此派遣军舰向危地马拉显示力量。在拉美频频使用武力维护美国利益而并未遭受其他大国的反对,美国在拉美的优势地位已经开始显露出来。1898 年,美国在美西战争中获胜,而英国此时正忙于准备对布尔人的战争,美国再次提出修改条约的要求。这一次美国是志在必得,因为这一时期美国对外政策的基本关切是巩固在加勒比和中美洲刚刚确立的地位,更为确切地说,决策者要为开凿和控制运河做一些必要的外交努力以保证对美国东西海岸通道的保护,总之,美国的运河政策的战略意图非常明显。英、美双方经过激烈的讨价还价最终达成协议,于 1901 年 11 月签署了《海约翰—庞斯福特条约》,英国退出运河修建问题的争夺,美国如愿获得在巴拿马主持修建和管理中美洲运河的特权。

(三) 日本与俄国在东北亚的争夺

19 世纪末 20 世纪初,日本和俄国争夺中国东北和朝鲜的矛盾日益激化,并发展成为影响东亚局势的主要因素。自 19 世纪 90 年代初起,俄国开始修建西伯利亚大铁路,将对外扩张的战略目标转向东方,野心勃勃地实施以夺取东亚及太平洋霸权为内容的远东政策。这就与明治维新后正在东亚崛起的日本的大陆政策发生尖锐的冲突,中国的东北三省和朝鲜半岛成了它们角逐的焦点。俄国在中日甲午战争后"干涉还辽",强迫日本交出已到手的辽东半岛,然后通过《中俄密约》和《旅大租地条约》,取得西伯利亚铁路贯通中国东北三省的建筑权和旅顺口不冻港,利用铁路和资本(华俄道胜银行)把中国东北变成其势力范围,1900 年,又加以武装占领实行全面控制。在朝鲜,俄国趁清朝退出之机干涉朝鲜内政,利用亲俄派攫取大量利权。作为在朝鲜除日本以外的重要的侵略势力,俄国在与日本的明争暗斗中形成了与之对峙的局面。虽然 1898 年俄国同意不妨碍日、朝之间在商业和工业上的关系,但俄国占领东北后,为了防止日本进占朝鲜,提出"朝鲜中立化"建议;而日本把中国东北问题和朝鲜问题联系到一起,声言中国东北局势不恢复到俄国占领前的状态,就不同俄讨论朝鲜问题。1901 年年初,传出了正在进行中的中、俄交涉的情况,俄国企图强迫清政府接受其对中国东北的独家统治。日本对俄提出强烈抗议,谴责它破坏了东洋的均势;俄国则以中国东北事务与日本无关为由,拒绝接受日本的抗议。

俄国势力的南下,对日本在东亚大陆的扩张构成了巨大的战略性威胁,日本视之为推行"攻取朝鲜以制辽东"的大陆政策的障碍。在此背景下,日本加快了自"三国干涉还辽"后即在"卧薪尝胆"口号下开始的 10 年期扩军计划,准备对俄战争;在外交上,寻求攀结英国作为反俄的盟国。英国的在华利益受到俄国扩张的挤压,尽管英国并不想直接卷入日、俄冲突,但借助日本牵制俄国有利于其在东亚和太平洋地区的地位。1902年1月30日,日本驻英公使林董同英国外交大臣兰斯多恩在伦敦签订了《英日同盟条约》,为期5年。双方承诺尊重和保护英国在中国与日本在中国和朝鲜的"特殊利益",在其受到侵略或威胁时可采取必要的措施;如缔约国一方与另一国发生战争,缔约国另一方应保持严格的中立,并努力防止其他国家参与反对盟国的敌对行动;如其他国家加入反对其盟国的敌对行动,缔约国另一方应提供援助,共同作战。此外还秘密约定,两国海军在东亚海域进行合作,保持优势。英日同盟是一个针对俄国的攻守同盟。对于日本来说,这个同盟的意义在于,当它与东亚之大敌俄国决战时,可以不用担心欧洲会像1895年那样进行干涉并夺取它的"胜利果实"。1902年2月,美国照会各国,指责俄国在华行为破坏了门户开放政策,采取了与英、日协调的路线。

由于中国人民的坚决反对以及国际列强的压力,俄国于1902年4月与中国签订《交收东三省条约》,以苛刻的条件同意一年半内分3期撤出中国东北。但1903年俄国在宫廷集团的鼓动下采取更为强硬的政策,不仅毁约停止撤军,而且增兵中国东北加强统治,同时利用所攫取的森林租让权侵蚕朝鲜北部。1903年7月后的半年多里,日本同俄国就划分东北亚势力范围展开谈判。日本坚持独占朝鲜,有保留地承认俄国在中国东北的地位,俄国坚持独占中国东北,有保留地承认日本在朝鲜的地位。实际上,双方的侵略野心及其战略利益的根本对立使它们不可能达成妥协,谈判成了走向战争的前奏。1904年2月8日,日本海军突然袭击停泊在旅顺口的俄国军舰。2月10日双方宣战,日俄战争爆发。这是日俄之间为掠夺中国和朝鲜而互相厮杀,主要在中国土地上进行的帝国主义战争。腐败的清政府无力阻止,竟宣称"中立"。日俄战争历时一年多,双方都投入了数十万兵力,战况惨烈。战争开始后日军分别从朝鲜和辽东半岛登陆,迅速控制朝鲜并跨过鸭绿江进入中国东北。5月占领大连,围困旅顺,8月在黄海海战中重创俄国舰队。1905年1月,日军攻陷旅顺,3月在沈阳会战中大败俄军。5月27日至28日在日本海对马海峡,俄国调来东亚增援的波罗的海舰队被日本联合舰队歼灭。至此,俄国败局已定,而日本虽然取得胜利也已精疲力竭。经美国总统西奥多·罗斯福出面调停,日、俄各派代表于1905年8月开始在美国朴茨茅斯城举行媾和谈判。

在日俄和谈开始前后,美、英、日就战后东亚秩序进行幕后交易。1905年7月,美国和日本在东京签署备忘录,规定日本承认美国在菲律宾的特殊地位,美国承认日本对朝鲜的宗主权。1905年8月12日,英国和日本提前修订《英日同盟条约》,规定把同盟条约的义务扩大到英属印度边界;缔约国一方与任何其他国家发生战争,另一方应共同作战;英国承认日本享有对朝鲜的保护权。事实上,日本通过与美、英的安排至少已保证取得在朝鲜的优越地位。1905年9月5日,日、俄两国代表经过激烈的争吵,终于签订《朴茨茅斯条约》。主要内容是:俄国承认日本在朝鲜有"卓绝的利益",将从中国获得的旅大租借地及附属特权、南满铁路(长春至旅顺)及相关利权转让给日本,库页岛南部割让给日本;日、俄在中国东北各自铁路沿线可驻扎护路兵队,东北三省行政权归还中国。这是日、俄重新分割东北亚势力范围的帝国主义分赃条约,严重践踏了中国和朝鲜的主权。日本获得了朝鲜和中国东北的南部,而俄国仍占领中国东北的北部。条约签订后不久,1905 年 11 月,日本迫使朝鲜签署《日韩保护协约》;12 月,迫使清政府签署《中日会议东三省事宜正约及附约》,进一步扩大在中国东北的特权。通过 1904 年至 1905 年的日俄战争,日本崛起为东亚第一强国,堂而皇之地成为国际列强争霸亚洲的重要成员。

三、问题与思考

问题一:英国在英法殖民争霸中胜利的原因。

思考要点:(一)经济方面 1. 英国经济的绝对优势。2. 法国经济处于劣势。3. 英国工业生产类型适应了海外贸易需求。英国的工业以纺织品和金属制品为主,法国则倾向于奢侈品生产。(二)政治方面 1. 英国政治制度的优势。2. 法国君主专制的弊端凸显。3. 英国的天然盟友也使一直维持着海上优势的英国能够专心打击法国海上力量,并最终巩固了英国的绝对优势。(三)军事方面 1. 英式进攻型强硬政策。2. 法式避战型保守政策。

问题二:19 世纪西方的对外扩张及被入侵国家的反应与道路选择。

思考要点:(一)西方的对外扩张 1. 英国:全球扩张及"日不落帝国"的建立。2. 美国:领土扩张及西进运动。3. 法国:法兰西第二殖民帝国的建立。4. 德国:关注欧洲他国,有限度地扩张。5. 俄国:中东博弈与远东扩张。(二)被入侵地区与国家的反应和选择 1. 排外主义下的盲动与反抗。2. 有识之士引领下的现代化的起步。

问题三:《门罗宣言》的背景、内容与影响。

思考要点:门罗宣言是美国总统詹姆斯·门罗于 1832 年向世界宣布的一项外交政策,被认为是美国外交政策的转折点和美国基本外交政策"门罗主义"的起始点。(一)背景 1. 拉丁美洲各国的独立与解放。2. 西欧列强对于美洲的干涉野心。3. 美国对于其国家利益的维护。4. 英国的支持。(二)内容 1. 提出不干涉原则。2. 提出美洲体系原则。(三)影响 1. 对拉丁美洲各国而言。门罗宣言客观上维护了拉丁美洲各国的独立与自由,但作用有限。2. 对美国而言,门罗宣言维护了自身的国家利益,同时为之后的"门罗主义"奠定了基础。3. 对西欧各国和国际社会而言,不仅美国国内对门罗宣言关注甚少,甚至国际上对其也不够认同,根本原因是美国当时无论经济还是军事实力均无法与欧洲国家相提并论。

问题四:近代日本提出"和魂洋才"口号的背景、内容与影响。

思考要点:明治维新前后,日本推行"文明开化"政策,在学习西方先进科学技术,实现富国强兵的过程中,提出了"和魂洋才"口号。(一)背景 1.德川幕府的封建统治内外交困,迫切需要变革。2.西方先进思想和科学技术的传入,日本进步人士开始正视西方。(二)内容 1.主张向西方学习科技,以维护日本传统道德伦理。2.鼓励学习西方政治制度与文化思想。(三)影响 1.有利于日本近代化。"和魂洋才"鼓励学习西方,从而在日本逐渐建立起现代化的工业生产,推动经济发展。在进步人士的积极活动下,西方自然科学与技术知识在日本广泛传播。2.具有局限性。"和魂洋才"虽提出学习西方的政治制度,但并未形成系统的资产阶级民主政治的革命理论,而且受限于日本缺乏资产阶级革命的客观社会条件。

问题五:19 世纪后半期英国的远东政策的背景、内容与影响。

思考要点:19 世纪后半期英国的远东政策有中国和日本两大关键。对中国谋取维持在华经济优势和政治利益的同时,酝酿提出门户开放;对日本渲染"俄国威胁论"以拉拢日本。(一)背景 1.孤立主义传统面对严峻挑战。2.新兴国家的崛起。(二)内容 1.在中国维护自身利益,鼓励门户开放。2.缔结英日同盟。(三)影响 1.促成东亚国际关系新格局。2.促使美国提出"门户开放"政策。

问题六:垄断组织成立的原因与影响。

思考要点:第二次工业革命后,工业生产迅速发展,资本与生产集中到大资本家手中,资本主义自由竞争逐渐被垄断所替代,垄断组织获得发展。(一)原因 1.第二次工业革命推动了生产力发展,为垄断组织的成立准备了条件。2.股份公司制有利于资本的集中和垄断。3.政府缺乏约束。(二)影响 1.提高了生产力。2.推动了殖民扩张。3.形成了国际垄断同盟。4.加强了资本主义剥削性。

四、拓展阅读推荐

第一节　塞西尔·罗得斯

1.[英]赫伯特·斯宾塞:《社会静力学》,张雄武译,北京:商务印书馆,1999年。该书问世于 1850 年(修订于 1890 年),作者第一部学术著作,也是其研究社会和政治学说的主要著作之一。作者早于达尔文的《物种起源》(1859)发表之前就提出了社会进化的思想,主张把生物学中"生存竞争、适者生存"的学说应用于社会领域。该书便是作者社会有机论和社会进化思想的集中体现,书中还强调在社会关系中个人有充分活动之自由的个人主义观点。

2. [荷]韦瑟林:《欧洲殖民帝国》,夏岩译,北京:中国社会科学出版社,2012年。该书将15—18世纪的欧洲历史作为背景,着重阐述欧洲殖民主义在整个19世纪的发展历程,论述涉及人口、经济、政治与文化等重大主题。尤其关注在19世纪至20世纪初这段时期内,欧洲列强征服、占领、组建以及掠夺殖民地的过程,对欧洲帝国主义与殖民主义进行了全景式的深度描绘。

3. [美]亚当·霍赫希尔德:《利奥波德国王的鬼魂:贪婪、恐惧、英雄主义与比利时的非洲殖民地》,扈喜林译,北京:社会科学文献出版社,2018年。该书虽非严格意义上的学术著作,但作者在撰写过程中使用了大量原始资料,基于深入的调查和严谨的行文,揭露了19世纪80年代利奥波德二世在刚果实行种族灭绝式掠夺和压榨的种种罪行,用引人入胜的笔触介绍了那位古怪、贪婪、残忍的君主建立比属刚果的过程。

第二节 马克思

1. [德]马克思、[德]恩格斯:《共产党宣言》,中共中央马克思恩格斯列宁斯大林著作编译局编译,北京:人民出版社,2018年。马克思和恩格斯在1845年至1847年间,写下了《关于费尔巴哈的提纲》《德意志意识形态》《哲学的贫困》等重要著作,在吸收人类文明优秀成果的基础上,在批判地超越旧思想的过程中创立了新的世界观,形成了唯物史观。该书是对新世界观的第一次集中而简明的阐释。该书宣告了马克思主义科学理论体系的诞生,开辟了人类思想的新纪元。它在马克思主义发展史和社会主义运动史上具有独特的重要地位,在人类思想发展进程中具有里程碑的意义。

2. [德]马克思、[德]恩格斯:《马克思恩格斯论中国》,中共中央马克思恩格斯列宁斯大林著作编译局编译,北京:人民出版社,1993年。本书收入马克思和恩格斯有关中国的全部文章与重要论述,内容分为两部分,第一部分是文章,收录了马克思和恩格斯有关中国的文章共18篇,这些文章是19世纪50年代至60年代初写的;第二部分是摘录,收录了散见于马克思和恩格斯19世纪40年代至90年代的各种著作和书信中有关中国的论述。

3. [德]恩格斯:《家庭、私有制和国家的起源》,中共中央马克思恩格斯列宁斯大林著作编译局编译,北京:人民出版社,1999年。该书科学阐释了人类历史的早期阶段,论述了家庭的起源和发展,私有制和阶级的产生以及国家的产生原因和阶级本质,揭示了经济条件尤其是物质生活的生产和再生产是这一变化过程中起决定性作用的因素,进而证明了历史唯物主义的科学性及其对古代社会的适用性。该书力图表明,历史唯物主义的基本原理不仅适用于现代资本主义社会,而且对于古代社会也有着同样的解释力,是恩格斯的一部非常重要的代表作。

第三节　福泽谕吉

1. [日]福泽谕吉:《劝学篇》,群力译,北京:商务印书馆,1984 年。该书创作于1872—1876 年,是福泽谕吉启蒙思想的代表作之一,至 1897 年已累计销售 370 万册,足见其影响之广泛。全书共计 17 篇论文,其中心思想是以英国经验学派的功利主义为基础,提倡个人独立自尊和社会的实际利益,集中反映了作者对封建意识形态的批判,表达了其强调科学精神、提倡实学、主张发展资本主义和维护国家独立的思想观点,对日本的文明开化起到了重要的启蒙作用。

2. 孙中山:《对神户商业会议所等团体的演说(1924 年 11 月 28 日)》,陈夏红选编、杨天石审订:《孙中山演讲录》,北京:中国大百科全书出版社,2012 年。该书收录了孙中山 35 篇演讲稿,包括"思想""革命""军事""党务""政务""观念""实业""外交"等 8 方面。其中,"对神户商业会议所等团体的演说(1924 年 11 月 28 日)"是唯二的外交演讲之一。该演讲便是著名的"大亚洲主义"演讲,剖析了当时中日两国在东亚的地位与格局,最后将"究竟是做西方霸道的鹰犬,或是做东方王道的干城"的选择交由日本自身决定。

3. [日]冈仓天心:《东洋的理想》,阎小妹译,北京:商务印书馆,2018 年。该书主要成书于 1901 年冈仓天心的印度之旅,用英语写成,1903 年在英国首次出版,向西方介绍东洋的艺术。冈仓在书中主张:正如意大利文艺复兴发现古希腊艺术的真谛,西洋文明源于古希腊古罗马一样,正是日本最早发现了中国与印度古代艺术的价值,继承了亚洲艺术的精华。此外,该书在开篇提出的"亚洲是一体的",成为冈仓思想的代表,但后来成为日本帝国主义用来辩解其侵略扩张的工具。

4. [日]丸山真男:《福泽谕吉与日本近代化》,区建英译,北京:北京师范大学出版社,2018 年。作者是日本著名思想家、政治学家。该书以福泽谕吉为例,展示了思想史研究的前沿思考,将思想史家比作演奏家,即尊重史料,但不能拘泥于史料,需要带着现实问题意识进入历史,通过历史来发挥自己的创造性,而不是满足于历史考古求证,况且就算在历史考古领域也不存在完全排除叙述者的"实证"主义,这就是思想史研究的趣味所在。

第四节　维特伯爵

1. [美]马士、[美]宓亨利:《远东国际关系史》,姚曾廙译,上海:上海书店出版社,1998 年。该书问世于 20 世纪二三十年代问世,是一部研究远东国际关系的名著。全书三十章,前三章介绍远东的地理要素以及 18 世纪前西方与远东的关系,其余依次叙述 19 世纪中期到 20 世纪 30 年代初期西方列强(主要是英、美、法、俄)与远东各国的关系,以及远东各国相互之间的关系。

2. 汤重南主编:《日俄战争史料(全 20 册)》,北京:线装书局,2016 年。该书主要内容包括世界各国有关日俄战争的新报道索引,和来自韩国、中国北京天津、柏林及路透社的电报。这些战争史料详细记录了日俄开战时错综复杂的国际政治、军事形势及其背景。这些历史档案、文献和著述,还原了日俄战争期间及战争前后日俄两个帝国主义国家在中国犯下战争罪行的历史真相,具有重要的文献价值。

3. 〔日〕和田春树:《日俄战争:起源和开战》,易爱华、张剑译,北京:生活·读书·新知三联书店,2018 年。该书是首次在全面调查日本、俄罗斯、韩国资料的基础之上所做的,从起源和开战两个维度进行了全新的研究。作者明确指出,战争因日本想统治朝鲜的欲望所引发,并通过入侵朝鲜而肇始,最终发展为日本与俄罗斯之间在中国东北进行的战争,有力地反驳了日本人一个世纪以来对这场战争的错误认识。诚如作者所言:"当日本获得战争胜利,吞并朝鲜后,亚洲人民才发现,日本是另外一个帝国主义国家。"

第五节　阿尔弗雷德·马汉

1. 〔美〕艾尔弗雷德·塞耶·马汉:《海权对法国大革命和帝国的影响(1793—1812 年)》,李少彦等译,北京:海洋出版社,2013 年。该书是马汉"海权论三部曲"中的第二部,着眼于法国大革命和拿破仑帝国这一年代,进一步阐述了作者在《海权对历史的影响》(第一部)中提出的海权理论,即海权并不仅是纯粹的军事问题,而且是重要的经济问题和国家发展战略问题。该书从海权角度论述那个风云时代的重大历史事件和拿破仑帝国的兴衰,既是那段历史的一种"马汉式"总结,也反映了世界主要军事大国对海洋战略地位重要性的不同认识。

2. 〔美〕艾尔弗雷德·塞耶·马汉:《海权与 1812 年战争的关系》,李少彦等译,北京:海洋出版社,2013 年。该书是马汉"海权论三部曲"中的第三部,书中首先阐述了导致 1812 年战争的一系列日积月累的原因,从而进一步阐明"海权论"命题为世界历史中的积极主导因素,海权的影响在 1812 年的战争中同样不言而喻。马汉"海权论三部曲"中有关争夺海上主导权对于主宰国家乃至世界命运都会起到决定性作用的观点,盛行世界百余年而长久不衰,不仅对西方国家产生了重要影响,对中国现代海权发展战略也有参考意义。

3. 〔英〕哈尔福德·约翰·麦金德:《陆权论》,余杰译,北京:台海出版社,2017

年。作者是英国著名地理学家、地缘政治学家。该书从世界整体的角度出发,看待世界地理构成和世界历史进程,认为世界是由几个大岛构成的,其中欧亚大陆和非洲大陆是最大的"世界岛",美洲大陆是另外一个岛屿,而澳洲是较小的一个岛屿。该书第一次区分了陆权与海权的观念,认为随着陆上交通工具的发展,欧亚大陆的"心脏地带"则是最重要的战略地区,所提出的"陆权论"对世界政治产生了深远的影响。

4. [意]朱利奥·杜黑:《空权论》:欧阳谨译,北京:台海出版社,2017年。该书提出了制空权思想,内容包括:飞机是出色的进攻性武器,将引起战争形态革命;未来战争是总体的,战场扩大到整个国境,全体公民都暴露在敌方的空中进攻之下,陆上和海上防御不能再保护国家。因此,国家的抵抗能力取决于交战双方的全部能力、全部资源和全部信念,武装力量是全体民众;空中力量可以粉碎敌人物质和精神上的抵抗。需要建立独立空军,夺得制空权对战争有决定性意义等。

第六节　列宁

1. [俄]列宁:《国家与革命》,中共中央马克思恩格斯列宁斯大林著作编译局编译,北京:人民出版社,2020年。该书是列宁在十月革命前夕撰写的一部关于马克思主义国家学说的著作,全书共六章,阐述了无产阶级革命和无产阶级专政的基本原理,不但揭示了国家的阶级本质,而且继承和发展了马克思和恩格斯的重要理论和思想,对马克思主义国家学说的实质作了独到分析,是对马克思主义国家学说的发展作出的重大贡献。是集中论述国家问题的马克思主义重要著作,就其基本立场和方法来说,启发和指导意义是深远的。

2. 郑异凡主编:《谁发动了十月革命:布尔什维克自传》,郑异凡等译,上海:上海人民出版社,2017年。作者从20世纪20年代中期苏联出版的《格拉纳特百科词典》中挑选出56人,将这56人的传记汇编成书。该书利用了大量史料文献,把这些人物的生平经历同各个时期的革命斗争、革命事件紧密地连接在一起,详细描绘了有关俄国革命的生动历史,可读性很强。

3. [英]约翰·阿特金森·霍布森:《帝国主义》,卢刚译,北京:商务印书馆,2020年。本书作者是英国著名思想家、经济学家。该书主要根据19世纪末20世纪初英国帝国主义近三十年的政策实践,系统批判了近代帝国主义,第一篇追溯了帝国主义的经济起源。第二篇研究了帝国主义政治的理论与实践,揭示了其对其他民族的影响,以及对西方帝国主义列强在政治和道德上的反噬作用。是有关帝国主义问题研究的重要著作。

4. [德]罗莎·卢森堡:《资本积累论》,董文琪译,北京:商务印书馆,2021年。

作者是国际共产主义运动史上杰出的马克思主义理论家、革命家,被列宁誉为"革命之鹰"。该书是作者的代表作,也是经济思想史上的一部重要著作,从资本积累出发,探究资本主义危机的根源和内在机制,对资本主义危机做了深刻剖析,认为马克思力图创造一个非常简单、抽象的公式,这应被视为一个从整体分析资本主义经济发展真实问题的起点。

第四章

两次世界大战与全球
性国际体系的变迁

本章案例导读

本章案例所涉主题为两次世界大战与全球性国际体系的变迁,相应教学内容包括:第一次世界大战与国际关系、凡尔赛体系与国际联盟的成立、华盛顿体系与太平洋战争的爆发、第二次世界大战与国际关系等。

19 世纪末 20 世纪初,帝国主义列强要求重新瓜分世界的争斗愈演愈烈,各种秘密外交加紧进行,危机和冲突不断出现,最终演变为一场世界级的战争。第一次世界大战以同盟国的战败告终,战后签署的《凡尔赛条约》无视众多弱小国家的利益,中国由此掀起反帝反封建的爱国主义运动,**顾维钧**领衔的中国代表团拒绝在该条约上签字。作为战败国的德国在摆脱经济危机过程中,建立起法西斯统治,成为第二次世界大战在欧洲的战争策源地。西方国家面对军事威胁采取妥协退让策略,以牺牲弱小国家的利益换取暂时和平的局势。对此,国际关系理论家**爱德华·卡尔**指出,绥靖政策虽然能够促使国际体系顺应国际权力格局的现实,但是不利于反法西斯力量的联合。

面对 20 世纪 20 年代的经济危机,日本选择通过对外扩张的方式转移国内社会矛盾,成为第二次世界大战在亚洲的战争策源地。1931 年,日本占领中国东北,开始侵略中国。自此,中国开启了长达十四年的抗日战争。1941 年,日本偷袭美国珍珠港,太平洋战争爆发,宣告了华盛顿体系的彻底崩溃。至此,中、美、英等国反抗日本法西斯战争的格局在东亚正式形成。在欧洲战场,以**丘吉尔**、**罗斯福**、斯大林等为代表的政治家在战争的动员调配方面,以**朱可夫**为代表的军事家在战争的指挥作战方面,发挥了重要作用,为最终赢得反法西斯战争的胜利作出突出的贡献。第二次世界大战结束后,随着联合国的建立和国际秩序的重建,美、苏两国作为新兴全球性大国的地位得到进一步巩固。

本章关键词:巴黎和会;凡尔赛体系;现实主义;洛迦诺会议;国际联盟;亚洲战争策源地;世界反法西斯联盟;《联合国家宣言》;苏德战争

第一节　丘吉尔

一、本节案例导读

　　温斯顿·丘吉尔(Sir Winston L. S. Churchill，1874—1965)，英国政治家，曾两度担任首相。1895 年从军，1900 年步入政坛，1906 年进入下院，历任各内阁要职，担任海军大臣期间加强英国海军实力，一战期间因为英军失利而引咎辞职。1930 年代主张重整军备，反对对德绥靖政策。1940 年担任首相后坚持对德作战，争取美、苏作为同盟国加入二战阵营。二战期间出席了德黑兰会议等许多有关战后世界秩序重建的国际会议。《第一次世界大战回忆录》这部著作揭示了一战期间许多鲜为人知的历史内幕，对于一战史研究具有重要的参考价值。

二、案例资料阅读

[英]丘吉尔:《丘吉尔第一次世界大战回忆录 5：世界危机——战后》，吴良健等译，王翼龙等校译，北京：北京时代华文书局，2017 年，第 106—123 页。

第八章　国际联盟

　　和会的过程自然地分为三个界限清楚的阶段,读者随着本文的叙述,记住这点很有好处。

　　第一个阶段是威尔逊时期,或者叫委员会时期或十国会议时期。这个时期历时1个月,从1月14日十国会议第一次开会起到2月16日威尔逊总统第一次回美国止。第二个阶段叫贝尔福阶段,当时威尔逊总统回华盛顿,劳合·乔治先生回伦敦,克列孟梭被刺客的子弹射中倒下。在这个时期里,贝尔福先生完全按照劳合·乔治先生的意见,引导委员会紧缩工作时间,一直到3月8日终止,集中全力开展缔造和平的实际工作。第三个阶段叫三人领导时期,当时主要问题由劳合·乔治、克列孟梭和威尔逊在四国会议里通过斗争解决,最后单独由三人开会决定。这三个人的领导局面历时两个多月,每天都进行了紧张的讨论,最后制定出和平的初步程序,此程序得到全体大小协约国的赞同,然后以《凡尔赛和约》、圣日耳曼条约、特里阿农条约和纳伊条约的形式提交敌国。

　　要理解和会,读者必须抓住它的程序和它如何产生的过程。11月29日的符合逻辑的法国计划没有被威尔逊总统接受。然而已经有了普遍的默认的一致意见,即第一步是战胜国应单独聚会。然后由他们草拟初步和平条件,在他们反复研究订出条件后,将草拟条约联合送交敌国。法国人曾建议,英、意、日也期望,在战胜国之中由五大国领导人事先私下商议,由他们决定最重大的问题和原则,然后才允许一批小国参加讨论。但是,除了上一章提到的程序问题外,这个最为重要的并被证明是必不可少的阶段,从未合适地进行过。因为主要的大会与这种至关重要的准备性讨论同时进行,以致前者压倒了后者。1月18日的第一次全体会议,整个27国代表出席,五个主要协约国事先没有在任何主要问题上取得一致。

　　当然,五大国自始至终随心所欲地决定了每一件事;没有力量能阻止他们这样做。但是这些基本事实只有在经过长期的变化无常和杂乱无章后才变得明显和举足轻重。做出的决议不是系统研究和讨论的结果,而只是当某个问题到了非解决不可的时候才决议的。从头到尾没有经过深思熟虑的先后次序,没有经过缜密思考的、从一般到特殊的递进计划。各种各样棘手的次要问题由尚未同意基本原则的国家首脑来讨论和展开争论。五大国互不信任,没有达成共识。讨论了两个月后,当时所有极为迫切的问题,仍隐藏在主要全权代表的胸中。事实上,我能肯定,直到3月底,在担负每件事最终决定权的劳合·乔治、克列孟梭和威尔逊总统三个人之间,也从没有倾心和坦诚地交谈过。这是威尔逊阶段和贝尔福阶段的最主要的事实。

　　然而,这些元首继续进行正式接触。不但经常召开十国会议进行商谈,而且这些人(或他们中的几个人)常坐在一起开最高级军事会议。① 这种会议在战争结束后几个月里有极大的进展。最高军事会议的开会与和平条件无关。每周都有许多紧要的实际事务发生,加重了会议的负担。例如,整个经济形势问题,停战条件的继续商讨;与俄国的关系。当时欧洲的混乱时时升到爆炸点。新建立的波兰共和国与东加利西亚人民处于战争状态;最高级军事会议必须进行干预。他们派了一个特别委员会去波兰,我们见到一列国际列车冒险旅行的壮观场面,列车有 5 节严密加以保卫的车厢,每一个车厢载着单独一个国家的代表。尽管旅途危险,国际委员会还是到达了华沙,进行了仓促调停,达成了波兰人和乌克兰人之间的某种休战协定。不久,类似的困难在各种地方出现。协约国必须进行干预,以防止波兰人与捷克斯洛伐克人之间爆发战争。4 月份他们必须再次干预匈牙利发生的包含着巨大危险的贝拉·库恩布尔什维克革命。形势的困难和危险的确到了极点。

　　整个大陆可能有陷入无政府状态的严重危险。每个人都转向主要协约国寻求帮助,但在许多情况下他们不能给予帮助。他们需要粮食,但是协约国本身的粮食也短缺。他们需要军事占领,但是英国人也极迫切地需要军队来维护安定,调不出许多军队,又不能冒险派遣少量特遣队去往远离大海的遥远地方。大战后发生的所有这些战争措施,在战后最初几个月里占去了主要大国的许多时间和精力。

　　这种双重关系对缔造和平施加了不可抗拒的影响。五大国继续不断为这件或那件争端一起工作。上午他们参加十国会议,为解决和平问题进行"交谈";下午他们出席最高级会议做出重要的实施决议。27 国中的其余国家,根据最初通过的难以落实的决定,他们具有同等的地位,时时聚集在全体会议中,那里处于最完全的公开状态,任何重要事情都不能做。威尔逊总统不可避免地和几乎麻木地听凭这种事态的发展。也明白这种事态的发展并非由欧洲外交的邪恶性质引起,而是出于实际和自然的原因,努力反对也是徒劳。影响大小国家主要利益的迫切问题怎样能由 27 国进行公开有益的辩论呢? 如果单单使用陈词滥调和阿谀奉承的话,会议会成为闹剧。如果无节制地说直言不讳的话,会议将变成熊园。即使完全由主要国家组成的秘密召开的十国会议,也终因人数过多难以操作。连同随从的专家,十国会议的出席者很少少于 50 位,他们的身份等级和地位相差悬殊。即使不算有意的泄漏,会议的机密性也大可怀疑。我们将见到,总统根据常识与事实,很快与克列孟梭和劳合·乔治紧密地在一起解决每一个极端重要的问题,商讨仅由莫里斯·汉基一人做记录,并把决议整理成确切、清晰的文字。如果在 12 月甚至在 1

---

① "军事"这个词以后将省却。

月份就能举行这样的会议,那么和会的全过程本来会进行得顺利而协调,但威尔逊总统一开始就拒绝显而易见的办法。当这个办法在许多天后以后补商讨的形式回到他身边时,他表示热烈欢迎。

威尔逊总统抛出他主要政策的时刻最终来到。他宣称国际联盟必须成为和约不可缺少的组成部分,必须先于所有领土或经济问题的解决。就是要在联盟的结构上建立整个和约,所有解决办法必须与联盟的原则相协调。如果所有领导人在主要问题上达成初步谅解,如果他们知道在基本问题上彼此所持的立场,没有感到会发生十分严重的冲突,那将是值得赞美的。但是现在看来,和会将以全部精力投入人类新宪章的工作,由于没完没了的学术讨论,那时所有实际和紧迫的问题必须退出会场。

经和会全体会议同意,指定特别委员会制定国联章程。决定这个程序的十国会议的讨论记录是颇有启发性的读物。迄今,小国利益捍卫者威尔逊总统已经了解,如果允许大量小国参加联盟委员会,便会什么事也做不成。因此他力争以尽可能少的国家组成负最高责任的委员会。另一方面,克列孟梭和劳合·乔治有点挖苦地谈到最小国家的权利要求。国联将是她们的保护伞和庇护者。她们不应该参加会议?这不是为她们开辟一个有用的活动领域,不使她们忧郁地在巴黎到处闲逛地等候十国会议的决定吗?除美国以外,所有大国均对毫无进展的情况深感不安,她们的代表不得不面对国内上升的不耐烦情绪。当主要问题未获解决时,国际联盟章程的每一方面都必须警觉地加以仔细审视。代表们绝望地看到了将有耽误许多星期甚至几个月的可能性。

最后指定了一个极好的委员会,委员会中包括几个小国家,但人数尚不难处理。英国两个杰出的制定政策的能手罗伯特·塞西尔①与斯马茨将军都被指定为代表。威尔逊本人决定主持会议,精力充沛的他把巨大的任务抓在了手中。

由坦珀利博士主编、外交学院赞助出版的和会历史把国际联盟的起源归因于三点。第一,负责维护和平的一些已确立的国际会议的需要;第二,为小国安全(如比利时命运所证明的)提供更全面保证的需要;第三,人们日益相信的经济合作的需要。另外还有一个论点是,2000 万人有 4 年多时间在彼此厮杀中丧生,这个残酷的过程现在停止了,大多数人希望战争不要再次发生。

常常有人声称,国际联盟是美国人的灵感擅自强加给欧洲的办法,以防止欧洲国家的敌对倾向。事实并非如此。在战后三年里,建立联盟的思想在大部分文明国家里都开始活跃起来,在美国和英国成立了各种社团来宣传这种思想。罗伯

---

① 现为切尔任德的塞西尔子爵。

特·塞西尔是第一个把它写成文字的英国人,他于1916年底写出了论述这个主题的文章。他的论证虽然必定不够成熟,虽然实际上只等于现在盟约的第十五和十六条内容的粗略草稿,但它还是成为1917年建立的由菲利莫尔主持的一个委员会开展工作的基础。这个委员会制定了一个联盟法规的草案,刊印在1918年初在美国及其他国家政府间传播的文件中。1918年夏季,威尔逊总统指派豪斯上校对菲利莫尔的草案进行整理加工,豪斯的修正意见于7月16日交给了总统。豪斯对原稿主要增加了对联盟会员国领土完整与独立的明确保证,而菲利莫尔的草案仅仅满足于对仲裁协议的执行提供保证。当威尔逊修改草案时,他删除了建立国际法庭的条款,但增加了罗伯特·塞西尔曾在他先前的草稿中提倡过的大量言词,那就是破坏行为应受毁灭性力量的惩罚。

与此同时,斯马茨将军独立地于1918年12月16日写出了他自己的联盟草案,草案包含建立一个组织的详细建议,建议设立大会和一个委员会,还包括取消征兵和限制军备的规定,并建议实施为落后的地区或国家进行监护的委任统治制度。

关于威尔逊设立国联的贡献,他的编年史作者贝克先生说,"实际上盟约中没有一个思想发源于总统。他与盟约的关系主要是编辑或汇编者,他选取、舍弃或编纂从不同来源来到他那儿的各种方案或建议。"

这样说丝毫没有贬低威尔逊贡献的重要性。他在自己的草案中收录了所有有用的修改意见,同时增补了一个旨在保证公平劳动时间和劳动条件的条款,以及另一个要求新建国家给少数民族以平等权利的条款。这就是1919年1月10日美国代表在和平会议上提出的草案,10天之后英国代表团也对这个主题提出了英国意见的最新方案。英国与美国草案在所有的基本要点上是"意思相同"的,两国草案由代表英国的塞西尔·赫斯特爵士和代表美国的亨特·米尔先生加以合并。两个草案在1月后半月和2月初由联盟委员会进行研究和修改,最后于2月14日提交和会的全体会议。国际联盟是由大西洋两边具有同样特征的人们,公正诚挚的盎格鲁撒克逊人构想的。

威尔逊总统把这个伟大的思想当作自己的创造,当这些日子里的所有烦恼和他自己的错误被人们遗忘时,那么人们对威尔逊的记忆便珍藏在这个新的国际机构的建立及其显示出的优势中了。英国自始至终是威尔逊的主要支持者。在我们的岛屿中,一切自由开明人士都坚持这个理想计划。其他所有思想正直的人都理解,这样的联盟可能会给英国四处分散的社会带来好处。只有持怀疑态度的人批评它。它不是好得令人难以置信吗?它不是国家军备的替代品吗?它不会在需要的时候被证明是一种幻想吧?它不会使指望它的人在未来某种大灾难中遭到毁灭吧？在有些批评者看来,当新的安全保障正在构造时,保留旧的被证明有效的安全保障较为慎重。可是英国给予威尔逊总统的国际联盟计划的支持是全心全意的、积极的,尤其是实际的。没有这种支持总统绝难成功。很自然,世界上较小和较弱的国家会为保护她们免受大国统治或侵略的法律喝彩叫好。法国、意大利和在地球另一边的日本善意地接受了新的福音;但是她们更倾向于相信无情的现实,她们以更顽固的形式来模仿英国怀疑论者的疑虑态度。真正的反对来自美国。整个美国人民的传统一直是远离旧大陆的磨难,与旧大陆敌对。大西洋提出 3000 条理由,而太平洋提出 7000 条理由来反对涉及这些遥远的事务。从华盛顿到门罗的美利坚合众国祖辈的所有教导,都反复重申不干涉政策。科学也许必须再进步 50 年,大洋间隔的鸿沟才能在政治上没有意义。50 年在人类历史中不是一个长时期,可是它远远超过了公元 1919 年建立的巴黎和会的生命。

此外,人们也已见到,威尔逊总统没有办法调和或解除他自己国人的根深蒂固的和自然的厌恶态度。他只是作为一个党派领导人,而不是作为国家领袖来追求统治美国和教导欧洲。他的本国基础在他脚下破碎。虽然他抢起手臂训斥旧大陆的困惑的可敬的政府,但在国内他却被有力的反对党无礼地拖出了讲坛。我曾会见过一些最有天才的美国人——光芒四射的领导人物,据说他们曾经说过,"欧洲政治家应当了解美国的宪法。你们应当懂得,没有参议院支持的总统什么都做不成。如果你们寄希望于他个人的决定或承诺,因而尝到苦头,那只有责怪你们自己。这种决定或承诺是无效的。"

国际联盟从一开始就对威尔逊总统的国书的实效性存有严重怀疑。国际联盟的最高功效取决于美国参加该联盟。美国的参加增加了一个重要的新的外部平衡因素。国际联盟会在威尔逊总统的控制之下吗？如果不,各国的自由思想就高涨不起来,国际联盟就发挥不了作用。另一方面,详细检查总统的国书的行文又是极其轻率的。假如,劳合·乔治和克列孟梭向会议桌对面的总统说:"你知道我们是在代表我们两国的压倒多数群众说话。请你以你愿意的任何方法试验一下。除了你任期届满,否则其他事情都不能剥夺你的权力,真是这样吗？你的宪法赋予的权力是不完全的。美国参议院的意见怎样？有人告诉我们说,你已失去对参议院和众议院的控制。你不过是一位很想改造他人的好心哲学家,难道你还同时肩负着美国国民的信任与心怀着他们的意愿吗?"也许美国人会被这席话深深激怒。他们也许会回答:"你们曾经很高兴得到威尔逊总统许可的我们的军队和金钱。现在你们摆脱了困难,就藐视我们合众国的最高行政长官。不管我们属于哪个党,我们却憎恶这种提问。认为我们会不履行我们的所有许诺,这是一种侮辱;面对这种侮辱,我们这就走。"因此没有人怀疑总统的资格。再说,尽管有上百个气恼与担心,在英国人和法国人内心还是深信,他是大西洋彼岸迄今最愿帮助欧洲的朋友。

1月22日的十国会议和1月25日的和会全体会议决定组成国际联盟委员会。2月2日委员会开始工作。可是就在此时,英国与自治领之间关于占领领土的委任统治原则,产生了严重的紧张状态。这个原则原是由斯马茨将军提出的。它的应用现在扩展到了将军未曾考虑到的界限。这个原则规定:被征服的德国殖民地或土耳其部分领土由战胜国据有,但不是作为它们自己的领土,而是在国际联盟之下受全人类委托管理,并在对待当地人是否符合所有要求这一问题上,应受正式国联监督。这个原则受到了威尔逊总统的高度欢迎。

但是斯马茨将军只打算把这个办法应用于前俄国、前土耳其或前奥匈帝国领土。他从未想到它适用于英国各自治领在战争过程中占领的地区。更没有想到它要应用于德国西南非洲,联合王国政府曾占领并有意并吞该地区。这个做法把健全的原则应用得过头了。各自治领一致认为,委任统治原则不应应用于它们占领的地方。

英国政府对获得领土不能不感兴趣。这个国家要为它的严重损失寻找某种补偿。由于长期而且是代价昂贵的战斗的结果,英军占领了巴勒斯坦、美索不达米亚、喀麦隆和德属东非。委任统治制度没有硬性规定在整个不列颠殖民帝国范围内多年未被严格遵守的条件。在各大国的所有殖民地中,英王巨大的热带自治领是唯一向所有国家的贸易开放的殖民地。所有国家的船舶都可像使用它们自己的港口一样使用英殖民地港口,从来没有发生过任何优待英国国民的情况。至于我们对土著的待遇,我们毫不害怕公正的国际检查。正相反,我们很高兴解释和说明我们的制度。

因此劳合·乔治先生立即出面宣布,英国无保留地接受,委任统治原则在英国海军和陆军从土耳其人或德国人那里夺来的全部领土上实施。然而我们不能代表自治领说话。澳大利亚、新西兰、南非对我们来说是宝贵的实体,我们不能与她们分开,但我们也不能控制她们。当然国王是至高无上的。决定领土的割让或吞并像决定和平或战争一样,权力属于国王。但除非是犯了无法形容的错误,否则哪一个首相会对一个亲爱的家庭成员行使这种抽象的和几乎神秘的职能呢?澳大利亚占领了新几内亚;新西兰占领了萨摩亚;联合王国占领了德属西南非洲。这三国没有放弃这三地的意思,也不应当强迫这三国放弃。把这些情况说成是,"把这些社会像外交游戏中的棋子那样推到这里和那里",那是一种语言的滥用。这些稀疏地居住着原始人种的地方,是崭新的不值得向往的殖民地中的一部分,英国在19世纪是乐意见到它们归属于力量逐渐增强的德国的。其中每一处对每个遥远的自治领来说,都是对自己的门罗主义的损害;而且发觉每一处都是一个威胁,是不久前的冲突中流血的原因。这三国已经占领这些地方；她们不愿放弃这三地。但是她们的所有权证书并非依靠武力征服。她们在共同事业中的牺牲显示了自己的圣洁。这三个自治领人口加在一起还不到美国白人的十二分之一，他们在欧洲战场上——那里离他们的家乡分别为 6000 英里、11000 英里和 12000 英里——为美国的事业也是为她自己的事业，损失了几乎与美国损失的一样多的生命。不管发生什么情况，我们都不能与她们争吵。

于是，1 月 23 日，劳合·乔治先生将加拿大、澳大利亚、新西兰和南非的总理介绍给十国会议。他们站在那里，装备着民主政治、对战争所作的贡献和年轻的民族主义的全副盔甲。博登身后有地域辽阔的加拿大（法国的与英国的）；新西兰的梅西，在与共同事业有关的一切问题上，既无畏又完美无缺；充满生机的澳大利亚工党总理休斯；著名的和粗壮的博塔；哲学家风度的、令人信服的天才斯马茨。他们站在那里，和他们站在一起的不但是现代，而且还有未来。这些人物和他们所代表的力量不容轻易地置之一旁。他们不是英格兰乔治第三；他们不是口齿伶俐的欧洲外交家；他们不是愚昧无知的旧世界贵族！他们是清教徒的前辈移民，他们有清晰的口才和无边无际的可耕种的土地。威尔逊不是不为他们的特色所感动。无论如何这不是他横渡大西洋来申斥的对象。但是他有他的事业要捍卫；而这个事业是伟大的。

随后发生了时起时伏的争吵。澳大利亚、新西兰和南非说，她们想要保留她们从德国人那里得来的殖民地；加拿大说，她支持她们的要求。总统说，"休斯先生，你的意思是，在某些情况下澳大利亚愿意使自己站在整个文明世界意见的对立面吗？"休斯先生耳朵很聋，有一个机枪似的工具安放在桌子上，通过它他能听到他想听的一切；对于这句挑战性的话，他冷冰冰地回答，"大概是这样，总统先生。"处于舞台后面的博登和博塔的政治家才能最后引导自治领领导人同意，以委任统治的名义掩盖了他们对这些地方的主权，威尔逊先生乐意地接受了这个办法。

这场争论对克列孟梭来说十分得意；他第一次听到别人以无拘束的坦率来表达他内心的感觉。他对休斯先生面露笑容，并以无法掩饰的喜悦来加强他的每一句话。他此前曾对劳合·乔治先生说，"你随身带着野蛮人。"对澳大利亚人他说，"休斯先生，我曾听说你在早年是个食人者。"英联邦总理说，"总统先生，相信我，这是极大的夸张。"那一天的会议是十国会议进程中的一件大事。

十国会议现在进入了委员会时期，这是必不可少的，但又是难以确定会议长度的。这里有至关重要的问题，也有真正的分歧。但首先让我们弄清事实。和会根据需要指定过各种委员会。在这个或那个时候一共建立了 58 个委员会来查明每件事情的真相；使世界的主人——如果还有主人的话——能够明智地、公正地和过得去地决定怎样重新绘制世界地图和应该怎样分配已经大大减少的世界财富。在这方面最有效的步骤也许是建立最高经济会议的执行部门,后来运粮食去奥地利和所有此类事务全指定由它经办。这样就消除了维也纳和其他地方大量人饿死的大灾难,否则灾难即将临头。但是除了这个重要的执行机构外,每一领域还都建立了委员会,为和平条约准备建议。它们是财政筹备委员会;经济条款委员会;赔偿委员会;惩罚战犯和绞死德皇委员会;领土问题委员会;波兰、罗马尼亚、捷克斯洛伐克、南斯拉夫的委员会;土耳其和阿拉伯半岛未来委员会;非洲和亚洲以及太平洋群岛委员会。全部大大小小 58 个委员会,不管明智与否各有目标。

即使在叙述中要冒令某些人失望的危险,但在目前阶段,在这批主题中我略去一些比较不重要的部分不予谈论,会方便行文。

我们已经知道,劳合·乔治先生对报纸和群众的要求——在"要德国人付出代价"的问题上使用最强硬的语言——已经让步到什么程度;以及他怎样努力做到这一点,同时又要使用"如果"和"但是"来尽可能保护自己。例如,实际上他这样说,"他们应付出最后一个铜板——如果他们能这样做而又不延缓世界经济的复苏。"或者说,"他们应付出尽可能大的数目——但是尽可能大的数目是多少必须由财政专家来确定。"当大选过去时,我曾询问首相,他将怎样满足公众的期望,叫德国对战争所造成的所有破坏做出赔偿。当时他回答:"一切必须由一个协约国成员国委员会来解决。我们将使能找到的最有能力的人进入这个委员会,这些人应该与政治或竞选没有任何关系;由他们冷静和科学地审核整个问题,向我们报告可能的办法。"现在时间已经来到,首相选择了澳大利亚总理休斯先生;英格兰银行董事坎利夫勋爵;一位最有能力的司法权威萨姆纳勋爵;以及我们可以追派的几个法律界英才。

可以预期协约国成员国委员会连同它的强有力的美国代表,将压低选举的吵闹声和流行报纸哗众取宠的空话,做切合实际的事情。可是赔偿委员会一直达不成一致意见。坎利夫勋爵的评估敌国支付能力的委员会专门小组,在 4 月份报告中指出,要素波动太大,无法进行预测。但是巨大的数字仍旧继续在权威圈子里占上风。美国的一个代表拉蒙特先生在一篇发表的文章里说,根据某些重要文件,他估计应付总数高达 75 亿,法国人要求 100 亿,而英国人要求得到不少于 120 亿。首相任何时候都不想得到这个庞大数字,只是想得到经最高权威证明的合理数字,这个数字他认为国家是急需的。他几次与英国代表进行半正式的谈话,结果使他觉得烦恼。他们一直极端乐观地谈论德国的支付能力;没有一次提到低于 80 亿英镑的数字。3 月 6 日他正式征求他们的意见,要他们提出"假设即使和平谈判破裂也要坚持"的一个数字,他们答应于 3 月 17 日分别报告。但是关于这个报告没有记录保存下来。神谕不可获得；困惑的首相只能自己来挑选担子了，要么提出还不能得到权威论证的低数字，从而激怒公众，要么提出他的直觉与理性使他深信的绝不可能得到的高数字。就这样，协约国和毗邻伙伴国未能确定德国的赔偿数字。

其他各委员会致力于和约的经济条款，条约的全部章节充满了确保协约国商业将先于敌国重新开展的规定，大部分是临时性的。这个独立的工作从来不曾与财政条款发生关系。因而条约草案在强加给德国的同时就是一个未具体说明的无限的责任，而且想象得到的支付办法具有各种障碍。凯恩斯先生是一个具有高度洞察力和智力而且没有不适当的爱国偏见的人，他是英国派往巴黎参加和会的工作班子的成员之一。他富有实际工作的知识，反对许多人提出的荒谬目标，更反对达到这个目标的恶劣方法。特别是在一本使美国获得巨大名气的书中，揭发和谴责了"迦太基式和平条约"。凯恩斯用连续几章无可辩驳的、判断正确的文字，指出了财政和经济条款的不公正性质。在所有这些问题上，他的见解都是正确的。他对庄严制定的经济条款的不公正性以及对和平条约的整个结构一并愤慨地加以谴责。他在经济方面的论断是无可辩驳的；但是在别的方面，在问题的更重要一面，他的判断并不比其他许多人高明。事实证明，凯恩斯对《凡尔赛和约》的看法，就他所熟悉的特殊方面说，证明是有道理的，大大地影响了英国和美国对全面解决问题的方法的判断。但是，对于希望理解实际发生的事情的那些人来说极为重要的是，《凡尔赛和约》的经济方面与一般方面应该整个划分开来。

当劳合·乔治在和会期间因经济和财政条款受到指责和挖苦时，他习惯于作如下回答："期望曾受如此沉重苦难的人民恢复他们的清醒理智在此刻尚为时太早。和约上写上德国的赔款额又有什么关系？如果拿不出这么多，最多也就是希望落空。我们必须使广大民众的观点受到重视，因为他们忍受了如此可怕的伤害。但是我们将在和约中插入一些条款，规定几年过去后就修改这些条款。现在就为此发愁没有好处；我们必须让他们全都平静下来。现在我正试图做的是在和约正文中插入修改的机制。"

这样做可能不够高尚，但是它几乎就是行将实行的办法。"迦太基式和平条约"的主要经济条款，不是废弃就是根据和约中的规定机制修改了；事实上，道威斯协定要求德国的赔款不超过 20 亿至 25 亿。这个数字就是高明的英国财政部在第一次向他征求意见时提出的一个合理数字。

另一个委员会开展惩治战犯的工作。战争中发生了恐怖的行为，当战争激烈进行时，几百万人的战斗怒火因这些行为的口头流传而更加旺盛。现在胜利者因自己所处的地位可以写下自己对这些恐怖事件的看法了。当然对敌方军人处以死刑和有组织的"暴行"，与实际战争中自发的或无法控制的暴行显然不同，但情况对德国人不利。他们在整个战争中一直站在被占领的土地上。协约国艰难地保卫自己受入侵的领土。德国有 4 年之久统治着遭受苦难的人民。英国人认为,处决伊迪丝·卡维尔,尤其是处决弗里埃特船长是犯罪,有人应对此负严格责任。然而法国与比利时有很长的和骇人听闻的控诉要提出。敌军列兵、军士、上尉犯下了上千件暴行,有的是将军下令干的,在他们背后排列着大量证人。海上也有恐怖的故事——不是完全单方面的,这里还有德国的潜艇战——被他们发现的商船被击沉了;"卢西塔尼亚"号客轮上有一些军火,但还有 40 个婴儿;医院派出的船只搭载的是无助的、神经崩溃的伤员和忠实的护士,却沉没在冰冷的海中。某些施加于海员的凶狠残忍的行为,是在任何报复行为中都找不到可与之相提并论的例子的。

保加利亚人在塞尔维亚的所作所为激起了调查人员无比的愤怒。至于土耳其人的暴行:他们叫库特军备部队齐步走,直到大部分人倒毙;屠杀无数手无寸铁的亚美尼亚人,不分男女老幼,用一项有计划的大屠杀把整个地区的生灵全部毁灭——这些是人类无法洗雪的耻辱。

比利时、法国与英国提出情绪激烈的要求,凡违反人类设法建立和维护的战争法的某些明确行为,其责任应追究到个人。没有人能否认这样做是正义的。但是怎样付诸实施呢? 潜艇上尉可以提出他是奉上级的命令;他必须用生命服从这些命令。医疗船应不应被击沉是政府的问题,海军上尉只能遵命去做。交战国军事法庭下达的不论任何惩处都必须随即执行。至于驻军地区的暴行,可能指出职低位卑的人做了坏事;但是他们说他们没有做;或者换句话说,他们的军官叫他们这么做。有好多军官说,他们没有叫士兵这么做。或者他们只有在被发现时才会承认。或者用第三种方式,他们能把这些事情,与他们看到对方对他们所做的其他事情相提并论,而关于那些事情他们不乏证据。

和会指定了一个委员会对这些问题进行查究。材料充分,但由谁承担责任? 上尉下令这个排开排炮。他是从军事长官那里得到命令的。军事长官则是根据当局给予他的任务行动。某军的司令能说他服从集团军的命令,集团军却只是大本营的服务工具。首先是受行国人民支持的德国政府,顶峰处是皇帝。根据逻辑,委员会应爬登这个阶梯。他们怎能为应由将军负责的行动谴责上士或上尉呢? 他们怎能谴责将军呢? 因为将军的行动是经由政府和议会批准或至少是默许的。因此如果有任何人应受处罚,一定不是小人物而是大人物。这样,在经过几个月劳累的争论之后,草拟了一份包括所有德国最大的人物的名单:所有陆军司令;所有最著名的将军;大部分王子、亲王、王公;首先是德皇。和约的一个条文迫使德国人声称他们全部的最大人物和权贵为战犯。只要把所有这些人的名字写入战犯名单,就足以使整个事情毫无意义。

一个实际可行的办法是绞死德皇,他是"最高元首",宪法规定他应对他的军队所做的每件事负责。许多愿望依旧关注对德皇的审判。劳合·乔治对此执意坚持。他不但为这个目标作出了承诺,还热情地为此努力。美国人对此事不感兴趣;法国人对德皇表示中度愤慨,但沉思一会儿后则给予了高兴的同意。司法军官精心研究起诉程序,可是德皇不在协约国司法管辖范围之内。他是被从法国赶出去的;他后来从德国逃走,在荷兰找到了避难所。人们正式向荷兰提出引渡或交出德皇的要求。劳合·乔治先生在《凡尔赛和约》签字后处于他胜利的高峰,他通知议会,德皇将由国际法庭在伦敦加以审判。后来发生的事情原本可以预见。陆军元帅冯·兴登堡宣布,他为1916年起德军的全部行动承担全部个人责任,并愿意出庭受审。德皇的所有儿子由艾特尔·弗里茨执笔写信,愿自己集体代父受罚。在荷兰多伦的德国流亡者见到,他们面前是一个受磨难的国王,但却是几乎没有寻常的身体不适的国王。历史上几乎没有一个时候,一个受磨难者能得到如此之高的奖励。

然而荷兰人是一个固执的民族,更重要的是荷兰是一个小国。在和会期间,小国家很时尚。"英勇的比利时王国"赶走了敌人,得到了赔偿并受到祝贺。刚刚打过的战争就是要确保小国家有反对大国的合法权利,这一点也许是以后几个时代中持久的事实。荷兰拒绝交出德皇。当然荷兰又不会受到所有战胜国武装暴力的攻击,是不是旧世界秘密外交的隐蔽阴谋曾给荷兰政府以某种保证呢?

人们永远也不可能查明真相。劳合·乔治先生真正发怒了,但此时在英国负责人士中他是孤立的。因此战胜国屈从于荷兰的拒绝引渡,德皇一直住在荷兰。

至此,我们已读了许多在和会中谈得很多的问题。但是除了成立国际联盟、处理德国殖民地之外,没有一件触及实质性的重要问题,其余问题在比较短的时间里自行消散。许多人回忆起他们曾对这些问题感觉多么强烈,多么吃惊。美国的理想主义明显是在与英国和欧洲的邪恶打交道。关于德国人应付出多少代价的荒谬念头现在包含在条款中,这些条款将永远不会实施,这些条款实际上受到了其他条款永远不使其实施的保护。战犯们在德国最著名战士的保护下找到了避难所,而荷兰人不因劳合·乔治的要求而抛弃德皇,让其受绞刑。如此算是清理了"堆满累赘杂物的场所",于是我们可以自由地着手探讨民族与领土、欧洲力量均衡和世界国家的基础这些中心问题了。这些问题支配着未来,目前住在小屋或茅屋里的白、棕、红、黑或黄各色人种家庭,会在某一天发现,自己直接地和十分不愉快地受到了它们的影响。

与此同时,怒气在所有国家中升起。英国公众要求知道和约什么时候签订,德国将多快支付赔偿以及关于德皇将发生什么。美国共和党用轻蔑的言辞讽刺总统的改善世界的计划,尖声要求召回美国军队和收回美国借出的债款。意大利人叫嚷着要求解决他们的领土和殖民地要求。法国的愤怒与焦急沸沸扬扬,她担心自己未来的安全。此外,战败国麻木地等待着,以焦急和犹豫的心情猜测着自己的命运。

人们一直希望英国自治领接受委任统治的原则,还希望与威尔逊总统就这个问题达成一致,这两者将为实际决定边界和管辖区域扫清道路。但是总统坚持说,制定和通过国联盟约应放在解决所有领土问题的前面。十国会议受各自国家滋生的害怕和日益增加的不耐烦情绪的鞭策,急于采取行动;2月初发生了和会的第一次危机。劳合·乔治先生说出了所有国家的意见,要求不再搁置实际问题。当每个人都等待紧要问题的答案时,怎么有可能构筑这个新世界的机器呢?一个巨大的任务摆在他们面前。制定和约是他们的任务,他们为了制定和约而聚集在一起。如果他们不能迅速地将和约公之于世,就是他们没有完成任务。大家知道总统已于2月14日返美履行某些迫切的宪法义务。在此之前怎样有可能决定国联的盟约呢?可是总统对一度表示怀疑但现在已经释疑的听众宣布,到了那个日子一切都将解决。事实上公众的要求已经完成。委员会受到鞭策,以非常快的速度前进。由于委员会的不寻常努力,尤其是其中英国代表团人员所发挥的决定性作用,国联盟约草案终于完成,并于2月14日提交全体大会。战火停止至今已有三个月,迄今任何一个明确的、重要的、当前欧洲和平与复兴所系的问题都没有达成一致意见。在许多地区战胜国强制执行自己决定的力量明显在缩小。由不可抗拒的、精神困惑的民族支付的、由流血与物资匮乏的沉重代价换得的和平,却被长时间拖延。但是这里终究有了所有协约国给予的暂时的、但却是认真的同意。

许多才智之士为制定联盟盟约做出了贡献。菲利莫尔、罗伯特·塞西尔、斯马茨和赫斯特就是永远将英国与创立国联相联结的名字。由于制定盟约的时间很仓促再加上外界的压力,盟约不可避免地有某些错误和不完善之处。不过这个新建筑物的基础是打在有生命力的岩石之上的;由全世界仁慈的人们精心雕琢而成的巨大奠基石,被忠实而灵巧的英国滑轮吊运到了适当的位置,这基石将永远刻有如下铭文:"由美国总统伍德罗·威尔逊妥善而精确地放置。"谁能怀疑在这一大块花岗石的上面和四周最后将筑起住处和宫殿呢?"所有国家的所有人们"将怀有坚定的信心,迟早会成群结队地频繁光临那里的。

第二节　爱德华·卡尔

一、本节案例导读

　　爱德华·卡尔(Edward H. Carr，1892—1982)，英国外交官、历史学家、国际关系学者。1916 年起任职于英国外交部，1936 年起任教于威尔士大学、牛津大学与剑桥大学等。《20 年危机(1919—1939)：国际关系研究导论》这部著作认为一切政治都是权力政治，一切冲突都是权力冲突，通过分析两次世界大战期间的世界格局，阐述了现实主义的国际政治理论，被认为是国际关系现实主义理论的奠基之作。

二、案例资料阅读

　　[英]爱德华·卡尔：《20 年危机(1919—1939)：国际关系研究导论》，秦亚青译，北京：世界知识出版社，2005 年，第 204—216 页。

第十四章　国际新秩序的前景
旧秩序的终结

　　危机时期是历史上司空见惯的事情。1919 年至 1939 年 20 年危机时期的典型特征是，人们从前十年满怀虚幻的希望陡然跌落到后十年充满悲凉的失望，从无视现实的乌托邦理想状态陷入了断然剔除任何理想成分的现实中去。正如我们所知道的那样，20 世纪 20 年代的虚幻理想是一种迟到的反思，映射出一去不再复返的过去一个世纪。那是一个黄金时代：领土和市场无限扩张；充满自信但却并非高压强制的英国霸权管理着世界；团结一致的"西方"文明通过不断扩大可以共同开发和利用新的疆域化解内部冲突；大家自然而然地坚信两个理念，一是一人之福祉必然也是大家的福祉，二是经济上正确的事情在道德上也必然正确。这种乌托邦思想所依据的现实，在 19 世纪结束之前就已经消失殆尽。所以，1919 年的乌托邦思想只能是空中楼阁，毫无实际意义。它对未来无法产生影响，因为它没有在现实中扎下根基。

　　这种乌托邦思想的第一个最明显的悲剧是它凄惨的崩溃以及这种崩溃所带来的绝望。一位学者在第二次世界大战前夕写道："欧洲民众第一次意识到，在这个社会中，占据统治地位的不是理性和明智的力量，而是盲目、非理性和邪恶的力量。"①乌托邦主义的观点是，英国的福祉也是南斯拉夫的福祉，德国的利益也是波兰的利益，所以，国际冲突只不过是暂时的误解和恶意的产物。误解是可以避免的，恶意也是可以纠正的。现在，这种虚假的观点再也不能使国际关系显得合情合理了。100 多年以来，冲突的现实悄悄地溜出了西方文明中思想家的视野。20 世纪 30 年代的人们，面对世界的自然状态，既感到震惊，又茫然困惑。18、19 世纪只有在文明人和野蛮人之间才发生的那些残酷行为现在却发生在文明人群之间。极权主义显然不是危机的原因，而是危机的结果，极权主义不是疾病本身，而是疾病的症状。危机在哪里发生，哪里就会出现这样的症状。

　　乌托邦主义崩溃的第二个悲剧比较微妙，它来自第一个悲剧，同时又加重了后者的悲剧色彩。在 19 世纪后半期，冲突日益严重，已经危及了利益的和谐。当时，一剂达尔文主义的猛药挽救了世界的理性。人们承认了冲突这一现实。但是，冲突是以强者的胜利而告终的，强者的胜利自然是进步的条件。于是，弱者的牺牲拯救了人类的荣誉。1919 年之后，只有法西斯主义者和纳粹分子仍然公开坚持这种陈词滥调，以使国际关系显得合理并符合道德规范。但是，西方国家使用的是一个

---

① P. Drucker, *The End of Ecomomic Man*, p. 56.

同样令人怀疑并会带来灾难性后果的权宜之计。西方国家为利益和谐论的崩溃感到惋惜,对朝着达尔文主义的转向感到震惊,于是便试图建立一个新的国际道德。这一道德的基础不是强者的权利,而是有产者的权利。像所有制度化的乌托邦意识一样,这种乌托邦思想成为既得利益的工具,也堕落为维护现状的堡垒。满足现状国家的政治家和宣传家试图将国际道德等同于特权国家集团的安全、法律与秩序以及其他一些长期以来使用的口号;不满现状国家的政治家和宣传家则断然否认以这种方式形成的国际道德。这两类国家的政治家和宣传家是否对第二次世界大战的灾难负有同样的责任呢?这是一个需要讨论的问题。无论采取达尔文主义的方式还是采取西方国家的方式将国际关系道德化,都必然遭到失败。我们既不能接受达尔文主义,也不能接受利益自然和谐论。前者认为,强者的利益就是整体的利益,因此毫无愧疚地盘算着怎样消灭弱者;后者过去曾经扎根于现实,但现在却丢失了现实的根基,因而必然成为特权阶层维护既得利益的口实。这两种理论都已无法成为国际道德的基础。由于它们的失败,我们没有现成的方法去解决如何协调国家利益和世界社会利益这一问题。国际道德正处于消散流失的状态。

我们沿着什么方向才能找到国际道德复兴的路途呢?当然,国际道德可能无法得以复兴,世界可能正在滑向一个倒退和混乱的时期,现有的社会形态会土崩瓦解,新的社会模式终将以某种熟悉的形式呈现出来。如果情况如此,那就不可能是一种短暂的、没有痛苦的经历。那些相信世界革命是通向乌托邦的捷径的人完全无视历史的教训;近年来,持这种观点的人数似乎是减少了。有人曾经认为,闹革命而不是在绝望中逃避才是世界的出路。我们没有理由继续相信这种观点了。我们的使命是探讨国际秩序崩溃的缘由,是要发现在什么基础之上才能够重建国际秩序。这个问题像其他政治问题一样,必须从权力和道德并重的视角予以考虑。

国家是否作为权力单位继续存在

在考虑权力在任何国际新秩序中的作用之前,我们必须首先提出一个问题:什么构成权力的单位?现在的国际政治形式产生于这样一个事实:民族国家是有效的权力单位。未来的国际秩序形式也会与未来的团体性单位密切联系在一起。

法国大革命开辟的历史新阶段已经渐近尾声,它提出的问题是人的权利。它要求的平等是人与人之间的平等。在 19 世纪,这种要求被转化为要求社会群体之间的平等。马克思正确地意识到,孤立存在的个人不能成为争取人权和人与人之间平等的有效单位。但是,他也认为最终的单位是社会阶级,因而轻视了国家这一单位凝聚统一、无所不包的特征。19 世纪欧洲有两个伟大的人物:迪斯累利(Disraeli)和俾斯麦(Bismarck)。他们两人试图将两个"国家"捏合在一起,方法是建立社会服务型国家、普及大众教育以及实施帝国主义政策。他们反对"工人阶级无祖国"的说法,为"国家劳工""国家社会主义",甚至"国家共产主义"奠定了基础。1914 年之前,西欧要求平等的声音已经开始从阶级间平等转向国家间平等了。意大利学者将意大利描述为"无产阶级"国家,表示意大利是"贫穷"的国家。德国所要求的平等是"阳光下的地位"。正如贝恩哈迪(Bernhardi)所说的那样,这要靠"与强大的敌对利益和敌对国家的斗争才能够赢得"。[1] 在法国,社会主义派和前社会主义派的部长们呼吁为国家利益而建立劳资之间和平的关系。在不知不觉之间,阶级斗争似乎变得不如国家之间的斗争重要了,就连工人自己都持这样的观点。根据政治权力的普遍法则,争取平等的斗争与争取主导权力的斗争之间的界线已经十分模糊了。

这就是 1919 年之后国际政治成为头等大事的根本理由。有产者和无产者之间的冲突、维护现状者与革命者之间的斗争,19 世纪的时候是在西欧国家边界之内展开的,到了 20 世纪则转入国际社会。国家比以往任何时候都更加成为最高单位,人对平等的要求、人渴求主导地位的雄心,都围绕着这个单位发展起来。在欧洲所有的地方都出现了国家政府和一党制国家。遗留下来的党派问题被当作过时的和应该予以谴责的东西,被视为影响国家团结的耻辱,应坚决予以铲除。可能导致世界动荡的不平等现象不是个人之间的不平等,也不是阶级之间的不平等,而是国家之间的不平等。墨索里尼说:"正如阶级之间的贫富不均和机会不均往往导致革命一样,国家之间同样的不平等现象,如果不以和平手段加以调理,就会有意识地导致更加严重的动乱。"[2]大家所要求的新的和谐,不是自由放任主义者想象的那种个人之间的和谐,也不是马克思认为无法实现的那种阶级之间的和谐,而是国家之间的和谐。过去,马克思将社会阶级视为最高的团体性单位。今天,我们没有必要重犯同样的错误,所以不会将国家视为人类社会的最高团体性单位。我们也没有必要就国家是聚集政治权力的最合适单位还是最不合适单位这一问题争论不休。但是,我们必须要问自己这样的问题:国家是否可以被取代? 如果可以,取代国家的又是什么单位? 对此问题的思考又自然而然地引出两个问题:

(1)世界政治权力的最大和最完全的单位必然具有领土特征吗?

(2)如果确实如此,那么,这样的单位能否继续大致维持目前民族国家的形式呢?

对于最大和最完全的权力单位必然具有领土特征这一问题,没有一个可以适

---

① Bernhardi, *Germany and the Next War* (Engl, transl.), p. 81.

② *The Times*, April 21, 1939.

用于任何历史时期的教条式回答。但在目前,这样的单位具有明显的领土特征。人们很容易将历史解读为一种渐进式的发展,虽然有时出现倒退,但最终达到了当今这种完美形式。政治权力可能从未完全脱离对领土的占有,即便是在原始社会也是如此。但是,在许多历史时期,权力的基础不是领土性主权。这也许是表象,也许部分地是事实。距离我们最近的这类历史时期就是中世纪。人们接受了以地域而非宗教划界(cuius regio eius religio)的原则,以基于居住地点的单位取代了基于宗教信仰的单位,这样就为现代国家奠定了基础。在现代历史上,没有任何一个时期像现在一样,如此严格地划定疆界,如此严守作为屏障的边界。也没有任何一个历史时期像现在一样,如此难以组织和维护任何国际性权力,这一点在上文中就已经看得十分清楚了。现代军事和经济技术似乎将权力和领土紧紧结合在一起,密不可分。现代人甚至很难想象,如果政治权力不是以领土,而是以种族、宗教或阶级为组织基础,那会成为一个什么样子的世界。但是,意识形态具有持久的感召力,可以超越现有政治单位的界线,这一点不容忽视。历史上几乎没有什么事情是一成不变的,所以,如果说基于领土上的权力单位将会亘古不变、自然是为时过早。不过、国家消失,其他有组织的团体权力形式取而代之,那必然会是一场革命,现阶段国际政治中存在种种事物将全然无法适用于新的形势。国际关系也会被一整套新的团体间关系所取代。

未来的领土单位是否可能大致保持现在的形式? 这个问题具有比较紧迫的实际意义。单位的最律规模,无论是工业和农业的生产单位,还是政治和经济的权力单位,是现阶段最令人困惑,但也是极其重要的一个问题,最近的将来可能会见证这方面重大发展。在政治权力领域,可能会出现两种相互矛盾的趋势。

第一种趋势十分明显,这就是朝着整合的方向发展,形成越来越大的政治和经济单位。这种趋势在 19 世纪后半期已经开始,与大型资本和工业的发展密不可分,同时也与交通工具以及权力的技术性工具的改进密切相关。第一次世界大战彰显了这种发展。

主权,就是自由地做出重大历史性决定的权力【瑙曼(Naumann)在其 1915 年出版的名著中写道】、这种权力现在仅仅集中在全球为数不多的几个地方,"一个羊倌统管一群羊"的时代仍然十分遥远,但是,无数羊倌在遍及欧洲的大草原上自由自在牧羊的时代也已经一去不复返了。大规模工业和超国家组织的精神决定了政治单位的规模……这也符合军事技术日益集中的趋势。[①]
1918 年出现了一段插曲。当时,民族主义突然再度成为分裂的力量,至少在欧洲

---

① F. Naumann, *Central Europe* (EngI. transl.), pp. 4 - 5.

导致了危险的悲惨结果。经济单位的大量增加也使战后的问题变得更加严重。瑙曼在《中部欧洲》一书之中做出的预断显然比伍德罗·威尔逊的民族自决更为确切。1918 年的战胜国之所以在中欧失去了"和平",原因就是它们身处一个需要越来越大的政治经济单位的时代,但却继续实施分裂政治经济单位的政策。集中化的趋势仍在发展。人们越是将自给自足看作政策目标,单位的规模就越是需要扩大。美国加强了对整个美洲大陆的控制;英国创建了"英镑区",为一个封闭的经济体系奠定了基础;德国重建中欧,挺进巴尔干地区;苏联将自己广袤的领土转变为集中的工农业生产单位;日本试图建立一个日本统治下的新"东亚"单位。这就是集中化的趋势,政治经济权力集中在六七个组织程度极高的单位手中,周围是一些较小的卫星单位。这些卫星单位的行动几乎完全不是依据自己独立的意识所决定的。另一方面,还存在一种趋势;虽然在过去 100 年里,技术、工业和经济发展使有效政治单位的规模逐步增大,但毕竟存在一种规模限度,一旦超过这一规模,就会再度引发分裂趋势。当然,即便确有此种规律在起作用,也无法精确地表述这样的作用。所以,只有进行持续的研究,才可能发现决定政治经济单位规模大小的条件。不过,在未来几代人的时期内,这个问题对于世界历史进程的意义,可能比任何其他问题都更为重要。

我们可以比较有把握地做出一种预断:将来,主权很可能成为比现在更加模糊、更具歧义的概念。这个概念是在中世纪体系崩溃之后产生的,用来表述国家宣称并享有的权威的独立性质。这些国家甚至不承认罗马帝国形式上的管辖权力。主权从来都是一个便于使用的标签。这一标签的恰当功能是作为某一类别现象的标示。但是,当人们开始区分政治、法律和经济等不同主权、或是区分对内主权和对外主权的时候,它就不再发挥这样的功能了。英国自治领地是否是"主权"国家,托管领土的"主权"归谁——对这类问题的讨论表明主权的概念越来越不清晰。这样的讨论可以是法律性问题,争论焦点在于这类地区的权威机构根据宪法可以行使什么权力(在这种情况下,使用"主权"概念于事无补);也可以全然是形式主权问题,争论焦点涉及使用"主权"标签来表述或多或少偏离正常国家的组织形态是否合理。在有些情况下,主权概念的确变得具有误导性。比如,在计算英国殖民地贸易值或殖民地投资值的时候,埃及和伊拉克被排除在外,理由是它们属于主权国家。未来的权力单位不可能过多地考虑这类形式上的主权。只要有着能够行使有效权威(但不一定是名义上的权威)的单一中心,一个单位包含几个形式上的主权国家也未尝不可。未来的实际有效团体单位很可能不是国际法在形式上予以承认的有效单位。任何建立国际秩序的计划,如果将这类形式上的主权单位作为自己的基础,必当成为不切实际的空想。

在这里应当补充的一点是,某种形式的团体单位,无论呈现什么样的形式,必然会作为政治权力的聚集点延续下去。民族主义是一种力量,可以将似乎不可调和的阶级冲突在国内社会的框架中调和起来。目前还没有一种类似的力量,可以将似乎不可调和的国家间利益冲突调和起来。如果有人假设存在一个世界,在这个世界上,人们不再为了冲突的目的将自己组织成不同的群体,那么,这样的假设大概只能是毫无意义的。国家间的冲突不可能被转移到一个更加广阔、更加宽泛的范畴之内。正如大家所知道的那样,我们不可能将整个国际社会组织起来,与火星人争斗。19世纪文明扩展的空间已经不复存在,于是留给我们一个两难问题。我们面临的正是这个两难问题的另外一个侧面。现在似乎已经无法以牺牲某些第三者的利益来达成利益的和谐了,将冲突悄然转移开来已经成为不可能的事情。

国际新秩序中的权力

在任何政治秩序中,权力都是不可或缺的组成部分。从历史上看,在过去,向世界社会迈进的每一种途径都是伴随着一个大国的崛起而产生的。19世纪,英国海军的舰队不仅保证不爆发大型战争,而且也管辖着公海,为所有国家提供平等的安全。伦敦货币市场为几乎整个世界确立了一种单一货币标准;英国的商业使世界各国普遍接受了自由贸易原则(尽管是不完善的弱势形式);英语也成为四大洲的通用语言。这类情景既是英国霸权的产物,也是英国霸权的保障。它创造了一种世界社会具有共同利益和共同情感的幻觉。在某种程度上甚至创造了这样一种事实。于是,国际秩序运行的假定就这样被一个强大的国家创造出来。随着这个国家的相对或绝对衰退,这一假定也被摧毁了。英国舰队已经无力防止战争的爆发;伦敦市场也只能在有限的地区实施单一货币标准;自由贸易完全崩溃;如果说英语仍然保持了它上升的地位,并且上升趋势还有所加强,那也是英国和其他主要国家共同维持的结果。什么力量可以使国际秩序得以恢复呢?

不同的国家对这个问题会做出不同的回答。现在,大多数英国人意识到,19世纪使英国得以全面崛起的那些条件已经不复存在。但是,他们有时仍然自我安慰,梦想英国的主导地位并没有完全消失,而是转化为一个更高级、更有效的形式,这就是讲英语的人民共同崛起。不列颠治下和平将继续发挥作用,成为盎格鲁-撒克逊统治下的和平,位于英美两国之间的英国自治领地会被巧妙地融入英美合作的框架之中。这种浪漫的想法可以回溯到19世纪最后的几年。当时,英国已经意识到作为世界主导国家的负担越来越重,也有人提出建立基于英美伙伴关系的世界帝国。塞西尔·罗得斯(Cecil Rhodes)的方案就是这种设想最早的有记载的版本之一。有趣的是,对这种设想做出最具体表述的竟是美国驻伦敦的大使。1913

年,就在第一次世界大战前夕,沃尔特·海因斯·佩奇(Walter Hines Page)大使建议伍德罗·威尔逊总统访问伦敦,缔结英美联盟。他补充说:"我以为,这个世界会意识到谁是它的主人。但是,请不要声张。"①1922 年的《华盛顿海军条约》或多或少地是英国有意识的要求,希望在管理世界事务中与美国享有同等的伙伴地位。在两次世界大战之间的年代里,英国政治家一再重提这个要求。当然,美国表现出来的敏感也使英国政治家采取了保留和谨慎的态度。

【鲍德温勋爵 1935 年 5 月在艾伯特大厅说,】我一直认为,在世界任何地方,无论是在欧洲还是在东方,防止战争、保证安全的最大希望在于英帝国和美利坚合众国的紧密合作。两国海军的联合、潜在的人力资源、共同封锁形成的直接经济力量、拒绝商贸往来与货币借贷产生的作用——这些制裁性行动,是地球上无论多么强大的国家都不敢与之抗衡的。也许,达到这样理想的目标要用 100 年的时间,也许永远也无法实现。但是,我们有时仍然会有自己的梦想。我期待着未来,我会看到,为了世界的和平和正义,两个国家会联合起来,我不禁在想,即使人们现在还不能公开宣扬这样的主张,我们的后人会看到这一天的到来,他们会看到,是讲英语的人们在捍卫世界的和平。②

对于美国的每一件事情,英国人的兴趣都越来越浓厚,说明这种思想已经在英国人的心里深深地扎下了根。

在大西洋彼岸,却是一派完全不同的景象。美国不是一家老公司,自然不会迫切希望在两国伙伴关系中注入新鲜血液,以此恢复自己的活力。美国是一个年轻力壮、生机勃勃的国家,依靠的是自己的实力,但是,它并不清楚自己的实力可以使它发挥多大的作用。直到世纪之交,美国才公开要求被承认为世界大国。但是,不久之后,美国领导人就开始产生占据世界主导地位的念头。

【伍德罗·威尔逊总统在 1914 年独立日讲演中说,】我的梦想是,随着岁月的流逝,世界能够更加了解美国。世界……将转向美国,寻求作为一切自由基础的道德精神。……美国将会完全被世界所了解,全世界的人都会知道,美国视人权高于其他任何权利,它的旗帜不仅是美国的旗帜,而且也是整个人类的旗帜。③

这个梦想终于成真。1918 年,在几乎一致赞同的情况下,世界领导权被交付于美国。当时的世界领导权已被削弱,但这并不意味着它在未来某个时候不会再度掌握在强国手中。如果历史先例还有借鉴价值的话,那么,在分裂和虚弱的欧洲实施

---

① R. S. Baker, *Woodrow Wilson. Life and Letters*, v. p. 31.

② *The Times*, May 28, 1935.

③ R. S. Baker, *Woodrow Wilson and Word Settlement*, i. p. 18.

美利坚治下和平,比建立基于英语国家平等伙伴关系之上的盎格鲁-撒克逊治下和平要更加容易。不过,我们研究的是一个极不确定的领域,即便是严肃的学者也只能推断猜测而已。

所有关于世界秩序依赖于一个超强国家崛起的理论,都有一个难以避免的缺陷;这些理论最终都承认强者有权占据世界的领导地位。罗马治下和平是罗马帝国主义的产物;不列颠治下和平是英国帝国主义的产物。美国在拉丁美洲实施的"睦邻友好"政策,不是对抗"美国帝国主义"的措施,而是美国帝国主义政策的继续和结果,因为只有强者才能够一方面维护自己的主导地位,一方面维持"友好睦邻"关系。所以,在理论上没有理由剥夺其他国家追求世界主导地位的权利。

【希特勒在《我的奋斗》中写道,】那些真正希望世界和平主义思想赢得胜利的人们,就必须诚心诚意地支持德国征服世界。……一旦最优秀的人征服了世界,成为世界的唯一主人,和平主义和人道主义思想也许就会成为伟大的思想。[①]
正如中国代表在国联大会上所说的那样,日本的政策是在远东建立日本治下和平。[②] 英国人或是美国人有理由反对日本的野心。但是,英美是无法以普世道德为理由予以反对的,因为这样的理由不会说服德国人或是日本人。德国治下和平或日本治下和平的概念就是德国或日本主导下的世界秩序。如果说这些概念是狂妄荒谬的话,那么,在伊丽莎白时期提出不列颠治下和平的概念,在华盛顿和麦迪逊时期提出美利坚治下和平的概念,也就都是狂妄荒谬的了。但是,如果尼加拉瓜或是立陶宛试图寻求世界领导权,那才真是狂妄荒谬,之所以如此,唯一的原因就是,根据合理推测,凭这两个国家的实力,它们绝不敢产生一丝觊觎世界霸权的野心。如果无视权力这个一切政治现象中的决定性因素,那就是彻头彻尾的乌托邦意识。如果认为国际秩序可以建立在各国联合的基础之上,也同样是乌托邦式的幻想,因为每个国家都会竭力维护和加强自己的利益。要建立一个新的国际秩序,必须依靠一个权力单位。这个权力单位既要有足够的内聚力,也要有足够的实力,这样才会保持自己的上升地位,无须在弱小国家之间的争斗中被迫选择敌友。无论涉及的是什么样道德问题,都会存在无法归之于道德范畴的权力因素。

国际新秩序中的道德

无视权力因素是乌托邦意识。但是,如果无视世界秩序中的道德因素,则是一种不现实的现实主义思想。在国家之内,每个政府都需要权力支撑自己的权威,但

---

① Hider, *Mein Kampf*, p. 315.
② *League of Nations*; *Eighteenth Assemhly*, p. 49.

它同样需要被统治者的许可作为自己的道德基础。国际秩序也是如此,它不能仅仅建立在权力的基础之上。原因很简单:从长远看,人类总要反抗赤裸裸的权势。任何国际秩序的先决条件都是高度的普遍认可。如果我们夸大道德可能起到的作用,我们势必感到失望。政治具有致命的两重性,总会使对道德的考虑与对权力的考虑缠绕在一起。我们永远也不会建立起一种政治秩序,使弱者和少数人的要求会与强者和多数人的要求受到同样及时的重视。权力可以打造为权力服务的道德,强制可以有效地达成意见的一致。在考虑到所有这些因素之后,还有一个需要注意的因素:国际新秩序和新的国际利益和谐只能建立在一个上升大国的基础之上,这个大国至少要被普遍认为是容忍度高、非强制性的,至少要比其他任何可能的替代方式更能得到人们的接受。创造这些条件是一个或诸个上升大国的道德责任。英国和美国从长期的传统和历史的惨重教训中获得了经验,总体上说,能比德国和日本更好地理解这一责任极其重要的意义。这才是最有效的道德推论,说明英国霸权或美国霸权要优于德国霸权或日本霸权。在对于管辖领土的治理方面,英国和美国的管理当局比德国和日本更加相信,应该通过非强制措施、获得被统治者普遍认同的方式进行管理。在对外政策方面,英国和美国比德国和日本更愿意使用和解的方式,即便对于那些更容易以武力对付的国家也是如此。诚然,这种行为所反映的任何道德优势主要是英美长期稳定地享有优势权力地位的结果,但这并不能否定客观存在的事实。当然,这种推论对德国人和日本人来说没有什么吸引力,当英美使用这一论断的时候也难免会被人指责为道貌岸然的伪君子。

不过,以19世纪的条件为背景讨论权力和道德问题是没有意义的。因为这样的讨论无异于乞灵于命运之手,请它恢复19世纪的条件,使国际秩序可以在旧的原则上得以重建。当代世界中真正的国际危机是,使得19世纪秩序成为可能的那些条件彻底地、不可逆转地消失了。旧的秩序不可能恢复,观念巨变已经不可避免。那些寻求国际和解的人需要研究一个问题:是什么条件使得社会阶级之间的和解进程在一定程度上获得了成功,他们一定会从中受益。这一进程的根本条件是:冲突的现实必须得到坦率的承认,不能将冲突视为居心不良的闹事者的幻想;对于利益自然和谐论是少许良好意愿和常识理性就足以维持的简单化理念,必须置之不理;道德上值得赞扬的事情,不等于经济上能够获益的事情;如果需要,则应牺牲经济利益,以便通过改善不平等状况的方式解决冲突。在国际社会中,这些条件都不具备。一般来说,听听担任要职的英美政治家的讲话,就会发现他们仍然认为世界各国之间存在利益的自然和谐,只要各国具有良好意愿和理性常识,就可以维持这样的利益和谐状态,但是那些邪恶的独裁者却正在蓄意破坏这种状态。通常,英美经济学家也仍然认为,经济上对英国或美国有利的事情,对其他国家也会产生经济利益,因此在道德上也是值得赞扬的事情。很少有人愿意承认,国家之间的冲突会像阶级之间的冲突一样,不做出真正的牺牲,是不会得到解决的。这种牺牲很可能需要富裕群体或富裕国家大量削减自己的消费。在建立国际新秩序的道路上还有其他障碍。但是,认识不到冲突的根本特征、认识不到对付冲突需要采取的非常措施的本质,这无疑是诸多障碍之中的一个。

实现国际和解进程的最大希望最终在于经济重建的方式。在国内社会中,出于需要,我们已经不再将经济利益视为检验事情好坏的标准。近年来,几乎每个国家(美国当然也不例外)都实施了大型资本投资项目,这些项目不是为了实现获取利润的经济目的,而是为了创造就业机会这一社会目的。有时,正统的经济学家对这类政策怀有强烈的偏见,致使政策无法完全得以实施。在苏俄,这样的偏见从一开始就不存在。在其他国家,此类偏见也很快就消失了。但是在其他地方,重新武装和战争成为对付失业的首要有效措施。这一教训是不能忽视的。任何地方都不能容忍 1930—1939 年危机的重演。道理很简单,因为工人已经知道,既然经济上没有收益的巨大军备消费可以对付失业,将同样的款项用于其他经济上没有收益的事业,比如提供免费住房、免费交通和免费服装,同样可以解决失业问题。同时,世界上所有的地方都迅速采取措施,取消或削减工业利润。在其他国家,这项工作已经基本完成。在英国,人们一直认为,在提供基本公共服务方面,利润超过一定的限度就是不道德的行为。这一观点已经延伸到军火工业,向其他领域延伸也只是一个时间问题。如果出现危机,延伸速度还会加快。1939 年的军备危机,即便没有引发战争,也会在所有的地方导致社会和工业结构的革命性变化,程度只会仅仅低于战争引发的变化。这一革命的本质是放弃了以经济利益作为评判政策的标准。就业变得比利润更加重要,社会稳定变得比增加消费更加重要,平均分配变得比最大限度地发展生产更加重要。

在国际上,这一革命使有些问题更为复杂,但也有助于解决另外一些问题。只要权力完全主导着国际政治,其他利益服从军事需要的做法势必加剧危机,预示着战争本身势必具有极权特征。但是,如果解决了权力问题,道德的作用重新得到了发挥,事情就不会是毫无希望。无论在国际领域还是国内领域,我们都无法退回到1939 年之前的世界中去,正像我们不能退回到 1919 年之前的世界中一样。坦诚接受经济利益需要服从社会目的,承认经济上的实惠不一定是道德上的高尚——这样的态度应该从国内领域延伸到国际领域。在国内经济中,利润动机逐渐削弱。这至少应当部分地促使人们弱化对外政策中的收益动机。1918 年之后,英国和美国政府许诺向一些贫困国家提供"救济贷款",它们从来没有真正期望从中得到经济回报。利用外国贷款刺激出口贸易领域的生产是许多国家战后政策的显著特点。后来,这一政策得到了扩展,主要是出于军事方面的考虑。但是,如果可以克服权力危机,就完全有理由为其他非军事目的加强这一扩展政策。我们越是为了政治目的而支持非营利的工业,提供合理就业机会越是替代最大限度获取经济利益而成为经济政策的目标,我们越是意识到需要为社会目标而牺牲经济利益,似乎也就越容易使这类社会目标超越国家的边界。英国的政策自然要考虑英国本土上奥尔德姆或是贾罗等地的利益,但同时也要考虑到法国的里尔、德国的杜塞尔多夫、波兰的罗兹等地的利益。拓宽我们的国家政策视野应当有助于开阔我们的国际政策视野。正如上一章所讨论的那样,坦言呼吁人们发扬自我牺牲的精神并不总是徒劳无功的。

自然,这也是乌托邦思想。但是,较之于世界联邦的梦幻、较之于建立比较完美的国际联盟的计划,这种思想更加符合现在的实际情况。只有首先在奠定基础方面取得进展,才能建立世界联邦和国际联盟这些美妙的摩天大厦。

第三节 顾维钧

一、本节案例导读

顾维钧(1888—1985),中国外交家、政治家。美国哥伦比亚大学法学博士,曾任北洋政府外交总长、国务总理以及驻法、英、美等多国大使等职。其作为中国代表团成员,出席了巴黎和会与华盛顿会议。1932年,其以中国"参加员"的身份,跟随李顿调查团调查日本侵华事实,并在国联行政会议上就调查团报告书与日方代表展开辩论。1944年以首席代表身份出席敦巴顿橡树园筹组联合国会议。《顾维钧外交演讲集》这部著作是从顾维钧捐赠于哥伦比亚大学珍本与手稿图书馆的《顾维钧文件》选编而成,收录了其在许多重要历史场合的演讲以及一些记者招待会的问答记录。

二、案例资料阅读

顾维钧:《顾维钧外交演讲集》,金光耀、马建标选编,上海:上海辞书出版社,2006年,第21—40页。

Ⅱ. 关于国联调查团《报告书》的陈述
1932年11月21日　瑞士　日内瓦国际联盟行政院会议

　　现在呈现在行政院面前这本《报告书》体现了调查团的工作。对此,我们还不能做出过高评价。对于李顿爵士及其同事,所有参与调查的工作人员、专家,对于他们履行重要使命时能干之作风,中国公众舆论已给予了适当热情的赞扬;但我仍希望借此机会正式表达中国政府的评价。九个月来,他们在复杂的条件和变幻莫测的气候中穿梭跋涉。作为中国顾问,在调查的大部分时间里与他们合作是我的荣幸和职责。现在,我很高兴我能就所有调查团人员在执行任务时表现出来的奉献和负责精神亲自做些陈述,有时一些任务还是相当微妙和费力的。不管严寒还是酷暑,他们都始终如一地执行任务;他们的不懈努力和深深的责任感博得了所有人的钦佩。

　　在赴满洲调查的路上,设置在中国顾问与调查团联系方面的一些不必要的障碍,一度引起调查团全体成员担忧,到达满洲后,中国顾问和他的工作人员又在行动和联络权力上受到限制,这些非同寻常的限制剥夺了调查团许多本应由中国顾问提供的援助,而中国顾问在现场调查中提供引导的职责是去年12月10日行政院决议所赋予的权力。有几次,中国顾问受到限制引起了调查团的注意,"他和他的工作人员遭遇到了尴尬和不便,这是毫无必要地限制他们的行动自由,并妨碍了他们履行职责"。1932年4月27日,在奉天时,他写信给调查团,其中说:

　　"中国代表团每一个成员出去时,都有一个甚至更多的警察跟随,而且在大和旅馆,还驻有大量的警察监视他们。甚至中国顾问随便串串门和去宾馆餐厅都有人跟随。有几次,我看到他们还对串门互访过的房间号和访问者进行登记。"

　　"有部分中国代表团成员所住的东方旅馆,情况更令人受折磨。差不多十个警察在一楼监视,他们反复告诫中方人员,无论何时无论谁离开宾馆,都必须通知驻扎在楼内的侦查人员,以便于具体安排专门人员'保护'。即使待在宾馆房间里,中国代表团成员也不能享受自己的私人天地,警务人员可以随意进入他们的房间,并对他们进行长达几小时的问话……"

　　"他们把中国代表团跟外界的接触完全隔绝了。没有中国人被允许拜访任何一名在东方宾馆和大和宾馆的中国代表,据知,有过几起逮捕的事例……"

　　去年5月3日,他在长春又给调查团发了一个备忘录,提到他在大和宾馆自己的房间内,接受两名外国传教士访问时,遇到日本警察的横加干涉,他叙述了下列事件:

　　"打开门他注意到约五六个警察,其中一人显然是头目,他坚持要进入房间,了解拜访者的身份和来访的目的。他宣称自己是长春高级警务分署（属关东警察局）的署长。他进了房间，在中国顾问本人走出自己的房间后，他也被劝说离开。在此时，调查团成员阿斯特先生碰巧经过，他的友好介入澄清了情况，日本警察头目迫切想知道的是，中国顾问见客是否得到了日本警察方面的许可，而来访者是否得到拜访中国代表的许可。"

在吉林，日本士兵全副武装地"陪同"着中国顾问，而在哈尔滨，则是穿制服的警察以及便衣警察。

作为这类未经授权的限制和禁止的一个后果，中国顾问既不能陪同调查团人员到事发现场调查取证，也不能安排中国目击证人向调查团陈述。

没有日本机构的预先许可，任何在满洲的中国人都不能拜访中国顾问或调查团。就像《报告书》107页所说：

"警察采取这种措施的目的就是防范目击证人；坦白讲，许多中国人甚至害怕与我们的工作人员会面。我们得到消息说，在我们到达以前，日本曾宣布，没有官方许可任何人不得与代表团会面。因此会面的安排通常都很困难，而且是秘密的，很多人通知我们，以这种方式与我们会面对他们是太危险了……绝大多数见面的代表是日本人或'满洲国'当局介绍的，我们有足够理由相信，给予我们的陈述事先都获得了日本方面的许可。"

中国顾问及其工作人员在中国领土一部分的满洲受到日本方面如此对待，这同日本顾问在中国所有地方享受到的最大限度的自由和最充分的便利形成鲜明对比。在南京、上海、汉口、北平及其他一些地方，中国政府本身从来没有任何企图、也没有以任何方式，干涉中国国民作为目击证人向调查团陈述的自由，也没有干涉日本国民为陈述他们的观点而希望拜访调查团的自由。

依据这些简明的初步陈述，我想就《报告书》中一些更重要的问题和事实谈一些看法。

日本曾做出中国"不是一个组织有序的国家"的断言，这在表面上是为了证明它在中国，尤其是在满洲擅自行动的正当性，而实际上是在迷惑公众视听和隐瞒事实真相。日本用这类言辞谈论我的祖国、一个国联的创始成员，这不仅反映了日本缺乏公理，而且暴露出他们无法为其言行自圆其说的窘迫感。中国在现阶段，正努力从一个具有四千年历史的古老帝国向现代民主国家方向发展，显而易见，它目前正经历着磨砺和苦难，这一历程是研究政治史的学者们熟知的，也是任何国家在重建过程中不可避免的。分裂和武力带给这个国家的明显混乱并不能说明什么，恰恰象征着一个重新觉醒后的民族的生机和活力，是四亿五千万同胞在国家重建中进步的证明。或许中国转变中的这种景象看起来并不完全令人满意，但这无疑是一个旧体制处于重塑进程中的情景。其重要意义在于,引用调查团《报告书》中的一句话,即"尽管有困难、有延误和失败,事实上已经取得了相当可观的进步"(17页)。

意识到转折时期中国的需要,1922年2月6日,包括日本在内的华盛顿《九国公约》签字国一致议定,确保"给予中国完全无碍之机会,以发展并维持一有力巩固之政府"。但中国在统一和重建任务过程中,面临的最大困难之一就是日本的反复刁难和阻挠。例如,一本题为《日本国民及其军队在满洲和蒙古的行为》的小册子,作者是著名的日本政客后藤新平男爵,小册子提供给我们一些有关日本野心的基本事实。民国初年,为了组织东三省帝制复辟运动,推翻那时正致力于中国完全统一的袁世凯总统,小册子里面清楚地提到,日本金融家大仓喜八郎提供了一笔贷款给满清皇室的一个显要成员肃亲王,为了立即执行秘密计划,用后藤自己的话说就是"土肥原上校,某军现役第五团指挥官,奉命带着一批日本退役军官,筹划和组织反袁军"。

让我们列举一、两个最近发生的大家仍记忆犹新的事件。1927年和1928年,日本以保护日本公民为借口,两次向山东省府济南迅速派遣大批军队,其实日本公民并没有遇到任何危险,日本真正目的是阻止蒋介石总司令领导的国民革命军势如破竹的北伐,制止他把华北纳入南京国民政府的管辖。1928年5月28日,日本田中政府曾发出威胁性的宣言,称如果骚乱继续向北平和天津方向发展,日本政府将不得不采取适当和有效的步骤,以维护满洲的和平与秩序。在此之后就是张作霖元帅被谋杀,他的专列行驶到由日本兵巡逻的南满铁路附近突然爆炸,所有这些都有着同样的目的。这种目的在日本驻奉天总领事林久十郎、特使林权助和准将佐藤接二连三对张学良将军发出的严重警告中完全暴露出来,他们反对张司令服从南京中央政府并改旗易帜。1928年8月9日,张学良将军在去日本领事馆回访林权助时,又一次受到同样的警告。当张将军质问日本方面这个态度的合理性时,佐藤准将说:"现在不是争论什么合理和什么不合理的时候。田中首相已决定你不应该易帜,这就是充分的理由。"

一个独特但有意义的事实值得注意,日本一边向世界不停地抱怨中国的不统一,一边又持续地坚持阻碍中国统一的政策。我们不禁要问日本是否真正希望中国统一。显然,一个可理解的感觉是,一旦中国统一就意味着对日本扩张政策的一种打击,是其征服世界迷梦的破灭。对于日本的这种担忧,《报告书》中有委婉的暗示,这里(131页)说道,"对日本来说,问题的核心在于日本急切地担忧现代中国的政治发展以及发展趋向的前程"。

某个国家组织良好程度的重要特征在于这个国家与世界其他国家交往过程中

所起的作用。这问题的可信证明可以从许多方面找到。其中之一是对外贸易的增长。在这方面,数据显示中国与任何其他国家不相上下。尽管一种敌视的和组织精良的宣传在国外多年来竭力培植了一种印象,但在过去二十年内,中国对世界经济的贡献日益增多。我们对外贸易的统计数字比那些日本批评者的言论,更响亮地说明了中国的情况。1911 年我国对外贸易总额是 8.49 亿两白银(时价 1 两白银约等于 1.5 瑞士法郎);1925 年是 15 亿两;1930 年是 22.40 亿两。那就是说,过去二十年里中国的对外贸易额增长了 158%。

一个国家政治组织良好程度的另一个合理标准,在于它同其他国家在维护国际条约神圣性的合作方面的忠诚度和有效性。如此的合作是维护国际社会新秩序和世界和平体制的一个必要条件。依此标准衡量,扪心自问,日本作为一个国家其组织良好程度如何呢? 现在摆在国联面前的满洲问题的真正困难是日本没有遵守国际约定,例如,在《国联盟约》《凯洛格公约》《九国公约》等伟大的和平协定中清楚规定的条款。日本也没有遵守她在联盟行政院和全体会议上撤退驻满洲军队和防止形势恶化的承诺。无论日本政府是自身本能的不愿意,还是强化大权在握的军方高层意志的需要,它对世界总体的后果则是一味地动乱,这是国联在过去岁月中曾经经历并且现在仍须面对的问题。

为准确评价远东形势,有必要对调查团《报告书》中提到的日本传统扩张政策的主张和走向予以充分理解。日本称其为“大陆政策”,即征服亚洲大陆的政策,分为二系推理:北进,以朝鲜为跳板,侵入满洲和华北;南进,以台湾为基地,侵入华中、华南和南洋。16 世纪时,丰臣秀吉曾鼓吹征服中国,他在答复朝鲜国王的信中说:

“既然我们活在世上的时间连一百年都不到,又何必继续把自己约束在这个小岛上呢? 借贵国之道征服明王朝(中国)一直是我的抱负。对于你们准备派遣一个使团来我国,以与我们建立关系,我们的陛下已表达了满意。我希望,在我国发兵攻打明王朝时,贵国能派军援助我们。”

19 世纪中叶,佐贺藩和肥前藩的藩主锅岛直正,在其回忆录中说:

“Shogun① 是众所周知的大将军,他的使命是征服野蛮部落。‘征服野蛮人’,这两个词是日本永久的政策。由于长期的和平,我们的民族精神已经蜕化。现在是找回我们蜕去的精神的时候了,通过对外扩张,为我们伟大的民族奠立一个坚实的基础。”

在西乡隆盛时代以前,大木乔任曾不遗余力地鼓吹征服朝鲜和分裂中国,他在

---

① (日本语)幕府时代的将军。

批评日本政策时曾这样说：

"俄国是最令人担忧的国家，她具有极佳的位置，能有效阻断日本执行其大陆政策的通道。如果我们决定实施大陆政策的话，我们应该和俄国结盟，借此双方均享中国领土。"

我引述以上几段话不是对日本历史感兴趣，而是表明它们对日本当代的中国和远东政策发挥了重要影响。内在于这些令人吃惊的表述和鼓吹的政策中的精神，仍保持在现代日本的政策和精神当中。他们和他们先辈偶像以前说那些话时一样，是雄健而又现实的。1922 年 3 月 31 日，日本陆海军最高层军官的重要会议在东京召开，并制订了新的战争计划。一份东京的日报《读卖新闻》，第二天就刊登了会议的消息并报道，最高战争委员会决定，一旦战争爆发，日本应立即"与亚洲大陆建立密切联系，并开始自汉口、山东起到哈尔滨、库页岛构筑第一道防线"。有关军事行动计划，还有令人吃惊的披露：

"为加强自身防御，日本应首先增加台湾、库页岛和朝鲜的驻军。为实现战争持久化后物资的充分供给，并确保最终胜利，日本应不惜一切代价保证通向煤、铁的生产中心汉阳和萍乡的道路畅通无阻。为防止外交意外，日本应占领北平；为确保来自满洲的战备物资的供应，奉天和长春应由日本占领。"

1922 年春季御前会议上，在答复有关最高战争委员会所作出的战争和国防新计划质询时，陆军部部长山梨将军说：

"某国（意指英国）曾经和我们有着友好亲密的关系，现在她选择废除《英日同盟》。一旦战争爆发，日本就会发现她将面临经济封锁的威胁。处在如此的可能性中，日本必须置大陆（意指中国）和西伯利亚于她的军事占领之下，以确保食品和战争物资的充足供应。"

加速军事化的大陆扩张政策是日本军国主义者几个世纪经验的结晶，它把征服中国作为征服亚洲的第一步，北进和南进的实施犹如毒蝎，前用利爪，后用尾巴，同时攻击受害者。它使我们明白，为什么 1894—1895 年甲午中日战争结束后，日本坚持中国向其割让辽东半岛和台湾。它也有助于我们评判日本一系列军事占领的深远意义：1879 年从中国夺取琉球；日俄战争后占领南满，吞并朝鲜；1911 年派遣军队到长江流域中心地——汉口；1914—1922 年侵占山东；1915 年突然向中国提出《二十一条》；对撤销东西伯利亚军事远征举棋不定；1927—1928 年派遣重兵赴济南；1931 年 9 月 18 日、19 日夜间及其最近的对奉天和其他几个城市的进攻；以及对整个满洲的实际占领，并违背承诺，冒天下之大不韪，拒绝撤军。根据 1907、1910、1912、1916 年它寻求与俄国缔结的一系列瓜分满洲和蒙古的密约，以及 1917 年在山东和南满问题上跟其他列强交换的秘密协定，用我提到过的大木乔任的话说就是我们能够"揣度"出它的真正目的。这也使我们明白了最近它力促与欧洲国家结盟的企图。

正是现代中国的所有政治领导者都清楚知道的大陆政策,才是远东和平的真正威胁,也是影响国家团结的一个干扰因子。这对和平是最大的危害,因为这个政策是以居主宰地位的、跋扈的军阀集团为后盾,并备有当前世界上最有力的战争机器之一,利用强力和铁拳的手段持之以恒地追求该政策完全实现。中国局势的明显不稳定与其目前的转型期是分不开的,尽管这种状况仍会延续,但对于建立在法制与和平解决国际争端的原则基础上的国际生活新秩序,中国的不稳定状况本身并没有起到破坏作用。日本军国主义者不遗余力地在中国统一的道路上设置障碍,增加我国国内的困难,利用诸如洪涝灾害等我们的不幸,这些全都是为了推进它的大陆扩张征服政策。这就是事实,没有什么威胁比这更能扰乱中日之间的和平,以及扰乱和平赖以存在的中日相互间的"良好理解"。过去六十年的中日关系史充满了证明的事例。正如刚才所说,这长期的一系列的战争、军事征服和侵略行动,在不同的时间和地点发生,恰恰说明是同一政策的不同实施阶段,即这个传统的、一脉相承的扩张、主宰和征服的政策。

值得注意的是,这个政策的目标不局限于满洲和蒙古。依据日本前首相田中将军的《田中奏折》——1931 年 9 月满洲事件发生以前,日本媒体经常提到的一份文件,现在越发提高了它的可信度——控制中国东三省仅是征服世界计划的第一步。奏折说:"欲控制中国,必先击垮美国,就像过去日俄战争中我们不得不战斗一样。欲征服中国,必先征服满蒙。如果成功征服中国,亚细亚其他国家以及南洋诸国将惧怕我国,向我们投降。那时,世界将意识到,东亚属于我们,再没有谁敢侵犯我们的权力。这是明治天皇留给我等的使命,能否完成事关我之民族存亡。"

当前的日本绝不是把这一征服计划仅考虑为一种历史的兴趣。依据当前一些日本杰出的政治家和军人的有关著作和言论,看来潜在于前引文中的野心勃勃的政策在日本仍起着支配作用,并在当前成为主导力量。1919 年,北一辉先生起草了国家重组计划草案,如它过去一样,现在变成了年轻官员的"圣经",里面提到:"为自身防御或解放被压迫的人民,日本帝国有权宣布和发动战争。例如,为了使印度从英国的奴役下解放,使中国摆脱外国强权的压迫。"草案另外一处还说:"日本帝国有同等权利向那些拥有过分广阔领土的国家或者那些以野蛮方式治理的国家发动战争。例如,使澳大利亚从不列颠、西伯利亚从俄国分割出来。"前内阁书记官长森恪先生,在一本叫作《钻石》(1932 年 7 月刊)的经济杂志上发表文章说:"诸多条约把日本人禁锢在自己的领土上,只要《九国公约》《凯洛格公约》继续以目前的观念来解释,那么日本就不能在东方扩张。如欲有所进步,必先打破条约之樊篱。"还有一人必须要引述,那就是现任东京内阁陆军大臣、著名将军荒木贞夫,他在一家军事俱乐部杂志《kaikoshia-kiji》上写了一篇文章,号召日本人要效忠于他们的民族精神,并进而说道:"东亚国家是白人压迫的目标,这是一个不可否认的现实,日本不能让这种无礼状况永无休止。抗击不符帝国精神的列强的行径是日本民族的责任,是正义和公平的体现。日本不能无视东亚任何地方的任何骚乱,因为帝国的根本精神是不能与动荡比肩并存的。我期望每一个日本臣民都准备为恢复和平负起自己的责任,无论精神的还是物质的,即使诉诸战争也在所不惜。"

以上就是日本政策的大致精神和范围。至于实现方法,陆奥宗光爵士的自传有大量披露。陆奥爵士 1894—1895 年在由朝鲜问题引起的甲午中日战争期间任日本外务大臣,在这出影响深远的国际戏剧中扮演了主要角色,书中披露了那场战争的大量内幕。许多年来,广大民众头脑中一直对于这次战争的起源迷惑不解,现在这本书确凿表明,它是日本方面的责任,是日本强加给中国的。1894 年 6 月,日本派陆、海军到朝鲜,调归日本驻汉城大臣大岛指挥。与日本预期相反,当汉城形势安定下来,她发动同中国战争的计划在实施当中有延误的可能。陆奥发出电报告诉大岛说,是采取决定性行动的时候了,并坚决地命令他,用他自己的话说就是,"利用一切借口,开始积极行动"。关于日本政策的指导原则,正如外务大臣在其自传中的解释:"日本在军事行动上须保持积极主动的有利地位,但在外交上则力图造成被迫应战的印象。"

与她以前吞并朝鲜一样,现在轮到满洲了。推论和事实都表明日本的无故侵略行动只是一个借口。无论世界是否接受,她都会不惜一切代价地追求侵略目标的实现。按照调查团《报告书》77 页的陈述,"在日内瓦提出保留条款以后,日本仍按照既定计划处理满洲局势"。

关于日本一直反对的中国民众抵制日货问题,调查团《报告书》已经作了有意义的陈述,我仅希望能补充一些看法。抵制日货只是一种自卫措施,是中国民众的一种抗议形式,是由超出中国政府控制的涉外案件引发的。过去二十五年中,有九次抵制日货行动。调查团《报告书》115 页提到:"如果对这些抵制日货行为进行详细调查,就会发现每一次的抵制都可追溯到一个明确的事变、事件或冲突,这些事件一般都具有政治性质,且被中国认为直接危害到其重要利益或有损其民族尊严。"《报告书》接着阐述,并敏锐地分析了原因和结果,"因此,先是 1931 年 6 月的万宝山惨案,接着 7 月朝鲜的反华屠杀直接引发了该年的抵制日货运动,9 月奉天事变、1932 年 1 月的上海事件,进一步加剧了抵制运动"。

应当提及,1931 年 7 月 3 日到 13 日朝鲜半岛七个城市中,发生了延续十天的反华大屠杀,这种行为即使没有日本警察的教唆,至少也是纵容。它造成一百四十二名无辜中国公民死亡,九十一人失踪,五百四十六人受伤,财产损失总计超过400万元。上海是中国的金融中心和远东地区重要的大都市,进攻上海致使中国伤亡二万四千人,财产损失达15亿美元。日本在满洲的侵略行动中,对华人的生命和财产进行了残忍屠杀和肆意破坏,目前仍在继续,其损失还无法估量。

确实,上海是当前中国抵制日货的中心。上海的中国民众不仅听说日本在作为中国完整领土一部分的满洲不宣而战,而且在去年2至3月间,亲身经历了长达五周的痛苦,并亲眼目睹了日本军队5月份的撤退,但又匆匆去北满援助其他日本军队,继续他们的屠杀和破坏,因此,上海华人在这种反击形式的行动中最为积极,我们难道还会感到奇怪吗?去年5月中旬,当我与调查团在哈尔滨时,我们看到日军第十四师团新近自沪兼程赶到,分遣成不同规模的分队,在我们所住旅馆窗下的街上,继续执行侵略任务。一边是鸣枪的火焰等候我们来访,一边是不绝于耳的日本大炮轰鸣声和机枪嗒嗒声日夜不停地杀戮,不知道又有多少中国人惨遭杀害,多么悲惨可怕啊,但没人能阻止他们。我们能够想象其他地方中国人的感受,尤其是他们知道了东三省的状况和那里同胞的命运。因此,当前抵制日货行动是反对日本挑起的肆意侵略的政策,而且它仍将坚持下去。

考虑到这些事实,我们就会理解不仅中国个人拒买日货,甚至很多的公众组织也积极参与,目的就是使抵制行动尽可能产生效果。意识到他们的国家在武器装备上的不足,他们只能靠这种自行拒绝的反击方式表达对日本错误行动的愤慨和抗议。因此,抵制日货在给日本一定经济压力的同时,他们自身特别是商人也遭受了相当的损失,就抵制方自身来说,这也是一种牺牲。事实上,并没有作为日本公民财产的日货被没收,即使因误解查封了一些,在其所有权完全明晰以后,总是能得到开释的。

在这种自发的群众运动中,很少有政府能保持完全超脱的地位。当时盛行的观念是他们的国家受到错误的和不公正的对待,而且国家在人民心目中是公认的监护人,但现在它的安全受到外部的侵略。当政府也为这种盛行的观念感染时,它不能不对这样一场运动表示同情,并给予支持。再说,抵制日货行动是一种合法的防卫措施,中央政府理应赞同。相反,日本对华战争是毫无理由的,是"伪装"下的战争,它引起公众激烈的情绪,因此中央政府有必要颁布一些法令给地方政府,旨在引导运动在法律范围内进行,进而更好地确保日本侨民的生命和财产的安全。如同调查团的《报告书》所肯定,正是中国政府这方面的警惕,才使日本入侵满洲以来几乎没有发生什么不幸事件。

如果目前有组织的抵制日货运动有官方引导的话,那么就会提出这样一个问题,即中国政府应承担由某项措施可能牵涉出的责任。中国政府认为,没有什么必然的责任需要它承担。面对日本在中国满洲及其他地方的军事行动所显示的特性,即有预谋的和肆意的侵略,中国采取的任何一种抵制形式,都将是合法的防卫。在诉诸国联寻求和平解决、遵守盟约及等待裁决期间,如果可能,有必要对入侵日军的持续推进以及继续恶化的形势进行监控,防止变化后的新形势又酿成一个既成事实,并赋予这个既成事实以重要性。中国忠实地执行和平和克制的政策,采取和平的抵制形式。确实,这种给侵略国家施压的形式更为人道,它不会造成杀戮和流血,一旦坚持以暴制暴,流血将在所难免。可想而知,这将给日本利益带来损失。然而,相对于日军在满洲、上海和天津的暴行所造成的成千上万中国人的丧生和数亿美元财产的损失,这是无法相比的。

在强烈的爱国主义愤慨情绪鼓舞下的群众运动中,为使抵制更加有效,有时一些激进分子采取一些从严格的法律意义上说并不完全符合法规的方式,这也是可能的。但是当人们想到他们最富裕的三个省遭到日本军队毫无理由的侵占时,或许他们的行为应被认为是正当的。试问,如果另一个国家遭遇如此严重的不公正以及面临如此逼近的生死存亡的威胁,那么,这个国家将会发生什么呢?目前形势下,中国政府如将全国范围内的抵制日本公司和商人的行动合法化,这或许不无道理,由此可以确保采取更加统一的强化手段。但中国政府并没有那样做,这体现了它政策上的克制性和温和性。

对于中国应用抵制日货的行动来反对日本侵略,这不能予以过分强调,因为中国也是很大的不愿意,正如前面所说,当抵制日货被直接用作反对日本军事侵略的自卫行动时,它也使中国人民遭受了相当的损失和牺牲。因为爱好和平并总是追求一种有利于和平解决国际争端的政策,中国将最大限度地赞同国联仲裁,以作为解决与日本争端的方法。中国政府不敢奢望,日本作为军事上比中国强大的国家,会在国联——日本也是其中一员——盟约所提供的和平解决框架内,努力履行目前针对它的所有诉求。但事实上日本军事当局一开始就把日本拖入一种黩武政策,并执意实施他们蓄谋已久的侵略和征服计划。

在中国政府看来,抵制日货政策的有力使用是完全必要的,因为靠国联调解所需时间更长。过去十四个月的经历似乎已证实了这种观点。日本政府不仅至今没有履行它依据去年国联行政院 9 月 30 日和 12 月 10 日的决议所作的承诺,即撤军至所谓的南满铁路地带内,而且正好相反,允许日军继续侵略活动,到目前为止,他们实际上已经占领了整个东三省。在这么长的时间内,国联没有找到一种有效途径,或者预防由日军引起的政治上和军事上的形势的进一步恶化,或者执行决议,要求他们按照承诺撤军。否定中国使用抵制日货的方法来反对日本的军事侵略,特别是一年多来日本在满洲的侵略,实际上就是否定合法与和平的防卫手段。而且,在当前世界经济中,关税制裁、配额制度和贸易限制政策是普遍受到赞同的实践。如果上述措施作为一种合法的自卫方法,在反对经济侵害案中获得积极支持,那么,还有什么比这更能说明应用联合抵制的正当性吗? 实际上,联合抵制作为反对军事侵略的一种合法自卫手段,究其本质具有相同的特性。

中国有组织地应用联合抵制的方式对抗日本,是否与双边友好关系一致,或者是否与条约义务一致,这问题不应该在当前的状况下提出。而另一个基本问题才是决定性的,那就是说,当无辜的中国公民在朝鲜遭到骇人听闻的大量屠杀后,以及面对日军对中国领土无端的侵略,面对日军在满洲、上海及其他地方对中国公民和财产的无休止地肆意杀戮和破坏,这种中日关系是否还被认为是友好的关系,是否中国还应单方地谨慎维护双方相互的条约义务,而日本方面公然的破坏行动,已经故意把这些条约义务抛到九霄云外了。

我们真诚希望,在考虑抵制日货问题时,前述几点能有助于人们对其主旨和意义做出较为完整的评价。

中国的民族主义一直在迅速发展,但确实不存在真正的排外情绪。事实上,中国公众渴望看到中国能收复某些具有政治性质的外国特权,作为根本性的主权回归,但是所有思维严谨的中国人都赞同以公认的谈判和协商原则来达到这一目标。人们或许零零落落总能看到隔离墙上的海报,能听到学校讲台上的演讲,它们对现实的中外关系的基本状况发表了观点。然而,这不能反映出总体上的国家的严肃观点,充其量类似于西方共产主义媒体的宣传。

作为孙逸仙博士所弘扬的以及作为国民党三民主义之一的中国的民族主义是防御性的、和平的和建设性的。它是中国过去同域外世界交往经验的一种反映,是一种民族愿望的表达,希望摆脱不平等条约的束缚而成为自由中国,以及平等立足于世界民族国家之林。这就是它的防御性与和平性之所在。它也是建设性的,因为它通过民族主义的方法,以实现国际主义为目标。中国渴望发展成一个强大而富有的国家,以为全世界人民的和平和幸福作出贡献,最终实现“天下大同”。追根溯源,这种政治理想主义来自包括孔子在内的中国古圣先贤的教导,孙博士进一步发展并把它吸收进国民党的原则和章程中。

然而,中国存在一个全国范围的反对日本传统政策的情绪,日本这一政策是以控制和征服中国为目标的。每一次新事件或冲突的发生,都使这个政策越发清晰地显示出它对中国作为一个国家的安全和生存的真实含义和后果。中国人民不会把目前的满洲形势考虑成中日关系中的一个孤立事件,而一定依据前述的日本大陆扩张和征服政策来观察它,将必然综合它的所有方面和影响来了解它。正如调查团《报告书》23 页中的准确陈述一样,“最近几年中,较之所有其他列强取得的特权来说,中国日益把日本的索求视为她实现国家抱负的更严重的挑战"。中国人民有那样的考虑不仅是出于怀疑,而是基于过去几十年的经验积累。

对于其他国家,中国绝无排外主义。事实上,中国政府和中国人民真诚希望,为谋双边利益和福祉愿意同各国建立良好关系。关于此点,毋庸赘述,参照几个事实足以清楚说明这个问题。有三十六万多名外国公民在中国安定地生活,八千二百多家外国公司在中国经营。其中七千五百六十七人是传教士,分散在中国内地,执行着他们的宗教使命,没有受到任何的骚扰或干涉。中外居民间几乎没有隔阂。就连生活在中国的几千日本公民,也处在中国政府的保护之下,安定地生活,哪怕是在双方关系紧张时期,也很少有麻烦事件发生。

另外,一个有意义的事实是,在中国不同的政府机构服务的职员中包括数百名外国公民。在中央政府各部,有八个不同国籍的四十多名外国专家参与中国政府的管理工作,他们的人数还在不断增加。《报告书》本身也显示了中国政府确保与外国合作的主动愿望,《报告书》中说,"最近几年来,中国政府在处理它内部的一些棘手问题时,也寻求和接受国际援助,比如1930年以来的财政事务;1931年国联国家经济理事会成立后,中国在经济计划和发展问题上与该技术组织的联络;同年,特大洪涝灾害后的救济问题"。最近,通过国联的慈善机构,中国又邀请了一批专家研究教育、卫生、资源管理、农业以及丝织业等问题。如果中国真有排外情绪的话,就不会达成这样全面的对外合作政策,并合作得如此成功和令人满意。

前面就日本的一些比较重要的辩解提出了几点看法,这些辩解明显是有意掩盖中日争端的真相,并且特别提请你们注意一个事实,那就是日本的扩张和征服的政策才对远东和平构成真正威胁,现在能允许我继续出示一些调查团《报告书》中的一些重要论点吗? 它们能澄清一些至关重要的问题。

根据日本方面有关1931年9月18日满洲行动的解释中的一些过分诉求和无理要求,此后中国特意对《报告书》中的一些结论做了记录,这些结论《报告书》66页说道:

"有关两个国家间存在着三百个未决案并且双方用尽了所有和平解决的方法一说并没有得到证实。"

在分析我们引述的《报告书》中日本的上述申诉问题时,"如果需要诉诸武力,那么解决所有未决案只是一种流行的口号"。《报告书》继续写道:

"在媒体上可供参考的报道随处可见:有关于诉诸武力的;有关于陆军、总参谋部与其他一些官方机构之间开会,讨论与该课题有关的计划;有关于计划实施的详细指令,一旦需要,可命令关东军总司令和驻奉天特务机关长土肥原上校一起执行,土肥原曾在九月初时奉召到东京,按照媒体的说法,他是'总体解决论'的鼓吹者,认为'如有必要,尽可能快地武力解决之'。媒体报道的这些日本政治圈以及部分其他团体表达出的这种情绪,说明局势日益危险和紧张。"

《报告书》(66 页)继续提请注意,"日本陆军部长在东京发表鼓动性演讲,建议其军队在满洲直接行动"。《报告书》也提到,日本在奉天周围的驻军以频繁的枪声,进行煽动性的夜间军事演习,然后接踵而至的是 1931 年 9 月 18 日至 19 日的事变,按照《报告书》的说法,这是"实际上军事占领整个满洲行动的第一步"(66页)。因此,是日本军事当局的干涉造成了目前中日关系的危机,而不是国与国之间的"未决案"。至于"未决"的争端,调查团进一步详述,"这些问题从性质上说能够通过仲裁和司法程序来调解"。

1931 年 9 月 18 日至 19 日的军事行动,果真如日本声称是一种自卫措施吗?对这个问题的回答至关重要,不仅对中国,而且对国联本身都是如此,尤其考虑到国联盟约的具体规定。日本宣称侵略满洲是一种自卫行动。对此,调查团逐渐得出的结论是不支持日本的说法,还是让调查团自己解说吧:

"毫无疑问,中日军队之间的紧张情绪一直存在。日本方面,正如他们清楚地向调查团辩解的那样,有一个精心准备的计划,以应对中日间可能的敌对冲突。9月 18 日和 19 日夜间,该计划被迅速而精确地付诸实施。中国方面,与 69 页述及的介绍一样,没有攻击日本军队的计划,也没有在特定的时间或地点危害日本公民的生命或财产的筹划。他们没有协调一致或得到授权攻击日本军队,并且对于日本的攻击和随后的行动感到没有在特定的时间或地点危害日本公民的生命或财产的筹划。他们没有协调一致或得到授权攻击日本军队,并且对于日本的攻击和随后的行动感到意外。"

日本方面声称,中国士兵于 9 月 18 日晚 10 点钟左右破坏了奉天附近的南满铁路。他们制造这个借口是为了发动日本的战争机器,而日本军队已得到指示在中国军营附近实施挑逗性的夜间军事演习,并对中国当局没有事先的准备而感到满意。我们现在在李顿调查团《报告书》中,看到了铁路爆炸引起了日本入侵满洲的说法,《报告书》说:

"无疑,爆炸发生在铁路或铁路附近,时间是 9 月 18 日夜间 10 点到 10 点半之间。铁路遭受的损害,如果有的话,事实上也不影响从长春南下的列车及时到站,爆炸事件本身不能充分说明军事行动的正当性。根据以上的描述,日本军队那天晚上的军事行动不能被认为是合法自卫的措施。"

这一点非常重要,如果在奉天附近的所谓爆炸事件都不能说明他们在邻接范围内的军事行动的正当性,那么当天晚上日本军队对几百英里之遥的长春、吉林和营口等中国领土同时发动军事入侵,就更无正当性可言了。与调查团所看到的一样,虽然中国军队已接到不以武力回击日军侵略行动的命令,但是日本军队还是攻击和烧毁了中国军营。

调查团曾提请注意我们所阐述的看法,即日本军队一直处心积虑要"根除"东三省国民政府,"根除"的说法是他们自己宣称的。这种驱逐东三省国民政府的活动,甚至在 9 月 30 日行政院决议条款生效后仍在进行,而这些条款也是日本政府接受的。在第 2 条款中,行政院"认可日本政府关于在满洲无领土企图的声明的重要意义",而在同一决议的第 3 款记录着日本代表团的声明,"随着日本公民的生命和财产的安全得到有效保障,他们的政府将尽可能快地继续实施已经启动的撤军行动,将军队撤至铁路带所辖范围内,并希望尽可能快地充分实施这一意图"。决议第 5 部分记载:"中日代表均已给出保证,他们各自政府将采取所有必要步骤,以防止事变规模扩大或形势进一步恶化。"

但事实是什么呢? 在以奉天为省会的这个省中,它的一些中方官员,包括代省长、财政官员、教育专员以及保安厅长等在日军的驱赶下,已被迫从驻地撤到奉天西面许多英里之遥的锦州城。《李顿报告书》中说,日本人不允许中国在锦州建立接替奉天的地方政府,并且试图消灭它。事实上,10 月 8 日驻在交通大学的政府所在地,飘扬着红十字旗的医院,火车站以及其他一些不设防的地方均反复遭到轰炸,当飞机俯冲下来接近地面时,他们的机关枪也猛烈扫射建筑物。日本军队这样做,意在驱逐维护公共秩序必不可少的所有的中国官员以及在南满的政府组织。奉天事件后,他们摧毁了锦州、吉林和满洲许多其他地方的政府机构,并且还不停地抱怨满洲秩序的混乱。

很难说,日本没有意图安排日本人来代替中国政府的管理。中国已表达了这方面的担忧,而日本政府对此断然否认。日本首相犬养毅先生坚持自己的措辞,即在 1931 年 12 月晚些时候他曾说,"日本不会拿满洲作为一个礼物"。但差不多也是这个时间,一些中立媒体机构,如美联社和路透社,都报道了日本方面在满洲加紧组织直接或傀儡的自治政府。

提醒大家注意 1931 年 10 月 8 日的锦州事件,以及随后日本军队迅速占领锦州以及东三省所有行政中心所在地,我提请注意的目的基于下述原因:这确凿表明日本政府缺乏诚意,他们的侵略继续妨碍着危机的解决,他们也继续挑战《国联盟约》中表述的法律原则。

我们过去和现在都无意详述轻视国联的日本给中国人民带来如何沉重的苦难。我们希望使您尽可能多地了解这些惨痛事件的细节,而且至少还有一桩此类事件应该提及。

日本曾保证"绝不使形势继续恶化",这不仅是她 9 月 30 日给国联的保证,也是 12 月 10 日的保证,包括承诺不首先采取任何可能导致进一步交战或丧失生命的行动,但事实正好相反,日本在中国领土和行政主权范围内制造了近代中国历史上最大的一桩攻击事件。事实上,他们用武力把我们三千万同胞与其他中国人分离开来;他们选择了建立一个傀儡政权取代忠诚于中国的政府;他们和他们的傀儡政府占领了中国在满洲的高效的现代服务设施,比如海关、盐税局;他们也占领了高效的职能遍布全国的邮政系统,还有电报线和邮政局、煤矿和铁路、无线电广播站、中国政府的国库以及某些已经征集并留存在那儿的岁入。今天,没有日本的许可,在满洲任何一个地方,任何的管理措施都不能实施。

这是进一步占领和同化的进程,它的发生与日本政府对国联的庄严承诺是背道而驰的。这是调查团的言辞(127 页):

"事实是,不经宣战,日本依靠武力强行夺取和占领了毫无争议地属于中国的一大片领土,接下来的一连串行动是把这片土地与中国其他地区分离开。日本竟宣称这些完成的步骤是符合《国联盟约》《凯洛格公约》和华盛顿《九国公约》规定的义务,所有这些行动都是为了防止违反公约规定的行为发生。"

不仅如此,日本还于 1932 年 1 月 28 日侵略中国的上海。在那里,除了中国军民伤亡二万四千人以外,日本还给这座未设防的城市造成 15 亿银圆(大约相当对等数目的瑞士法郎)的财产损失。根据抵抗计划,中国新军在上海迎击日本侵略引起了各方的关注,中国人民既能进行大规模的应敌防御战,也有能力进行强有力的军事反击。然而,日本在上海面临的种种不利因素没能令它止步。日本方面又一惊人的挑衅行为,是今年 9 月 14 日正式承认所谓的"满洲国政府",这在挑战议定书和盟约框架上可谓达到了极致,完全不顾它在国际联盟和国际条约面前所作的庄严承诺,以及它在行政院会议上的反复保证。

针对导向承认满洲政权的事态,现在我们郑重地把李顿调查团《报告书》中 97 页的下述内容呈递给国联:

"很明显,独立运动只是因为日本军队的出现才成为可能,1931 年 9 月以前,在满洲从未听说过此事。"

"日本文职和军职的官员集团,无论现役还是退休人员,都与第四章提到的新政治运动有着密切联系,他们策划、组织和实施了这次独立运动,以此作为九一八事变后满洲既存局势的一种解决方法。"

"以独立为目标,他们利用一些中国人的名义和行动,也利用居民中与前政府有嫌隙的少数分子。"

"显然,日本总参谋部从一开始,或至少在短期内,就意识到此类自治运动是可资利用的。因此,他们给那些运动组织者提供支持并予以引导。调查团也从各方消息来源中确切知道,在制造'满洲国'的多种推动因素中,两方面的因素组合起来最具效果,据我们判断,没有它们,这新的国家不可能形成,这两种因素是日本军队的存在和日本文职及军职官员的积极活动。"

"鉴此原因,目前的满洲政权不能被认定为是真正的和自发的独立运动所产生的国家。"

日本方面竟然虚伪地声称,东三省是自愿与其祖国分离的,对此,我们毋庸赘言。

这些是报告书中一些比较重要的事实依据以及通过逻辑推理从中得出的一些必然结论。接下来的问题是,有何解决的良策呢?答案应该由即将开会的特别会议给出,自今年2月份以来,该会议就已正式处置中日冲突了。

调查团方面为了便于讨论解决的方法,向行政院特别强调了某些条件和原则,某些考虑和建议。中国代表团希望保留他们表达有关意见的权利,直至辩论程序开始后的某个稍晚时段。同时,我还提请各位注意《报告书》中陈述的解决问题的条件之一(130页),"任何解决方式都应遵循《国联盟约》《巴黎公约》和华盛顿《九国公约》的规定"。对于这些维护和平的伟大条约的所有签字国来说,这是一个基本的原则,体现了庄重承诺的神圣性。中国政府本身已反复申明尊重这些条约的必要性,在这些条约中有或者含蓄,或者正式地尊奉的原则,即尊重中国的主权、政治独立以及领土和行政权的完整。确实,1931年10月23日中国代表团在国联行政院会议上就已宣布:"在中国和其他国家之间的任何讨论……都必须建立在《国联盟约》和《巴黎公约》规定的中国权利和义务的基础之上,必须尊重1922年华盛顿会议上规定的原则。"中国政府不断重申了这一观点。令人欣慰的是,我们的主张在调查团《报告书》中获得了认可,我们宣告,愿意以符合这一伟大原则的建议作为讨论的基础。

遵循这关键原则,可逻辑推论出一些补充原则,它们为涉及中日冲突问题的关键原则作进一步阐释,并且将有助于巩固在座所有人都期待的世界和平的基础。

这些细化原则之一是不纵容侵略。《报告书》直截了当宣布,日本的军事行动引发了整个冲突事件,"不能认定其为合法自卫的措施"。换句话说,日本的军事行动构成了侵略行为。《国联盟约》第10条款规定:"国联都应保证所有成员有反对外部侵略,尊重和维护领土完整和现存政治独立的权利。"

逻辑上讲,应该确保中国反对外部侵略的权利,面临如此的侵略后果,不能要求或者期望她放弃她所固有的权利。从另一方面看,如果侵略国家从其侵略政策中获益,得到了以前未被认可的一些新权力,那么这些权力也同样不能获得承认。对正义与和平原则的破坏将等同于纵容侵略,因为这会使一个国家在行动中得到权益,而无需承担应有责任。对于世界和平,这会开创一个危险的先例。就像《报告书》中很好地阐述的一样,和平的利益"对于全世界都是一样的,《国联盟约》《巴黎公约》等和平原则在世界任何地方应用时,任何的信心丧失都将损害这些原则的价值和效用"。

鉴于同样理由,具有反对外部入侵权利的国家也被赋予对侵略造成的损害有索赔的权利。因此,中国政府保留冲突解决过程中的要求赔偿的权利,这与中国代表 1931 年 12 月 10 日在国联行政院会议上的声明是一致的:"中国政府认为,议定的安排(参阅 1931 年 12 月 10 日的决议,即创立调查团的决议和行政院主席的声明)既没有直接、也没有变相提出对中国及其国民的赔偿以及损害问题……而是在这方面做一个特别保留。"

很明显,行政院和特别会议的一些决议至今没有得到执行,武力仍在继续。另外,由于行政院 9 月 30 日和 12 月 10 日的决议,日本政府应承担的撤军承诺仍然没有进展。为谋中日争端的根本解决,撤军仍是一个必要的前提条件。

关于解决中日争端的问题,中国政府的观点与以前反复重申的一样,并且相信国联其他成员国在此问题上的看法也没有改变,那就是,应该首先消除军事占领的压力,使用武力在占领期间造成的既成事实的压力以及诸如此类的同样压力,不意识到这一点的必要性,解决整个争端的讨论确非其时。

在中国政府看来,在寻求公正和永久解决争端的时候,有些原则应给予认可,即我们是否要符合调查团《报告书》所体现出来的充分价值并对其予以尊重,因为他们对一些事实做了细致调查并作出重要判定;我们是否要维护国际社会新秩序,因为它的核心是希望人类的持久和平。

现在,请允许我总结一下。我讲了调查团的工作得到了中国政府和中国人民的应得的好评。我告诉你们,中国顾问在赴满洲调查时,遇到一些不必要的阻碍,其目的就是干扰他实施协助调查团的职责,徒增重要使命完成的困难。我力图给大家解释,在中国貌似不稳定的局势背后,有着中国人民自身追求统一的基本目标。但日本屡屡给我们的统一使命制造困难,它显然害怕一个统一的中国,它的传统政策就是干涉和防止中国的统一,同时它还向世界大声抱怨中国的不统一。我强调指出,这就是日本所谓的大陆扩张政策,它旨在通过一连串的步骤,控制亚洲,征服世界:吞并朝鲜和台湾,控制满蒙,然后华北、华中、华南,继而南洋,以及世界其他地区。正如我曾说过,这个政策对远东和平是一个威胁,对世界其他地区,是一个严重的扰乱因素。

我也指出,中国不存在排外情绪,抵制日货是中国人民本身反抗日本公然侵略的自然反应,他们有责任凭借抵制行动作为合法防卫的必要的与和平的方法,尽管抵制运动也使他们自己承受了很大损失和痛苦。

我还提请各位注意调查团《报告书》中一些比较重要的调查结果，注意有关满洲形势中一些至关重要问题的结论。

我特别地强调了受到那些维护和平的国际文件尊重的基本原则，以及从《报告书》的事实和结论中逻辑推理出的一些补充原则。中国政府认为，这些原则应该在任何永久的解决方案中得到坚决确认。

过去十个月来，国联一直殷切期待的调查团《报告书》终于完成了，并且国联希望从中找到解决问题的基本依据。现在它呈现在我们所有人面前。多亏调查团对主要争议问题进行了细致和彻底的调查，才使得这份宝贵的文件把满洲局势清晰完整地展现给我们。《报告书》对一些事实的调查和结论进行了透彻的论述。现在是国联采取快速并有效行动的时候了。继续优柔寡断将不仅给三千万东北人民带来更多的流血和更深的苦难，而且将不可挽回地动摇世界人民对这伟大的和平体制的普遍信心。1931 年 10 月 24 日，M. 白里安先生，这位我们都怀念的著名的和平卫士，在联盟行政院主持中日问题的讨论时说："拖延目前的局势就等于将一个国家已经延续了太久的焦虑无限期地延续下去。"一年多过去了，这种拖延意味着日本通过在满洲、上海和天津的扩张行动，使整个形势进一步恶化，其结果是，中国成千上万的无辜生命惨遭杀害，数以亿计美元的财产遭到毁坏。这将不仅置中国于生死存亡的危险境地，而且国联本身的地位也受到挑战。只有依据我多次提到的有关国际文件清晰体现的正义和公平的原则，快速而有效地解决中日冲突，中国才可希望使不公正得到纠正，使世界和平体系得到维护。

第四节　罗斯福

一、本节案例导读

　　富兰克林·D·罗斯福（Franklin Delano Roosevelt，1882—1945），美国政治家。从1933年至1945年连续担任4届总统职务，其间力促与苏联建交，但因国内经济危机和孤立主义等不得不对德、意、日法西斯国家实施绥靖政策，直至1939年德国入侵波兰，开始支持英、法反抗德、意，1941年苏德战争爆发后开始支持苏联，在日本偷袭珍珠港后对日宣战，继而对德、意宣战，正式加入反法西斯战争，后期与英、苏、中等主要反法西斯国家首脑举行一系列会议，就战后国际秩序的重塑做了安排。《炉边谈话》这部著作源自1933年开播的"炉边谈话"广播节目，是罗斯福开创的广播发言形式，最初以在经济领域实施的"新政"为主要内容，后来因欧战爆发也谈及美国对战争的态度及应对策略等。

二、案例资料阅读

[美]罗斯福:《炉边谈话》，赵越、孔谧译，北京:中国人民大学出版社，2017年，第185—194页、第196—205页、第281—291页。

18 谈维护海洋的自由(1941年9月11日)

1941年9月4日,美国驱逐舰遭到德国潜艇的攻击。就在当天晚上,罗斯福再次来到白宫的壁炉前,用他那坚定的声音向美国民众发表了此次谈话。他愤慨地说:"当响尾蛇摆开架势要咬你的时候,你不能等它咬了你才把它踩死。"他指出,德国人"攻击悬挂美国国旗的船只时,也就威胁到了我们最为宝贵的权利"。美国彻底走出了孤立主义,有限地参与到反法西斯战争中来。

合众国海军部向我报告,9月4日上午,合众国驱逐舰"格瑞尔号"驶往冰岛途中抵达格陵兰岛的西南部。它装载的是寄往冰岛的邮品,船上悬挂美国国旗。它作为美国船只不存在识别错误的可能。

"格瑞尔号"在当时当地受到了潜艇的袭击。德国承认那是一艘德国潜艇,这艘潜艇对"格瑞尔号"发射了鱼雷,随后又进行了第二次鱼雷攻击。无论德国的宣传机构如何辩解,也不管国内的阻挠参战者组织是如何看待这次事件的,我要告诉你们这样一个事实,那就是德国潜艇在事先没有发出任何警告的情况下攻击了美国的驱逐舰,并蓄意击沉它。

当时,我们的驱逐舰正处在合众国政府宣布的自卫水域——环大西洋保护美国的前哨水域——之内。

在北大西洋,我们已经在冰岛、格陵兰以及纽芬兰建立了军事基地。悬挂多国旗帜的船只都要驶经这片海域,这些船只装载的是用于百姓生活的用品。它们也装载军需物资。经国会批准,美国在这些军需物资上花费了数十亿美元,这对我们本土的防御是绝对必要的。

在执行合法任务的途中,美国的驱逐舰却受到了攻击。

潜艇发射鱼雷时,如果看清了这是驱逐舰,那么这种攻击就是针对美国舰只的一种蓄意行为。如果潜艇当时是在水下航行,借助声呐装置,没有经过身份识别就向美国驱逐舰声音传来的方向发射鱼雷——这也正是事后德国官方公报所写的——那么这种行径就是更加不可饶恕的。因为这表明了一种针对海上航行船只不分青红皂白的暴力政策,无论你是交战方还是非交战方。

这是赤裸裸的海上掠夺,无论在法律上还是在道义上。这不是第一次,也不会是最后一次德国针对美国船只犯下海上掠夺的行径,因为这样的攻击一次接着一次。

几个月前,悬挂美国国旗的"罗宾·摩尔号"商船被纳粹潜艇在南大西洋中部击沉。这种行径违背了国际法,违背了人类的基本准则。乘客及船员被迫在距陆地数百英里的海面上搭乘救生艇,这直接违背了国际协议。几乎所有的国家,包括德国在内,都在这份协议上签了字。纳粹政府没有道歉,没有辩解,更没有赔偿。

1941年7月,一艘美国军舰在北美海域被一艘德国潜艇跟踪,并在很长时间内保持攻击状态。潜艇上的潜望镜清晰可见。当时在事发地点数百英里之内没有美国及英国的潜艇,所以这是一艘德国潜艇无疑。

五天前,正在巡逻的美国军舰搭救了"塞萨号"的三名幸存者。当时这艘船悬挂的是泛美联盟加盟共和国巴拿马的国旗。8月17日,这艘船在事先没有得到任何警告的情况下遭到鱼雷袭击,然后是炮击。船上装载的是运往冰岛的民用物资。令人感到恐惧的是,船上的其他成员已溺水身亡。鉴于德国潜艇时常出没于该地区,不难猜出谁是袭击者。

五天前,另一艘美国商船"斯蒂尔·斯法尔号"在苏伊士南面220英里的红海上被德国飞机炸沉。这艘商船是驶往埃及港口的。

四艘被击沉或遭到攻击的船只都悬挂美国国旗,可以清晰识别。有两艘是美国海军船只。在另一起袭击事件中,被击沉的船只非常明显地悬挂着我们的姊妹共和国巴拿马的国旗。

面对这一切,我们每个美国人仍然保持着克制的态度。我们的文明已使我们摆脱了这样的想法,即仅仅因为某一个国家对我们的船只的一次袭击就必须与之开战。今晚我的想法和我所说的一切与任何一次孤立的事件都没有直接关系。

相反,我们美国人正从长远的角度来审视某种基本原则以及一系列发生在陆地上和海洋上的事件。必须从整体上看待这些事件,把这些事件看作世界格局的一部分。

肆意地夸大某一孤立事件,或仅仅因为某一次暴力行为就义愤填膺,与一个大国的身份不相匹配。但对某些事件采取漠视的态度是愚蠢的,也是不可原谅的,特别是有证据表明这样的事件不是孤立的而是一项整体计划的一部分时。

一个重要的事实是,这些肆意践踏国际法的行径清晰地表明这是蓄谋已久的针对美国的阴谋。它是纳粹的阴谋,企图破坏海洋的自由,由他们独自完全控制并主宰海洋。

因为控制了海洋,就为他们进一步用武力控制美国及整个西半球铺平了道路。纳粹控制了海洋,美国以及其他泛美联盟加盟共和国的商船便失去了从事自由贸易的权利,除非屈服于纳粹政权,听凭纳粹的摆布。大西洋——我们自由、友好的海上贸易之路,将可能对美国的商业贸易,对美国海岸,甚至对美国的内陆城市都构成致命的威胁。

希特勒当局无视海洋法,无视所有其他国家公认的权利,擅自宣布大片的海洋甚至包括西半球广阔的海域都属于禁区,任何船只不得以任何目的进入,除非冒着被击沉的风险。实际上,在禁区之内以及禁区之外的广阔海域上,纳粹正任意地、不加任何警告地击沉船只。

纳粹要控制海洋的企图与其正在整个西半球实施的计划目标一致。因为希特勒的先遣人员——不仅是它的特工,还有我们当中希特勒的走狗——都在试图为他在西半球"新世界"准备立足点,建立桥头堡。一旦希特勒控制了海洋,这些立足点和桥头堡马上会投入使用。

我们十分清楚希特勒针对西半球新世界的图谋。他的阴谋一个接着一个。

例如,去年颠覆乌拉圭政府的阴谋被该国政府采取的及时行动所瓦解。乌拉圭的邻国予以了全力支持。类似的阴谋也发生在阿根廷,该国政府经过周密的部署阻止了它。最近又发生一起企图颠覆玻利维亚政府的图谋。在过去的几周里,我们发现在哥伦比亚有秘密的空军基地,飞机起飞后很容易就可飞抵巴拿马运河。这样的例子不胜枚举。

为了达到最终主宰世界的目的,希特勒知道他必须控制海洋。它必须首先摧毁我们在大西洋上的海上运输线。凭借这条运输线,这场战争我们就能够继续打下去,并最终消灭希特勒。要达到控制海洋的目的,纳粹就要首先清除我们在海上以及空中的巡逻,就必须消灭英国海军。

我想我有必要反复对一些人进行解释,他们总是认为美国海军是战无不胜的。而我要说,这种情况的前提是英国海军得以幸存。我的朋友们,这只是简单的算术题。

因为,如果除了美国,整个世界都落入轴心国的统治之下,那么轴心国在欧洲、英国以及远东地区所拥有的造船设施要远远多于并超出美国的造船设施及造船的潜能。不仅仅是超出一点,而是超出两三倍,足够让轴心国赢得这场战争。即使美国在这种情况下动用所有的资源,试图将海军的舰只翻一番甚至翻两番,在控制了世界其他地区之后,轴心国也将拥有人力和资源生产出多于我们几倍的舰只。

该是所有的美国人从浪漫的幻想中醒来的时候了,不要再幻想在纳粹统治的世界里美国人可以继续幸福和平地生活下去了。

一代又一代美国人为海洋的自由这一政策而斗争。这一政策十分简单,但却是一项基本政策。这项政策意味着任何国家都没有权力将远离地面战争的浩瀚海洋变成其他国家贸易的危险之地。

这始终是我们的政策,美国的历史一次又一次地证明了这一点。

我们从建国之初就运用这一政策,今天仍然在秉承它,不仅用于大西洋,还用于太平洋以及所有的海洋。

1941年纳粹发起了无限制潜艇战,这种侵略行径对美国历史悠久的政策提出了挑战。

很明显,希特勒已经开始行动了,要毫不留情地废除一切国际法准则,要用武力控制海洋。

所有绥靖政策鼓吹者的呢喃耳语,认为希特勒对西半球不感兴趣;任何使人丧失警觉的催眠曲,认为浩瀚的海洋会保护我们远离纳粹的铁蹄,都不会对冷静的、目光长远的、现实的美国人产生任何影响。

由于这些事件,由于德国战舰的活动和所作所为,由于我们有确凿的证据表明,当今的德国政府无视国际公约和国际法,对中立国家或人的生命没有采取恰当的态度,我们美国人今天不是要面对抽象的理论,而是要面对残酷无情的现实。

对"格瑞尔号"的攻击绝不是北大西洋上局部的军事行动。这只是两国交战的小插曲,只不过是纳粹决心建立永久的世界新秩序的一个步骤。这种世界新秩序是基于武力、恐怖和谋杀的。

我确信,纳粹正在注视美国的一举一动,注视我们是否会保持沉默,是否会让纳粹在继续破坏世界原有秩序的路途上一路畅通无阻。

纳粹对我们西半球的威胁已不再只是一种可能。危险已经近在眼前了。我们所面对的威胁不仅仅是军事方面的,还要面对一切法律、自由、道德和宗教的威胁。

现在我们必须正视现实,必须对这些要以武力征服世界,并永久性主宰世界的毫无人性的、肆意妄为的纳粹说:"你们试图让我们的子孙后代生活在恐怖主义和奴隶制之下。你们已经威胁到我们的安危。该是你们悬崖勒马的时候了。"

对待那些击沉我们船只并屠杀我们公民的国际强盗,外交的习惯做法——外交照会——是没有任何作用的。

由于没有正视纳粹所带来的威胁,一个又一个向往和平的国家遭遇了灭顶之灾、合众国绝不会犯这种致命的错误。

无论遇到任何暴力行为以及威胁行为,我们都一定要确保美国本土防御的两个保障。第一是为希特勒的敌人运送战略物资的运输线;第二是在公海上我们船只航行的自由。

无论我们将付出什么,无论代价有多大,我们一定要拥有公海上合法贸易的自由。

我们不想与希特勒刀兵相见。但我们同样不愿意用这样的代价维持和平——听凭希特勒攻击我们的舰船和从事合法贸易的商船。

我认为,纳粹德国的头目们对美国人民或美国政府在今日或其他任何时候针对他们的所作所为所发表的言论不会予以更多的关注。仅仅依靠舆论的谩骂攻击是不会使纳粹垮台的。

当响尾蛇摆开架势要咬你的时候,你不能等它咬了你才把它踩死。你要先发制人。

纳粹的潜艇和水面快艇就是大西洋上的响尾蛇。它们对公海上的自由贸易之路构成了威胁。它们对我们的国家主权构成了挑战。当它们攻击悬挂美国国旗的船只时,也就威胁到了我们最为宝贵的权利。这些悬挂美国国旗的船只是独立、自由和生命的象征。

所有的美国人都应当有清醒的认识,我们现在必须奋起自卫。纳粹对我方水域,对可以用作对我们发动进一步更大规模攻击的水域进行持续不断的攻击,必将削弱我们驱逐他们的能力。

我们不要再做无谓的琐碎分析。我们扪心自问,美国是否应当在遭受第一次攻击时就奋起自卫,还是在第五次、第十次或是第二十次时?

积极的防御应当就在今天。

我们不要再做无谓的琐碎分析。千万不能这样说:"除非鱼雷击中了我们,所有的船员都溺水身亡,我们才会奋起自卫。"

该是主动防御敌人的攻击的时候了。

如果潜艇和水面快艇能在遥远的水域向我们发起攻击,那他们同样也会在我们的近海发起攻击。纳粹的潜艇和快艇会出现在任何我们认为对美国的防御至关重要的水域并发起攻击。

在我们认为对美国的防御至关重要的水域,美国的海军和空军不会再听凭轴心国的潜艇从水下、快艇从海面上首先对我们发起致命的攻击。

我们的大批舰只和战机日夜巡逻在浩瀚的大西洋上,是为了履行一项职责:维护我们海洋自由的政策。这意味着担负巡逻任务的美国舰只和飞机会为所有的商船提供保护——不仅是美国商船,也包括悬挂任何国家旗帜的商船,只要它们处在我方保护的水域中从事自由贸易。美国的海军、空军会保护它们免受潜艇以及水面快艇的攻击。

这种情况历史上早已有过。美国第二任总统约翰·亚当斯当时就下令美国海军清除大批出没于加勒比海和南美海域的欧洲武装民船和军用舰只,因为这些武装民船和军用舰只破坏了美国的贸易。

第三届美国总统托马斯·杰弗逊曾下令美国海军阻止北非的海盗对美国及其他国家船只的攻击。

作为合众国总统,这是历史赋予我的职责。我的责任清楚明了,不容推卸。

当我们要为保卫海洋而战时,这种战争行为的责任不在我方,因为海洋对美国自身安全至关重要。我们的行为不是侵略,我们只是防御。

但是，首先我们提出严正警告：从现在起，如果德国和意大利的舰只进入我方海域，而对该海域的保护对美国的防御又是绝对必要的，那么他们要对此承担一切后果。

作为合众国武装力量总司令，我下达命令马上实施这项政策。

德国方面应对此负一切责任。除非德国一意孤行，置我方警告于不顾。我们不会开第一枪。

显而易见，应对危机是总统的职责。毋庸置疑，我们必须捍卫主权国家的主权。巩固我们的防御，这是唯一可行的措施。我们发誓要维护西半球的和平。

我非常清楚实施这一措施的危险性。采取这样的措施并非出于一时心血来潮。几个月来我一直在沉思，在焦虑，在祈祷。为了保卫我们的国家，我们只能如此。

历史上美国人民也靠勇气和决心面对过严峻的危机。今天，他们依旧不会无所作为。他们了解我们所遭受敌人攻击的现状。他们懂得面对敌人的攻击，勇敢防御的必要性。他们清楚局势要求我们保持清醒的头脑和无畏的决心。

一个自由的民族有了这样的精神力量，意识到了自己的责任，意识到自己所应扮演的角色，那么他们将得到上帝的帮助和指示，一定会坚决地抵抗眼前发生的对民主、主权和民众自由的攻击。

19　关于对日宣战（1941 年 12 月 9 日）

这篇谈话发表在"珍珠港事件"发生后两天的那个宁静的晚上。美国已经正式对日宣战，这标志着它已经完全加入到世界反法西斯战争的行列中来。罗斯福说政府信任人民，会尽快公布各种事实，但同时希望人民核实消息、不听信谣言、接着谈了"不远的过去和未来"，侧重谈大后方的生产以及人民应该做出的牺牲，最后谈到了已经吸取的教训，"强盗逻辑统治下的世界，任何个人、任何国家都没有安全可言"，而美国的参战不是征服和破坏，而是为了重建一个新世界。

日本在太平洋上的突然袭击①是十年来国际上发生的最不道德的行径。

力量强大和狡诈善变的匪徒狼狈为奸，对整个人类发动了战争。他们的挑战已经摆在美利坚合众国面前。日本人背信弃义，破坏了我们两国之间长期的和平。许多美国士兵死于非命，美国的舰船被击沉，美国的飞机被摧毁。

合众国国会及美国人民接受这种挑战。

与其他热爱自由的民族一道，我们正为了维护我们的权利而战。为了使美国

---

① 这里的突然袭击即众所周知的日本偷袭珍珠港。

与其他一切热爱自由的民族生活得有自由、有尊严,我们无所畏惧。

我已经准备好了我们以往对日关系的全部记录,准备递交国会。它始于88年前美国海军准将佩里①对日本的造访,止于上个星期日日本特使造访美国国务卿②,这两名使节拜会前一个小时,日军对我们的国旗、我们的军队和我们的公民进行了狂轰滥炸。

我可以充满信心地说,不论今天还是1000年后,我们美国人一直致力于太平洋地区的和平,我们有足够的耐心,也愿意为之付出努力。太平洋地区的和平对任何一个国家来说,无论国家大小,都是公正而荣耀的。不论今天还是1000年后,对日本军国主义公然地背信弃义,任何一个诚实的人都会抑制不住地表示愤慨和痛恨。

过去的十年中,日本在亚洲所遵循的方针与希特勒和墨索里尼在欧洲和非洲所遵循的方针如出一辙。今天,日本的所作所为甚至有过之而无不及。轴心国紧密勾结在一起,在它们的战略计划中,全球所有的大陆和海洋都被视作一个巨大的战场。

1931年,10年前,日本入侵中国东北——未加警告。

1935年,意大利入侵埃塞俄比亚——未加警告。

1938年,希特勒占领奥地利——未加警告。

1939年,希特勒入侵捷克斯洛伐克——未加警告。

1939年,希特勒入侵波兰——未加警告。

1940年,希特勒突然入侵挪威、丹麦、冰岛、比利时和卢森堡——未加警告。

1940年,意大利先后进攻法国和希腊——未加警告。

1941年,轴心国进攻南斯拉夫和希腊,并控制了巴尔干——未加警告。

还是1941年,希特勒进攻苏联——未加警告。

今天,日本进攻马来西亚、泰国——还有我国——未加警告。

轴心国采用的都是一种模式。

如今我们已身处战火之中。国家兴亡,匹夫有责。

我们必须共同分担一切有关战争走势的情况:无论好消息还是坏消息,无论失败抑或胜利。

---

① 这里的"造访"指1853—1854年时美国海军准将佩里率舰队抵达日本,迫使日本改变政策而与西方建立贸易和外交关系。佩里为美国海军军官,在美墨战争中曾指挥海军立功。海军准将的军衔已于1899年废止,第二次世界大战期间暂时恢复后又被废除。

② "日本特使的造访"指1941年12月7日(华盛顿时间,星期日)日本偷袭珍珠港后,下午2时21分,两名日本使节来到美国国务院,向国务卿赫尔递交了日本与美国断绝外交关系的声明。

迄今为止，一切都是坏消息。在夏威夷我们遭受重创。菲律宾的美军，包括当地英勇的人民，面对日军大兵压境，处境艰难，但他们却仍在顽强地抵抗。来自关岛、威克岛和中途岛的消息仍不十分明了，但我们必须做好准备，这三个基地随时会沦陷。

毫无疑问，战争开始的最初几天美军的伤亡是巨大的。对那些在军中服役官兵的家庭及他们的亲属，我表示深深的担忧。我只能做出郑重的承诺，他们将很快得到消息。

政府充分相信美国人民的耐力，只要满足两个条件就会尽快向公众公开事实。其一，消息经过官方确认；其二，公开的消息不会给敌人任何直接或间接有价值的东西。

我恳切地要求我的同胞拒绝听信一切谣言。战争期间会大量充斥我方大败的负面消息。这些消息需要核实，需要审视。

例如，我可以坦率地说，在做出进一步调查之前，我没有翔实的信息说明在珍珠港我们损毁船只的确切数字。直到我们弄清楚有多少损失是可以修复的、要用多久才能修复前，没人没能说清损失究竟有多大。

再看另一个例子。周日晚有一则声明，说一艘日本航空母舰被侦察到方位并在巴拿马运河附近的海面被击沉。当你听到这样的消息并被告知消息来自"权威人士"时，从现在起你可以确信的是，战时的"权威人士"绝不是什么权威的人士。

我们听到的很多谣言和报告都源自敌方。例如，今日日本声称珍珠港事件使日本在太平洋上完全占据了主动权。这种宣传伎俩纳粹已经用过无数次了。当然，这种痴人说梦般的说法目的是散布恐惧情绪，在我们当中制造混乱，刺激我们泄露他们迫切想得到的军事情报。

我们的政府不会落入敌人的圈套，合众国人民也同样不会。

我们每个人都得牢记，以往我们自由快捷的沟通和交流在战时要受到严格的限制。不可能全面、迅速并准确地获悉远方的战报，当涉及海军的军事行动时尤其是这样。因为今日高度发达的无线电技术，各作战部队的指挥官们不可能通过无线电报告他们的作战行动。这样的话敌人就会得到情报，也会泄露我军的方位及防御或攻击计划。

不可避免地，官方确认或否认军事行动的报告会出现不及时的情况。但如果我们获得了确切的情况，即使敌人获得这些情况也不会有所帮助，我们是不会对国民掩盖这些情况的。

对所有的报纸和电台，那些所有关乎美国人视听的媒体，我要说的是：你们对国家、对战争持续的时间负有最为重大的责任。

如果你们觉得政府今天没有披露足够的事实真相,那么你们完全有权这样说。

但是,没有来自官方渠道的事实依据,从爱国的角度出发,你们没有权利去散布那些未经确认的报告,从而让民众相信那些是事实。

来自各行各业的每一位公民都肩负着同样的责任。每一位士兵的生命,整个国家的命运,都取决于我们每一个人履行自己责任的方式。

现在我想说一说过去发生的事以及我们的未来。法国沦陷已一年半,这时全世界开始认识到这些年来轴心国国家苦心经营的摩托化部队的强大。美国充分运用了这一年半的时间。认识到纳粹可能很快对我们实施攻击,我们大幅度增强的工业生产能力已能满足现代战争的要求。

我们赢得了宝贵的时间,把大批的战略物资提供给所有正在抗击轴心国侵略、正在浴血奋战的国家。我们的政策是基于这样一个基本道理的:任何一个为了保卫自己的国家抗击希特勒和日本侵略的国家,从长远角度看都是在保卫美国。这种政策被实践证明是正确的。它给我们提供了宝贵的时间建起生产线。

某些生产线目前已投入生产。其他一些正在加紧完工。大量的坦克、飞机、战舰、枪支、炮弹以及其他军需品正源源不断生产出来。这就是这 18 个月的时间为我们提供的。

不过,这些仅仅是我们所要做的第一步。面对如此狡猾、强大的敌人,我们要做好打持久战的准备。像珍珠港这样的袭击完全会在任何一个地方重演——在整个西半球的任何海域或是美国的海岸线。

这不仅是一场持久战,还将是一场异常艰苦的战争。这将是我们制定一切计划的基础,也是衡量我们将来需要什么的标准:资金、原材料,两倍、四倍地增产。生产不能仅局限于供给美国的陆、海、空军,还必须支援整个美洲以及全世界与纳粹作战的陆、海、空军。

今天我一直在探讨关于生产的问题。政府已决定采取以下两项基本政策:

第一项政策是加强现有的生产能力。所有军需品的生产要不断加强,昼夜不停,包括原材料的生产。

第二项政策也正在付诸实施。通过建立新工厂,扩建老工厂,利用小型工厂,加大生产能力以适应战时需要。

在过去的十几个月当中,我们遇到过阻碍和困难,有过分歧和争执,有些人甚至是漠不关心、麻木不仁的。我相信所有这些都已经过去,都将被我们抛诸脑后。

我们已经在华盛顿成立了一个由各行各业的专家组成的机构。我想国家清醒地认识到了把各行各业的专家整合到一起,形成前所未有的团队的好处。

前方的路更加艰辛:要做大量艰苦的工作,日日夜夜,每时每刻。我还要补充的是，在不远的将来，我们每个人都要做出牺牲。

但是，用"牺牲"这个词并不准确。当国家在为生存和未来美好的生活而战的时候，美国人从不认为为国家所做的一切是牺牲。

任何一位美国公民，能够从军为国而战，这不是牺牲，而是一种荣幸。

任何一家工业企业，任何一位靠薪水度日的公民：农民或是店主，列车员或是医生，缴纳更多的税，购买更多的国债，放弃额外的利润，在适合自己工作的岗位上加班加点地辛勤工作，这不是牺牲，而是一种荣幸。

响应国家的号召为了国家的抗战需要而放弃我们习以为常的某些东西，这也不是牺牲。

今天上午经过反复思考，我得出这样的结论，目前我们不必削减正常的食品消费。我们有足够的粮食供给，同时还有富余粮食供给那些站在我们一边的与敌人作战的人们。

不过，有一点很明确，供民用的金属会很短缺。原因很简单，过去用于民用产品生产的一半以上的主要金属要转为军用，因为战争的需要要加大军需品的生产。是的，我们必须完全放弃某些东西。

我相信美国的每一位公民都在各自的生活中为打赢这场战争做好了准备。我相信随着战争的进行，美国公民会愿意倾其所有为美国的抗战作出贡献。当国家发出号召之时，我相信他们会愿意放弃那些物质上的东西。

英雄的美国人民会保持昂扬的斗志。没有精神的力量，我们将无法获胜。

我重申，美国一定能够取得最后全面的胜利。不仅要洗刷日本人给我们带来的耻辱，还一定要最终彻底铲除世界上一切野蛮行径的根源。

昨天我在致国会的咨文中说："我们一定要确保这种背信弃义的行为永远不再危及我们的安全。"为了确保这一点，我们必须马上着手应对眼前的局面，彻底摒弃这样的幻想：认为美国可以孤立于世界上所有其他的民族而存在。

过去的几年里，尤其是过去的三天，我们吸取了惨痛的教训。

这是我们对死者的责任，这是我们对死者的后代及我们的后代负有的责任，我们永远也不能忘记这些教训。这是我们神圣的职责。

以下是我们吸取的教训：

强盗逻辑统治下的世界，任何个人、任何国家都没有安全可言。

当强大的敌人采取突然袭击的方式发起攻击，任何的防御都不会是坚不可摧的。

我们已经认识到，虽然远隔重洋，西半球并非高枕无忧，也同样会受到纳粹的攻击。我们不能再用地理上的距离来衡量我们的安全程度。

我们应该承认,我们的敌人已经采取了十分高超的欺骗战术——精心地筹划发起攻击的时间和战术。这是一种彻头彻尾的无耻行径,但我们必须要面对这样的现实:现代战争中,纳粹的作战方式本身就是肮脏的。我们不喜欢这样的方式,也不想参与其中,但是我们已经参与其中了,并且我们将倾尽所有与之战斗到底。

我不认为某位美国人会怀疑我们有能力给这些战犯以应有的惩罚。

你们的政府已经得知,几个星期以来,德国一直在告诫日本:日本如不攻击美国,当和平到来之时日本将不能与德国一道分享胜利的果实。德国承诺日本:如果日本参与其中,日本将可以完全并永久性地控制整个太平洋地区:不仅是远东和所有太平洋上的岛屿,还将控制北美、中美和南美的西海岸。

我们还知道,德国和日本正按共同的计划实施军事行动。这项计划把一切与轴心国作对的民族和国家都视作每一个轴心国成员的共同敌人。

这就是他们简单而又野心勃勃的战略思想。这也就是为什么我们也认识到我们也要制定同样的战略。例如,我们必须认识到,在太平洋上日本打败美国就是在帮助德国针对利比亚的军事行动;德国在高加索山区军事上的胜利必然是对日本在东印度的军事行动的援助;进攻阿尔及尔和摩洛哥,就为德国进攻南美和巴拿马运河打开了通道。

另外,我们必须学会去理解,针对德国的游击战争对我们有极大的帮助,比如塞尔维亚和挪威的游击战争;苏联抗击德国对我们是极大的帮助;英国在任何一个地方(陆地或海上)的胜利也是对我们极大的帮助。

让我们牢记,无论正式宣战与否,当德国和意大利与英国和苏联处于战争状态之时,就已经与泛美联盟处于战争状态了。德国也就将所有泛美联盟的加盟共和国纳入敌人的范畴。西半球所有盟国的人们应当以此为荣。

我们所追求的真正目标绝不仅仅停留在丑恶的战场上。当我们诉诸武力的时候,就像现在我们必须要做的这样,我们就已下定决心,武力是针对眼前的和最终的邪恶。我们美国人不是破坏者,我们是建设者。

我们已卷入战争。不是为了征服,也不是为了报复,而是为了重建一个新世界。美国及美国所主张的一切对我们的后代都是安全的。我们期望清除来自日本的威胁。但如果我们做到了这一点,却发现希特勒和墨索里尼主宰了世界的其他地区,我们将依然身处威胁之中。

我们将赢得这场战争,也将拥有随之而来的和平。

在目前以及在日后的艰苦岁月中,我们知道全世界大多数人都站在我们一边。他们当中的许多人正与我们并肩战斗。所有的人都在为我们祈祷。因为我们的事业是共同的——按上帝的旨意实现自由的希望。

27　关于德黑兰会议和开罗会议（1943 年 12 月 24 日）

开罗会议和德黑兰会议是 1943 年 11 月下旬同盟国首脑连续举行的两次推进战争进程和进行战后规划的重要会议，由此确立了开辟欧洲第二战场和远东联合作战的计划，开始了对轴心国的全面反攻，并确立了战争目标和战后和平原则。此时，胜利的曙光似乎已经显露，和平安宁已经不再遥远，"终于可以满怀信心地憧憬未来了"。缘于此，罗斯福意味深长地选择在平安夜做了这次"炉边谈话"。显然主题是两次会议，但平安、圣诞的气氛贯穿整个谈话，"世界和平，人类友善"的圣诞精神给人以极大的温馨和鼓舞。

朋友们：

我刚刚结束对地中海地区以及苏联边境地区的巡访返回。就目前的军事问题，尤其是就从各个方向加快对敌作战计划制定方面，我与英国、苏联和中国的领导人进行了会晤。

今年圣诞节，光是美国的兵力就达到了 1000 万人。一年前，我们在海外作战的兵力是 170 万人。今天，这个数字翻了一番还要多，海外兵力总数达到了 380 万人。到明年 7 月 1 日，海外兵力的总人数将增加到 500 万人。

今天，当对外广播机构为我安排时间对我们的三军将士以及商船船员发表讲话之际，我才真切地感受到这是一场真正意义上的世界大战。此时此刻，美国加勒比海、南美的北部海岸正是下午；阿拉斯加、夏威夷和太平洋中部地区还是早晨；冰岛、英国、北非、意大利和中东地区已是夜晚。考虑到这些情况，我们确定了此次广播的时间。

西南太平洋、澳大利亚、中国、缅甸和印度现在已是圣诞节了。所以，可以这样说，此刻对在远东地区作战的美军官兵来说，已经是 25 日了。

但是，在世界的每一个角落，在这场世界大战的每一时刻，一种特殊精神一直在激励着我们。这种精神使我们贴近我们的家园，使我们与朋友和邻居的关系更加亲密。这就是"世界和平，人类友善"的圣诞精神。这种精神生生不息。

过去的几年中，霸权主义和野蛮的侵略行径在欧洲和亚洲横行，圣诞狂欢也由于对未来的忧虑被蒙上了阴影。我们曾互致问候说："圣诞快乐！新年快乐！"但我们清楚，笼罩在世界上空的乌云使我们难以诚挚地、满怀信心地互致祝福。

今年，我们仍将历经更多的磨难，面对更多的牺牲和个人的悲剧。经历了所罗门群岛、吉尔伯特群岛、突尼斯和意大利的血战，以及对现代战争的体验和了解，我们的将士们知道仍然有许多大仗要打，代价也将更大。

但是，今年的平安夜，我们终于可以满怀信心地憧憬未来了。也就是说，无论代价多么巨大,"世界和平,人类友善"能够并终将得以实现和保障。今年我可以说这样的话了。去年,我只能表达一种希望。今天,我对此十分有把握,尽管代价可能很大,所需时间也可能较长。

过去的几年、过去的几周已经创造了历史。比起整个人类历经的任何一个历史阶段,比起历史上动荡岁月中人类所大胆奢望的一切,我们所创造的历史都要辉煌灿烂得多。

今年 10 月的莫斯科会议,莫洛托夫、艾登先生和美方的赫尔先生开创了先河①,为后续的诸多会议铺平了道路。

在开罗会议和德黑兰会议②上,我们不仅专注于军事问题,还专门考虑了对世界未来的规划,以告慰在这场战争中死去的亡灵。

当然,大家都知道,我和丘吉尔先生以前曾愉悦地会晤过多次。我们之间彼此熟悉,彼此理解。的确,丘吉尔先生在美国早已名闻遐迩,受到美国民众的爱戴。最近在他身患重病期间,所有的人都发自内心地为这位伟人祈祷。

在开罗和德黑兰会议上,我第一次有幸与蒋介石先生和斯大林元帅坐下来面对面交谈。在开罗和德黑兰,我们原打算隔桌交谈,但很快我们就发现我们坐到了同一边。怀着对彼此的信任我们来参加这场会议。但我们需要个人之间的接触。如今我们彼此之间的信任在加深。

跋涉数千英里的会晤是非常值得的。其间,我们收获了令人振奋的保证:我们在多个主要的目标上的主张完全一致,包括实现这些目标的军事手段。

在开罗会议期间,我和丘吉尔先生和蒋介石先生共同度过了四天时光,我们第一次有机会在一起共同审视分析远东地区的复杂局面。我们不仅敲定了明确的军事战略方针,而且还商讨了某些长远的原则。相信这些原则能为远东地区的未来带来和平。

这都是一些简单、基本的原则。其中包括:将掠夺的财产归还给其法定拥有者;承认远东地区的人们有权按照自己的意愿建立自治政府。永远消除日本帝国

① 莫洛托夫、艾登、赫尔分别是当时苏、英、美三国的外交部长(大臣),他们在莫斯科的会晤为后来三国元首的会议打下了基础。

② 开罗会议是美、英、中三国首脑于 1943 年 11 月 22—26 日在埃及首都开罗举行的会议,会议商讨了联合对日作战计划以及击败日本后如何处置它的问题,12 月 1 日发表《开罗宣言》。《开罗宣言》的主要内容是剥夺日本在一次大战后在太平洋占领的一切岛屿,归还日本侵占中国领土,把日本从其攫取的所有土地上驱逐,坚持日本无条件投降。德黑兰会议是美、英、苏三国首脑于 1943 年 11 月 28 日—12 月 1 日在伊朗德黑兰举行的会议,会议讨论了三国对德作战中的一致行动和战后和平问题,缔结了《德黑兰协定》(当时未发表),规定美英等于 1944 年 5 月发动诺曼底登陆(实际上在 6 月 5 日),开辟第二战场。会后发表的《德黑兰宣言》宣布三国就消灭德军的计划取得完全的协议,并将协力在战后创造和平。

主义,消除其成为侵略者的后患,以确保太平洋地区和世界其他地区的和平与安宁。这一点至关重要。美国以及其他国家的将士们,将永远不必再像今天这样与敌人逐岛争夺,浴血奋战。

不断强大的美军正在一条巨大弧线的许多点上狠狠打击日本人。这条弧线穿过整个太平洋,从阿留申群岛一直到缅甸的丛林。美国、澳大利亚、新西兰、荷兰以及英国的军队汇集在一起,形成一条钢铁洪流,缓缓地向前推进,形成对日本的包围。

亚洲大陆上,在美国空军的支援下,蒋介石先生正指挥中国军队发起反攻,将侵略者赶入大海。

按照在开罗制定的军事计划,马歇尔将军已与麦克阿瑟将军和尼米兹将军[1]召开多次会议。这些会议的内容在不远的将来对日本人来说将是噩耗。

在与蒋介石先生的会晤当中,我看出他是一位有远见卓识、英勇无畏、对目前及将来的诸多问题有独到见解之人。我们就对日本从各个方向发起攻击的方方面面的军事问题展开了讨论。可以这样说,他是带着我们要战胜共同敌人的坚定信念返回重庆的。今天,我们之间比以往任何时候都紧密团结、情深谊厚、目标一致。

开罗会议之后,我和丘吉尔先生乘飞机前往德黑兰。[2] 在那里我们与斯大林元帅会晤,就我们能够想到的每一个有关在战后建立持久和平的问题开诚布公地展开了讨论。

经过整整三天紧张友好的商讨,我们就对德国发起大规模进攻的每一个细节达成了共识。

苏军将在东部继续向德军发起坚决的反击;意大利和非洲的盟军将在南部对德军施压。如今,随着美军和英军在其他地方对德军发起攻击,对德军的包围将最终完成。

这次从其他地方对德军发起联合进攻的司令官是艾森豪威尔将军。艾森豪威尔将军在非洲、西西里和意大利战功卓著,屡建奇功。他深谙如何指挥陆海空三军协同作战,并有过成功的战例。卡尔·A. 斯帕茨[3]中将将指挥所有美国战略轰炸

---

[1] 切斯特·尼米兹,美国海军五星上将,曾任太平洋舰队总司令兼太平洋战区最高司令,指挥中途岛海战以及诸多在太平洋夺取日本岛屿的行动。

[2] 开罗和德黑兰会议原本应该是四国首脑的国际会议,由于当时苏联对太平洋战争保持"中立",所以斯大林不愿出席有蒋介石参加的会议,故一个会议分成了两个:斯大林不参加开罗会议,蒋介石不参加德黑兰会议。

[3] 卡尔·A. 斯帕茨,美国空军四星上将,曾任战略航空兵司令、空军参谋长,曾指挥1942年对欧洲德占区的轰炸和1945年的对日原子弹投掷。

机群对德国实施轰炸。

艾森豪威尔将军将把他在地中海地区的军事指挥权移交给一位英军将领,这位将领将由丘吉尔先生来任命。我们现在向这位即将到任的指挥官郑重承诺,驻地中海地区的美军将听从他的指挥,直至实现该地区的每一个目标。

来自美军和英军的众多下属军官将辅佐这位新上任的指挥官,其人选将于近期公布。

过去的两天里,我和斯大林元帅、丘吉尔先生在德黑兰对德国战败之后的事宜做了前瞻。我们一致决定必须铲除德国所有的军事力量,并且不允许其在可以预见的未来重新发展军备。

盟军无意奴役德国人民。我们希望德国人能够作为欧洲大家庭当中有益的、受尊敬的一分子而有机会在和平的环境中发展。但我们要特地强调"受尊敬"这一字眼。因为我们要彻底地消除纳粹和普鲁士军国主义;彻底地清除那种认为日耳曼民族是优等民族的荒唐理念,它给整个人类都带来了灾难。

我们从宏观上粗略地探讨了有关国际关系方面的事宜,并未涉及细节。基于我们讨论的内容,我今天可以说苏联、英国和美国之间不会产生任何无法解决的分歧。

在这些会议上,我们着重探讨了一些基本的原则问题,其中包括了世界上所有国家的安全问题和生活水平方面的问题。

借用一句不太符合语法规则的美国俗语,可以说我和斯大林之间能够"处得来"。他这个人既意志坚定,又非常幽默。我认为他的确是苏联人民的主心骨。而且我也认为我们与斯大林之间,与苏联人民之间会和睦相处。

英国、苏联、中国、美国以及其他盟国的人口占了世界总人口的 3/4 还要多。只要这四个军事力量强大的国家团结一心,坚定地维护世界和平,就不会有哪个国家能够再次挑起世界大战。

但这四个大国必须与其他欧洲、亚洲、非洲和美洲所有热爱自由的人民合作。国家无论大小,其主权都要受到尊重和保护,就如同我们每一个共和国的主权一样。

弱肉强食是敌人的信条,我们是不会接受的。

但与此同时,只要有必要,我们绝不放弃使用武力维护世界和平。

这是我们一贯的政策,也是一项常识性的政策:每一个向往自由的国家,其主权也必须由其为自由而战的意愿所决定。今天,我们要向那些被占领国家中看不见的盟友——地下抵抗组织和解放力量——致敬。当大反攻之日到来之时,他们将会是强有力的力量。

科学的发展使世界变得越来越小,地理距离正在被淡化。例如,历史上大西洋和太平洋曾被看作美国的天然屏障。例如,凭借这样的天然屏障,对我们美国以及其他美洲的共和国来说,抵御强敌的入侵并保持独立在过去完全不成问题。最近,几乎没有人会认为我们能够在太平洋沿岸抵御日本人的入侵。

第一次世界大战爆发的时候,很少有人会认为我们的船只会在公海上受到德军潜艇的威胁,没有人会认为德国军国主义会企图主宰中欧之外的国家。

1918年停战之后,我们认为并希望德国军国主义的思想体系已瓦解。怀着人类相互友好的善意,之后的20年当中我们一直在裁军。受德国人凄楚哀鸣的假象的蒙蔽,其他的国家允许他们,甚至是资助他们发展军备。

多少年以来我们一直满怀虔诚地期望侵略者和好战国家能够学会、理解并信守维护世界和平的信条。

过去的几年中,我们善意的尝试并未奏效,还给我们带来了灾难。反对者希望我们不要再枉费心机。不,这样说是不是过于软弱了。我的决心是,作为美国总统和三军统帅,我要尽我所能确保类似的悲剧不再重演。

美国国内总是有那么一些喜欢瞎起哄的蠢人,他们认为只要每一位美国人都返回各自的家园然后大门紧锁就不会有战争了。自以为自己动机很高尚,但所发生一切却已经表明他们并不愿意去面对现实。

全世界绝大多数的人民是热爱和平的。他们中的大多数人正在为赢得和平而战斗。不是为了休战,也不是只为了停战,而是为了和平,为了人类稳固的、永久的和平。如果我们今天愿意为和平而战,那么将来为了维护永久的和平在必要的情况下动用武力就是不合逻辑的吗?

我相信并且我认为正在为赢得和平而战斗的另外三个大国也会与我们达成共识:随时准备动用武力维护和平。如果能让德国和日本的民众认识到全世界的人民再也不会允许他们再次挑起战争,他们就完全有可能抛弃侵略的哲学——相信他们会称霸全世界,甚至不惜出卖自己的灵魂。这也是我的希望。

在两周之后我准备递交给国会的报告中,我将就开罗和德黑兰会议做详细的说明。届时我还要详谈有关美国国内的情况。

但今天我想说的是,在我整个的行程中,无论是在国内还是在国外,目睹我们的将士所取得的辉煌战绩,使我备感鼓舞和振奋。

我想对我们的将士及他们的家人们郑重声明,我们对正在全球各地指挥作战的马歇尔将军和金将军有绝对的信任。他们身兼重任,负责制定战略计划并决定于何时何地发起进攻。这两位将军已经在美国历史中占有了一席之地,获得了崇高的威望。历史将记录下他们的军事才华,今天在这里不便详述。

某些驻扎在海外的美军官兵正在异国他乡度过第三个圣诞节。对他们,对所有身在海外以及那些即将奔赴海外战场的官兵们,我做出保证:打赢这场战争并让你们尽早归国还乡是政府的目标。

美国的民众可以确信,当我们的将士凯旋的时候,在自由的体制之下,美国将会给他们提供接受教育、疗养等待遇;为他们提供社会保障、就业及开办公司创业的一切机会。他们将会享有充分的选举权,投票选出美国人民自己的政府。

美国人民完全有理由相信,这是一场艰苦的,颇具毁灭性的战争。在这次国外的行程中,我和那些与敌人在战场上有过交锋的将士们交谈。这些将士们对战况的如实讲述再一次印证了敌军将领和士兵们的强悍、骁勇和诡计多端。一定要历经浴血奋战才能赢得最终的胜利。战争已进入到这样一个阶段:我们必须预见到更大的伤亡——阵亡、受伤以及失踪。

有战争就必定会有死亡。胜利的道路不会平坦。战争何时结束现在还无法预测。

我回到国内刚刚一周。我应当把我一路的印象告诉你们。我看到一些人存在这样一种倾向,认为战争很快就会结束;认为我们已经取得了胜利。由于这种错误的认识,我察觉到有人试图重新挑起并鼓动党派之间在思想上和言论上的纷争与矛盾。我希望是我看错了。因为,摆在我们面前第一位也是最重要的任务是打赢这场战争,为我们的子孙后代争取持久的正义与和平。

在欧洲和远东地区正在酝酿大规模的反击。这需要我们、我们的盟国,无论是前线的将士还是在国内的生产一线的工人,都能够倾尽自己的全力并表现出坚韧与勇气。正如我先前所谈到的,我们无法在下周一便制定出大规模的作战计划,在周六就发起攻击。

将近一个月之前,我乘一架大型运输机飞抵巴勒斯坦小镇伯利恒①。

今晚,平安夜,世界上所有的基督教徒都在思念这座小镇,思念那颗 1900 多年前在那里闪烁的宗教之星。

今天,美国的将士们正战斗在白雪皑皑的山脉;战斗在疟疾肆虐的丛林和烈日炎炎的沙漠;战斗在绵延的海岸线和云霄之巅。他们在为他们的梦想而战。我想,他们的英雄事迹正代表了来自伯利恒的信息。

代表美国人民及你们本国的人民,我向我们的军中将士们传达圣诞节的信息:你们正在为铲除世界上的邪恶而战斗。我们在内心深处为你们及与你们并肩战斗

---

① 伯利恒是基督教和犹太教的圣地,位于巴勒斯坦中部犹太山地的顶端,耶稣诞生教堂是其最著名的古迹。山洞教堂正中的大理石上缀有一颗银制五角星,上镌拉丁文:"童真女玛利亚之子耶稣基督在此诞生"。

的战友们祈祷。

愿上帝保佑你们、你们的家人及你们家乡所有的亲人们。

愿上帝保佑那些伤病员们,保佑那些落入敌手,正等待重新获得自由的战俘们。

愿上帝收留并悉心呵护那些不幸身亡的将士们。他们的同胞将会永远缅怀他们。

愿上帝保佑那些平安夜还在前线杀敌的勇士们。

愿上帝保佑我们所有的人。让我们坚信我们是在为人类美好的明天而战——在这里,在世界的每一个角落。

第五节　朱可夫

一、本节案例导读

格奥尔吉·康斯坦丁诺维奇·朱可夫（俄语：Гео́ргий Константи́нович Жу́ков，1896—1974），苏联军事家、战略家，苏联元帅。出身贫寒，1918 年参加红军，次年加入共产党，1939 年指挥诺门坎战役挫败日军，后参加苏芬战争。苏德战争爆发后指挥斯大林格勒战役、列宁格勒战役、柏林战役，1945 年攻克柏林后代表最高统帅部接受德国无条件投降，战后暂管驻德苏军与德国苏战区。50 年代前期一度进入苏共中央主席团，协助赫鲁晓夫击败对手，1957 年被免职退休。《朱可夫元帅战争回忆录》翻译自 1995 年莫斯科新闻出版社的俄文版，由朱可夫的女儿玛丽亚根据朱可夫的原稿和档案修订而成，增加了许多重要内容，比此前的一版更忠实于作者原著。

二、案例资料阅读

［苏］朱可夫：《朱可夫元帅战争回忆录》，徐锦栋译，北京：解放军出版社，2003 年，第795—835 页。

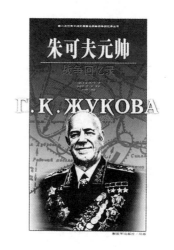

第二十三章　波茨坦会议·对德管制委员会

1945 年 5 月下旬的一天深夜,波斯克列贝舍夫给我家里打来电话,要我到克里姆林宫去见斯大林。

在最高统帅的办公室里,除他本人外,还有莫洛托夫和伏罗希洛夫。

彼此问候以后,斯大林说:

"当我们把所有德军的士兵和军官都解除武装并送往战俘营的时候,英国人却让德军保持着充分的战斗准备,并正同他们建立合作。以原司令官为首的德军各级司令部迄今仍享有充分的自由,它们根据蒙哥马利的指示正在收集和整理德军部队的武器和技术兵器。"

"我认为,"最高统帅继续说道,"英国人企图保留德军部队,以便今后利用它们。这直接违反了各国政府首脑有关立即遣散德军部队的协定。"

斯大林又转向莫洛托夫说:

"应尽快派出我们的代表团去参加监察委员会,以便通过这个委员会坚决要求同盟国逮捕邓尼兹政府的一切成员,以及德军的将军和军官。"

"苏联代表团明天就出发去弗仑斯堡。"莫洛托夫回答说。

"自罗斯福逝世后,杜鲁门很快就和丘吉尔完全协调一致了,"斯大林说。

"美国军队直到现在还驻在图林根。看来,暂时它们还不准备撤到自己的占领区去,"我说,"根据我们掌握的材料,美国人想获取德国的最新科学成就,因而正在搜寻著名的德国科学家,并把他们送往美国。美国人在欧洲其他国家也采取这种做法。我已就这一问题写信给艾森豪威尔,请他尽快把美军撤出图林根。他回答我说,准备在最近几天内到柏林来,以便亲自同我接触,磋商所有问题。

我认为应当要求艾森豪威尔立即履行关于按规定的占领区配置军队的协定,否则我们就将拒绝同盟国人员进入大柏林地区。"

"就应该这样,"斯大林表示同意说,"现在你听我说为什么叫你来。同盟国军事代表团通知说,6 月初艾森豪威尔、蒙哥马利和塔西厄将到柏林来签署苏、美、英、法四国关于在占领德国期间接管德国最高权力的宣言。这就是宣言的原文,你读读看。"斯大林一面说,一面递给我一张折叠着的纸。

纸上写着:

由苏、美、英、法四国政府接管德国最高权力,包括德国政府、最高统帅部,和任何州、市或地方的政府或当局所有的一切权力。"

宣言规定:

——德国一切武装力量,包括陆军、空军、防空部队、海军、党卫军、冲锋队、秘

密警察,以及其他一切武装力量或拥有武器的辅助组织,均得彻底解除武装,并向同盟国交出他们的武器;

——逮捕所有的法西斯主要头目和战争罪行嫌疑犯;

——同盟国应采取一切必要的措施来消除德国的军备和肃清德国的军国主义,以保障未来的和平和安全。

我把文件还给了最高统帅。

"这样一来,"斯大林说,"就必须设立一个有 4 国代表参加的对德管制委员会。我们决定委任你担任实行对德管制的苏方最高长官的职务。除了苏军总司令部以外,还需要设立苏联军事行政机构。你也需要一位军事行政方面的副手。你愿意由谁来担任你的副手呢?"

我提出了索科洛夫斯基将军,斯大林表示同意。

随后,斯大林同我明确了有关组织对德管制委员会的一些主要问题:

"参加对德管制委员会的,除你以外,代表美国的是五星上将艾森豪威尔,代表英国的是蒙哥马利元帅,代表法国的是塔西厄将军。你们每人都将有一位政治顾问。你的政治顾问是外交人民委员的第一副手维辛斯基,艾森豪威尔的政治顾问是罗伯特·墨菲,蒙哥马利的政治顾问是斯特朗,法国方面的是谁,暂时还不知道。

管制委员会的一切决议,只有在一致同意的条件下才算有效。大概在一系列问题上,你都会处于以一对三的局面。"

他吸了一口烟斗后,笑着补充说:

"是呀,我们已习惯单独作战了……管制委员会最主要的目标,"斯大林继续说道,"应该是使德国人民迅速建立起和平生活,彻底消灭法西斯主义,并组织地方政权机构。地方政权机构的成员应从仇恨法西斯主义的劳动人民中挑选。

法西斯匪徒把我国破坏并抢劫一空。因此,你、索科洛夫斯基、萨布罗夫和佐林应努力争取,尽快实现与盟国达成的拆除一部分德国军事工业企业作为赔偿的条约。"

(中略)

6 月 5 日,艾森豪威尔、蒙哥马利和塔西厄来柏林签署苏、美、英、法四国政府关于击败德国和接管德国最高权力的宣言。

(中略)

初期,管制委员会及其所属机构在工作中未发生什么特别的摩擦。管制委员会的会议视需要召开,但每周不超过一次。不开会的时候,问题一般交由协调委员会和各管理机构进行初步讨论。

这里有个很有趣的细节。在管制委员会工作过程中,会议参加者的膳食系由各方按顺序轮流供应。美国人供应一个月，然后是英国人、法国人，最后轮到苏军。当轮到我们供应时，参加会议的人数往往增加一倍。这是由于俄罗斯人十分好客，俄国菜、当然还有俄国鱼籽和伏特加酒非常著名。

我们工作一开始就感觉到，在管制委员会的所属各委员会中，对苏联的各个代表、对苏方的政策和策略，对我们强、弱的各个方面，都在进行细致的研究。我们也在了解自己的西方对手和他们的行动。

必须承认，美国人和英国人对参加管制委员会的工作是预先作了全面准备的。他们手里有编写得很好的有关整个德国以及德国的经济和军事潜力的参考文件。就将来对德国采取什么经济政策的问题，他们也预先得到了指示。遗憾的是，这些东西我们却没有。许多东西只好临时学习，并时常到莫斯科去咨询和请示，这就影响了管委会决定问题的效率。

管制委员会开始工作时，是处于这样一种情况。

各同盟国人民对于苏联武装力量击败德国和消灭对世界各国人民所构成威胁的希特勒主义，满怀着感激之情。他们对法西斯分子非常仇恨。在这种情况下，美国统治集团认为当时暴露自己的真实计划和意图为时过早而且危险，因而宁愿与苏联继续保持合作。

同时，跟英国统治集团一样，他们也关心苏联参加对日作战问题，急不可耐地期望我们早日出兵。在这种情况下，自然他们不想搞坏同苏联的关系。

这就是管制委员会初期工作比较顺利的原因。

然而应当指出，美、英、法三国代表的态度是不真诚的。在他们的占领区内，对克里木会议以及管制委员会决议的执行是片面的、纯形式的，而在许多情况下简直是怠工。对待肃清德国军国主义的决议，他们的态度也是这样。不管在经济方面，在政治方面，甚至在军事方面，对这一决议都未彻底执行。

当管制委员会开始工作时，我们曾同艾森豪威尔商定，派方面军司令部侦察处的一组军官，到美国占领区去审讯主要战犯。在美国占领区集中的主要战犯，比其他任何占领区都多。

在他们那儿有戈林、里宾特洛甫、卡尔滕勃伦涅尔、凯特尔元帅、约德尔上将，以及重要性不次于他们的第三帝国的其他人员。然而美国人却根据有关指示，不让我方军官审讯全部战犯。苏联军官只审讯了其中的一部分战犯。而这些战犯在他们的口供中，像兔子一样兜圈子，力图把对人类犯下的一切罪行都推给希特勒一人，千方百计地逃避承认自己个人的罪行。

审讯材料证实，希特勒分子同美、英两国情报机关曾就单独媾和的可能性问题，进行过秘密谈判。

在管制委员会后来的工作中,我们要同美国人和英国人达成协议就变得比较困难了。他们拒绝我们提出的履行各国政府首脑会议上签署并协商的击败德国的宣言的条款的建议。

不久,我们获得了可靠的情报,证实在最后战局进程中,丘吉尔曾给蒙哥马利元帅发去一份秘密电报,命令蒙哥马利:"仔细收集并储存好德国武器和技术兵器,以便一旦苏军继续进攻时,易于将这些武器重新分发给我们可能不得不与之合作的德国部队。"

在管制委员会的会议上,我们不得不就此发表坚决声明,强调指出,历史上很少有这类背信弃义和背叛同盟国责任和义务的事例。

我们指出,苏联严格履行了在战争中对同盟国所承担的义务。我们认为,英军统帅部和英国政府应受到严厉的谴责。

蒙哥马利企图拒绝苏方的谴责。他的同僚美国将军克莱则保持沉默。显然,他是知道英国首相的这个指令的。

后来,当丘吉尔对乌德福尔德区选民发表演说时,曾公开宣布说,在成千上万的德国人投降就俘的时候,他确曾给蒙哥马利元帅发出过类似的秘密命令。过了不久,蒙哥马利本人也证实,他收到过丘吉尔的这一电报。

大家都知道,在战争年代里,希特勒分子曾将数百万苏联人赶往德国强制劳动,或送入集中营。所有在德国东部被释放的人,我们总是竭力让他们尽快返回他们过奴隶生活时无限思念的祖国。但是相当一部分苏联公民和被德军俘虏的苏联官兵是在我们盟国的占领区内。

自然,我们坚持要求将他们转送至苏联占领区,以便遣返苏联。我就此问题首先找艾森豪威尔交涉。我觉得他是理解我们的要求的,所以我们得以将相当一部分苏联人先从美国占领区,随后又从英国占领区接回。

然而后来我们得到可靠的情报说,美国人和英国人正加紧鼓动战俘营里的苏联公民和官兵拒绝返回祖国,以高工资和优厚待遇引诱他们留在西方。同时还散布了对苏联的诽谤,并千方百计地对他们加以恐吓。

受反苏宣传的影响,某些人背叛了祖国,拒绝返回,并为美英情报部门所利用。不过也有一些人向往过"轻松的生活"而在返回苏联的态度上拿不定主意。

在会见艾森豪威尔及其副手克莱将军时,我们就这种反苏宣传提出了强烈抗议。艾森豪威尔和克莱最初企图以追求"人道主义的目的"为托辞,但后来终于允许苏联军官同被扣留在美国军营的苏联人见面。

经过苏联军官公开谈话,并对这些人关心的问题进行解释之后,许多人认识了自己的错误,看清了美国情报人员的虚假宣传,宣布决心返回苏联,并来到苏占区以便回国。

（中略）

莫斯科批准了我们提出的在波茨坦地区举行会议的建议。英国人和美国人也对此表示同意。

于是立即展开了对环境、建筑物和道路的整修工作。为此派出了大批的工程兵部队。它们几乎昼夜24小时不停地工作。到7月10日，一切都准备妥当，房舍的布置也接近完成。

对以安齐瓦科将军为首的方面军后勤人员的积极努力应给予应有的评价，他们在短短的期限内完成了极大量的工作。特别是方面军营房管理处处长科索格利亚德上校最为辛苦。

在准备开会用的宫殿建筑物内，对36个房间和一个有3个进出口的会议厅进行了大修。美国人给他们总统及其主要的助手们的住房选择了蓝色。英国人给丘吉尔选择了粉红色。苏联代表团的住房，则粉刷成白色。在新公园里，建造了大量花坛，栽种了近万株各色花草和好几百棵观赏树木。

苏联代表团的大批顾问和专家于7月13和14日到达。

他们当中有：总参谋长安东诺夫大将，海军人民委员库兹涅佐夫海军上将，海军参谋长座切罗夫。外交人民委员部的代表是维辛斯基，葛罗米柯，卡夫塔拉泽，马伊斯基，古谢夫，诺维科夫，查拉普金，科济列夫和法拉列耶夫。同时到达的还有外交部门的大批工作人员。

斯大林、莫洛托夫以及他们的随员应于7月16日乘专车到达。

（中略）

以丘吉尔首相为团长的英国政府代表团和以杜鲁门总统为团长的美国政府代表团，也于同一天到达。于是，各国的外交部长马上就进行会晤。丘吉尔首相和杜鲁门总统则前来拜访了斯大林。第二天早上，斯大林又回访了他们。

波茨坦会议不仅是三大强国领导人之间的一次例行的会晤，而且是对最后导致法西斯德国彻底失败和无条件投降的这一协调一致的政策所取得的胜利的盛大庆祝。

苏联代表团来到波茨坦时怀有如下的坚定信念：即在根据各国人民和平和安全的利益解决战后各种问题方面达成相互协调一致的政策，并为防止德国军国主义的复活创造条件。

在研究这些极重要的问题时，三国克里木会议通过的决议对这次会议的参加者是应有约束力的。在波茨坦会议上，苏联代表团又一次击破了反动势力的盘算，使德国民主化和肃清其军国主义计划（这是保持和平最主要的条件）得以进一步具体化。与此同时,跟以前几次会议相比,美英两国政府想利用德国的失败来加强其争夺世界霸权的地位的企图,也表现得更为明显。

波茨坦会议于 7 月 17 日午后开幕。会议在宫殿内最大的一个房间内举行,在房间中央,放着一张十分光亮的圆桌。有趣的是,我们当时在柏林找不到足够大的圆桌,于是不得不赶紧向莫斯科的"柳克斯"工厂定做,然后把它运到波茨坦。

出席第一次会议的有各国政府首脑、外交部长和第一副部长,以及军事、文职顾问和专家。在会议的间隙时间里,军事和文职专家和顾问们则单独开会,以就他们受命研究的问题进行商谈。

在会议工作过程中,各国外交部长和外交工作人员担负着主要的重担。他们必须研究、分析和判断各方的全部文件,拟出自己的建议,并在预备性的外交会谈中坚持自己的建议,只是在这以后才拟制提供给各国政府首脑的文件。

军事顾问们讨论了分配德国海军战斗舰艇和民用船队的大型船只的基本建议。以库兹涅佐夫海军上将为首的苏联海军将领,曾就此问题同英美两国的海军代表进行过初步会谈。

美国和英国方面千方百计地拖延这些会谈。以致斯大林在同杜鲁门和丘吉尔举行圆桌会议时,不得不提出一系列相当尖锐的意见,指出各国在战争中蒙受损失的程度不同,我国有要求得到相应赔偿的权利。

会议最初进行得十分紧张。苏联代表团不得不面对美英两国的统一阵线和它们预先协商一致的立场。

会议讨论的主要问题,是欧洲各国战后的体制问题,而主要的是在民主基础上改造德国的问题。关于德国问题,在波茨坦会议之前,就曾在欧洲协商委员会、国际赔偿委员会作过酝酿,并在克里木会议上作过详细的研究。

大家知道,关于德国问题的讨论,是从德黑兰会议开始的。根据各同盟国预先达成的要法西斯德国无条件投降的政策,各国政府首脑就肃清德国军国主义和纳粹主义,彻底解除德国武装和解散其国防军,消灭纳粹党及其一切分支机构,逮捕主要战争罪犯并交由国际法庭审判,以及严惩一切战犯等问题,取得了一致意见。波茨坦会议的决议规定,禁止德国政府拥有任何武装。

在波茨坦会议上,盟国就对德管制期间采取共同政策中的政治和经济原则达成了协议。会议确定,今后,协调对德管制的政策应纳入柏林管制委员会的职权范围。会议结束后,我们得到了决议案的摘录,该决议案指出:

德国军国主义及纳粹主义将予根除,各盟国一致同意将于目前和未来采取其他必要措施,以保证德国永不再威胁其邻邦或世界和平。

在对德管制委员会的工作中,为苏方所一贯遵循的这一协议宣布:①

一、政治原则

1. 根据对德管制机构的协定,德国境内最高权力由苏、美、英、法四国武装力量总司令遵照本国政府指令,分别在其各自之占领区内行使;至于涉及全德国的问题,彼此以管制委员会委员的身份共同处理;

2. 对德国各地的居民,应尽可能同等对待;

3. 管制委员会应遵循的占领德国的目的如下:

——解除德国全部武装,肃清德国军国主义,铲除或控制可用于军事生产的一切德国工业;

——消灭国家社会党及其分支和受其控制的组织,解散一切纳粹机构,确保这些组织和机构不得以任何形式复活,禁止一切纳粹的和军国主义的活动或宣传;

——准备使德国政治生活在民主基础上获得重新建立,并使德国将来在国际生活中有可能参与和平合作;

——战争罪犯及参与策划或推行纳粹事业,致使结果造成暴行或战争罪行者,必须予以逮捕并交付审判。纳粹领袖、支持纳粹的有力人物、纳粹机构及组织的高级官员,以及危害盟国占领及占领宗旨的任何人,均应加以逮捕与拘禁;

——一切曾参与实际活动的纳粹党徒,及其他对盟国宗旨持敌对态度者,均应解除其公职及半公职,及在重要私人事业中的负责职位。这些人必须由在政治上与道德上确能促进德国真正民主制度发展的人士予以接替;

——对德国境内的教育应予监督,以彻底消除纳粹及军国主义理论,而利于民主思想顺利发展。

二、经济原则

为消灭德国军事潜力,武器、军事装备、战争工具以及各型飞机及海船的生产均予禁止。金属、化学品、机器以及军事经济直接需要的其他物品,其生产应受严格管制,并以核准的德国战后和平需要量为限度……

德国经济应在实际可行的最短时期内予以分散,以消灭目前经济力量因卡特尔、辛迪加、托拉斯及其他垄断办法而造成之过分集中现象。

在占领期间,德国应被视为一个统一的经济单位。为达到此一目的,应就下列各项确定共同政策:

1. 采矿与加工工业产品的生产与分配;

2. 农业、林业与渔业;

---

① 以下为摘录。

3. 工资、物价与配给；

4. 整个德国的进出口计划；

5. 货币与银行、中央赋税与关税；

6. 赔偿及消除军事工业潜力；

7. 运输与交通。

实行上述政策时，应适当顾及各地不同情况。

（中略）

我已经说过，在波茨坦会议上，并不是所有的问题都能轻而易举地解决。在会上，丘吉尔的野心最为露骨。然而斯大林以十分平静的语调，很快就使他认识到，他对待问题的态度是不对的。至于杜鲁门，大概由于他当时尚无足够的外交经验，很少参加尖锐的政治争论，而把优先权让给了丘吉尔。

会上讨论得很激烈的一个问题，是美英两国代表团再次提出的把德国分裂成南德、北德和西德三个国家的问题。在克里木会议上，他们第一次提出这一问题时，就曾遭到苏联代表团的驳斥。在波茨坦，苏联代表团团长又一次拒绝了这一分裂德国的建议。

斯大林说：

"我们不应对德国人民做出这种历史性的不公正。德国人民永远不会同意人为地分裂他们的祖国。因此，我们拒绝这一建议，因为它是违反自然的：……需要的不是分裂德国，而是使它成为一个民主的、爱好和平的国家。"

由于苏联代表团的坚持，在同盟国波茨坦决议中，包括有建立德国中央行政机构的条款。可是后来在西方当局代表的反对下，这样的机构并未建立起来。波茨坦决议确定的在爱好和平和民主的基础上统一德国的目标也未能实现。

关于恢复德国经济的问题，决定主要注意力应放在和平工业和农业的发展上。会议还确定了消除德国军事潜力的措施。

会上确定了赔偿的数量和接受赔偿的方法。当然，杜鲁门，特别是丘吉尔不愿意拆除德国西部的重工业企业作为赔偿。但是他们后来终于在附有各种保留条件的情况下，同意了以德国西部军事工厂的部分设备作赔偿。遗憾的是，这只是纸上通过的决议，正像波茨坦会议的其他许多决议一样，实际上各同盟国并未付诸实施。

会议还作出了把柯尼斯堡及其周围地域转让给苏联的决议。

为了进行缔结和平条件的准备工作，会议决定设立外长会议，由苏联、美国、英国、法国和中国的外交部长组成。外长会议的任务，是拟制对意大利、罗马尼亚、保加利亚、匈牙利和芬兰的和约草案，以及准备对德和约。

不久,美、英、法占领区就变成了德意志联邦共和国。同盟国实际上实现了分裂德国的阴谋。

关于波兰及其西部边界的问题,讨论得相当激烈。虽然这些问题早在克里木会议上即已基本决定,丘吉尔仍然企图以各种显然不能成立的借口,拒绝苏联提出的以奥得河和西尼斯河为西部边界并将斯维讷明德和什切青划归波兰的建议。为此,由贝鲁特率领的波兰代表团专门应邀来到波茨坦。经波兰代表团列举理由作了充分说明之后,关于波兰西部边界的问题采取了折衷的方案,在通过的决议中说:

"在和约最后划定边界之前,将从斯维讷明德稍偏西的波罗的海海边,沿奥得河和西尼斯河直到捷克斯洛伐克边境一线以东的领土转归波兰。"

英国方面坚持要波兰人民政府负责偿还英国资助阿尔齐舍夫斯基波兰流亡政府的全部贷款。阿尔齐舍夫斯基是1939年从波兰逃往伦敦的。苏联和波兰的代表团坚决拒绝了大不列颠的这种无理要求。

同时,还就美英两国同驻在伦敦的前波兰流亡政府断绝外交关系,达成了协议。

关于把柯尼斯堡及其周围地区交给苏联的建议,没有争论便通过了,因为这个问题早在德黑兰会议上就原则地确定了。

杜鲁门和丘吉尔代表他们的政府表示热烈祝贺,并坚决支持在签署和约时采取这样的决定。

除掉东普鲁士基地具有重大意义,因为德国向其邻国的军事入侵不止一次地是从这个基地出发的。

会议在研究并解决了一系列相当重要的其他问题后,于8月2日结束。

苏联对法西斯德国的胜利极为令人信服,致使美英统治集团当时被迫达成协议。这样一来,就保障了波茨坦会议的胜利结束。

总之,这次高级会议的决议证明战后和平制度的民主原则的胜利。早在战争过程中就积极促成反法西斯同盟的苏联,在这方面起了重要作用。

(中略)

上面我谈的这些是大家都知道的。但是,波茨坦会议是第二次世界大战的一个极重要阶段,因此不能不谈到它。现在,作为这次会议的见证人,我想谈谈自己对它的印象。

同美军和英军总司令一样,我也不是代表团的正式成员。然而在波茨坦会议讨论问题的时候,我曾多次出席。

应当说,斯大林对美英两国代表团在决定问题时的任何有损于波兰、捷克斯洛伐克、匈牙利以及德国人民的细微的意图,都是非常警惕的。不管是在会议过程中,或是在相互交往中,他同丘吉尔的分歧都特别尖锐。值得指出的是,丘吉尔对斯大林是相当崇敬的,据我的感觉,他不敢跟斯大林进行尖锐的争论。而斯大林在同丘吉尔争论时,总是有根有据而且道理十分充分。

(中略)

从 7 月 28 日起,新当选为英国首相的工党领袖艾德里,代替丘吉尔担任了英国代表团团长。和艾德里一道来的还有外交部长贝文。

与丘吉尔不同,艾德里表现得比较审慎,然而他奉行与丘吉尔同样的政治路线,对旧的保守党政府的政策未作任何修改。

在会议过程中,斯大林还审查并决定了我向他报告的有关德国的一系列重大问题。他批准了国防委员会建立循环列车的决定,以便运送从德国军事目标上拆下来的设备,作为向苏联和波兰人民共和国的战争赔偿。同时还批准了在苏联西部边界建立转运基地,以及用海军舰队和江河舰队转运物资的决定。

例如,他批准了方面军军事委员会"关于在波罗的海沿岸组织捕鱼"的决定。原白俄罗斯第 1 方面军部队应在 1945 年下半年捕获 21,000 吨鱼。

应当指出,这是一项十分重要的决定,因为德国东部的牲畜总头数在苏军占领以前已大大减少,供给鱼类对德国居民的经济生活具有重大意义。

斯大林在动身返回莫斯科前,还详细了解了将军队撤回苏联的计划,以及从德国遣返苏联公民的进程。他要求采取一切措施,使苏联人尽快返回祖国。

波茨坦会议一闭幕,斯大林立即动身返回莫斯科,临行前他就对德管制委员会内如何贯彻会议决议给我们作了指示。

为了拟制出分配法西斯德国舰船的决议,设立了一个三国委员会。代表苏联参加的是列夫琴科海军上将,英国的全权代表是约翰·迈尔斯和巴勒海军上将,美国的全权代表是金海军上将。

列夫琴科海军上将做了大量工作,以促使各盟国履行波茨坦会议的决议的条文。他曾以坚定的立场就此问题同蒙哥马利元帅、巴勒海军上将和艾森豪威尔作过多次谈话,后来还要求在管制委员会内进行讨论。问题终于获得解决,苏联总共得到 656 艘军舰和各类运输船只。其中大部分不需修理就可使用。

波茨坦会议虽然存在着无法避免的争论和分歧,然而总的说来,它体现了各大强国(这些强国的政策在战后影响极大)要求奠定合作基础的愿望。

这一切在波茨坦会议期间以及会议闭幕后的最初一段时间里,对管制委员会各成员之间的相互关系,也起了作用。在管制委员会里,苏联代表竭力履行会议通过的各项决议。我们的美国和英国同僚在会议后的最初一段时间里,同样也遵守了会议决议所规定的义务。

遗憾的是,这种政治气氛很快就发生了变化。伦敦外长会议上的分歧,成了改变方向的重大推动力。丘吉尔在富尔顿发表的反苏演说,对此更起了特别的促进作用。管制委员会的美英两国负责人,像接到了统一的口令一样,在一切问题上都变得难以商量了,而且在一切原则问题上,他们都开始蛮横地阻挠波茨坦决议的贯彻。

从管制委员会成立起,在我和艾森豪威尔、蒙哥马利、柯尼格之间,以及在我的副手索科洛夫斯基和克莱、罗伯逊之间建立起来的良好相互关系,越来越暗淡。要寻找解决争端也变得越来越困难。特别是在讨论下列主要问题时,情况更是如此。这些问题是:在英美占领区内消除德国的军事经济潜力,解除德军部队的武装,在英美占领区内坚决根除法西斯主义和各种各样的纳粹团体。显然,我们的西方军事同僚受领了新的指示,这些指示是以美英帝国主义集团敌视苏联的政策为依据的。

经多次调查,我们查明,英国人不顾我们的抗议,在其占领区内仍继续保留着德军部队。于是,我不得不向管制委员会递交在英国占领区内存在前希特勒军队的有组织的部队的备忘录。该备忘录的内容如下:

根据 1945 年 6 月 5 日签署的击败德国的宣言,以及波茨坦会议有关德国的决议:

——德国的或在德国控制下的一切武装力量,包括陆军、空军、防空部队、海军、党卫军、冲锋队和秘密警察,以及其他一切武装力量或拥有武器的辅助组织,不管其位于何处,均应彻底解除武装……

——德国所有的陆军、海军、空军、党卫年、冲锋队、自卫军、秘密警察及其全部机构、司令部和各种组织,连同总参谋部、军官团、后备队、军事学校、退伍军人之一切组织,和其他一切军事、半军事团体,以及用以继续保持德国军事传统之俱乐部和协会等,均应完全彻底废除,以永远禁止德国军国主义和纳粹主义的复活或改组……

然而根据苏军统帅部掌握的情报和外国报刊的材料,在德国的英军占领区内,仍然保存着德国武装力量,德国的陆军、海军和空军。德国的缪列尔集群改名为诺尔德集群后,迄今仍然存在。该集群设有野战指挥部和司令部。司令部下设作战处、侦察处、军需处、军官团、汽车运输处和卫生部门。

诺尔德集团军群拥有陆军、空军和防空兵的兵团和部队。它编有什托克豪生和维特霍弗两个集群,每个集群的兵力均在 10 万人以上。

在德国的英军占领区内,建立了 5 个军一级的德国军区,每个军区都有自己的指挥部和勤务部门。这几个军区的指挥部位于哈莫尔、伊策霍、新明斯特-伦茨堡、弗伦斯堡和汉堡。

在德国的英军占领区内,除上述各德国军区外,还在下列城镇建立了25个区、县一级的德国军队的警备司令部。这些城镇是:平涅贝克,泽格贝克,吕贝克,劳恩堡,伊德尔津,黑格尔基亨,贝临什德特,伊策霍,石勒苏益格,埃肯弗尔德,胡祖姆,韦斯特兰,文堡,海本,马尔涅,维舍尔尤伦,汉施德茨,美尔多尔弗和阿耳贝尔斯多尔弗。

英占区的德国空军组成了空军第 2 军区。它编有防空兵团(高射炮兵第 18 师)、轰炸机中队、歼击机中队、强击机中队和近距离侦察机群。空军第 2 军区的司令部类似战时空军集团的司令部。

在德国的英军占领区内的德国武装力量,拥有 5 个团以上的通信兵部队,并拥有坦克部队和广泛的军事医院网。德国海军现在称为扫雷勤务部队,设有司令部,并编有护卫舰艇总队和区舰队。

除上述德国兵团、部队和勤务部门外,在石勒苏英格-荷尔斯泰因省还有近百万处于非战俘状态的德国士兵和军官正在从事战斗训练。

上面列举的一切陆、海、空军的部队、兵团和勤务部门,均按军队标准得到各类给养供应。其人员佩带有识别符号和军事勋章,并享受薪金照付的休假。

从以上情况可以看出,在德国的英军占领区内保留着德国陆、海、空三军的领导机构以及陆、海、空三军和防空兵的兵团、部队和勤务部门,还是不能以英军占领区的任何特殊情况作解释的。

在英军占领区内保留着:

——德国诺尔德集团军级集群;

——什托克豪生军级集群;

——维特霍弗军级集群;

——空军第 2 军区;

——位于哈莫尔、伊策霍、新明斯特—伦茨堡、弗伦斯堡和汉堡的各军区指挥部;

——25 个军区和地方的德军警备司令部;

——通信兵部队;

——坦克分队;

这是同波茨坦会议决议和关于击败德国的宣言相矛盾的。

苏军统帅部认为有必要要求管制委员会派遣专门小组前往英军占领区,以便就地了解解除德军武装和解散德军工作的实施情况。

当在管制委员会讨论苏联的上述备忘录时,蒙哥马利在事实的压力下,不得不承认在英军占领区内的确存在着似乎是在"等待解散"或在他的领导下"进行工作的,有组织的德军部队。

他企图将这一切解释成是,在解散德国士兵时遇到了"技术上的困难"。

我们在管制委员会内还了解到,盟军最高统帅艾森豪威尔是知道这一切情况的。

后来,在管制委员会 1945 年 11 月份的会议上,蒙哥马利曾就此问题说道:

"如果有人告诉我说,我们在这一问题上所奉行的路线与我的美国同僚所奉行的路线有什么差别的话,我是会感到惊讶的,因为我们奉行的路线从一开始就是由艾森豪威尔领导下的联军统帅部制定的。"

于是,一切都十分清楚了。当丘吉尔代表英国承担义务立即并永远根除德国法西斯主义并废除德国国防军的时候,他同时又给军队统帅部下达了秘密命令,要他们保留原希特勒军队的武器和部队,作为为长远的反苏目的而重建西德军队的基础。而盟军远征军最高统帅部和艾森豪威尔本人是知道这一切情况。我不想隐瞒,当时这曾使我感到不快,并改变了我最初对艾森豪威尔的看法。要我采取另一种态度显然是不可能的。

当斯大林得知丘吉尔的两面手法后,狠狠地骂了一句,并说:

"丘吉尔始终是个头号反苏货色,他本性不变。"

斯大林对丘吉尔的看法是对的。

时间越长,苏方在管制委员会的工作越困难。使人感到,艾森豪威尔和蒙哥马利在许多问题上都有特别指示,而这些指示与原先通过的决定是相违背的。

记得就确定德国的炼钢问题曾同美方和英方代表发生了尖锐的分歧和长时间的争论。经过详细计算认为,为了满足德国和平目的,需要 500 万吨钢,我们建议批准这个有根据的数目。英美方不同意,并建议批准 1100 万吨。一直争论了 40天,最后勉强同意了 800—900 万吨。

而问题的实质不在于关心德国人民的需要,而是要保留德国西部的军事经济潜力,以便在美英战后的帝国主义政治中起特殊作用。

(中略)

在解决与苏占区内民主改造有关的各种问题时,驻德苏联军事行政机构最高长官的政治顾问、现任苏联外交部副部长的谢苗诺夫给了我很大的帮助。在管制委员会内,我们曾为实现关系到整个德国的各项波茨坦协议而一同工作。我们的工作是齐心协力和卓有成效的。

苏联的军官和将军们,以及苏联政府派到索科罗夫斯基将军领导下的苏联军事行政机构中执行任务的同志们，在管制委员会内进行了大量的工作。他们肩负的责任，不仅关系到管制委员会的活动，而且关系到如何组织德国东部人民的社会生活、生产活动和国家生活。

从 1945 年 6 月 10 日颁布第 2 号命令（该命令我前面已提到过）起，我们就开始了团结和活跃苏军占领区德国人民进步力量的工作。由于这个命令的意义重大，请允许我简要地叙述一下其内容：

今年 5 月 2 日，苏军攻占了柏林，保卫柏林的希特勒军队投降了。几天后，德国签署了无条件投降书。6 月 5 日，以苏联政府、美国政府、英国政府和法国政府的名义发表了击败德国和上述四国政府接管德国最高权力的宣言。自苏军攻占柏林起，在德国苏军占领区内就规定了严格的秩序，组织了地方自治机构，为德国居民自由的社会活动和政治活动创造了必要的条件。

有鉴于此，我们命令：

1. 允许各个反法西斯政党在德国苏军占领区内从事教育和进行活动。这些政党的宗旨应当是，根除德国的法西斯主义残余，巩固德国的民主主义原则和公民自由，在这方面激发广大居民的创造精神和自主精神。

2. 给予德国苏军占领区的劳动居民组织自由工会的权力，以便他们能够保卫自己的利益和权力，给予工会组织和联合会与企业主缔结集体条约的权力，以及组织保险银行和其他互助机关、文化启蒙及其他教育机关的权力……

3. 本着上述精神，废除限制反法西斯政党和自由工会活动的，旨在反对民主自由、公民权利和德国人民利益的法西斯的一切法律、决议、命令、号令、指令等等。

苏联驻德军事行政机构最高长官、苏联元帅　朱可夫

苏联驻德军事行政机构参谋长、上将　库拉索夫

1945 年 6 月 10 日于柏林

我已经说过，德国共产主义的组织在民主的基础上建立德国的和平生活方面起了非常大的作用。德国东部的工人和进步人士迅速团结在共产主义组织的周围。

苏联政府遵循人道主义的宗旨，在德国人民感到困难的这一时期，对德国居民，首先是对处境极为困苦的柏林市民，给予了巨大的关怀。

当苏军攻占柏林时，市民还不到 100 万，一周后增加到 200 多万，而到 5 月下半月更增到近 300 万。由于德国其他地区的居民不断涌入柏林，市内人口还在继续增长。

德国的工人和技术人员为消除柏林市内的战争后果表现了很大的积极性。他们日夜坚守在自己负责的地段上，极其认真地完成所担负的任务。

由德国反法西斯战士组成的一些协助小组,给了苏联卫戍司令部和卫戍处不少帮助。它们参加了各种各样的工作:维持社会秩序、给居民分发购粮卡片、监督发放的粮食,以及警卫工厂、城市重要目标和物资等等。

6月11日,德国共产党中央委员会发表了纲领性的告德国人民书。这个文件具有重大的历史意义,它阐述了建立反法西斯的民主德国的纲领。

德国人民获得了在民主基础上安排自己的生活的权利。

在战争结束后的头几个月,柏林及整个苏军占领区的民主自治机构在德国共产党的领导下和苏军领导人的参加下,进行了一系列社会经济改革:实行了民主土地改革,给近100万德国劳动群众分配了土地,消除了庞大的资本主义垄断,解散了企业家联盟;把前纳粹分子从城市的经济、社会和文化生活各个方面的领导岗位上撤换下来;在工厂中规定了每天8小时工作制,实施了劳动群众统一的休假制度。

我清楚地记得,联共(布)中央委员会十分关心这些最重要的工作,并具体了解德国劳动群众的生活条件。斯大林从国际工人运动的利益和巩固欧洲和平与安全的角度来看待这些问题,对于这项工作的各个主要方面提出了许多宝贵建议。

在美、英、法三国军队和行政机构人员到达柏林西部之前,城市居民的生活已基本正常化,并具备了进一步改善的各种条件。

苏联军事行政机构最高长官于1945年7月27日发布的第17号命令,也足以说明我们采取的有助于苏军占领区经济发展的各种措施。从这个命令中可以看出,早在战后头几个月,就很重视国民经济、文化和卫生保健主要管理机构的工作。

命令中写道:"……到1945年8月10日,在苏军占领区内必须成立以下德国中央机构:

运输管理局,负责领导和管理铁路和水路运输。

邮政管理局,负责领导各邮局、电话局和电报局的工作。

燃料工业管理局,负责领导煤炭工业的各企业、煤矿井、露天开采场、煤厂、生产液体燃烧和煤气的工厂,并负责这些企业的产品的对内销售。

商业和供应管理局,负责领导贸易和采购商行、机关和企业的工作,负责农产品的收购、加工和储存,负责计算日用品的需要量,保障居民有足够的日用品,保障贸易的发展。

工业管理局,负责领导各工业企业的恢复、开工和经营。

农业管理局,负责领导农业和林业以及农产品加工企业。

财政管理局,负责领导各财政、信贷机关的活动。

劳动和社会保障管理局,负责调整劳动工资、分配劳动力和工程技术人员,负责领导工会和社会保障部门。

保健管理局,负责领导保健机构、医疗部门和医学院校,以及医疗器械厂和制药厂。

人民教育管理局,负责领导学校、儿童保育院、幼儿园、学院,以及艺术、科学和文化部门。

司法管理局,负责领导各检察机关、法院和司法部门……

苏联驻德军事行政机构最高长官、苏联驻德占领军总司令、苏联元帅　朱可夫

苏联驻德军事行政机构军事委员、中将　博科夫

苏联驻德军事行政机构参谋长、上将　库拉索夫[①]

应当说,我们在苏军占领区实行的发扬民主、发展经济和文化、维持秩序的措施,受到德国人民的热烈欢迎。

后来,我们进一步采取了一系列措施,以便为德国人民保护其所有的民族和国家珍品。例如,1945 年 10 月 30 日,我们发布了第 104 号命令,命令中写道:

……为了防止侵吞属于原希特勒国家、军事机关、被苏联军事当局取缔或解散的团体、俱乐部和协会的财产并利用这些财产营私舞弊,为了最合理地使用这些财产以满足当地居民的需要,我们命令:

1. 冻结苏军占领区内下述范围内的财产:

1)属于德国国家及其中央和地方机构的财产;

2)属于纳粹党头面人物、领导成员和主要信徒的财产;

3)属于德国军事机关和组织的财产;

4)属于被苏联军事当局取缔或解散的团体、俱乐部和协会的财产;

5)属于在战争中站在德国一边的国家和臣民(自然人和法人)的财产;

6)属于苏联军事当局在副本中专门指出的或用其他途径指明的人物的财产。

苏军占领区内无人经营的财产收归苏联军事行政机构临时指挥部。

2. 目前占有本命令一二条列出的财产的德国机关、组织、商行、企业和个人,或拥有这些财产的资料的个人,必须在本命令公布后 15 天内向地方自治机构(市管理部门、区管理部门、县管理部门)递交有关这些财产的书面声明。

在声明中应具体写明:财产的性质、准确位置、所属关系和递交声明之日的状况……

地方自治机构根据收到的声明和财产统计资料拟制应冻结或临时接管的财产的总清单,并于 1945 年 11 月 20 日之前将这个清单送交相应的卫戍司令部和卫戍

---

① B. 乌布利希:《通往新时代的历史》,莫斯科外国书籍出版社,1957 年版,第 390 至 392 页。

处……

7. 苏联驻德军事行政机构经济管理局局长沙巴林少将应在 1945 年 12 月 25 日之前,提出今后使用已宣布冻结的或临时接管的财产的方法的建议。

8. 拥有本命令一二条提到的财产的所有机关、组织、商行、企业和个人,必须根据财产的经济作用对其完好程度和使用效果负责。未经苏联军事行政机构同意的财产方面的任何交易均无效。

苏联军事行政机构最高长官、苏联驻德占领军总司令、苏联元帅　朱可夫

苏联军事行政机构军事委员、中将　博科夫

苏联军事行政机构副参谋长、中将　德拉特文[①]

苏联人民没有忘记德国工人阶级和德国进步知识界的革命功绩,没有忘记德国共产党及其领袖恩斯特·台尔曼(他于战争将结束时牺牲在法西斯刑讯室里)的伟大功绩。我们的党和政府认为自己有义务给陷入困境中的德国人民以兄弟的援助。

德军撤退时,在各个城镇都留下了成千上万的受伤的士兵和军官。仅仅在柏林及其郊区,就有 20 余万德国伤兵。苏联医务工作者、苏军统帅部对这些伤兵——我们从前的敌人,表现了崇高的人道主义精神,像对待苏军战士一样地为他们组织治疗。

(中略)

在战后的最初时期里,我们经常同德国共产党领导人威廉·皮克、瓦尔特·乌布利希以及他们最亲近的战友们见面。他们曾怀着沉痛的心情谈到共产党、工人阶级的优秀分子和进步知识分子遭受的惨重损失。德国劳动人民的困难处境,使他们深感不安。

苏联政府应德国共产党和乌布利希本人的请求,对柏林市民规定了较高的粮食定量。

这就是苏联人战败法西斯后在德国的态度。

而希特勒往日是怎样对待苏联人民的呢?

希特勒在准备占领莫斯科时曾下达过一个指令,我想在这里再提一下这个指令:

对城市应严密包围,不让任何一个俄国士兵或市民离开,不论是男人、妇女或婴儿。对企图离开的任何人均以武力镇压之。要作好必要的准备,以便利用大型工程设备使莫斯科及其郊区淹没在洪水中。

---

① 乌布利希:《通往新时代的历史》,莫斯科外国书籍出版社,1957 年版,第 390 至 392 页。

莫斯科现在所处之地应成为海洋,使俄国人民的首都永离文明世界。

希特勒匪徒为列宁格勒也安排了同样可怕的命运,他们想把它从地球上挂掉。

"对其他城市,"希特勒说,"应奉行这样的方针:在占领之前,应以炮火和空袭将其变成废墟。"①

如此野蛮的行为是正常人难以理解的。

坦率地说,在战争期间,我曾决心对希特勒匪徒的暴行作彻底的报复。然而当我军打败敌人而进入德境后,我们抑制住了自己的愤怒。我们的思想信仰和国际主义感情不容许我们进行盲目的报复。

1946年3月底,我参加最高苏维埃会议后再次回到柏林。当时有人转告我,斯大林要我回电话。

"美国政府从德国召回了艾森豪威尔,留下克莱将军接替他的职务。英国政府召回了蒙哥马利。你是否也应该回莫斯科?"斯大林问。

"我同意回去,说到我的接替人,我建议由索科洛夫斯基大将担任苏联占领军总司令和军事行政机构最高长官。他最了解管制委员会的工作,并熟悉部队情况。"

"好吧,我们考虑一下,你等待指示吧。"

二三天后的一个夜里,斯大林打来电话。他问是不是铃声吵醒了我,并说道:

"政治局同意由索科洛夫斯基接替你。管制委员会最近一次会议结束后即回莫斯科。索科洛夫斯基的任命过几天到达。"

"还有一个问题,"斯大林继续说,"我们决定撤销第一副国防人民委员这一职务,而设常务副国防人民委员,这个职务由布尔加宁担任。"他给了我一个战后军队改组方案,说,"在国防人民委员部的主要领导人中没有你。华西列夫斯基担任总参谋长,库兹涅佐夫将担任海军总司令。你想担任什么职务呢?"

"我没考虑过这个问题,不过,我可以在党中央认为我最适宜的任何岗位上工作。"

"按照我的意见,你应当负责陆军的工作。我们认为,陆军应有一个总司令。你不反对吧?"

"同意,"我回答说。

"很好,你回莫斯科吧,并同布尔加宁和华西列夫斯基和国防人民委员部领导成员在各自的职务权限内一道工作。"

1946年4月,我回到苏联。几天后,我去看布尔加宁。他知道了我同斯大林

---

① 《纽伦堡审讯材料》,第1卷,1957年,俄文版,第495页。

的谈话,感到心情不安。在审查了国防人民委员部的条例之后,我同布尔加宁就各军种总司令和第一副国防人民委员的法律地位问题产生了严重分歧。按照他的方案,总司令在实际工作中不是同国防人民委员,而是同常设副人民委员发生关系。布尔加宁为了坚持其方案,提出的理由是国防人民委员斯大林由于党和国家的工作负担过重。

"这不是理由,"我对布尔加宁说,"今天,斯大林是国防人民委员,明天可能换成别人。法规不是为某些人,而是为具体职责而定的。"

布尔加宁把这一切加以歪曲,报告了斯大林,过了一天,斯大林对我说,国防人民委员部的条例还要加工。布尔加宁不太懂军事,当然也不懂战役战略问题。但他善于迎合,他很狡猾,他善于接近斯大林,并取得斯大林的信任。

1957 年我最后一次访问了德意志民主共和国。参观了民主德国的许多城市、机关和企业,了解了德国人民的巨大成就后,我确信:苏联政府和苏联党战后在德国所做的一切都是正确的,它对德国劳动人民,对我们两国人民的友好事业和社会主义国家的防御能力产生了良好的结果。

✒ **本章案例研习**

一、主要学习目标

1. 了解第一次世界大战爆发的原因与凡尔赛—华盛顿体系的内容。

2. 了解两次世界大战之间的"二十年危机",特别是欧洲与亚洲战争策源地各自形成的过程。

3. 通过分析凡尔赛—华盛顿体系的先进性与局限性,认识西方列强为了维护自身利益而牺牲弱小国家正当权益的强权政治逻辑。

二、相关背景知识

(一) 巴黎和会与凡尔赛体系的建立

第一次世界大战完全摧毁了战前的欧洲均势,曾长期雄踞欧洲的四大帝国——沙皇俄国、德意志帝国、奥匈帝国、奥斯曼帝国土崩瓦解。重建战后世界秩序就成了主要战胜国面临的当务之急。1919 年 1 月 18 日,英、法、美等战胜国的领导人在巴黎召开和会,参加的共有 27 个国家,讨论对战败国的和约问题。操纵和会的英、法、美三国各有各的打算,出于对自己利益的考虑,围绕着战后安排等问题,明争暗斗,巧取豪夺。

建立国际联盟,是威尔逊参加巴黎和会力争实现的主要目标。他在"十四点计划"中就明确强调,成立一个具有特定盟约的普遍性的国际联盟,使大小国家都能相互保证政治独立和领土完整。威尔逊认为,国际联盟是维持"一战"后国际秩序最重要的工具和保障,是达到永久和平的所有外交结构的基础。威尔逊的主张,一方面反映了国际关系发展的新趋势和世界人民的正义呼声,如建立一个具有政治约束力的普遍性国际组织,以防止新的世界大战发生。但另一方面,这也暴露了美国企图通过国际联盟取得对重大国际问题的干预权和世界盟主地位的野心。按照威尔逊的设想,如果美国参加国际联盟,美国将依赖其在金融、工业和商业等方面的优势,发挥世界领导者的作用。

在巴黎和会上,威尔逊提出首先制定《国际联盟盟约》和建立国际联盟(简称

"国联"），企图以此加强美国在国际事务中的影响；英、法则主张先解决殖民地和领土问题。争论的结果是双方最后达成妥协，决定将国联问题交给以威尔逊为主席的专门委员会进行研究，负责起草国联盟约。1919年4月28日，巴黎和会通过了这一盟约，并把它作为第一部分分别载入《凡尔赛条约》和对奥、匈、保等国的和约之中。

凡尔赛体系的建立，完成了从战争向和平转变的进程，为20世纪20年代世界的相对平稳发展创造了条件。但是，凡尔赛体系力图在法律上巩固一场帝国主义非正义战争的结果，是帝国主义重新瓜分世界的体系，战胜国通过对战败国的处理，获得新的殖民地、领地和势力范围。这样建构的国际新秩序，并不能给战后世界带来持久和平。第一，《凡尔赛条约》是建立在战胜国对战败国的支配和掠夺之上的，加深了帝国主义战胜国与战败国之间的矛盾。而作为战胜国分赃的巴黎和会，又因其分赃不均和相互争斗加深了战胜国之间的矛盾。第二，战胜国在安排战后领土方面，出于自身利益和战略上的考虑，践踏了民族自决基本原则。这造成了战后的领土争端和冲突，加剧了国际紧张局势。通过国联委任统治的方式重新瓜分殖民地，则又加剧了宗主国和殖民地之间的矛盾。第三，凡尔赛体系以反对苏俄革命为重要目标。战后初期，协约国对苏俄进行了武装干涉和封锁。之后又无视苏联作为一个大国的客观存在，将其排斥在外。这些都在一定程度上导致苏联对战后国际秩序抱敌视态度。第四，这个体系所依赖的均势十分脆弱。单靠英、法是难以维持战后秩序的，欧洲平衡没有苏联和德国的参与，不可能实现。《凡尔赛条约》使德国产生了强烈的复仇心理，同时又没有从根本上消除其东山再起的潜力。由此可见，凡尔赛体系存在着极大的不稳定性，某种意义上为新的世界大战埋下了祸根。

（二）欧洲安全问题与洛迦诺会议

在赔款问题暂告一段落后，与之相关联的安全问题便突出起来。"道威斯计划"的出台和鲁尔危机的结束，使欧洲国际关系发生了相当大的变化：英、德的国际地位有不同程度的提高；法国却遭到了削弱。这加深了法国对德国未来地位的恐惧和自身的危机感，促使它更加迫切希望满足自己战后一直在努力寻求的安全保障。

签订《凡尔赛条约》时，英、美两国曾经答应共同保证法国的安全，由于美国国会拒绝批准《凡尔赛条约》，该保证也随之化为乌有。20世纪20年代初，法国分别同比利时、波兰等国签订双边友好条款或友好同盟条约。然而，它们作为遏制德国侵略的屏障，力量毕竟有限。

与此同时,法国力求从英国得到对其自身安全的担保。法国一直谋求同英国结盟,但始终没有结果。英、法共同倡导的关于和平解决国际纠纷的议定书,于1924年10月由国联大会批准,被称为《日内瓦议定书》,但被1924年接替工党上台的英国保守党政府所否决。

鲁尔危机结束后,英国看到法国外交受挫,经济困难,实力有所下降,于是它乘机接过"安全保障"的旗帜推动德国出面倡议签订莱茵保障公约,由有关国家共同维持欧洲局面,以抑制法国利用"安全保障"的名义称霸欧洲的野心。英国外交大臣奥斯汀·张伯伦之所以赞成用签订莱茵保障公约的办法,是因为英国如对保障西欧领土现状承担义务,即在法国遭到德国无端进攻时,英国对法国提供军事援助的承诺,既可以解除法国对安全的担忧,又可以阻止德国起而复仇,从而减少了爆发战争的危险。这样的条约也确保了英国的安全,它规定莱茵河是英国的战略边界,是保卫英吉利海峡的要冲。另外,英国也害怕苏联在欧洲扩大影响。为了使德国疏远苏联,英国认为必须满足德国修改和约的要求。

德国外长施特雷泽曼清楚地知道德国受制于协约国,难以靠横冲直撞来摆脱《凡尔赛条约》的束缚。施特雷泽曼的外交是企图利用英、法以及苏联等国对德国的不同利益要求,来实现恢复德国大国地位的目标。一方面,他对法国采取和解政策,并设法迎合英国人的心理,依靠奉行均势政策的英国。另一方面,他也意识到,德国完全倒向西方,是不可能获得政治独立的,更谈不上达到修改和约的目的,而借助于和苏联的关系则可以迫使西方作出更多的让步。

1925年年初,德国向协约国提出缔结莱茵保障公约的建议。其内容是:在莱茵地区有利害关系的国家,首先是英、法、德、意(后来加上比利时),缔结一项公约,保证互不进行战争;德、法及其他国家之间缔结一项长期仲裁协定,和平解决法律和政治争端;签订一项保证莱茵地区领土现状的公约,缔约国保证不侵犯莱茵地区的边界现状。经过有关各方的交涉和权衡,1925年10月,英、法、德、意、比、捷、波七国代表在瑞士小城洛迦诺召开会议,讨论莱茵安全保障问题。会议草签了《最后议定书》和七个条约,这些条约总称为《洛迦诺公约》。其主要内容是:维持德、比和法、比边界现状;重申遵守《凡尔赛条约》关于莱茵兰非军事区的规定;德、比和德、法互不侵犯,如果发生任何侵略,英、意立即援助受到侵犯的国家。这次会议没有缔结关于维持德国东部边界现状的安全保障条约,德国与波兰和捷克斯洛伐克只是分别签订了仲裁条约。只有法国为安抚它的盟国,与波、捷签订了安全保障条约。1926年9月,德国正式加入国联,之后又成为国联行政院的常任理事国。

《洛迦诺公约》起到了暂时稳定凡尔赛体系的作用。首先,暂时结束了法、德的敌对状态,消除了对欧洲和平的威胁。英国外交大臣奥斯汀·张伯伦称之为"战争年代与和平年代的真正分界线"。其次,《洛迦诺公约》消除了敌国与盟国的区别,使得欧洲大国之间的相对地位发生微妙变化:德国是最大的赢家,重新加入了列强的行列,在国际关系中获得相当大的自由和平等地位;英国取得了平衡欧洲格局的有利地位,成了法、德之间的仲裁者和法国的保证人;法国则丧失了对德国的制裁权,东欧同盟体系遭到削弱,并将其边界安全置于英、意两国的空头保证之下。最后,《洛迦诺公约》排除了苏、德结盟的可能性。

《洛迦诺公约》在欧洲安全问题上对凡尔赛体系所作的较大调整,使欧洲的国际关系进入了相对稳定阶段,并为"道威斯计划"的继续实行和 20 世纪 20 年代中后期资本主义的经济发展创造了条件。"洛迦诺精神"一词一时成为和解与安全的代名词。

然而,洛迦诺会议达成的妥协,不可能成为欧洲国际局势长期稳定的基础。西方国家和德国对《洛迦诺公约》有着不同的理解:英、法把它视为巩固现行国际体系的手段,而德国则是要依托它摧毁凡尔赛体系。在施特雷泽曼看来,《洛迦诺公约》使其看到保存莱茵兰地区和收回德国东部领土的可能性,洛迦诺精神意味着严重削弱凡尔赛体系的基础和恢复德国的自由。此外,洛迦诺安全保障机制存在严重的缺陷。德国的西部边界得到了国际保证,但其东部边界没有同样的保证,奠定国联盟约基础的普遍性集体安全原则实际上遭到了破坏。洛迦诺被誉为迈向永久和平的里程碑,事实上它却为凡尔赛国际秩序敲下了丧钟。洛迦诺打开凡尔赛体系的一个缺口,此后德国正是从这个缺口向东欧侵略扩张,最后葬送了凡尔赛体系。因此,《洛迦诺公约》在战术层面上促进了"一战"后国际体系的维持,但在战略层面上则有可能导致其削弱和瓦解。

(三) 日本侵略东北、国际联盟和美国的不承认主义

日本发动"九一八"事变,使华盛顿体系维护战后国际和平的国际联盟面临严峻挑战。中国要求国际联盟来调解纠纷,坚持在国联框架内解决问题。因此,主导国联的英国和法国与作为华盛顿体系核心的美国的态度成了决定事件走向的关键。

1931 年 9 月 21 日,中国驻国际联盟全权代表施肇基根据《国联盟约》第 11 条,向国联控诉日本对华的侵略行径,同时呼吁《非战公约》的签字国主持正义。第二天,国联理事会紧急召开会议讨论日本问题,日本代表芳泽谦吉极力为事变做辩护。国联理事会当日的会议决定通告中、日双方要避免冲突、力求和平解决事端,双方应尽快撤军。要求中国军队从自己的国土上撤军,是完全漠视中国作为被侵略国的主权和利益的。日本无视国联通告,继续在中国东北攻城略地。两个月中,国联三次召集理事会会议,但会议的决议仅仅在"要求日本撤兵"和"呼吁和平"上

做表面文章,没有采取相应的制裁行动来配合决议的执行。在中国政府的一再抗议下,国联决议建立一个调查团来独立调查"九一八"事变发生的原因和中国东北的情况。

美国的态度基本和英、法一致,但由于美、日两国在亚洲和太平洋地区存在的矛盾更为深刻,美国对日本侵略行为的顾虑要多于英、法,态度也稍显强硬。事变初期,美国方面寄希望于日本国内的"稳健派"能有所作为。随着战事发展,美国国务卿史汀生意识到日本方面完全无视《九国公约》和《非战公约》,严重损害华盛顿体系,理应对日本加以制裁,然而史汀生的提议并未得到总统胡佛的支持。但日本的用兵速度之快,引起了美国的不安。1932年1月3日,国联调查团尚未正式成立之时,日军就已占领了锦州,东北最后一个重镇失守。这一消息让美国国务卿史汀生大为震惊,1月7日,美国政府向中、日双方发出照会,表示"美国政府不能认许任何事实上的情势的合法性,也不拟承认中、日政府或其代理人间所缔订的有损于美国或其在华国民的条约权利一包括关于中华民国的主权、独立或领土及行政完整,或关于通称为门户开放政策的对华国际政策在内的任何条约或协定;也不拟承认用违反1928年8月27日中、日、美均为缔约国的巴黎公约之条款与义务的方法,而获致的任何局势、条约或协定"。这就是美国的"不承认主义",也称"史汀生主义"。美国的"不承认主义"之核心在于维护美国的在华利益。"不承认主义"否定了日本在中国东北的侵略成果,是符合中国利益的,但美国在发出照会之余并没有配合以相应的行动,其"不承认主义"的外交姿态未能阻止日本对中国的侵略步伐。

1932年1月21日,国联调查团正式成立,由英国驻国联代表李顿爵士担任团长,美国、德国、意大利和法国四个国家的代表作为成员,中国的顾维钧和日本的吉田伊三郎作为两方代表随行。调查团此行的任务是调查事件背景和具体情况,向国联作出调查报告即可,无权干涉中日战事。2月3日,调查团从欧洲出发,先到达日本东京,拜见天皇,逗留十天后,继续东行抵达中国上海。调查团在南京与蒋介石等政府首脑先行会面,随后又到各国使馆了解情况,4月下旬,调查团终于到达沈阳。彼时,伪满洲国政府已经成立,日本已做好了准备,粉饰太平以应对国联调查团。

经过了半年的调查,国联调查团的调查报告于9月4日完成,10月2日在南京、东京和日内瓦同时发表,又称《李顿报告》。报告首先承认东北三省是中国的领土,指出伪满洲国乃是由日本控制的政府,并非中国国内独立运动之产物。关于"九一八"事变,报告承认这是日本有计划的军事行动,但转而以中国东北地理位置特殊为由,袒护日本的军事行动,将事变的罪责指向苏联。报告中为日本开脱罪责的言辞无疑是在混淆视听,报告最后提出的解决方案更是置中国的主权于不顾,力图以"经济合作""国际共管"的方式来分享日本在中国东北的利益。

1933年2月,国联大会在绝大多数国家的赞同下通过了《国联调查团报告书》,并声明不承认伪满洲国的合法性,美国发表声明支持国联的决议。日本对国联的决议强烈不满,于3月27日宣布退出国联。

(四) 雅尔塔会议和波茨坦会议

从近现代历史来看,在每一次大的国际战争之后,战胜国自然要根据自身利益和实力对比的变化来安排战后的国际秩序。"二战"也不例外。在战争中后期,苏联、美国和英国就开始规划战后世界的蓝图。

苏联领导人认为,巩固苏联的安全和确立其大国地位,是必须解决的最重要问题。第一,维持战时的大国合作关系。必须与美、英长期合作来共同管制德国,防止它东山再起。第二,维护苏联的国家利益。要求确保它在政治、经济和军事上对东欧国家的控制。第三,维护大国地位和权益。在国际事务中与英、美平起平坐;不允许西方染指东欧地区;争取扩展苏联在周边地区的影响;在符合苏联利益的前提下,支持别国的革命运动。

1941年8月美、英联合发表的《大西洋宪章》,在一定程度上继承了威尔逊主义的基本思想,可以说是美国战后计划的指导性文件。美国战后设计的核心内容,并不为外界所知,而且与其公开宣扬的主张相距甚远。第一,建立联合国组织。在美国的领导下实现大国合作来控制世界,建立广泛持久的集体安全机制。第二,维持大国合作关系,其关键是美、苏合作。因为大国合作是保障联合国发挥有效作用的前提条件。第三,建立美国主导的战后国际经济秩序。美国认为,实现国际经济繁荣,避免经济大萧条,是实现未来和平的必要条件。

英国的实力已经衰落,但仍然希望维持其在欧洲的地位。丘吉尔早就敏锐地预感到苏联的崛起对西方的威胁。当苏军进入巴尔干后,丘吉尔在1944年10月企图通过"巴尔干百分比"协议,来划分两国在巴尔干的势力范围,建立新的力量平衡。根据这一协议,苏联对东欧国家的支配权获得英国的承认,英国也相应达到了保存大英帝国遗产的目的。

从1944年下半年起,随着世界反法西斯战争的胜利进展,苏联和英、美之间的矛盾和互不信任也日益明显。为了取得谅解,协调彼此的政策,讨论战后世界安排等重大问题,争取战争的最后胜利,1945年2月4日至11日,斯大林、罗斯福和丘吉尔,在苏联克里米亚半岛的雅尔塔举行了三国首脑会议。

关于德国的处置问题,会议确定三国分区占领德国的原则,并同意从英、美占领区中划出一个地区让法国占领。三国必须解除德国的武装力量,根除法西斯制度和解散一切法西斯组织,消除法西斯影响,惩办战争罪犯。

在波兰问题上,双方存在严重分歧。罗斯福和丘吉尔不同意斯大林关于确定波兰西部边界走向的意见,特别是反对将波德边界定在西尼斯河;斯大林决定阻止建立反苏的波兰国家,无意让波兰流亡政府掌权。斯大林指出,波兰问题对苏联来说是一个生死存亡的问题。鉴于苏军完全控制了波兰,苏联支持的波兰民族解放委员会实际上已经在行使政府权力,因此双方就领土问题和改组政府等问题,达成了暂时的妥协。

关于苏联对日作战问题,三国签订的秘密的《雅尔塔协定》中规定,苏联在欧洲战争结束后三个月内将参加对日作战,其条件是:维持外蒙古的现状,库页岛南部及邻近岛屿交还苏联,大连商港国际化,苏联租用旅顺港为海军基地,苏、中共同经营中东铁路和南满铁路,千岛群岛交于苏联。另外,会议还讨论了联合国问题,就安理会的表决程序等问题达成协议。会议决定于1945年4月25日在美国旧金山召开联合国家会议,以便成立联合国。

此次会议巩固和维护了三国战时联盟,对加速反法西斯战争的胜利进程和促进战后和平稳定局面的形成起到重要积极作用。但会议的某些协议未经有关国家同意,具有明显的大国强权政治的倾向,严重损害中国等国的主权和利益。"二战"期间,在以雅尔塔会议为代表的一系列重要国际会议上,美、英、苏三国所达成的关于战后世界安排的各种宣言、公告、协议和谅解及依此建立的国际体系,被统称为雅尔塔体系。尽管雅尔塔体系的某些安排体现了大国强权政治的色彩,但与凡尔赛—华盛顿体系相比,它有着明显的进步性,总体上对于保证反法西斯战争的胜利成果以及遏制德国和日本军国主义复活具有积极意义,对维护战后世界和平起着不可替代的作用。

1945年5月德国投降后,日本法西斯也已面临彻底失败的命运,而苏、美、英之间围绕战后欧洲和世界安排问题的分歧和矛盾变得日益严重。1945年4月,罗斯福去世,杜鲁门(1884—1972)接任美国总统。美国对苏政策逐渐趋于强硬,指责苏联在波兰等问题上未能履行雅尔塔协议。5月底,英国首相丘吉尔甚至命令英军联合参谋部制订代号为"超越想象"的作战计划。计划的目的是把苏军挤出波兰。但英国军方认为该计划取胜的可能性很小。尽管大国同盟的合作气氛已经开始发生变化,但维持反法西斯同盟的团结仍然是三大国的共识。为了协调对日作战问题,解决双方的矛盾分歧,1945年7月17日至8月2日,苏联领导人斯大林、美国总统杜鲁门和英国首相丘吉尔(7月28日由新任首相艾德礼接替),在柏林西南郊的波茨坦举行会议。

会议确定了处置德国的基本政治原则、德国对苏联赔偿的问题。会议认可将哥尼斯堡划归苏联,波兰的西部边界暂以奥得河-西尼斯河为界。会议决定设立五国外长会议,进行有关缔结和约的准备工作。7月26日,美、英、中三国政府首脑发表《波茨坦公告》,其中确认了1943年12月1日的《开罗宣言》,敦促日本立即无条件投降,宣布盟国占领日本后,将实施非军事化和民主化等基本原则。《波茨坦公告》反映了世界人民和盟国早日击败日本、结束战争的愿望,它坚持《开罗宣言》的条件,表明了惩罚日本侵略和促使其走和平道路的正义立场。作为确立"二战"后国际秩序的重要国际法文件,《波茨坦公告》对于维护地区和世界和平稳定起到了关键作用,其历史地位和法律效力都是不容否定、不容动摇的。8月2日,苏、美、英发表三国《波茨坦协定》,规定了战后对德国的政策。

此次会议解决了结束战争和战后欧洲一些最迫切的问题,维持了苏联与西方的合作关系,加速了击败日本的进程。但随着战争即将结束,西方盟国同苏联在世界范围内的矛盾、分歧和斗争则进一步深化。这一切对战后欧洲政局和国际关系的发展产生了深远影响。

三、问题与思考

问题一:第一次世界大战后国际关系格局的形成原因、特征及影响。

思考要点:(一)原因 1.社会主义苏维埃国家的出现。2.凡尔赛—华盛顿体系的建立。3.亚非拉民族革命运动高涨。(二)特征 1.依旧由大国主宰。2.存在结构性矛盾。3.蕴含一定的合理和现代因素。(三)影响 1.战间期国际关系格局中的结构性矛盾孕育了一场新的大战。2.为第二次世界大战后国际关系格局的建立提供了借鉴。

问题二:国际联盟与联合国的关系与区别。

解题思路:(一)关系 1.作为联合国基本法的《联合国宪章》,与作为国联根本法的《国联盟约》有着密切渊源。2.联合国组织机构的框架结构与国联一脉相承。3.联合国所属专门机构中的某些机构与国联密不可分。(二)区别 1.成立的背景不同。2.参加者各异。3.运行机制有别。4.对待战争的态度有别。

问题三:1931—1941年间英美远东政策的变化及对中国的影响。

解题思路:(一)20世纪30年代初期,英、美等国对德、意、日法西斯国家的侵略扩张行为实行妥协纵容政策,对日本在远东的一系列扩张行为也没有采取有效的抵制措施。(二)七七事变后,英国政府仍继续纵容侵略,与美国策划推行"远东慕尼黑阴谋",图谋以出卖中国换取日本的"谅解",换取其避免或至少是推迟与日本的直接军事冲突,以求维护其在中国的权益。(三)1941 年 12 月 7 日,在美国毫无戒备的情况下,日军联合舰队对珍珠港进行了猛烈的轰炸,美国损失惨重,日本突袭取得重大胜利。12 月 8 日美、英对日宣战,英美的远东政策发生根本性的转变。

问题四:1933—1940 年间苏联外交政策的演变、原因及影响。

解题思路:第二次世界大战前,面对德国法西斯势力的不断扩大,苏联不断调整外交政策,以谋求自身安全。总体而言经过了两大阶段。(一)1933—1939 年期间寻求集体安全政策阶段。1. 主张联合英、法,利用集体力量反对法西斯。2. 防止出现庞大的反苏集团,维持世界和平,并为国内建设提供稳定环境。3. 英、法一意推行绥靖政策,集体安全政策流产。(二)1939—1940 年期间中立阶段。1. 改善同德国和日本的关系,谋求保障苏联的安全。2. 集体安全政策流产,苏联转而寻求中立以维护自身安全。3. 为法西斯侵略提供了战略环境,并使苏联在战争初期严重失利。

问题五:世界反法西斯同盟形成的原因及影响。

解题思路:(一)原因 1. 德、意、日发动的侵略战争是同盟形成的决定性因素。2. 反法西斯阵营的扩大。3. 英美同苏联达成联合。(二)影响 1. 加速了世界反法西斯战争的胜利进程。2. 为联合国组织的建立奠定了基础。

四、拓展阅读推荐

第一节　丘吉尔

1. [英]丘吉尔:《丘吉尔传:我的青春》,蔡玳燕译,杭州:浙江文艺出版社,2017 年。该书是作者对自己前半生的回顾,包括童年、校园生活、在南非的"布尔战争"中担任战地记者以及初涉政坛成为议员等各个阶段,让读者对这个伟大人物有了一定的了解,了解其作为一个有远见的人、一个政治家、一个历史学家和一个好口才的反对纳粹德国的演说家是如何成长起来的。

2. [英]约翰·梅纳德·凯恩斯:《〈凡尔赛和约〉的经济后果》,李井奎译,北京:中国人民大学出版社,2017 年。1919 年作者作为英国财政部的谈判代表参加巴黎和会,主张对德宽容,但因其观点不受待见而辞职,退而著成该书。该书对《凡尔赛和约》给德国及世界所造成的影响进行了杰出的、预言性的分析,对三巨头作了细致深刻的描绘。该书一经出版即风行全世界,成功奠定了作者世界著名经济学家的声誉。1944 年作者参与建立战后布雷顿森林体系时汲取了《凡尔赛和约》

和大萧条的教训。

3. [美]詹姆斯·肖特维尔：《巴黎和会亲历记》，侯波译，上海：上海社会科学出版社，2021年。1919年作者作为美国代表团的随行高参智囊之一参加巴黎和会，1937年作者将其巴黎和会经历、见闻写成了该书。书中记述了包括总统威尔逊在内美国代表团的一些情况，也留下了有关于作者学生、中国代表团成员顾维钧及其他人员如陆征祥等的描述，内容翔实生动，具有较高的参考价值。

4. [爱]埃米尔·约瑟夫·狄龙：《巴黎和会》，仇全菊译，北京：东方出版社，2021年。1919年作者以参会记者的身份亲历巴黎和会，通过该书向读者客观展示了一段宝贵的历史资料。该书引用了大量当时颇有影响力的报纸刊登的文章，主要讲述了巴黎和会对世界产生的方方面面的巨大影响。作者作为资深记者，在记叙和评价时尽量保持客观公正，为研究巴黎和会的历史提供了可靠资料和全新角度。读者在作者字里行间感受到不平等始终贯彻于巴黎和会始末，从而深深体会到"没有永恒的敌人，只有永恒的利益"以及"弱国无外交"。

第二节　爱德华·卡尔

1. [英]爱德华·卡尔：《两次世界大战之间的国际关系：1919—1939》，徐蓝译，北京：商务印书馆，2011年。该书针对两次世界大战之间的特定历史阶段，以巴黎和会为开端、德国入侵波兰为结局，简明扼要地介绍了第一次世界大战之后国际关系的建立和发展。作者对国际关系研究中理想主义流派观点的不足之处进行分析，指出这二十年间国际关系动荡的根源在于各国对现实国家利益的争夺，一针见血地指出了第二次世界大战爆发的必然性，因而在战后首次确立了国际关系研究中现实主义流派的理论基础。

2. [美]汉斯·摩根索著、[美]肯尼思·汤普森修订：《国家间政治：寻求权力于和平的斗争》，徐昕等译、楬思校，北京：北京大学出版社，2012年。该书是西方国际关系理论中现实主义学派的经典之作，揭示了国际政治的本质——权力斗争，精确定义了国际关系的范畴，宣告了美国二战后外交思想范式转型的开始。作者阐释了作为其理论核心的政治现实主义六项原则，指出在现存的国际体系中，只有通过讲究艺术的传统外交手段达成国家间的妥协与和解，才能为形成一个有中央政府权威的世界国家以缔造普遍和平铺平道路。

3. [美]肯尼思·华尔兹：《人、国家与战争：一种理论分析》，信强译，上海：上海人民出版社，2019年。该书是作者的代表作，也是国际政治学现实主义的经典之作。作者为了回答战争的根源是什么这一核心问题，考察了西方文明史中主要思想家的观点，提出了著名的战争根源的三个意象——人类行为、国家内部结构、国际无政府状态,并在此基础上提出了消除战争、实现和平的对策。

第三节 顾维钧

1. 顾维钧:《顾维钧回忆录(全13册)》,北京:中华书局,2013年。该书是作者根据多年积累的文献档案和几十年的工作日记,凭借清晰记忆所口述的《回忆录》,反映了其亲身经历北洋政府的动荡混乱,抗战和内战,两次世界大战,以及国际联盟与联合国的兴替。自20世纪八九十年代问世以来,该书在海内外受到史学界、外交界及广大知识界的一致赞许,不论对中国史领域,还是对世界近现代史,都具有很高的参考价值。

2. 伍廷芳:《一个东方外交官眼中的美国》,李欣译,上海:学林出版社,2006年。该书是作者根据其对美国社会长期的观察,及对中西文化的细心剖析,撰写而成的一部东西文明比照集。书中涉及两国社会的方方面面,作者满怀平和、通达、宽容的人文情怀,力主中美两国彼此吸纳对方的优点,从而推动各自文明的进步与发展。

3. 施肇基、金问泗:《施肇基早年回忆录:外交工作的回忆》,北京:中华书局,2016年。该书分为两部分即施肇基的《施肇基早年回忆录》、金问泗的《外交工作的回忆》,分别记述了两位中国外交家主要的履职经历,展现了19世纪末至20世纪上半叶中国的外交状况及其所面临的世界形势,具有一定的参考价值。

4. 张生等编:《国联调查团报告书》,南京:南京大学出版社,2019年。该书编纂了较早时期出版的《国联调查团报告书》多语种版本,英文版录自日内瓦当地时间1932年10月1日公布的官方版本(现藏日内瓦国联图书馆);中文版录自国民政府外交部翻译的《国联调查团报告书》;日文版录自日本外务省翻译的《国联调查团报告书》(东治书院,1932年)。

第四节 罗斯福

1. [英]温斯顿·丘吉尔:《第二次世界大战回忆录(全13册)》,吴泽炎等译,南京:译林出版社,2013年。作者以一位战争亲历者的独特视角,通过大量援引二战时期英国政府绝密档案及个人记录,叙述了20世纪初期,从一战后一直到二战结束这近30年的重大国际事件和历史进程,内容包括各国、各民族的政治、军事、外交、经济、文化和意识形态等诸多方面;详尽分析了二战爆发的背景、错综复杂的矛盾冲突,以及跌宕起伏的战争进程。作者凭借该书获得1953年诺贝尔文学奖。

2. [美]德怀特·D.·艾森豪威尔:《艾森豪威尔回忆录(一)》,樊迪、静海译,北京:东方出版社,2007年。作者在二战期间作为北非盟军总司令和西欧盟军最高统帅,同华盛顿盟军联合参谋长会议有着密切的关系,因此该书有助于读者了解第二战中美、英方面同希特勒德国作战的经过情况以及盟军最高统帅部的战略计划和战术思想,具有一定的参考价值。值得注意的是,作者在叙述一些重大战役时,暴露出其与丘吉尔为着各自国家统治集团的利益所产生的矛盾,还透露了美国意欲压取法国殖民地的野心,并用停止援助相威胁企图逼使法国就范等等。

3. [法]夏尔·戴高乐:《战争回忆录(全3册)》,陈焕章译,北京:中国人民大学出版社,2015年。该书共分三卷(《召唤》《统一》《拯救》),时间跨度从1940年至1946年1月止,是作者在1953年暂退政界后耗费数年心血完成的巨著。作者从个人和法国的角度,对第二次世界大战进行了整体性回忆,作者批判地审视整个历史的行动,经常思考当时自己是否可以采取其他的方法,从而对过去的行动重新评估,具有很高的史料价值。

4. [英]罗伯特·安东尼·艾登:《艾登回忆录:清算(全2册)》,瞿同祖、赵曾玖译,北京:商务印书馆,2017年。该书出版于1965年,记述了从1938年英国参加战争前夕直到1945年世界大战结束这一历史时期许多重大事件和战争进程,多与英国有关且和作者本人作为丘吉尔副手曾参与其事的那些事件。作为关于二次大战的极为珍贵的回忆录,涉及范围广泛,材料颇多,对于了解、研究第二次世界大战中的国际关系史具有重要的参考价值。

第五节　朱可夫

1. [俄]托洛茨基:《托洛茨基论反法西斯斗争》,施用勤译,西安:陕西人民出版社,2012年。该书集结了作者写于1929—1940年间的论反法西斯斗争的文章,以及关于苏德战争的评述和战争起因的分析,展现了从一战以后到二战爆发期间其对欧洲局势的前瞻性分析,尤其涉及作者对斯大林对德方针及相关重大事件的评价,对于二战前的国际政治史的研究极具参考价值。

2. [德]冯·埃里希·曼施泰因:《失去的胜利:曼施泰因元帅战争回忆录》,戴耀先译,长沙:湖南人民出版社,2013年。作为德国陆军元帅,作者曾积极参与制订和实施希特勒的侵略战争计划,该书是以其他在第二次世界大战中的亲身经历为主线,根据其私人日记和其他资料,介绍了德国进行侵略战争的经过,尤其是详细地描述了他亲自指挥的几次重大作战行动,阐述了他对二战中各个事件和重要人物的看法,有助于读者从德国视角了解二战中德军的一些决策内幕,具有十分重要的参考价值。

3. [俄]弗·奥·佩恰特洛夫、[俄]伊·爱·马加杰耶夫:《伟大卫国战争期间斯大林与罗斯福和丘吉尔往来书信(全2册)》,于淑杰等译,北京:世界知识出版社,2017 年。作者历经五年,研究了俄、美、英三国档案馆中 5000 份最新解密文件,将 800 多封斯大林与罗斯福和丘吉尔第二次世界大战期间的往来书信收录书中,并保留修改痕迹,还对每个阶段的通信配以背景描述、专业解析和珍贵历史照片。读者能从中看到三巨头在战争年代,在广泛的外交联盟背景下所持的政治立场和复杂的行为动机,并使人们能够穿越历史,反观"冷战",尝试拨开当今世界大国关系的层层迷雾,准确把握其来龙去脉。

4. [苏]伊万·迈斯基著、[英]加布里埃尔·戈罗德茨基编注:《伦敦日记:苏联驻伦敦大使二战回忆录》,全克林、赵文焕译,桂林:广西师范大学出版社,2021年。该书是作者曾于 1932—1943 年担任苏联驻英大使在伦敦写下的珍贵日记,经编者选编、作注而成书。书中记述苏联在英的外交活动,见证了众多二战重大历史事件,也讲述了作者与多位英国政要的交往细节,是一份不可多得的文献资料。值得注意的是,该书中文版特别收录中国相关内容,揭示了苏联制定对外政策过程中,中国所起的作用。

第五章　冷战时期世界两大阵营与新国际体系的酝酿

本章案例导读

　　本章案例所涉主题为冷战时期世界两大阵营与新国际体系的酝酿,相应教学内容包括:冷战的形成与东西方对峙、美苏关系的变化、冷战背景下的欧洲与亚洲、国际经济格局的变化、冷战的终结等。

　　第二次世界大战后期,英、美、苏等反法西斯主要同盟国通过举行一系列会议,就战后世界秩序的安排达成了许多共识。但是战争甫一结束,美、苏两国在争夺东欧、伊朗、土耳其等议题展开了激烈角逐。1946 年,美国外交官**乔治·凯南**通过"长电报",提出对付苏联的所谓遏制政策,随即被杜鲁门政府所采纳,由此开启美苏之间长达近半个世纪的冷战。在冷战背景下,德国和日本很快从战争废墟中走了出来,分别成为欧洲和亚洲经济发展最快的国家。作为战后初期的主要执政者,**康拉德·阿登纳**与**吉田茂**为各自国家创造战后经济复苏之奇迹立下了汗马功劳。

　　冷战时期美苏关系经历了一个曲折的过程,先后有过三次缓和阶段。其中,20 世纪 80 年代后期美苏关系的第三次缓和,主要原因在于**戈尔巴乔夫**上台后苏联内政和外交政策发生的变化。这些变化带来的结果,是东欧剧变、华约解散与苏联的解体。接下来,世界多极格局在大国博弈中逐渐显现,而国际体系在各种制度、体制、机制的持续蜕变中也呈现出了新的面貌。

　　本章关键词:冷战思维;遏制政策;两极格局;法德和解;欧洲一体化;日美同盟;美苏军备控制谈判;苏联解体

第一节 乔治·凯南

一、本节案例导读

乔治·F·凯南(George Frost Kennan，1904—2005)，美国外交家、历史学家。常年任职于美国驻苏联使馆，被认为是美国外交界首屈一指的"苏联通"。1946 年 2 月 22 日，其向美国国务院发送长电文，提出了著名的"遏制思想"。1947 年，在《外交季刊》上发表了《苏联行为的根源》一文，首次使用"遏制"一词，全面阐释了所谓"遏制思想"，成为二战后美国对苏战略思想的基础，对美国的外交政策产生了深远影响。

二、案例资料阅读

[美]乔治·凯南:《苏联行为的根源》,《政治研究》,1988 年第 1 期,第 79—86 页。①

① 该文由张小明译自 1947 年 7 月号《外交季刊》(Foreign Affairs，July，1947)。

苏联行为的根源[①]

一

我们今天所看到的苏联政权的政治性格是意识形态和环境的产物:苏联现今领导人从产生他们政治背景的那个运动中继承下来的意识形态和他们在俄国执掌已近三十年的政权的环境。很少有心理分析的工作比弄清这两种因素的相互作用及每个因素在决定苏联行为中的地位这个工作更难的了。尽管如此,为了理解和有效地对付苏联的行为,必须作这样的努力。

要概括出苏联领导人夺取政权时所带着的一整套意识形态观念是困难的。马克思的理论在俄国共产主义版本中总是在发生着微妙的变化。作为其理论基础来源的材料是广泛而又复杂的。但是 1916 年时,俄国共产主义思想的最主要内容可以归纳如下:(a)人类生活的中心因素是物质产品的生产和交换制度,它决定社会生活的性质与"社会面貌";(b)资本主义的生产方式是罪恶的,它必然导致资本拥有者阶级对工人阶级的剥削,不能充分发展社会经济和公平地分配劳动者创造的物质产品;(c)资本主义包含着导致自身毁灭的种子,由于资本拥有者阶级不能适应经济的发展变化,它必然引起革命和使政权转移到工人阶级手中;(d)作为资本主义最后阶段的帝国主义必定导致战争和革命。

其他内容可用列宁自己的话来概括:"经济政治发展的不平衡是资本主义的绝对规律。由此就应得出结论:社会主义可能首先在少数或者甚至在单独一个资本主义国家内获得胜利。这个国家内获得胜利的无产阶级既然剥夺了资本家并在本国组织了社会主义生产,就会起来反对其余的资本主义世界,把其他国家的被压迫阶级吸引到自己的方面来,……"[②]应当指出,他们认为如果没有无产阶级革命,资本主义不会自行灭亡。为了推翻摇摇欲坠的制度,一定要有来自无产阶级革命运动的最后推动力。这种推动力被认为是迟早是要到来的。

在俄国革命爆发以前五十多年中,参加革命运动的人们狂热地信奉这套思想。由于受挫、不满、无自我表现的希望(或急于自我表现)以及在沙皇统治制度的严密控制下选择流血的革命作为改善社会境况的手段此种行为缺乏广泛的支持,这些革命家们便在马克思主义理论中为自己本能的欲望找到了极为方便的理论依据。马克思主义理论为他们烦躁情绪、全盘否定沙皇制度下的价值观、追求权力的欲望

---

① 译者说明:凯南是美国政治现实主义的代表人之一。《苏联行为的根源》1947 年发表在《外交季刊》上,因署名 X,故有"X 论文"之称。X 论文提出了著名的"遏制"战略,是乔治·凯南第一个公开发表的、阐述其政治现实主义思想的著述。虽发表的时间较久,但仍有一定的参考价值。

② 列宁:《论欧洲联邦的口号》,1915 年 8 月,《列宁全集》中译本第 21 卷第 321 页,1959 年,人民出版社。

和雪耻心理以及寻求捷径实现这些愿望的倾向提供了违反科学的理论根据。因此毫不奇怪,他们坚信马克思列宁主义教义是千真万确、合理有效的,因为这一教义迎合他们那种易冲动,激情感的心理。没必要怀疑他们的虔诚。这是和人性本身一样久的现象。爱德华特·吉本①说得最精辟不过了,他在《罗马帝国的衰亡史》中这样写道:"笃信到欺骗,这一步是非常危险而又不知不觉的;圣贤苏格拉底告诉我们,聪明的人可能为自己欺骗,善良的人可能愚弄他人,人的良心正是处于自我幻觉和有意欺骗的混合的中间状态。"正是带着这一整套观念,布尔什维克党夺取了政权。

应当指出,在整个准备革命的时期,这些人的注意力,跟马克思本人一样②,更多地放在击败竞争对手而非今后社会主义所采取的形式上,在他们看来,前者先于后者。一旦掌权,他们对应该实施的纲领的看法很大部分上是模糊的、空想的和不切实际的。除了工业国有化和剥夺私人大资本外,没有一致的纲领方针。他们对待农民的办法(根据马克思主义的公式不同于对待无产阶级)在俄国共产主义思想中就是一个含糊不清的问题,在共产党执政的最初十年中,一直是一个引起争论、举棋不定的问题。

革命后最初一段时期的环境——内战、外来干涉以及共产主义者仅仅代表着俄国人民中极少的一部分——这使得必须建立独裁政权。"战时共产主义"和过急消灭私人生产与私人商业造成了不良的经济后果、招来了对新生政权更多的敌视。暂时缓慢俄国的共产主义化过程是以新经济政策为标志,减缓了某些经济困难,达到了一定目的。然而它也表明,"社会中的资本主义因素"总是设法从政府放松政策中谋取好处,如果允许其继续存在的话,他们始终是威胁苏维埃政权的强大的反对力量与竞争对手。个体农民的情况也类似,尽管力量很少,他们亦属私有生产者。

如果列宁在世的话,为着俄国社会的最终利益,他或许会以伟人的气魄调和这些相冲突的力量,当然我们不能确定他真的会这样做。即使列宁会这样做,斯大林及其在争夺列宁继承权斗争中的追随者们也不会容忍他们所觊觎的政权下存在着竞争的政治力量。他们的不安全感太强烈了。他们那种特有的极度强烈的狂热性和戒备心理与盎格鲁—撒克逊的妥协传统格格不入,使得不可能实行长久的分权。从孕育他们的俄罗斯—亚细亚世界,他们形成了对于竞争力量长久地和平共处的

---

① 爱德华·吉本,1737—1794,英国历史学家。——译者注
② 本文之"社会主义"指马克思主义者或列宁主义者的社会主义,不是第二国际的自由社会主义。——作者注

可能性极度怀疑的心理。由于轻信自己教义的正确性，他们总是坚持竞争力量或屈从我或被消灭。共产党之外的俄国社会本身并不僵化。人们的任何形式的共同行为与组织皆受党的操纵。在俄国，不允许存在其他具有活力与感召力的组织。只有党具有严密的组织结构。除了党之外，便是无组织无目的的杂乱的群众。

苏联党内，情况亦如此。党员群众虽然可能参加选举，参与制定、讨论和执行政策，但是他们参加这些活动时并不是从自己的意愿出发，而是要仰上级党的领导的鼻息，揣摩"指示"的含义。

应当再次强调的是，这些人搞专制主观上或许并不是出于个人的目的。他们无疑相信——并且很容易这样相信——自己知道什么是于社会有益的，一旦权力获得稳固和不可改变的地位，就会努力为社会谋福利。为了达到权力稳固的目的，他们不顾上帝规条与人类道德；不择手段。只有等到他们觉得安全时，才会开始考虑如何使信赖自己的人民过得幸福与舒适。

关于苏联政权最突出的环境即，迄今为止，该政权的政治巩固过程尚未完成，克里姆林宫的人还深陷于巩固和强化他们在 1917 年所获得的政权之斗争中。他们这样做的主要目的是对付俄国内部的反对势力，但也有对付外部世界的意图。因为意识形态教导它们，外部世界是敌视苏联的，最终推翻境外的政治势力是他们的历史使命。俄国的历史与传统支持了他们的这种认识。最后，他们自己挑衅性的不妥协行动惹来了外部世界的反应。于是他们，用吉本的另一句话来说，又被迫应付自己所挑起的敌对行为。通过把外部世界描绘成自己的敌人从而证明自己正确，这是每个人所具有的、无可否认的特权；因为如果他经常地、反复地这么认为并将之作为自己的行为基础，那么他必定是正确的。

由于他们精神世界和意识形态的特点，苏联领导人从不承认敌对他们的行为含有合理的、正义的因素。这种敌对行为，从理论上说，只能来自反动的、顽固的和垂死的资本主义。只要官方承认俄国尚存资本主义的残余，这就可以被当作维持独裁政权的原因。但是，当这些残余开始逐渐消失，独裁政权之合理性就越来越站不住脚了，而且当官方正式宣称这些残余已被最后清除之后，其存在之合理依据就完全丧失了。这促使苏联统治集团采取新的手法，因为俄国已不存在资本主义，同时又不允许处于其统治下的人民自发产生的严重的与广泛的异己力量之存在，这样就有必要通过强调国外资本主义的威胁，为继续维持独裁制度提供合法依据。

这种做法很早就已开始。1924 年，斯大林特别指出，维持"镇压机关"（主要指军队和秘密警察）是因为"只要存在资本主义的包围，就有被干涉的危险和由此引起的一切后果。"根据这种理论，从那时起，俄国国内的一切反对力量均被描述为敌视苏联政权的国外反动势力的代理人。

　　同样地,他们极力强调社会主义和资本主义世界存在着根本的对抗这一共产主义观点。许多事实证明,这是毫无根据的。由于一方面国外确实存在由苏联哲学与行为所引起的敌视心理,另一方面历史上某些时候军事强国特别是 30 年代的纳粹德国和日本确实有侵略苏联的计划,真实的情况被掩盖了。但事实上,莫斯科强调面临着外部世界对苏联社会的威胁,并不是因为真有来自国外的敌视的现实,而是为了给维持国内独裁制度制造借口。

　　因此,维护苏联现政权即在国内建立至高无上的权威,和由此而来的编造外国敌视的神话,这一切决定了我们今天所看到的苏联政权机器的特征。未能适应上述目的的国内机关逐渐被裁减与取缔,反之则不断膨胀。苏联政权的安全是建立在党的铁的纪律、无所不在和严厉残暴的秘密警察以及牢固的国家经济垄断的基础上的。苏联领导人得以对付竞争力量以求得安全的"镇压机关",很大程度上成了人民(他们应当服务的对象)的太上皇。今天,苏联主要政权机关的任务是完善独裁制度和在民众中维持这么一种观念,即俄国处于包围之中,敌人就在城墙下。组成权力机构的上百万官僚们必须尽一切努力在人民中维持这种观念,否则他们自己就是多余的了。

　　从目前看来,俄国统治者不会取消镇压机关。建立专制政权的过程已经进行了近三十年,这在当代是空前的(至少从范围之广这一点来说),它除了引起国外的敌视外,亦导致了国内反抗。警察机关强化的结果,是使反对政权的潜在力量越来越强大与危险。

　　俄国统治者决不会放弃他们借以维持独裁政权的神话。因为这个神话已成苏联哲学不可分割的一部分;通过比单纯的意识形态力量还大的纽带,它已深深地嵌入苏联思想体系之中。

二

　　前面谈了这么多的历史背景。那么它是如何反映在我们今天所看到的苏联政权的政治性格上呢?

　　传统的意识形态理论尚未被放弃。他们仍然坚信资本主义是罪恶的、必然要灭亡的,无产阶级的历史使命是促使资本主义灭亡,将政权掌握在自己手中。但他们更多地强调关系到苏联政权本身的一些观念上,即作为黑暗、误入歧途的世界中唯一的、真正的社会主义政权的地位及其内部之权力关系。

　　在这些观念中,首先他们强调资本主义与社会主义之间固有的对抗。我们已经看到,这个观念是如此之深地嵌入苏联政权基础上。它对作为国际社会一员的苏联的行为有着深远的影响。这意味着苏联总不可能真正地相信自己与资本主义强国的目标有一致的地方。莫斯科总是认为,资本主义世界的目的是敌视苏联的,因而也就是违背它所控制的苏联人民的利益的。如果某个时候,苏联会在违背这一观念的协议上签字的话,这只不过是对付敌手的策略手段而已,苏联的做法是"买主自行当心"。苏联人声称这种对抗仍然存在。这是虚构的。由此产生了克里姆林宫对外政策中许多令人迷惑的现象:躲躲闪闪、守口如瓶、欺诈蒙骗、疑心重重以及不怀好意。在可见的将来,这些现象不会消失。当然,其程度与侧重点会有所不同。当苏联人有求于我们时,上述这种或那种行为会有所收敛;这种时候,总有些美国人会欣喜若狂,认为"俄国人变了",甚至有些人竟以所谓的自己带来了这种"变化"而居功。我们切不可为策略手段所迷惑。苏联政策的这些特征以及导致其产生的观念,与苏联内部政权性质密切相关,只要苏联政权性质没有改变,我们就必然要面对着这种行为,不管是明示的还是暗示的。

这意味着,在今后很长时间内,苏联仍是很难打交道的。但并不是说,苏联要进行你死我活的斗争,以便在一个确定的时间内推翻我们的社会制度。值得庆幸的是,苏联关于资本主义最终必然灭亡的理论包含这样一层意思,即它并不急于实现这一目标。进步势力可以为最后决战作长期的准备。在此期间,至关重要的是,国内外的共产主义者应当热爱与捍卫"社会主义祖国"——已经取得胜利的、作为社会主义力量中心的苏维埃社会主义联盟,促进它的繁荣,困扰与消灭它的敌人。在国外推行未成熟的、"冒险的"革命计划,会使莫斯科处境难堪,因此被视为"绝不能原谅"甚至是"反革命"的行动。莫斯科所定义的社会主义事业,就是支持和发展苏联的力量。

我们再来看苏联的第二个观念,即克里姆林宫是一贯正确的。在苏联权力思想中,不允许存在除党之外的独立组织,因此就必须在理论上把党的领导作为真理的唯一源泉。如果其他地方亦有真理的话,那就应允许其他组织存在与自由表达其意志,这是克里姆林宫不能也决不会允许的。

因此党的领导总是正确的,甚至自从1929年斯大林通过宣布政治局一致原则从而正式确立他的个人权利以来,亦是如此。

由于党一贯正确,因而便有党的铁的纪律。事实上,两者是互为依据的。建立严格的纪律需要承认党的一贯正确,党的一贯正确要求遵守纪律。两者一起决定了整个苏联政权机器的行为。如果不考虑第三个因素,还不足以理解这两者的作用,即党为了策略上的考虑,可以在任何时候随心所欲地提出某种理论,如果它被认为有益于其事业的话,并且要求全体党员忠实地、无条件地接受这种理论。这就是说,真理不是永恒的,它实际上可以由苏联领导人自己根据需要与目的创造出来。真理可以每周不同、月月有异,它不是绝对的、不可变更的——非产生于客观现实。这仅仅是某些人当时智慧的表白,因为他们代表着历史的规律。这些因素造成了苏联政权机器的目标是僵硬与固执的。这种目标可由克里姆林宫随意改变,而其他国家则无法做到这一点。一旦在某个特定的问题上制定了党的路线,整个苏联政府机构包括外交机关,就像上满发条的玩具汽车沿着既定的方向前进,直至遇到不可抗拒的力量才停下来。组成这个政权机器的个人,不为外来的论点与理由所打动。他们受到的全部教育就是教导他们不信任与怀疑外部世界。就象留声机前的白狗,他们只听"主人的声音"。只有主人才能改变他们的目标。因此,外国使节不可企望他的话会对苏联领导有所影响。他们至多能希望的是自己的话会被传给苏联最高领导阶层,只有他们才能改变党的路线。但是,这些人不可能会为资产阶级代表通常的逻辑所动摇。由于目标不同,思维方式亦不可能一致。因此,事实比言辞对克里姆林宫更有说服力,只有以无可辩驳的事实作后盾的言辞,俄国人才听得进。

但是,我们已经知道,意识形态并没要求他们急于实现目标。和教会一样,他们只经营意识形态概念(具有长远意义),可以耐心等待目标的实现。他们绝不会为了虚幻的未来而冒丧失目前所得的风险。列宁本人就教导说,追求共产主义目标既要谨慎又要灵活。这种告诫由于俄国历史上的教训更显重要:在毫无防御的广阔平原上与游牧民族进行了几个世纪的混战,谨慎、考虑周全、灵活与欺诈是非常有用的品质;这些品质为俄罗斯和东方民族所崇尚。因此,俄国人并不因为在比自己更强大的敌手面前退却而觉得丢面子。由于没有一个达到目的的确定时间,他们不会为进行必要的退却而不安。俄国的政治行为就像一条不停流动的溪流,朝着一个既定的目标前进。它主要关心的是灌满世界权力盆地中可以达到的每一个角落和缝隙。如果在前进的道路上遇到不可逾越的障碍,它会达观地接受并适应这一现实。重要的是永远朝着一个最终的目标前进。在苏联哲学中,并无一定要在一个确定时间内实现目标的思想:

因此,对付苏联外交比对付诸如拿破仑和希特勒等极富侵略性的首脑人物的外交既容易又困难。一方面,他们对敌手的力量更敏感,当觉得对方力量太强大时,更愿意在外交上作出让步,因此在权力逻辑与语言上更有理智。另一方面,敌方的一次胜利并不能击败他们或使他们丧失信心。由于它坚定固执,对付俄国不能靠偶尔采取的、反映民主世界公众舆论某个时候要求的行动,而要执行明智的、具有远见的政策——它在目标坚定、执行中方式多样与灵活应变上都不比苏联的政策逊色。

在这种情形下,很清楚,美国对苏政策最主要方面就是长期的、耐心但坚定和保持警惕地对俄国扩张倾向的遏制。应当指出,这种政策与装腔作势是不相容的,它并不等于威胁、恫吓或摆出"强硬"的姿态。虽然说克里姆林宫对政治现实的反应基本上是灵活的,但这绝不意味着它会不顾自己的声誉。跟几乎所有其他政府一样,苏联政权不会在笨拙的恫吓行为面前退缩。俄国领导人很了解人类的心理,他们知道大发脾气和丧失自控绝非政治活动中力量的源泉。他们会极力利用敌方这种弱点。因此,为了有效地与俄国打交道,外国政府绝对必要在任何时候保持冷静与镇定,要以不易损害其威望的方式向俄国提出要求。

三

根据上面的分析,很清楚,苏联对西方世界自由制度的压力,可以通过在一系列变化着的地理与政治点上,随着俄国政策和手法的变化,灵活、保持警惕地使用反抗力量而被遏制,不能以魔力或劝说使之消失。俄国人期望万古长存,并且看到自己已经取得了巨大的成就。应当记住,曾经有一个时期,共产党在俄国国内比苏联今天在世界更缺乏代表性。

如果说意识形态使俄国统治者认为真理在他们一边,他们可以耐心等待最终的胜利,那么我们则不受这种意识形态的约束,可以自由地、客观地判断这一论点是否站得住脚。苏联这一理论意味着它不仅完全不允许西方对其经济命脉的控制,而且设想俄国在很长时间能保持团结、纪律和坚韧不拔。把这种假定变为现实,如果西方以足够的资源和力量对苏联政权遏制 10—15 年,这对俄国将意味着什么呢?

苏联领导人利用现代技术给专制带来的便利,使得人民在其政权下服服帖帖。很少有人对他们的权威进行挑战,就是有也都在国家镇压机关面前败下阵来。

克里姆林宫亦证明自己能不顾居民的利益,在俄国建立起重工业基础,虽然这一过程尚未完成,但是它仍在继续发展中,并且日益接近主要工业国家的水平。所有这些,不管是维持国内政治安全还是建立重工业,都是以人民生活受压抑、期望未实现、精力被耗费为代价的。它要求使用强迫劳动,其规模与程度在和平时期的现代社会是空前的。它造成忽视和损害苏联经济生活的其他方面,特别是农业、消费品生产、住房建设与交通运输。

此外,战争又使得财产损失巨大、人员伤亡惨重和民众疲惫不堪。所有这些,使得今天的苏联人在肉体和精神上都极为疲乏。人民群众感到失望并且不再轻信上当,如果说苏联政权在国外还有一些吸引力的话,那么它的国内已经不像过去那么具有魅力了。在战时为了策略方面的原因而给予宗教的苟延残喘的机会被人民以极大的热情紧紧抓住了。这一事实雄辩地证明了人民对这个政权的目标没有表现出多少信仰和献身的精神。

　　在这种情况下，人民的肉体与精神力量都是有一定限度的。如果超过了这个限度，就是最残酷的独裁政府也无法驱使他们。强制劳动营地和其他强制机关以临时性的条件强迫人民工作，劳动时间超过了劳动者意愿与单纯的经济压力所允许的范围；即使他们能幸免于难，那时他们也已衰老了，成了独裁的牺牲品。在上面任何一种情况下，他们最主要的力量都未能用于造福社会和为国家服务。

　　希望只有在年轻一代的身上。青年一代尽管历尽磨难，但是他们数量众多、有活力；况且俄国民族是一个很有才能的民族。不过还有待于观察儿童时代苏联独裁政权施加的并随战争增长的精神压力，于他们成年时的行为有什么样的影响。除了最边远地带的农场与村庄，诸如家园安全与和平的观念在苏联已经不存在了。至今尚不清楚，这是否对现在正在走向成熟的新的一代的全面能力产生影响。

　　另外，苏联经济虽取得了某些惊人的发展，但其发展是不平衡的、有缺陷的。说"资本主义发展不平衡"的俄国共产党人，当想想自己的国民经济状况时，应该觉得脸红。苏联经济的某些部门如冶金和机器制造业所占的比重大大超过其他部门。当它还没有称得上公路网的东西仅有一个原始的铁路网时，就竟然想在短时间内成为世界上的工业强国之一。他们虽然已做了不少工作努力提高劳动生产率，教很原始的农民一些机器操作常识，但是整个苏联经济严重管理不善，建设投资急、质量次，折旧费必须很大，在广大的经济部门，尚未把西方熟练工人具有的生产观念与技术自尊运用于生产中。

　　很难相信，这些弊端可能为一个疲惫的、士气低落的人民在短期内所克服，他们在恐惧和压力的阴影下生活。只要这些弊端未被克服，俄国就将仍然是一个经济上脆弱的，并且在某种意义上虚弱的国家，它有能力出口它的热情和发出那种奇怪的政治魅力，但是不能维持那些靠真正的物质力量和繁荣的产品的出口。

　　同时，苏联政治生活也极不稳定。这种不稳定是由于权力从一个人或集团转移到另一个人或集团而形成的。

　　这主要是斯大林个人地位问题。我们应当知道，斯大林代替列宁成为共产主义运动的领袖，仅仅是苏联第一次个人权威的转移。这一转移花了12年时间才巩固下来。它使得上百万人丧生，从根本上冲击了这个国家。其影响达及整个国际革命运动，极不利于克里姆林宫自己。

　　有可能下一次最高权力转移会是静悄悄的、不惹人注目的，不会引起其他地区的反响。但是用列宁的话来说，这很可能促成从"巧妙的欺诈"到"野蛮的暴力"的迅速转变，这是俄国历史的特点，它将从根本上动摇苏联政权的基础。

　　但这不仅仅是斯大林本人的问题。自从1938年以来，苏联政权高级领导阶层中，政治生活就有着危险的死气沉沉的局面。理论上说，全俄苏维埃代表大会是党的最高权力机构，至少每三年开一次会。然而，从上次代表大会以来已经快整整八年没开会了。在此期间，党员数量增加了一倍。战争中大量的党员丧生；今天一半以上的党员是在上次党代会以后被吸收的。而同时，在民族经历了剧烈的变动后，仍然是原来一小批人居于最高地位。确实，有某些原因使战争给西方每个大国的政府带来了根本的政治变动，造成这种现象的原因也基本上存在于费解的苏联政治生活中，但是，这些原因在俄国尚未得到承认。

即使在像共产党这样具有高度纪律的组织里，大批只是最近参加共产主义运动的党员群众与终身居于最高领导地位的小集团之间在年龄、观点和利益上的差异也势必扩大，大部分党员群众从未见过这些最高领导人，从未与他们谈过话，也不可能与他们有密切的政治联系。

在这种情况下，谁能肯定党的领导新老交替（其发生只是时间问题）能够顺利地、和平地进行，或者竞争对手们不会为了自己的目标而寻求这些尚未成熟的、缺乏经验的群众的支持？如果真的出现这种情况，将产生难以想象的后果，因为一般说来全体党员历来习惯于铁的纪律与服从而不适应妥协与和解。如果团结遭破坏从而使党瘫痪，俄国社会将会出现难以描述的混乱和虚弱。因为我们知道，苏联政权只是装着一群乌合之众的容器外壳而已。在俄国根本没有地方政府这类东西。目前这一代的俄国人从不知道自发的集体行为。假如出现一些情况，破坏了作为政治工具的党的团结与效率，那么苏联很可能会在一夜之间，由一个最强大的国家变为最弱的、最可怜的国家之一。

因此，苏联政权的未来根本不会像克里姆林宫主义所幻想的那么安全。他们表明自己能够保持政权。他们能否平静地、顺利地完成政权的新老交替，尚有待证明。同时，国内政权的淫威和国际生活的动荡已经严重地挫伤了该政权赖以依靠的伟大的人民，使他们丧失了希望。十分令人惊奇的是，今天，苏联政权的意识形态力量在俄国境外即在它的警察力量所及的范围之外，其影响更大。这种现象使人想起托马斯·曼在他的著名的小说《布登勃洛克一家》①中所用的一个比喻。托马斯·曼认为，人类组织在其内部已经严重衰败时，往往外表上显得十分强盛，他把处于极盛时期的布登勃洛克一家比作一颗向地球发着最亮的光但事实上早已不存在的星体之一。谁敢否认，克里姆林宫洒向西方世界失望不满的人民的强光不是事实上行将消失的星座的余晖？既不能证明是这样，也不能证明不是这样。但

---

① 托马斯·曼，1875—1955，20 世纪最杰出的德国小说家，1929 年获诺贝尔文学奖，1944 年加入美国国籍。1900 年他因小说《布登勃洛克一家》问世而一举成名。这部小说描写一个资产阶级家庭三代人和他们商号的兴衰史。——译者注

是存在这么一种可能性(作者认为这种可能性很大),即苏联政权,正像他们所说的资本主义世界,本身包含着衰败的种子,这个种子已经萌芽滋长。

四

显然,美国不可指望在可见的将来与苏联政权保持密切的关系。在政治舞台上,应继续将苏联当作竞争对手而非伙伴。苏联今后不可能真心热爱和平与稳定、不相信社会主义世界和资本主义世界可以长期地、友好地共处,而是谨慎地、不懈地施加压力,削弱与瓦解所有竞争对手的影响与力量。

然而,俄国虽然总的说来是敌视西方的,但是至今它仍是相对弱的国家,它的政策很灵活,苏联社会包含着衰败的种子。这就要求美国对坚定的遏制政策充满信心,在俄国人露出侵害世界和平与稳定迹象的每一个点上,使用不可更改的反击力量。

但是实际上,美国的政策并不是纯粹的维持现状以及守株待兔。美国安全可能通过自己的行动影响俄国内部乃至整个国际共产主义运动的发展(俄国政策主要依此而制定)。这不单单指在苏联及其他地方搞些情报活动,尽管这也很重要。最主要的是,美国要在世界民众中树立这样一个印象:目标明确、能够成功地解决国内生活中的问题、可以承担起一个世界强国的责任和在目前几个主要的意识形态潮流面前保持自己的信念。倘若做到这一点,俄国共产主义目标就如堂吉诃德想法无望实现,莫斯科追随者们的希望与热情必逐渐减退,将给克里姆林宫对外政策增加新的困难。因为资本主义必然衰亡的神话是共产主义哲学的基石。甚至二战以后,美国并未经历红场乌鸦们所预言的一场衰退,这一事实就将引起共产主义世界强大的、深远的反响。

同样地,如果美国表现出优柔寡断、纷争不和以及内部分裂的迹象,这也将极大地鼓舞整个共产主义运动。如果上述任何一种倾向出现的话,共产主义世界将大受鼓舞、兴高采烈;莫斯科会显得得意洋洋;莫斯科在外的支持者将增加;以及大大加强莫斯科在国际事务中的影响。

说美国单独就能对共产主义运动的命运起决定性的作用并很快使苏联政权在俄国垮台,这是夸大其词的。但是美国确实能够对苏联的政策施加极大的压力,迫使克里姆林宫的行为要比近年所为更加温和与明智,从而最后导致俄国政权的垮台或逐渐软化。因为,任何神秘的救世运动——特别是克里姆林宫的救世运动——如果不使自己适应于事态发展的逻辑,就必然遇到挫败。

因此,决定权很大程度上落在美国的身上。苏美关系从本质上是对作为世界民族之一的美国的价值之考验。为了避免毁灭,美国只需达到其民族之最好传统,并证明值得作为一个伟大的民族而生存下去。

确实，没有比这样对民族素质的考验更公平的了。在这种情况下，有头脑的苏美关系观察家没有理由埋怨克里姆林宫对美国的挑战。他应当感谢上帝，上帝使美国人民受到这种无法改变的挑战，从而使美国全民族的安全依赖于他们的团结及接受历史要求他们负有的道义和政治领导的责任。

第二节　康拉德·阿登纳

一、本节案例导读

康拉德·阿登纳（德语：Konard H. J. Adenauer，1876—1967），德国政治家。曾任二战后联邦德国第一任总理，大力推行社会市场经济，使德国成为战后经济发展最快的资本主义国家之一；外交方面，其主张加入北约，使联邦德国摆脱了二战战败国的国际地位。另外，其贯彻融入西方政策，围堵民主德国对外发展，重视发展对法关系，积极推进欧洲联合。《阿登纳回忆录（1945—1963）》这部著作是阿登纳从历史亲历者的视角出发，描述了冷战初期德国重新崛起、法德和解、欧洲统一等许多国际事件的历史细节。

二、案例资料阅读

［德］康拉德·阿登纳：《阿登纳回忆录（一）：1945—1953》，上海外国语学院德法语系德语组等译，上海：上海人民出版社，1976 年，第 484—504页。

第十七章

1951 年 4 月我作为德意志联邦共和国联邦总理兼外交部长第一次访问巴黎

1. 舒曼计划的意义

1951 年 4 月初，打算组成煤钢联营的六国谈判代表经过了几乎九个月的讨论，结束了"关于建立欧洲煤钢联营草约"的谈判。煤钢联营条约于 1951 年 4 月 18 日在巴黎签字。

1951 年 4 月 11 日，我以德意志联邦共和国外交部长的身份前往巴黎参加最后一次讨论和签字仪式。

舒马赫博士在一次演说中把这个计划说成是在经济上毫无意义。他警告说，有关这一计划，不要用"欧洲"这一字眼，因为计划只包括欧洲的一角，而这一角是"资本主义、教权主义和卡特尔的策源地。"

舒曼计划是欧洲统一的开端。我把煤钢联营条约的签订看作是欧洲历史开始了新的一章。

欧洲各国人民如果要维护他们的自由和繁荣，就应友好交往，这一认识在第一次世界大战后就已经相当普遍了。但是这种认识还没有能导致实际的成果，因为在各种阵营里，传统的想法与互不信任还很强烈。于是我们大家不得不亲身经历到这样的一段时间：一种过去狭隘的民族主义把欧洲带到了深渊的边缘。

几乎所有欧洲各国的人民都深受这场灾难的后果。他们认识到，各国人民只有尽力进行实际的合作，方能在和平与自由中重建欧洲的生活。应该检验一下：旧的国际合作形式是否还可适用，或者是需要建立新的制度。

鉴于国与国之间的关系的这一变革——1948 年在海牙举行的欧洲联盟大会上已见到这一变化——议会委员会在制定基本法时，一致声明赞成走欧洲合作的道路，并在基本法中规定，联邦共和国可以通过颁布简便的法律，把主权转让给超国家的机构，并同意限制它本身的权利，只要这种限制能导致和确保在欧洲和世界各国之间建立持久的和平秩序。

德国联邦议院和德国联邦政府自从成立以来，就认为它们最主要的任务之一是反复主张建立一个欧洲共同体，并努力促其实现。1950 年 7 月 26 日，联邦议院通过下列一项决议：

"深信目前欧洲分裂成为个别主权国家，必将进一步日益导致欧洲各国人民陷于苦难和奴役的境地，经过自由选举组成的德意志联邦共和国联邦议院主张按照德意志联邦共和国基本法序文和第二十四条的规定缔结一项欧洲联盟公约，公约应规定：

1. 在普遍、直接和自由选举的基础上建立一个拥有立法、行政和司法职能的超国家联盟机构;

2. 授予这一机构以各种必需的权力,俾能(甲)达到以社会公平合理为基础的欧洲经济统一,(乙)促进一种为世界和平服务的共同的欧洲外交政策,(丙)规定和进一步保护欧洲各国人民权利的平等,(丁)保证欧洲各国公民的基本权利和人身自由,并使之受到法律保护。"

联邦政府同样也为制定一种积极主动的欧洲政策作出了努力,而且不论任何时候,只要出现机会,它也尽力支持外国作出的同样努力。

当法国外交部长罗贝尔·舒曼1950年5月9日呼吁就欧洲煤钢联营的建议进行讨论时,联邦政府毫不踌躇地和完全同意准备与之合作。罗贝尔·舒曼要求"创造具体事实,作为团结行动的先决条件,以克服德法之间的旧日仇恨。签订煤钢联营条约是沿着这条道路迈出了第一步;对于法德两国来说,其最深远的意义在于:建立了煤钢的共同生产后,德法之间进行任何战争补偿是不可想象的,而且物质上也不再可能。因此煤钢联营条约的缔结,首先就庄严地和最终地结束了两国人民过去由于互不信任、竞争和利己主义所造成的彼此一再以兵戎相见的状态。

煤钢联营使法德之间的关系得到了最后的纠正,但其目的不应该仅限于此,它更应该起着解决包括整个欧洲在内的问题的核心作用。因此,一开始,除法国和德国外,意大利、比利时、荷兰和卢森堡也都声明准备参加这项巨大的工作,这使我感到十分高兴。

在草拟条约时,我们的意图不仅仅是想建立一个煤、铁和钢的联盟,而且还想给未来欧洲国际制度可能的进一步发展提供一个榜样。我深信,一旦以煤钢联营做出了开端,一旦六个欧洲国家在这一条约中自愿地而不是被迫地将它们的一部分主权转让给一个超国家的机构,那么就可以希望在其他方面做出同样的事情,而民族主义——欧洲的不治之症——必然会遭到致命的打击。

所有参加煤钢联营条约的签字国都同意,建立煤钢联营走向欧洲联合的道路上的第一步。在农业和交通运输方面,也出现了同样的计划。我决意要在这些方面像目前谈判欧洲军事防务组织一样尽我的力量,以期取得积极的成果。

不言而喻,煤钢联营不应仅仅局限于迄今参加活动的六个国家。我希望参加国的范围继续扩大,因为我知道,只有所有欧洲国家都参加进来,才能真正体现这个联盟的意义。即使有些欧洲国家目前还没有下定决心在这一基础上进行合作,也必须找出某种方式方法使它们能够为自己的共同的利益同煤钢联营进行合作。我特别想到大不列颠。

参加这种欧洲统一工作的人,都充分知道美国政府与公众舆论在缔结这一条约之前各个谈判阶段中所起的作用。如果欧洲各国人民无法肯定美国将来也会给予积极的帮助，那么他们不仅以往的努力是徒劳无功，将来也会得不到结果。煤钢联营的建立，不是要使欧洲同其余世界隔绝，而是要把民族利己主义转变到大陆一级的范围。

煤钢联营的目的，毋宁说是要同整个大西洋世界组成密切的联系，因为只有这样才能全部完成它的经济使命和政治使命。

我相信，煤钢联营的作用不仅会改变我们大陆的经济情况而且也会改变欧洲人的整个思想和政治觉悟。我相信，它会把欧洲人从他们狭隘的民族政治生活中引出来，置身于欧洲的广阔天地，从而给个人生活赋予更巨大、更丰富的意义。

所有欧洲各国的青年都在渴望到别的国家去取得经验，去学习和工作。这个正在形成中的共同经济区域以及它所具备的在所有领域进行交往的巨大的可能性，将保证青年人不致成为骗人的预言家们的俘虏。目前感情上主要还受互不信任、竞争和愤恨所决定的人将变为邻人和朋友。

随着1951年4月18日舒曼计划协定的签订，近代史上在欧洲建立一个煤和钢这类基本产品的大型统一经济区域的首次尝试成功了。

这个条约的经济后果只有到将来才能作出正确评价。然而，有把握可以期望，这个行将建立的不受国家阻碍和私人垄断限制的大型煤钢共同市场，将会改善国际劳动的分工、提高西欧经济的信誉，扩大出口机会以及——从长远观点来看——降低生产与分配的成本。

我相信，每一个欧洲人，包括欧洲工人，都会从这一发展中得到很大的好处，因为毫无疑问，他很快就能比较便宜地买到比目前更多的商品，从而改善他的生活水平。

然而，舒曼计划更大的意义在于：在共同努力从事于这一超国家性质的工作中，增进了从根本上改变我们欧洲生活的信心。

舒曼计划是一个开端。正如我们在努力建立一种欧洲防务组织一样，在其他领域也应尽快联合起来。我们致力于建立一个一亿五千多万人口的统一经济区域，它将和美国的经济区域相似，后者之所以能具有惊人的繁荣和力量，正是由于国家阻碍商品的自由交换。

2. 舒曼计划的最后讨论——萨尔问题——撤销鲁尔专署——煤钢联营高级机构总部的所在地

当我们到达奥利机场时，根本没有举行什么欢迎仪式。从战争结束以来，我是德意志联邦政府访问巴黎的第一个成员。让·莫内在机场欢迎我；但是法国政府的成员一个也没有到场，因为当我到达时，法国内阁正在召开重要会议。

这是我作为联邦总理兼外交部长第一次正式出国访问。我有意选定法国首都作为我第一次正式访问的地方,是想借此证明,我把德法关系看成是解决任何欧洲问题的关键。

1950 年夏季以来,德意志联邦共和国在巴黎是由一个总领事来代表。作为联邦共和国的首任代表,我挑选了美术历史学家威廉·豪森施泰因教授,他被公认是一个学识渊博的人,对法国的文化一直有着特别的兴趣。我认为不派一个职业外交家到法国充当德国的第一任代表是可取的。一个德国代表在巴黎担负的使命首先是心理上的。我认为豪森施泰因是完成这些极端困难使命的合适人选。豪森施泰因杰出地表现了他的才能。他是法德和解的重要开路人。正如我所期望的,他在巴黎的住宅成了知识界聚会的主要场所。

在我到达巴黎的第二天,法国总统欧里奥尔在爱丽舍宫设宴招待我。我们在宴会上的谈话,语调十分友好,对于这次很重要的巴黎访问说来,这是一个良好的序曲。

1950 年 4 月 12 日在凯道赛街法国外交部举行了舒曼计划的最后一次讨论,参加国的六位外长出席。他们是:比利时外交大臣范·齐兰、卢森堡外交大臣伯克、法国外长罗贝尔·舒曼、意大利外长斯福尔扎伯爵、荷兰外交大臣施蒂克。

还有一些问题尚待作出决定,例如:煤钢联营的总部地址,高级机构的成员名额、组成人选和职权,部长理事会和联营议会的权限、表决的方法、讨论时用的语言以及高级机构主席的权限等等。

我有一个重要问题需要在四国外长会议以外和舒曼私下澄清,那就是萨尔问题。法国主张萨尔现有地位在法律上有它的合法性,联邦政府反对这种主张。但是两国政府同意把萨尔状况留待缔结对德和约或一旦缔结一项起到和约作用的条约时去作最后解决。

两国政府以及其他四个舒曼计划参加国的政府都认为,萨尔的煤和钢铁生产一定都要纳入舒曼计划。需要有一种照顾到双方的主张,即既照顾到法国的主张又照顾德国的主张的解决方法。我们终于找到了正确的道路。

当国家之间缔结条约时,人们自然总会想到,谈判的双方也是有一个反对党的。因此,谈判必须有利于能达成一项使双方政府在它们代表的执政党面前和它们的反对党面前都能站得住脚的决定。

舒曼和我所找到的解决方案是十分令人满意的。有关舒曼计划适用于萨尔地区的生产方面的问题,条约采纳了下列一段条文:

"本条约适用于缔约国的欧洲地区,它同样也适用于其外交事务由一个缔约国的欧洲地区;本条约附有德意志联邦共和国政府和法兰西共和国政府之间就萨尔问题互换的信件。"

法国政府代管好些地区的外交事务,例如摩纳哥公国的外交事务。同样它也代管萨尔地区的外交事务,这是我们在当时无法改变的事实。

我需要发表一项声明,作为对德国社会民主党的说法的明确回答。德国社会民主党说什么签订舒曼计划就是默认萨尔地区的永久脱离和政治独立。应该找出一种双方议会、即法国议会和德国议会都能接受的方法。舒曼也不能不估计到议会里的强烈反对。

舒曼和我同意交换下述 4 月 18 日的信件,并作为附件附在欧洲煤钢联营条约一起。

"巴黎

外交部长罗贝尔·舒曼主席阁下

主席先生:

在欧洲煤钢联营谈判过程中,联邦政府代表一再声明,萨尔的地位只有通过和约或一项类似和约的条约才能作出最后解决。

他们还在谈判中声明,联邦政府签署条约并不表示承认萨尔现有的地位。

我重复这一声明并请予以确认:法国政府同意联邦政府的观点,即萨尔的地位只有通过和约或一项类似和约的条约才能获得最后解决,法国政府并不认为联邦政府在欧洲煤钢联营条约上签字是联邦政府承认萨尔的现有地位。

主席先生,请接受我最崇高的敬意。

阿登纳(签字)

1951 年 4 月 18 日于巴黎"

"德意志联邦共和国总理兼外长

康德拉·阿登纳博士先生

联邦总理先生:

在答复您 1951 年 4 月 18 日的来信时,法国政府注意到联邦政府并不把它在欧洲煤钢联营条约上的签字看作是对萨尔现有地位的承认。

法国政府本着自己的立场声明,它根据萨尔现有地位代表萨尔行事,但它并不认为联邦政府在条约上签字就等于联邦政府承认了萨尔的目前地位。它并不认为欧洲煤钢联营条约是预先处理了萨尔的最后地位。萨尔的最后地位将通过一项和约或一项作为代替和约而缔结的条约予以解决。

联邦总理先生,请接受我最崇高的敬意。

舒曼(签字)

1951 年 4 月 18 日于巴黎"

我们正在走向有人想要在欧洲的这一发展阶段再制造一个芝麻般的欧洲小国,像萨尔政府所追求的那样,在我看来,是完全不符合时宜的。

按照盟国 1945 年 6 月 5 日的宣言,德国并未停止按照 1937 年 12 月 31 日的领土状况作为一个国家而存在。尽管德意志联邦共和国的基本法不是由全体德国人民,而只是由十一个州的德国人加上柏林代表的参加制定的,但是他们这样做,同时也就是代表了无法参加的那些德国人。由自由民主党选举产生的联邦政府,有权利和有责任以整体名义维护德国人民的权利和利益。波茨坦协定和其他的盟国声明,都在原则上规定,德国的领土状况只有通过缔结一项和约才能作出变动,因此,联邦政府在法律上把萨尔看作是德国的一部分。我们要求在国际上有权代表整个德国的利益,这在 1950 年 9 月纽约所发表的盟国外长会议对德国问题的声明中得到了明确的承认。

1950 年 3 月 3 日的法国-萨尔协定在措辞中使人感到,似乎法国政府在萨尔问题上已经把话讲绝了。这些萨尔协定经历了一场离奇的命运。在协定签订几天之后,萨尔议会仅仅开了一次会就全部加以批准,而法国政府一直考虑了七个月之久,直到 1950 年 10 月,才把协定交付法国立法机关批准。它们是在 1950 年 12 月 31 日生效的,但是同原来方案相比,明显地有着很大不同。政治协定,也就是有关萨尔脱离其余德国部分的协定,未经议会批准就由法国政府付诸实行。当法国国民议会于 1950 年 10 月 21 日讨论这些协定时,舒曼外长声称:

"凡是不需要经过批准的协定,可以在没有议会的参与下作出更改。有必要使这些协定不经议会插手,以便迅速地适应不断发展着的形势的需要。"

舒曼这段话使我感到,我害怕法国政府把萨尔协定当作确定不移的东西的顾虑是没有理由的,法国政府具有同我们一样的看法,并没有就萨尔问题把话讲绝。

萨尔政府把接受萨尔作为准会员参加欧洲委员会一事,以及允许萨尔政府派一名观察员列席欧洲委员会的部长委员会会议,迫不及待地解释为萨尔已被置于与联邦政府同等的地位,并认为一个独立的萨尔国家已获得国际承认。如果萨尔政府想到了 1949 年 11 月 3 日部长委员会的决议那就会做得好些。该决议说:"西德占领区的情况,使萨尔目前在欧洲委员会中并无代表,欧洲委员会认为萨尔人民有需要派遣代表参加,直到和约最终规定萨尔的地位为止。"欧洲委员会部长委员会的决议清楚地指出,在欧洲委员会中有代表的应当是萨尔地区的人民而不是一个萨尔国家。

1951 年 2 月 20 日,舒曼外长抵制了法国议会逼他同联邦政府开始讨论萨尔问题的要求,表示他不愿意同联邦政府就萨尔问题进行毫无成效的争辩。在政治上,神经更坚强的人终究是对的。舒曼说出了我的心里话。在处理萨尔问题上,要紧的是保持镇定。

基于这种态度,我在欧洲委员会中冷静地对待萨尔问题,联邦政府并不回避这个问题。

在签署舒曼计划时,我们遇到有人企图借缔结一项多边性条约的机会把萨尔作为缔约国纳入欧洲国家的范围。萨尔政府要求法国政府必须让萨尔作为第七个国家,从而以平等伙伴的资格参加舒曼计划。根据我们在斯特拉斯堡欧洲委员会中对付萨尔政府的要求取得的经验,我们对这一企图的反应是非常明确的。如果允许萨尔政府在舒曼计划上签字,那么结果就是舒曼计划告吹。联邦政府将不在条约上签字。我把这一立场向法国政府说得很清楚。但是,万一法国政府声称它有权以它自己的名义和以萨尔政府的名义签署条约,那么,就会产生同样的困难,因为,这样一种方式在国际法上会意味着承认萨尔是一个由法国政府所代表的政治实体。当萨尔政府眼看它没有希望被承认为第七个缔约国时,它就集中力量争取这一最后解决办法。法国政府为了不使舒曼计划遭到危害,也拒绝了这一意图。在我同法国外长 4 月 18 日互换的信件中,德法两国政府在坚持各自观点的情况下,一致同意萨尔问题只有通过一项和约或类似和约的条约才能最后解决。在此之前,德法政府之间不存在此类条约。达成的协议规定,在通过和约作出最后解决之前,双方都不采取行动或制造情况,而有损于通过和约作出最后解决。

1950 年春,通过一项内阁决议明确规定联邦政府绝不承认一个萨尔国家。除了法国政府外,任何国家都没有承认萨尔政府,而法国政府——正如 1951 年 4 月 18 日互换信件中明确指出的——只有在保留和约或类似和约的条约中的最后决定权的情况下予以承认。由于 1951 年 4 月 18 日互换信件中,我们第一次得以使我们的法律点在一项国际条约中得到承认。在我看来,特别重要的是,它为德法政府之间在将来解决萨尔的地位问题上创造了法律依据。互换信件构成了欧洲煤钢联营条约的一个不可缺少的部分,因此其中阐明的法律解释也得到这一条约的其他签字国的承认。这是没有经过大肆争吵取得的,在我看来,确是一种巨大的成功。

如果我们沿着这条路继续走下去,如果,再引用一次舒曼的话,我们能保持镇定,那么我们就能够和一个同样冷静考虑问题的法国政府就萨尔问题达成一项协议:在这个地区中,法国有经济利益,我们有经济利益和民族利益。在这些利益之间,应本着一种诚恳地和愿意作出忍让的欧洲合作精神找出一个平衡的办法来,它不但要对大家都公平合理,而且特别要符合萨尔人民的愿望。无论如何,不能使萨尔问题破坏建立德法之间良好关系的努力,从而妨碍西欧的建设。在这个问题上可能产生的变故和困难,不允许成为背离对德、法、欧洲与世界和平有决定性影响的欧洲一体化方针以及构成欧洲一体化基础的德法亲善的理由,我下定决心,不管中途可能发生任何事件,也要毫不动摇地执行我的欧洲政策和导致德法友好的政策。

随着舒曼计划的付诸实施,正如其他舒曼计划国家的煤矿和铁矿一样,萨尔的煤和铁,成了欧洲的煤和铁。这是法国在萨尔政策上执行的一个很重要的而且并非不合情理的经济准则。我相信,缔结舒曼计划的协定总有一天给萨尔问题带来合理、妥善和符合这一地区人民愿望的解决办法。我的这一希望没有落空。

在代表们签署舒曼计划前的谈判过程中,还有一个问题需要澄清,而且已经部分澄清,那就是鲁尔法规问题——尽管到最后时刻突然产生了一些紧张。鲁尔法规与舒曼计划是彼此不相容的。如果鲁尔专署掌管鲁尔的生产,又让包括所有煤钢联营国家代表在内的舒曼计划的高级机构再去担负同样的工作,那是荒谬的事。由于大不列颠是鲁尔专署的成员而不是舒曼计划组织的成员,使这一问题的解决更增加了困难。

我是通过柯克帕特里克知道英国外交大臣贝文对鲁尔专署和鲁尔法规的意见的。在1950年11月底的一次详细的政治性谈话中,柯克帕特里克把贝文对舒曼计划的意见通知了我。贝文对舒曼计划的态度完全是积极的,他也欢迎谈判早日结束。贝文外交大臣的意图是,紧接着舒曼计划的签署,英国同参加舒曼计划的国家在舒曼计划的基础上缔结一项协定。我从舒曼计划谈判开始以来,一再提出要求,必须取消鲁尔专署和鲁尔法规,对此,柯克帕特里克告诉我说,贝文也深信舒曼计划一经签署,鲁尔专署就已失去其存在的理由,贝文同意取消鲁尔专署和鲁尔法规。我对英国政府在鲁尔问题上的这一态度表示十分高兴。

在舒曼计划于巴黎签署前的最后几次讨论中,这一问题再次出现了困难。然而,我坚持了我的立场,并且得到了一份符合我的要求的书面证明。1951年4月18日,舒曼以煤钢联营主席的身份写给我如下信件:

"联邦总理先生:

在舒曼计划谈判结束的时刻,我感到有必要告诉您,法国政府对进行谈判以及达成完满结果的特别友好的气氛表示十分重视。今天所签署的协定,创建了一个超国家性质的欧洲共同体。

在参加国地位完全平等的基础上,并在满足所有参加国的利益下,协定将六国煤钢生产潜力合并起来置于共同体的管理之下。这就使参加国之间的关系开创了一个新纪元并在通向欧洲一体化道路上形成一个决定性阶段。法国政府认为,在煤和钢的领域里,加在德国身上的特殊义务(即鲁尔法规),已不再符合这个条约所有签字国都受到同样约束的共同规则。法国政府因而主张,在参加国政府的同意下采取下列措施：

1. 目前鲁尔专署所履行的职能必须取消，由煤钢联营高级机构按照有关过渡时期的协定规定，承担其履行职能的权力。鲁尔专署和设立这一机构的 1949 年 4 月 28 日伦敦协定，必须在与缔约国商定的情况下最迟在煤的共同市场建成时废止。

2. 至于钢的生产和钢的生产能力，德国只受对所有缔约国都适用的约束。因此在条约生效时，对德国钢的生产与产钢能力的限制应予取消。

3. 高级专员委员会应代表其自身及其所属机构（包括监督组织）宣布放弃其在煤钢方面为高级机构职权所取得的那些职能，即授权后者按照过渡时期协定规定行使这一职能。

本信件中规定的所有措施至迟将于共同市场建成时付诸实施。

此外，法国政府打算在签订条约后采取必要步骤，使伦敦协定签字国以及其他占领国同意上述措施。

罗贝尔·舒曼（签字）

1951 年 4 月 18 日于巴黎"

英国政府表示完全同意这封信的内容。鲁尔法规在 1951 年 12 月 21 日失效。

舒曼计划的内容从经济上看当然意义重大，但是，它的理想甚至具有更重大的意义。这一理想是要在完全平等的基础上创建一个欧洲国家的共同体。只有共同体的成员地位平等，共同体才能名副其实。这一理想对德国、法国、欧洲以及全世界的政治都有极其重大的影响。

我相信，舒曼计划的签署将对不同的政治领域进一步产生影响。在谈判的最后一天，六个舒曼计划参加国本着舒曼计划的这一根本思想通过了一项具有巨大的政治意义的共同决议。在六个国家签署的共同决议中，一致同意，各国要经常进行协商和个人接触，尽力在其他领域中推广舒曼计划所依据的理念。"协商"这个词很重要，在国际法上和外交语言中，这个词有着十分明确的含义。对我们德国人来说，同意在舒曼计划参加国之间就重要政治事件更经常地进行协商，这是一个巨大的政治成就。

在煤钢高级机构总部的地址问题上发生了严重的争执。讨论这一问题和其他问题的会议一直开到早上五点钟。这次会议开得特别困难和不愉快。几乎每一个参加会议的外交部长都想要把煤钢高级机构总部设在自己的国家里。最后，卢森堡外交大臣伯克建议，作为权宜之计，暂时把它设在卢森堡。因为激烈而劳累的谈判已经把外长们搞得精疲力竭，并且没有人担心小小的卢森堡由于在它国内设立了这个重要的欧洲组织就会在煤钢联营中提高政治地位，大家终于同意了他的建议,达成了协议。

伯克的建议表示了卢森堡的慷慨大方,因为对它来说,首先就意味着是一个巨大负担,必须为煤钢高级机构提供房屋,为它的职员提供住宿设备。但是,在卢森堡设立煤钢高级机构的建议不会使卢森堡吃亏,我相信,十分聪明的伯克部长一开始就清楚这一点。

虽然舒曼计划最后一轮谈判有着一系列分歧,但是由于所有参加者一开头就决心要在这次会上签订条约,因此在争辩之中却有着一股准备让步的良好暗流。

3. 一般印象——舒曼计划的签署——"十字勋章"

我在巴黎进行的第一次正式访问,法国报纸予以热烈的评论。报上的文章——除了少数例外——语调友善,客观,强调我为德法谅解所作的努力。保守的《费加罗报》写道,谁说我是法国的朋友,那是措辞不当的花言巧语。事实上,我是一个好心人,是一个希望同法国和解的德国人。由于这个原因,所以法国人用应有的尊敬来接待我。

莫里斯·舒曼在基督教社会主义的人民共和党机关报《黎明报》上写道:"阿登纳博士不顾一伙人好几个星期以来的肆意谩骂,终于来到巴黎,这是需要有勇气的,这是过分的挑拨也指出了补救的办法。如果以全然不信任的态度来回答泛日耳曼主义的复活,那只会走上重复过去错误的道路。阿登纳不是布吕宁,1951 年也不是 1931 年。"

只有共产党人的报纸恣意煽动反对联邦共和国和我本人。他们把我说成是"美国军火工业家的稻草人"和"盟国的傀儡总理"。

我是在舒曼计划谈判开始前一天飞抵巴黎的,我利用在巴黎逗留的第一天,穿过布洛涅森林,越过林荫大道,沿着香榭丽舍大街,尽情地散了一回步。弗朗索瓦-庞赛陪伴着我,他挽着我的臂膀,我们就这样穿过巴黎有名的商店集中的大道。

弗朗索瓦-庞赛引导我走到凯旋门。我们乘电梯上去,俯瞰了巴黎的壮丽景色。

我们由许多安全保卫人员模样的人簇拥着,因此大多数过路的行人一眼就识别出来。有的停了下来观看我们这一群,认出我是德意志联邦共和国的联邦总理;在这些人当中,我看不到任何不友好的表示。最初感到的显然是有些好奇。我待在巴黎的时间愈长,我遇到的人的面孔就愈显得友好。我作为联邦总理第一次在巴黎逗留,其气氛是十分友好的,我为我祖国取得的成就而感到由衷的高兴。

在我到达巴黎的第二天,即 4 月 12 日,星期四,参加舒曼计划的六国外长会议于下午四时在法国外交部举行。一个民主的德国的代表重新参加国际外长会议的讨论,这是十九年来第一次。会议厅设在挂满珍贵壁毯的法国外交部博韦大厅,

1946年,四盟国的外长贝尔纳斯、莫洛托夫、贝文、皮杜尔曾在这里开过会。这次,我坐在法国和比利时代表之间。由舒曼主持会议。第一次会开了两个半小时。当晚,我同舒曼单独作了一次长达四小时的会谈。我们十分坦率讨论了萨尔问题以及德法之间有意见分歧的其他方面的问题。我们讨论了进一步加强欧洲力量的可能性,讨论了计划中的欧洲防务集团以及有关欧洲农业、能源和交通的联合计划。

会议充满着友好热烈的气氛。所有决议都能获得一致通过。没有一个国家在任何问题上被投票否决。人们总是以高兴和胜利的心情设法求得一致决定。舒曼以无与伦比的不偏不倚的态度、高度的责任感和对所有参加国,特别是对德国表示亲切与同情之心主持了会谈。

各国代表团队会议的准备工作做得十分出色。首先要感谢让·莫内,他在过去几乎长达九个月的预备性谈判中,一再孜孜不倦地为达到良好的结果作出了努力。我们德国人第一次被邀请参加的这次外长会议,它的气氛突出地表现为与会各国之间日益增加的热忱和日益增进的友谊,而正是各国政治家之间的个人信任对于政治问题的解决起了重大作用。如果对别人寄予信任,如果对他有了同情,如果理解和尊重他所作出的努力,那么,就可以不像在一种互不信任的气氛中那样进行工作了。一些在1918年后代表德国多次出席国际会议的各方面人士异口同声地告诉我,这次会议的精神同昔日的气氛相比,其区别之大简直是难以尽言。

1951年4月18日下午,煤钢联营条约的签署仪式在法国外交部的"钟厅"举行。4月17日和18日,条约还作了很多修改,以致法国国家印刷所在短短时间内无法把条约印好。条约因而签署在白纸上。签字是按法文字母顺序先后进行的。我代表德国先签①。

我同我的随行人员下榻克里翁饭店。当天我回到旅馆时,发现有一个信封,是给我本人的,里面装有一枚第一次世界大战的"十字勋章",并附有一封由巴黎的大学女生西蒙娜·帕特鲁伊写给我的长信。她写道:

"总理先生!

我作为一个法国妇女从巴黎写信给您,感到十分荣幸。我同我们古老城市的其他许多居民一样,对阁下访问我们的古老首都感到无限愉快,虽然您在这里逗留的时间是如此短促。

我把您的访问看成是真正踏上和平与幸福之路的第一步的象征,这不仅是为了您的祖国德国,也是为了法国和所有国家,这些国家都意识到这种共同遗产的价值,有责任和负有使命来捍卫这个共同的遗产。

---

① 按法语称德国为 Allemagne。——译者

我的父亲由于1914—1918年战争的缘故而死去,那场战争,他从头到尾都参加了。十分尊敬的总理先生,请接受我附在信里的这枚属于我父亲的一个法国兵士的"十字勋章",作为您1951年4月对巴黎的有意义访问的小小纪念。聊表两国人民实现真正和解之情,他们彼此在以往已使对方忍受了那么多的苦难。"

我深为这封信所感动。对我来说,这件在我作为德国人民的代表首次正式访问巴黎时赠送我的礼物,首先意味着是两个国家的青年彼此希望了解对方的一种征兆。在我担任总理的整个岁月中,我以这枚"十字勋章"作为法国人民真正希望同德国人民缔约友谊的象征。它对我是非常珍贵的。

第三节　吉田茂

一、本节案例导读

　　吉田茂(1878—1967)，日本政治家、外交家。二战结束初期曾两度担任首相，被认为是日本亲美保守政治势力的代表人物，执政期间采取的轻军备、重经济、寻求美国提供安全保护等政策，对于快速恢复战后日本经济起到了重要作用，也奠定了战后至今日本外交方针政策的基础。《回想十年》这部著作是吉田茂关于日本战后初期社会发展历程的记录和感想，描绘了许多由其主导或参与的历史事件。

二、案例资料阅读

［日］吉田茂：《回想十年(上)》，徐英东、田葳译，哈尔滨：北方文艺出版社，2019年，第1—15页。

第一章　日本外交走过的道路
一、豪斯上校的忠告

从 1932 年到 1933 年,我受外务省指派去巡视日本驻欧美使领馆。当时的外务大臣是内田康哉①,次长是重光葵②。我想大概是由于重光次长的好意才会让待命中的我去欧美进行巡视。在纽约时,岳父牧野伸显③伯爵介绍我认识了豪斯上校。

(一) 豪斯上校

爱德华·豪斯上校(1858—1938)在第一次世界大战前后作为美国总统伍德罗·威尔逊的顾问,活跃于国际外交舞台上,当时在日本也为人所知。巴黎和会期间日本的全权代表牧野伯爵与其过从甚密。豪斯上校刚见到我便开口强调说:"没有外交意识的国家,必定会没落。""外交意识"直译的话大概可以译为"外交上的感觉",或许也可以译为"国际意识"。总而言之,豪斯上校讲了如下的话:

欧战爆发前,我受威尔逊总统之命前往欧洲,其间去拜访德国皇帝威廉二世④。当时皇帝正在检阅北海舰队,于是我们便在皇帝乘坐的游艇上进行会谈。德国倾向主战,我极力主张和平。我说,德国若不发动愚蠢的战争,今后将会成为世界一流强国,永葆繁荣。反之如果发动战争,德法间的争斗将无休无止,直至发展为世界战争。这样一来,德国便会受到英、法等国联军的围攻,苦心经营的国家崛起大业或许会被彻底颠覆。但是德国皇帝和德国的政治家们并没有听进我的忠告,后来发动了战争,结果正如我的预言。

第一次世界大战前的德国是蓬勃发展的新兴国家,无论是经济还是军备都大有凌驾英国之上的势头。我见上校时,日本可以说是第二个德国。上校继续着他的肺腑之言:"对今天的日本,我也想奉上当年对德国说过的同样的忠告。如果日本执意发动战争,近代日本迅猛的发展态势将一朝失去,反之如果此时日本慎重行

① 内田康哉(1865—1936):东京帝国大学法学科毕业。日本明治、大正、昭和初期外交官和政治家,伯爵。五次出任外长,曾短暂代理过日本首相职务。推行承认伪满洲国和退出国际联盟的"焦土外交"。

② 重光葵(1887—1957):日本大正、昭和时期的外交官,甲级战犯之一。1911 年从东京帝国大学毕业后任职于日本外务省,1929 年起历任日本驻上海总领事、日本驻中国大使。1945 年 9 月 2 日代表日本政府与梅津美治郎一起签署日本投降书。战后被定为甲级战犯,但很快于 1950 年假释,且再次任职为外务大臣。是 28 个甲级战犯中唯一一个战后重新当上大臣的。重光葵活跃于第一和第二次世界大战及战后,幕后参与甚至主导了诸多日本侵略各国的统治政策及外交政策制订。

③ 牧野伸显(1861—1949):日本政治家,大正、昭和两朝重臣,明治维新功臣大久保利通次子。曾代表日本参加巴黎和会。历任外务大臣、内大臣、枢密顾问官等要职,是天皇的重臣,也是二战前日本政界"亲英美"派首领。长女吉田雪子为吉田茂之妻。牧野对吉田茂日后的政治倾向有决定性的影响。

④ 威廉二世(1859—1941):弗里德里希·威廉·维克托·艾伯特·冯·霍亨索伦,史称威廉二世,末代德意志皇帝和普鲁士国王以及霍亨索伦家族首领,1941 年在荷兰多伦病逝,葬于多伦庄园。

事,坚持和平道路,冷静地专注于国家发展,日本的前途将不可限量。德意志帝国,殷鉴不远。这些是我这个老头子从过去的经历中总结出来的结论,所以希望今天的日本国民能够深刻地体会我的话。"

(二) 上校徒劳的忠告

回国后,我大力宣传上校的话。不久之后,近卫文麿①先生访美与豪斯上校会面时,据说上校热心地再次重复了这番对日本的忠告。近卫公大抵和我一样尽力向朝野上下转告了上校的话。

然而不幸的是,与德国一样,豪斯上校的忠告对日本也丝毫不起作用,日本一改明治时代(1868—1912)以来外交上的传统,莽撞发动战争,从根本上破坏了振兴国家的大业。

二、日本打开国门以来的外交道路

(一) 前辈政治家们的苦心经营

谈起日本的外交,首先不得不回顾历史上与英、美两国的关系。众所周知,日本是在美国要求下打开国门的。但是,日本与英国的关系一直十分紧密。明治年间自不必说,即使进入大正时代(1912—1926)后,亦是如此。这是由于当时美国忙于国内发展,无暇顾及海外,而另一方面英国则稳步扩大势力甚至延伸到远东地区,因此与日本的关系自然深入。

经历两次世界大战后,美国国力大增。特别是在第二次世界大战中,西太平洋战线以美国为主力,因此对于日本来说美英的地位发生了逆转。尽管如此,两国关系对国际时局,特别是对自由世界诸国的外交影响依然重大。

明治维新时期的前辈政治家们在国家步履维艰之际致力国政,终于成就振兴大业。其苦心经营之历程今天回顾起来依然清晰可见。先辈们在打开国门之初,精心确立的日本外交基本方针说到底在于与英国的合作。尤其是日本这样一个小国奇迹般赢得1894—1895年的日清战争(中日甲午战争)的胜利,在远东具有重大利益的英国无论如何都必须承认日本的实力,自然而然会采取亲日政策。

(二) 日英接近和日英同盟

基于以上关系,日清战争(中日甲午战争)之后"三国干涉"时,英国也避开参与

---

① 近卫文麿(1891—1945),日本第34、38、39任首相,日本侵华祸首之一,法西斯主义的首要推行者。近卫文麿出生在门庭仅次于天皇家的日本豪族家庭。1917年毕业于京都大学。任内发起建立直接辅助天皇的政治组织大政翼赞会,实行严密的法西斯主义统治。对外发动全面侵略战争,并在4年里积极扩大侵华战争,曾向蒋介石提出向日本投降的苛刻条件,发表臭名昭著的"近卫声明"。同时与德、意签订《三国轴心协定》,并扩大日本军国主义对亚洲各国的侵略。

俄、德、法的共同行动。而且,"三国干涉"后不久,俄国强行向清政府租借迫使日本返还的辽东半岛,并欲将旅顺、大连作为军事基地。英国为与其对抗,向清政府租借了渤海湾对岸的威海卫。不过考虑到日本的感情和利益,事先郑重地向日本政府寻求了谅解和同意。

英国的亲日政策随着俄罗斯帝国不断东进,最终上升到提议成立日英同盟的地步。与此同时,日本也凭借英国基于同盟之谊的合作以及美国的善意援助,不仅摆脱了日俄战争带来的危机,而且迎来其后的国运昌盛。这期间负责的政府领导层所付出的外交方面的苦心是国民应该牢记的。当然,当时并不是没有反对声音,然而完全不像后来在日本国内发生的所谓"消灭亲英美派"的那种强烈政治性对立。

(三) 前人没有过的自卑感

关于这一点,我希望今天的日本国民再三思考的是前文所述的明治时期日本国民的对外态度。日英同盟成立时的英国处于大英帝国的最盛期,称霸七大海洋,领土辽阔,号称"日不落帝国"。日本不过是刚刚登上世界舞台不长时间、位于远东地区的一个小岛国而已。也就是说,当时的大英帝国与日本的国力差距,根本不像今天美国与日本的相差程度,而是更加悬殊。尽管如此,日英同盟成立之时,如前所述,日本朝野上下非常愉快地对此表示欢迎,完全听不到诸如"哦? 这样日本不成了英帝国主义的喽啰吗""日本不会被英国殖民地化吗"之类怀疑悲观的论调,反而以"东方的英国"自傲,丝毫没有自卑感。

近年来所谓进步文化人士、左翼改革思想派那些人,只要日美关系一出什么问题,就极其简单地炒作什么"日本在变成美国殖民地""日本在成为亚洲孤儿"等不要说美国,在世界任何国家都难以想象的自卑言辞。听到如此言论,我便不由得产生一种异样的感觉:这是日英缔结同盟仅仅过去不到半个世纪的日本人吗? 不过,我想大部分日本民众,即使在今天也和五十年前的日本人一样,一定是立场坚定且力量强大的国民。同时,我深切希望他们不会被如前所述的打着进步主义幌子的幼稚、卑躬屈膝的言行所迷惑。当然,日英同盟那个时代还不流行帝国主义、殖民地这样的说法。我们必须清楚,事实证明,日本没有因为成为英国盟国而从属于英国。

三、日本外交的倒退和复归

(一) 与英美关系的变化

上述的日英关系从第一次世界大战时期开始出现微妙的变化。日俄战争后日本国力的逐步上升,好像已经令英国等国家产生了"日本正在一步步成为难以对付的国家"的看法。尤其是在第一次世界大战中日本提出震惊一时的"对华二十一条"的要求,十分露骨地显示出日本打算从政治上控制中国的意图。不仅如此,尽管说是出于日英同盟的义务,日本却在英国不一定同意的时间,采取英国不一定赞成的方式对德宣战,夺取了德国在中国青岛以及山东半岛一带的势力范围。我想,这些事情给人以日本趁英国等列强忙于欧洲战事之机,趁火打劫之类的印象。

这种情况下,通过第一次世界大战实力迅猛上升的美国,战后快速登上世界领导地位,因其早就怀疑日本的对华态度,遂利用召开华盛顿会议的机会,大肆宣扬对华机会均等、门户开放的原则,开始出手制衡日本。毫无疑问,裁减海军的条约对当时陷入白热化状态的世界性造舰竞争起到刹车或者降温的作用,是一种有效恰当的措施。而且尽管对华九国条约并不特别以日本为对象,不过从结果来看,明显制约了日本的行为。美国又说服英国废除存在多年的日英同盟,其遏制日本的意图昭然若揭。

在第一次世界大战开始时,日本国内已经出现应该与德国联合抗衡英国的主张。当时还不是占据支配性地位的意见,仅是日本内部,尤其是陆军部分人的看法。前面所提到的"对华二十一条"中,特别受到指责的第五款①主要也是基于军部的要求提出的。因此,日本军部的将帅们在接连遭到从华盛顿条约到废除日英同盟的打击后,认为英美两国采取的是对日封杀政策,进而将他们视作日本向大陆发展的障碍制造者也是顺理成章的事情。而且,其后席卷世界的经济危机使各国间的国际贸易竞争白热化,事态发展到日本商品的出口空间在全世界受到挤压,导致日本逐渐采取在邻近大陆扩大势力范围的扩张政策。由此,日本和当时已经与英、美对立的德、意两国靠近,在满洲等中国大陆地区挑起事端。结果正如大家所知,日、德、意三国从签订防共协议发展到结成三国同盟,再到对抗英美,最终发动大东亚战争。

（二）内心深处坚定亲英美

但是,从大的历史走向来看可以得知,前述的"满洲事变"(九一八事变)直至太平洋战争期间对英美关系的异常变化并不是日本的本来状态,不过是一时的政策调整。不但站在战败后的今天回顾过去非常清楚,即使说战前乃至战争期间,元老、重臣毋庸论及,普通国民的内心深处是否认可与英、美为敌,与德、意结盟也是极大的疑问。

追溯到第一次世界大战期间——前面也有所提及——主张利用日本远离战火

---

① 所谓对华二十一条第五项包括:1. 中国政府须聘用日本人作为政治、军事顾问;2. 承认日本医院、学校等的土地所有权;3. 在有必要的地方日中合办警察署,或聘用日本人;4. 中国须向日本购买特定武器,或在中国设立日中合办兵工厂等共七款。该项内容被隐匿,没有事先告知英国,从而招致英国不满。

的契机,公开对中国大陆地区的政治野心,趁机与德国结盟的人不是没有,可我相信主流民意对英、美基本上抱有亲近感。

而且政治领导层忠实地坚守同盟义务也是清楚的事实。尤其是日本海军,不仅保护远东地区盟友英国的利益,使英国没有后顾之忧,甚至远涉印度洋、地中海,致力于护送协约国的运输船队。这都是应该在第一次世界大战史中大书特书的日本的贡献。

(三) 爱德华·格雷先生对日本的赞誉

关于日本的贡献,当时的英国外务大臣格雷先生在回忆录《二十五年》中这样写道:"日本长期以来是英国公正、有尊严、诚实的盟国。而且由于日本政府的自律,大战期间,涉及太平洋地区各种问题时,与英美两国没有发生任何重大摩擦。"格雷先生承认当时日本利用欧洲列强忙于战争的机会努力加强对中国的控制这一事实,同时他也说:"但是西欧任何一个国家,假设它们处于与日本相同的立场,能比日本更好,哪怕与日本同样地保持自律吗?"由此可以再一次了解到,我们的前辈们重视国家信义这一事实,并且这一事实受到外国知名政治家如此认可称赞,即使今天的我们亦倍感喜悦和骄傲。

总之,据此我们可以知道日本外交的未来发展方向为什么应该延续明治以来坚持的亲英美道路,过去这些宝贵的经验日本国民应该特别铭记在心。

(四) 国际信用和国际正义

说到底,一个国家的外交首先必须以国际信用为基础。曾经有人说过:"外交和金融性质相同,都要以信用为基础。"这确实是至理名言。如前所述,日本以日英同盟和亲美为基准,迎来从明治到大正的国运昌隆。然而突然改变方向,敌视关系紧密的英美的同时,甚至与关系一般的德意结成同盟。这种变化不仅战略上十分拙劣,而且从丧失日本外交信用这一角度来说,非常遗憾。为了重塑日本的外交信用,今后必须进行长期努力。毫无疑问这是一个需要忍受和耐心的艰苦工作。但是我们不能漠视明治以来前辈政治家们历尽艰辛,苦心经营打下的外交根基就这样土崩瓦解下去。

国际信用重要的是基于正义进行外交。外交以本国利益为上无须赘言,但即使是本国利益,也分眼前利益和长远利益。基于国际正义的外交也有被恶势力所战胜的情况。就长期来看,正义外交一定会符合本国利益。一味在意眼下国际形势的变幻,拘泥于外交小利是十分愚蠢的。正义凛然的大丈夫态度正是外交人士所应坚持的态度。

(五) 外交方针依然是亲美

自第二次世界大战战败后开始整个占领时期,日本的内外政策受到对美关系的左右既是事实也是一种必然。不能否认在惯性影响下，占领结束独立后的今天，依然有人认为日本政策应始终保持对美依赖。不过如果是那种意义的对美依赖，随着日本经济发展为世界性规模的经济体，实力逐步提升，自然会发生变化。实际上，这种变化已经发生在各个方面。

但是，日本外交的根基应置于亲美这一大原则今后不会发生变化，也不应该加以改变。这不单纯是战后占领状态带来的惯性使然，客观上也是需要坚守的明治以来的日本外交道路。另一方面的对英关系，如今也许不比对美关系重要，然而，考虑到美英两国超常紧密的关系和英国在世界外交中的地位，对美关系的重要性有时意味着对英关系的重要性。而且，在贸易等经济关系方面，英国本国以及英镑圈的重要性依然没有变化。从这个意义上说，对英关系亦是日本外交领域绝不能忽视的部分。

日本是一个海洋国家，毫无疑问必须通过海外贸易养活九千万国民。既然如此，自然难免会将重心放到经济上最为富裕、技术上最为先进且历史上关系最为密切的英美两国。这未必是主义、思想的问题，也不是经常有人说的"从属"之类的关系。只因为这么做，最为简便，同时最为有效。总之，不外乎是有利于日本国民的便宜之路而已。

（六）空泛的中立主义

无须再次赘述，与国家防卫相关的所谓中立主义，无论怎样进行概念上的包装，其内容都是空泛的。从最近东欧的苏联卫星国发生的事件可以充分看出，在强大的武力面前，一国的独立自主没有意义。如果拥有足以保持中立的武力且处于有利的地理位置，自然另当别论。可是，日本并不是这样。以日美安保条约为主的集体防卫体制是保卫日本的唯一道路。

因此，我认为日本应该以亲英美为核心，广泛推进与自由世界各国特别是地理和经济方面均接近日本的东南亚各国的关系。当然，虽然这样说，却绝不意味着完全忽视与共产圈各国的关系。不过，日本国内存在一种言论，过于强调与共产圈各国以及东南亚各国的关系，贬损对美英关系特别是亲美的外交方针。有鉴于此，特意着笔写下上述内容，明确日本外交应该坚持的道路。

（七）利用排外心理的势力

但是，进入大正时期，有些人开始赤裸裸地反对明治以来坚持的亲英美的外交政策。仔细研究就会发现，他们的反英美情绪并不见得相同。有单纯嫉妒英美强大富裕的人；有憎恨英美在国际外交方面骄横的人；有基于各种主张和理由反对英美的人物，等等。其中，据我所见，对国家最为不利的是一些鼓动这种排外情绪用于扩大个人政治势力的。

最近的一个事例便是"满洲事变"(九一八事变)后日本军部的行为。当时日本军部,特别是陆军的反英美态度如前所述肯定有各种各样的原因。其中最大的一个原因是,他们对元老、重臣等领导阶层坚守明治以来的亲英美道路的反感,图谋与之对抗,从而扩张自己的势力。这是不能视而不见的一个事实。而且他们将反英美的主张用"打破现状、建立新秩序"等革命性口号进行包装。但他们所犯的一个最大过失是反英美达到极致,竟与德意结成同盟关系。最后导致日本被拖入第二次世界大战,使我国国民陷入战争失败的痛苦境地。这些都是我国国民切身感受到的事情。

对照历史来看,将排外情绪利用在政治运动方面的行为体现的是政治落后性,发达国家完全不会出现这种情况。朝鲜东学党之乱,中国义和团事件无不如此。再比如去年以来,埃及纳赛尔总统的做法也可以充分显示出这种心理。他采取激进和过激手段故意向英法势力进行挑衅,口头呼吁和平,结果却是损害和平。其实不外乎意图通过对外强硬的态度煽动国民的排外心理,从而确立自己的政治地位。事态发展到极点,竟然表示出与国际上英法的对抗势力苏联结成联盟的姿态,甚至更进一步达到接受苏联援助的程度。从上可以看出,埃及的纳赛尔总统踏上了和日本军部当年完全相同的道路。

深刻反思这些国内外事例的发展轨迹,令我隐隐担忧的是,即使今天,依然可以看到日本国内部分革新分子逐渐显现出利用反美运动作为扩大自己政治势力的工具的倾向。他们以打破对美一边倒、实现独立、坚持中立主义等名义,向国民渗透反美情感,意图扩大自己的势力和实现个人野心。这种潮流如果止于今天的程度,也许不足以令人忧虑。但是没有人能够担保这些革新分子不会重蹈日本军部的覆辙,在反美运动达到高峰的时候,脱离自由主义国家阵营,渐渐倒向共产主义国家阵营。这一点我迫切希望日本国民做出慎重且智慧的评判。

四、与亚洲、非洲的关系

在此我想结合最近的中立主义和第三势力简单谈一下和亚非各国的关系。

(一)亚洲、非洲与日本

亚非各民族国家基本上是在第二次世界大战后赢得了独立自主的国家,现今在这些国家激荡着民族主义、国家主义的情绪。作为日本人,基于明治初期的经历,不仅能够充分理解,同时也对他们抱有满腔的同情和共鸣。然而,我想我们决不能忘记这些国家与日本的国情以及国际地位的不同。

一些人,特别是前面提到的被称为进步文化人士的一群人,因为日本也是经历过战后数年占领才实现独立,与新兴的亚非各国有共同点,因此倾向于提议日本应该和这些国家携手，反抗曾经的殖民主义大国，尤其是英美法。我认为这是完全缺乏对现实认识的愚蠢论调。日本除去被占领期间，自古以来就是独立国家。独立是日本的本来姿态，是常态。这一点与前述国家明显不同。

事实上，今天的日本在国内政治、经济、工业、社会发展水平等各个方面与其说是亚洲国家，倒不如说更接近西欧国家。至少达到了西欧国家的水平。但是，亚非各国民众开化程度还很低，工业、经济能力尚未获得开发，还没有走出所谓不发达国家的范围。因此与外国经济的有机依存关系非常弱。所以在现阶段，这些地区的领导人更加致力于从政治方面和社会方面摆脱外国的殖民地影响、宗主国影响而非努力开展与外国的经济联系。总之，他们远离倒向两个世界中的某一方这样的问题，专心于如何集中全体国民的力量建设自己祖国的工作。我想这可以说是一种消极的中立主义。虽然他们对外积极地标榜要为世界和平、两大集团的融合等贡献力量，但这并非基于经济上、军事上的实力才主张的中立主义。因此，既有必要对他们的立场表示理解和同情，又要看清楚其实质，不能给予过高评价。

（二）我们能够作出贡献的方面

我在前面说过，日本在各个方面更接近西欧国家。当然，从地理划分方面来看，日本位于亚洲。与西欧各国相比，日本理所应当要比西欧各国更加了解亚洲。从人种方面来说，一般情况下，与西欧人相比，我认为日本人对亚洲人、非洲人更具有亲近感。基于地理方面、人种方面的原因，考虑到日本的经济实力，日本今后的国际作用应该不言自明。例如，将西欧的，特别是美国的资金与日本的技术良好地结合起来，对东南亚进行开发就是很好的想法。这些在很长时间里受到西欧各国殖民压迫的不发达国家，对引进外国资本难免抱有相当大的戒心。日本在两者之间发挥中介、说服之类的作用，我想对树立日本形象大有好处。

毫无疑问，这种想法在实际操作时，会有相当大的困难，需要极大的忍耐和努力。但是，对亚非的民众来说，通过援助他们的经济开发，从而让他们明白正是自由主义才能给他们国家带来繁荣和人民生活水平的提高恰是我们国家能够做出的贡献，而这种贡献也正是我的夙愿。

第四节　戈尔巴乔夫

一、本节案例导读

米哈伊尔·谢尔盖耶维奇·戈尔巴乔夫（Mikhail Sergeyevich Gorbachev，1931—2022），苏联政治家，曾担任苏联最高领导人。戈尔巴乔夫是苏联解体、美苏冷战结束等国际事件的重要参与者和见证者。《孤独相伴：戈尔巴乔夫回忆录》这部著作披露了苏联解体前后许多不为人知的内幕，以历史当事人的视角，对"戈式改革""八一九事件"等苏联解体相关事件作了审视和解读。

二、案例资料阅读

[俄]米哈伊尔·戈尔巴乔夫：《孤独相伴：戈尔巴乔夫回忆录》，潘兴明译，南京：译林出版社，2015年，第418—438页。

拯救苏联的最后努力

我想到并且认为有必要积极推动新《联盟条约》的签署，此时需要将已发生的变化和新的权力平衡考虑在内。我回到克里姆林宫工作的第一天，就与9个加盟共和国领导人开会。我在会上强调必须尽快解决这个问题。大多数加盟共和国领导人都持有一致的立场：签署新《联盟条约》既有可能，也有必要，表示愿意共同为之努力。叶利钦表达了相同的立场，至少在会场上是这样。

9月2日，在紧急召开的苏联第五次人民代表大会上，纳扎尔巴耶夫宣读了由苏联总统和苏联各加盟共和国领导人起草的声明。声明宣布国家根据法律选举产生的最高领导人，即苏联总统，与各加盟共和国总统和最高苏维埃主席，已经达成一致意见，即需要由"自愿加入的各共和国起草和签署《主权国家联盟条约》。根据该《条约》，每一个共和国均有权独立确定其加入联盟的方式"。所提出的主张是建立一个经济联盟、一个由各共和国人民代表组成的代表委员会、一个苏联国家委员会和一个共和国间经济委员会。《过渡时期国家权力和政府组织法》这部苏联法律获得通过。

在我的指导下，新《联盟条约》的起草工作重新开始进行。虽然遇到了很大的困难，但起草工作在逐步推进中。为了共同的事业，我设法与所有参与方达成相互谅解，形成共同立场。首先，我与纳扎尔巴耶夫做到了这一点，他希望尽快签署新《联盟条约》。但是，叶利钦是主要障碍。虽然从来没有公开拒绝参与新《联盟条约》，但他总是延搁和阻止，不停地要求对已经达成一致的条款进行修改。他的目的是要在条约草案中删除有关建立一个"统一的联盟国家"的关键条款，用界定不清的"国家联盟"的概念来取代"苏联国家"的概念。

激进民主派将政变的失败看作是彻底废除苏联国家机构，使他们自己摆脱苏联及对苏联承担责任的大好机会。在1991年9月的一份秘密备忘录中，他们试图说服叶利钦继续大力推进这个行动，当时叶利钦离开了莫斯科的事务纷扰，去索契休养。这些人十分惊恐地看到戈尔巴乔夫能够继续进行有关新《联盟条约》的工作，新的苏联架构正在恢复活力，起草经济协定的工作也在亚夫林斯基的指导下积极地开展。

10月15日，在国家委员会的一次会议上，叶利钦宣布在启动改革之前要"彻底地摧毁"中央政府，他说："一个月之内我们将关闭所有苏联部长的账户，我们已经不再使用他们的服务。"

10月18日，苏联总统和8个加盟共和国（乌克兰、摩尔多瓦、格鲁吉亚和阿塞拜疆除外）的领导人根据9月苏联人民代表大会的授权，在克里姆林宫签署了《主权国家经济共同体条约》。尽管如此，叶利钦立即发表声明说："现在的任务是铲除单一帝国架构的残余，建立流动的和商业形态的共和国间的架构。"他确认"俄罗斯已经停止向苏联各部提供款项，只有国防部、铁道部和原子能工业部除外"。

10月底，叶利钦宣布将把苏联国家银行变为俄罗斯银行，将苏联外交部的人员编制削减90%（"俄罗斯不需要这样的外交部"），裁撤80个苏联部级机构等。在对中央政府实施这些新的打击的同时,叶利钦大声许诺要在 1992 年春实现财政稳定,在那一年之后开始实现经济恢复。当时,阿巴尔金院士对这些疯狂的计划提出了批评,他的预测是通货膨胀将会大幅度加剧,而且经济危机和社会分化将会加深。

叶利钦的宣布令各加盟共和国和西方感到震惊。1991 年秋,苏联的命运在很大程度上依赖于与西方恢复正常的金融和经济关系。这方面的关系由于经济危机而受到了削弱,由于政变而受到了损害和阻碍。我们的西方伙伴看到了这一点,但他们并不急于给我们提供真正的帮助,宁愿在一旁等待。这就是为什么我在整个秋天,从 9 月到 11 月,一直敦促他们采取实际行动的原因。那段时间我几乎每天都与外国领导人联系,其中包括约翰・梅杰、赫尔穆特・科尔、弗朗索瓦・密特朗、乔治・布什、朱利奥・安德雷奥蒂、费利佩・冈萨雷斯和其他国家的外交部长和财政部长。反应最积极的是法国、德国和意大利方面。

当时担任七国集团协调人的梅杰首先于 9 月来到莫斯科,讨论伦敦协议的落实问题。他告诉我七国集团和欧洲共同体已经同意在 11 月提供 110 亿美元的紧急援助计划①。已经达成的一项协议同意接纳苏联为国际货币基金组织联系国,不久之后接纳为正式成员国。11 月 20 日,我在莫斯科会见了国际货币基金组织总裁米歇尔・康德苏,讨论了该组织帮助苏联促进经济改革的问题。

格里戈里・亚夫林斯基在担任跨共和国经济委员会副主席的职位上赢得了很高的声望。11 月 23 日,他向我汇报起草有关《经济共同体条约》主要领域及其落实问题的特别协定和争取各加盟共和国批准的工作,已经提前完成。

亚夫林斯基认为《经济共同体条约》于 1991 年内生效极为重要,而剩余的问题都是政治方面的问题。但经过最后的分析,我们发现所有的问题都归结到签署新《联盟条约》之上。

按照政变后起草的条约草案,这个统一的联邦国家将拥有共同的民选机构——议会和总统;拥有共同的军队和货币体系;实行双重国籍制度:公民拥有所在共和国的国籍和联盟国籍。中央政府负责制订战略层面的内政外交政策,负责国际条约的有关问题……所有出席 11 月 4 日国家委员会会议的领导人都在原则上同意了这个条约草案,但有某些保留。各加盟共和国领导人同意一旦他们的有关意见被列入条约草案,他们就会在所在加盟共和国推动该草案的批准工作。

直到那时候,列昂尼德・克拉夫丘克都是叶利钦的一个积极合作伙伴,但愿他不是叶利钦的犯罪伙伴,叶利钦正在用公开的和秘密的手段搞垮苏联。克拉夫

---

① 叶利钦和盖达尔在叙述这个时期时很省心地"遗忘"了这件事。

丘克不仅反对新《联盟条约》,而且宣布如果《经济共同体条约》包含任何设立中央机构的内容,乌克兰就不会予以批准。此外,任何将各加盟共和国连接成一个整体的中央政府都绝不能存在……

这个在当时恰巧处于事件中心位置的人的态度,成为叶利钦的某种救生圈。叶利钦清楚地知道,单方面公开摈弃苏联是不得体和有风险的行动。这就像是说:嗨,我不反对联盟的主张,但你看,克拉夫丘克和乌克兰不想加入进来,离开了他们,联盟怎能建立呢? 结果,在 11 月 14 日的国家委员会会议上,叶利钦参加了对于新《联盟条约》的讨论,根据加盟共和国提出的意见做了修改,但他坚决反对已经达成一致意见的关于建立联盟国家的建议。

会后,有记者问:"这个国家叫什么名字?"我请叶利钦来回答这个问题。叶利钦说:"我们同意这是一个联盟——一个民主联邦国家。"

但是,克拉夫丘克没有出席 11 月 25 日的国家委员会会议。叶利钦在会议开始时就声称俄罗斯最高苏维埃的大部分成员都不同意"一个民主联邦国家式的联盟"这样的国家形式。叶利钦还提出了另一个反对意见:"没有乌克兰,什么样的条约都是不可能的。不会有什么联盟,我们还是等一下乌克兰。"

我用我的观点加以反驳:不应当跟随分离主义者的脚印走入死胡同,而是要有一个明确的立场,将他们拉出死胡同。我建议将已经达成一致意见的条约文本提交最高苏维埃审议。叶利钦说他不能将目前的条约文本提交上去……

参加会议的其他人都像叶利钦那样拒绝提交条约草案。我对这种不讲诚信的行为感到愤怒。由于穷尽一切方法都不能使叶利钦同意他先前已经同意的文本,我说:"我已经受够了,我不会参与摧毁苏联的行动。你们可以自己待在这里作出决定,你们将要对此负全部责任。"说完这些话之后,我回到自己的办公室,把会议参加者晾在那里。

过了一会儿,叶利钦和舒什科维奇来到我这里。他们带来了一份草案,包含 11 月 14 日会议同意的关键词语:"主权国家联盟——一个民主联邦国家"。我对国家委员会决议的文本做了一些修改,叶利钦和舒什科维奇都表示同意。然后,我们回到会议厅,继续开完这次会议。11 月 25 日会议的所有参加者都签署了根据国家委员会会议的结果形成的一份联合声明,同意将《主权国家联盟条约——一个民主联邦国家》草案提交各加盟共和国最高苏维埃和苏联最高苏维埃审议。这份条约草案于 1991 年 11 月 27 日公开发表。

对于新《联盟条约》草案中关键的国家形式问题,叶利钦极其虚伪地要弄手腕。

11 月 30 日,在乌克兰举行公民投票的前一天,叶利钦打电话给乔治·布什总统。值得注意的是,他要求布什保守这次谈话的秘密,直到乌克兰公民投票结果公布为止。克拉夫丘克和舒什科维奇通知美国总统,他们将与叶利钦在白俄罗斯会面。

顺便说一句,叶利钦就苏联问题与布什总统有过其他的秘密联系。叶利钦一直在重复他将在新条约的基础上保留苏联的存在。

乌克兰的全民公投并没有提出乌克兰是否离开苏联的问题(根据苏联法律的规定,加盟共和国退出苏联的程序中需要提出这个问题),更不用说提出是否要终止苏联存在的问题,而且 1991 年 8 月 24 日的《乌克兰独立宣言法案》也没有提及以上问题。乌克兰独立宣言在原则上并没有排除加入一个新联盟的可能性,特别是不排除加入采用联邦体制的新联盟。将这次公投说成是一次支持脱离苏联或终结苏联的投票,温和地说是不公平的。而事实上,这是造假和欺骗。在那些狂热的日子里,随处可见激进的民族主义标语:"俄罗斯正在偷我们的东西;如果我们与俄罗斯分开,将过得比法国还好;乌克兰将在两三年内经历经济奇迹"等等。

12 月 3 日,苏联最高苏维埃批准了《主权国家联盟条约》草案。同一天,我呼吁加盟共和国最高苏维埃代表支持正提交给他们审议的新《联盟条约》草案。"这样随着这份文件的签署,国家也许能够最终缓过气来,站稳脚跟,共同前进。"这个讲话反映了 1991 年 3 月全国公投的结果。

所有这一切都发生在别拉韦日会议的前夜。

摧毁苏联的秘密行动

1991 年 12 月,叶利钦向我简要通报了即将到来的明斯克之行。他隐瞒了其中最重要的事情:俄罗斯总统和乌克兰总统,加上白俄罗斯议会主席舒什科维奇秘密准备签署一份文件:宣布取消苏联存在的法律和政治基础,宣布成立独立国家联合体,以此作为终结苏联的借口。

这次高度机密的会议在别拉韦日密林内的韦斯库里政府宾馆里举行,有特种安全部队提供警戒保护。这里离波兰边境不远,叶利钦后来回忆道:"我们不间断地连续工作,心情激动而兴奋,会议的紧张气氛随着时间的推移而逐渐加强。"①(他在习惯性地制造紧张气氛——他是这方面的老手。)布尔布利斯、盖达尔、科济列夫、沙赫赖为俄罗斯总统提供咨询服务。他们拼命地通宵苦干:"很清楚,所有的协议都必须在那里签署,决不能拖延。"②

这些文件声称:"签署新《联盟条约》的谈判走入了死胡同,共和国与苏联分离

---

① 鲍里斯·叶利钦:《总统日记》,莫斯科:1994 年,第 150 页。
② 鲍里斯·叶利钦:《总统日记》,莫斯科:1994 年,第 150 页。

和建立独立国家的客观进程已经成为现实。"但是,这距 11 月 15 日苏联 7 个加盟共和国将条约草案呈交所在国立法机关审议仅仅过去了几个星期而已。即使是他们突然走入了死胡同,为什么不在莫斯科的苏联国家委员会会议上说这些话? 国家委员会的会议是按照新奥加廖沃协议的精神召开的,并建立在这个精神的基础之上。答案很清楚:因为在莫斯科,其他加盟共和国的代表,首先是哈萨克斯坦的代表,直到最后时刻都支持建立"联邦式联盟国家",而不是其他的什么白日梦。

尽管别拉韦日阴谋者散布了希望人们相信的那一套说辞,但事实上并不是所有的共和国都离开了苏联。是谁编造了这个"事实",又是如何编造的? 是谁授权"三驾马车"发表这个声明? 对这些问题,当时没有,现在仍然没有令人信服的回答,更没有基于法律的回答。大多数加盟共和国及其领导人从来没有宣布他们与苏联分离。虽然别拉韦日的分离分子宣称这是事实,但加盟共和国在政变之后宣布独立这件事本身,并不能排除法律和事实上的可能性和正当性,即这些加盟共和国自愿留在苏联之内和建立一个联邦式联盟国家。而且对于绝大多数苏联人来说,建立这样的国家在客观上是有利的,在精神上是可以接受的。

《别拉韦日协议》"发现":"作为国际法主体和地缘政治现实的苏联已经停止存在。"这是发生在苏联人民在 1991 年 3 月 17 日全民公投中投票赞成保留国家之后。

借用医学方面的术语,别拉韦日密林以匆忙、秘密和欺骗方式干的勾当,其实就是将一个身受重伤但仍然活着的生物进行肢解。俄罗斯总统是施行这次手术的主刀。

哈萨克斯坦总统纳扎尔巴耶夫当时相信:"如果不是俄罗斯的话,别拉韦日文件就不会出台;如果不是俄罗斯的话,苏联就不会解体。"(《独立报》,1992 年 5 月 6 日)

根据亚夫林斯基提供的证言(叶利钦抛弃了亚夫林斯基的团队,选择了盖达尔的团队),"鲍里斯·尼古拉耶维奇[①]和他的内圈持有某些置于优先位置的政治主张,决心在任何情况下都要予以实施。最重要的是,他们不仅想在政治上,而且想在经济上肢解苏联,一举取消所有现存经济协调机构,包括那些财政、信贷和货币方面的机构(我要说的是这些都发生在一天之内)。他们还要使俄罗斯完全与所有其他加盟共和国脱离,包括那些在当时不愿意这样做的共和国,如白俄罗斯和哈萨

---

① 叶利钦的名字。

克斯坦……这是政治命令。"(《文学报》，1992 年第 44 号)①

肢解和终结苏联的命令来自叶利钦和民主俄罗斯运动的极左翼，他们被全能的自由市场的乌托邦蒙住了双眼，急于将它移植到俄罗斯的土地上。

这里还有一个证据：早在 1990 年，民主俄罗斯运动就确定了这样的目标：要实现"将权力从目前以米哈伊尔·戈尔巴乔夫为首的苏联领导层转移"到"平行的权力机构"，这个机构将能够"挤走"苏联现任领导层，为未来的共同体奠定基础。

然而，这件事并不使人感到意外。克拉夫丘克承认在别拉韦日密林，他"没有经过任何讨论或协调，仅用一个晚上就很快签署了文件"（基辅《工人报》，1991 年 12 月 11 日）。克拉夫丘克还承认他们不能肯定"公众是否能够妥当地理解我们的决定，文件是否看上去具有合法性"。②"但是，我们认为所采纳的文件缺乏足够的合法性。"③对此，很难存有争议。《别拉韦日协议》及其达成的程序和所做的大肆宣传，都经不起合法性的推敲。但是，对权力的渴望、个人的政治和其他日程设置，压倒了法律问题和质疑。

他们为何如此匆忙

由于担心苏联总统会说服加盟共和国领导人相信新联邦国家有发展前景，阴谋者感到必须加紧其终结苏联的行动。我一直在集体会议和双边会议上向加盟共和国领导人强调：共和国之间的双边协议和关系绝不能取代苏联中央政府。这个新的、民主的中央政府不仅不会是共和国独立的障碍，实际上还能发挥共同行动的长处、增加发展机会、加强其安全和在世界上的声望。叶利钦的心腹和"俄罗斯转盘"最冒险的玩家布尔布里斯负责密切监视苏联总统的一举一动，他很有理由这么说："我的印象是他成功了。"④

我记得苏联解体五周年纪念日有一个电视节目，发表讲话的有沙赫纳扎罗夫、舒什科维奇、布尔布里斯和其他人。

主持人问布尔布里斯："这么说，独联体方案失败了吗？"

他回答："是的。"

"那么，如果没有建立独联体的话，会建立什么呢？"主持人问。

布尔布里斯答道："最有可能的，将会是戈尔巴乔夫所主张的松散版苏联。"

---

① 我认为正是由于亚夫林斯基的这个关键立场，他遭到了其他一些第一代激进民主派的攻击。这种对俄罗斯最杰出科学家和公众政治人物的直接污蔑，即使在今天也不能饶恕。

② 《联盟可能会被保存》，第 443 页。

③ 《联盟可能会被保存》，第 457 页。

④ 《联盟可能会被保存》，第 291 页。

我认为他是在耍滑头、摆姿态和误导公众。布尔布里斯多年来一直在怂恿叶利钦去搞垮苏联,他在为此竭尽全力。

本来,振兴和保留苏联存有可能性,我为此坚持到最后。但这令苏联的反对者们感到害怕和不自在。

1991年11月,谢瓦尔德纳泽重新担任苏联外交部长。这向加盟共和国和世界释放出一个信号:苏联总统将在各个方面重新启动积极主动的外交政策。这项任命旨在缓释和抵消科济列夫主管的俄罗斯苏维埃联邦社会主义共和国外交部奉行的单边性亲西方路线。换言之,尽管那些反对保留苏联的人声称苏联已经不再存在或已经解体了,但我仍在继续"积攒弹药"为苏联而战,直到"弹尽粮绝"为止。

在这样的形势下,叶利钦的领导团队决定推进其分离主义和终结主义的计划。叶利钦背着苏联总统,利用他与苏联国防部副部长格拉切夫将军、苏联内务部长维克托·巴拉尼科夫将军和苏联国防部长叶夫根尼·沙波什尼科夫的密切私人关系,争取他们对他准备实施《别拉韦日协议》的支持。我能对这些曾经宣誓忠于苏联的将军们的行为说些什么呢?

由于已经在别拉韦日宣布了苏联的"寿终正寝"和率先向美国总统通报了这件事(!?),这三个加盟共和国主管人物仍然害怕在预定的12月9日来克里姆林宫会见苏联总统。克拉夫丘克和舒什科维奇根本不敢来莫斯科,而叶利钦则要求我保证他的安全。

一个已经被宣布不存在的苏联的总统能做些什么? 以公然反宪法的罪名将叶利钦及其党羽全数逮捕吗? 但是,苏联总统已经失去了对安全部队和军队的绝对控制权。不仅如此,如果我争取到了部分军队的支持,这将导致紧张的政治对峙,很有可能造成流血事件和深远的负面影响。我不能这么做,否则的话我就不是我自己了。但是,只要拯救苏联的一丝机会尚存,我就不会"放弃"苏联,所以我为此而战斗。

12月9日,我宣布加盟共和国最高苏维埃和苏联最高苏维埃审议《主权国家联盟条约》和《别拉韦日协议》。由于这份协议涉及了不同的国家形式,这方面的问题属于苏联人民代表大会的主管范围,所以我宣布有必要召开人民代表大会,而且不排除就这个问题举行全民公投。

对此,俄罗斯和白俄罗斯最高苏维埃领导人的反应是通过撤回其大会代表的方式阻止代表大会的召开。各加盟共和国立法机关对新《联盟条约》的审议也受到阻挠。12月10日,白俄罗斯和乌克兰立法机关的代表以多数票批准了《别拉韦日协议》。

俄罗斯领导人费尽心机来确保《别拉韦日协议》能够以明显的多数获得立法机

关的通过。哈斯布拉托夫甚至准备为此目的借用久加诺夫的力量。对俄罗斯联邦人民代表（包括那些对别拉韦日阴谋持怀疑和反对态度的人民代表）施加的政治、心理和其他方面的压力收到了效果。在总共 201 名人民代表中，对《别拉韦日协议》投赞成票的有 188 名，投反对票的 6 名，投弃权票的 7 名。投票反对终结苏联的只有谢尔盖·巴布林、弗拉基米尔·伊萨科夫、伊利亚·康斯坦丁诺夫、谢尔盖·波洛兹科夫、帕维尔·利索夫和尼古拉·帕夫洛夫。

俄罗斯最高苏维埃对这个问题的讨论和决定，对于国家来说十分重要，是在那些获胜的极端爱国主义者的高压氛围中匆忙进行和做出的。叶利钦和《别拉韦日协议》的其他制定者在人们的讲话中宣称应当从苏联中央政府那里解放出来，俄罗斯将能够与其他共和国建立起更加平等和可靠的关系。不少代表提出的所有怀疑和疑问均被置之不理。宇航员萨沃斯季亚诺夫是共产党员，号召所有代表都投"赞成票"，以"除掉"戈尔巴乔夫。投票结果获得了代表们的起立鼓掌，这就是激进民主派与某些共产党人如何联手埋葬了大俄罗斯，而苏联就是其事实上的继承者。不到两年之后的 1993 年 10 月，叶利钦总统将用更加野蛮的方式来解散最高苏维埃：直接用坦克进行炮击。

事实上，关于到底有多少人在这个事件中死亡的问题，直到今天尚不清楚。死者被迅速用拖车运走，没有留下埋葬地点的记录。叶利钦害怕对所发生的事件承担责任，于是做了这样的交易：不对炮轰立法机关的悲剧事件进行调查，以换取对受到最高法院立案审理的国家紧急状态委员会成员的赦免。

这些人达成的是具有犯罪性质的交易。

那么，现在怎么办呢？我相信仍然有可能建立新的独立国家联盟，但是这仍然有很长的路要走。最近俄罗斯、哈萨克斯坦和白俄罗斯等组建关税同盟，这是向正确的方向迈出了一步。

1991 年 12 月 23 日我在胡桃厅用了整整一天时间，在雅科夫列夫在场的情况下，向叶利钦交接总统事务。我们同意苏联政府机关将在 12 月 30 日停止运作。

我应当提及的是，有一个专门考察苏联—波兰关系中所谓的"盲点"的苏波联合委员会。到 1990 年的时候，在这个委员会工作的苏联学者和档案学家已经发现了内务人民委员会监狱看守部队的文件，与其说间接的，倒不如说令人信服地直接表明了贝利亚、梅尔库洛夫和他们的部下参与了卡廷的犯罪。

1990 年 4 月 13 日，波兰总统沃伊切赫·雅鲁泽尔斯基访问莫斯科期间，我公开宣布苏联历史学家已经发现了隶属于苏联内务人民委员会战俘和囚犯管理总局的名册和其他档案材料，其中包括 1939—1940 年间被关押在科泽尔斯基、奥斯塔什科夫斯基和斯塔罗别利斯基集中营的波兰公民名单。1990 年 4 月 13 日，塔斯社发布了一项政府声明，苏联方面对卡廷事件表示深深的遗憾，指出"卡廷悲剧是严重罪行"。同时，军事总检察院接到第 159 号令，开始了刑事调查。

1991 年 12 月 23 日我与叶利钦见面时，将这些关于卡廷事件的"特别卷宗"中的文件拿给他看，朗读了其中的内容，并把这些文件移交给了他。我也是那天早晨才从档案工作人员口中得知了这些卷宗的存在。我和叶利钦同意将这些卷宗交给波兰方面。我说："这是你的任务了，鲍里斯·尼古拉耶维奇。"但差不多在一年之后的 1992 年 10 月，叶利钦的班子安排了"宪法法院审理苏共案"，披露有关卡廷事件的，"特别卷宗"（确切说是副本），还声称这些卷宗是"偶然"发现的，而戈尔巴乔夫把它们藏了起来，不让波兰人看到。不过，今天仍然健在的工作人员完全了解这件事的是非曲直。

至于叶利钦为什么没有在 1992 年 5 月把这些卷宗交给来访的波兰总统莱赫·瓦文萨，而是在同年 10 月将卷宗副本交给波兰方面，这还很难说清楚。但他们毫不迟疑地对戈尔巴乔夫横加指责，却证据不实……"卡廷案件"已经在 1994 年停止调查，有关材料被归入保密范围。在 2010 年春波兰总统莱赫·卡钦斯基因飞机失事遇难之后，俄罗斯总统德米特里·梅德韦杰夫宣布了有关决定。因此，我相信完全有可能对这个案件的内情和涉案人员继续进行调查。

我想提及的另一件事涉及一个说法，据称我在与叶利钦的工作谈话中，向他提交了一份"一长串要求清单"，内容包括享有各种特权待遇和免除刑事和其他起诉的特赦待遇。事实上，这次见面的确涉及了苏联总统停止行使职权之后的身份问题。比如说，他作为一个知道国家机密的人，如何保证其安全。在这方面，我并没有为自己提任何要求。叶利钦则说了带有威胁口吻的话，称我作为苏联总统在退休之后不存在赦免问题，而如果我觉得有罪的话，最好在我仍然是总统时坦白出来。

从那时起几乎已经过去了二十年时光，我一直没有得到任何的总统赦免保证，当然我从一开始也没有提出过这个要求。我已经历过许许多多的事情：从极不讲道理地要求在 24 小时之内搬出总统公寓和乡间别墅，到禁止出国旅行（包括禁止参加我的朋友威利·勃兰特的葬礼）；从戏剧性地对苏共和戈尔巴乔夫进行纽伦堡式的审判，到可耻地封锁和污蔑戈尔巴乔夫基金会，以及禁止我在大众媒体上露面和出版我的著作。更不用说将我的养老金缩水到只有两美元，还有那些俄罗斯新老权贵集团及其上司玩弄的大大小小、数不胜数的各种伎俩和手段。

这些只能说明"别拉韦日文明"使得国家堕落到了何等的地步。叶利钦板着脸写他的回忆录时，留下了这样的文字："我们打算为前国家元首过上无拘无束、放松和平静的生活创造先例，我们做到了这一点。尽管困难重重，我们在俄罗斯历史上第一次创造了这个先例。"这就是为我创造的"先例"，这就是"创新"，完全是蛊惑人心的花招。

与此同时,俄罗斯联邦首任总统(叶利钦)通过一项特别法令,被授予了不受起诉和法院审判的豁免权。圣彼得堡一座用纳税人的钱建造的图书馆,用他的名字命名。而叶利钦基金会将坐落在莫斯科市中心一座十分优美的建筑物内。这的确是"别拉韦日文明"的一大进步。

在离开克里姆林宫前的最后几天里,我与科尔、密特朗、梅杰、布什、布莱恩·马尔罗尼和我的其他政治伙伴通了电话。他们对我的观点、评估和预测很感兴趣。虽然我认为事情的发展方向是错误的,但我向这些领导人保证,我将竭尽全力来促进独联体的活力和效率。我提醒他们:假如解体继续深入,最糟糕的事情就会发生。因此,重要的是不要听任这样的事情发生。

我强调西方对独联体,特别是俄罗斯提供支持的重要性,还强调提供财政和食品援助的紧迫性。他们询问了我离开克里姆林宫之后的打算。我要他们确信,我将不会躲藏到深山老林中去,也不会离开政治或公共生活。在新的环境中,我将尽我的最大努力继续支持由改革运动启动的民主改革。

我必须说的是,我的老熟人和老伙伴们的关心、保证和良好祝愿令我的低落心情有了一些好转。我对伟大事业的命运感到十分焦虑——在此毫无虚言,这是我与志同道合的同事们共同开创的事业。当看到我为振兴国家、社会和同胞们的生活所做的事情和将要全力去做的事情,这种焦虑方才有所减缓。

当我仔细思考对全国同胞发表的最后一次讲话内容时,我拒绝了不要触动那些独联体创立者敏感神经的建议。我决定现实地分析事件演化的轨迹及其结果,突出国家解体的危险性和捍卫改革成就的重要性。12月25日,在我宣布辞去苏联总统的声明中,我表达了反对肢解国家的立场,但同时表示将尽我所能来确保阿拉木图协议能够达成真正的社会和谐,确保改革进程能从危机中恢复过来……

从改革伊始至今已经过去了四分之一个世纪,这给了我更多的理由说这句话:"时至今日,我对1985年春天开始的民主改革的历史正确性坚信不疑。"从那时起过去的这些年不仅验证了国家民主复兴的历史正确性,而且还显示出其日益增长的重要性。同时,这些年还验证了我1991年12月25日全国讲话中关键段落的意义:保住民主改革的成果极为重要,这些成果"不能在任何情况下或以任何借口随意抛弃。否则,一切有关美好未来的希望都将万劫不复"。

民主改革的成就甚至安然度过了八月政变,而此时在政变失败之后却要经受新一轮的考验:这一次的考验是来自由个人权力和"家族"权力构成的政权。这个政权营造民主标语掩饰的假象,得到了激进民主派和新老权贵集团的支持,受到了民主俄罗斯运动的自由头领们的纵容。所有事关人民切身利益的决定都背着人民做出，而且都以人民为代价。典型的例证是"休克疗法"和一面倒私有化，这让大部分人口深陷贫困和悲惨的境地之中，导致了空前的社会多极化，其留下的深刻后果一直在俄罗斯社会挥之不去。这就是第一个通过自由选举产生的议会遭受的命运——1993 年 10 月叶利钦下令进行炮击。这就是车臣战争爆发的原因，战争陷入了极为惨烈的漫长的流血冲突之中，其痛苦的后果至今仍然能够感受得到。这就是在几乎要被取消的 1996 年总统大选中的那场作秀。竞选中贿赂选民、投入数百万美元的非法竞选经费、进行公然的舞弊，而且当局滥用其"在任总统的优势"。

通过不惜一切代价的方式获取了权力并抓住权力不放，激进民主派变成了激进自由派，全然不顾民主和社会责任。结果，甚至连"民主"和"改革"理念也失去了公众的信任。我认为，这还不是 1990 年代"精英们"犯下的主要错误。当然这些错误是不容置疑的，给我们的社会造成了巨大的灾难，时至今日仍然如此。当下，世界的其他国家正在汲取全球危机的教训和努力达到新的文明水平。显然，我国领导层已经看到并了解了这个问题。

俄罗斯总统梅德韦杰夫号召实现现代化的行动提供了进一步的证明。然而，如果未能在更积极的公民社会方面取得新突破，那么现代化就不可能实现。当然，我们这里是指国家和社会的现代化，而不是指某几个制造业领域的技术革新。具有权利和义务的公民，应当是社会现代化的焦点。改革目标是个人解放、将人从"机器的齿轮"变为社会和政治进程的积极参与者。他们有能力做出个人选择，影响他们所在国家的个人和社会命运及生活环境。在很大程度上，这个目标已经实现。无论如何，主要工作是在七年改革时期中完成的。改革的主要成果是新的人民大众风起云涌地开展社会、政治和革命活动。这些新的人民大众包括整整好几代人，各种年龄段都有，特别是包括了年轻人。

改革年代出现了公民社会的觉醒和成长的现象。诚然，这是一个有着过分的举措、过多的政治集会和大量鼓动行为的进程。但俄罗斯公民恰恰不愿自己的国家倒退到改革前的年代，不愿意看到这样的事情发生。然而，一旦挫败了政变者之后，俄罗斯公民未能迅速识破那些充满幻想的煽动者和玩弄阴谋诡计的权贵集团头目布下的政治圈套。"当机立断的领袖"和胜利的陶醉与民主并不兼容，而且从一开始就是相互排斥的。

正如已经提到的那样，我和我的同志们在改革问题上犯了许多错误。尽管许多反对派成员都不相信苏联共产党和苏联本身能够得到改革，但我持不同意见。我们本能够，而且应当更早、更快和更强硬地（这一点现在已经很清楚了）做很多事情。最后，改革的一个战略错误是低估了国家陷入的财政和经济危机的严重程度。我们本能够，而且应当更早和更强有力地开始实施社会导向的、基于市场的经济体系。甚至在 1990—1991 年,我们仍然有可能通过采取必要的步骤,包括大幅度削减国防开支来阻止和避免消费市场的崩溃。

至关重要的问题是,各国领导人为什么没有能够用"更早、更快和更强硬"的方式来完成所有这些使命呢? 改革所启动的对前苏联这样一个巨大的多面性的国家所进行的深刻复兴进程,需要更长的时间才能够取得成功。而不到七年时间的改革在被打断之前,只走完了不到一半的预定路程。改革的敌人,无论其社会目标存在着如何的差异,都采取了一致和协同的行动。一些人阻碍推进的速度和破坏国家的复兴;另一些人则要求加速前进,"冲到"前面去,损害了苏联的结构。在打击保守主义的借口下,他们"折断了"苏联中央政府的"脊梁",摧毁了余下的一切。1991 年,改革和整个苏联沦为两大阴谋的牺牲品:8 月的政变和 12 月的别拉韦日密谋。事实上,这两大阴谋都是不折不扣的政变。尽管其动因和组织方式不同,但它们之间有许多共同之处:

首先,两者都是秘密策划、掩人耳目的阴谋。

第二,两者都公然违反了苏联和加盟共和国宪法。

第三,两者都是以谎言和欺骗为基础。

第四,两者都是针对戈尔巴乔夫(前者是蓄意的,后者是客观上的),但导致了国家毁灭。

但两场政变最显著的相似性也许是其代表的都是权贵集团的利益。在前一场政变中,政变者害怕失去自己的权力和特权。在后一场政变中,政变者依靠共和国的新政权去将他们掠取的财产"合法化"。而这些财产应当属于"整个国家""全体人民"和"整个苏联"。

第一场阴谋和政变失败的原因是公众很快就识破了政变者退回改革前年代的企图。第二场政变成功的原因是政变者营造了高举改革民主大旗的假象,作出了尽快克服危机和继续推进民主发展的承诺。换言之,旧权贵集团未能骗过人民,而以叶利钦为首的权贵集团则在一开始就成功地做到了这一点。

人们很快就发现了两者之间的巨大差异:国家紧急状态委员会在 1991 年 8 月没有胆量炮轰白宫内的俄罗斯立法机关;而叶利钦在 1993 年 10 月却毫不迟疑地下令炮轰这个立法机关。在这里,一个十分重要和典型的"细微差别"出现了。叶利钦的"果敢"不难解释,这位俄罗斯总统事先得到了西方主要领导人的同意和支持,他们很快就原谅了他的炮轰行动,或完全"没有注意到"这个行动。

现代世界对于改革的更多争议

谈到这个问题会令我们的一些民主"教师"和"导师"感到不舒服,但我不能回避另一个涉及面更大的问题——西方对于我国改革的争议问题。

我们国家和改革的命运当然首先并主要是在苏联国内决定,首先并主要取决于我国社会和经济所处的条件以及各种国内政治势力的平衡——这是不容置疑的事实。但是,苏联不是存在于真空之中,国际形势发挥了重要的作用,我国与邻国和大国的关系以及我国在整个世界的地位方面都是如此。改革满足了两个超级大国之一的紧迫变革需要,肯定会引起整个国际社会的关注。这就是世界各国密切注视由改革开启的社会政治进程的原因。起初,西方认为改革只不过是另一场宣传运动而已,美国确实也持有这种看法。

1987 年 10 月,美国专家开始发现对戈尔巴乔夫领导层最突出和最可耻的反对者是叶利钦。1989 年 9 月,叶利钦出访美国,国家安全顾问布伦特·斯考克罗夫特将军在他的白宫办公室接见了他。好像是出于巧合,乔治·布什进来小坐了15 分钟,而叶利钦没有给他留下什么深刻印象。

不过,根据后来面世的出版物,美国情报界的高级官员和国防部长迪克·切尼本人,都开始坚持要美国总统收回将"单一的"赌注下在戈尔巴乔夫身上的做法,转而支持叶利钦。他们认为叶利钦的政治计划比戈尔巴乔夫的政治立场更加符合美国的国家利益,因为叶利钦的政治计划是肢解和终结苏联,在俄罗斯实行自由放任主义的市场经济;而戈尔巴乔夫寻求"放松"国家社会主义和向市场经济过渡,虽然这是一种"监管之下"的市场经济。[①]

"中央情报局是叶利钦的另一个支持者,但不是通过大量语言,而是通过一系列评估来表示支持。其评估报告突出了叶利钦在俄罗斯国内外广受欢迎的情况,以及他的改革方案和对待国内其他民族的方式。"盖茨这样写道。[②]

根据后苏联时期公布于众的一些美国"专家"的说法,情报机构拼命"推销"叶利钦,以至于斯考克罗夫特将军甚至在谈论"中央情报局内的叶利钦粉丝俱乐部"。

美国政府内最为保守的官员和他们在布什内圈的代表人物,最终连美国总统本人都把赌注押在叶利钦身上。叶利钦的目标——肢解和终结苏联——与美国领导层的目标正相符。很显然,美国人已经认定叶利钦领导下的更加赢弱的俄罗斯,比戈尔巴乔夫竭力实现复兴的苏联更加符合美国利益。而且,这种认定的前提显然是出自美国的传统战略逻辑:"胜利或失败"。美国国防工业、情报界和石油垄断公司的代理人能在塑造美国对苏态度和对叶利钦态度的过程中发挥如此积极的作用,这绝非出于巧合,而且其目的就是要摧毁苏联。这些代理人包括切尼、拉姆斯

---

① R. M. 盖茨:《阴影之下》,纽约:1996 年,第 496 页。

② R. M. 盖茨:《阴影之下》,纽约:1996 年,第 503 页。

菲尔德、盖茨等人。

我认为那种将冷战结束解释为美国和西方对苏联和东方的胜利的说法,同样来自这伙人。但是,难道这样纯粹实用主义的评估(受到这些集团和人物的利益支配)是唯一可能的、最为理性的和真正高瞻远瞩的评估吗? 同时这个评估又是来自冷战结束后处于新世界的美国领导层的见解吗? 苏联解体后的这些年表明,美国一旦认为自己是冷战的唯一胜利者,就开始在国际场合以"赢者通吃"的可疑原则行事。但这个态度对美国加强其世界地位并无裨益。正相反,反美情绪在几乎所有地方都变得日益强烈,直到掀起的恐怖主义浪潮正面冲击美国的心脏地带。2001年史无前例的"9·11"恐怖袭击触发了全世界对美国表示同情和支持的潮流。但美国发动的伊拉克战争违反了国际准则,而且完全无视联合国的存在,这无助于美国加强领导地位的努力,甚至连美国的一些盟国也不支持其做法。同时,叶利钦时期的美国对俄政策也无助于美国声望的提高。

在叶利钦担任总统期间,美国领导人似乎根本没有看到叶利钦炮轰立法机关的行为、引起公愤的"休克疗法"、强制实行的私有化(顺便说一句,美国顾问参与了这件事)或掠夺性寡头制度的缺陷。总体而言,西方鼓励叶利钦采取激进——自由主义的进程,但不重视俄罗斯及其在国际事务中的声望。尽管莫斯科提出了抗议,但轰炸贝尔格莱德又付出了什么样的代价? 他们对俄罗斯总统的古怪举止暗中窃笑,却故作亲切地拍着他的后背,欢呼他是"真正的俄罗斯民主人士"。这种对俄罗斯缺乏诚意的做法,无助于提高俄罗斯公众对西方民主制度的尊重和信任程度。所以,叶利钦时期反美情绪在俄罗斯明显加强,完全不会令人感到意外。

叶利钦治下的俄罗斯由于苏联的解体而遭到削弱,无力继承苏联在改革年代所扮演的建设性国际角色。而且,由于冷战结束而产生的促使国际社会走向新经济秩序的机会——如同教皇约翰·保罗二世所说的更加稳定、公平和人性化的世界——在很长时间内就这么失去了,这也绝对不是巧合。

与此同时,改革创造了建立一个大欧洲、共同的欧洲家园和泛欧洲进程的有利机会,但好几年时间都白白浪费了,而这个机会并没有能够兑现。

最近发生的世界金融和经济危机证明,国际社会需要回到国际关系发生深刻和建设性变革的道路上去。这种变革始于改革时代,并与那个时代紧密相关。

世界将会见证,并且已经在见证:需要在世界和民族或国家层面上创建新水平的文明。这必将是一种"新现代化"。其目标不是仅仅回到危机前的时代和以往的状态之中,而是要转变到一种新全球发展模式。我相信在这方面,发掘改革在各个方面的经验,也许是有趣和有用的做法。

📝 本章案例研习

一、主要学习目标

1. 了解冷战的概念及其之所以爆发的时代背景。

2. 了解冷战前期美苏关系的变化及其对国际关系的影响。

3. 通过总结苏联解体的经验教训，深刻认识社会主义国家应怎样改革才能保证国家不变色，共产党应怎样建设才能使其永葆先进性。

二、相关背景知识

（一）美、苏的冷战战略

1946 年 2 月 9 日斯大林在莫斯科选民大会上的演讲和 3 月 5 日丘吉尔在美国的富尔敦演说，对冷战的形成产生了重要影响。斯大林亲自撰写讲话。他在演讲中指出：苏维埃制度比其他制度更稳固，更有优越性；资本主义的存在就等于战争，苏联人民要做好应对战争的准备。美国国务院官员普遍认为，斯大林的讲话是"战后苏联政策最为重要和最为权威的指南"，贝尔纳斯打电报给时任美国驻苏使馆临时代办乔治·凯南，指示他分析斯大林讲话的背景和苏联外交的动机。凯南在 2 月 22 日向美国国务院发回一份长电报，提出了遏制战略的基本思想。凯南指出，苏联的外交政策是其国内统治的基本需要的产物，反映了俄罗斯传统的和本能的不安全感。凯南强调，苏联外交的目标是破坏西方主要国家基本的政治和战略潜力，竭力削弱这些国家对本民族的信心，摧毁它们的国防，加剧社会动荡和工厂的骚乱，并制造各种形式的分裂。美国只有拥有足够的力量并清楚地表明准备使用力量的意愿，并正确处理形势，才不必通过全面的摊牌来解决美苏关系发展所面临的难题。从凯南这份著名的长电报开始，美国决策者考虑如何将正在形成的"强硬政策"付诸实施。

英国前首相丘吉尔 1946 年 3 月 5 日由杜鲁门总统陪同在美国密苏里州的富尔敦发表题为"和平砥柱"的演说，其讲话同时在美、英转播。他声称，从波罗的海的斯德丁到亚得里亚海的里雅斯特，一道横贯欧洲大陆的铁幕已经降下。他呼吁美、英建立特殊关系,推动西方国家团结一致。这被认为是号召西方国家联合起来对抗苏联的重要信号。斯大林撰写了抨击富尔敦演说的文章,发表在1946年3月14日的《真理报》上。斯大林5月1日发布命令,宣称一些国际势力正准备战争,要求红军严阵以待。与此同时,苏联很快获得凯南的长电报,莫洛托夫指示驻美大使诺维科夫对美国的政策进行全面的分析。诺维科夫在9月27日发回莫斯科的电报中指出,美国的对外政策反映了美国垄断资本的帝国主义倾向,其特征就是在战后谋求世界霸权,而苏联是其走向世界霸权道路上的主要障碍,"美国是把苏联当作战争对象来准备未来战争的"。"诺维科夫电报"全面分析了美国外交政策的意图和目的,为苏联对美国及其西方盟国必须采取强硬政策作出了解释。

(二) 欧洲共同体的建设和一体化进程

20世纪60—70年代,西欧主要国家在一体化建设方面取得了显著的进展。1965年4月8日,法国、西德、意大利、比利时、荷兰、卢森堡6国签署了《布鲁塞尔条约》,决定将欧洲煤钢联营、欧洲原子能联营和欧洲经济共同体的主要机构合并,统称为欧洲共同体(简称"欧共体")。《布鲁塞尔条约》于1967年7月1日生效。从1968年开始,共同体成员国统一对外关税税率。成员国开始实行共同的农业政策,成立农业基金。为建设农产品共同市场,共同体成员国之间必须保持币值和汇率稳定,它们在1969年12月举行了六国海牙首脑会议,宣布从1971年开始,在十年之内,分三阶段建立经济货币联盟。西欧联合的一个重要目标,是建立成员国之间的政治联盟。戴高乐在1961年提出"主权国联盟"的思想,以"欧洲人的欧洲"同美国和苏联相抗衡。1961年经济共同体六国首脑两次聚会讨论政治联盟议题。1961年10月,法国政治活动家富歇提出了要在共同外交政策以及在国防、科技、文化政策的政府间合作基础上建立一个"国家联盟"的计划。1962年1月,富歇再次提出修订后的计划,增加了经济合作等内容。由于大多数成员国意见不同,政治联盟进展缓慢,但仍在逐步推进。1970年10月,欧共体六国发表政治统一问题报告,宣布在外交政策领域实行定期协商。1973年7月,共同体外长会议达成协议,成员国将在重大国际问题上采取协商一致的立场。1974年,共同体巴黎首脑会议决定将首脑会议定期化,成立"欧洲理事会",以此作为共同体的最高决策机构,每年举行三次会议。1979年6月,共同体还就欧洲议会的直接选举达成协议。

这一时期共同体的建设还体现在成员国的增加方面。1961年8月,英国正式申请加入共同体,1963年1月,戴高乐宣布反对英国加入。1967年,英国再次申请加入,又遭到法国的拒绝。1969年4月戴高乐辞职,蓬皮杜(1911—1974)就任法国总统,明确表示支持成员国的扩大。在12月召开的共同体成员国政府首脑会议上,法国同意扩大共同体。1972 年 1 月 22 日,英国、爱尔兰、丹麦和挪威签订了加入共同体的条约,挪威因其全民公决的否决而未能加入。共同体由六国扩大为九国。

欧洲共同体的建设和发展,大大提高了西欧国家在国际事务中的地位和影响,西欧的联合不仅推动了欧洲和世界经济的发展,同时也使得联合的西欧成为世界政治中的一支重要力量,在 20 世纪 70 年代的缓和进程中发挥了独特的作用。

(三) 美国单独占领日本和片面订立《旧金山和约》

1945 年 8—9 月间,美军对日本本土实施军事占领;9 月 7 日,以麦克阿瑟为首的盟军最高司令部成立,对美国政府负责。苏联曾考虑过出兵占领北海道北部,杜鲁门同意苏联占领千岛群岛,但坚决拒绝苏联参与占领日本本土岛屿。12 月,美、英、苏三国外长莫斯科会议达成协议,决定成立远东委员会,为盟国对日占领的最高决策机构。远东委员会的任何决议须经美国同意,由盟军最高司令负责实施。同时还决定成立盟国对日委员会,由盟国最高司令担任主席,苏联、中国和英联邦各派一名代表参加,职责是与最高司令部保持协调并实施有关措施,但一切活动都必须听命或经由盟国最高司令。美国由此开始对日本的单独占领。

美国单独占领日本后,采取一些重大步骤,实现日本的"非军事化"。杜鲁门在给麦克阿瑟的指令中明确要求,为确保日本今后不再对美国构成威胁,必须完全解除日本的武装。美国国务院在 1946 年 2 月下发的文件指示,日本在 25 年内不得保有军队和准军事武装,不得制造、生产或进口军事装备。销毁、拆迁战争设备以摧毁日本的战争潜力,禁止日本生产武器和飞机。1945 年 11 月撤销陆军省和海军省,日本本土 390 万军队被遣散完毕,海外的 350 万人也在当地被解除武装,分批遣返日本。

随着冷战在欧洲的全面展开以及中国革命的胜利,美国决定改变对日政策,重新武装日本。1949 年 9 月,美、英、法三国外长在华盛顿举行会议,协调召开和会的方针。1949 年 12 月,美国国家安全委员会提出第 48 号系列文件,强调必须防止日本倒向苏联阵营,应尽快同日本缔结和约,结束日本的战败国地位。1950 年 4 月 6 日,杜鲁门任命杜勒斯为国务院顾问,负责对日和约事务。朝鲜战争爆发后,美国加快了缔结和约的步伐。9 月 11 日,美国国务院提出对日和约的"七点原则",并以备忘录的形式发给远东委员会成员国。苏联对美国的对日缔约方针和占领军继续留驻日本提出质疑,同时提出要征询中国的意见。美国不顾苏联的反对,于 1951 年 3 月 23 日把和约草案送交远东委员会成员国进行审议。美国提出和约草案后采取一系列的行动,推动和会早日举行。1951 年 6 月,美国同英国达成片面协议,新中国与盘踞台湾的蒋介石集团均不参加和会,由日本选择同何方签订和约。美、英在 7 月 12 日公布和约草案。美国同菲律宾和澳大利亚、新西兰在 8 月和 9 月分别签署《美菲共同防御条约》和《美澳新安全条约》,打消它们对重新武装日本的担忧。美国还同意东南亚国家提出的赔偿要求,以获取它们支持缔结对日和约。

1951 年 7 月 20 日,美国向相关国家发出在旧金山举行和会的邀请。8 月 13 日,美国将美、英起草的和约草案送交有关国家审议。苏联决定参加和会。9 月 4 日,对日和会在旧金山举行,出席会议的有 52 个国家的代表,中国、朝鲜、越南、蒙古没有收到邀请。苏联在会上批评和约草案,提出应邀请中国与会,美国对此予以拒绝。9 月 7 日,日本宣布接受和约草案,苏联拒绝签署。9 月 8 日,除苏联、波兰和捷克斯洛伐克外,48 个国家同日本签署了《旧金山和约》。该条约在第二条涉及日本放弃对台湾、澎湖列岛、南威岛、西沙群岛的“一切权利、权利依据与要求”时竟只字不提它们归属于中国。9 月 18 日,中国总理周恩来(1898—1976)发表声明予以严厉谴责,指出这个和约是“非法的,无效的,因而是绝对不能承认的”。《旧金山和约》完全服务于美国遏制战略的需要,将中国排斥出对日和约的签订过程,严重损害中国的主权和利益,突出表明这一和约毫无任何国际正义可言。

在对日和约签订的当天,美国和日本还签订了《日美安全保障条约》(也称《日美安全条约》),规定日本拥有“自卫权”,宣布日本授权美军驻扎日本国内及其周围;条约还明确规定驻日美军有权采取行动对付日本国内大规模暴动和骚乱。根据《日美安全保障条约》的约定,美、日两国在 1952 年 2 月签订《日美行政协定》,规定了美国驻军日本的具体细节。为了有效实施《日美安全保障条约》,美、日两国经过 8 个月的谈判,在 1954 年 3 月 8 日签署《日美共同防御援助协定》。同年 5 月,《日美共同防御援助协定》正式生效。

(四)戈尔巴乔夫的“新思维”与苏联对外战略的变化

1985 年 3 月,戈尔巴乔夫(1931—2022)当选为苏共中央总书记。戈尔巴乔夫执政后,苏联面临着严重恶化的经济状况,社会经济呈现停滞状态。苏联的平均国内生产总值的增长速度和工业发展速度在 1951 年至 1965 年分别为 5.1% 和 7.9%,1976 年至 1980 年为 1.9% 和 2.4%,1981 年至 1985 年为 1.8% 和 2.0%。1985 年,苏联人均国民生产总值在全世界排名位居第 38 位,而军费开支占国民生产总值的比例在 20 世纪 80 年代中期达到 12%—13%,国防开支占国家预算的比重为 45%—50%,军备开支水平估计每年为 2500 亿—3000 亿美元。每况愈下的经济和国家建设的军事化加剧了苏联社会的各种矛盾。

　　在此背景下,戈尔巴乔夫提出了进行改革的所谓"新思维",决定通过战略收缩和对话解决同西方的政治分歧,以此造成相对安定的国际环境,并利用国内资源以及发达国家的援助实行国内的改革。1986 年 2 月召开的苏共二十七大正式通过了改革纲领,确定了"加速发展战略"和实行全面改革的方针。然而,戈尔巴乔夫的改革"新思维"在理论上背弃了科学社会主义,在实践上不仅没有解决苏联存在的问题,反而加剧了各种积聚的社会矛盾,最终导致了社会主义制度的瓦解和苏联的解体。

　　戈尔巴乔夫在外交政策方面的"新思维",反映了他对世界格局的基本估计和判断。他在 1987 年出版的《改革与新思维》一书中系统地阐述了其对外政策的原则。他指出,战争是政治以另一种方式的继续,已经过时了;国际社会是一个充满矛盾的,但又是相互联系、相互依存的整体,核战争是毫无意义、反理智的,在全球性的核冲突中,既没有胜利者,也没有失败者,但世界文明将不可避免地被摧毁。戈尔巴乔夫强调,"新思维"的核心是承认全人类的利益和价值高于一切,必须使社会政治思维发生急剧的转折,把建立没有战争、没有军备竞赛的世界,建立没有核武器和没有暴力的世界,作为苏联外交的基本原则和目标。

　　戈尔巴乔夫首先改善同美国的关系,力图在军备竞赛领域缓和两国关系。戈尔巴乔夫当政期间,同美国进行了七次首脑会晤,开启了美苏关系的新阶段。同时,苏联还大幅度裁减常规力量,这对苏联的东欧政策产生了重要的影响。戈尔巴乔夫调整了同东欧国家的关系,强调政治经济关系要建立在"完全自主"和"互利互助"的原则基础上。戈尔巴乔夫还在 1989 年 5 月访问中国,实现了中苏关系的正常化。

　　在实施"新思维"的过程中,戈尔巴乔夫和苏联领导人逐步放弃了在国外承担的政治和军事义务,这主要体现在苏联撤出阿富汗以及减少对越南的援助和支持上。1988 年年初,苏联宣布将在 10 个月内撤出在阿富汗的苏军。在苏联的压力下,越南在 1989 年开始从柬埔寨撤军,苏联也撤出了金兰湾,并在 1990 年宣布大幅度减少对越南的经济援助。

　　美、苏还通过外交谈判解决双方在非洲的利益冲突。1988 年 12 月,南非同意与"西南非洲人民组织"实现停火,并同意在纳米比亚举行在联合国监督下进行的选举,以换取 5 万名古巴军人分阶段从安哥拉撤军。1990 年 3 月,努乔马(1929—　　)当选纳米比亚总统后,实行民族和解政策,鼓励白人企业家和农场主留在纳米比亚。与此同时,南非停止对"安盟"的援助,并在 1989 年 11 月底全部撤出在安哥拉的南非军队。而非洲之角的冲突由于失去了美、苏的支持,也宣告结束。

　　戈尔巴乔夫的对外战略变化实际上是对勃列日涅夫时期以来苏联实行战略攻

势的调整。实施这种战略收缩所采取的政策,改善了苏联与美国、中国和西欧国家的关系,一定程度上缓和了国际紧张局势。但是,戈尔巴乔夫在推行外交政策的过程中对于以美国为首的西方国家及其援助抱有不切实际的幻想,在维护自身重大利益方面行动迟缓,结果使苏联付出了巨大的代价。在改善与东欧国家关系方面,苏联虽承认以前所犯的大国沙文主义错误,但没有采取有效措施来消除影响、发展健康的国家关系,却还要求它们按苏联"新思维"模式进行"改革",结果加剧了东欧国家的混乱和动荡。

三、问题与思考

问题一:两次世界大战后欧洲霸权体系衰弱的原因。

思考要点:1. 世界经济体系中欧洲的经济衰落。2. 国际政治体系中新兴世界霸权的兴起。3. 两次世界大战对欧洲的破坏。4. 欧洲在新技术革命中的落后。

问题二:第二次世界大战后美国的国际地位及影响。

思考要点:1. 工业方面,美国拥有了强大的工业力量。2. 货币金融方面,以美元为中心的世界货币体系形成。3. 国际贸易与投资方面,美国成为资本主义世界最大的债权国。4. 科学技术方面,美国在核能、电子计算机、空间技术等新兴科技上占有重大优势。5. 政治方面,美国以西方国家政治领袖自居,同苏联为首的社会主义阵营对抗。6. 军事方面,美国成为世界头号军事强国。

问题三:第二次世界大战后东西两大阵营对峙局面的形成过程及其特征。

思考要点:(一)形成 1. 北大西洋公约组织的建立标志着西方阵营的形成。2. 面对美国的冷战攻势,苏联政府在政治、经济方面采取了相应的反击措施,在军事上建立华约组织。至此在欧洲形成了北约和华约两大军事集团,在全球出现了资本主义阵营和社会主义阵营全面对抗的局面,世界政治形成了两极格局。(二)特征 1. 在两极世界里,美苏及其盟国互相对抗和争夺,阵线比较分明和稳定。2. 在两极世界中,美苏两个超级大国作为对立双方的盟主,在国际事务中起主要作用。3. 美苏冷战是斗争的主要方式,由此表现为政治和经济上的对抗、军事上的对峙、意识形态上的对立。4. 冷战在欧亚呈现不同的特点。5. 争夺重点不同。6. 在欧洲,两大政治军事集团的建立达到了相对的政治军事平衡;在亚洲,美、苏没能建立起类似北约或华约那样稳固的多边政治军事集团,也即没有形成均势,所以双方斗争更为激烈。

问题四:欧洲一体化的原因与历史进程。

思考要点:(一)原因 1. 第二次世界大战改变了欧洲形势和国际关系格局。

2. 西欧国家生产力迅速发展,经济实力增强,要求摆脱美国控制的呼声日趋强烈。

3. 国际化也越来越成为不可阻挡的趋势。(二)历史进程 1. 舒曼计划与欧洲煤钢联营。2.《罗马条约》。3.《布鲁塞尔条约》。4. 欧共体的建立与扩大。5.《欧洲联盟条约》与欧盟的成立。

问题五:战后日本外交政策的变化。

思考要点:(一)1945 年至 20 世纪 50 年代,实行对美国的所谓"追随外交"。(二)20 世纪 50 年代中期至 20 世纪 60 年代,实行所谓"经济外交"。(三)20 世纪 60—70 年代,推行所谓"多边自主外交"。(四)20 世纪 80 年代至今,实行所谓"政治大国外交"。

问题六:苏联解体的原因。

思考要点:(一)内部原因 1. 长期推行僵化的经济体制,严重阻碍国民经济发展。2. 政治体制高度集权,破坏民主法治,阻碍国家发展。3. 民族问题加剧国内分裂。4. 戈尔巴乔夫的政策加速了苏联解体。(二)外部原因 1. 冷战格局大大加重了苏联的负担。2. 西方的"和平演变"战略。

四、拓展阅读推荐

第一节 乔治·凯南

1. [美]乔治·凯南:《美国大外交(60 周年增订版)》,雷建锋译,北京:社会科学文献出版社,2013 年。在出版问世的 60 多年里,该书被公认为美国外交的经典之作。作者在当年撰写时,利用其显著的外交经验与专业知识,对一个正在发展中的新兴大国即美国的外交政策提出了概览与批判。而今天美国如何谨慎而负责地行使权力的紧迫问题,有如当年一样依然存在,这就是当下阅读 60 周年增订版的必要性所在。

2. [美]弗兰克·科斯蒂廖拉编:《凯南日记》,曹明玉译,北京:中信出版社,2016 年。该书从凯南 8800 多页日记中精选内容,真实再现了众多重大事件的幕后故事,从中可以看到一个一直将自己对政治、外交和生活的体悟记在日记里的凯南。作为美国最受关注的外交官和外交政策战略家,凯南在日记中展现了深刻的政治、道德见解和哲学反思,质问了美国外交政策中那些不可侵犯的想当然的观念,追问了国家战略和人生的答案,展现了其深刻的政治、道德见解和哲学反思。

3. [美]约翰·刘易斯·加迪斯:《遏制战略:冷战时期美国国家安全政策评析(增订本)》,时殷弘译,北京:商务印书馆,2019 年。遏制战略是美国在二战之后直至冷战结束一直遵循的国家安全战略。该书全面透彻地分析了遏制战略的演变历史,是一部战略史杰作,并且作出了重要的大战略理论建树。作者从战略的目标、对威胁的认识以及实现战略的手段三个方面,对从罗斯福政府至里根政府的不同版本的遏制战略进行了分析,并通过历史研究揭示了每种遏制战略的实施效果及优劣。

4. 张小明:《乔治·凯南遏制思想研究(增订本)》,北京:世界知识出版社,2021年。该书首版于1994年,在撰写过程中利用了美国国家档案馆、美国国会图书馆及普林斯顿大学赛利·马德手稿图书馆等地很多与凯南有关的一手文献资料,依然是迄今为止中国学者出版的唯一一部有关乔治·凯南的研究专著。增订本的出版,用以提醒中国学界对曾经影响美国冷战时期对外战略的"遏制之父"乔治·凯南的具体思想和政策建议进行回顾,对当下中国的发展战略具有一定现实意义。

第二节　康拉德·阿登纳

1. 〔法〕让·莫内:《欧洲之父:莫内回忆录》,孙慧双译,北京:国际文化出版公司,1989年。该书是被誉为"欧洲之父"的让·莫内于1975年离开公职后所撰写的回忆录。该书回顾了自1945年欧洲从二战恢复和平直至1972—1975年欧洲理事会的成立、运作之间重大事件与关键节点。作为欧洲共同体的创始人及第一任主席,作者在促进欧洲各国的联合过程中所作出的特殊贡献值得世人铭记。

2. 〔法〕夏尔·戴高乐:《希望回忆录》,《希望回忆录》翻译组译,北京:中国人民出版社,2005年。该书从作者自身视角回顾并记述了自1958年起重掌法兰西政权以来,为法兰西的复兴所作的种种努力,从政治、经济、国际关系、海外领地以及国家元首等多个角度详细介绍了其执政期间的法国局势,同时也叙述了其对冷战时期世界整体形势及美苏争霸的基本看法。

3. 〔英〕托尼·朱特:《战后欧洲史(全4卷)》,林骧华等译,北京:中信出版社,2014年。作者说:"像狐狸一样,欧洲懂得很多。"对于现代公众而言,"不了解欧洲,无以了解世界"。该书的创作历经20年构思、10年撰写,广泛运用6种语言文献资料,涉及34个国家,兼顾西欧东欧,全方位展现了从"二战"结束直至21世纪初整个欧洲政治、经济、社会、文化的历史面貌,立体再现了欧洲在战争废墟上重建的现实与精神历程,并揭示出欧洲走向联合自强的未来之路。

第三节　吉田茂

1. 〔日〕吉田茂:《激荡的百年史》,袁雅琼译,上海:上海人民出版社,2019年。

该书共有五章,前四章将近代日本的百年史划为四个阶段:明治维新、走向近代化、战后的困难时期以及经济得到恢复和发展的时期,并一一对其做出论述,在最后一章中,作者做了一个简短的总结,并提出了日本未来的计划和构想。该书记录了从日本明治维新到 20 世纪 60 年代这一百年来日本波折起伏的历史进程,收录了外国人眼中的日本,以及作者在日本战后报纸杂志上发表的论文及时事评论等。

2. [日]吉田茂:《世界和日本》,袁雅琼译,上海:上海人民出版社,2020 年。本书是记述了吉田茂眼中的世界和日本,反映了其治国理政的想法。全书共有三个部分,第一部分描述了作者对阿登纳、戴高乐、肯尼迪、麦克阿瑟、杜勒斯等政治人物的认识和评价,阐释了其所谓现实主义的外交理念;第二部分阐述了日中、日韩、日美等外交关系,论述了日本战后应对国际环境的观点和方针;第三部分叙述了吉田茂卸任首相职务之后开展的部分国内外文化交流工作,披露了他鲜为人知的私人生活的一面。

3. [日]信夫清三郎:《日本外交史》,天津社科院日本研究所译,北京:商务印书馆,1980 年。作者是日本著名政治学家、历史学家,早年出版《中日甲午战争》一书,揭露了日本资产阶级和军阀政府的反动本质,当即遭到日本法西斯政府的禁止。该书叙述了从 1853 年美国佩里来到日本,到 1972 年中日两国恢复邦交,前后共 120 年的日本外交史,分析了日本统治集团的外交政策,批评了日本军国主义的对外侵略。

4. [日]陆奥宗光:《蹇蹇录:甲午战争外交秘录》,徐静波译,上海:上海人民出版社,2018 年。作者是日本明治时代著名的政治家、外交官。该书是陆奥宗光关于甲午战争的一部外交回忆录,记述了朝鲜东学党事件发生后,日本发动侵略朝鲜和中国的战争,直至签订《马关条约》的历史过程,以及欧美各国对战争的态度,俄德法三国干涉还辽的经过等,其中,包括欧美各国围绕中国和朝鲜问题展开的利益争夺以及日本政府的各种决策内幕等内容,是研究中日甲午战争史和中日关系史重要的文献史料。

第四节　戈尔巴乔夫

1. [俄]戈尔巴乔夫:《苏联的命运:戈尔巴乔夫回忆录》,石国雄等译,南京:译林出版社,2018 年。该书分三个部分,第一篇"捍卫改革",揭露"八月事件"的内幕,为新思维、公开化、民主化等改革政策辩护;第二篇"俄罗斯往何处去?"记录叶利钦执政的 1990 年代,展现休克疗法、炮打白宫、车臣战争、卢布危机等重大事件背后的幕后较量;第三篇"令人忧虑的新世界",探讨恐怖主义、核扩散、生态危机等全球性问题,剖析了普京的领导制度。另外,该书回顾了作者与叶利钦、普京、萨哈罗夫、索尔仁尼琴、里根、撒切尔夫人、科尔等政要名人的交往,并包含作者对苏联解体以及俄罗斯命运的思考。

2. 〔俄〕鲍里斯·叶利钦:《我的自述》,朱启会等译,北京:东方出版社,1992年。作者是苏联和俄罗斯政治人物,也是一个充满争议的政治人物,历任苏联共产党中央政治局候补委员、苏共莫斯科市委第一书记、苏俄最高苏维埃主席、俄罗斯联邦首任总统等。该书是作者担任苏俄最高苏维埃主席期间写的一本自传,1990年4月在苏联出版,全面详细描绘了作者的生活道路,特别是在仕途上几经沉浮的经历。

3. 〔俄〕鲍里斯·叶利钦:《总统笔记》,李垂发译,北京:东方出版社,1995年。1991年8月至1993年10月,全世界目睹了一系列对历史影响深远的重大事件:苏联解体、冷战结束、一个新的国家俄罗斯由此诞生。对此,作者以当事人的视角出发,对于这些事件及个人的感受以笔记形式记录下来,向全世界的读者展现了一段当事人的心路历程。

4. 〔美〕沙希利·浦洛基:《大国的崩溃:苏联解体的台前幕后(新修订版)》,宋虹译,北京:天地出版社,2020年。作者是著名的俄罗斯问题研究专家。该书是关于苏联解体前夕苏联政局动荡及美苏关系演变的纪实性作品。作为苏联解体事件的亲历者,作者根据最新解密的档案文献,其中包括总统顾问的备忘录、老布什与世界各国领导人的电话记录等,重新解读了那段纷繁复杂的历史。该书着重讲述了苏联最后五个月间发生的改变苏联命运及世界格局的一些故事,挑战了关于冷战结束的传统观念,揭示了布什政府试图结束冷战、保全苏联作为其国际舞台重要伙伴的游戏。

第六章　新中国对外关系与世界百年未有之大变局

✐ 本章案例导读

本章案例所涉主题为新中国对外关系与世界百年未有之大变局,相应教学内容包括:殖民体系的瓦解、发展中国家的联合自强、新中国对外关系的发展、中国的和平发展道路等。

1949 年,我国的对外关系进入一个新的历史篇章。老一辈无产阶级革命家提出"另起炉灶""打扫干净屋子再请客""一边倒"等外交方针,为我国外交事业的发展奠定了基础;到了 1950 年代,面对复杂的国际形势,我国提出并阐释了"和平共处五项原则",有力维护了广大发展中国家的权益,得到国际社会的普遍赞同并演变为规范现代国际关系的重要准则。同时期,在社会主义阵营,中苏关系在**赫鲁晓夫**上台后历经了从蜜月到分裂的转变,使该阵营内部发生分裂。20 世纪 60 年代后期,美国为了集中力量对付苏联,开始寻求与我国接近。中美关系经过**基辛格**秘密访华、**尼克松**正式访华等事件取得突破,最终实现两国关系的正常化。

改革开放以来,我国的外交事业走过了光辉且不平凡的历程。历届领导人在指导外交工作实践中,科学把握不同时期国内外形势的变化以及我国与世界的关系,与时俱进、探索创新,提出了一系列具有中国特色的外交战略,最终在实践中形成了新时代中国特色的大国外交。党的十八大以来,以习近平同志为核心的党中央,深刻把握新时代中国和世界发展大势,结合新时代中国特色社会主义道路和改革开放的实践,对中国外交进行了新的重大战略调整,创造性地提出了一系列富有中国特色、体现时代精神、引领人类发展进步潮流的新理念新主张新倡议,形成并确立了习近平外交思想。面对世界百年未有之大变局,在习近平外交思想的领航下,新时代中国特色大国外交正在朝着全方位、多层次、立体化的方向迈进。

本章关键词:"三个世界"划分理论;和平共处五项原则;万隆会议;中苏关系;社会主义阵营;尼克松主义;中美关系正常化;人类命运共同体;新时代中国特色大国外交

第一节　赫鲁晓夫

一、本节案例导读

　　尼基塔·谢尔盖耶维奇·赫鲁晓夫（俄语：Никита Сергеевич Хрущёв，1894—1971），苏联党和国家最高领导人（1953—1964）。1918 年加入布尔什维克党，1938年当选为联共（布）中央政治局委员，1953 年当选为苏共中央委员会第一任书记，直至 1964 年被解除党内外所有职务黯然下台。对内方面，召开苏共二十大批判个人崇拜，实施去斯大林政策；平反"大清洗"的受害者；推行农业改革，改善苏联民生。对外方面，苏共二十大秘密报告震惊社会主义阵营，引发东欧诸国骚乱，60 年代中苏关系走向冰点；在冷战对峙中曾多次访美，策划了第二次柏林危机和古巴导弹危机等。《赫鲁晓夫回忆录》由其子谢尔盖·赫鲁晓夫亲自整理编写而成，内容横跨十月革命至 20 世纪 60 年代，展示了苏联几个重要的历史时期，揭露了苏联高层讳莫如深的内幕，是一份不可多得的历史文献。

二、案例资料阅读

[苏]赫鲁晓夫：《赫鲁晓夫回忆录 3：国务活动家》（全译本修订版），述弢等译，北京：社会科学文献出版社，2015 年，第 2270—2300 页。

对华关系风云突变

在 1957 年出现的局势下，召开国际共产党和工人党会议的问题迫在眉睫。大家着手准备。经协商，会议定在庆祝伟大十月社会主义革命 40 周年时举行。成立了一个委员会，起草预备文件。届时我们在莫斯科会晤了。

中国共产党派出了一个阵容非常可观的代表团。代表团由毛泽东亲自率领，团员我记得有刘少奇、周恩来、邓小平、康生等人。孙中山夫人宋庆龄也是代表团成员。坦白地说，我们对此颇感困惑，因为无论当时还是现在我都不知道她是不是共产党员。我们以为她是一位党外人士。当然，她是一位非常进步的人士，在中国人民反对反动派的斗争中，她多年来一直站在共产党的立场上。她是否是正式的共产党员，她有无党证，对此我们并不感到非常不安。因为就信仰而言，她是一位接近于共产党员的人士。在对待我们的态度方面，宋庆龄也表现很好，充满同志情谊和兄弟情谊。

代表会议的工作，从总体上讲具有很高的思想水平和政治水平。各个代表之间没有发生多么了不起的分歧。这次兄弟党代表会议是自共产国际以来最广泛的一次代表会议。80 多个党的使者前来莫斯科。我们讨论了国际局势，以及防止世界大战的可能性。核战争一向是这种会议的主题。一旦爆发世界大战，我不知道交战各方能否坚持只使用常规武器、经典武器，事态是否将演变为一场核战争。因为对将要遭到失败而又储备有核导弹武器的一方，将很难阻止它使用这种武器：为了自救它甘愿按下"所有按钮"。不过目前这还是未来的问题。我现在不想预卜未来，我谈的是过去。

毛在这次会议上就战争问题发言。他的讲话内容大致是这样：不要怕战争。既不要怕原子弹，也不要怕武器。无论这场战争是什么战争，我们社会主义国家都一定会取胜。具体谈到中国时，他声称："如果帝国主义把战争强加给我们，而我们现在有六亿人，即使我们损失其中的三亿又怎么样，战争嘛，若干年之后，我们培育出新人，就会使人口得到恢复。"他发言之后，会场上是一片坟墓般沉默。对于如此对待世界战争的态度，任何人都没有思想准备。正相反，大家都在思考寻求什么样的办法防止世界大战。反对世界战争、争取和平共处是首要主题。可是毛突然提出了不怕战争的口号，说战争会给我们带来胜利，即使有损失又何妨，战争嘛！

这次会后各代表团开始谈感想。我还记得诺沃提尼①同志说："毛泽东同志说他们准备损失六亿人口中的三亿。那我们怎么办？我们只有 1200 万。我们到那

---

① 安东宁・诺沃提尼（1904—1975）时任捷克斯洛伐克共产党第一书记和捷克斯洛伐克总统。

时将全部损失掉,就没有人来恢复我国人口了。"哥穆尔卡①作出了更激烈的反应。然而,来自兄弟党代表方面的批评对毛没有产生一丝一毫的影响。

南斯拉夫也派来了代表团,由卡德尔率领,兰科维奇②也在代表团之中。他对我们的态度很好,很友好,我们这方面对他也给予充分信任。但是,当我们开始协商会议的最后文件时,南斯拉夫人提出了修改几处表述的问题。我们认为这样不可以。其他共产党支持我们,他们说宣言必须按照原来的予以通过,那些表述是经过一个由兄弟党代表组成的委员会委员们拟定和修改而成的。这时南斯拉夫人说,他们不会签署这样的文件。我们别无办法,只得绕开南斯拉夫人签署了这份文件。我们曾围着这个代表团周旋了好久,对他们好言相劝,论证为什么必须按照委员会起草的样式签署这份宣言,但南斯拉夫人就是铁面无情。我甚至产生了一种印象,他们之所以存心挑剔,坚持修改表述方式,是因为他们对实现与兄弟党关系正常化、对签署共同的国际文件还没有做好充分的准备。他们一旦签了,似乎就会失去他们在所谓的"第三种国家"中间的领导地位,而那些国家采取的是一种特殊的、介于帝国主义列强和社会主义国家之间的立场。至少我曾产生这种印象,因为南斯拉夫人没有任何合乎情理的理由不在这个文本上签字。

我们与中方讨论了这个问题,毛也说:"那好嘛。不愿意就算了,随他们去好了。我们自己签吧。"于是我们签署了宣言,并没有激化与南斯拉夫代表团的关系。我们依然希望南斯拉夫人以后会赞同这份共同文件,并且从自己这方尽一切努力促使与南关系正常化,使这种关系建立在兄弟情谊和信任的基础上。而我们同中国代表团和毛本人的会谈是极其友好的,甚至可以说是亲密友好的。然而后来才弄清楚,这是中国人耍的手腕。当我们和南斯拉夫的关系终于实现了正常化之后,有一位南斯拉夫同志讲述了他们在会议期间与毛谈话时,毛对我们作出了相当轻蔑的反应。他同我们讨论如何劝说南斯拉夫人签署联合声明问题,而当着南斯拉夫人的面却说:"也好,这个声明你们不签也罢。随你们的意办就是了。其实这里没有什么大不了的。只不过我们的东道主苏共代表们会发一点点神经。随后他们会平静下来的。"总之,北京在我们背后挑唆南斯拉夫代表团不签署共同文件,并向他们伸出鼓励之手,这一点我们当时并不知道。

在讨论宣言文本时产生了分歧,不过是另一类分歧,而且还是同中方的分歧。当时我们觉得这个分歧微不足道。但后来事态表明,这个分歧是有其深层缘由的。

① 哥穆尔卡(1905—1982)时任波兰统一工人党中央第一书记。
② 卡德尔(1910—1979)当时为南斯拉夫共产主义者联盟中央执委、书记处书记、中央主席团委员;兰科维奇(1909 年生)为南斯拉夫联邦执行委员会副主席和南共联盟中央委员。

在起草宣言时,我们的代表团受苏共中央主席团的委托,提议从文本中删去所有提到苏共在世界共产主义运动中领导地位的地方。我认为,在揭发了斯大林的错误之后,类似的提法,况且又是写在一份国际宣言中,可能被理解为这是试图重新拾起斯大林的共产主义运动领导方式,试图使我们党重新回到老路上去,确立自己凌驾于其他兄弟党之上的领导权。这可能被理解为要改变各国共产党如今以平等合作原则为基础的相互关系。

各兄弟党代表几乎全体都正确地理解了我们的建议,并对之表示赞同。偏偏中国人突然提出反对。他们声称苏共实际上在领导着世界共产主义运动,会议文件应对此有所反映;必须有一个协调各国共产党和工人党反帝斗争政策的领导者。我们不能同意这种提法,更何况我们猜想(后来的事态证实了我们的看法)这样做并非没有原因。如果由所有其他党认定某一党为领导者,那么这个领导者也可以更换嘛。今天一个,明天又一个。我们认为中国人是在为自己将来谋取这一角色而做铺垫。因此我们对中国同志承认苏共对世界共产主义运动的功绩表示感激,但我们又坚定不移地说,我们反对写进这样的文字。其他党再一次表示同意我们的意见。文本讨论便以此告终。然而这事却证明中共当前的政策并非突然凭空产生出来的,而是老早就已经在悄悄地酝酿了。

(中略)

1958 年中国人向我们提出援助武器的请求,因为他们打算实施一次新的反对蒋介石的军事行动。他们索要能用作空中掩护的飞机、远程大炮、海岸大炮,还有一些别的什么。我们全都给了他们。我们以为他们正在策划一次消灭蒋介石的决定性战役。我们当时不仅没有阻止他们,而且正相反,我们认为这个行动是正确的,有助于统一中国。于是他们开始实施自己的行动。具体地说这次行动就是攻击两个与中国大陆毗邻的沿岸小岛①。这个战役并不轻松。双方交火许久,而且美国人还积极支援蒋介石。然而优势在中华人民共和国一方。我们当然全心全意关注中国人的胜利,我们把同情心全部寄托在毛这个方面。必须把这两个岛上蒋介石分子的窝点端掉,因为在向中国大陆派遣登陆部队时它们可以作为跳板。那个时候蒋介石还在抱有这个幻想,根据我们的情报,美国人在怂恿他进攻中国大陆。

当我们看到天平指针正在向有利于中华人民共和国的方向倾斜、这些岛屿可以被夺取而毛却停止进攻的时候,我们是何等惊愕可想而知。战斗偃旗息鼓了,而这次行动竟无果而终。后来,周恩来来访,见到他时我们问道:"你们当时为什么这

_____

① 即中国台湾海峡澎湖列岛 64 个小岛中几个最大的岛。

么做?"他说:"我们是有意识这么做的。""怎么是有意识这么做? 你们并没有拿下那几个海岛嘛,你们发起这次行动不就是为了占领它们吗? 你们的'有意识'是什么意思? 你们这种行动有什么好处呢?""我们只想展示一下自己的能力,但又不想让蒋介石离开我们太远。我们希望他留在我们的军事力所能及的范围之内。我们不仅可以用空军袭击这些岛屿,而且也可以用岸边大炮打到它们。如果我们占领了这些岛屿,蒋军就会离我们太远,我们就丧失了在我们需要的时候用军事手段骚扰他们的可能性。""在自己的岸边拥有敌占岛,等待敌人实施登陆,这哪里是什么好事? 这么近的距离岂不是为敌人提供可乘之机吗?"

但北京一再表白他们的理由。我们还是没能弄明白他们为什么拒绝把这个行动实施到底。既然如此,何必给这些岛屿造成巨大损失呢? 他们狠狠地打击了这几个岛屿,蒋介石甚至撤走了其中一个岛上的驻军。这个空岛本来就可以占领了。我直到现在也没搞明白,为什么不把这个耗资颇多的战役进行到底。早在准备这个战役的时候,我们就认为或许有必要更加积极地援助中国? 我们曾建议把我们的歼击机调到他们那里,调一个飞行大队或者需要多少就调多少。他们对这个建议却突然作出了非常神经质的反应,并且让我们明白了这个建议使他们感到尴尬,感到屈辱:他们不要这样的援助! 我们没有再勉强。我们本来是想助他们一臂之力,因为他们先前曾主动向我们提出。我们给了他们飞机、大炮,派出了自己的空军教官,还派出一些将领充任顾问。但是,当我们要派兵团过去而被他们拒绝时,我们感觉到他们对此举作出了很坏的评价,虽然我们除了愿意帮助朋友和兄弟巩固其国家边境和统一国家之外没有任何其他目的。我们一贯支持中华人民共和国消灭蒋介石政府、收复沿海岛屿和台湾,以便统一中国的意图。

当这次行动正在进行时,那两个海岛的名字频频出现在全世界的报刊上。也发生了其他一些引人注目的事情,向我们揭示了北京在对我们友好关系上的真实面目。中国上空正在进行空战。蒋介石的空军装备有携带"空对空"级导弹的飞机。蒋的军队向中华人民共和国飞机发射的导弹有一些发生了故障,直接坠落在地面上。其中有的保存得还相当完好。我们的顾问知道这个情况,就向我们汇报了。不言而喻,我们对美国军事上的新发明,特别是和导弹有关的一切,都很感兴趣。那是一种很小的叫作"响尾蛇"的导弹①,但它的结构却极其复杂。

我们又有了一次了解美国技术的机会。正所谓,美国人通过中国把样品亲自给我们送上门来了。于是我们致函中国人,说我们知道他们缴获了什么什么样的导弹,我们想对这些导弹进行研究,从而可以利用美国技术为我们的共同利益服

---

① 即 AIM-IXL 型的响尾蛇导弹,其起飞质量为 84 千克,射程为 18 公里。

务……没有回音。过了些时候我们催问。他们再一次不答复。我们很奇怪：怎么能这样呢？我们把什么都给了中国：我们机密的军事技术、图样、生产工艺流程图、样品，我们还直接向中国人提供装备，而他们在和蒋介石军队作战时缴获了武器却不肯给我们？莫斯科对此感到不可理解。我们摆出了百折不挠的姿态。这时他们才答复说：他们自己现在正在研究这枚导弹，因为只有这一枚，所以他们不能给我们。待到他们研究好了，便主动与我们交换情报。

我们对此不能同意。导弹技术很复杂，而中国的技术发展还没有达到能够迅速、内行地研究这枚新型导弹的水平。我们认为自己在这方面的素养更高些，因为我们国家已经在建造这类导弹，并且这类导弹已经被用于装备了，所以我们需要美国的样品以便用来进行对比。我们当然预料到美国人可能有所创新，搞出点有趣的东西来，这些可供我军借鉴。除此之外，这种答复实际上大大刺伤了我们，使我们感到委屈。我设想，任何人处在我们位置上都会做出与我们完全相同的反应。这也是可以理解的：我们什么东西都不对中国人保密，我们把什么都给了他们，援助设备、顾问、安装技师、工程师、设计师，像亲兄弟一样和他们分吃最后一块面包，而他们缴获了武器却不愿意交给我们！

但没有办法：武器在他们手上嘛。于是我们决定向中国人施加点压力。当时我们正在准备给他们发送中程弹道导弹生产资料，而他们也非常着急地催促我们赶快发出。我们向我们的军事顾问下达指示，让他们在谈判时表达自己的不满，并以自己的名义在私下对他们说，我们向中国提供我们的最新技术，而他们连作为战利品缴获的武器都不愿意给我们，这让我们感到委屈。顾问们应当暗示说，我们在移交导弹生产资料方面遇到了"技术性困难"，并说很可能我们无法如期交出。我们确信，这些话一定会传到那些应该听到的人们耳朵里。果然不久我们就获悉中国人同意把那枚导弹移交给我们。导弹交由我们的顾问发往莫斯科。北京方面在这里玩了一种很不明智的"保密把戏"。这个把戏当然在我们的关系上留下了某种印痕。我倒想说，这件事让我们头脑清醒了，正像那句俄罗斯谚语所说：兄弟归兄弟，钱财要分清①！

我们拿到了这枚导弹，它被送往莫斯科附近的一个科研所。我们的设计师很快就报告说这枚导弹很令人感兴趣，说我该前去参观一下。我去了那个研究所。人们向我演示了导弹的组装和拆卸。从作战部队使用角度来看，这枚导弹令人极感兴趣。它很容易拆卸和组装，只需用一把扳手就可以完成。我们的导弹并不比它差，但工艺性不够好，组装起来较为复杂，重量也较大。就战斗性能而言，我们的

---

① 相当于汉语中的"亲兄弟，明算账"。——译者注

导弹不比美国的逊色。但我们衡量了一下,认为美国的导弹制作更加精良。我们的设计工程师就这样完全客观地作出了报告。于是我们决定开始生产这种导弹,只是做一些小小的修改。

关于这枚导弹的研究情况,设计师后来经常向我报告。我那时在军事技术方面下功夫颇多,因为军备问题很尖锐地摆在面前:我们认为我国落后于美国。必须把失去的时间补回来,主要是在导弹和导弹运载飞机的研制方面。用军事基地把我们包围起来的敌人拥有强大的轰炸机,我们迫切需要装有空对空导弹的歼击机和地对空导弹,用以防卫。必须尽快地、更好地解决这些问题,以便将自己武装起来应对突发战事。后来人们告诉我,中国人没有把热感应自导头部的敏感元件交给我们。这种元件尺寸很小,形状像纽扣。没有它们,导弹就不成其为完整的导弹。我们再一次向中国人索求,但他们回答说全部都交了出来。我们没有再坚持。也许他们在拆装导弹时将这些零件丢失了,也许他们故意不给。后来我们的几家科研所自己解决了这个课题,不过花了许多时间才破解了技术秘密。最终人们向我报告说这个课题已经解决。

这枚导弹风波所带来的不愉快滞留在我们的脑海里,败坏了我们的心情。从前我们简直是用天真的目光看待我们与中国兄弟的关系。我们为能够与他们保持这种良好的交往而高兴。中国是一个社会主义国家了。这一下子改变了全世界的力量对比。中国就是中国嘛!最重要的是,它是一个幅员辽阔的陆地大国,并且紧邻我国的边境。此时整个社会主义体系形成了边境连绵不断的统一阵营,而这是一支相当强大的力量。资本主义和社会主义两大世界阵营形成。我们的意识形态、我们的马克思列宁主义理论逐步取得胜利,日益深入人心。可就在这时发生了这种迫使我们深思的事件。我们的关系仍在友好地发展着。然而冲突也开始临近。我们的道路开始出现分歧。那个时期中国很明显地形成了一种趋势,这种趋势对我们先前的真挚关系产生了强烈的影响。

毛提出了"大跃进"①问题。人们会说,"大跃进"是中国的内部事务。不错,但社会主义国家经济往来如此密切,如果以真正友好关系为重,那么彼此间相互交换意见、听取所有兄弟国家的观点就是有益的。一个国家或几个国家可能产生独特的看法。但无论在什么情况下,都至少应当互通信息嘛。我们认为这种方式可使我们各国之间和各党之间增进相互信任,建立起最良好的关系。可是"大跃进"的事我们却是从报刊上看到的。

---

① 指 1958—1960 年的"大跃进",其目的是最迟在七年之内把中国建成"工业大国",所依据的是"马鞍形发展理论",即跃进——在下降中巩固成绩——大跃进。

当你从报刊上了解某件事时，并不总是能搞清楚作者的意图。对于"大跃进"这个口号，我们就没有搞明白它的含义。后来我们又从报刊上了解到"小冶金"①即中国决定建造家庭式小型高炉。这简直是一场瘟疫。个别单位或者物质条件有保证的个人都给自己建造了高炉。谁也不去考虑这种铁的质量如何，它的成本是多少。在如此简陋的条件下能否产出可供工业使用的钢铁，就更不要去想了。我不大清楚，这种冶炼业属于哪个遥远的时代。我们觉得这一切，什么"小冶金"、什么"大跃进"，都未免不太严肃。我听人说，就连孙中山的夫人也在自家门口建了一座高炉。不知她是否从这种炉子里炼出了铁。告诉我这件事的人，曾经拜访过她，而她曾向这些人炫耀自己的炉子。

中国出现了这样的口号：几年后在钢铁产量上赶上英国，然后再赶上并超过美国。我们读到这些口号时，都无法认真对待它们，因为我们知道这种事是办不到的。在简陋的条件下完成如此复杂的任务是不可能的，虽然这很有诱惑力。中国当时的技术发展和经济发展都处于较低水平。即使我们苏联提出这种任务时，也没有指明具体期限。我们这里通行的是一个相当笼统的口号：赶上并超过美国这个最发达的资本主义国家。但我们也还处在这样一个发展阶段，还不敢提出何时能实现的期限。后来中华人民共和国开始组建公社。中国人开始把全体农民都联合起来，甚至把消费资料和生活用品都实行公有化。这是完全不可能的事，会招致惨重的后果。

一般地说，中国很善于编口号，并且能够很出色地把这些口号传达给群众。我们这里收得到中国报纸，我们的人读它们，并且我们得到消息说，在与中国毗邻的地区苏联报纸也提出学习兄弟中国人民建设公社的经验问题。甚至出现了要借鉴"大跃进"的建议。坦率地说，我们很惶恐。我们已经不能再在这个问题上保持中立了，不得不就苏联条件下采用这个口号发表自己的观点，认为这个口号绝对不适合我们……

（中略）

那时我们正在起草党的二十一大关于国民经济发展七年计划的一些决议，决定在总结报告中阐述这个问题，报告中将直接提及中国，但要把这个问题的方方面面都分析透彻。正巧由我代表党中央在二十一大做关于未来七年我国经济发展问题的报告。我顺便也分析了一下"大跃进"。我们就这样给我们党的领导者注射了防止盲目模仿的预防针，论证了盲目模仿会大大挫伤苏联，给我们的经济，因而也

---

① 1958 年 8 月中共中央政治局北戴河扩大会议决定用手工业方式、即用家庭式炼铁炉和炼钢炉来大大增加钢铁产量。1962 年钢产量由原先确定的 1000 万—1200 万吨提高到 8000 万—1 亿吨。

给我们的政治造成无法弥补的损失。政治在很大程度上依赖经济,因此对两者都要多加关注,防止发生任何可能危害国家发展的事情。

中国人出席了苏共二十一大。他们听到了我的讲话,读了报告原文,也就没有必要再多向他们解释我们对"大跃进"是持否定的态度了。这个情况显然也不会鼓舞他们去加深我们之间的友好关系,正相反,给这种关系泼了冷水。我们在如何发展的根本问题上从此分道扬镳。到这时我们当然已经开始对中国广泛开展的活动公开发表评论。早在"大跃进"之前,中国曾经广泛报道(大事鼓吹)"百花齐放"这个口号。当我们了解了这个口号并研究了它可能产生的后果之后,我们对它既不能理解,也不能接受。让百花齐放,这是什么意思?每个农民都懂得,有些花必须扶持和培育,而有些花则必须铲除,因为当杂草开花结实时,它们会变得苦涩或者危害人的健康和禾苗的成长。这种口号是我们不能接受的。

我们的宣传工作者向党中央提出问题:怎么办?我们必须表明我们的态度,苏联人都看报,而这个口号已经在苏联境内传播开来。于是向报刊和宣传工作者发出指示:故意不涉及这个问题,绕开它。这个口号是中国人提出供他们自己内部使用的,因此对他们也许具有某种意义,而在我国的条件下并不适用,因此我们不接受。当然,我们也很清楚,中国人会立即明白我们的对策:既然我们不宣传他们的口号,可见我们不支持它。虽然这个口号没有被谴责、被驳斥,但每个人都很清楚我们反对它。

在我们的一次会晤时(或许在莫斯科,或许是在我访问中国期间),毛主动提出这个问题:"你们对'百花齐放'①怎么看?"我回答说:我们对这个口号不理解,所以我们很难在我国采用它,它在我国可能被做出错误的解释,因而不会带来益处。他说:"是呀,我们理解你们的处境。但我们这个口号是建立在研究古代作者的基础上的。"接下去他从最早见到"百花齐放"口号的古代文献中举了几个例子讲给我听。毛明白了我们不赞同他的观点,这当然也无助于加强我们之间的良好关系。在那次交谈过程中,我们略微触碰了毛的痛处,稍稍点了他一下,让他明白他可以在自家那儿编造任何口号并把它们搬到报刊上去,但远非所有的口号都能为我们所接受。毛认为自己出身神圣,而他的那个神明又是他自己臆造出来的。因此凡是他所奉献出来的都是造福人类的。当然,我们的反应使友好关系变冷,至少是助长了这种关系变冷。然而,他是个聪明人,装出一副并不见怪的样子说:每一个党都可以借鉴对它有益的东西,抛弃不适合它的东西。

---

① "百花齐放""百家争鸣"的思想方针于 1956 年 5 月提出。但到了 1957 年毛泽东便声称,只准许"香花"开放,而"毒草"必须锄掉。

"大跃进"、组织人民公社以及毛所倡导的其他举措逐渐带来了消极结果。中国的经济恶化了。在贯彻这些口号之前，我们高兴地看到中国在迅速崛起，其经济蒸蒸日上，人民生活得到改善，生活水平有所提高。但"大跃进"使整个工业解体。首当其冲的是技术定额，因为中国人认为这不过是资产阶级胡编乱造出来的。例如，他们从苏联购进的机床，其产品的最大产量定额是精确测定的，而他们竟把产量定额提高许多倍。设备发生了超负荷现象，机床磨损。工业进入解体周期，混乱出现了，原料短缺，设备损坏。中国出现了艰难的局面。工程师如果遵守以科学知识为依据的技术定额，就会被指责为资产阶级应声虫、破坏分子、如此等等，并被调去当普通工人。

我们通过使馆收到一份咨询函：周恩来有意来访，问我们的态度如何？我们立即回答说，我们将十分高兴接待他。他来了，他向我们提出一个什么问题呢？他谈到中国冶金业的困难局面。他说北京请求我们派几位经济顾问过去。那边已经有我们的顾问在工作。除了那边已有的，我们还能派什么样的顾问给他们呢？已经派过去的都是专业水平很高的人，其中包括黑色冶金专业方面的。而周请求派遣专业水平更高的人员，以便和他们共同研究当前的状况，帮助他们做出应有的结论。我们开会商量了一下，决定推荐扎夏季科①同志去那里，他是分管冶金和采煤问题的苏联部长会议副主席。他本人是采煤工程师，矿工出身。我因在乌克兰工作对他很了解，他在乌克兰的斯大林州领导过一个最大的矿务局。他是一位优秀的工作者，但有一个缺点：酒喝得太凶，而且一喝酒就管不住自己。

我们把扎夏季科派往中国。他肯定给那边带来了好处，因为他为人爽直，甚至可以说，性情暴烈。他在那里逗留了数周。回国后汇报了此行的成果。我问："扎夏季科同志，您在那边有些什么见闻呀？您给中国兄弟提出了什么建议呀？""哪里谈得上建议（他的声音有些粗鲁），赫鲁晓夫同志，全都是他们自己的过错，他们自己把钢铁工业工作搞得一团糟。我去了鞍山钢铁厂，那里是一片衰败景象。"接下去，他列举了高炉车间、平炉车间和该企业其他车间的实例。"那里的厂长是谁？""厂长是某某某。我同他认识了，原来他是学兽医的。"

当我会见周恩来，而他请我发表一下感想时，我问他："周恩来同志，那些在我们这儿留学和大学毕业的冶金专业工程师都到哪里去了？据说，他们都在你们农村工作，在那里接受所谓战斗锻炼。而你们的钢铁厂却由一个根本不懂冶金专业的人在管理。假如你们没有专业人员，这样做还可以理解。我们在革命后头几年也曾出现过种种类似情况。但你们现在能够物色到专业对口、胜任其职的人员

① A. 扎夏季科(1910—1963)自 1949 年起任苏联煤炭工业部部长，曾任苏联部长会议副主席(1958—1962)。

嘛。"周恩来没能做出任何言之成理的回答。我看得出,他自己也明白做了蠢事。但这种蠢事并不是他的主意,也不是他的能力所能消除的。

中国工业中其他行业也是一片混乱。被派往那里对我们援建的开工企业进行安装调试的苏联专家,甚至普通工人,都纷纷向我们报告一些令人难以置信的事:我们下班回到家里,东西全被翻乱,箱子被搜查;我们找人解释,人家却对我们说,这种事根本不会有,显然是我们自己没有锁门,人人都矢口否认。这已经不是误会,而是不信任了。他们在寻找什么?他们在工程师或工人的皮箱里能够找到什么?那里又能够有什么?他们自己也不知道他们在找什么。

人们讲过这样一件事。我们的工程师正在帮助中国人掌握火箭的使用方法,把火箭组装起来以便移交给中国人,组装完毕之后便下班回家。第二天早晨他们发现火箭被拆卸。他们就问:"是谁拆卸的?没有我们在场你们不应该拆卸火箭。这是我们的火箭,我们正在把它们移交给你们。"谁也不能解释清楚。显然中国人决定在夜间检查什么,偷看机密(不过不清楚其目的是什么:我们正在把这些火箭全部移交给他们)和把火箭重新组装起来的知识。另外还发生多起事件,都是由于对我国专家不信任和不尊重而引起的。后来发生了粗暴的侮辱,尤以酒醉的中国人为甚。

他们指责我们的人,说他们是"极限论者"①。这类用语我们似曾相识!过去,在苏联发展的某个阶段,我们这里也曾流传过这种骂人话。我不知道这句话究竟有多少道理。显然,这个用语在我们这里也是站不住脚的,它反映了对工程技术人员的不信任。当年对资产阶级专家猜疑心很重。我们打破他们的定额,但并不总是合理,尽管有时做得对。然而,我们并没有向中国人推荐这种方法。他们是仿效我们而主动采用了这个方法的。这是他们的事。但我们还是对他们说,这种办事方式不会有好结果。

大约就在那时或者稍微早些时候,我们收到我国大使从北京拍来的一封令人担忧的电报。电报中说,中国领导层对苏联的行动表现出强烈不满。驻华大使是尤金。他本人是一位哲学家,他肩负着特殊使命被派往中国。尤金以学者身份前往那里,当时毛泽东请求斯大林帮助他整理自己的讲话、文章等文稿,因为他打算出版这些著述。让一位懂马克思主义的人审阅和校订这些文稿,以免出现理论错误。于是尤金被派了过去。毛一向认为自己是哲学家,非常喜欢哲学话题,对于所有他与之谈话的人,哪怕是凡夫俗子,他都缠着人家谈论哲学。因此斯大林决定派出尤金,让这位大使既能和毛谈论一般性哲学话题,同时又能帮助他审订他的著作

---

① "极限论"又译"生产到顶论",是指把落后的定额和指标视为不可逾越极限的行为或言论。——译者注

以供出版。

斯大林在世时和斯大林去世之后,我们都收到尤金发回的电报,他兴高采烈地通报毛的情况:他们两个人相处得很融洽,并且不是尤金去毛那里,而是毛亲自去见尤金,在他那里一待就是通宵达旦,与其说是在审订文稿,不如说是在自由交谈。尤金描述这些交谈时兴奋得简直上气不接下气。我们为此而庆幸,因为常言说,只要宝宝不哭,怎么哄都行。毛与我们的大使建立起良好的接触,这令我们高兴。我们认为这证明彼此相互信任,能够促使我们之间的关系得到更大的改善。

在那个时期,我国军方曾向党中央建议给中国政府发一封请求函,请他们允许苏联在中国南方建一个无线电台,这个电台可与我们在太平洋巡弋的潜艇保持联系。我们讨论了这个问题,并得出结论说这个建议符合社会主义阵营的共同利益。那时我们正在大力建造柴油发动机潜艇,并且已经着手建造原子发动机潜艇。不言而喻,我们需要一个与在太平洋活动的潜艇舰队保持联系的可靠通信装置。

军方无疑做得对,他们选定了一个适合安装这种通信设备的地点。但我现在认为,我们当时犯了急躁病,夸大了各国共产党和各个社会主义国家的国际利益。我们曾经认为,无论我们的舰队也好,中国的舰队也好,而且一般来说,以及社会主义国家所有的军事设施也好,都服务于一个目的:一旦帝国主义把战争强加于我们头上,必须准备好还击。潜艇的活动不仅仅是为了苏联的利益,也是为了中国和所有兄弟国家的利益。因此我们曾设想,中国对建造无线电台的兴趣并不亚于我们。

为什么我们打算自己建造无线电台?那个时期,中国要建造复杂的设备并如期完成,是有困难的。军方催促我们,要求尽快开工。然而我们没有考虑到中国领导层的民族感情。毛因为这个建议而受到伤害,他的民族感情被刺伤,中国的主权蒙受触犯。很显然,他认为我们是在以这种方式向中国渗透,所以对我们的建议作出了激烈的反应,尽管他本人先前曾请求我们帮助中国造弹道导弹潜艇。苏联把全部技术资料都寄了过去。中国人选好了厂址,在我们专家的援助下造起了这种潜艇。我们把这看作天经地义的事:为了共同利益必须建造防御设施,并通力协作完成这项工作。

在我们突然收到尤金的一封令人忧虑的电报时,又发生了另外一些这类性质的问题。我们开会商量了一下,苏共中央主席团决定由我飞往北京。我们通报了中国同志,他们答复说他们将接待我们。这是 1958 年 7 月的事。同我一起出发的好像有马利诺夫斯基元帅,因为要讨论军事问题,另外还有苏联副外长库兹涅佐夫。我们是秘密飞往那里的,没有在报刊上宣布这次旅行。

抵达北京后,毛泽东、邓小平和其他中国领导人前往机场迎接我们。我们被安置在一处贵宾下榻的宾馆。我们大部分时间都是在游泳池旁度过的。那里搭建了个凉棚,毛在那里游泳,我们也同他一起游。我们当然不能同他比赛谁游得远。据中国报刊报道,他曾"刷新"一项什么纪录。但这件事我们是后来才听说的,不过就在当时,我们这些游泳者就立即"高举双手",向毛服输了,承认他是冠军。我们通常像海豹一样躺在一小块暖乎乎的沙滩或者地毯上谈话。然后再下到水里。又从水里爬上来晒太阳。我们的谈话是用相当平静而友好的声调进行的,尽管尤金在电报中通报说毛的言辞激烈。

关于无线电台,毛说:"我们不能接受你们的建议。中国多少年以来都被人看作一个没有主权的国家。这有损于我们的声望:有损于我们的主权。"我尽我所能地连连道歉:"我们一丝一毫都不想破坏你们的主权或者干涉你们的内政,不想打入中国经济,总之不想做任何危害中华人民共和国自主权的事。""那么就请你们提供贷款。由我们来为你们建电台。"我对他说:"这样最好。您瞧,我们的技术指导,我们的图纸,我们的钱,我们提供的设备。一句话,为了尽快建成电台一切都由我们提供。你们就建吧!"毛说:"好的,我们同意。"

看上去我们好像很快就解决了问题,而且双方皆大欢喜。我们的军人提出的这项任务将会完成。事实上却并非如此。工程怎么也开不了工,中国人一再提出新的条件,他们寻找种种理由拖延时间。我们两国关系恶化后,这个问题干脆被撤下了议事日程。

我们在游泳池里还谈起了另一个问题,也是有关潜艇舰队的问题。

根据先前签订的条约,我们的飞机可以使用中国的机场。而此时我们的海军提出了进入中国某些港口以便给我们的潜艇加油和安排船员休息的要求。中国的海岸线很长,而我们苏联仿佛就处在它的海岸线边缘,可见海军在这个问题上所追求的也是纯业务目的。然而中国人又提出有关威望的反对意见。毛激烈反对。我对他说:"毛泽东同志,我根本不理解你们,这件事可是对我们大家都有利啊。""不,我们不能同意这么做,这有损于我们的主权,我们也正在组建自己的潜艇舰队。""那我们还能说什么呢?既然谈主权,那就让我们按照有来有往的原则行事吧。比方说,如果你们想在北冰洋有一支自己的潜艇舰队,我们就在自己的领土上给你们提供一处基地,作为交换,我们将在太平洋沿岸中国领土上设一处我们的潜艇基地。""不,我们对这种做法也不同意。各国武装力量都应该部署在本国的领土上。你们的建议使我们蒙受耻辱,使我们的感情受到伤害,我们不能同意。""既然你们这样看问题,那就算了吧,我们不想再坚持,就靠我们现有的条件想办法吧。我们将加强远东舰队。我们想对它进行重新装备,大大增强它的实力,使这支潜艇舰队成为太平洋上一支强大的力量。"

我们又触痛了一个曾长期遭受外国侵略者统治的国家那敏感的神经。从此以后我对毛在与我们谈话时所遵循的是什么有了更好的理解。看来我们根本不该向中国提出这个建议。如果我们事先知道会有这种反应，无论在什么情况下也绝不会贸然提出这个建议，不会自找麻烦，向毛提出这个请求。但事情已无法挽回。我明白，在这类问题上需要非常注重礼数。现在我对这个状况更加了解了。不可损伤任何国家和任何民族的民族尊严。存在着主权，背弃主权？这个话题只有在双方完全同意的前提下才能谈，但即便如此也最好尽量避开它，除非在万不得已的情况下，例如谈判双方正面临战争的危险。总之，主权问题在这个世界上还将长期成为分歧的内容，主权问题突然浮上水面时会给个别国家之间的相互谅解造成相当严重的损害。

有一次也是在游泳池旁，毛又挑头谈起这个话题："赫鲁晓夫同志，我们来算算帝国主义和社会主义的力量对比吧。我搞了个计算，算出的结果是：中国拥有将近七亿人口，所以它可以组建多少个陆军师。苏联拥有两亿人口，它能够组建多少个师。"是的，军队有兵员定额，他的计算大致是正确的。他用常规的方法估算了一下所有社会主义国家能够让多少人去当兵。然后又开始计算美、英、法等北大西洋公约国家能够组建多少个师。他说："瞧，力量对比就是这样。所以我们还怕什么？"

这番议论很符合他 1957 年在兄弟党国际会议上发表的那个观点，当时毛声称，损失三亿人，即人口的二分之一，对于中国来说算不上什么悲剧。如今他又把这个问题抖搂出来，用计算数据来充实他那个关于我们不必害怕战争的论点。他并没有直截了当地说根本不必为和平而进行斗争。但如果仔细琢磨一下，他的论据归纳起来恰恰是这个意思。毛不是把和平共处问题放在首要位置，而是把准备战争的问题放在首要位置。准备战争的目的就是要在这场战争中打败我们的敌人，无论战争会给社会主义国家造成多么大的损失。

我对他说："毛泽东同志，您计算出的数据，人们都知道。但是还必须考虑到，只有当我们生活在另一个时代，当人们用肉搏方式或者用诸如标枪和刺刀等冷兵器做成时，算术学统计结果才是合理的。从前就是这样，谁的棍棒多，谁就占上风。我们现在生活的时代不同了。机枪刚刚问世，立刻将各方力量拉平了一些：力量对比后来发生了有利于拥有更多机枪的军队的变化。后来又出现坦克和飞机，力量对比则全然改观，战胜者不再是拥有更多人口的一方，而是拥有良好军事工业和能够充分供给自己新式武器的一方。现在我们拥有导弹和核武器。世界大战将是核战争，而核战争将使机会均等。一枚导弹可歼灭几个师。可见师的数量多寡现在不再是实力的标志，说句粗话，那不过是一堆炮灰。因此我们对战争问题抱有不同的看法，我们不以人口数量衡量力量对比。

我们现在正在加速发展我们的工业，特别是核工业和火箭工业，以防苏联遭遇不测。我们必须拥有足够数量的、敌人肯定会用来装备自己的各种新式武器。我们的敌人具有高度的组织性,拥有非常强大的工业,具有很高的技术水平"。"不,我还是认为您错了。在力量对比上起决定作用的,仍然是人口的数量。"在这个问题上,我们用任何手段都未能取得一致意见。他发表了他的观点,我发表了我的观点。我们都没有再反复谈下去,因为那样做不会有什么结果。

毛还谈及另一个问题。我们曾经在报刊上发表了苏联国防部长朱可夫的一份声明。当时国际形势要求我们发表保卫社会主义国家的声明。我们准备了一份这样的声明,交由朱可夫同志宣布。声明的主旨是:警告帝国主义阵营,如果它们侵犯某一个社会主义国家,苏联不会保持中立,而是将动用我国军队所拥有的一切可能手段,给侵略者以还击。毛此时指着朱可夫的声明说,他认为这个声明是错误的。我问他为什么。这可不是朱可夫的个人观点,而是我们党中央的意见呀。那时正逢中美关系紧张。"我们的坚定立场会遏制帝国主义者。他们将会知道,侵犯我们的任何一个盟友,无论是侵犯中国还是阿尔巴尼亚,都必将无法逃脱惩罚。其实朱可夫的声明当时牵涉的首先是与资本主义世界毗邻的德意志民主共和国。"

"不对,"毛说,"这不对头。"于是他开始展开地谈他的观点,其观点可归纳如下:"如果有人侵犯中国,你们不要卷入战争。我们将自己打,打 10 年,打 20 年也行。我们人口众多,国土辽阔。如果敌人硬要跟我们打,他们绝没有好下场。我们自己应付得了,我们一定打败他们。没有一个国家能战胜我们。日本人跟中国打了好多年仗,他们的侵略下场如何呢? 敌人会破坏我们的经济? 让他们破坏好了。最重要的是要保住苏联。只要苏联还在,还将作为一个社会主义国家向前发展,以后一切都会恢复正常。中国打败了敌人,将在你们的援助下恢复自己的经济。因此根本不要让苏联去冒与资本主义阵营打仗的危险。"瞧,他就是这样偷梁换柱的:倒好像是中国为了确保世界上第一个社会主义国家苏联的生存而甘愿牺牲自己。

我说:"如果我们这样对待自己的国际主义义务,只让每个国家自力更生,那么敌人就会把我们各个击败。这种立场是鼓励侵略,而不是遏制侵略。因此我们认为我们的这个声明应该发表,我们并且在自己的政策上恪守这个声明。这篇声明的措辞不是出自国防部长,而是出自我国政府,出自我们的党中央。""措辞是错误的。"毛回答说。问题讨论到这里就结束了,各自保留了自己的意见。下一次会晤,继续谈军事话题。那次谈话具有另一种特点,而且我想说,毛的言论变得自相矛盾了。尽管如此,这些言论与上一次仍然如出一辙:

"我考虑过我们上一次的谈话,并得出这样一个结论:如果苏联遭到进犯,我建议你们不要抵抗。"我立刻警觉起来:"怎么? 帝国主义列强侵犯苏联,而我们不对他们进行反击? 那结果会怎么样呢?""你们一步步后退,后退一年、两年、三年。拉长敌人的交通线,从而削弱他们。然后我们联合起来向他们进攻,打败他们。"我对他说:"我甚至不知道该怎么回答您。对于我们而言,这种看事物的方式是完全不可思议的。后退一年?下一次世界大战恐怕未必打得了一年。那将是一场速决战。"毛继续说:"你们不是曾经退到斯大林格勒吗?你们曾经后退了整整两年,为什么现在不能后退三年呢?如果说你们当年曾经退到斯大林格勒,那么现在你们可以退到乌拉尔,退到西伯利亚,再往前,你们的后方是中国。我们将利用我们的资源,我们的国土,一定打垮敌人。"我回答说:"不,我们遵循另一种立场,即立即反击的立场,一旦遭到侵略,我们将动用所掌握的全部手段进行反击。我们现在拥有强大的兵力,雄厚的技术能力,并且还在逐年增强这种能力。反击是不可避免的,这就迫使敌人在他们敢于对我们发动侵略之前不得不三思而行。或许侵略就根本不可能发生了。""不,"他又说,"我认为这个论点是错误的。"

后来,我曾反复琢磨,他的那些观点有什么依据呢?我不知道该如何给这种观点和议论下评语。我很奇怪毛怎么可能这样思考,我无法给自己找出答案。如果设想一下他这是在玩弄挑衅勾当,我们可没那么天真。他怎么也不可能居然认为我们会同意。如果他自己认为他那些关于军事策略的论断是合理的,那么就很难想象一个聪明人竟然会如此思考。对我来说直到现在这依然是一个不解之谜。我一直不清楚:这到底是思维力欠缺还是挑衅?然而这样一场谈话的确是进行了,而且我完全保证我准确地转述了毛的讲话和我的回答,既不夸大其词,也不断章取义。绝对没有!我为什么要那么做呀?我们同中国的烦心事本来就够多的了,我可不想再夸大它们。正相反!

在这种情况下,头脑简单的人会说:"我们为中国做了许多,可是中国却走上了仇苏的道路。"就是嘛,但责任不在我们。目前苏中关系现状似乎直观地表明当初没有必要承担这种花费,即便如此,我仍然认为我们的政策是正确的。我们当时这样行事,是为了振兴中国的经济,使中国经济在社会主义建设道路上更加壮大。我们真诚地提供援助,是为了让我们的朋友也像我们十月革命以后所做的那样向前发展,建设本国的经济和巩固国家的独立。但事与愿违。

总有一天我将死去,如果人死后仍然思考的话,那么我所思考的将是苏中两国人民兄弟情谊以及所有社会主义国家人民兄弟情谊重新恢复的美好时光。

第二节 尼克松

一、本节案例导读

　　理查德·尼克松(Richard Nixon，1913—1994)，美国政治家，曾担任第 37 任美国总统(1969—1974 年)。尼克松作为首位正式访问新中国的美国总统，其于 1972 年的访华之行打开了中美两国关系正常交往的大门，被称为"中国人民的老朋友"，《尼克松回忆录》这部著作收录了由尼克松本人撰写的私人日记和工作笔记等资料，对于了解冷战期间美国外交政策的演变及一些国际热点事件具有重要的参考价值。

二、案例资料阅读

[美]理查德·尼克松：《尼克松回忆录(下)》，伍任等译，成都：天地出版社，2019年，第 589—611 页。

中国(节选)

　　1972 年 2 月 17 日 10 点 35 分，我们离开安德鲁斯空军基地，飞往北京。当飞机加速、离开地面时，我想到马尔罗讲的话。我们正在开始一次在哲学上争取有所发现的旅程,这个旅程正像很早以前在地理上发现新大陆的航行一样不可预卜,并且在某些方面一样危险。

日记

像亨利和鲍勃在飞机上所指出的,我们从全国各地收到的祝愿,我们成功的电报几乎使我们产生一种宗教的感觉。我对亨利说,我感到真正的问题在于美国人民拼命地,几乎是天真地争取和平,任何代价都在所不惜。他认为,对于这次大胆的行动以及访问一个为许多美国人所不熟悉的国土这一事件,还有某种兴奋的成分。

我们在上海作短暂停留,让中国外交部官员和一位中国领航员登上飞机。一个半小时以后,我们准备在北京降落。我从舱窗向外眺望。时值冬季,田野是一片灰黄。小村镇就像我看过的图画里中世纪的村镇一样。

我们的飞机平稳着陆,几分钟后停在候机楼前。门开了,帕特和我走了出去。

周恩来站在舷梯脚前,在寒风中不戴帽子,厚厚的大衣也掩盖不住他的瘦弱。我们下梯走到快一半时他开始鼓掌。我略停一下,也按中国的习惯鼓掌相报。

我知道,1954 年在日内瓦会议时福斯特·杜勒斯拒绝同周握手,使他深受侮辱。因此,我走完梯级时一边决心伸出我的手,一边向他走去。当我们的手相握时,一个时代结束了,另一个时代开始了。

我被介绍给所有中国官员,然后站在周的左边,其时军乐队演奏两国国歌。在中国首都的刮风的跑道上,《星条旗歌》在我听来从来没有这么激动人心。

仪仗队是我看到过的最出色的一个。他们个子高大、健壮,穿得笔挺。当我沿着长长的列队走去时,每个士兵在我经过时慢慢地转动他的头,在密集的行列中产生一种几乎使人认为行动受催眠影响的感觉。

周和我同乘一辆挂着帘子的轿车进城。在我们离开机场时,他说:"你的手伸过世界最辽阔的海洋来和我握手——25 年没有交往了啊。"当我们到达北京中心的天安门广场时,他指给我看一些建筑物;我注意到街道是空的。

周夫人在我方官员下榻的地方等候我们,那是两座很大的政府宾馆楼。我们在起坐间喝了茶,然后周说,他相信大家在国宴以前一定都想休息一下。

大约一个小时以后,我正准备洗个淋浴,基辛格闯了进来报告说毛主席要会见我。那天深夜,我写下了会见时的气氛。

日记

在我们动身前,罗杰斯走上飞机,他很关心地说,我们应该很快同毛会见,并且我们不能陷入这样的境地,即当我会见他时他高高在上,好比我走上阶梯而他却站在阶梯顶端。

我们在这方面的顾虑大约在两点钟就完全打消了,这时亨利气喘吁吁地走进房间告诉我,周在楼下,说主席现在就想在他的住所见我。亨利下楼去了,我等了大约五分钟,然后我们乘车去毛泽东的住所。

我们被引进一个陈设简单、放满了书籍和文稿的房间。在他座椅旁边的咖啡桌上摊开着几本书。他的女秘书扶他站起来。我同他握手时,他说:"我说话不大利索了。"周后来告诉我,他患了所谓支气管炎已经有一个月光景。但中国公众并不知道这件事。

每一个人,包括周在内,都对他表示他应得的尊敬。房间里站有两三个文职和军职人员,在谈话进行了大约 10 分钟后,周挥手让他们退出去。然而,我注意到他们仍旧站在前厅里看着。

他伸出手来,我也伸出手去,他握住我的手约一分钟之久,这一动人的时刻在谈话的记录里大概没有写。

显然,他有一种非凡的幽默感。他不断吸引亨利参加谈话。这次谈话本来料想只会进行 10 分钟或 15 分钟,却延续了将近一个小时。我发现周恩来已经看了两三次表,便意识到大概应该结束了,免得他过分疲劳。

值得指出的是,周后来在全体会议上不断地提到我们同毛泽东的会晤以及毛说过的话。

为了把我们第一次的会晤记录下来,几名中国摄影记者赶在我们前头拥进会场。我们都坐在长方形房间的一头围成半圆的软沙发上。当摄影记者还在忙碌的时候,我们彼此先寒暄了一会。基辛格提到,他在哈佛大学教书时曾经指定他班上的学生研读毛泽东的著作。毛泽东用典型的谦虚口吻说:"我写的这些东西算不了什么,没有什么可学的。"我说:"主席的著作推动了一个民族,改变了整个世界。"可是毛回答说:"我没有能够改变世界,只是改变了北京郊区的几个地方。"

尽管毛说话有些困难,但他的思绪显然像闪电一样敏捷。"我们共同的老朋友蒋委员长可不喜欢这个。"他说,同时挥动了一下手,这个手势可能指我们的会谈,也可能包括整个中国,"他叫我们共匪。最近他有一个讲话,你看过没有?"

我说:"蒋介石称主席为匪,不知道主席叫他什么?"

当我提的问题翻译出来时,毛发笑了,但回答问题的是周恩来。"一般地说,我们叫他们'蒋帮',"他说,"有时在报上我们叫他匪,他反过来也叫我们匪。总之,我们互相对骂。"

毛说:"其实,我们同他的交情比你们同他的交情长得多。"

毛谈到基辛格巧妙地把他第一次北京之行严守秘密的事。"他不像一个特工人员,"我说,"但只有他能够在行动不自由的情况下去巴黎 12 次,来北京 1 次,而没有人知道——可能除了两三个漂亮的姑娘以外。"

"她们不知道，"基辛格插嘴说，"我是利用她们作掩护的。"

"在巴黎吗？"毛装作不相信的样子问道。

"凡是能用漂亮的姑娘作掩护的，一定是有史以来最伟大的外交家。"我说。

"这么说，你们常常利用你们的姑娘啰？"毛问道。

"他的姑娘，不是我的。"我回答，"如果我用姑娘作掩护，麻烦可就大了。"

"特别是在大选的时候。"周说，这时毛同我们一起哈哈大笑。

谈到我们的总统选举时，毛说他必须老实告诉我，如果民主党人获胜，中国人就会同他们打交道。

"这个我们懂的，"我说，"我们希望我们不会使你们遇到这个问题。"

"上次选举时，我投了你一票。"毛爽朗地笑着说。

"当主席说他投了我的票的时候，"我回答，"他是在两害之中取其轻的。"

"我喜欢右派，"毛显然开心地接口说，"人家说你们共和党是右派，说希思首相也是右派。"

"还有戴高乐。"我补充了一句。

毛马上接口说："戴高乐另当别论。"接着他又说，"人家还说西德的基督教民主党是右派。这些右派当权，我比较高兴。"

"我认为最重要的是要看到，美国的左派只能是夸夸其谈的事，右派却能做到，至少目前是如此。"我说。

谈话转到我们这次会晤的历史背景，毛说："是巴基斯坦前总统把尼克松总统介绍给我们的。当时，我们驻巴基斯坦的大使不同意我们同你接触。他说，尼克松总统跟约翰逊总统一样坏。可是叶海亚总统说：'这两个人不能同日而语。'他说，一个像强盗——他是指约翰逊。我不知道他怎么会有这个印象，不过我们不大喜欢从杜鲁门到约翰逊你们这几位前任总统。中间有八年是共和党任总统。不过在那段时间，你们大概也没有把问题想通。"

"主席先生，"我说，"我知道，多年来我对中华人民共和国的态度是主席和总理全然不能同意的。把我们带到一起来的，是认识到世界上出现了新的形势；在我们这方面还认识到，事关紧要的不是一个国家内部的政治哲学，重要的是它对世界其他部分和对我们的政策。"

我同毛会见，主要谈到我们之间有发展潜力的新关系的他所谓的"哲学"方面，但我还笼统地提出了双方将要讨论的重大实质性问题。我说，我们应该审查我们的政策，决定这些政策应该怎样发展，以便同整个世界打交道，并处理朝鲜、越南和台湾地区等眼前的问题。

我接着说:"例如,我们应该问问自己——当然这也只能在这间屋子里谈谈——为什么苏联人在面对你们的边境上部署的兵力比面对西欧的边境上部署的还要多?我们必须问问自己,日本的前途如何?我知道我们双方对日本问题是意见不一致的,但是,从中国的观点来看,日本是保持中立并且完全没有国防好呢,还是和美国有某种共同防御关系好呢?有一点是肯定的,我们决不能留下真空,因为真空总是有人会来填补的。例如,周总理已经指出,美国在'到处伸手',苏联也在'到处伸手'。问题是,中华人民共和国面临的危险究竟来自何方?是美国的侵略,还是苏联的侵略?这些问题都不好解答,但是我们必须讨论这些问题。"

毛很活跃,紧紧抓住谈话中的每一个细微含义,但我看得出他很疲劳了。周越来越频繁地偷看手表,于是我决定设法结束这次会谈。

"主席先生,在结束的时候,我想说明我们知道你和总理邀请我们来这里是冒了很大风险的。这对我们来说也是很不容易作出的决定。但是,我读过你的一些言论,知道你善于掌握时机,懂得只争朝夕。"

听到译员译出他自己诗词中的话,毛露出了笑容。

我接着说:"我还想说明一点,就个人来讲——总理先生,我这也是对你说的——你们不了解我。既然不了解我,你们就不信任我。你们会发现,我绝不说我做不到的事,我做的总要比我说得多。我要在这个基础上同主席,当然也要同总理,进行坦率的会谈。"

毛用手指着基辛格说道:"'只争朝夕'。我觉得,总的说来,我这种人说话像放空炮!"周哈哈大笑,显然我们免不了又要听另一番贬低自己的话了。"比如这样的话:'全世界团结起来,打倒帝国主义、修正主义和各国反动派,建立社会主义。'"

"像我这种人,"我说,"还有匪帮。"

毛探身向前,微笑着说:"你,作为个人,也许不在被打倒之列。"接着,他指向基辛格说,"他们说,他这个人也不属于被打倒之列。如果你们都被打倒了,我们就没有朋友了。"

"主席先生,"我说,"我们大家都熟悉你的生平。你出生于一个很穷的家庭,结果登上了世界上人口最多的国家、一个伟大国家的最高地位。

"我的背景没有那么出名。我也出生于一个很穷的家庭,登上了一个很伟大的国家的最高地位。历史把我们带到一起来了。我们具有不同的哲学,然而都脚踏实地来自人民,问题是我们能不能实现一个突破,这个突破将不仅有利于中国和美国,而且有利于今后多年的全世界。我们就是为了这个而来的。"

在我们告辞的时候,毛说:"你那本《六次危机》写得不错。"

我微笑着摇摇头,朝周恩来说:"他读的书太多了。"

毛陪我们走到门口。他拖着脚步慢慢地走，他说他身体一直不好。

"不过你气色很好。"我回答说。

他微微耸了耸肩说："表面现象是骗人的。"

在人民大会堂同周举行的第一次全体人员参加的会谈，由于临时插入的同毛的会见而被打断了，我们只来得及就会谈进行的方式泛泛地商量了一下。周喜欢的方式是，一方在一次会谈中阐明他们对某个问题的观点，另一方则在下一次进行回答。

这次访问最困难和需要小心对待的部分是发表联合公报。我重申了我们对这件事采取讲求实效的态度。"像这样一次举世瞩目的首脑会议，"我说，"通常的做法是，像我们就要做的那样开几天会，经过讨论，像我们也会做的那样发现意见的分歧，然后发表一篇含糊其词的公报，把问题全部遮盖起来。"

"如果我们那样做，就会不仅欺骗人民，而且欺骗自己。"周回答说。

"当国与国之间的会议并不影响世界的前途时，这样做是可以的。"我说，"但是，我们的会谈受到全世界的瞩目，并且会对我们在太平洋地区乃至全世界的朋友产生持续多年的影响。对这样的会谈，如果我们也那样做，那将是不负责任的。我们在会谈开始的时候并不幻想能够解决所有的问题。但是我们可以发动一个过程，它将使我们能够在今后解决其中的许多问题。坐在这间屋子里的男男女女为了一次已经获得成功的革命作过长期的艰苦斗争。我知道你们坚信你们的原则，我们也坚信我们的原则。我们并不要求你们在你们的原则问题上让步，就像你们不会要求我们在我们的原则问题上让步一样。"

或许是因为我提到了对立的原则，周想起了一件往事，他说："正像你今天下午对毛主席说的，我们今天握了手。可是，杜勒斯当年不想这样做。"

我反驳说："可你说你也不愿意同他握手啊！"

周答道："不一定，我本来是会握手的。"

我说："那好，让我们握手吧！"于是我们隔着桌子又握了一次手。

这个话题似乎使周兴奋起来了。他接着说："杜勒斯的副手沃尔特·比德尔·史密斯先生想搞不同的做法，可是他不想违反杜勒斯定下的规矩，所以他只好用右手拿了一杯咖啡。因为一般人不用左手握手，他就用左手摇了一下我的手臂。"在场的人，包括周自己，都笑了起来。他又说："不过那个时候我们不能怪你们。因为国际上普遍认为社会主义国家是铁板一块，西方国家也是铁板一块。现在我们知道情况并不是这样。"

我附和说："我们已经冲破了老的格局。我们是根据每一个国家自己的行为来看待它的，不是把它们统统归在一类，说它们因为有这样的哲学，所以都是一团漆黑。我想老实告诉总理,因为我是艾森豪威尔政府的成员,我当时的观点同杜勒斯先生的观点是相似的。但后来世界变了,中华人民共和国同美国的关系也必须改变。正如总理有一次对基辛格博士说的,舵手一定要顺应潮流,否则他会被淹死的。"

一小时后,我们在人民大会堂参加宴会,彼此又碰头了,这时中国方面的人好像自在得多了。这或许是因为我们的访问已经得到毛的正式认可,也可能只是因为我们已经开始合得来了。

我在祝酒词里试图用理想主义的语言来表述对华主动行动的实用主义基础。我说:

过去我们有时候曾是敌人。今天我们有巨大的分歧。使我们走到一起的,是我们有超过这些分歧的共同利益。在讨论我们的分歧时,我们双方都不会在自己的原则上妥协。但是,虽然我们不能弥合我们之间的鸿沟,却能够设法搭一座桥,以便我们能够越过它进行会谈。

因此,让我们在今后的五天里在一起开始一次长征吧,不是齐步走,而是在不同的道路上走向同一个目标,这个目标就是建立一个和平与正义的世界结构。……全世界在注视着。全世界在倾听着。全世界在等着看我们将做些什么……

我们没有理由要成为敌人。我们哪一方都不企图取得对方的领土,我们哪一方都不企图支配对方。我们哪一方都不企图伸出手去统治世界。

毛主席写过:"多少事,从来急;天地转,光阴迫,一万年太久,只争朝夕。"

现在是只争朝夕的时候了,是我们两国人民攀登伟大境界的高峰,缔造新的、更美好的世界的时候了。

在双方祝酒后,乐队奏了《美丽的亚美利加》。我说,这是我在 1969 年为我的就职典礼挑选的一支歌。周举杯说:"为你的下一次就职干杯!"

第二天下午,我们在人民大会堂会晤时,我提醒周说,尽管他可能会从美国报纸关于这次访问的一些报道中看到什么说法,但我对目前的情况并不抱有不切实际的幻想:"现在我们说,中美之间的新关系是由于两国人民之间存在着一种根本的友谊。大部分相当天真的美国报纸也相信这种说法。但是总理和我都知道,光是友谊不能成为建立关系所必须依靠的基础,尽管我觉得我们个人之间是有友谊的。我记得当我还是大学一年级的学生时,有一个法学教授说过,任何契约的效力只相当于有关各方愿意遵守的程度。"

周一动不动地坐着,注意倾听,面部毫无表情。

"我认为中国的利益和美国的利益都急切需要美国把自己的军事设施大致维

持在现有的水平上，"我说，"除了某些例外情况我们以后可以讨论外，我认为我们应该维持美军在欧洲和日本的存在，并使美国海军留在太平洋。我认为，在这一点上中国的利益同美国的利益一样大。"

这番话果然达到了我原来的目的，引起桌子对面中方人士中间一点小小的骚动。

"让我现在作一个比喻，希望这不会引起反感。"我接着说，"我是一个教友会的教徒，尽管不是一个很好的教徒。我相信和平。我的全部本能使我反对庞大的军事机构、反对军事冒险。正如我刚才所说的，总理是贵国那种哲学在当今世界上的主要发言人之一，所以他只能反对美国这样的国家维持庞大的军事机构。但是，我们两个人都必须把自己国家的生存放在首要地位。如果美国削减它的军事力量，如果我们从我提到的世界上那些地方撤退，那就会给美国带来巨大的危险——中国所遭受的危险甚至会更大。"

"我并不想硬说苏联的现领导人有怎样的动机，"我说，"我只能尊重他们自己的说法。但是我必须依据他们的行动来制定政策。就核力量的对比而言，苏联在最近四年来一直以非常惊人的速度向前发展。我决心不使美国落在后面。如果我们落在后面，我们对欧洲提供的保护盾牌、对太平洋地区同我们订有条约的各国所提供的保护盾牌就会变得毫无价值。"

在把这种分析运用于美国的对日关系问题时，我说中国人是根据自己的意识形态和哲学来确定对这个问题的看法的：他们要求美军撤出日本，废除美日共同防御条约，从而使日本处于中立和没有武装的地位。

"我认为总理依据他的哲学，已经在日本问题上毫不含糊地采取了正确的立场，"我说，"并且我认为他还不得不继续采取这种立场。然而，我希望他理解我为什么强烈地感到我们的对日政策符合中国安全的利益，尽管这种政策同他信奉的哲学学说是矛盾的。

"美国可以离开日本的近海，但是其他国家仍然会在那里捕鱼。如果我们让日本赤手空拳，缺乏防务，它就不得不转向别国求助或者建立自卫力量。如果我们缺乏同日本的防御安排，我们在与它有关的问题上就发挥不出影响了。"

"如果美国离开亚洲，离开日本，"我说，"那么我们的抗议，不管多么响亮，也只会是一阵空炮，不会有任何效果，因为抗议的声音远在几千英里以外，是听不见的。"

"我知道我刚才描绘的一幅图景使我听起来像一个老牌的冷战分子。"周听到这一句轻轻一笑，我接着说，"但这就是我所了解的世界现状。分析起来，正是这个世界现状使我们美国和中国走到一起来了，不是由于哲学概念，不是由于友谊——

尽管我认为友谊是重要的——而是由于国家的安全。在我提到的这些方面,我认为我们有共同的利害关系。"

中国人对苏联既有极端的蔑视,又有相当大的担心。周完全意识到我在去莫斯科之前先来北京的象征意义和影响,他看到苏联报纸谴责我这次访问,倒非常高兴。"你先到这里来,"他说,"莫斯科气得要命! 他们广泛动员他们的人、他们的追随者,来骂我们。让他们去骂吧。我们不在乎。"

后来,当他的激昂情绪在很大程度上松弛下来以后,他给我们讲了一个有趣的故事,他说这事发生在 1969 年一次中苏边界冲突的时候。他说:"那个时候,我们同苏联之间有一条热线,但由于克里姆林宫从来不用,这条热线已经变成了冷线。然而在珍宝岛事件发生时,柯西金拿起电话,要同我们通话。我们的电话员答话时,他说:'我是柯西金总理。我要同毛主席讲话。'电话员完全自发地答复说:'你是修正主义者,我不给你接电话。'于是柯西金说:'既然你不肯接主席,那么请你给我接周总理。'可是电话员还是用那句未经请示的话答复,把电话挂断了。"

我们会谈进行到大约一半的时候,周吃了几粒白色的小药丸。我猜想这药是治他的高血压的。我对他思想的敏锐和耐久的精力有很深的印象。我注意到随着下午会谈时间越来越长和译员低声地讲个不停,双方的一些年轻人开始打瞌睡,然而 73 岁高龄的周在四个小时的会谈中自始至终都保持着机警和全神贯注的神态。

"当前最紧迫的问题是印度支那。全世界都在注意那里发生的事。"他说,"民主党想给你制造困难,说你来中国是为了解决越南问题。这当然是做不到的,我们没有资格在会谈中解决这个问题。"

我表示完全理解我们会谈的局限性,并且对于在北京能解决印度支那战争问题不抱幻想。"这个问题很简单,战争拖下去,唯一得到好处的是苏联。"我说,"他们要把我们拖住,因为他们想借此扩大他们在北越的势力。从我们得到的所有情报来判断,他们甚至可能在怂恿北越坚持打下去,不要解决问题。"

周明确表示,在他看来,我们从越南撤得越晚,撤退就会越困难,结果对我们越不利。他知道北越人的坚韧性。"胡志明是我的老朋友,"他说,"1922 年我在法国就认识他。"周指出我曾经承认戴高乐撤出阿尔及利亚是明智的;他认为撤出越南是唯一正确的做法,虽然这样的决定会使我在国内政治斗争中遇到困难。他说:"只要你们继续推行越南化、老挝化和柬埔寨化,只要他们一天继续打下去,我们就不能不继续支持他们。"

我扼要地说明了美国的立场,我说:"不谈那些 8 点、5 点、13 点和其他什么点,让我们直截了当地说出我们建议的实质。如果我能同北越的领袖,不论他是谁,面对面地坐下来谈判,我们就可以商谈停火和遣返我们的俘虏,从那天起六个月内把全部美国人撤出越南。我还想指出一点，这项建议我们早在去年年中就向北越人提出，可是他们拒绝了，并且坚持除军事解决以外，同时必须由我们强制实行政治解决。"

我说："我知道人们可能有相反的看法，但是我们的国家有自己的处境，世界上有些国家的防务要依靠我们，如果我们不守信义，那么我们这个国家就不配做朋友，全世界的人民就不能把我们当作可靠的盟友。"

在我同周进行会谈时，帕特的日程也排得很满，其中包括参观北京动物园和颐和园。当晚我们在宾馆碰头时，她说虽然她遇到的中国人都很客气和有合作的愿望，但她感到对我们的接待多少有点拘束，不让她同外面的人接触，只有在北京饭店参观厨房时她才接触到官方陪同人员以外的人。我们谈到这次访问对中国领导人提出的巨大问题，不仅从他们同苏联、北越和整个共产党世界的关系方面来说是如此，而且从他们的国内政治方面来说也是如此。20年激烈的反美宣传不是在一夜之间就能够消除的，需要有一段时间才能使中国的群众消化北京提出的新路线。

那天晚上，周和毛泽东的妻子江青陪我们去看舞剧。他们安排了一场专场演出，是由江青设计和搬上舞台的大型节目《红色娘子军》。

我从事先为我们准备的参考资料中得知，江青在意识形态上是个狂热分子，她曾经竭力反对我的这次访问。她有过变化曲折和互相矛盾的经历，从早年充当有抱负的女演员到1966年"文化大革命"中领导激进势力。好多年来，她作为毛的妻子已经是有名无实，但这个名在中国是再响亮不过了，她正是充分利用了这个名来经营一个拥护她个人的帮派。

当我们就座的时候，周提到1965年赫鲁晓夫来看过这出戏，就坐在我现在坐的地方。他突然纠正自己的话说："我指的是柯西金，不是赫鲁晓夫。"

在我们等待听前奏曲的时候，江青向我谈起她读过的一些美国作家的作品。她说她喜欢看《飘》，也看过这部电影。她提到约翰·斯坦贝克，并问我她所喜欢的另一个作家杰克·伦敦为什么要自杀。我记不清了，但是我告诉她说好像是酒精中毒。她问起沃尔特·李普曼，说她读过他的一些文章。

毛泽东、周恩来和我所遇到的其他男人具有的那种随随便便的幽默感和热情，江青一点儿都没有。我注意到，替我们当译员的几个年轻妇女，以及在中国的一周逗留中遇到的其他几个妇女也具有同样的特点。我觉得参加革命运动的妇女要比男子缺乏风趣，对主义的信仰要比男子更专心致志。事实上，江青说话带刺，咄咄逼人，令人很不愉快。那天晚上她一度把头转向我，用一种挑衅的语气问道："你为什么没有早一点到中国来？"当时，芭蕾舞的演出正在进行，我没有搭理她。

原来我并不特别想看这出芭蕾舞，但我看了几分钟后，它那令人眼花缭乱的精湛表演艺术和技巧给了我深刻的印象。江青在试图创造一出有意要使观众既感到乐趣又受到鼓舞的宣传戏方面无疑是成功的。结果是一个兼有歌剧、小歌剧、音乐喜剧、古典芭蕾舞、现代舞剧和体操等因素的大杂烩。

舞剧的情节涉及一个中国年轻妇女如何在革命成功前领导乡亲们起来推翻一个恶霸地主。在感情上和戏剧艺术上，这出戏比较肤浅和矫揉造作。正像我在日记中所记的，这个舞剧在许多方面使我联想起1959年在列宁格勒看过的舞剧《斯巴达克思》，情节的结尾经过改变，让奴隶取得了胜利。

每天晚上的社交活动以后，基辛格同副外长会晤，逐字逐句地研究正式公报的每一个新草案。有时周同他们一起工作；有时基辛格走过两栋宾馆楼之间的小桥来向我汇报他们取得的进展或者遇到的问题。由于晚上还要进行这些谈判，我们都睡不了多少觉，基辛格则几乎完全没有睡觉。

台湾问题是对双方的试金石。我们觉得我们不应该也不能够抛弃台湾人；我们承担了义务，保证台湾地区享有独立生存的权利。中国人同样决心要利用公报来毫不含糊地声明这个岛屿是属于他们的。这正是我们在确定起草公报的方法时所应当考虑的那种分歧：我们可以申述我们的立场，他们可以申述他们的立场。但是在台湾问题上，国内的政治考虑促使基辛格和我试图说服中国人，让他们感到有必要搞得温和一些。

我们知道，如果中国人在公报里对台湾提出非常好斗的主张，我将受到国内各种各样亲台湾、反尼克松、反中华人民共和国的院外集团和既得利益集团的交叉火力的拼命攻击。如果这些集团在总统竞选的前夜找到这个共同的理由，整个对华主动行动就有可能成为两党之间的争议问题。到时候，不论我是否由于这个具体问题而落选，我的继任就可能无法继续发展华盛顿和北京的关系。因此，在同周举行的正式会谈中，我很坦率地指出，公报如果在台湾问题上措辞强硬，势必会给我造成怎样的实际政治问题。

我们知道在现阶段还不可能就台湾问题达成协议。尽管双方可以同意台湾是中国的一部分——这是北京政府和台湾地区都保持的立场——我们却不得不反对北京使用军事力量把台湾地区置于共产党的统治之下。

我们长时间的讨论得出了我们预料的结果：双方都认为存在着分歧，这些分歧要在公报中反映出来。主要由于基辛格的谈判手腕和周的通情达理，中国人终于同意采用十分缓和的公报措辞。

我们发现中国人看起来比较容易相处，原因之一是他们一点儿也不骄傲自负。他们和苏联人不同，苏联人一本正经地坚持他们所有的东西都是世界上最大的和最好的。中国人几乎念念不忘自我批评，常常向人请教怎样改进自己。甚至连江青也不例外,当我对她说她的芭蕾舞给我多么深刻的印象时,她也说:"我高兴地知道你觉得它还可以,但是请你讲一讲有哪些地方要改进。"周不断地提到他们需要了解和克服自己的缺点,我就不禁想到赫鲁晓夫怎样说大话,和他相比,中国人的态度要健康得多。我当然知道,这只是他们的一种态度,他们有意作出决定要保持谦虚,事实上他们绝对相信自己的文化和哲学极端优越,认为总有一天要胜过我们和其他所有人的文化和哲学。

然而,我发现自己对这些严肃和具有献身精神的人产生了好感。帕特和我游览紫禁城时,陪同我们的是72岁高龄的国防部部长叶剑英元帅。

日记

他是一个有巨大内在力量的极其可爱的人。他讲了一句有趣的话,说美国音乐和中国音乐似乎能够互相配合,美国记者和中国记者也合得来。我觉得他这个看法很对,特别是那些比较深沉和敏感的美国人,而不是那种好闹摩擦的大嗓门的美国人,后一种人是使中国人感到反感的。我们的关系有一个好处,今天的美国人不像19世纪末的美国人,同英国、法国、荷兰等欧洲人不大相同。我们不骄傲——我们近乎天真地诚心诚意喜欢别人,想同他们融洽相处。我们往往不够细密,不过再有几个世纪的文明,我们就会好一点。正是中国人的细密给了我最深刻的印象。我听人说过,也在书籍和引语中读到过中国人的这种细密。当然,周恩来不仅有中国人的细密,而且还有一位世界外交家的广泛经验。

我们在北京逗留的第三个晚上,他们请帕特和我去观看一场体操和乒乓球表演。

日记

体操表演丰富多彩,蔚为壮观,和昨天晚上的芭蕾舞一样,自始至终贯彻了一种巨大的献身精神和专一的目的性。

他们搬出体育器械的方式和高举红旗的入场式显示了惊人的力量。男女运动员的外表,当然还有那精彩的乒乓球表演,不仅给人以持久的印象,而且还给人以不祥的预感。

亨利的警告无比正确,随着岁月的推移,不仅我们而且各国人民都要尽自己最大的努力,才能同中国人民的巨大能力、干劲和纪律性相匹敌。

那天晚上我上床以后久久不能入睡。到早上5点钟,我起来洗了一个热水澡。我回到床上后,点燃了一支主人体贴地提供的中国制"长城牌"雪茄烟。我坐在床上一面吸烟,一面记下这一星期里具有重大意义的事件。

2月26日星期六,我们和周一起坐他的飞机去杭州。这时,我们两人交谈起来已经很随便了。

日记

周恩来和我在驱车前往北京机场途中作过一次很有意思的交谈。他提到毛在阔别 32 年之后重返故乡时填的一首词。他再次提到他常常谈到的一点:逆境是个好老师。我联想到一般的逆境,指出在选举中失败比打仗受伤还要痛苦。后者伤的是身体,前者伤的是精神。另一方面,在选举中失败可以助长力量和砥砺品格,这对迎接将来的战斗是必要的。我对周说,我发现从失败中学到的东西比从胜利中学到的还多,我唯一的希望是一生中胜利的次数比失败的次数多一次。

我还举了戴高乐的例子,他在野的那几年是有助于锻炼他的性格的一个因素。他重返政坛以后认为毕生一帆风顺的人不会有坚强的性格。

周说,我在上次祝酒词中讲到我们不可能在一星期之内搭起跨越 1.6 万英里和 22 年的桥梁,说我的这种想法就像毛主席的一样,富有诗意。当然,毛的诗词充满了丰富多彩的、生动的譬喻。

他再次提到他钦佩我的《六次危机》。我开玩笑地说,他不应该全信报纸上说我的坏话,我也不会全信报纸上说他的坏话。

杭州是环绕着大湖和花园建筑起来的。过去的皇帝把杭州当作避暑的地方,它当时就以中国最美丽的城市著称。我知道毛喜欢在杭州度假,住在一座由精美的古代宫殿改建的政府宾馆里。

虽然我们去杭州的时候不是游览季节,天气阴沉,但还是容易看出毛为什么被这座城市所吸引。远处有烟雾笼罩的高山,湖里长满了荷花。宾馆像一座宝塔,有很陡的绿瓦屋顶,它坐落在名为“三潭印月”的湖中小岛上。宾馆有一股霉味,但极其整洁。后来帕特和我一致认为我们在杭州的逗留是这次旅行中最愉快的一段时间。

我同周举行了超过 15 小时的正式会谈,讨论了范围广泛的问题和想法。由于我们在这次访问期间的全部讨论都很坦率,中国人自然对泄密的可能性感到不安。我相信周不难想象克里姆林宫将来怎样利用我们的会谈记录大做宣传文章。在谈到印巴战争期间美国国内有人反对我的一些决定时,周提到杰克·安德森泄露机密的事件。他面带冷笑地说:“你三次开会的记录都公布出去了,因为你请了各种各样的人参加。”在他开玩笑的语气背后,我感到一种真正的关切。事实上,当我们从机场驱车去北京的途中进行第一次谈话时,周就提到中国人非常重视我们这次交往的保密问题,毛主席在和我会晤时也着重讲了这一点。

为了使周放心,我告诉他我们打算采取哪些严格程序来使双方今后的接触能够做到保密。“总理也许认为我们过于谨慎,”我说,“但是你知道我们的上一届政府遇到了五角大楼文件泄密事件,而本届政府又遇到了安德森文件泄密事件。基辛格博士和我决心使这类事情在同贵国政府建立的新关系中永远不会发生。"

我说,当事情关系到我们两国的命运,甚至可能关系到世界的命运时,我决心使我们能够在保密的条件下对话。

在我们开始讨论中东局势时,周开玩笑说:"连基辛格博士也不愿意讨论这个问题,因为他是犹太人,他怕人家怀疑他。"

我说:"关于中东问题,我所关心的要比以色列大得多。基辛格也一样,因为他固然是犹太人,却首先是美国人。我们认为苏联正在向那个地区伸手。这必须加以阻遏。正是由于这个缘故,我们在约旦危机中便采取了坚定的立场,向苏联人提出警告,如果他们在那个地区逼近,我们就认为我们自己的利益受到了损害。"

我强调说明,两党都支持我的这次访问,今后民主党人和共和党人都完全可以前来访问了。"正如我对总理说过的,不论明年谁坐在这把椅子上,必须保证使政策得以延续下去。"我说,"根据我们的制度,我明年可能会在位,也可能不会。我一定要有确切把握,不论那时是民主党人还是共和党人担任总统,我们的这个开端能够继续下去。这一点比任何政党、任何个人都重要。它关系到今后许多年的命运。"

由于我们越来越自在和彼此更加熟悉,我们的谈话有时相当轻松,甚至富于幽默。

有一次在我们驱车去机场的途中,周讲了在我的中国之行宣布前几个月毛主席会见海尔·塞拉西皇帝的情况。毛主席征求老皇帝的意见,问他"社会主义魔鬼"(毛用这个词开玩笑地指他自己)是不是应该同"资本主义魔鬼"坐下来谈判。我说:"我想你的许多同事一定认为,我这次来没有戴帽子,是因为我头上长角,戴不了帽子。"

在我们的交谈中,年龄是一个反复出现的问题。正如马尔罗说过的,使中国领导人发愁的一个问题是:有那么多工作要做,而留给他们的时间却那么少。

日记

周恩来有两三次谈到年龄问题。我说,我真佩服他的精力这样旺盛,并且说,其实年龄并不是指一个人活了多少年,而是指他在那些年里经历了多少事。我隐约感到,他认为一个人参与大事就能保持活跃和年轻。但同时有一个反复出现的阴影,那就是他感到现在的领导班子已经日子不长了,而要做的事还那么多。

我们见过的中国领导人无不对美国整个代表团比较年轻特别感到惊讶。在我们第一次会谈时,周专门点到德怀特·查平,他只有31岁,看上去甚至还要年轻一些。"我们的领导人中,老年人太多了。在这一点上,我们要向你们学习。"他说,"我发现你们有许多年轻人;查平先生很年轻,格林先生也不算老。"负责东亚和太平洋事务的助理国务卿马歇尔·格林是 56 岁。

尽管我比毛泽东几乎小四分之一世纪，但我是把这次访问当作我能为中美关系出力的最后一次机会来看待的。我回国后不久在口述我的日记时曾说："其实我大概比他们还要老，我只有十个月的（政治）生命，充其量也只有四年零十个月，我必须在目前就取得成果。因此，眼下对我来说，甚至比对他们来说更是关键的时刻，尽管在通常的意义上他们比我年纪大。"

一天下午，我们谈到解决问题要有耐心，这时周说："我等不了十年。你可以等十年。总统先生也许会第三次当选。"

"这是违反宪法的。"基辛格插话说。

周说："等四年，你可以再竞选嘛。你的年龄准许你这样做。但是，对中国现在的领导人来说，这是做不到的。我们太老了。"

"总理先生，"我回答说，"美国的前任总统像英国国王一样，责任大，但没有权力。我指的是卸任的总统。"

周说："可是你的经历在历史上是少见的。你两次担任副总统，接着在选举中失败，后来却又赢了一次。这在历史上是少见的。"

访问结束时，在上海发表了我们的联合声明，后来被称作"上海公报"。

按照基辛格在第二次波罗行动计划中商定的办法，这个公报打破了外交上的常规，坦率地说出而没有掩饰双方在主要问题上的重大分歧。因此，作为一个外交文件，公报的文字是异常生动的。

实质部分的第一段开头是"美国方面声明"，接着详细列举了我们讨论过的每一个重大问题的立场。下一段开头是"中国方面声明"，然后就同样的问题列举了对应的观点。

例如，美方宣称支持我们和南越 1 月 27 日在巴黎提出的八点和平建议，中方则声称支持越共在 2 月提出的七点建议。

我们表示打算保持同韩国的密切联系和对它的支持；中方则表示支持朝鲜提出的朝鲜和平统一的八点方案和取消"联合国韩国统一复兴委员会"的主张。

我们声明我们最高度地珍视同日本的友好关系，并将继续发展现有的紧密纽带。中方表示"坚决反对日本军国主义的复活和向外扩张，坚决支持日本人民要求建立一个独立、民主、和平和中立的日本的愿望"。

中方重申自己的主张：他们是中国的唯一合法政府，台湾是中国的一个省。他们声明，解放台湾是中国的内政，别国无权干涉，并要求全部美国武装力量和军事设施必须从台湾撤走。他们最后说："中国政府坚决反对任何旨在制造'一中一台''一个中国、两个政府''两个中国''台湾独立'和鼓吹'台湾地位未定'的活动。"

美方关于台湾问题那一段话的措辞回避了意见的冲突,只是简单地声明:"美国认识到,在台湾海峡两边的所有中国人都认为只有一个中国,台湾是中国的一部分。美国政府对这一立场不提出异议。它重申它对由中国人自己和平解决台湾问题的关心。"我们说,我们的最终目标是从台湾地区撤走全部美国武装力量和军事设施,但我们没有规定最后期限。我们同意在此期间将"随着这个地区紧张局势的缓和"逐步减少我们在台湾地区的武装力量和军事设施。

也许"上海公报"中最重要的一段是规定任何一方都"不应该在亚洲太平洋地区谋求霸权,每一方都反对任何其他国家或国家集团建立这种霸权的努力"。因为双方同意了这个规定,中华人民共和国和美国都等于给自己加了约束。不过更重要的是,特别是从中国方面着眼,这个规定微妙地但明白无误地表明,我们双方将反对苏联或任何别的大国想支配亚洲的努力。

回顾在中国度过的那一个星期,我感到最鲜明的印象有两个。其一是在北京观看体育表演时,观众既守纪律又激动得近乎狂热的令人生畏的景象,它证实了我的这一信念,即我们必须在今后几十年内在中国还在学习发展它的国家力量和潜力的时候,搞好同中国的关系。否则我们总有一天要面对世界历史上最可怕的强大敌人。

这次访问给我留下的另一个鲜明印象是周恩来无与伦比的品格。我和毛泽东会晤的时间太短,又过于正式,使我对他只能有一个肤浅的印象。可是我和周举行过许多小时的正式会谈和社交场合的交谈,所以我能看到他的才华和朝气。

世界上的许多领导人和政治家往往全神贯注于某一事业或问题,周恩来却不然,他能广泛地谈论人物和历史。他的观点为他那种意识形态的框框所影响,然而他知识的渊博是惊人的。

在北京的一次宴会后,我记下了我们交谈的情况。

日记

我极有兴趣地注意到周恩来显示了渊博的历史知识,同时也注意到他所信奉的意识形态怎样影响了他的历史观。例如,在他看来,法国对美国革命战争的干预不是由法国政府而是由(拉斐特率领的)志愿军进行的。

周还把林肯说成是"经过多次失败"最后才取得胜利的,因为人民站在他一边。固然林肯是历史上少有的伟人之一,他却完全是个实用主义者。他打南北战争并不是为了解放黑奴,尽管他是坚决反对奴隶制的;后来当他解放黑奴时,他也没有把解放黑奴当作目的本身——他这样做纯粹是一种战术上和军事上的策略,只宣布解放南部的黑奴而不包括北部边缘各州的黑奴。

我很惋惜,等到我1976年2月第二次访问中国时,周恩来已经逝世,不能再见面了。我觉得,虽然我们相识的时间不长,并且不可避免地有点拘束,甚至存有戒心,我们之间却已经形成了相互尊敬的个人关系。

我们在北京宾馆举行最后一次长时间的会谈时,周说:"在你楼上的餐厅里,我们挂了一首毛主席书写的关于庐山的诗,最后一句是:'无限风光在险峰。'你到中国来是冒了一定风险的。"

"现在我们已经在顶峰了。"我说。

"那是一首,"他接着说,"还有一首《咏梅》,我想挂却找不到合适的地方。主席在那首词里指的是,采取主动的人不一定是伸手的人。等到百花盛开时,他就要消失了。"他从口袋里掏出一本小书,读了这首词。

> 风雨送春归,
>
> 飞雪迎春到。
>
> 已是悬崖百丈冰,
>
> 犹有花枝俏。
>
> 俏也不争春,
>
> 只把春来报。
>
> 待到山花烂漫时,
>
> 她在丛中笑。

"因此,"周接着说,"我们同意你的想法:你是采取主动行动的人。你也许看不到它的成功,但是我们当然会欢迎你再来的。"

基辛格用外交的语言指出,即使我再度当选,也不大可能再次前来访问。

"我只是举例说明中国人的想法,"周说,"这事反正不要紧。"

周提到这次访问前不久我把专机的名字从"空军一号"改为"76年精神号"的事情。"不管谁是下届总统,"他说,"76年精神将依然存在,并且会占上风。从政策的角度看,我希望我们的对手不变,以便继续我们的努力。我们不仅希望总统能继续任职,而且希望你的国家安全顾问和助理能继续任职。变化是不可避免的。例如,如果我突然心脏病发作而死去,你就不得不同另一个对手打交道了。因此,我们让更多的人和你会见。希望你不会讨厌我讲话太长。"

我向他保证,情况正好相反,我对他讲的话很感兴趣。

他指着摊开在他膝盖上的那本诗词说:"这属于哲学范畴,但也是一种政治观点。例如,这首诗是在对敌人打了一次胜仗后写的。全篇没有一处提到敌人;写这首诗是很难的。"

"当然,我认为从哲学上考虑问题是很有益的,"我说,"在太多的情况下,我们用策略眼光来看待世界上的问题。我们的目光短浅。如果写那首诗的人也目光短浅,你今天就不会在这里了。更重要的是,我们观察世界时不应该仅看到当前的外交战役和决定,而应该看到推动世界的那些巨大力量。也许我们有一些不同的意见,但是我们知道一定会发生变化。我们知道,尽管我们之间有分歧,但只要我们能找到共同点,我们两国人民一定能够在一个更美好的,我想也是更安全的世界里生活。"

2月24日星期五清晨两点半,我记下了我打算在当天下午同周恩来会谈时说的几个要点,这些要点说明了我之所以采取对华主动行动的真实思想。如果我当时能够公布这些笔记,或许那些批评我的对华主动行动的保守派起码会放心地认为我不是出于天真烂漫的心理去接近中国人的。

第一点,强调海外华侨有巨大的潜力,中华人民共和国有必要利用这一潜力,学会和它共存,而不是迫使他们接受这个制度,从而挫伤这支力量。

第二点,强调尼克松会像眼镜蛇那样起而反击苏联人或其他任何人,如果他们违背对他作出的诺言。我在越南问题上的记录有助于使别人相信这一点。

第三点,用现身说法和直率的口气强调我对我们的制度深信无疑,并相信我们的制度在和平竞赛中一定会取得胜利。我想我们已经把这一点说清楚了。我认为绝对不能让他们想当然地以为他们的制度优越并终将取得胜利。

与此有关的是,我们不会变得软弱起来,我们的制度不是在走向崩溃。纵然对我们的制度有那么多公开的批评等,这些都不应当被视为软弱的表现。

我在离开中国前夕的宴会上祝酒说:"我们今天所发表的联合公报概括了我们会谈的结果。这个公报明天将成为全世界的重大新闻。但是,我们在那个公报中所说的话,远不及我们在今后为建立跨越1.6万英里和过去分隔我们22年的敌对状态的桥梁而将做的事情来得重要。"

我举杯说:"我们在这里已逗留了一周时间。这是改变世界的一周。"

第三节　基辛格

一、本节案例导读

　　亨利·阿尔弗雷德·基辛格（Henry Alfred Kissinger，1923—　），美国外交家、历史学家、国际关系学者。基辛格作为尼克松总统的先遣代表，于1971年奉命秘密访华，此行接下来中美两国关系的正常化发展起到了重要的推动作用。《白宫岁月：基辛格回忆录》这部著作记录了基辛格在白宫工作期间的感悟，对了解许多国际重要事件的细节具有参考价值。

二、案例资料阅读

[美]亨利·基辛格：《白宫岁月：基辛格回忆录（第3卷）》，杨静予等译，上海：上海译文出版社，2016年，第928—945页。

中央王国：与周恩来第一次会晤

　　一个成年人很难得有机会回到童年时的那种情景，那时时间仿佛是静止不动的，每一件事情都那么神秘、新奇；每一段经历都很奇特，因而感到津津有味。后来长大了一些，对周围的事物熟悉起来了，也就感到平淡无奇了。再往后，对周围世界更加习以为常了,时间就过得特别快;生活像万花筒一样,各种经历交织在一起,似乎没有什么多大差别。只有某种真正异乎寻常的事情,既新奇又动人,既不平常又具有压倒一切的力量——只有在那时候,人们才回到童年时那种天真烂漫的情景,好像每一天都在经历一场宝贵的冒险,使人的生命富有意义。当我们的飞机飞越白雪覆盖的喜马拉雅山的时候,我的心情正是如此。那时旭日东升,曙光初照,把天空映得一片通红,银白的雪峰巍然高耸,与那玫瑰色的天空相映,景色格外壮丽。我们贴近乔戈里峰——世界第二高峰——飞行。我过去总以为中国是一个人口稠密、到处长满庄稼的国家,其实不然,我们有几小时是在荒芜不毛的沙漠上飞行,间或遇到几个绿洲。当飞机飞越国境的时候,温斯顿·洛德站在飞机的最前端,他颇以此自豪,因为严格地说,他是第一个进入中国国境的美国官员。

中国人和我们围着一张桌子闲谈,好像我们两国之间没有一天断绝过联系一样。还只是在昨天,我们两国一公开谈到对方,就是一顿痛骂,这已经是家常便饭;可是现在却一点也没有这样的气氛。他们很客气地探问我们为什么一定坚持保密。是不是我们承认了为与中国领导人会晤而感到可耻呢? 在一九五四年关于印度支那问题的日内瓦会议上,约翰·福斯特·杜勒斯轻蔑地拒绝与周恩来握手,这件事中国人并没有忘怀;在这次飞行中以及以后几天的很多场合,以及以后的访问中,都曾谈到这件事。我告诉章文晋,我此行的目的是宣告我们两国关系的一个新时期,但最好我们首先就整个形势取得一致看法。他说周恩来总理将准备探讨所有的问题。

七月九日星期五,北京时间中午十二时十五分,我们在北京郊外的军用机场降落。前来欢迎我们的有叶剑英元帅,政治局中最年长的委员之一,兼军事委员会副主席;黄华,新近被任命为驻加拿大大使(后来是中国驻联合国首任大使,后任外交部部长);韩叙,礼宾司代司长(后来是中国驻华盛顿联络处副主任);此外还有一位译员冀朝铸,他曾在哈佛大学读化学,后来改了行。在检阅的时候,他曾经同毛泽东及埃德加·斯诺站在一起。

叶剑英元帅用一辆大型高级轿车把我们接进城去,车窗用帷布遮起来。我从窗帘后面向外探望,看到街道宽阔整洁,除自行车外车辆稀少。我们通过广阔的天安门广场。我们的目的地是迎接国宾的一个宾馆。这个宾馆位于城的西部,是一个用围墙圈起来的大花园,内有很多座宾馆。据说这个花园里过去曾有一个皇帝钓鱼的湖。每一座宾馆都位于一个小的半岛上,用一座精巧的小桥与相邻的宾馆连接。花园的全貌给人以异常开阔的感觉;不过,当你想要过桥的时候,也许会碰上躲在树丛后面的一个哨兵,使你猛然一惊,感到不快。(后来那些哨兵不那么冒失了,整个花园都向客人们开放了。)

这些宾馆是苏联影响时期的遗物。它们是一些雄伟、庄严的维多利亚式的建筑。在接待室里，填料很厚的笨重的椅子和沙发摆成一个四边形，叶剑英元帅跟我们一起用茶，他使我们感到很自然，无拘无束。在驱车到宾馆的途中，他向我表示歉意，说未能给我以适当的公开接待；当总统访问北京的时候，再补行这个仪式（实际上这个预言并没有完全兑现）。叶剑英元帅盛宴款待我们，菜式之繁复，数量之丰盛，都是惊人的，此后许多餐都是如此；因此我向主人开玩笑说，数千年前，大概中国人曾受到指责，说有位贵宾吃不饱，饿了肚子，自此之后，中国人就决心待客从丰，以免重蹈覆辙。

周恩来于四时半来到。他脸容瘦削，颇带憔悴，但神采奕奕，双目炯炯，他的目光既坚毅又安详，既谨慎又满怀信心。他身穿一套剪裁精致的灰色毛式服装，显得简单朴素，却甚为优美。他举止娴雅庄重，他使举座注目的不是魁伟的身躯（像毛泽东或戴高乐那样），而是他那外弛内张的神情、钢铁般的自制力，就像是一根绞紧了的弹簧一样。他似乎令人觉得轻松自如，但如小心观察就知并不尽然。他听英语时，不必等到翻译，脸上神情就显得已明白语意，或立即露出微笑，这很清楚地表示他是听得懂英语的；他警觉性极高，令人一见就感觉得到，显然，半个世纪来烈火般激烈斗争的锻炼，已将那极度重要的沉着品格烙印在他身上。我在宾馆门口迎接他，特意地把手伸出去。周恩来立即微笑，和我握手。这是将旧日嫌隙抛于脑后的第一步。

周恩来同毛泽东不一样，他曾经到过外国。他一八九八年出生于一个中产阶级家庭；学生时代是一个才华出众的学生，本世纪二十年代曾经在法国和德国学习和工作过。当我跟他见面的时候，他成为中国共产主义运动的一位领袖人物已经将近五十年了。他曾参加长征。他是人民共和国的唯一的总理，担任总理已将近二十二年，其中九年还兼任外交部部长。周恩来在四十年代曾经与马歇尔将军进行谈判。他是一个杰出的历史人物。他精通哲学、熟谙往事，长于历史分析，足智多谋，谈吐机智而有风趣，样样都卓越超群。他对于情况的了解，特别是美国的情况，也包括我个人的背景，了如指掌，简直令人吃惊。他的一言一行几乎都是有明确目的的。他的言论和行动都反映出他内心的紧张状态，正如他所强调的，他关心的是八亿人民无穷无尽的日常问题；也表明他要努力保持下一代人的意识形态信仰。采取什么方式邀请尼克松才能适合上述一切考虑，这对他来说显然是一个颇费思量和有些困难的问题。

因为很明显，我们的到来对中国人来说比对美国一方具有更深一层的意义。对我们来说，这是国际关系中一个有利的新转变的开端。但对中国人来说却不能不成为一个涉及个人声誉、理论思想和感情的危机。他们当年开始的时候是一个分裂出来的看似没有希望取得胜利的小小派别,后来经过艰难困苦的长征,与日本作战,又经历了一场内战,在朝鲜反对我们,然后又与苏联较量,又强行发动了一场"文化大革命"。然而现在呢,正当我们在他们的边界上干预一场他们认为的"解放战争"时,却和他们二十五年来的头号敌人在一起商谈问题了,这就用他们自己的行动表明了他们在哲学思想上遇到了矛盾。这种矛盾的心理状态是有所表现的,周恩来时而陷入沉思,间或神情恍惚,在起草我这次访问的公告时语调也不通畅;他偶尔还提到长征的英勇事迹和毛泽东的卓越的领导。然而周恩来毕竟是一个镇定自若、才能过人的谈判家。我很快就感到,我同其他共产党人谈判时经常耍的那类小花招不灵了。在这次访问以及以后的几次访问中,我们所有的会谈都持续几个小时(一次会谈长达五至七个小时并不稀奇);然而没有一次他表现得有丝毫不耐烦,或者暗示他还有别的事情要做。我们的会议从来没有电话干扰,也从来没有因为他要处理这样一个大国的必要公务而中断。我不懂他是怎么做到这一点的。我曾经开玩笑说,华盛顿的高级官员过基督降临节也不可能腾出这么多时间。

周恩来在待人方面也特别体贴照顾。我的下级人员生病的时候,他亲自前去探望。尽管我们的级别不同,他却不拘礼仪,坚持会谈一定要在我住的宾馆和人民大会堂两地轮流举行,这样他来拜访我的机会和我去拜访他的机会就同样多。在我们决定今后以巴黎作为联系地点之后,他还是提议,有时我们仍不妨继续利用巴基斯坦这个渠道,因为据他说:"中国有句老话:不能过河拆桥。"

有一次,那是在一九七二年六月,我告诉他,那些哨兵站到连接各宾馆的桥头上来了,这使我感到像卡夫卡写的《城堡》这部小说中的那个管子工人一样,他被叫来,却不准进去,只好徘徊在外面想办法进去,却完全忘了他原先是为什么被叫来的。我不知道我为什么想过那座小桥,但我的确想走过去。周恩来听了之后哈哈大笑,但在这次访问期间他无所表示。我再次来访是在一九七三年二月;在最后一个晚上,我正在整理行装的时候,一个礼宾司的妇女敲门进来了,告诉我总理邀我去个人交谈。我们开车到湖那边的一个宾馆,在那里周恩来和我一直谈到凌晨三点。当我要离开的时候,他忽然用英语对我说:"我们去走走。"我们边走边聊,就走过了两座小桥;这时他坐上跟在我们后面的他那辆轿车,开车走了。这是一个很不平常的姿态。

中国人对他似乎特别尊敬,认为他是他们的所有领导人中待人特别宽厚的一个人。一九七五年年底我去中国访问的时候,我问到一位年轻的翻译,周恩来的健康情况如何;她含着眼泪告诉我,总理病情严重。他逝世后,全中国那么沉痛地悼念他,这绝不是偶然的;也难怪七十年代后期中国出现的那种渴望得到更多自由的异乎寻常的表现都援引他的名字,并且备受群众颂扬。

简而言之,我生平所遇到的两三个给我印象最深刻的人中,周恩来是其中之一。他温文儒雅,耐心无尽,聪慧过人,机巧敏捷,他在我们讨论之际,轻而易举地就点破了我们新关系的实质,似乎除此之外别无明智的选择。我们两国的社会从意识形态到历史,差异是那么大,要把两国促合在一起,这确是一个相当困难的问题。一般人的想法,也许认为最好是先消除造成两国紧张关系的某些具体问题的根源。台湾问题是这样一个问题,但这个问题又不能很快得到解决;至于其他问题,又太微不足道,不能成为我们两国持久关系的基础。所以结论是讨论根本问题:我们对全球事务特别是亚洲事务的看法,以此来澄清我们的目标和前景,这样就可以使我们由二十年来彼此隔绝无知达到相互了解。正是因为我们没有多少实际事务性问题要解决,建立相互间的信任就必须从务虚开始。周恩来和我主要就是把时间花在那些能增进相互了解的看不见摸不着的问题上。

在我们相遇之初的半小时内,周恩来就已定了这次会谈的基调,我早已准备下一篇相当长的略带虚饰的开场白,从中美关系的历史谈起,一直讲到这次会晤。当开场白的前言部分快讲完的时候,我想露一露口才,我说:"已有很多人访问过这个美丽的国土了,对我们来说却是一个神秘的国土。"周恩来举起手来,说道:"你会发觉,它并不神秘。你熟悉之后,它就不会像过去那样神秘了。"我猛然一愣,但他讲的的确是真话。我们关心的不是两国之间的双边问题,至少开始时是如此。我们必须建立起彼此间的信任,消除那种神秘感。这是他的基本想法,也是我的基本想法。

就这样,周恩来和我之间的会谈,较之在我担任公职时和其他任何领袖的会谈,时间都更长、更为深入,或许和埃及总统萨达特的会谈是唯一例外。两个人在思想意识上是敌人,但我们各自陈述对世界事务的观点,态度之坦率,即使在盟友之间也是很少能做到的;而内容之深刻,只有在一位伟人的面前才会经历得到。在我第一次访问中,我和周恩来会谈用了十七个小时。在他任总理期间我以后的几次访问中,我们每天会谈时间六至十小时,除吃饭时间之外没有中断过。即使在吃饭的时候,我们之间的谈话也是哲理性的,饶有趣味的,富有启发意义的。尼克松访问中国的时候,也是这个样子。这样建立起来的关系已经经受了多次困难的考验,而且已经成为当代国际关系的基石之一。

伟大人物对重大事件的影响是很难加以确定的。诚然,中美两国的接近是由于客观的必要所使然;不是由于抽象的善良愿望而是由于双方有共同利益才使我到北京来的;不是由于我同周恩来的私人友谊而是由于共同认识到一种危险才促成了两国关系的发展。但清楚地认识到这种利益并采取决定性的行动却是领导人在起作用,是双方的领导人巧妙地利用了那种可供选择的余地。中国和美国在七十年代初谋求和解，这是世界环境所决定的。但事情来得这样快，发展又如此顺利，则是由于中国总理的光辉品格和远见卓识起了不小的作用。

当然，周恩来和我是互相利用；说穿了这就是外交的目的。但还有一个目的就是使双方的目标一致起来；只有那些不懂行的人或不可靠的人才自作聪明，以为能够长久地愚弄对方。在外交政策上切不可忘记：你是在和同一些人循环往复地打交道，在不断地处理一些问题；骗人只能得逞于一时却损害整个关系。讲信用才能使国际秩序得以巩固，哪怕是在敌人之间也是如此；搞小动作决不能持久。周恩来是很了解这一点的，因此我们虽不能做到目标一致，却能作出类似的分析，那就是在当前这个历史时刻我们应该做些什么来利用国际上的均势使之对我们双方都有利。

周恩来从不在小地方讨价还价。我不久就发觉，和他谈判的最好方式，是提出一个合理的主张，详加说明，然后坚持到底。我有时甚至把内部文件拿给他看，使他了解我们为什么达成这个结论。周恩来也采取这样的方式；企图在谈判中多占便宜，那是徒然自寻烦恼。有一次，我们在谈判《上海公报》，我反对《公报》中说明中国观点的那部分中的两句话，虽然我们对于中国人讲的话不负责任，但我认为那两句话在联合公报中出现，会引起争论。我提议删掉那两句话，作为交换，在阐明美国立场的那部分中也删掉两句话。周恩来有点不耐烦地说："如果你愿意的话，把你那两句话给你的总统，我不需要它们。你用不着讨价还价；你只需说服我，我们所用的词句中确有令人为难之处。"他言而有信；在中国方面所起草的《公报》中，果然把那几段最过分的文字删去了。（在中国，什么东西都不会浪费的，这几段话又出现于中国代表在联合国所发表的演说之中。）

我对周恩来所代表的制度不抱幻想，也不怀疑这位在交谈中如此令人倾倒的人物，在维护其制度时也同样是一个难以对付的敌人。然而，当周恩来逝世时，我深感悲痛。世界将不会那么富有生气了，前景将不会看得那么清楚了。我们两个人从未忘记：我们之间的关系还是飘摇不定的；我们也没有忽视：随着历史的发展，我们两国所走的并行的道路也可能只不过是昙花一现。那以后，他们很可能与我们重新作对。今天他们为了本身的利益很精明地决心与我们合作，但到了那一天，他们也会以同样的决心和精明才干与我们对抗。但我认为，这是我的政治生活中最得意的事情之一。人类的目光是有限的，政治家们总想通过不断地努力，摆脱那种狭隘的见地而取得某种持久的成果，而我能和一位伟人一起努力在顷刻之间就跨过了意识形态的重重障碍，虽然从无情的历史角度衡量，这只是短暂的片刻。

七月九日下午，在我到达北京之后大约四个小时，周恩来和我就在我所住的宾馆开始了第一次会谈。我们面对面地在一张铺着绿色台布的桌旁坐下，坐在那种在旧式避暑山庄中见到的不太协调的大藤椅里。在周恩来两旁是叶剑英元帅、黄华和章文晋，我的班子是霍尔德里奇、斯迈泽和洛德；我们全都在特工人员雷迪和麦克劳德的虎视眈眈的监视之下，他们不愿把我丢给这些不明底细的外国人不管，任其摆布。在我面前是那本厚厚的情况汇编，但自从我的开场白被周恩来打断之后，我就不再翻它了。周恩来面前只是一张纸，上面写着几行字，我想那是他要讨论的发言大纲。

周恩来和我一致同意，这第一次会谈的最重要的结果，是互相了解对方的根本目的。如果我们的判断是正确的，那么促使我们会晤的那些必要因素将决定我们未来关系的方向，如果双方都不要求对方去做那些违背其价值观念或利益的事情的话。这样，会谈就开始了，那种谈笑风生的气氛，简直像两位教授之间一场政治哲学对话一样，几乎掩盖了这场会谈的严重性质，那就是，如果会谈失败，一方将继续陷于孤立，而另一方将加剧其国际上的困难。如果这次使命流产，那会增加中国的危险。毫无疑问，苏联将受到鼓励。我们在国内将声誉扫地，我们从印度支那的撤退将很容易变成一场溃败。尽管周恩来和我都知道这件事情关系重大，尽管会晤的时间限制铁定为四十八小时——如果没有引起怀疑，我要按时在巴基斯坦重新出现——但我们第一次会谈都不接触我此行成败之所系的这个关键问题：我们能否就总统的访问取得一致意见。双方的表现都好像若无其事，似乎这是一个很容易解决的附带问题。我们双方都把对方逼到墙角，企图表明我们都另有选择。我们彬彬有礼，讲些颇有含义的题外话，间或开开玩笑，企图表明我们还可能向后转，表明我们并没有越过鲁比肯河。[①] 然而我们心里始终都明白，鲁比肯河就在我们背后，事实上我们只能前进不能后退了。

在会谈开始时，我们两人都曾简略提到总统访问中国一事，此后直到第二天结束的时候，我们始终没再提到，那时大约再过十八小时我就要离开北京了。然而，在我们第一次会谈中（包括晚宴在内，历时约七个小时），周恩来却花了一些时间表明他大致上同意尼克松七月六日在堪萨斯城演说中所列举的观点。这使我的处境有些不利，因为这件事以及演说的内容我都一无所知；这证明，哪怕作了最周密的准备工作，碰上意外事件也会猝不及防。第二天早上，周恩来以他特有的作风，派人将他作了记号的那篇英文演讲稿连同我的早餐一起送来，不过请我看完之后还给他，因为他只有这一份。原来，美国中西部新闻宣传机构的高级人员们集会，请内阁阁员和白宫助理人员报告国内政策，总统在会上作了一篇事先未草拟讲稿的

---

① 鲁比肯河是意大利北部的一条河流；公元前四十九年恺撒越过这条河同罗马执政庞培决战。这里是指下定决心作出重大决定的意思。

即席演说。尼克松在演说中谈到"更为广泛的背景",谈到"这些(国内的)计划与美国在世界上的问题之间的关系",他的话使那些在场的高级人员不是感到吃惊,就是感到莫名其妙。他知道即将发生的事情,他按捺不住激动的心情,赞扬中国人是"富有创造性的,勤劳的,是世界上最有才能的民族之一"。正是由于这个缘故,"本政府务必首先采取步骤,结束中国大陆与国际社会隔绝的状态"他预见到世界上将出现"五个超级经济大国"(美国、西欧、日本、苏联和中国),它们之间的关系将决定当代的和平结构。周恩来拒绝"超级大国"这个称号,中国不参与这场比赛。这话一半是真的,一半也是出于审慎;中国之所以需要我们,正是因为它本身没有力量与苏联相抗衡。

周恩来和我有个默契,对于有争议的各种问题,双方不作彻底的讨论。台湾问题只在第一次会谈时简略提到。更多的时间花在由我解释美国的印度支那政策,特别强调我和北越黎德寿的秘密谈判,这件事一度似乎大有可能得到突破。(再过几天,我们又要和黎德寿会谈。)苏联人常常夸耀他们对这些秘密谈判的内容所知甚多,周恩来却声称他于此全不知情。他只限于提出一些试探性的问题。这是避免被迫采取立场的好办法。我们第一天的会谈在晚上十一时二十分结束,并没有解决任何事情,甚至没有讨论到那个必须作出决定的问题。

七月十日即星期六上午,领我们去参观紫禁城。这是十五世纪兴建的一座皇帝的宫殿。紫禁城占地广阔,通常吸引了很多游客,但那天上午却封闭起来专供我们六个美国人游览。我们由黄华陪同,向导领我们穿过那些布局美丽的庭院、大殿和花园。那些朱红和金黄色的精美的建筑,那些大理石雕刻和青铜狮子,那些像瀑布一样向着方形庭院倾注的金黄色的琉璃瓦屋顶,总之那一片广阔动人的景色,正如过去许多外国使节所描述的一样,使我们惊叹不已。这就是过去中国皇帝的住所,他们认为这里就是宇宙的中心,而且长时期以来把这种自命不凡的虚荣变成了现实。全国文物局的局长带领我们参观了最近发掘出来的宝贵文物(后来许多文物曾运到美国来展览)。

中午我和周恩来在人民大会堂继续会谈。这是一座宏伟的建筑物,说不清是墨索里尼新古典主义式的建筑还是共产党人独特的建筑风格。大会堂正对着紫禁城,是用了十三个月的时间在一九五九年建成的,用来庆祝共产党在中国内战中的胜利十周年。大会堂内每一个大厅都用中国的一个省命名;有一所可容纳几千人的宴会大厅,至少有一个剧场,以及数不清的开会地点。我们在福建厅会谈,这个厅是以位于台湾对海的中国的一个省命名的;过去同斯诺会晤也是安排在这里,可惜我对这种安排完全不懂其中奥妙,因为当时我既不懂这个厅的名字,惭愧得很,自然不会明白其中的含义。(后来我再度来访时,我们在另一座厅中相会,周恩来才不得不将这一切向我解释清楚。）

这次会谈的气氛，和前一天晚上的气氛很不相同。周恩来略作寒暄之后，就声色俱厉地谈了一套中国的观点。周恩来不加掩饰地提出了他们经常提到的很多观点，后来我才知道那被称为中国共产党人常念的一篇"经文"。这些观点是："天下大乱"；台湾是中国的一部分；中国支持北越人的"正义斗争"；大国勾结起来反对中国（不仅是美国和苏联，还有军国主义的日本）；印度是侵略性的；苏联人贪得无厌，正在威胁全世界；中国不是超级大国，也绝不想做美国和苏联那样的超级大国；美国正处于困境，因为"我们的手伸得太长"。周恩来把这些强硬的观点复述一遍以后，最后提出了一个难题：既然我们的分歧如此巨大，总统访问是否还有什么意义。

我也同样坚定地回答他，指出是北京首先提出总统访问的，我们不能接受任何条件。我将不再提出这个问题，由中国领导人决定是否发出邀请。然后我故意粗暴地逐点驳斥周恩来的观点。在我说完了第一点后，周恩来就阻止我再说下去，说道：我们如不先吃，烤鸭就要凉了。

在吃北京烤鸭的时候，气氛变了，周恩来又恢复了他那种亲切和蔼的态度。午餐过后，周恩来把话题转到"文化大革命"。我委婉地表示，这是中国的内政问题，但周恩来继续说下去，坚持认为，如果我们要打交道，了解这出戏是有关键意义的。他的内心无疑很痛苦，但表情却显得很自然，他描述了中国既害怕官僚主义化又害怕过分狂热的思想感情，在这两者之间疑虑重重。他描绘了那种在单一的思想信仰下成长起来的社会所处的困境，它一旦遇到多种不同的思想派别纷争于街头就使五十年来的斗争成果陷于危机。他再一次讲到，他有两天时间被红卫兵困在办公室里。他曾经怀疑有无必要采取这样激烈的措施，但毛泽东是更为英明的，他对于前途是高瞻远瞩的。现在回想起来，我还不太明白，周恩来为什么要讲这些事情，除非他想表明至少在某种程度上他与"文化大革命"无关，或者想要说明这场革命已经成为过去。

午饭之后，我继续发言，驳斥他的观点，说了大约一小时。周恩来突然一本正经地建议，总统可于一九七二年夏天来访问，倒似乎一切问题都已解决，剩下来的只不过需要讨论一下日程而已。他还补充说，他认为如果我们先与苏联领导人会晤那会更慎重些。我很了解苏联人对最高级会谈的那些花招，于是回答说：莫斯科最高级会谈很可能要举行，但两次访问应该按照已经排好的次序进行——先北京，后莫斯科。我并没有感到周恩来在听到这个消息时有什么不愉快。我指出，如果在夏天举行最高级会谈，和我们的选举太接近，可能引起误会。周恩来改为一九七二年春天，我同意了。我们在下午六时暂停会谈，因为周恩来必须在一个宴会中做主人，招待另一位未宣布名字的客人（后来我们才知道，是朝鲜的领袖金日成）。周恩来喜欢从午后到凌晨工作。他建议晚饭后十点钟再会晤,起草我这次访问的联合公告。

我同我的工作人员回到宾馆吃晚饭。所有的中国官员忽然全都不见了,只把我们留下来同宾馆的工作人员在一起。那是一个痛苦的夜晚,由于会议改了时间以后又推迟,我们像哨兵一样在夜间踱来踱去,不知道要发生什么事情,难以掩饰我们不安的心情。(由于怕有人偷听,我们所有商量对策的谈话都是在散步中进行的。)据我们了解,中国人另有考虑。周恩来终于在晚上十一时十五分左右回来了,这是因为他的国宴很晚才结束。但我们并没有立即讨论公报,却花了一个小时去研究印度和德国的前途。他的基本观点是,印度在一九六二年侵略了中国;在一九七一年,正有将同样的政策施用于巴基斯坦的极大危险性。他指派黄华代表他来起草声明,随即离去。

但黄华并没有立即露面。这种令人费解的等待更加预兆不祥了,因为我们不是要讨论一个精心推敲的公报,而是要讨论一个宣布总统访问北京的只有一两段的声明。我们猜不透这是不是一种故意把我们挂起来的手法,是不是政治局在开会,是不是毛泽东坚持重新审查这次会谈,也十分可能,我们面临着所有这些情况。最后,黄华终于出现了,他一句话也没有解释,温文有礼,和蔼可亲,而且老练沉着。

黄华带来了一个公报的草稿,这个草稿立即引起争论。草稿以中央王国的惯用语言说话,认为是尼克松要求中国邀请他来访问的。草稿说,访问的目的是讨论台湾问题,以作为两国关系正常化的前奏,我对这两点都拒绝了。

我们不愿作为一个恳求者在北京出现。我们到北京来的目的不仅仅是为了讨论台湾问题,甚至不单纯是为了谋求"关系正常化"。必须提到其他共同关心的问题。黄华作了一个明智、实际而又显示他个人风格的姿态,建议我们暂不讨论公报草稿,而互相坦率说明自己的目标。很明显,双方都不愿显得是屈居下风而不得不恳求对方,双方都盼望得到积极的结果;如果暗示会谈议程只对单方面有利,那对谁都是不利的。我们花了两小时说明自己的情况。我说明了我们所关心的原则和国内的要求;我们不愿表现得像是在恳求这次邀请;台湾不能作为唯一的议程。黄华指出,这个公告对中国群众会引起极大的震动。像这样坦率的谈判是很少有的,与潜在的敌人这样谈判几乎是没有过的。约在凌晨一点四十分,黄华提议休息三十分钟,好让他去考虑适合我们双方的文字,于是离开了会议室。我们又在那院子里走了一会儿,回来等候他们到来;凌晨三时我们得知,他们已经离开,要到上午九时才能回来。

我们在星期天,七月十一日,九时四十分又重新会谈,在不可更改的、必须启程的最后时刻之前,谈了三个半小时。黄华还是中国的发言人,还是用我前面提到的中国的那种谈判风格。我以前曾经讲过,其他的谈判者急于想显示自己高明或者哗众取宠,有时采用一种"色拉米"香肠式的办法;他们像切香肠一样,把他们的让步切成小片,切得越薄越好,而每作一点点让步,拖得时间越长越好。这种办法给人以虚假的印象,好像是很强硬。由于双方都不知道哪是最后的一片香肠,因而双方都想等着瞧,这样就进一步拖长了谈判的时间。由于双方消磨了过多的时间、精力,都志在必得,压力也就不可避免地越来越大;这样也就很容易使谈判者走火,超出了慎重的界限。我倒非常喜欢中国人对我们采用的那种做法,而那天上午黄华对我就是采用这种办法,那就是尽可能确定合理解决办法的性质,一步就跨到那里,然后坚持立场不变。只要有可能,我在后来同别人进行的一些谈判中总是尽量采用这种办法——有人把这种办法斥之为"先发制人的让步"。事实上,尽管开头的让步似乎大一些,但与那种"色拉米"香肠式的办法相比,几乎可以肯定,总的让步还是比较小的。这种一步跨到一个合理立场的战略明确无误地摆出了无可改变的立场;这样做更容易维护自己的立场,而那种旷日持久、零敲碎打的细小步伐所积累起来的效果却是不容易维护的,在那样的过程中总是会掩盖问题的实质。

这且不说,那天上午九时四十分黄华提出的草案和我们的要求异常接近,因此我们只需改一个字就可全部接受。事实上,幸好我要求中国方面先提出草稿;这草稿比我们自己拟的草稿更为有利。(双方设身处地考虑了对方的观点。)这就是尼克松七月十五日宣读的那份联合公告。

起草工作完成之后,周恩来立即出现,他原来就在附近房间等候。我们讨论了建立今后联系地点的问题,结果选定巴黎——由沃尔特斯将军与中国驻巴黎的大使黄镇接头。我们初步交换了总统来华的想法。这些事情都完了以后,周恩来花了点时间告诉我在我断绝联系的这两天内北京新收到的国际消息,这也是他特有的姿态。

我们向周恩来告别,我和我的工作人员以及其他中国人坐在一起共进最后一次愉快的午餐。紧张的气氛一点儿也没有了。叶剑英元帅通常是没有表情的,这时脸上也浮现出笑容。在去机场途中,他讲到他的生平。他听到人们谈起毛泽东在山里的小部队,那时,他还是国民党军队里的一个军官;他之所以参加那支队伍是因为他首先把毛泽东看作是一位导师。当我们的车子开向在那里等候的那架巴基斯坦飞机时,他议论说,在长征途中他们谁都没有梦想到这一生还能看到胜利。他们认为他们的斗争是为后代人的。这时我们刚好走到飞机的舷梯脚下,他以中国人的那种讲话艺术,把精心安排好的场面说成是很自然的事,说道:"可是我们到这里了,你们也到了。"

叙述这次秘密旅行,我的"衬衫传奇"却也不可不提。我事先料到,这十二天的亚洲之行势必变化多端、忙碌不堪，所以吩咐我的助手戴维·霍尔珀林，在这次长途旅行中，一定要替我留两件干净衬衫，特别留在访问北京时穿。我无疑和往常一样地一再提醒霍尔珀林一定要照办。当巴基斯坦的飞机从查克拉拉机场起飞，飞向喜马拉雅山时，霍尔珀林正带同秘密工作人员乘车前往纳蒂亚加利山中别墅，他突然想起这事，不禁大吃一惊；原来他把我这几件衬衫过于小心地放在一边，因此，我决不会放入旅行箱中。想到这里，他实在懊丧不已。当快要到达北京我想换一件衬衫时，不免大感惶急。其实平时我挺喜欢霍尔珀林，这时也不禁责骂了他几句。无可奈何，我只好向约翰·霍尔德里奇借几件白衬衫；他身高六英尺二英寸，仪容修洁，出身于西点军校，他的身材和我小得多的身形很不相称。我们一行在游览紫禁城时，大家都只穿衬衫，中方人员替我们摄影留念，照片中我的脸露神秘莫测的笑容，身上那件衬衫，显得我好像没有头颈似的——衬衫尺寸不合还是小事；衬衫的主人是一位亚洲问题专家，衬衫上很显眼地印着"台湾造"字样。我对主人说，台湾和我贴得很近，这句话倒是说得分毫不差。

此外还有詹姆斯·赖斯顿的戏剧性事件。斯科蒂①·赖斯顿要去北京，这使白宫方面大为担心，但对于中国人，其实全然不成问题。他和他的妻子于七月八日到达华南，比我们到北京早了一天。在广州，他们的官方"陪同"通知他们，"计划有所更改"；他们要在广州地区停留两天，然后于十日晚上乘火车去北京，于十二日上午到达首都。赖斯顿表示抗议，要求立刻飞赴北京。但在中国，《纽约时报》可就不像在华盛顿可以大显威风了。他被告知，这是办不到的。七月十日，周恩来笑眯眯地对我说，赖斯顿正在一列慢车上，那将会很容易地拖延他的行程，要等我们离开之后，他才会到达北京。

到七月十五日，赖斯顿才获悉我曾去北京，这使他深感剧痛。赖斯顿后来追述："就在那个时刻，现在看来大致就在那时候，我的小腹开始感到刀割般的剧烈疼痛。到了傍晚，我发高烧达到华氏一百零三度，神志昏迷；我仿佛看到基辛格先生坐在一辆有帘子的人力车中，飘过我卧室的天花板，他从车帘的一角探出头来，向我露齿而笑。"后来才知道，那不是新闻记者因未赶上报道大新闻而懊丧欲死，其实是急性盲肠炎。他于七月十七日开刀，割去了盲肠，那是在北京反帝医院动的手术（这是当时的名称，这医院是一九一六年用洛克菲勒基金建立的，后来在尼克松访问期间，又改名为首都医院）。他手术后，对他施行针刺疗法，银针扎进他的肘部和膝下部，以减轻术后的痛苦。他躺在病床上，银针露在外面，想到近在身边都错过时机，不能抢先报道这样重大的新闻，这种内心的痛苦是什么药都治不了的，就是

---

① 斯科蒂原为苏格兰人之意，意指其人很吝啬。

中国人也没有办法。

七月十一日，我和我的同事们兴高采烈地飞回到巴基斯坦，把最后运到飞机上的中国菜，新出版的毛泽东著作英文版，以及前天夜间准备好的我们这次访问的照片集都搬下飞机来。

洛德和我草拟了一份给总统的报告；报告的结论也许概括了我们过度兴奋而不太谦虚的心情：

我们已为你和毛泽东打开历史的新篇章奠定了基础。但是我们对于未来不应抱有幻想。深刻的分歧和多年来的隔绝使我们与中国人之间的距离很大。在最高级会谈之前和会谈期间，他们在台湾问题和其他重大问题上将会是强硬的。如果我们之间的关系变坏，他们将成为坚定不移的敌人。我对这些人的估计是：他们的意识形态根深蒂固，其信仰之坚定几乎达到狂热的程度。同时，他们又表现得很有信心，因此，在自己的原则范围之内与别人交往时，他们是谨慎的，可靠的。

此外，我们现在所开始的进程将在全世界引起巨大的震动……

然而，当我们踏上这条道路的时候，我们就很了解这些风险。我们也很了解，另一条道路，即与一个占世界人口四分之一的最有才能的民族，与一个过去有辉煌成就、未来有巨大潜力的国家继续隔绝的道路，是不可取的。

如果我们保持意志坚定并认真负责地执行我们的外交政策，即使是那些风险也可以设法使之转变为对我们有利。对苏联，我们一定要讲清楚，我们继续把我们与他们之间的具体谈判摆在优先地位。我们不会与他们共谋反对中国，同样，我们也无意与中国共谋反对他们。如果谨慎地加以处理，我们的对华新政策就能够对莫斯科产生较为长期的有利影响。

对日本，我们的任务是要讲清楚，我们在亚洲并没有把我们对它的忠诚转移到中国。关于台湾，我们除了重申我们之间的外交关系、尽量减少损害之外，很难再希望得到别的了。

对亚洲和对全世界，我们需要表明，我们扩大外交范围这种做法，决不会损害其他国家的利益，相反地还会证明对它们有利。

我们的交往，无论是对中国人还是对别人，都需要讲求信用、准确和策略。如果我们能掌握这些，我们就是进行了一次革命。

✎ **本章案例研习**

一、主要学习目标

1. 了解新中国外交事业的发展过程及其取得的主要成果。
2. 理解 20 世纪 70 年代中美两国关系走向正常化的时代背景及其重要意义。
3. 通过梳理和平共处五项原则的发展演变过程,加深认识和平共处五项原则是我国为了推动建立公正合理的新型国际关系所作出的历史性贡献。

二、相关背景知识

(一) 新中国成立后的外交政策和中苏同盟

1949 年 10 月 1 日,中华人民共和国宣布成立,从此一个社会主义的新中国开始屹立于世界的东方。新中国的诞生,开启了中国与世界关系的新纪元,极大地改变了世界的政治格局。中共中央领导人在新中国成立之前,就制定了外交方针政策。1949 年 6 月 30 日,毛泽东发表《论人民民主专政》,强调"第三条道路是没有的",并宣布即将成立的新中国将倒向社会主义阵营。1949 年 9 月通过的《中国人民政治协商会议共同纲领》重申了"另起炉灶""打扫干净屋子再请客"和"一边倒"的三条基本外交方针。"另起炉灶",就是要同旧中国屈辱的外交一刀两断,不承认国民党政府同任何外国建立的旧外交关系;要在相互尊重主权、领土完整和平等互利的基础上经过谈判,同世界各国建立新的外交关系。"打扫干净屋子再请客",就是要对旧中国同外国签订的一切条约和协定进行重新审查处理,在清除帝国主义在华特权和影响之后,再让外国客人进来。"一边倒",就是新中国将站在以苏联为首的和平民主阵营一边,选择走社会主义的发展道路。

1949 年 10 月 2 日,苏联政府决定同新中国建立外交关系。3 日,中国政府复电表示,欢迎立即建立中华人民共和国与苏联之间的外交关系,并互派大使。对苏联同国民政府在 1945 年 8 月签订的《中苏友好同盟条约》,中国建议签订一个新约,得到苏联的同意。毛泽东于 1949 年 12 月 6 日从北京启程前往苏联,12 月 16 日抵达莫斯科,开始对苏联的正式访问。中苏谈判于 1950 年 1 月 22 日开始,斯大林和毛泽东参加了会谈，商定了各项问题的原则；双方在 2 月 14 日签署《中苏友好同盟互助条约》。条约声明双方共同尽力采取一切必要的措施，以制止日本或与日本相勾结的任何国家的重新侵略与破坏和平。条约还宣布苏联向中国提供 3 亿美元贷款以及移交中国长春铁路、旅顺口和大连。这一条约使新中国在西方势力敌视的国际背景下找到了一个盟友，有利于进行国内建设和共同对付可能的帝国主义侵略，争取世界和平。在冷战格局中，中苏结盟和中国加入社会主义阵营，极大改变了国际政治力量的对比。

（二）团结、友谊、合作的万隆精神

为了促进亚非国家的团结合作与世界和平，1954 年年底，印度尼西亚、缅甸、锡兰（今斯里兰卡）、印度、巴基斯坦五国总理在印度尼西亚茂物会议上决定联合发起召开亚非会议，并邀请包括中国在内的多个亚非国家和地区参加。1955 年 4 月18—24 日，来自 29 个亚非国家和地区的代表在印度尼西亚万隆举行了首次亚非会议。会议的宗旨是讨论亚非国家共同关心的问题，即反对殖民主义、维护民族独立、巩固国家主权和促进亚非国家的友好合作关系。

由于担忧亚非会议将导致一个坚定的反西方集团的诞生，美国竭力阻挠会议的召开。在图谋不成后，美国又派出庞大的记者团在会场内外活动，意图利用与会的亲美国家左右会议的走向，并在持不同意识形态的亚非国家中制造分裂。在周恩来、苏加诺、尼赫鲁、纳赛尔等亚非著名政治家的共同努力下，会议冲破了西方大国的阻挠，本着求同存异的精神，经过与会各国的友好协商，最后通过了包括经济合作、文化合作、人权与自决权、附属国问题、促进世界和平与合作的宣言等项内容的《亚非会议最后公报》。该公报中提出的各国友好相处、相互合作的十项原则，是对 1954 年中国和印度、缅甸共同倡导的和平共处五项原则和《联合国宪章》的延伸。它突出了国家主权不可侵犯、不干涉内政、大小国家平等、和平解决国际争端、各国相互尊重、互利合作、和平相处等新的处理国家间关系准则，加强了建设现代新型国际关系的法理基础，顺应了时代和历史发展的客观要求，很快成为指导和处理国际事务的准绳和指南。

亚非会议与 20 世纪以来国际关系史上的所有著名会议有着本质的区别。此前，无论是巴黎和会、华盛顿会议，还是雅尔塔会议，都是由大国主导的会议，其本质是大国制定国际关系的游戏规则，弱小国家则常成为任人宰割的对象。而万隆会议则是亚非国家第一次摆脱帝国主义和殖民主义的严重干扰和阻拦而举行的新型国际会议，它标志着新兴的第三世界国家开始以独立的姿态登上国际政治舞台，宣告国际事务完全由大国控制的历史开始发生变化。万隆会议是亚非人民团结合

作的一个里程碑。它形成了团结、友谊、合作的万隆精神,促进了亚非拉民族解放运动,加速了全球殖民体系瓦解的历史进程,在国际关系史上具有革命性和划时代的意义。值得指出的是,这次会议是中国领导人与非洲国家领导人的第一次握手,之后 1963 年 12 月至 1964 年 2 月周恩来率团访问非洲十国,开辟了中非关系的新纪元。在万隆精神的指引下,中非人民在反帝、反殖和反霸的斗争中,在建设自己国家和探索现代化发展的道路上,长期互相支持,友好合作,建立了深厚的传统友谊。

(三) 中苏分裂和东欧的事变

从 20 世纪 50 年代中期开始,中、苏两党开始出现意识形态分歧,并逐步延伸到国家利益冲突的层面,意识形态分歧与两国的利益冲突相互交织,最终导致中苏关系的破裂。

中、苏两党的分歧,起因于 1956 年 2 月的苏共二十大。赫鲁晓夫在大会总结报告中,正式把"和平共处、和平竞赛、和平过渡"作为苏联外交政策的总路线,并在 2 月 24 日晚作了一个"非斯大林化"的题为《关于个人崇拜及其后果》的秘密报告。这对各国共产党和国际共产主义运动造成很大影响,也导致中、苏两党在思想理论和对国际形势的判断上产生了原则分歧,尤其是在关于全盘否定斯大林和"和平过渡"两个问题上。中、苏两党虽然在 1957 年 11 月莫斯科举行的各国共产党和工人党代表会议上作出妥协,但矛盾和分歧依然存在。从 20 世纪 50 年代末期起,苏联大国沙文主义愈益显露,开始对中国内政外交进行干涉。1958 年,苏联提出要在中国领土上设置长波电台和组建联合舰队,中国怀疑苏联有在"合作"幌子下控制中国的企图,认为这是涉及中国主权的政治问题,因而进行了坚决抵制。1958 年 8 月的炮击金门和 1959 年 8 月在中印边界地区还击印度入侵朗久,是中国维护国家统一和领土完整而采取的举措,但苏联对此表示不满,认为这给苏美缓和造成了干扰和破坏,甚至公开发表偏袒印度、施压中国的"塔斯社声明",使中苏分歧第一次暴露在全世界面前。1959 年 6 月,苏联片面撕毁两国关于在国防新技术领域开展合作的协定,损害了中国国防战略。1959 年 10 月初,刚与美国举行过"戴维营会谈"的赫鲁晓夫在北京同中国领导人会谈时,指责中国在台湾问题和中印边界问题上的严正立场,中国领导人予以严厉驳斥,会谈不欢而散。苏联以"老子党"自居,意欲在军事上控制中国,外交上迫使中国服从它正在极力推行的美苏缓和的世界战略,从而使得中、苏两党的分歧更加突出,并严重影响两国的国家关系。

1960 年 7 月,苏联政府突然宣布在一个月内全部撤走在华的 1390 名专家,同时终止 12 项政府协定和 343 项专家合同,废除 257 项科技合作项目。苏联的单方面决定,不仅给中国的经济建设和科研事业带来了严重困难,而且给两国关系造成了无可弥补的伤害。从 1960 年起,中、苏两党开始公开发表批判对方的文章,展开大论战。1963 年 3 月苏共中央给中共中央的公开信和 6 月中共中央的复信,就国际共运总路线问题进行了激烈交锋。1963 年 9 月到 1964 年 7 月,中共发表"九评",全面批判苏联的内政外交政策。史无前例的中苏大论战实际上使两国关系不可能扭转。中苏关系在 1964 年苏联勃列日涅夫(1906—1982)上台后更为紧张和恶化。1965 年 3 月,勃列日涅夫不顾中国共产党的反对,片面强行召开以谴责中共为目标的各国共产党和工人党筹备会议,中国等 7 国共产党拒绝参加。此后中共不再参加任何由苏共组织的国际共运会议。苏联在中苏边境增兵近百万,对中国施加军事威胁,并不断挑起边境事端。1962 年,苏联在中国新疆伊犁、塔城等地区进行颠覆,制造暴乱,煽动 6 万多中国边民越境前往苏联。1969 年 3 月苏军入侵黑龙江省乌苏里江中的中国领土珍宝岛,中国边防部队予以还击,两国在珍宝岛发生武装冲突。"珍宝岛事件"表明,中苏同盟已名存实亡。中苏关系的全面恶化产生了深远的影响,一方面,中、苏两党关系完全破裂,两国经济文化交流几乎中断;另一方面,社会主义阵营事实上已分裂。

(四) 中美关系正常化

中国的国家安全在 20 世纪 60 年代末 70 年代初面临着严峻的形势。勃列日涅夫上台后,苏联进一步恶化两国关系,在中蒙、中苏边境地区部署重兵和导弹,"珍宝岛事件"后,苏联还扬言对中国实施"外科手术式的打击",摧毁中国的核力量。来自苏联的威胁已成为中国当时的主要威胁。而就中、美、苏大三角关系的状况而言,此时中苏矛盾大于中美矛盾,美苏矛盾大于中美矛盾。这为中、美解决两国间的问题、改善彼此关系创造了条件。为此,毛泽东决定采取措施,缓和同美国的关系。他表示:"如果尼克松愿意来,我愿意和他谈。""谈不成也可以,谈得成也可以嘛。何必那么僵着?"而尼克松政府同样从战略角度重新考虑对华政策,希望通过同中国关系正常化,形成有利于美国的战略态势。因此,尼克松就任总统后,也不断释放改善对华政策的信号。1971 年 4 月,中国乒乓球队邀请在日本参加世界乒乓球锦标赛的美国乒乓球代表团到中国进行友谊访问,此举大为改善了两国间的气氛。经过中美双方的秘密接触和沟通,1971 年 7 月 9 日至 11 日,基辛格秘密访问中国,同中国领导人探讨了两国关系正常化的可能性,为尼克松访华作准备。7 月 16 日,中、美同时发表公告,宣布中国邀请尼克松访华。与此同时,尼克松也宣布,他将前往中国谋求关系正常化。

1972 年 2 月 21 日至 28 日,尼克松访问中国,毛泽东会见了尼克松。在周恩来同尼克松、基辛格进行会谈后,两国于2月28日发表了《中美上海联合公报》(简称《上海公报》)。中国在《上海公报》中重申,中华人民共和国政府是中国的唯一合法政府,台湾是中国的一个省,解放台湾是中国内政,别国无权干涉,全部美国武装力量和军事设施必须从台湾撤走。而美国则声明,美国认识到,在台湾海峡两边的所有中国人都认为只有一个中国,台湾是中国的一部分。美国政府对这一立场不提出异议。《上海公报》还包含了和平共处五项原则和反霸条款。《上海公报》的发表,标志着中美开始了关系正常化的进程。1973年2月,中、美达成在对方首都互设联络处的协议。中美关系正常化进程的开启,结束了两国长期的敌对状态,扩大了中国的战略空间,并进而促进了中国同西方国家关系的改善和发展。尼克松访华之后,英国、荷兰、联邦德国、澳大利亚、新西兰以及欧共体等先后同中国建立了外交关系。同时,美国和西方国家在中美关系正常化进程开启之后逐步取消了对中国的经济封锁,促进了前景广阔的贸易合作。1973年,波音公司、美国无线电公司和孟山都化学公司等都同中国签订了合同。从1971年到1973年,中美之间贸易迅速上升,从每年500万美元增加到9亿美元;除去一些特殊的粮食贸易,中美贸易额很快超过了美苏贸易额。

　　但是中美关系正常化的进程并不平坦。直到70年代末期,随着国际形势的变化,美国的卡特政府进一步感到实现中美关系正常化符合美国的战略利益和经济利益,才下了决心。1978年5月美国总统国家安全事务助理布热津斯基到访北京,在与中国副总理邓小平(1904—1997)的会谈中表示接受中方关于中美关系正常化的三原则,即美国同台湾断交、从台湾撤军、废除美台"共同防御条约"。之后中美通过半年多的谈判,于1978年12月16日发表《中华人民共和国和美利坚合众国关于建立外交关系的联合公报》(简称《中美建交联合公报》),宣布两国自1979年1月1日起建立外交关系。美国声明"承认中华人民共和国政府是中国的唯一合法政府。在此范围内,美国人民将同台湾人民保持文化、商务和其他非官方关系","承认中国的立场,即只有一个中国,台湾是中国的一部分"。美国还声明同时将通知台湾断绝外交关系,终止美台"共同防御条约"。1979年1月28日,邓小平副总理访问美国,这是中华人民共和国领导人第一次访美。中美建交是两国关系中具有重大意义的历史事件,促进了两国人民的接近和了解,为两国在各个领域的合作开辟了广阔前景,有利于世界和亚太地区的和平。然而,中美建交后美国国会随即在同年3月炮制了一个所谓的"与台湾关系法",美国要继续向台湾出售武器,这显然违背了中美建交协议和国际法基本原则,遭到中国政府的强烈反对。后经反复谈判,中美于1982年8月17日发表公报(即《八一七公报》),美国承诺"它准备逐步减少它对台湾的武器出售,并经过一段时间导致最后的解决"，"美国承认中国关于彻底解决这一问题的一贯立场"。但美国并没有切实履行《八一七公报》，美国在台湾问题上干涉中国内政的错误立场，是两国关系发展中的一大障碍。

（五）冷战后中国对外关系的发展

党的十一届三中全会以后，随着国内工作重心转向社会主义现代化建设，以邓小平同志为主要代表的中国共产党人对中国外交进行了重大战略调整。邓小平洞察到和平与发展是时代的主题，丰富和发展了独立自主的和平外交政策，确立了不和任何大国结盟的外交方针，提出按照和平共处五项原则发展同所有国家的友好合作关系，倡导建立公正、合理的国际新秩序，其宗旨是维护世界和平，反对霸权主义，促进共同发展，为改革开放和社会主义现代化建设创造一个良好外部环境。在20世纪80年代末90年代初，面对两极格局瓦解以及西方国家施压、制裁的威胁，邓小平纵观全局、冷静应对，提出了"韬光养晦、有所作为"的外交战略，为赢得和平发展的重要战略机遇期提供了保证。20世纪90年代，以江泽民同志为主要代表的中国共产党人坚持独立自主的不结盟外交，打造与不同国家的伙伴关系，提倡新安全观和国际关系民主化，推动世界在多样性中共同发展，积极发展与主要大国的关系，深化同周边国家的睦邻友好关系，努力开展多边外交，逐步建立起全方位多层次的对外关系新格局。21世纪的前10年，以胡锦涛同志为主要代表的中国共产党人抓住重要战略机遇期，提出构建和谐世界的理念，奉行互利共赢的开放战略，主动统筹大国关系，全力稳定周边环境，深化同发展中国家的团结合作，积极拓展多边外交，充实和完善新世纪中国外交的总体布局。

党的十八大以来，以习近平同志为核心的党中央，深刻把握新时代中国和世界发展大势，结合新时代中国特色社会主义道路和改革开放的实践，对中国外交进行了新的重大战略调整，创造性地提出了一系列富有中国特色、体现时代精神、引领人类发展进步潮流的新理念新主张新倡议，形成和确立了习近平外交思想。面对新形势新情况新问题，习近平提出，要丰富和发展和平发展的战略思想，推动构建新型国际关系和人类命运共同体，倡导和推进共建"一带一路"，积极发展全球伙伴关系和拓展深化全方位外交布局，坚持以公平正义为理念引领全球治理体系改革等。习近平外交思想是对新中国成立以来特别是改革开放以来中国外交战略思想的继承和发展，是习近平新时代中国特色社会主义思想的重要组成部分。新时代中国特色大国外交在习近平外交思想的全面领航下更加奋发有为，向全方位、多层次、立体化方向推进。

新时代中国特色大国外交以习近平外交思想为指导，统筹国内国际两个大局，统筹发展安全两件大事,牢牢把握服务民族复兴和促进人类进步的主线,为和平发展营造有利的国际环境,维护和延长和平发展的重要战略机遇期,为改革发展和民族复兴保驾护航。战略选择是坚持自身和平发展,同时推动世界的和平发展;基本原则是建设以合作共赢为核心的新型国际关系,并将其拓展到政治、经济、安全、文化等各个领域;主要路径是建立形式多样的伙伴关系,倡导结伴而不结盟,对话而不对抗;价值取向是坚持正确义利观,维护国际公平正义,弘扬全人类共同价值。基本内容包括:维护以《联合国宪章》和和平共处五项原则为基础的国际关系基本准则,尊重各国人民自主选择发展道路的权利,反对干涉别国内政;维护和践行真正的多边主义,反对霸权主义、强权政治和集团对抗,坚决摒弃冷战思维和零和博弈;倡导公平、开放、全面、创新的发展观;倡导共同、综合、合作、可持续的安全观;支持和推动新型经济全球化以及区域一体化建设,建设开放、包容、普惠、平衡、共赢的新型经济全球化;践行共商共建共享的全球治理观,推动国际政治经济秩序向更公正合理的方向发展,反对单边主义和贸易保护主义;秉持平等、多样、包容、开放的文明观,推动文明交流互鉴;坚决捍卫国家主权、安全和发展利益,实行积极防御的军事战略和自卫防御的核战略等。

冷战结束以来,中国外交高举和平、发展、合作、共赢的旗帜,在服务国家现代化建设和维护世界和平的同时,积极构建全球伙伴关系,促进了中国和世界各国关系良性互动,互利共赢,中国的对外关系取得了巨大发展。截至 2020 年,与中国建立外交关系的国家达到 180 个,中国已同世界上 110 多个国家和国际组织建立了不同形式的伙伴关系,其中全面战略伙伴关系达 60 对。中国逐渐形成了以与大国关系为关键、以与周边国家关系为首要、以与发展中国家关系为基础、以多边外交为重要舞台的全方位、多层次、立体化的对外关系格局。

三、问题与思考

问题一:二战后第三世界的形成背景、发展过程与意义。

思考要点:(一)背景 1. 美苏两极对立,争夺势力范围。2. 新兴独立国家崛起,维护自身独立需要和平的国际环境。(二)过程 1. 亚非会议的召开标志着第三世界开始兴起。2. 不结盟运动兴起,第三世界形成。3. 第三世界逐渐成为国际舞台上的一支重要力量。(三)意义 1. 加速了世界民主政治发展进程。2. 促进了平等互利的国际经济秩序发展。3. 有利于维护世界和平安全。

问题二:1955 年亚非会议的背景与意义。

思考要点:(一)背景 1. 美苏对立的两极格局。2. 新兴独立国家崛起。3. 帝国主义势力干涉亚洲失利。(二)意义 1.历史上由亚非国家第一次自己处理自己事务的国际会议。2.增进了亚非国家的团结。3.提出了对世界影响深远的"万隆精神"。4.打击了帝国主义和殖民主义,提高了被压迫民族的民族自信心,加速了亚非拉人民争取民族独立的步伐。5.是新中国拓展对外关系空间和调整外交战略布局的尝试,也是集中传播新中国和平外交的多边舞台,"万隆精神"更是成为新时代中国特色大国外交的思想基础。

问题三:尼克松主义的内容及实质。

思考要点:(一)内容 1.收缩美国在亚洲的海外态势。2.以缓和外交遏制苏联的扩张。3.提出"伙伴关系、实力和谈判"作为"新的和平战略"的三大支柱。4.提出"现实威慑战略"。(二)实质 1.尼克松对苏联进行缓和外交,目的是想以此削弱苏联的扩张势头,给美国争取喘息机会。2.尼克松主义中的"伙伴关系"不是造成平等相处、相互制约的新关系,而是要欧洲和日本同美国一起分担军事负担,并在经济上帮助美国摆脱困境,在新条件下维护美国的领导地位。3.尼克松主义维护的美国利益仍是霸权主义。

问题四:20世纪70年代中美关系变化的背景、过程与影响。

思考要点:(一)背景 美国深陷越战泥潭,国内危机严重,在与苏联争霸中优势下降;中国恢复在联合国合法席位,美国封锁、孤立中国的政策破产;中苏关系恶化;中美寻求改善两国关系。(二)过程 尼克松着手改善对华关系,中国积极回应;基辛格秘密访华;1972年尼克松访华,中美发表《联合公报》;中美正式建交。(三)影响 改善中美关系,有利于美国从越战中脱身,为中国改革开放提供有利国际环境;推动日本及大批西方国家与中国建交,提升中国国际地位,对世界格局产生了重要影响。

问题五:习近平外交思想的内涵。

思考要点:1.习近平外交思想是对新中国外交理论的继承与发展。2.习近平外交思想是21世纪马克思主义在外交领域的最新成果。3.习近平外交思想是对中华优秀传统文化的传承创新。4.习近平外交思想是对传统国际关系理论的扬弃超越。5.习近平外交思想是习近平新时代中国特色社会主义思想的重要组成部分,是马克思主义基本原理同中国特色大国外交实践相结合的重大理论结晶,是以习近平同志为核心的党中央治国理政思想在外交领域的集中体现,是新时代我国对外工作的根本遵循和行动指南。

问题六:人类命运共同体思想的内涵。

思考要点:1.政治上要相互尊重、平等协商,坚决摒弃冷战思维和强权政治,走对话而不对抗、结伴而不结盟的国与国交往新路。2.安全上要坚持以对话解决争端、以协商化解分歧,统筹应对传统和非传统安全威胁,反对一切形式的恐怖主义。3. 经济上要同舟共济,促进贸易和投资自由化便利化,推动经济全球化朝着更加开放、包容、普惠、平衡、共赢的方向发展。4. 文化上要尊重世界文明多样性,促进文明交流、加强文明互鉴、实现文明共存。5. 生态上要坚持环境友好,合作应对气候变化,保护好人类赖以生存的地球家园。

四、拓展阅读推荐

第一节　赫鲁晓夫

1. 师哲口述、李海文整理:《中苏关系见证录》,北京:当代中国出版社,2005年。作者早年被选送到苏联学习、工作多年,回国后曾长期作为中苏最高层通话的翻译,以最直接的方式聆听了中苏最高层间秘密的历史性对话,尤其对建国初期中苏两国之间交往的叙述涉及颇多,具有非常高的参考价值。

2. 阎明复:《亲历中苏关系:中央办公厅翻译组的十年(1957—1966)》,北京:中国人民大学出版社,2015年。中苏关系是20世纪中国最重要的对外关系之一。20世纪五六十年代,中央办公厅成立的翻译组负责中央领导的俄文翻译工作。作者作为翻译组组长,亲历了中苏关系史上许多重大的历史事件,见证了中苏两党、两国关系由友好到破裂的全过程,披露了大量鲜为人知的有关国际共运和中苏关系的珍贵史料。

3. 沈志华:《俄罗斯解密档案选编:中苏关系(全12卷)》,上海:东方出版中心,2015年。作者在对俄国已解密的前苏联档案进行研究的基础上,筛选其中1945—1991年间涉及对华关系和两党交往的文件二千多份,翻译成中文,按年代排列,编辑成册,加以必要的注释和点评。该书内容涵盖中国各时期的政治军事形势、美苏国共关系问题、朝鲜战争等,是一套了解二战以后至苏联解体期间中苏关系内幕的、弥足珍贵的一手史料。

4. 沈志华:《中苏关系史纲:1917—1991年中苏关系若干问题再探讨》,北京:社会科学文献出版社,2016年。该书大量使用了中国外交部、国防部、铁道部、中央党史研究室、中央党校和地方档案馆,以及台湾"国史馆"、香港中文大学中国资料中心所藏档案资料;作者还到美、俄、波、匈、德等收集资料,对当事者进行访谈。该书围绕中苏关系从结盟走向分裂、从对抗走向"正常化"进行历史叙事,作者提出了颠覆中外学者既有定论的精彩看法,有助于读者突破固有认知、对中苏关系建立起更为理性、深入的全景式了解。

第二节　尼克松

1.〔美〕尼克松:《六次危机》,黄兴等译,北京:世界知识出版社,1999 年。尼克松的故事不仅是他个人的,也是美国这个国家所面临的挑战。该书是有关尼克松在美国历史上所经历的六次重大事件的故事,也称六次转折或六次决策,展示了作者作出相关决策背后的思想活动以及政治压力等,故事扣人心弦、令人激动,可读性极强。

2.〔美〕尼克松:《超越和平》,范建民等译,北京:世界知识出版社,1999 年。该书是尼克松在苏联解体、世界冷战格局刚结束的历史背景下重新评估世界走势、对于美国的世界战略及内外政策的剖析,是颇具前沿性的一部国际政治论著。该书提出的所谓超越和平,是作为解决冷战后“和平困境”所提出来的,不仅是时代的问题,也是每个人的问题,富有启发性。

3.〔美〕尼克松:《领袖们》,施燕华等译,海口:海南出版社,2022 年。该书向读者介绍了许多耳熟能详的政治人物,包括赫鲁晓夫、勃列日涅夫、麦克阿瑟、吉田茂、戴高乐、阿登纳等,还有南欧、非洲、亚洲、澳大利亚以及中东等国家卓越而富有个性的领导人。作者观察到,有的领导人成功了,有的则以失败告终,作者结合自身经历对这些成功或失败的原因作了一些饶有启发性的分析,可读性很强。

第三节　基辛格

1.〔美〕基辛格:《大外交(修订版)》,顾淑馨等译,海口:海南出版社,2012 年。该书被认为是作者最重要的一部代表作。作者凭其致力于外交事务的亲身体验,以其丰富的历史知识、智慧和幽默的文笔,展示了自黎塞留以来特别是二战后几十年世界外交政治的诸多重大事件,以其独到的见解,分析了世界各国外交风格的差异,向世人揭示了美国外交政策的思想实质。

2.〔美〕基辛格:《重建的世界》,冯洁音等译,北京:上海译文出版社,2015 年。该书中研究了俄国击败拿破仑后,世界各国为构建新的国际秩序所做的种种努力,其中尤其关注的是外交的局限性以及国际稳定的要素。该书所阐发的“均势外交”思想,被认为奠定了作者个人生涯战略思维的基础。

3.〔美〕基辛格:《世界秩序》,胡利平译,北京:中信出版社,2015 年。该书是作者于 92 岁高龄推出的一部力作,系统梳理了世界各地区的战略逻辑和地区秩序观,从文化、宗教、地缘等因素解读了这些不同秩序观的形成、冲突与合作,并结合网络科技等当前新的战略要素,解析了当前国际时局的挑战与机遇,认为地区秩序观之间的冲突乃当今最重要的国际问题。

图书在版编目(CIP)数据

国际关系史案例研习教程/李超,奚伶主编.
上海:上海三联书店,2025.2.—ISBN 978-7-5426
-8765-4

Ⅰ.D819

中国国家版本馆 CIP 数据核字第 20248VT189 号

国际关系史案例研习教程

主　　编/李　超　奚　伶

责任编辑/郑秀艳
装帧设计/徐　徐
监　　制/姚　军
责任校对/王凌霄

出版发行/上海三联书店
　　　　　(200041)中国上海市静安区威海路 755 号 30 楼
邮　　箱/sdxsanlian@sina.com
联系电话/编辑部:021-22895517
　　　　　发行部:021-22895559
印　　刷/上海惠敦印务科技有限公司

版　　次/2025 年 2 月第 1 版
印　　次/2025 年 2 月第 1 次印刷
开　　本/710mm×1000mm　1/16
字　　数/530 千字
印　　张/29
书　　号/ISBN 978-7-5426-8765-4/D·669
定　　价/118.00 元

敬启读者,如发现本书有印装质量问题,请与印刷厂联系 13917066329